DEUTSCHE AKADEMIE DER WISSENSCHAFTEN ZU BERLIN

SCHRIFTEN DES INSTITUTS FÜR GESCHICHTE

REIHE I: ALLGEMEINE UND DEUTSCHE GESCHICHTE

BAND 3

RUDOLF FORBERGER

DIE MANUFAKTUR IN SACHSEN

VOM ENDE DES 16. BIS ZUM ANFANG DES 19. JAHRHUNDERTS

AKADEMIE-VERLAG · BERLIN · 1958

Erschienen im Akademie-Verlag, GmbH, Berlin W 8, Mohrenstraße 39

MdI der DDR Nr. 3438
Satz und Druck: VEB Offizin Andersen Nexö in Leipzig
Bestell- und Verlagsnummer 2083/I/3
Printed in Germany

INHALTSVERZEICHNIS

Meinem Vater

VORWORT

Die nachstehende Abhandlung stellt den Versuch dar, die Geschichte der sächsischen Manufaktur erstmalig in einer sich ausschließlich mit diesem Gegenstand befassenden Arbeit systematisch darzustellen. Ihr Schwerpunkt liegt auf den beiden ersten Teilen, die vornehmlich die sächsische Manufaktur des 18. Jahrhunderts zum Gegenstand haben, Die Problematik des Niedergangs der Manufaktur in Sachsen und alle mit der Industriellen Revolution in diesem Lande zusammenhängenden Fragen sind im dritten Teil der Arbeit lediglich angerissen und finden ihre Beantwortung in einer bereits in Angriff genommenen neuen Untersuchung, die den Übergang von der Manufaktur zur Fabrik und die Frühzeit der sächsischen Fabrik behandelt.

Für die vorliegende Untersuchung wurden weitgehend Primärquellen herangezogen und zum Teil wörtlich wiedergegeben, wie sie sich vor allem in den Akten des Sächsischen Landeshauptarchivs und der zeitgenössischen Literatur darboten. Eine erschöpfende Auswertung dieses reichhaltigen Materials war jedoch nicht möglich, weshalb sich der Verfasser darauf beschränken mußte, die Hauptzüge der Entwicklung jeweils durch repräsentative Beispiele zu illustrieren. Eine weitere Schwierigkeit bei der Darstellung lag darin, daß sich die Gesamtschau nur für wenige Abschnitte auf bereits vorliegende Veröffentlichungen stützen konnte. Manches ist deshalb zu kurz gekommen und bedarf der Ergänzung durch weitere Forschung.

Der der Arbeit vorangestellte Einleitungsabschnitt erwies sich trotz des sonst rein wirtschaftsgeschichtlichen Charakters der Studie als zweckmäßig, um mit eindeutiger Terminologie an die Untersuchung herangehen zu können.

Entscheidend gefördert wurde die Arbeit von Prof. Dr. Jürgen Kuczynski, und wertvolle Anregungen gaben mir auch Dr. Karlheinz Blaschke, Dresden, Prof. Dr. Elisabeth Giersiepen, Dr. Hilde Hoffmann, Berlin, Dr. Arno Kunze, Großschönau, Dr. Hermann Löscher, Dr. Günther Meinert, Dr. Horst Schlechte, Dresden und Dr. Karl Steinmüller, Zwickau. An der zeichnerischen Gestaltung der Karten waren Georg Böhne und Hertha Möckel, Dresden, beteiligt. Ihnen allen, insbesondere auch meiner Frau, die mir bei der technischen Durchführung der Untersuchung half, an dieser Stelle meinen besten Dank.

Dresden, Frühjahr 1958 — Rudolf Forberger

EINLEITUNG

BEGRIFF UND WESEN DER MANUFAKTUR

a) Kooperation, Arbeitsteilung und Manufaktur

Als zum ersten Male in der Geschichte eine größere Zahl menschlicher Arbeitskräfte unter einer Hand zusammengefaßt wurde, um „... in *demselben* Produktionsprozeß oder in verschiednen, aber *zusammenhängenden* Produktionsprozessen, planmäßig neben- und miteinander ..."[1] zu arbeiten, war der Fortschritt zu einer Arbeitsweise vollzogen, die Marx als „Kooperation" bezeichnet.
Diese Kombination von Arbeitskräften zu einer Massenkraft ermöglichte von da an Leistungen, wie sie von der individuellen Produktivkraft entweder „... gar nicht oder nur in viel längren Zeiträumen oder nur auf einem Zwergmaßstab hervorgebracht werden ..." können.[2]
Der Fortschritt lag jedoch nicht nur in der Vergrößerung der technischen Möglichkeiten und einer Erhöhung der Qualität der Erzeugnisse, sondern auch im Ökonomischen. Die Zusammenfassung der Arbeitskräfte unter einem Produktionsbefehl bewirkte, daß ein Teil der Produktionmittel nunmehr gleichzeitig von vielen benutzt werden konnte, ohne daß die Kosten dafür ihrem Umfang und Nutzeffekt entsprechend stiegen.[3] Hinzu kam, daß die Arbeit in der Gemeinschaft infolge der gegenseitigen Aufmunterung meist zu einer Erhöhung der individuellen Leistungsfähigkeit und Arbeitsintensität führte[4], und nunmehr mit einer gesellschaftlichen Durchschnittsarbeitsleistung gerechnet werden konnte, da sich in der Masse die individuellen Leistungsunterschiede ausglichen.[5] Die Folge dieser „Oeconomie der Produktionsmittel" war eine Senkung des Wertes der Arbeitskraft[6] und der durch sie hergestellten Produkte.
Eine abermalige Steigerung der gesellschaftlichen Produktivkräfte trat mit dem Zeitpunkt ein, an dem die Arbeitsteilung in die Kooperation eingeführt wurde. Hatten bei der bloßen Vereinigung vieler unter einem Kommando alle Beteiligten die Gesamtoperation des Arbeitsprozesses auszuführen, so konnten nunmehr im Gegensatz zu jener „einfachen Kooperation" kompliziertere Arbeitsprozesse in einzelne Operationen zerlegt und „unter verschiedne Hände" verteilt werden.[7] Damit waren die technischen und ökonomischen Vorteile der Kooperation mit denen der Arbeitsteilung verbunden. Die so entstandene höhere Form der Kooperation hieß „Manufaktur".
Die Vorteile der Arbeitsteilung entsprangen der Beschränkung auf sich ständig wiederholende Teilarbeiten. Durch sie wuchs die Fertigkeit des Detailarbeiters auf seinem eng begrenzten Spezialgebiet mit der Zeit so, daß sich eine „Virtuosität" herausbildete, deren erste Folge eine weitere Verkürzung der zur Herstellung des Gesamtprodukts notwendigen Arbeitszeit und damit eine erneute Steigerung der Arbeitsproduktivität

[1] Marx, Karl, „Das Kapital". Dietz Verlag, Berlin 1955, Bd. I, S. 340.
[2] Ebenda, S. 341.
[3] Ebenda, S. 340.
[4] Ebenda, S. 341.
[5] Ebenda, S. 337, 338.
[6] Ebenda, S. 340.
[7] Ebenda, S. 343.

war.[1] Durch die Zerlegung des Gesamtarbeitsprozesses in Teiloperationen verloren viele Arbeiten an Schwere; sie bedurften außerdem entweder gar keiner Ausbildung mehr oder wurden schneller erlernbar.[2] So konnten auch körperlich und geistig Schwächere wie Frauen und Kinder mit ihnen beschäftigt werden. Es entstand „... eine Klasse sogenannter *ungeschickter* Arbeiter, die der Handwerksbetrieb streng ausschloß."[3]
Die Erhöhung der Produktivität der Arbeit durch Arbeitsteilung ging jedoch auf Kosten der individuellen Produktivkraft des Teilarbeiters.[4] Dieser verlor bzw. gewann nie die Fähigkeit, ein ganzes Produkt herzustellen[5], und war, wenn er seine spezialisierte Arbeitskraft verwerten wollte, auf das Verbleiben im Gesamtmechanismus der Kooperation angewiesen. Die Folge mußte eine unvermeidliche Verkümmerung wertvoller Anlagen, eine gewisse geistige und körperliche „Verkrüpplung"[6] sein, die hemmend auf die Weiterentwicklung der Produktivkräfte zurückwirkte.
Die Arbeitsproduktivität in der arbeitsteiligen Kooperation stieg nicht nur durch die zunehmende Geschicklichkeit des Teilarbeiters, sondern auch durch die Verwendung neuer, den vereinfachten Arbeitsgängen angepaßter Arbeitsinstrumente.[7] Diese äußerst einfachen Werkzeuge erlaubten im weiteren Verlaufe der Entwicklung die Kombination zu Maschinen[8], die schon in der Manufakturperiode, allerdings nur „sporadisch", bei Prozessen benutzt wurden, „... die massenhaft und mit großem Kraftaufwand auszuführen sind"[9].
Die arbeitsteilige Kooperation trat nach Marx in zwei Grundformen auf, der „heterogenen" Manufaktur, bei der das Endprodukt „... durch bloß mechanische Zusammensetzung selbständiger Teilprodukte ..." entsteht, und der „organischen" Manufaktur, die es in „... einer Reihenfolge zusammenhängender Prozesse und Manipulationen" hervorbringt[10]. Während die organische Manufaktur als vollendete Form der arbeitsteiligen Kooperation schon aus technischen Gründen die räumliche Konzentration der Arbeitskräfte bedingte, konnte bei der heterogenen Manufaktur, die „... wenig Verwendung gemeinschaftlicher Arbeitsmittel ..."[11] zuläßt, die Herstellung von Teilprodukten außerhalb der Manufaktur in Heimarbeit erfolgen. Lenin wies dann an Hand der russischen Textilproduktion darauf hin, „daß die Übergabe einiger Teilarbeiten an Heimarbeiter ... absolut nichts an der wirtschaftlichen Struktur dieses Industrietyps" ändert und „die Weberhütten oder -häuser, in denen die Weber arbeiten, ... lediglich Außenabteilungen der Manufaktur" darstellen[12].
In der Manufaktur wurden einerseits verschiedenartige, selbständige Handwerke kombiniert und so „... *verunselbständigt* und vereinseitigt ...", daß „... sie nur noch einander ergänzende Teiloperationen im Produktionsprozeß ..."[13] ausführten. Ihr Aufkommen setzte deshalb „... eine schon bis zu gewissem Entwicklungsgrad gereifte Teilung der Arbeit im Innern der Gesellschaft"[14] voraus. Andererseits erfolgte in der

[1] Marx, Bd. I, S. 355.
[2] Ebenda, S. 386.
[3] Ebenda, S. 367.
[4] Ebenda, S. 379.
[5] Ebenda, S. 367, 352–354.
[6] Ebenda, S. 383, 379.
[7] Ebenda, S. 357.
[8] Ebenda, S. 358.
[9] Ebenda, S. 365.
[10] Ebenda, S. 358.
[11] Ebenda, S. 359.
[12] Lenin, W. I., „Die Entwicklung des Kapitalismus in Rußland – die Entstehung des inneren Marktes für die Großindustrie." Sämtl. Werke, Bd. III, Wien-Berlin 1929, S. 345 u. 346; andere Fassung: Dietz Verlag, Berlin 1956, S. 393.
[13] Marx, Bd. I, S. 354.
[14] Ebenda, S. 370.

Manufaktur eine Zerlegung gleichartiger Handwerke in Teilfunktionen, die eine weitere Entwicklung und Vervielfältigung der gesellschaftlichen Arbeitsteilung nach sich zog[1], und ihren Ausdruck in neuen Berufen, „ganz neuen" Manufakturen und in einer sich vertiefenden „... *Scheidung von Stadt und Land* ..." fand[2].

Der Produktionsbefehl über die Kooperation der einfachen und höheren Form lag „in der antiken Welt, dem Mittelalter und den modernen Kolonien" zumeist bei denen, die auf Grund von „... unmittelbaren Herrschafts- und Knechtschaftsverhältnissen..." über Arbeitskräfte verfügen konnten[3], später beim Kapital, das sich die Arbeitskraft zur Durchführung profitabler Produktionsprozesse kaufte. Die Ausübung eines straffen Kommandos entsprang technischen und ökonomischen Notwendigkeiten. „Alle unmittelbar gesellschaftliche oder gemeinschaftliche Arbeit auf größrem Maßstab bedarf mehr oder minder einer Direktion, welche die Harmonie der individuellen Tätigkeiten vermittelt und die *allgemeinen Funktionen* vollzieht, die aus der Bewegung des produktiven Gesamtkörpers im Unterschied von der Bewegung seiner selbständigen Organe entspringen"[4]. Standen bei der einfachen Kooperation die Anleitung des Arbeitsprozesses und die Überwachung der Arbeitsintensität des für gemeinschaftliches, meistens aber für fremdes Interesse kooperierten Arbeiters im Vordergrund, so kam bei der arbeitsteiligen Kooperation für die Leitung die Aufgabe hinzu, die Teilarbeiten zeitlich, räumlich und mengenmäßig aufeinander abzustimmen, um einen reibungslosen Produktionsablauf zu gewährleisten[5] und Zeit- und Materialverluste zu vermeiden. Wurde bei dieser Kooperation der Oberbefehl vom Kapital ausgeübt, so konnte er sich nicht auf die Lenkung des Produktionsprozesses beschränken, sondern mußte auf den Verwertungsprozeß ausgedehnt werden[6], da „... das treibende Motiv und der bestimmende Zweck des kapitalistischen Produktionsprozesses möglichst *große Selbstverwertung des Kapitals*, d. h. möglichst große Produktion von Mehrwert, also möglichst große Ausbeutung der Arbeitskraft durch den Kapitalisten"[7] ist.

Das Streben nach profitlicher Verwertung der menschlichen Arbeitskraft fand in der kapitalistischen Manufaktur die ihm gemäße Organisationsform.

b) Die kapitalistische Manufaktur

Nach Lenin ist die kapitalistische Manufaktur auf zweierlei Weise entstanden:

1. „Werkstätten mit einer mehr oder weniger großen Arbeiterzahl" führten „die Arbeitsteilung ein, so daß die einfache kapitalistische Kooperation auf diese Weise zu einer kapitalistischen Manufaktur" wurde,
2. „... das Handelskapital auf der höchsten Stufe seiner Entwicklung" verwandelte „den Produzenten bereits im Kleingewerbe in einen Lohnarbeiter..., der fremde Rohstoffe im Stücklohn verarbeitet. Wenn die weitere Entwicklung dazu führt, daß in die Produktion systematisch Arbeitsteilung eingeführt wird, die die Technik des Kleinproduzenten umgestaltet, daß der „Aufkäufer" einige Teilarbeiten aussondert und sie von Lohnarbeitern in seiner Werkstatt ausführen läßt, daß neben der Vergebung von Heimarbeit und in untrennbarem Zusammenhang mit ihr große Werkstätten mit Arbeitsteilung aufkommen, die nicht selten denselben Aufkäufern gehören – so haben wir eine weitere Form der kapitalistischen Manufaktur vor uns"[8].

[1] Marx, Bd. I, S. 370.
[2] Ebenda, S. 369.
[3] Ebenda, S. 350.
[4] Ebenda, S. 346.
[5] Ebenda, S. 362, 363, 348, 382, 383.
[6] Ebenda, S. 347.
[7] Ebenda, S. 346.
[8] Lenin, W.I., S. 345 u. 346; andere Fassung: S. 391 u. 392.

Zwei Merkmale waren mithin außer der Arbeitsteilung für den kapitalistischen Charakter dieser höheren Kooperation kennzeichnend: das Kommando desselben Kapitals über eine größere Arbeiterzahl[1] und deren Beschäftigung als freie Lohnarbeiter.
Die erste Bedingung für den Übergang von der einfachen Warenproduktion des mittelalterlichen Handwerks zur kapitalistischen Manufaktur lag im Vorhandensein genügend großer Kapitalien in einer Hand. Im Prozeß der „ursprünglichen Akkumulation“[2] war unter Anwendung außerökonomischer Gewalt, durch Handel und Wucher die Grundlage geschaffen worden, auf der die weitere Akkumulation und Konzentration von Geld- und Warenkapital vor sich gehen konnte. Wenn sich daneben auch „... manche kleine Zunftmeister und noch mehr selbständige kleine Handwerker oder auch Lohnarbeiter in kleine Kapitalisten, und durch allmählich ausgedehntere Exploitation von Lohnarbeit und entsprechende Akkumulation in Kapitalisten sans phrase“[3] verwandelten, so war doch das Kapital in diesen Händen zu unbedeutend, die Akkumulation auf diese Weise zu langsam und die zünftigen Einengungen zu groß, als daß es den Übergang zur kapitalistischen Produktionsweise in der Manufaktur entscheidend hätte bestimmen können. Deshalb war es auch nicht „der alte Zunftmeister“, sondern „der Kaufmann ..., der der Prinzipal der modernen Werkstatt wurde“[4]. Das Kaufmannskapital spielte beim Fortschritt zu kapitalistischen Produktionsformen die ausschlaggebende Rolle. Hinzu kam wie in Sachsen[5] und Rußland[6] die Bereitstellung von Kapitalien „... aus dem Staatsschatz“[7] als Ersatz für mangelhafte private Akkumulation und deren Förderung durch staatliche Begünstigungen. Standen einmal genügend große Anfangskapitalien zur Verfügung, so ging der Prozeß ihrer laufenden Umwandlung in industrielles Kapital auf dem Wege der normalen Akkumulation vor sich: Ausnutzung des Unterschiedes zwischen Wert und Gebrauchswert der menschlichen Arbeitskraft und Erzeugung von „absolutem“ und „relativem“ Mehrwert im Produktionsprozeß, dessen Realisierung in der Zirkulationssphäre und zum Teil erneute Verwendung in Form von Arbeitskräften und Produktionsmitteln. Der Motor war dabei das Streben nach einer ständigen Erhöhung der Profitrate als einem der kapitalistischen Produktion aus der Konkurrenz erwachsenden Zwang[8]. In der kapitalistischen Manufaktur beruhte die Akkumulation von Mehrwert und damit die Voraussetzung für die Bildung weiteren Kapitals auf der Verlängerung der Arbeitszeit des Manufakturarbeiters über den zur Wiederherstellung seiner Arbeitskraft notwendigen Umfang hinaus, vor allem aber auf der Intensivierung der Arbeit durch Arbeitsteilung[9]. Diese war ihre „besondre Methode, relativen Mehrwert zu erzeugen oder die Selbstverwertung des Kapitals ... auf Kosten der Arbeiter zu erhöhn“[10], ohne daß die aus Kooperation und Teilung der Arbeit entspringenden Produktivkräfte dem Kapital etwas kosten[11]. Wollte der industrielle Kapitalist oder „Manufacturier“ diese Vorteile weiterhin erhöhen, so hatte er eine Vermehrung der Arbeiterzahl und erhöhten Einsatz von

[1] Marx, Bd. I, S. 377.
[2] Ebenda, S. 755, 789.
[3] Ebenda, S. 789.
[4] Derselbe, „Das Elend der Philosophie – Antwort auf Proudhons Philosophie des Elends“, Dietz Verlag, Berlin 1952, S. 157.
[5] Marx, Bd. I, S. 797.
[6] Jakowlew, B., „Entstehung und Entwicklungsstufen der kapitalistischen Formen (Uklad) in Rußland“, in: „Zur Periodisierung des Feudalismus und Kapitalismus in der geschichtlichen Entwicklung der UdSSR – Diskussionsbeiträge“. 20. Beiheft zur „Sowjetwissenschaft“, Berlin 1952, S. 288, 289.
[7] Marx, Bd. I, S. 797.
[8] Derselbe, „Das Kapital“, Dietz Verlag, Berlin 1949, Bd. III, S. 288.
[9] Derselbe, Bd. I, S. 330.
[10] Ebenda, S. 383.
[11] Ebenda, S. 404.

Rohstoffen und Produktionseinrichtungen zu bewirken, erneut „variables" und „konstantes" Kapital einzusetzen. Die Folge war, daß der „Minimalumfang von Kapital in der Hand der einzelnen Kapitalisten" dauernd wachsen mußte, „gesellschaftliche Lebensmittel und Produktionsmittel" in steigendem Maße in Kapital zu verwandeln waren[1].

Die zweite Bedingung für den Übergang zur kapitalistischen Manufaktur war die Existenz einer ausreichenden Zahl rechtlich freier, lediglich ökonomischem Zwang unterworfener Arbeitskräfte. „Die Auflösung des auf eigner Arbeit beruhenden Privateigentums"[2] durch die ursprüngliche Akkumulation hatte in Landwirtschaft und Handwerk eine Armee bisher Selbständiger freigestellt, die für die profitliche Verwertung im kapitalistischen Produktionsprozeß zur Verfügung standen. War diese ursprüngliche „Expropriation" einmal vollzogen, so folgte eine laufende, die sich „durch das Spiel der immanenten Gesetze der kapitalistischen Produktion selbst, durch die Zentralisation der Kapitale" ergab[3] und den Manufakturen neue Arbeitskräfte aus der Sphäre der sich zersetzenden feudalen Produktionsverhältnisse zuführte. Der Lohnarbeiter der kapitalistischen Manufaktur war frei „in dem Doppelsinn, daß er als freie Person über seine Arbeitskraft als seine Ware verfügt, daß er andrerseits andre Waren nicht zu verkaufen hat, los und ledig, frei ist von allen zur Verwirklichung seiner Arbeitskraft nötigen Sachen"[4]. Das bedeutet Losgelöstsein von Zunftzwang, seinen „Lehrlings- und Gesellenordnungen und hemmenden Arbeitsvorschriften", Freiheit von Dienstbarkeit in Gestalt von Schollengebundenheit, Leibeigenschaft und Hörigkeit[5] und Freisein von eigenen Produktionsmitteln[6].

Die kapitalistische Manufaktur entstand, weil „die bisherige feudale oder zünftige Betriebsweise der Industrie ... nicht mehr ... für den mit neuen Märkten anwachsenden Bedarf" ausreichte[7]. Der Übergang zu ihr vollzog sich jedoch unter großen Schwierigkeiten, da „das durch Wucher und Handel gebildete Geldkapital ... durch die Feudalverfassung auf dem Land, durch die Zunftverfassung in den Städten an seiner Verwandlung in industrielles Kapital behindert" wurde[8]. Weil sich die ökonomische Struktur der feudalen Gesellschaft nur allmählich auflöste[9], finden sich in der Zwischenzeit „Übergangsverhältnisse"[10], die „in einer Vielfalt von Formen und Reifegraden" den Fortschritt zur kapitalistischen Produktionsweise anbahnten und in denen – so beim Verlag – bald feudale, bald kapitalistische Züge stärker hervortraten[11]. Von einer rein kapitalistischen Manufaktur konnte erst von dem Zeitpunkt an die Rede sein, an dem der Manufakturarbeiter auch die letzten Reste feudaler und zünftiger Bindungen abgestreift hatte und dem Manufacturier als völlig freier Lohnarbeiter gegenüberstand.

Marx hatte die Manufaktur als „charakteristische Form des kapitalistischen Produktionsprozesses"[12] hingestellt und „die manufakturmäßige Teilung der Arbeit als „eine

[1] Marx, Bd. I, S. 377.
[2] Ebenda, S. 801.
[3] Ebenda, S. 803.
[4] Ebenda, S. 176.
[5] Ebenda, S. 753.
[6] Engels, Friedrich, „Herrn Eugen Dührings Umwälzung der Wissenschaft, (‚Anti-Dühring')". Dietz Verlag, Berlin 1953, S. 127.
[7] Marx, Karl, Engels, Friedrich, „Manifest der Kommunistischen Partei". Dietz Verlag, Berlin 1953, S. 7.
[8] Marx, Bd. I, S. 790.
[9] Ebenda, S. 753.
[10] Bericht aus dem Forschungsseminar Prof. Kuczynski des Instituts für Wirtschaftsgeschichte der Wirtschaftswissenschaftlichen Fakultät der Humboldt-Universität zu Berlin. Berlin, April 1952, S. 6.
[11] Bericht Forschungsseminar, November 1952, S. 10.
[12] Marx, Bd. I, S. 352.

ganz spezifische Schöpfung der kapitalistischen Produktionsweise"[1]. Diese Einschätzung müßte zwangsläufig dazu führen, alle arbeitsteiligen Kooperationen als kapitalistische Manufakturen zu bezeichnen, wenn übersehen würde, daß sie auf der klassischen englischen Entwicklung zum Kapitalismus beruht[2]. Anderswo, namentlich in Rußland, verlief der Prozeß jedoch nicht so; er führte wohl auch zu kapitalistischen Manufakturen, gleichzeitig aber zu Formen, die in der Sowjetwissenschaft als „Leibeigenenmanufakturen" bezeichnet werden und für die von der deutschen Wissenschaft der Begriff „feudale Manufaktur" geprägt wurde[3].

c) Die feudale Manufaktur

Die feudale Manufaktur hat mit der kapitalistischen das Instrument der Arbeitsteilung gemein. Deren ökonomische Vorteile wurden demzufolge in der feudalen Manufaktur ebenfalls realisiert, genauso wie sich in ihr die Nachteile der Spezialisierung für den Teilarbeiter zeigen mußten.
Auch in der feudalen Manufaktur unterlag die Arbeitskraft der Ausbeutung durch Mehrarbeit für den „Eigner der Produktionsmittel"[4]. Sie ergab sich jedoch nicht wie bei der kapitalistischen aus dem Kommando des Kapitals – durch ökonomischen Zwang – sondern entsprang der außerökonomischen Verfügungsgewalt des Feudalherrn über rechtlich Unfreie.
Der kapitalistische Manufakturarbeiter war freizügig; für ihn bestand die rechtliche Möglichkeit, sich dem ökonomischen Zwang des Manufacturiers durch Lösung des Arbeitsvertrages zu entziehen. Der feudale Manufakturarbeiter blieb ortsgebunden und der rechtlichen und ökonomischen Verfügungsgewalt des Feudalherrn unterworfen. Er unterstand der Strafgewalt des feudalen Manufacturiers, der kapitalistische Manufakturarbeiter lediglich der allgemeinen Gerichtsbarkeit. Da die feudale Manufaktur nicht auf dem Kapital und der Konkurrenz beruhte, führte der Charakter ihrer Produktionsweise nicht zwangsläufig wie im Kapitalismus zu einem schrankenlosen Bedürfnis des Manufaktureigners nach Mehrarbeit[5]. Das feudale Abhängigkeitsverhältnis, das seinen ökonomischen Ausdruck in der Zahlung von Arbeits-, Produkten- und Geldrente fand[6], war deshalb vielfach so gestaltet, daß es dem Dienstpflichtigen in teils zunehmendem, teils abnehmendem Umfang noch Zeit und Kraft für eigene Arbeit ließ und ihm zusätzlich Einkommen zumeist durch Bewirtschaftung eigenen oder gepachteten Landes ermöglichte, während beim kapitalistischen Manufakturarbeiter die Lohnarbeit größtenteils dessen ausschließliche Existenzgrundlage darstellte.
Während England das klassische Beispiel der kapitalistischen Manufaktur zeigte, war Rußland die Heimat der typisch feudalen Manufaktur. Der Prozeß ihrer Bildung setzt dort, wie Pankratowa[7] schreibt, in stärkerem Maße Anfang des 18. Jahrhunderts ein, als die zersplitterte handwerkliche Produktion nicht mehr genügte, um die ständig wachsenden Märkte ausreichend zu versorgen. Soweit damals Gutsbesitzer zu Manufacturiers wurden, verwendeten sie ihre Leibeigenen als Manufakturarbeiter, wohingegen die Kaufleute als Eigentümer der meisten Manufakturen auf die geringe Zahl der zu dieser Zeit in Rußland existierenden „freien" Arbeiter angewiesen waren. Die dadurch unvermeidliche Hemmung in der Manufakturentwicklung suchte der Staat durch einen Erlaß vom Jahre 1721 zu beseitigen, der „den Ankauf von Dörfern mit-

[1] Marx, Bd. I, S. 377.
[2] Kuczynski, Jürgen, „Allgemeine Wirtschaftsgeschichte von der Urzeit bis zur sozialistischen Gesellschaft." Berlin 1949, S. 162.
[3] Ebenda, S. 192, 210, 211; insb. Bericht Forschungsseminar, November 1952, S. 4, 5.
[4] Marx, Bd. I, S. 243.
[5] Ebenda, S. 244.
[6] Derselbe, Bd. III, S. 840 flg.
[7] Pankratowa, A.M., „Geschichte der UdSSR – unter der Redaktion von Prof. A. M. Pankratowa", Teil II, Moskau 1949, S. 31.

samt den Bauern" vorsah, „die dann ihr Leben lang bei der Manufaktur bleiben mußten und nicht getrennt von ihr verkauft werden durften"[1]. Die mit solchen „Possessionsbauern" betriebene „Possessionsmanufaktur"[2] war die ältere Form der „Leibeigenenmanufaktur" in Rußland. Die „Gutsbesitzer"- oder „gutsherrliche Manufaktur" wurde in großer Zahl erst in der zweiten Hälfte des 18. Jahrhunderts gegründet, als der Adel die Vorteile der Manufakturen für sich einzusehen begann.

Lenin hat das weitere Schicksal dieser beiden Formen der feudalen Manufaktur, das in seinen Etappen hier nicht dargestellt werden soll, „am Beispiel der Tuchproduktion klar umrissen"[3]. Sie verlangsamte bis zum Ende des 18. Jahrhunderts ihr Wachstum und verfiel schließlich, wohingegen sich aus den „Fabriken der Kaufleute"[4] rein kapitalistische Fabriken herausbildeten. Die feudale Manufaktur mußte deshalb zugrunde gehen, weil sie infolge der „Monopolstellung" und dem „Besitzrecht"[5] ihrer Eigentümer dem Konkurrenzkampf mit den kapitalistischen Betrieben nicht standzuhalten vermochte[6]. Allein ihr Niedergang bei der Begegnung mit kapitalistischen Formen auf dem Markt kommt einem historischen Beweis dafür gleich, daß die gutsherrlichen und Possessionsmanufakturen feudal waren und keine Zwischenstellung[7] im Entwicklungsprozeß einnahmen wie die kapitalistische Manufaktur. Lenin selbst hat an Hand der Bergwerksindustrie im Ural die Existenz solcher nichtkapitalistischer arbeitsteiligen Kooperationen nachgewiesen[8].

Das entscheidende Kriterium für ihre Einschätzung als feudale Manufaktur lag in der Verwendung unfreier Arbeitskräfte. Demgegenüber ist es belanglos, daß bei der Errichtung solcher Manufakturen Kapital für Werkstattausrüstungen[9] und den Kauf von Possessionsbauern aufgewendet wurde.

[1] Pankratowa, S. 31; Jakowlew, S. 290.
[2] Borissow, A., „Über die Entstehung der Formen der kapitalistischen Ordnung in der Industrie". 20. Beiheft zur „Sowjetwissenschaft", Berlin 1952, S. 162–171.
[3] Ebenda, S. 168.
[4] Lenin, S. 430; andere Fassung: S. 481.
[5] Ebenda, S. 447; andere Fassung: S. 498.
[6] Borissow, S. 169.
[7] Ebenda, S. 170.
[8] Lenin, S. 446 u. 447; andere Fassung: S. 447 u. 498.
[9] Borissow, S. 167.

GANG, PROBLEME UND BEGRENZUNG DER UNTERSUCHUNG

Lenin schreibt in seinem Werk über „Die Entwicklung des Kapitalismus in Rußland“[1], daß „... der Übergang von der Manufaktur zur Fabrik für die Frage nach dem Entwicklungsgang des Kapitalismus von besonders großer Bedeutung“ sei und sich jeder, der „diese beiden Stadien miteinander“ vermenge, „der Möglichkeit“ beraube, „die umbildende fortschrittliche Rolle des Kapitalismus zu verstehen“. Aus diesen Worten Lenins gehen der Wert und zugleich die Notwendigkeit einer Untersuchung der Manufaktur in einem Lande wie Sachsen hervor, das zu den Schwerpunkten industrieller Produktion in Deutschland gehört.

Die historische Mission des Kapitalismus lag in der Befreiung der Produktivkräfte aus feudalen und zünftigen Fesseln und in ihrer Weiterentwicklung. Eine Analyse des sächsischen Entwicklungsprozesses hat sich deshalb zunächst mit dem Stand und dem Wachstum der Produktivkräfte in der Manufakturperiode, mit dem Manufacturier als Disponenten der arbeitsteiligen Kooperation, mit dem Manufakturarbeiter als dem Produzenten des Mehrprodukts und mit den dazu notwendigen Rohstoffen und Arbeitsinstrumenten zu befassen.

Der Darstellung der Produktivkräfte folgt eine solche der aus diesen zwangsläufig hervorgehenden Produktionsverhältnisse.

Wie in den beiden vorstehenden Abschnitten der Arbeit gezeigt wurde, konnte die Manufaktur in zwei Ausprägungen auftreten, der kapitalistischen und der feudalen. Die kapitalistische Manufaktur vermochte zur Fabrik weiterzuführen, zu neuen Produktivkräften in Gestalt der Maschine und damit zur Industriellen Revolution; in deren Gefolge wurde die Feudalordnung mit ihrer überholten Produktionstechnik und ihren primitiven Ausbeutungsmethoden zersetzt und mußte dem Kapitalismus, der bürgerlichen Gesellschaft mit neuen Klassen, neuen Bedingungen der Unterdrückung und neuen Gestaltungen des Klassenkampfes weichen[2]. Die feudale Manufaktur hingegen konservierte trotz des fortschrittlichen Moments der Arbeitsteilung die alten Produktionsverhältnisse. Sie stellte keine Übergangsform dar wie die kapitalistische Manufaktur, sondern eher eine Endform; wegen ihres feudalen Charakters war sie zum Absterben verurteilt. Da die Durchsetzung der kapitalistischen Produktionsweise nicht schlagartig erfolgte, sondern sich allmählich innerhalb des feudalen Systems vorbereitete, traten in der Übergangszeit neben diesen reinen Formen Produktionsverhältnisse auf, die sowohl noch Elemente der verfallenden Feudalordnung, als auch schon solche des aufsteigenden Kapitalismus enthielten. Ein Musterbeispiel für die Vielfalt möglicher Zwischenformen bietet der Verlag[3]. Aber auch der Manufaktur sind sie nicht fremd. Kuczynski macht auf die Existenz zerstreuter Manufakturen aufmerksam, bei denen ein Teil der Zubringerprodukte unter feudalen Verhältnissen hergestellt wird,

[1] Lenin, S. 416; andere Fassung: S. 465.

[2] Marx, Engels, S. 7.

[3] Kuczynski, Jürgen, „Fortschrittliche Wissenschaft“. Zweite erweiterte Auflage, Berlin 1951, S. 161 u. 162.

während die Manufacturiers „gewissermaßen nur auf kapitalistische Weise das Mehrprodukt" abschöpfen, „das sich aus einem feudalen Produktionsprozeß ergibt ..."[1].
Die historische Möglichkeit des gleichzeitigen Nebeneinanderbestehens von kapitalistischen und feudalen Manufakturen sowie von Zwischenformen macht für die Untersuchung die Frage nach dem gesellschaftlichen Charakter der Manufakturen in Sachsen entscheidend; als Maßstab für eine solche Prüfung gilt die Einschätzung der Produktionsverhältnisse durch die Klassiker des Marxismus-Leninismus und die Sowjetwissenschaft, wie sie in den Abschnitten über die Merkmale der kapitalistischen und der feudalen Manufaktur ihren Niederschlag gefunden hat. Es ist mithin zu fragen: Traten die Manufakturen in Sachsen vorwiegend in ihrer feudalen Form auf wie anfangs in Rußland oder waren sie kapitalistisch wie in England? Sind gemischte Formen feststellbar und in welcher Weise arbeiteten sie gemischt?[2] Entwickelte sich in Sachsen die kapitalistische Manufaktur in erster Linie aus dem Handwerksbetrieb oder fiel bei ihrer Entstehung wie in Deutschland allgemein, aber auch in Rußland[3], dem Handelskapital die größere Rolle zu? In engem Zusammenhang damit steht die Frage nach der ursprünglichen Akkumulation in Sachsen. In wessen Händen sammelten sich die ersten, industriell verwendeten Fonds? Kam dem sächsischen Staat bei der Bereitstellung von Geldkapital und der Förderung der Manufakturindustrie eine ähnlich große Bedeutung zu, wie sie für Rußland[4] nachgewiesen worden ist?
Die Entwicklung der Manufaktur in Sachsen weist drei deutlich voneinander geschiedene Perioden auf. Die erste reichte bis zur letzten Hälfte des 16. Jahrhunderts, die zweite begann nach der Massenvernichtung von Produktivkräften jeder Art durch den Dreißigjährigen Krieg und erfuhr eine besondere Steigerung nach der Beendigung des Siebenjährigen Krieges, und die dritte stellt die Periode der „modernen" Manufaktur dar. Die nachstehende Untersuchung wird sich nicht ausschließlich, aber hauptsächlich mit der Manufaktur des 18. und beginnenden 19. Jahrhunderts befassen.
Die Darstellung der Produktionsweise der Manufakturen führt bis an den Übergang zur Fabrikindustrie in Sachsen heran. Ihr Schwerpunkt soll dort liegen, wo die neuen Produktivkräfte die alten Produktionsverhältnisse sprengen und zu neuen Formen des gesellschaftlichen Lebens führen.

[1] Kuczynski, Wissenschaft, S. 161.
[2] Ebenda, S. 162.
[3] Lenin, S. 328; andere Fassung: S. 448.
[4] Jakowlew, S. 288–290.

TEIL I

DIE PRODUKTIVKRÄFTE UND PRODUKTIONSMITTEL DER SÄCHSISCHEN MANUFAKTUREN

KAPITEL I

DIE BILDUNG URSPRÜNGLICHER INDUSTRIELLER FONDS UND DER MANUFACTURIER ALS DISPONENT DER MANUFAKTUR

1. Der Gang der Akkumulation

Die Gründung von Manufakturen setzte die politische oder ökonomische Verfügungsgewalt über eine genügend große Menge gesellschaftlicher Lebens- und Produktionsmittel in einer Hand voraus[1], einen Anteil am gesellschaftlichen Mehrprodukt, der zur Verwertung durch gewerbliche Arbeit verfügbar war.

Die erste beträchtliche Akkumulation von später zum Teil industriell verwendeten Geldfonds ging in Sachsen durch den Bergbau vor sich.

> In der zweiten Hälfte des 12. Jahrhunderts wurde in der Gegend des heutigen Freiberg durch Harzer Bergleute mit dem Abbau von Silber begonnen[2], der sich bis zum 17. Jahrhundert auf weitere Gebiete des Erzgebirges und andere Landesteile ausdehnte und neue Metalle und andere Bergbauprodukte wie Zinn, Gold, Eisen, Kobalt und Schwefel einbezog[3].

An der Ausbeute der reichen und anfangs mühelos abzubauenden[4] Silbervorkommen beteiligten sich neben einer Reihe von Privaten auch zahlreiche Feudalherren[5], dar-

[1] Marx, Bd. I, S. 377.

[2] „Urkundenbuch der Stadt Freiberg in Sachsen". I. Band: in: „Codex diplomaticus Saxoniae regiae" [künftig: Cod. dipl. Sax. reg.], Zweiter Haupttheil, XII. Band, Leipzig 1886, S. XVI; Bodemer, Heinrich, „Die Industrielle Revolution mit besonderer Berücksichtigung der erzgebirgischen Erwerbsverhältnisse". Dresden 1856, S. 2; Hermann, Walther, „Bergbau und Kultur – Beiträge zur Geschichte des Freiberger Bergbaus und der Bergakademie", in: „Freiberger Forschungshefte", Reihe D, „Kultur und Technik", Heft II, Berlin 1953.

[3] Albinus, Peter, „Meißnische Land vnd Berg-Chronica / In welcher ein vollnstendige description des Landes / so zwischen der Elbe / Sala vnd Suedoedischen Behmischen Gebirgen gelegen / So wol der dorinnen begriffenen auch anderen Bergwercken / sampt zugehörigen Metall vd Metallbeschreibungen. Mit ein uorleibten führnehmen Sächsischen / Duringischen vnd Meisnischen Historien. Auch nicht wenig Tafeln / Wapen vnd Antiquiteten, deren etliche in Kupffer gestochen" – „Meißnische Bergk Cronica: Darinnen von den Bergkwercken des Landes zu Meisen gehandelt wirdt / wie dieselben nach einander auffkommen. Mit welcher Ursach vnd gelegenheit auch anderer benachbarten / vnd zum teil abgelegenen Bergwercken / fast in gantz Europa etwas gedacht wird / damit man sehe / wie die Bergkwerge nach einander belegt worden: Vnd entlich von allen Metallen Vnd Metalarien / Das ist: Denjenigen Erdgewechsen / so man zu den Metallis zu rechnen pfleget / welche im Lande zu Meyssen gefunden werden". – Dresden 1589, S. 9–46.

[4] „Urkundenbuch der Stadt Freiberg in Sachsen", II. Band: „Bergbau, Bergrecht, Münze", in: Cod. dipl. Sax. reg. Zweiter Hauptteil, XIII. Band, S. XI.

[5] Ebenda, I. Band, 14., S. 10.

unter die Souveräne selbst. Ihren Höhepunkt erreichte diese landesherrliche Beteiligung an den Bergwerken unter Kurfürst August (Vater August), von dem bekannt ist, daß er 1580 allein 2822 Kuxe besaß[1].

Die Akkumulation großer Vermögen in einzelnen Händen machte in Zeiten des aufblühenden sächsischen Bergbaus rasche Fortschritte. Hunger berichtet beispielsweise von dem Zwickauer Bürger Römer, daß dieser aus einer einzigen Zeche mehr als eine halbe Million [Mark?] als Ausbeute gewonnen haben soll[2]. Über den Reichtumszuwachs von Angehörigen der Feudalklasse und einiger Bürgerlicher (nicht alle der nachstehend genannten Geschlechter waren adlig) schreibt Albinus in seiner Bergchronik[3]:

> „... Von andern Edlen vnd Erbarn Geschlechten / so sich aus dem Freybergischen Bergwerck sehr gereichert / vnd ihre Nahrung vnd einkommen mercklich dauon gebessert / Erzehlet Fabrizius in Commentariolo de Friberga, diese / mit nachfolgenden Worten. Ex Metallis Friebergys familiae nobiles diratae sunt, Schonbergy, Hartuschy, Ruliccy, Berbisdorffy, Mergentaly, Croc, Schrencky, Zigleri, Weichardi, Hornbergy Colbingi, ... So nennet Georgius Agricola de veteribus ... nonis metall. auch neben den Schöbergern / die Schleinitzer, do er spricht: Fribergi fodinae Sleinicios ad majores opes euexerunt, ... Soensten gedenckt er am selben orth auch eines Reichen Fundgrubners von Freibergk / mit Namen Hans Müntzer: Patrum memoria metallum plumbi candidi effudit Muncero Fribergensi ducenta millia nummum argenteorum eius precy cuuis sunt aurei Rhenani ...".

Die Ursache der zunehmenden Ansammlung barer Fonds lag in der sprunghaften Steigerung der sächsischen Silberförderung.

> Diese wuchs im Freiberger Revier von 5624 Mark im Jahre 1524 auf 30153 Mark im Jahre 1550 an, erreichte unter Schwankungen im Jahre 1572 den Höchststand von 33650 Mark und hielt sich bis zum Anfang des 17. Jahrhunderts auf einer Jahresausbeute von 20000 bis 25000 Mark[4], um im weiteren Verlaufe dieses Jahrhunderts auf jährlich 16000 bis 10000 Mark und einen Tiefstand von 4791 Mark im Jahre 1643 abzusinken[5]. Die Gruben des Turmhofer Zugs bei Freiberg ergaben von 1531 bis 1595 einen an die Gewerken verteilten Überschuß von 4319016 Mark[6], die des Hohebirker Zugs bei Freiberg von 1529 bis 1803 einen solchen von 7184574 Mark, während der Bergbau zu Scharfenberg bei Meißen von 1546 bis 1769 637056 Mark abwarf. Der Wert des ganzen Bergbaus in Sachsen betrug nach einer Berechnung vom Jahre 1478 damals 4702400 Gulden[7].

[1] Falke, Johannes, „Die Geschichte des Kurfürsten August von Sachsen in volkswirthschaftlicher Beziehung". Leipzig 1866, S. 169.

[2] Hunger, Johann Gottfried, „Denkwürdigkeiten zur Finanzgeschichte von Sachsen – oder neubearbeitete Geschichte der Abgaben in den Chursächsischen Staaten". Leipzig 1790, S. 64; Albinus, S. 36, 38, 39.

[3] Ebenda, S. 13 flg.

[4] „Freibergs Berg- und Hüttenwesen". Freiberg 1883, S. 55 u. 56; zitiert bei Gebauer, Heinrich, „Die Volkswirtschaft im Königreiche Sachsen – Historisch, geographisch und statistisch dargestellt". Erster Band, Dresden 1893, S. 485.

[5] Ebenda, S. 487.

[6] Geldwert vom Ende des 19. Jahrhunderts; diese und die beiden nächsten Angaben aus Gebauer wie oben, S. 486.

[7] Köhler, Hoffmann, „Bergmännisches Journal", 6. Jahrgang, 1. Bd., Freiberg 1794, S. 151; zitiert bei Gebauer, I, S. 472.

Die Hauptnutznießer dieses „Bergsegens“ waren mittelbar oder unmittelbar die Landesherren selbst. Nicht nur aus ihren Beteiligungen, sondern auch aus ihrem Bergregal flossen ihnen beträchtliche Revenuen zu, besonders aber aus dem Münzregal, mit dem sie die Gewerken zwangen, das gesamte erbeutete Silber zu einem verhältnismäßig sehr niedrigen Preis an die landesherrliche Münze abzuliefern[1]. Die Erträge aus dem Bergbau gaben ihnen die ökonomische Grundlage für ihre starke politische Stellung im Reich bis über die Reformationszeit hinaus und ermöglichten Landerwerb und wirtschaftliche Betätigung.

Die landesherrliche Förderung des Abbaus durch bergrechtliche Vorschriften und materielle Unterstützung setzte deshalb schon zeitig ein und wirkte sich zumeist durchaus positiv auf die Entwicklung der bergbaulichen Produktivkräfte aus.

Der Bergbau, die Quelle, aus der die ersten gewerblich benutzten Geldkapitalien in Sachsen flossen, zeigte schon im 14. Jahrhundert Erscheinungen des Niedergangs. Die Hauptursache dafür lag darin, daß sich dieser anfangs nur auf die in geringer Tiefe befindlichen und deshalb ohne große Kosten abbaubaren Vorkommen beschränkte, sowie im technischen Unvermögen, bei dem notwendig gewordenen Vorstoß in größere Tiefen der Wassermassen Herr zu werden; als Folge davon kam es zu einem beträchtlichen Rückgang der Ausbeute[2].

> Gebauer berichtet, daß von den 52 Freiberger Schmelzhütten Anfang des 14. Jahrhunderts nur noch 2 in Betrieb waren[3]. Die um ihre Revenuen bangenden Landesfürsten wandten deshalb beträchtliche Geldmittel auf, um mit Hilfe ausländischer Meister aus Prag, Freiburg, Rothenburg und Nürnberg[4] die Wasserführung namentlich durch den Bau großer Entwässerungsstollen zu verbessern.

Zu diesen in der Natur des Bergbaus liegenden Ursachen des Niedergangs, der durch kürzere Perioden abermaligen Aufschwungs infolge neuer Funde und verbesserter Bergbautechnik unterbrochen wurde, traten die zahlreichen Kriege, die sich auf sächsischem Boden abspielten und in denen sich die Angriffe „zuerst immer auf die wirklichen und vermeintlichen Schätze der Bergwerke richteten“[5]. Sie hielten, wie Bodemer schreibt, die Initiative der Bergbauunternehmer zurück und „vernichteten entweder den Bergbau selbst oder aber die Mittel, ohne welche derselbe nicht mit Vortheil zu betreiben war“[6]. Hinzu kamen als Hemmnis verheerende Seuchen, vor allem die Pest. Der schwerste Schlag aber, von dem er sich nicht wieder erholen konnte, traf den sächsischen Bergbau, als nach der Entdeckung der amerikanischen Gold- und Silberfelder der Preis für die edlen Metalle erst allmählich, dann aber rasch und unaufhörlich zu sinken begann[7]. Während der Wert der Ausbeute so immer geringer wurde, stiegen die Produktionskosten der

[1] Urkundenbuch, II. Band, S. XLII flg.; Sieber, Siegfried, „Zur Geschichte des erzgebirgischen Bergbaues – Monographie zur Kultur- und Wirtschaftsgeschichte Sachsens – Ein Volks- und Heimatbuch für das Erzgebirge“. Halle 1954, S. 79.
[2] Urkundenbuch, II. Band, S. XII.
[3] Gebauer, I, S. 467.
[4] Urkundenbuch, II. Band, 933., S. 43–44; 934., S. 45.
[5] Bodemer, S. 3.
[6] Ebenda.
[7] Ebenda, S. 3 u. 4.

Gruben durch die schon seit langem bestehende Notwendigkeit, diese immer tiefer zu treiben und zu chemotechnischen Aufbereitungsverfahren überzugehen, außerordentlich an. Die Folge war, daß der überwiegende Teil der sächsischen Bergwerke entweder nur noch durch Zubußen erhalten werden konnte oder ganz verfiel.
Die Chancen der durch den Bergbau hervorgerufenen Vermögensbildung sowohl für die allgemeine als besonders für die gewerbliche Entwicklung Sachsens waren groß. In den „Beiträgen zur Geschichte der Cultur der Wissenschaften, Künste und Gewerbe in Sachsen ..." werden sie treffend gekennzeichnet:

> „Der Gewinn aus den neuentdeckten Bergwerken hatte, als natürliche Folge, einen sehr wichtigen Einfluß anf den innern Zustand Sachsens. Das Mittel, mehrere Bedürfnisse zu befriedigen und selbst Annehmlichkeiten des Lebens sich zu verschaffen, Handwerker und Arbeiter verschiedner Art zu bezahlen, war nun gefunden. Städte und Dörfer entstanden jetzt und blühten da auf, wo vorher ausgedehnte Waldungen oder unfruchtbare Einöden waren. Ein reger Geist erwachte in der Nation: der Grund zu der sächsischen Industrie war nun gelegt. Aber auch nur der Grund. Denn noch fehlte es an einer gehörigen Leitung der Industrie, an guten Mustern zur Bildung für Künstler und mechanische Arbeiter, an geregelter Verfassung der Handwerker, an Manufacturen und Fabriken, an einem ordentlichen Gange des Handels"[1].

Die industrielle Verwendung im Bergbau gewonnener Fonds zeigte sich bereits im 14. Jahrhundert. Kunze berichtet davon, daß die Chemnitzer Bleiche ihre Anlage solchen Vermögen verdanke[2].

> „Es sind vier Vertreter der damaligen Meißner Hochfinanz gewesen, und zwar Nickel Monhoubt, Münzmeister zu Freiberg, „der reichste Edelmann des Landes", Nickel Schultheiß zu Mittweida, Mathis Malzmeister, Bürger zu Chemnitz, und Hentzel Randecke, Bürger zu Freiberg, denen die Markgrafen Friedrich und Balthasar mit Erlaß vom 14. Dezember 1357 die Anlegung einer Bleiche zu Chemnitz unter Verleihung des Privilegs gestatten, daß alle Leinenwaren, die in einem Umkreise von 10 Meilen gewebt sind, nach Chemnitz auf die Bleiche gebracht werden müssen"[3].

Die Herkunft dieses Kapitals wirkte sich auch auf die Organisation der Bleiche aus. Nach ihrer Ordnung vom Jahre 1390 war sie „geteylt noch bergkrecht in XXXII teyl" und vorgeschrieben, daß „... ein ezlich gewercke sal sinen teil belegen ...

[1] Ohne Angabe des Verfassers [Bleistiftnotiz: „Verf. Gebhard"], „Beiträge zur Geschichte der Cultur der Wissenschaften, Künste und Gewerbe in Sachsen vom 6ten bis zu Ende des 17ten Jahrhunderts", Dresden 1823, S. 21; Köhler, Johannes, „Die Keime des Kapitalismus im sächsischen Silberbergbau (1168 bis um 1500)", in: „Freiberger Forschungshefte, Kultur und Technik", D 13, Berlin 1955, S. 122–125.

[2] Kunze, Arno, „Die nordböhmisch-sächsische Leinwand und der Nürnberger Großhandel – mit besonderer Berücksichtigung des Friedland-Reichenberger Gebietes". Reichenberg 1926, S. 18; „Quellen zur älteren Wirtschaftsgeschichte Mitteldeutschlands", IV. Teil, herausgegeb. v. Herbert Helbig, Weimar 1953, „289. Die Markgrafen von Meißen gestatten die Anlegung einer Bleiche in Chemnitz. 1357. U. B. Chemnitz, 23", S. 11 u. 12; vergl. hierzu auch die an gleicher Stelle veröffentlichten Urkunden Nr. 290–295, S. 12–19; 297, S. 23; 299, S. 27.

[3] Kunze, Leinwand, S. 18; entnommen: Cod. dipl. Sax. reg., Teil II, Bd. 6, Nr. 23, S. 21.

nach anczal seyner teil ..[1].“; die Anteile waren übertragbar und wurden im freien Verkehr gehandelt[2].

Außer dieser bedeutsamen industriellen Betätigung bergbaulich begründeter Fonds kam es – und zwar weit früher als Textil- und sonstige Manufakturen in Sachsen entstanden, deren Gründung erst gegen Ende des 16. Jahrhunderts einsetzte – zur Errichtung von „Fabriken, in welchen Bergwerks-Produkte verarbeitet wurden“[3].

Im Verhältnis zur Größe der Vermögensakkumulation durch den Bergbau sind offensichtlich nur geringe Teile davon als erste industrielle Fonds bereitgestellt worden. Insofern ist Hunger zuzustimmen, wenn er in seinen „Denkwürdigkeiten“[4] schreibt, daß „die Silberminen von Schneeberg und Zwickau ... auf Bevölkerung, Handel, Gewerbe und Industrie, überhaupt auf den größeren National-Wohlstand nicht den merklichen Einfluß“ gehabt hätten, „den man hätte erwarten sollen“; als Ursache dafür gibt er an, daß „der Reichthum ... nicht gehörig vertheilt“ war und „in die Hände einiger großer Güther- und Lehnsbesizer, einiger großen Bergwerkseigenthümer“ zusammenfloß, was von Bodemer bestätigt wird, nach dem es „die bei dem erzgebirgischen Bergbau unmittelbar Betheiligten ... selbst während der höchsten Blüthenzeit desselben nur selten zu Wohlstand ... gebracht“ hätten[5]. Entscheidend für eine solche verhältnismäßig geringe direkte Auswirkung war jedoch nicht die Vermögenskonzentration als solche, sondern die Tatsache, daß diese Fonds mit dem zunehmenden Rückgang der Ausbeute im Bergbau zu einem erheblichen Teil wieder als Zubußen verbraucht werden mußten, und ein anderer, ebenfalls bedeutender Teil überhaupt nicht produktiv, zumindest aber nicht industriell, sondern konsumtiv verwendet wurde, wozu die Kriege, die Prachtliebe jener Zeit und das Bedürfnis der besitzenden Klassen nach Luxus den Anstoß gaben.

Unstreitig bedeutend war der indirekte Nutzen, der von der Vermögensbildung im Bergbau auf das Wachstum der gewerblichen Produktivkräfte in Sachsen ausging. Er bestand in der Gewinnung einer breiten Schicht technisch erfahrener, freier Arbeitskräfte und in der Entwicklung von Arbeitsinstrumenten, die dem technischen Fortschritt in der nicht bergbaulichen Produktion zugute kamen. Bodemer erwähnt, daß man wohl schon im 16. Jahrhundert, „wie es bis auf die neuere Zeit noch geschieht, sich Rath und Belehrung in Freiberg suchte, wenn die Anlage von Kunstgezeugen und Wassergetrieben ... in Rede stand“[6].

Mit dem Niedergang und Erliegen des sächsischen Bergbaus verlor diese Akkumulationsquelle ihre Bedeutung. Die Bildung ursprünglicher gewerblicher Fonds trat nunmehr ins Zeichen des Handelskapitals und der Gewährung von Mitteln aus dem Staatsschatz.

[1] Kunze, Leinwand, S. 18. entnommen: Cod. dipl. Sax. reg. Teil II, Bd. 6, Nr. 220, S. 140 flg. Nr. 143 – 145, S. 113 flg.

[2] Ebenda, S. 19.

[3] Beiträge, S. 21 u. 22.

[4] Hunger, S. 70.

[5] Bodemer, S. 3.

[6] Ebenda.

Auch die Akkumulation von Handelskapital in Sachsen hing anfangs eng mit dem Schicksal seines Bergbaus zusammen. Gestützt auf den dort und beim Metallhandel gewonnenen Reichtum entfaltete sich[1] ein großer Warenhandel, der seinen Mittelpunkt in Leipzig fand.

Diese Entwicklung Leipzigs zum bedeutendsten sächsischen Geld- und Handelsplatz wurde durch zwei von den Chancen des Bergbaus herbeigezogenen Einwanderungswellen beschleunigt, eine oberdeutsche, um 1470 bis 1580 namentlich von Nürnberg ausgehende, und eine sich ihr anschließende niederländische und rheinische. In ihrem Gefolge entstanden in Leipzig große kapitalkräftige Handelshäuser wie das des aus Nürnberg gekommenen Martin Leubel, der sein großes Vermögen in erster Linie beim Tuchhandel erwarb und es in Grundstücken, Vorwerken und Darlehnsgeschäften anlegte[2], das des vermutlich ebenfalls aus Nürnberg stammenden Ulbrich Lintacher, der sein Kapital im Bergbau arbeiten ließ, es wegen dieser einseitigen und risikoreichen Betätigung aber verlor[3], das von Lorenz Mordeisen aus Hof, der sich zuerst mit dem Tuchhandel, später mit Zinnbergbau und Zinnhandel befaßte, und schließlich die Handelshäuser der zahlreichen rheinischen und Antwerpner Kaufleute, die nach 1550 in Leipzig zu einflußreicher Stellung gelangten. Der bedeutendste unter ihnen war Heinrich Cramer von Claußbruch; er beteiligte sich am Mansfelder Saigerhandel und wurde 1579 zum Manufacturier, indem er auf seinem Rittergut Meuselwitz bei Leipzig, „frei von dem Druck städtischer Zünfte“[4] mit niederländischen Meistern und Gesellen eine Tuchmanufaktur mit Walkmühle, Wirkerhaus und Färberei nebst einer Wohnkolonie für die herbeigerufenen Arbeiter errichtete, die jahrhundertelang bestand[5].

Die Bildung industriell verwertbarer Fonds durch das Leipziger Handelskapital[6] war erheblich. Es vermehrte sich im erzgebirgischen Silber- und Mansfeldischen Kupferbergbau, im Metallhandel und durch Ausbeutung eines Teils der zahlreichen nach dem Niedergang des Bergbaus im Erzgebirge aufgekommenen kleinen Textilwarenproduzenten im Wege des Verlagssystems.

[1] Sächsische Kommission für Geschichte, „Sächsische Lebensbilder“, Dritter Band, Leipzig 1941, S. 13.

[2] Ebenda, S. 14.

[3] Ebenda, S. 14 u. 15.

[4] Die Arbeitskräfte stellten rechtlich freie, mithin kapitalistische Lohnarbeiter dar. Die Bedeutung dieser Tatsache für die Entwicklung der Produktivkräfte und des Kapitalismus in Sachsen wird im zweiten Kapitel des zweiten Teils der Untersuchung gewürdigt.

[5] „Inventarium über Herrn Heinrichs von Clausbruch, sonst Cramer genandt, selbigen verlassenschaft auffgerichtet und angefangen den Neun und zwantzigsten Tag Monats Novembris Ao. 1599“, Fol. 198 a, 232 a. ff., 234 a ff.; Stadtarchiv Leipzig, Akten des ehemaligen Stadtgerichts Leipzig, Nr. 327; Kroker, Ernst, „Heinrich Cramer von Claußbruch“, in: „Quellen zur Geschichte, Veröffentlichungen aus dem Archiv und der Bibliothek der Stadt Leipzig“. Zweiter Band, Leipzig 1895, S. 359 und 369; Meyer, Heinrich, „Heinrich Cramer v. Claußpruch 1518–1599, der bedeutende Handelsherr Leipzigs, der reichste Bürger dieser Stadt am Ausgange des 16. Jahrhunderts, der Begründer der Wollmanufaktur in Sachsen-Altenburg“, aus: „Bote von der Schnauder“. Zeitungsausschnitt ohne Datum, vermutlich 1931.

[6] Vergl. hierzu auch: Steinmüller, Karl, „Die Gesellschaft der Kaufleute in Leipzig im 15. und 16. Jahrhundert“, in: „Forschungen aus mitteldeutschen Archiven – zum 60. Geburtstag von Hellmut Kretzschmar“. Berlin 1953, S. 127ff.

Seine Bedeutung für die industrielle Entwicklung Sachsens trat jedoch hinter die des oberdeutschen Handelskapitals zurück, das seit dem Beginn des 16. Jahrhunderts in immer größerem Umfange nach Mitteldeutschland einströmte und seinen Profit ebenfalls im Bergbau, Erzhandel, Leinengewerbe und Leinenhandel suchte und fand[1]. Diesen kapitalkräftigen Handelsherren aus Nürnberg, Augsburg und anderen süddeutschen Handelsplätzen wie Bartholomäus Viatis, Martin Peller, Andreas Kirmayr, Christoph Zobel[2] fiel die Mission zu, „die vielen Kleinbetriebe der einzelnen Meister in der Form des Verlagssystems zu höherer wirtschaftlicher Ordnung und Leistung zusammenzufassen“ und die sächsischen gewerblichen Produktivkräfte in vordem nie gekannter Weise zu entwickeln. Die Betriebsform des Verlages setzte sich über alle zünftigen Hemmungen der Produktion und des Vertriebs der Erzeugnisse hinweg und baute, wie Kunze schreibt[3], die sächsische Leineweberei zum großen Exportgewerbe aus, „das schon um 1550, vor allem aber in der zweiten Hälfte dieses Jahrhunderts in großen Mengen seine Erzeugnisse auf die Weltmärkte Italiens und Spaniens zum Versand bringen konnte“. Die Entwicklung begann Ende des 15. Jahrhunderts mit einer auffallend starken und raschen Vermehrung der Zahl der Leineweber in Chemnitz, Mittweida und Rochlitz, ferner in Leisnig, Colditz, Geithain, Zschopau, Oederan, Hainichen und Frankenberg, mit der eine gleiche in Thüringen und der Lausitz einherging. Am 22. April 1507 machte der Nürnberger Gelieger Gessler die „Große Ravensburger Gesellschaft“ mit den Worten: „... als ich Euch vor auch geschrieben habe, daß man wieder Leinwat in Thyryngen, Sachsen und im Land zu Lüssytz mache ...“[4] auf diesen Vorgang als auf eine Gefahr aufmerksam, die dem Absatz grober deutscher Leinewand in Nürnberg drohe. Dies hatte zur Folge, daß offenbar schon früher vorhanden gewesene Handelsbeziehungen zwischen Nürnberg und dem sächsischen Leinengebiet wieder aufgenommen wurden[5].

Das Vordringen des oberdeutschen Handelskapitals in Sachsen erfuhr eine Beschleunigung durch die immer häufiger werdende Zusammenkunft Nürnberger und Augsburger Kaufleute mit sächsischen, vor allem Chemnitzer Webern auf den emporblühenden Leipziger Messen, ferner durch die beträchtliche, wahrscheinlich von oberdeutschen Kaufleuten veranlaßte Einwanderung schwäbischer Weber nach Leipzig in den ersten Jahrzehnten des 16. Jahrhunderts, der 1562 eine Ansiedlung oberdeutscher Barchentweber durch Augsburger Handelshäuser und eine weitere vorwiegend oberdeutscher Färber folgten[6].

Dieser Zustrom des fremden Kapitals wurde von den Landesherren in seinem Wert für die Entwicklung der sächsischen Produktivkräfte und die Erhöhung der kur-

[1] Kunze, Arno, „Das oberdeutsche Handelskapital und die sächsische Leinwand im 16. Jahrhundert“, in: „Meißnisch-Sächsische Forschungen – Zur Jahrtausendfeier der Mark Meißen und des Sächsischen Staates“. Dresden 1929, S. 109.

[2] Ebenda, S. 122.

[3] Ebenda, S. 109.

[4] Schulte, Alois, „Geschichte der Großen Ravensburger Handelsgesellschaft 1380–1530.“ Dritter Band, Stuttgart und Berlin 1921, S. 396.

[5] Kunze, Handelskapital, S. 111.

[6] Ebenda, S. 111 u. 112.

fürstlichen Revenuen lange Zeit nicht erkannt; man fürchtete, daß die oberdeutschen Kaufleute so den „Kern alles Gewinns"[1] aus dem Lande hinwegführten. Eine andere Haltung wird sich wohl erst dann angebahnt haben, als die sächsischen Kurfürsten aus der durch die Investition dieser Kapitalien hervorgerufenen Produktionssteigerung fiskalischen Gewinn zogen, „indem sie auf die zum Verkauf gefertigte Leinwand eine Stempelabgabe legten"[2].
Die Auswirkungen des oberdeutschen Einflusses zeigten sich bald. Während die sächsische Leinenproduktion anfangs nur Goltzschleinen, „Drelich" und andere Bleichleinewand umfaßte, wurde nunmehr das Weben von „welscher" und Schockleinewand (gefärbter Leinewand) aufgenommen; bereits 1527 fertigten die Leipziger Meister ihre Leinewand vorwiegend nach oberdeutschen Mustern an[3]. Im Jahre 1473 erfolgte die Neuordnung der Chemnitzer Bleiche nach Augsburger und Ulmer Vorbild[4]. Die Färber in Sachsen waren bald außerstande, die Nachfrage nach schwarzer Schockleinewand zu befriedigen, und so begann diese etwa vom zweiten Drittel des 16. Jahrhunderts an, wie die grün, rot oder „leibfarben" zu färbenden Stücke, für die in Sachsen überhaupt keine technische Möglichkeit der Zubereitung bestand, in die Färbereien und Appreturen Augsburgs und Nürnbergs zu wandern, um dort den letzten Veredelungsprozeß zu durchlaufen. Auf diese Weise wurden – und darin liegt vielleicht die größte Bedeutung dieses Handelskapitals für die Manufakturentwicklung in Sachsen – die Textilhandwerksbetriebe und Heimarbeitsstätten vielfach zu „Außenstellen" oberdeutscher Verlagsunternehmungen, von denen es kein weiter Schritt mehr zu manufakturmäßiger Organisation der Arbeitsprozesse war. Die Folge war, daß der durch die Einfuhr billigerer ausländischer Leinewand hervorgerufene Verfall der Chemnitzer und Rochlitzer Bleichen noch mehr beschleunigt wurde, so daß der um seine aus dem Bleichrecht stammenden Revenuen[5] besorgte Landesherr 1536 das Weben der Farbleinewand, deren Stücke länger und schmaler waren als die der gewöhnlichen Leinewand, mit allerdings nur vorübergehendem Erfolg unter Androhung schwerer Strafe verbot[6]. Dieser Vorgang der Auflösung der handwerklichen Produktionsorganisation und des Verfalls der Bleichen, der die sächsischen Weber dem oberdeutschen Handelskapital „in die Arme" trieb, spiegelt sich in einem Schreiben des Leipziger Handelsherrn Thomas Lebzelter an den Rat der Stadt Leipzig vom 5. Oktober 1599[7]:

[1] Wörtlich in anderem Zusammenhang als Fußnote[1] auf S. 23.
[2] Kunze, Leinwand, S. 23.
[3] Fischer, Gerhard, „Die Entwicklung des Leipziger Handels 1478–1650". Diss. Halle 1926, S. 119; zitiert bei Kunze, Handelskapital, S. 111.
[4] Cod. dipl. Sax. reg., Teil II, Bd. 6, Nr. 221, S. 195, zitiert bei Kunze, Handelskapital, S. 110.
[5] Für jedes Stück Ware, das zur Bleiche gebracht wurde, mußten nach der Bleicherordnung vom 10. April 1393 8 Groschen gezahlt werden. Davon erhielt der Landesherr 2 Groschen; aus: Zöllner, C.W., „Geschichte der Fabrik- und Handelsstadt Chemnitz von den ältesten Zeiten bis zur Gegenwart". Chemnitz 1888, S. 37.
[6] Kunze, Handelskapital, S. 113.
[7] Ebenda, S. 114 u. 115.

„Damals bei der Zusammenkunft in Dresden (1568) hatte man festgestellt, daß es (der Verfall der Bleichen) daherrührt, weil die Leineweber im Lande eben viel worden, und die Bleichwaren nicht mehr sind abgegangen, sondern von andern Orten, aus Schweiz und Schwaben, sowohl als aus der Schlesien, in und zwischen den Märkten (zu Leipzig), großen Summen weiße Leinwand, zweiundfünfziger Golzschen, Zwillich, Trillich, Schwäbisch und dergleichen, in diese Lande sind führt und viel wohlfeiler gegeben worden, als die Leineweber allhier im Lande, von wegen des teuren Einkaufs des Garns, solche erzeugen und geben können. Dahero sich der meiste Teil der Leinweber auf allerley Farbeleinwand, Wahlenstücke (so den Namen von Wahlen oder Italienern, die sie mit großen Summen führen, bekommen) und dergleichen Gattungen, welche sie bald wieder zu Gelde machen können, haben befließen, die dann in großer Summa rohe aus dem Land sind geführt, in den Reichsstädten (Nürnberg und Augsburg) hin und wieder und zum Teil in diesen Landen in die Farben gewaschen oder gebleicht und hernach gefärbt und in Italiam, Galliam und Hispaniam in starker Summa verführt worden".

Mit welchen Mitteln das Nürnberger Handelskapital zu Werke ging, um mit Hilfe des Verlagssystems[1] über die Beherrschung der Produktion zu einem Monopol des Absatzes zu gelangen, und wie sich dabei der Fortschritt von der kleinen Warenproduktion des mittelalterlichen Handwerks zu Keimen und Vorstufen der kapitalistischen Produktionsweise auf Kosten der kleinen Produzenten vollzog, zeigt ein „Verzeichnis etzlicher beschwerlicher Artikel" der Chemnitzer Weberzunft im Jahre 1553 in seinen Artikeln 9 bis 11:

„Artikel 9. So unterstehen sich etzliche von Städten dieses Fürstentums den Nürnberger Kaufleuten Leim, Zschetter, Gugler und andern sonderliche Stücke an Breite und Länge zu machen, bey überflüssigen Haufen, dardurch das beste Garn gebraucht wird.
Artikel 10. Alldieweilen nun berührte Nürnberger und andere Kaufleute spüren und merken, daß alle ihr Vorhaben ihnen gelingt und niemand einen Widerstand erzeigt (wie wir gerne täten, so wir Fürderung bey unserer Obrigkeit, als dem Rat und dem Gleitsmann ... wie billig gehaben künten, aber was soll man uns helfen, es seint Bürgermeister und Ratsherr selber mittc im Spill und Handel), so unterstehen sie sich mit ihrem uberleyh Gut und Gelde, durch berührte ihre Faktorn, rohe Leimbten aufzukaufen, legen dasselbe zum Scheine einsteils auf die Bleiche, durch solche Faktorn heimlich außerhalb Landes geschickt, die werden dann daselbst in anderen Landen, do mehr fleiß beim Bleichen, wann hier

[1] Die Betriebsform des Verlags stellte für das Sachsen der damaligen Zeit nichts Neues dar. Wenn das Aufkommen nichtbergbaulicher Verlagsbeziehungen in diesem Lande zeitlich auch nicht bestimmt ist, so steht doch fest, daß solche bereits in der zweiten Hälfte des 15. Jahrhunderts, mithin noch vor dem Hauptzustrom des oberdeutschen Handelskapitals, existierten. Kunze zitiert auf S. 22 seiner Abhandlung über „Die nordböhmisch-sächische Leinwand ..." eine Urkunde aus dieser Zeit, in der es heißt: „Item, mon hat, Indisen landen wol lute, die do kendn verlegen, Bergwercke, vnd Handwercke, vnd andern Handel, vnd sie kennen, vor den fremden verlegern nicht zu komen, dieselben fremden verleger tun den fursten und steten, dauon nichts, dann zcolle, vnd gleite, daz teten diy Ingesessenen auch, als furen diy fremden den kern alles gewyns hin weg, vnd liden mit disen landen weder bose noch gut daruon muste mon scezen, daz diy fremden verleger der Herrschafft vnd der stat da sie verlegunge tetn, yrer sum der verlegunge die X gulden geben als dicke der vmbslag der wynunge gesecze ...".

zu Lande gethan, gebleicht und zugericht, als dann wiederum herein uff die Jahr- und Hauptmärkte geführt, do sie vor dieser Weiln solche gebleichte Leimbten, was uns zu Leipzig, Naumburg und andern Orten übrig gewesen und glieben, von uns gekauft. Weil sie diesem Vorteil vor uns haben und auf Borg geben können, vermögen wir unsre Ware nicht zu verkaufen.
Artikel 11. So unterstehen sich auch etzlich im Lande zu Lausitz einer Neuerung und sonderlich auch einer zu Bautzen, kaufft in allen Gegenden umb Bischofswerda, da wir auch zu unserer Notturft Garn erholen müssen, große Summen und hauffenweise mit Garne, und das entzlich vil, schickt solchs auch berührten Kaufleuten zu gen Nürnberg"[1].

Es war somit eine Interessengemeinschaft der führenden Stadtbourgeoisie und dem oberdeutschen Handelskapital, das dessen Vordringen in Sachsen und die Ausbeutung der Spinner und Weber erleichterte. Zahlreiche Bürgermeister, Ratsherren, Gleitsmänner und Leineweberälteste wurden als Faktoren für die Nürnberger und Augsburger Handelshäuser tätig, und nach und nach überspannte das sächsische Leinengebiet ein engmaschiges Netz von Faktoren, das von Oberfaktoren mit dem Sitz zumeist in Leipzig zusammengehalten wurde[2]. Die übliche Form des oberdeutschen Verlags in Sachsen war anfangs offenbar, wie Kunze vermutet[3], die des Rohstoffverlags[4], später die des Geldverlags.
Die Höhe des so nach Sachsen einströmenden Handelskapitals war bedeutend. Dies geht, wenn genaue Berechnungen darüber auch nicht möglich sind, allein schon aus den Tatsachen hervor, daß „um 1580 für ungefähr 200000 Gulden Leinenwaren nach Nürnberg ausgeführt werden konnten"[5] und zur Zeit der größten Blüte des Nürnberger Handelshauses Bartholomäus Viatis und Martin Peller um 1600 bis 1620 „im sächsischen, oberlausitzer, böhmischen und schlesischen Leinengebiet rund 2000 Leineweber mit ihren Gesellen und Lehrjungen in den Diensten dieser genialen Handelsherren gestanden haben, ganz abgesehen von der großen Anzahl der Spinner und Spinnerinnen, die die große Garnnachfrage zu befriedigen hatten..."[6]. Demgegenüber hatte das Leipziger Handelshaus Siegmund Otten und Konsorten um 1615 im Leinengebiet der Ämter Hohnstein und Stolpen sowie in der Stadt Bischofswerda die an sich auch beträchtliche, aber eben doch viel geringere Summe von etwa 50000 Gulden als Verlagsgeld investiert[7].
Der Einfluß des oberdeutschen Handelskapitals auf Sachsen dauerte bis zu dem infolge Verlagerung der Welthandelswege eingetretenen Niedergang dieser Handelshäuser. Er ging hauptsächlich auf die Kaufleute der norddeutschen Hanse über, die „den von Zunft- und Bannrechten behinderten oberdeutschen Handelsgesell-

[1] Kunze, Handelskapital, S. 115 u. 116.
[2] Ebenda, S. 117.
[3] Ebenda, S. 118.
[4] Die nicht verlegten Weber, die vielfach in den armseligsten Verhältnissen lebten und oftmals nicht in der Lage waren, von einem Wochenmarkt zum andern das Rohmaterial einzukaufen, beklagten sich jedenfalls bald darüber, „daß die Kaufleute" haufenweise „das Garn auf den Dörfern und Märkten aufkaufen"; ebenda, S. 116 u. 119.
[5] Kunze, Handelskapital, S. 121; derselbe, Leinwand, S. 25.
[6] Derselbe, Handelskapital, S. 121 u. 122.
[7] Derselbe, Leinwand, S. 26.

schaften das Exportgeschäft nach und nach ganz aus der Hand" rissen und zu einem „wesentlichen Beförderer der erzgebirgischen Industrie" wurden[1], bis auch sie das Schicksal des Verfalls ereilte.

An hanseatischen Firmen nennt Kunze[2] Biedermann und Simon aus Hamburg, „welche die eintzigen geweßen, welche damahls (?) oberländische Leinwand eingethan und damit sowohl die Stadt Hamburg alss Leipzig zuförderß versorget, ... später die Engländer Hollmann und Johann Stübinger ...".
Daneben gelang es einigen Leipziger Handelshäusern zumeist oberdeutschen Ursprungs wie Thomas und Johann Lebzelter, den Schwenkendörfern und Siegmund Otten und Konsorten, trotz der hanseatischen Vorherrschaft im sächsischen Leinengebiet etwas Fuß zu fassen, während die sonstigen einheimischen Kaufleute nur selten in dieses Verlagsgeschäft eintreten konnten.
Als Kapitalgeber beteiligten sich am Verlag auch die sächsischen Landesherrn und kurfürstlich sächsische Beamte[3].

Die Auswirkungen dieses Entzugs der ausländischen Kapitalien auf das sächsische Leinengewerbe waren einschneidend. Marperger berichtet[4], daß noch um die Wende zum 17. Jahrhundert „Kauffleute aus Nürnberg und andern Reichs-Städten, mit denen Leinwebern zu Bischoffswerda und in andere Sächsischen Manufactur-Städten rechte Contractus aufrichten, gantze Fäßlein Gelds voraus bezahlen, und noch gute Wort darzu geben musten", damit sie die Leinewand bekamen; er klagt darüber, daß dies nun anders sei und „die Zahl der Leinenweber und Tuchmacher an manchen Ort, um mehr als die Helfte abgenomen" habe.
Der durch den Ausfall des oberdeutschen und hanseatischen Handelskapitals bewirkte Kapitalverlust wurde durch die Massenvernichtung von konstantem und variablem Kapital im Dreißigjährigen Krieg noch außerordentlich verstärkt. Der Kapitalmangel hemmte den Wiederaufbau der zerstörten Wirtschaft, insbesondere den der Städte, und gefährdete die landesherrlichen Revenuen. Bei dieser Sachlage war es zwangsläufig, daß eine neue und rasche Akkumulation industrieller Fonds nur mit Hilfe des Staates vor sich gehen konnte. Treffend wird diese Situation von Osiander gekennzeichnet; nach ihm ist es für das Sachsen der damaligen Zeit „ohne dergleichen landesherrlichen gnädigsten Beytrag ... auch nicht möglich, daß etwas fruchtbarliches im Lande ausgerichtet werden kan, denn oft sind die geschicktesten Leute die ärmsten, und was sie mit Schuld und Borg anfangen sollen, wird, wo nicht gar unmöglich, doch so schwer, daß nichts rechtes herauskommt"[5]. Als Sachsen zur staatlichen Förderung seiner Industrie überging, folgte

[1] Bodemer, S. 7 u. 8.
[2] Kunze, Leinwand, S. 24.
[3] Ebenda.
[4] Marperger, Paul Jacob, „Abriß der Commercien und Manufacturen des Churfürstenthum Sachsens und seiner incorporirten Länder sonderlich aber der allergnädigsten Intention, welche Se Königliche Maj. in Pohlen und Churfl. Durchl. zu Sachsen, besagte Commercia je länger je mehr in Aufnehmen zu bringen, biß hieher so Preißwürdigst als Landes-Väterlich geführet haben". Dresden und Leipzig 1718, S. 15.
[5] Osiander, ..., „Einiger Durchl. Chur- und Fürsten zu Sachsen, besondere Vorsorge in Handwerks, Commercien, Oeconomischen und Polizeysachen", in: „Dreßdnische Gelehrte Anzeigen auf das Jahr 1751", XXX. Stück u. XXXI. Stück, Spalte 275.

es dem von Colbert gegebenen Vorbild des europäischen Kontinents, bei dem, wie Marx in seiner Analyse der ursprünglichen Akkumulation festgestellt hat, das ursprüngliche Kapital der Industrie zum Teil direkt aus dem Staatsschatz fließt[1]. Die Auswirkung dieser finanziellen Unterstützung durch den Staat war stark; sie wird von Marx durch das Zitat einer Stelle aus Mirabeaus „De la Monarchie Prussienne" gekennzeichnet: „Warum so weit die Ursache des Manufakturglanzes Sachsens vor dem Siebenjährigen Kriege suchen gehn? 180 Millionen Staatsschulden"[2].
Nach dem Siebenjährigen Kriege mit seiner abermals beträchtlichen Vernichtung von Kapital jeder Art setzte eine neue Form der finanziellen Förderung der sächsischen Manufakturen durch die Gewährung von staatlichen Vorschüssen und Prämien ein.

> In einem Schreiben der später in ihrer Bedeutung für die neuerliche Stärkung der sächsischen Produktivkräfte noch eingehend zu würdigenden Landes-Oeconomie-, Manufactur- und Commercien-Deputation vom 21. April 1764 an den Administrator Xaver stellt diese fest, daß die Prämie in Sachsen „noch nie gewöhnlich gewesen" sei; sie halte „diese Art der Aufmunterung des Nahrungs-Standes [für] die allgemein-würcksamste und wo nicht noch beßer, als die Anfeuerung durch Beispiele, doch wenigstens für dieeinige ..., so ihr gleichkommt"[3].

Mit der Aussetzung von Prämien schloß sich Sachsen dem erfolgreichen Vorgehen Englands, Irlands und Frankreichs an und fand sogleich Nachahmung in Preußen und Hannover. Die Gesamtsumme der vom Staat verteilten Gelder „zur Aufmunterung des sächsischen Nahrungsstandes" betrug nach einer 1816 von dem Kassierer der Prämienkasse aufgestellten und in Nummer 12 der „Vaterländischen Beiträge" vom 5. April 1816 veröffentlichten – im Hauptposten leider nicht aufgegliederten – Übersicht[4] in der Zeit von 1764 bis 1815 rd. 392000 Taler an Unterstützungen und Prämien (ohne die für Lebensrettung) und rd. 117000 Taler an Vorschüssen. Davon wurden ausgegeben (siehe nebenstehende Tabelle).

Zu der Bereitstellung von Geldkapital aus dem Staatsschatz trat die Förderung durch Überlassung von Sachkapital vor allem in Gestalt kostenlos zur Verfügung gestellter staatlicher und kommunaler Grundstücke und Gebäude für die Einrichtung neuer Fabrikationen und zum Anbau notwendiger Rohstoffe, von Zuchttieren, Saat- und Pflanzgut sowie von variablem Kapital in Form von rechtlich unfreien Arbeitskräften wie Zuchthäuslern und Waisenkindern. Hinzu kamen die zahlreichen Abgabenbefreiungen und -erleichterungen und das Bestreben, die Kapitalsammlung und -ausleihe wie auch den Geldverkehr durch staatliche Reglementierung und Institute zu erleichtern. 1699 erließ August der Starke die

[1] Marx, Bd. I, S. 797.
[2] Ebenda.
[3] Acta, „Die zu mehrerer Aufnahme der Land-Wirthschafft und Manufacturen ausgesetzte Praemien betr.", Anno 1764. 65. 66. 67. 69. 70; Bl. 5; Sächsisches Landeshauptarchiv (künftig: LHA), Vol. I, Loc. 5355.
[4] Zitiert bei Ebeling, Theodor, „Die Landes-Oeconomie-Manufactur- und Commercien-Deputation in Sachsen". Leipziger Diss., ohne Jahresangabe [vermutlich um 1925], S. 127.

Für	An Unterstützungen und Prämien in Talern	Vorschüssen
brandverunglückte „Fabrikanten" und Handwerker	15150	8800
„Fabrikstand" und Kaufmannschaft überhaupt	10740	12000
Landwirtschaft, Holzkultur und Nahrungsstand überhaupt	116965	500
Lederbereitung, sowie franz. Handschuhfabrikation	21244	9600
Maschinenbau, Spinnerei und Krempelung	52815	2233
Oeconomische Societät	18500	–
Seidenwaren- und Florfabrikation	18131	5730
Tuch- und Casimirfabrikation	40235	11450
Wollhandel und Wollwaren aller Art	10518	22325
Zitz- und Kattundruckerei	13923	6800

Leipziger Handels- und Wechselordnung[1], nachdem er ein Jahr vorher die „Erklärung, wie und auff was Art in Dero Kauff- und Handels-Stadt Leipzig ein Banco de Depositi auffgerichtet werden solle", herausgebracht hatte[2].
Mit der Gründung dieser Bank, die nach italienischem Vorbild erfolgte, war – wenn sie auch schon nach sechsjährigem Bestehen wieder liquidiert werden mußte, wobei der Landesherr, der sich am Zustandekommen finanziell beteiligt hatte, erhebliche Verluste erlitt[3] – der Anfang zu einem modernen Bankwesen gemacht, das über ein Jahrhundert später zu einem der entscheidenden Faktoren bei der Durchsetzung und dem Aufbau des industriellen Kapitalismus in Sachsen wurde.

Die Sicherheit der Depositeneinlagen und das Betriebskapital gewährleistete der Staat durch die Bereitstellung von 120000 Talern aus Regalien und Nutzungen. Die Geleite wurden dafür mit 43750, die Accisen mit 28125, die „Hütten/Blau-Farbe/Zehend- und andern Nutzungen" mit 26250 und die Floßeinnahmen mit

[1] Marperger, Abriß, S. 8.
[2] Derselbe, „Beschreibung der Banquen – Was und wie vielerley derselben seyn / als nehmlich Land-Lehn- und Deposito-Wechsel- und Giro- oder kauffmännische Ab- und Zuschreib- wie auch Billets- oder sogenannte Müntz-Zettels- und Actien-Banquen. Wo die vornehmste derselben anzutreffen / mit was vor Statutis und Verordnungen einige darunter versehen seyn (und wie hoch dem Publico daran gelegen / daß in allen großen Residentz-Rechts- und Handels-Städten / ja auch in gantzen Ländern und Provincien dergleichen Banquen, zu Beförderung der Commercien / und Nutzen der Einwohner angeleget würden; Wobey zugleich – von dem Recht der Banquen und Banquiers gehandelt, In der Summarischen Wiederhohlung aber ein gewisses Wechsel-Project examiniret, und endlich die sicherste und beste Ordnung, das Financien-Wesen eines Landes oder Republic auf guten Fuß zu setzen, gezeiget wird. Nebst einem Register". Leipzig 1723, S. 257.
[3] Sächsische Kommission für Geschichte, S. 30.

21875 Talern in Anspruch genommen[1]. Die Verzinsung der Einlagen, deren Mindesthöhe auf 300 Taler festgesetzt war[2], betrug 6 Prozent[3], während die Bank für gewährte Kredite 7 bis 9, in besonderen Fällen auch mehr Prozent fordern durfte[4]. Kredite konnten nach § 1, Tit. IIX der Bankordnung vom April 1699 gewährt werden „so wohl gantzen Städten/Communen/Kirchen / Schulen / Dorff- und Gewerckschaften / Manufacturen und dergleichen / nach der in Rechten vorgeschriebenen Art und Weise; als auch inn- und ausländischen Kauffleuten / und iedermänniglichen aus dem Banco mit Geldern ausgeholffen werde, wenn sie nur durch tüchtige Pfande dem Banco zulängliche Versicherung geben"[5].

Der Erfolg aller Bemühungen, den Mangel an ursprünglichem industriellen Kapital in Sachsen durch Hingabe staatlicher Mittel und sonstige fördernde Maßnahmen auszugleichen, setzte sich nach dem Siebenjährigen Kriege fort.

Die bereits erwähnte Landes-Oeconomie-, Manufactur- und Commercien-Deputation „merkt" schon im ersten Hauptbericht auf das Jahr 1764 „mit Vergnügen an, daß, wenn auch gleich ein lang anhaltender Krieg hiesige Landes-Einwohner auf das äußerste entkräftet hat und die Bemühungen derer Nachbarn noch immerfort darauf gerichtet sind, derselben Manufacturen und Handlung möglichst zu untergraben, dennoch auch hinwiederum unter Ew. Königl. Hoheit weisester Administration, derselben Arbeitsamkeit und Industrie gleichsam mit neuem Feuer belebet und durch die angediehenen kräftigsten Unterstützungen und gnädigsten Belohnungen aufgemuntert, der hierbey überall so nöthige Landes-Credit mittelst der bey den Herrschaftlichen sowohl als Landes-Caßen gehandhabten exacten Ordnung und Beobachtung öffentlichen Treu und Glaubens mehr, als in so kurzer Zeit zu erwarten gewesen, wiederhergestellet und selbst Ausländern, an den Vortheilen hiesiger Lande theil zu nehmen, Lust gemachet worden"[6].

Seit den Tagen Kurfürst Augusts hatte es keine Regierung in Sachsen gegeben, die, gestützt auf eine kameralistisch gut ausgebildete höhere Beamtenschaft, in derart erfolgreicher Weise zu einer Wieder- und Weiterentwicklung der sächsischen Produktivkräfte beigetragen hat, wie es nach dem Ende dieses Krieges unter dem Administrator Xaver geschah. Mit einer für seine Zeit erstaunlichen Offenheit bringt Bodemer diese auffällige Ausnahme in seinem bereits erwähnten Werk über die Industrielle Revolution zum Ausdruck, indem er schreibt:

„Die früheren Geschichtsschreiber haben nach der servilen und liebedienerischen Sitte ihrer Zeit die eifrige und weise Fürsorge der sächsischen Regenten und ihrer Räthe für das Aufblühen der sächsischen und besonders der erzgebirgischen Industrie zwar nicht genug zu rühmen gewußt; die Stimme der Wahrheit setzt indeß dieses Verdienst auf die lobenswerthe Nichtnachahmung der Plackereien, der Verbote, der Monopole und der sonstigen verkehrten Maßregeln anderer

[1] Marperger, Banquen, S. 258.
[2] Ebenda, S. 277.
[3] Ebenda, S. 259.
[4] Ebenda, S. 287.
[5] Ebenda, S. 282 u. 283.
[6] Acta, „Den von der Landes-Oeconomie Manufactur- und Commercien-Deputation bey Ablauf jeden Jahres von denen daselbst vorgewesenen Sachen, ingleichen von dem Zustande der Landwirtschaft, Manufacturen und Handlung erstatteten Haupt-Bericht betr." Anno 1765, 66 neque 1781; LHA, Loc. 5356, Vol. I, Bl. 69.

> Länder herab. Im Uebrigen herrschte von jeher eine Passivität, welche nur durch die Aussicht auf fiskalische Gewinne oder private Liebhaberei oder endlich durch den äußersten Nothstand aus ihrer Ruhe gebracht zu werden vermochte. Die kurze vormundschaftliche Regierungszeit des Prinzen Xaver 1763–68 war im Laufe dreier Jahrhunderte die einzige Periode, in welcher ein Verständniß der höhern volkswirtschaftlichen Interessen an den Tag gelegt ward ..."[1].

Ohne Zweifel kam dem Handelskapital bei der Bildung erster industrieller Fonds in Sachsen die größte Bedeutung zu, der eine Zeitlang die staatliche Subventionierung der Gründung von Manufakturen gleichzusetzen war. Daneben erfolgte namentlich gegen Ende des 18. und in der ersten Hälfte des 19. Jahrhunderts – wie bei der Darstellung des Werdegangs der einzelnen Manufakturzweige gezeigt wird – eine im Vergleich zur Bedeutung des Handelskapitals und der für industrielle Zwecke direkt und indirekt bereitgestellten Staatsmittel nur geringfügige Akkumulation von Geld- und Sachkapital beim Handwerk, die vereinzelt zu manufakturmäßiger Ausweitung und Gründung von Betrieben führte. Auch für Sachsen trifft somit die bereits in der Einführung zur Arbeit erwähnte Analyse von Marx zu, nach der an die Spitze der modernen Werkstätten nicht der alte Zunftmeister, sondern der Kaufmann trat. Treffsicher schreibt dazu Bodemer bereits 1856:

> „... wenn man von dem Reichthume einzelner Handwerker des Mittelalters erzählt, so läßt sich fast allemal nachweisen, daß die großen Vermögen weder durch den Webstuhl, noch durch die fleißige Naht, noch durch den biedern Hammerschlag, sondern durch Geld- und Güterschacher mit Fürsten und adeligen Herren, durch Pachtung von Zöllen, durch Geschäftstheilnahme an Münzverschlechterungen oder durch Erschleichung von Privilegien erworben worden sind. Der damalige Handwerkerstand scheint nur selten aus der Armuth herausgekommen zu sein, einen industriellen Kleinbetrieb gab es gar nicht und die Masse der Arbeitenden brachte es nicht einmal zu einem eigenen Heerd"[2].

Auch feudal erwachsene Vermögen, deren Bildung nicht nur durch die laufende Akkumulation von Arbeits-, Produkten- und Geldrente erfolgte, sondern teilweise auch durch das „Bauernlegen"[3], wurden für industrielle Zwecke bereitgestellt. Der Prozeß begann in der zweiten Hälfte des 15. Jahrhunderts damit, daß „einige Prälaten und von der Ritterschaft ... sich angemaßt" hatten, „auf den Kauf machen zu lassen" und Handwerker auf den Dörfern zu halten[4]. Wenn diese gewerbliche

[1] Bodemer, S. 19.
[2] Ebenda, S. 39.
[3] Blaschko, Karlheinz, „Das Bauernlegen in Sachsen", in: „Vierteljahresschrift für Sozial- und Wirtschaftsgeschichte", 42. Band, Heft 2, Wiesbaden 1955, S. 97–116; Blaschke sieht diesen Prozeß für Sachsen auf die Zeit von etwa 1500–1800 begrenzt und schätzt einen „Verlust von insgesamt tausend Bauernstellen an die Rittergüter", bei rund 32000 Bauernstellen, um die Mitte des 18. Jahrhunderts sind dies 30 %. Für die Oberlausitz vermutet Willi Boelcke, („Zur Lage der Oberlausitzer Bauern vom ausgehenden 16. bis zum ausgehenden 18. Jahrhundert – Ein Beitrag zur Sozial-, Wirtschafts- und Rechtsgeschichte der feudalen Gutsherrschaft in der Oberlausitz", in: „Jahresschrift des Instituts für sorbische Volksforschung", Bautzen 1955, S. 26) eine „Verminderung der bäuerlichen Hufen um etwa ein Drittel ihres ursprünglichen Bestandes" durch Bauernlegen.
[4] Falke, Kurfürst, S. 228 u. 229.

Tätigkeit somit auch schon Warenproduktion darstellte, so kam sie doch über einen kleinhandwerklichen Umfang nicht hinaus, zumal die Städte im Interesse ihrer Zunfthandwerker einer Ausbreitung des Dorfhandwerks entgegenwirkten und von den Landesfürsten darin unterstützt wurden.

So bestimmten die Herzöge Ernst und Albrecht in einer Landesordnung vom 15. April 1482, daß die Feudalherren auf dem Lande künftig nur noch für ihren eigenen Bedarf produzieren lassen und Handwerker lediglich in einer genau festgesetzten Zahl und Entfernung von der nächsten Stadt beschäftigen durften[1]. Diese Anordnung wurde von Kurfürst Moritz am 9. Juli 1551 und von seinem Nachfolger Kurfürst August am 1. Oktober 1555 erneuert; Moritz tadelt bei dieser Gelegenheit, „daß obwohl, wie jeder wisse, der adlige Stand adliges Wesen und Wandel erfordere und ein Edelmann sich von seinem Rittersolde und seinen Rittergütern unterhalten solle, dennoch einige allerlei Nahrung in einer Hantirung suchten, welche von Alters her nur die Bürgerlichen und armer Leute Kinder gebraucht haben". Er legte fest, daß nur der, welcher „vermeine, durch altes Herkommen berechtigt zu sein und seinen Stand nicht bedenken wolle", auf Nachweis eine solche Betätigung weiterhin ausüben durfte[2].

Kurfürst August, der gleiche Landesherr, der die gewerbliche Betätigung seines Adels auf dem Lande einschränkte, hielt sich selbst offensichtlich nicht an die „althergebrachte Ansicht, daß die Handwerke und Künste als sogenannte bürgerliche Nahrungszweige auch nur dem städtischen Bürger gehörten, und für den Adel zu schlecht, für den Bauer zu gut seien"[3]. Sein unbändiges Erwerbsstreben, das seine fiskalischen Interessen zumeist geschickt mit denen der Landeswohlfahrt verband, ist bekannt. Er verwertete sein großes Vermögen nicht nur im Bergbau und in der Landwirtschaft, sondern auch gewerblich und ließ u.a. in Dresden eine Pulvermühle anlegen[4].

Ihren Höhepunkt erreichte die industrielle Verwendung feudal erwachsener Fonds im 18. Jahrhundert, als bei der Feudalklasse mit der Notwendigkeit, neue Einkommensquellen zu erschließen, die durch das bürgerliche Vorbild bewirkte Einsicht in die Vorteile einer solchen Geldanlage wuchs. Wiederum war es der Landesherr, der in verschiedenen Produktionszweigen selbst als Manufacturier auftrat, daneben eine Anzahl kleinerer Feudalherren wie Premierminister Brühl, Generalfeldmarschall Graf Jakob Heinrich von Flemming, Kammerherr von Blumenthal, Minister Graf von Manteuffel, Siegmund von Berbisdorf, Oberberghauptmann von Schönberg, von Heßler, Abraham von Schilden, von Hardenberg und der Graf von Bünau. Von ihren Manufakturgründungen sowie darüber, ob und inwieweit sie dabei wie die adligen Manufacturiers im Rußland des 18. Jahrhunderts neben ihren feudalen Vermögen auch außerökonomische Verfügungsgewalt über Arbeitskräfte einsetzten, mithin: ob diese Manufakturen mit feudal ge-

[1] Falke, Kurfürst, S, 228 u. 229.
[2] Ebenda, S. 229.
[3] Ebenda, S. 230.
[4] Frommhold, Hanns, „Spiegelschleife, Pulvermühle und Kanonenbohrwerk. Drei Churfürstliche Industrieanlagen an der Weißeritz in Dresden". Dresdner Diss., Dresden 1929.

bundenen[1] oder mit rechtlich freien – kapitalistischen – Lohnarbeitern betrieben wurden, berichtet der Teil über die Produktionsverhältnisse der Manufakturen[2].
Mit der weiteren Durchsetzung der kapitalistischen Produktionsweise schob sich auch in Sachsen die Finanzierung gewerblicher Vorhaben durch die zahlreicher werdenden Banken und private Geldgeber immer mehr in den Vordergrund[3]. In bezug auf die Entwicklung der nichthandwerklichen Kleinproduktion hebt Bodemer die „Leichtigkeit" hervor, „mit welcher sich der kapitallose Anfänger oder Geschäftsmann bei nur einigem persönlichen Vertrauen durch Ausstellung nicht acceptabler langsichtiger Anweisungen Geld- und Zahlungsmittel zu verschaffen" vermochte, die nach ihm „von jeher ein mächtiger Impuls zum industriellen Aufschwunge der erzgebirgischen Industrie gewesen" ist[4]. Ihr schreibt er das Entstehen der zahlreichen, für Sachsen charakteristischen, „in Flecken, Dörfern und Hütten" zerstreuten und zersplitterten Fabrikation zu, „die es Leuten ohne Mittel und häufig auch ohne technische und kaufmännische Bildung möglich" gemacht habe, „für eigene Rechnung zu fabriciren und folglich einer gewissen, nach Umständen zuweilen sehr großen Anzahl von Arbeitern Beschäftigung zu geben, ohne alle Sicherheit, ob und wie lange sie dazu befähigt sein werden"[5]. Hinsichtlich der eigenen Akkumulation dieser so entstandenen sporadischen Industrie weist Bodemer mit Recht darauf hin, daß sich bei ihr „nur selten große und dauernd wirkende Kapitale" ansammelten, sie immer wieder „von vorne" anfange und die Äußerung eines angesehenen und erfahrenen Mitglieds der Münchner Jury zutreffe, nach der „die sächsische Industrie ... schneller wie jede andere auf einen gewissen Punkt" gelange, es aber „selten darüber hinaus" bringe[6].
Gleichzeitig mit den neuen Methoden der Bereitstellung ursprünglichen industriellen Kapitals blieben die alten teilweise noch wirksam, so der Verlag, wenn auch nicht in der Bedeutung wie zur Zeit der oberdeutschen Verlagsherrschaft in Sachsen. Er

[1] Wenn es in den sächsischen Erblanden wenigstens seit der Mitte des 12. Jahrhunderts auch keine Leibeigenschaft mehr gegeben hat, so bestanden doch über diese Zeit hinaus in der Oberlausitz Formen der rechtlichen Abhängigkeit in Gestalt von Dienstbarkeit und Erbuntertänigkeit; die letzte hörte für die Oberlausitz endgültig erst am 1. April 1832 auf. Zu den zahlreichen und in ihrer Gesamtheit drückenden Diensten gehörte auch das Spinnen. Nach der vom Kurfürsten Johann Georg I. am 4. Juli 1651 bestätigten Untertanenordnung mußte „jede Hausfrau ... sechs Stück flächsen Garn über die Ellenweife spinnen"; für jedes Stück erhielt sie „zwei ggr. Lohn" (Boetticher, Walter von, „Geschichte des oberlausitzischen Adels und seiner Güter 1635 bis 1815". Band I, Görlitz 1912–1923, S. 69flg. Neben diese Dienste traten Geldleistungen wie die Zahlung eines Silberzinses von jährlich 21 Groschen oder einem „Gülden" für jeden Lein- oder Bandweberstuhl und von jährlich einem Taler für die Freiheit zum Handel und Kramhandel (Praßer, F. E., „Chronik von Großröhrsdorf, Stadt und Dorf Pulsnitz ...", Großröhrsdorf 1869, S. 541 u. 543).

[2] Dort, wie zum Teil im fünften Kapitel des ersten Teils, finden sich auch die Quellennachweise über die mit feudalen Vermögen betriebenen Manufakturen.

[3] Siehe Teil II der Untersuchung.

[4] Bodemer, S. 35.

[5] Ebenda, S. 34.

[6] Ebenda, S. 35.

bildete bis ins 19. Jahrhundert hinein einen der „Keime“, aus denen neue Manufakturen hervorwuchsen.

Schließlich ist noch die Konzentration von Kapitalien für industrielle Zwecke durch die Bildung von „Societäten“[1] zu erwähnen, die den kleinen Fonds zu größerer Wirksamkeit verhalfen; bereits im § 14 der „Instruction“ des Kurfürsten Friedrich August II. vom 29. April 1735 für die damals errichtete „Commercien-Deputation“[2] wird auf diese Form der Finanzierung von Manufakturen hingewiesen.

Als Beispiel hierfür sei die 1754 erfolgte Gründung der vermutlich ersten sächsischen Kattundruckerei in Plauen im Vogtland durch den aus Nürnberg stammenden Kattundrucker Neumeister genannt, der in die Firma eine Manufaktureinrichtung im Werte von 3000 Talern einbrachte, während „3200 Thlr. als fehlendes Betriebskapital durch mehrere, in eine Sozietät zusammentretende Schleierfabrikanten herbeigeschaft“ wurden[3]; ferner die 1763 gegründete und bis 1774 im Besitze der Kurfürstin Maria Antonie befindliche Kattundruckerei in Großenhain, die danach für die „Zitzkattun- und Leinwand-Manufaktur-Sozietät“ betrieben wurde[4].

Die Geschichte der ursprünglichen Akkumulation in Sachsen ist besonders dadurch gekennzeichnet, daß sich durch die Ausbeute der heimischen Erzvorkommen und die Ausbeutung menschlicher Arbeitskraft im Bergbau, in der Textilindustrie und auf anderen gewerblichen Gebieten beträchtliche Fonds ansammelten, die aber immer wieder der Gefahr ihrer Vernichtung und Auflösung durch die zahlreichen Kriege auf sächsischem Boden, die Verschwendungssucht des Landesherrn und der feudalen Oberschicht, das naturbedingte Versiegen der Reichtumsquellen und nicht zuletzt durch die Abwanderung und das Ausbleiben fremden Kapitals unterlagen. Die Bildung erster Fonds mußte deshalb dauernd von neuem begonnen werden. Ihre Umwandlung in ursprüngliches industrielles Kapital hing davon ab, inwieweit die Eigentümer dieser Fonds die Chance sahen und zu ergreifen vermochten, die ihnen die Ausbeutung industriell beschäftigter Arbeitskräfte für die Vermehrung ihrer Vermögen bot.

2. Der sächsische Manufacturier

In einem Tabellenwerk über die sächsische Staatswirtschaft aus dem Jahre 1786[5] wird die Ansicht vertreten, „die Theilnehmung der Fremden an den Bergwerken“

[1] Ausführlich dargestellt im Teil II, Kapitel I, 2. Abschnitt.

[2] Acta, „Die Verfaßung und Einrichtung der zu Emporbringung des Commercien-Wesens, und Verbeßer- auch Etablirung nützlicher Manufacturen im Chur-Fürstenthum Sachßen und gesamten Landen, allergnädigst niedergesetzten Deputation, samt was solcher mehr anhängig betr.“, de Anno 1735–43; LHA, Loc. 11089, Vol. I, Bl. 11.

[3] Ohne Angabe des Verfassers, „Notizen zur Geschichte der Zeugdruckerei, namentlich baumwollener Gewebe, in Sachsen“, in: „Mittheilungen des Industrie-Vereins für das Königreich Sachsen, 1839“. Lieferung I, Chemnitz 1839, S. 13.

[4] Ebenda.

[5] Ohne Angabe des Verfassers [dieser war v. Heinitz], „Tabellen über die Staatswirthschaft eines europäischen Staates der vierten Größe nebst Betrachtungen über dieselben – Aus dem Französischen“. Leipzig 1786, S. 33/34.

beweise, „daß die Eingeborenen sich noch nicht auf den Vortheil" verstünden, „den sie haben würden, wenn sie, unter einer betriebsamen Verwaltung der Bergwerke, an diesem Zweige der Nationalökonomie" teilnähmen; dies sei „einer von den überall vernachlässigten Theilen der politischen Ökonomie, welcher im 14ten, 15ten und 16ten Jahrhundert den Reichthum eines Staates gründete und selbst den Gegenstand zu Kriegen und zur Eifersucht der Nachbarn abgab". In weit höherem Maße müßte der Vorwurf mangelnder sächsischer Initiative auf die nichtbergbauliche Produktion, insbesondere das Textilgewerbe, zutreffen, in der fremdes Kapital erheblich länger und mit viel größeren Beträgen als im sächsischen Bergbau investiert war. Ohne Zweifel trifft zu, daß sächsische Vermögen nicht in dem Umfange und weit später als die ausländischen zu verlags- und manufakturmäßiger Betätigung gelangten. Ebenso unbestreitbar liegen Anzeichen vor, die auf ein im Vergleich zu dem wagemutigen, weltweiten Betätigungsdrang des oberdeutschen Kapitals erheblich geringeres Verwertungsstreben sächsischer Vermögen auf gewerblichem Gebiete schließen lassen.

So wird in den „Notizen zur Geschichte der Zeugdruckerei ..." hervorgehoben, daß „Leipzigs, in den gesegneten Jahrzehnten nach dem siebenjährigen Kriege, sich mehrende große Mittel, ... fast ohne alle Berücksichtigung des, in der sächsischen Bevölkerung basirten Bestehens einer vaterländischen Industrie, dem Zwischenhandel mit fremden Natur und Kunsterzeugnissen zugewendet" und in Chemnitz „müßigwerdende Kapitale durch die Akquisizion von Landgrundstücken der Industrie verloren" gingen[1]. Diese Tatsache wird von Bodemer bestätigt; er berichtet, daß sehr „häufig der zu Wohlstand gelangte Fabrikant, da er weder in seinem industriellen Kreise, noch in der Gesellschaft eine seinem Ehrgeize oder seinem Geiste genügende Stellung zu erlangen weiß, sein erworbenes Kapital aus dem Geschäft zieht und sich in der großen Stadt als Rentier oder auf dem Lande als Rittergutsbesitzer behaglicher fühlt"[2].

Es darf zur Rechtfertigung der Eigentümer industriell verwertbarer Fonds in Sachsen aber auch nicht verkannt werden, daß sich ein solcher Unternehmungsgeist bei dem stark monopolistischen Auftreten des oberdeutschen und hanseatischen Kapitals lange Zeit gar nicht entwickeln konnte. Die Klage in der bereits an anderer Stelle[3] zitierten Urkunde aus der zweiten Hälfte des 15. Jahrhunderts: „Item, mon hat Indisen landen wol lute, die do kenten verlegen, Bergwercke und Handwercke, vnd andern Handel, vnd sie kennen, vor den fremden verlegern nicht zu komen ...", besteht zu Recht. Sie kennzeichnet die Situation, in der sich Sachsen etwa zwei Jahrhunderte lang befand und die zu ihrem Teile verhinderte, daß die bodenständige Produktion auf eigene Rechnung in nennenswertem Umfange über den kleinen handwerklichen Rahmen hinauswuchs. Die Stunde des sächsischen Verlegers und Manufacturiers kam erst, als dieser Einfluß des fremden Kapitals zurückging und schließlich ganz aufhörte. Was aber nachwirkte, war die Begegnung der sächsischen Landesherren, Kaufleute und Handwerker mit fortschrittlichen Produktions- und Finanzierungsmethoden und ein Reservoir von

[1] Notizen, S. 21.
[2] Bodemer, S. 34.
[3] Siehe Kapitel I, 1. Abschnitt.

Arbeitskräften, die an gewerbliche Tätigkeit gewöhnt, dafür außerordentlich geschickt waren und sich mit äußerst niedrigen Löhnen begnügten, da sie wie die erzgebirgischen mangels anderer Beschäftigungsmöglichkeit auf Lohnarbeit um jeden Preis angewiesen waren. Hinzu trat, daß seit dem 17. Jahrhundert wie allgemein so auch in Sachsen das Bedürfnis nach besserer Lebenshaltung und damit die Nachfrage nach Waren aller Art immer mehr stieg, ohne das die handwerkliche Kleinproduktion in der Lage gewesen wäre, diesen durch außerordentliche Kriegszerstörung noch vergrößerten Bedarf quantitativ und qualitativ zu decken. Bei dieser Sachlage konnte es nicht ausbleiben, daß sich nach Überwindung der ärgsten Folgen des Dreißigjährigen Krieges in zunehmendem Maße und nach dem Ende des Siebenjährigen Krieges abermals steigend eine Reihe sächsischer Kaufleute, Adliger, der Landesherr, vereinzelt auch Handwerker auf ihrem Gebiete, der Errichtung von Manufakturen zuwandten. Vielfach waren es Berufsfremde – so bei der Kattundruckerei Schuhmacher, Seiler, auch ein Konditor, neben einigen diesem Produktionszweig immerhin näherstehenden Webern – die sich ohne Fachkenntnisse und praktische Erfahrungen in der Technik[1] wie auch bar jeder kaufmännischen Fähigkeit, lediglich von der Aussicht auf Gewinn getrieben, an die nichthandwerkliche Fertigung im größeren Maßstab heranwagten. Die Folge war, daß nicht wenigen dieser neuen Betriebe schon deswegen nur eine kurze Lebensdauer beschieden war. Nicht gering ist für Sachsen auch die Zahl der Fälle anzuschlagen, in denen Manufacturiers aus Kompagniegeschäften ausschieden und angestellte Techniker und Handlungsdiener ihre Beschäftigung aufgaben, um eigene Werkstätten zu errichten.

In welch hohem Maße sich bis gegen Ende des 18. Jahrhunderts die Erkenntnis der Chance durchgesetzt hatte, durch Ausbeutung gewerblich beschäftigter Arbeitskräfte zu einer Vermögensvermehrung gelangen zu können, geht aus der fast unübersehbaren Fülle von Gesuchen um Erteilung von Privilegien hervor, die dem Landesherrn wegen Errichtung von Manufakturen namentlich in der zweiten Hälfte dieses Jahrhunderts vorgelegen haben. Sie zeigen zugleich, daß es auch in Sachsen nur der ökonomischen Voraussetzungen bedurfte, um eine im Vergleich zu anderen Ländern keineswegs unbedeutende Unternehmerinitiative hervorzurufen. Diese Feststellung wird in keiner Weise durch die Tatsache beeinträchtigt, daß fremdes Kapital und fremde Produktionserfahrungen der Manufakturentwicklung in Sachsen zu Hilfe kamen und der Landesherr ebenfalls nach fremdem Vorbild mit Maßnahmen fördernd eingriff, über die anschließend ausführlich berichtet wird.

Inwieweit diese Initiative zur Errichtung arbeitsteiliger Kooperationen führte, wird durch die im Anhang als wiedergegebene, allerdings keinen Anspruch auf Vollständigkeit erhebende Zusammenstellung von Daten über die sächsischen Manufakturgründungen verdeutlicht[2]. Wird die Tabelle nach zeitlicher und ört-

[1] Notizen, S. 22.

[2] Die Schwierigkeit einer solchen Zusammenstellung liegt darin, daß die Quellen aus der Anfangs- und Blütezeit der Manufakturen oftmals nicht mit Sicherheit erkennen lassen, ob es sich bei den Werkstätten mit größerer Arbeiterzahl schon um Manu-

licher Verteilung der Manufakturgründungen, Art und Größe der Betriebe sowie Herkunft der Manufacturiers ausgewertet, so ergibt sich:

a) Die Initiative zur Gründung von Manufakturen begann sich in Sachsen besonders in den letzten zwanzig Jahren des 16. Jahrhunderts zu zeigen; die Errichtung betraf damals zumeist solche Kooperationen, die Bergbauprodukte verarbeiteten. Nach einer Stagnation während des Dreißigjährigen Krieges und der ihm folgenden Jahrzehnte belebte sich die Gründertätigkeit im letzten Drittel des 17. Jahrhunderts wieder und stieg bis zum Ausbruch des Siebenjährigen Krieges stark an. Seinen Höhepunkt erreichte dieser Prozeß in den Jahren unmittelbar nach jenem Kriege. Von 1770–1780 trat ein abermaliger Rückgang ein, der im Jahrzehnt danach nochmals von einer Gründerperiode abgelöst wurde. Seitdem ging die Häufigkeit der Errichtung von Manufakturen stark zurück, ohne allerdings gänzlich aufzuhören, wie die in diese Untersuchung allerdings nicht aufgenommenen Beispiele der Anlage von Tuchmanufakturen noch bis in die siebziger Jahre des 19. Jahrhunderts hinein zeigen.

Die sächsische Manufakturgeschichte kann somit in drei Perioden eingeteilt werden, in:

eine erste,

Anfang des 16. Jahrhunderts mit vereinzelten Gründungen beginnende und bis zum Dreißigjährigen Kriege dauernde,

eine zweite,

nach diesem Kriege einsetzende und in den Jahren 1763–1770 sowie in geringerem

fakturen oder noch um – wenn auch große – Handwerksbetriebe ohne Arbeitsteilung handelt; gegen Ende der Manufakturperiode verwehren die Unterlagen nicht selten den Aufschluß darüber, ob noch manufaktur- oder bereits fabrikmäßige Produktion vorliegt. So wurden in den Akten der Landes-Oekonomie-, Manufactur- und Commercien-Deputation zumeist auch die Werkstätten der zünftigen Handwerker als „Manufacturen" und die gewerblichen Produkte allgemein als „Manufacte" bezeichnet, und Marperger rechnet in seinem „Abriß" von 1718 (S. 22) dazu sogar alles, was „durch Menschen Hände zum Gebrauch erst ... zu gerichtet werden" muß. In die Übersicht sind sowohl die zentralisierten nichthandwerklichen Werkstätten als auch die „zerstreuten" Manufakturen aufgenommen worden sowie ein Teil solcher teilweise auch arbeitsteiligen Werkstätten zur Verarbeitung von Bergbauprodukten, die man im 18. Jahrhundert als „Fabriquen" bezeichnete, weil in ihnen „mit Feuer und Hammer" gearbeitet wurde (siehe Akte, Landes-Oekonomie-, Manufactur- und Commercien Deputation, Loc. 5356, Vol. I, Bl. 48). Eine Gesamtdarstellung dieser „Bergfabriquen" bleibt einer späteren Arbeit vorbehalten. Wegen Einschätzungsschwierigkeiten im Einzelfalle sind die arbeitsteilig betriebenen Werkstätten zur Herstellung von Papier weggelassen worden. Ergänzungsbedürftig ist das Tabellarium auch in Bezug auf Lausitzer- und Thüringer Betriebe, auf die zerstreuten Manufakturen und auf Angaben hinsichtlich Beschäftigtenzahl, Produktionskapazität und Lebensdauer der Betriebe. Zur Orientierung über die zeitgenössische Bedeutung der Begriffe „Manufaktur" und „Fabrik" und die bei ihnen eingetretene Sinnwandlung wird auf die im Literaturverzeichnis angegebenen Enzyklopädien von Adelung (2. Teil, Sp. 3 u. 4; 3. Teil, Sp. 68), Grimm (3. Band, Sp. 1217), Krünitz (12. Teil, S. 2; 84. Teil, S. 10flg., 160flg.), Zedler (9. Band, Sp. 11, 35; 19. Band, Sp. 1135flg.) sowie auf die Artikel „Fabrik" (S. 680) und „Gewerbe" (S. 850) von Bücher im „Wörterbuch der Volkswirtschaft ..." verwiesen.

Ausmaß 1770–1790 ihren Höhepunkt erreichende, die sowohl hinsichtlich der Zahl der errichteten Betriebe und des Umfanges ihrer Produktion als auch des Grades der angewandten Arbeitsteilung die bedeutsamste war, und in
eine dritte,
die der „modernen" Manufaktur, deren Existenz in die Zeit nach der Industriellen Revolution fällt.
Als eigentliche „Manufakturperiode" ist für Sachsen das 18. Jahrhundert anzusprechen.

b) In Sachsen überwog die Textilmanufaktur; besonders groß war der Anteil der Kattundruckereien. Von anderen Branchen stand zahlen- und wertmäßig außer der tabellarisch nicht erfaßten Gründung von Blechhämmern die von Glashütten und „ächter sowie unächter Gold- und Silber-Fabriquen" im Vordergrund.

c) Während zu Beginn der Manufakturperiode die Betriebe zur Befriedigung des Luxus- und Heeresbedarfs den größten Raum einnahmen, verlagerte sich das Produktionsvolumen im weiteren Verlauf der Entwicklung immer mehr auf die Werkstätten zur Deckung des zivilen Massenbedarfs. Gleichzeitig nahm die zentralisierte gegenüber der dezentralisierten Manufaktur immer mehr zu.

d) Hinsichtlich der Standorte der sächsischen Manufakturen zeigen sich sowohl Streuungen über das ganze Land als auch die Herausbildung deutlich begrenzter Produktionszentren wie Leipzig für die Herstellung von Samt- und Seidengeweben und Wachstuchen sowie für die Erzeugnisse der „Gold- und Silberfabriquen", Freiberg für die „leonischer Waren", Chemnitz für die gedruckter Kattune, Suhl für die Fertigung von Waffen und Werkzeugen, Markneukirchen und Klingenthal für den Bau von Musikinstrumenten, Dresden für die Erzeugung von Handschuhen und Grimma für die von Flanellen, um die hauptsächlichsten zu nennen[1].

e) Soweit Angaben über den Beruf und die soziale Stellung der Gründer bzw. ersten Eigentümer von Manufakturen vorliegen, ist die überwiegende Zahl als Kaufleute erkennbar, während etwa nur halbsoviel auf Handwerker und ein geringer Rest auf den Kurfürsten und den Adel entfallen.

f) In Sachsen herrschte außerhalb des Bergbaulichen die mittelgroße Manufaktur vor; es kam jedoch neben kleinen, sich im Produktionsumfang von Handwerksbetrieben der gleichen Branche nicht oder kaum unterscheidenden Werkstätten auch zu großen, sogar ganz großen arbeitsteiligen Kooperationen, wie die Beispiele der leonischen Werkstätten in Freiberg, der Leipziger Schriftgießerei von Breitkopf und Härtel, der Meißner Porzellanmanufaktur, der Dürningerschen Leinenmanufaktur in Herrnhut und der Chemnitzer Kattundruckerei von Benjamin Pflugbeil zeigen.

g) Die Lebenskraft der Manufakturen nahm im Laufe der Jahrhunderte ab. Während im Anfang der Entwicklung Betriebe mit einer Lebensdauer bis zu 300 Jahren und darüber vorkamen, liegen die bekannt gewordenen Höchstwerte im 18. Jahrhundert – mit Ausnahme der jetzt noch bestehenden Meißner Porzellanmanufaktur –

[1] Siehe die Karte über die Standorte der Manufakturen.

bei etwa 50 Jahren, und durchaus nicht zu den Seltenheiten gehörte im letzten Drittel des 18. Jahrhunderts die Manufaktur, die schon kurze Zeit nach ihrer Gründung den Anfangsschwierigkeiten erlag.

3. Anwerbung und Zuzug fremder Manufacturiers

Die Produktivkräfte hatten sich in England und Frankreich wie im Westen und Süden Deutschlands rascher und stärker entwickelt als in Sachsen. Diese Produktionsüberlegenheit des Auslandes führte schon zeitig zu den dann über mehrere Jahrhunderte gehenden Bestrebungen, sich die außersächsischen Produktionserfahrungen durch

1. Heranziehung fremder Handwerker, Manufacturiers und Wirtschaftssachverständiger,
2. Einführung moderner Arbeitsinstrumente und
3. Delegierung von Handwerksgesellen und sonstigen Fachleuten zum Studium ausländischer Produktionstechnik

nutzbar zu machen.
So wurde bereits in der ersten Hälfte des 16. Jahrhunderts eine große Zahl von „Tuch-Fabricanten“ ins meißnische Land gezogen, die dem Rufe wegen der besseren Qualität der sächsischen Wolle leicht folgten[1]. In der zweiten Hälfte des Jahrhunderts erreichten diese Bestrebungen ihren einstweiligen Höhepunkt.

Kurfürst August „ließ holländische Tuchmacher verschreiben, welche ihre Fabrike in Torgau etabliren und darin gute Tuchmachergesellen abrichten mußten“. Sie führten 1562 die Herstellung von Barchent in Sachsen ein. Auch die weitere Entwicklung dieses Produktionszweiges beruht auf dem Zuzug fremder Manufacturiers und Handwerker. Ende des 17. Jahrhunderts wendeten sich „dergleichen geschickte Leute aus dem Reiche nach Chemnitz“ und etablierten dort ihre „herrlichen Canevas- und Parchent-Manufacturen“[2].
1566 berief der Kurfürst aus den Niederlanden Ziegelstreicher, die in Sachsen die zweckmäßigste Einrichtung von Ziegelscheunen und die tauglichste Erde für die Ziegelherstellung bekannt machen mußten; neun Jahre später nahm er einen Ausländer, David Hirschfelder, in seinen Dienst, der Alabaster-, Marmor-, Ferrest-, Gips-, Kalk- und andere Steinbrüche ausfindig zu machen hatte. Mit der Feststellung von Edelsteinvorkommen in Sachsen wurde der Italiener Johann Maria Nossini beauftragt.
Auch fremde Wagner und Stellmacher kamen damals ins Land, und Osiander[3] meldet voller Stolz, daß der sächsische Wagenbau 1573 soweit gediehen war, daß Kurfürst August zwei Staatswagen zum Geschenk an den Kopenhagener Hof senden konnte.
1574 richtete der aus Eger verschriebene Peter Oppel mit landesherrlichem Vorschuß in Torgau das Büchsenmacherhandwerk ein.

[1] Osiander, Spalte 274.
[2] Ebenda.
[3] Ebenda, Spalte 275.

Bei den Einwanderern handelte es sich zumeist um Niederländer, aber auch um Süddeutsche – Augsburger Barchent-[1] sowie Schweizer Musselinweber[2] – und nicht zuletzt um böhmische Exulanten[3], beispielsweise Musikinstrumentenbauer, die in Sachsen ebenso bereitwillig aufgenommen wurden wie die nicht ganze hundert Jahre später aus dem gleichen Grunde ins Land Gekommenen.

Die systematische Förderung der Wirtschaft in dieser Zeit führte zu einem in Sachsen bis dahin noch nicht erreichten Stand der Produktivkräfte, und zahlreiche Gewerbezweige nahmen damals ihren Anfang. Der Dreißigjährige Krieg unterbrach diese Entwicklung. Die Leistungsfähigkeit des Gewerbes sank immer mehr; „für den Bezug der besseren Erzeugnisse gewerblichen Kunstfleißes wurde man" – wie andernorts in Deutschland auch – „vom Auslande abhängig"[4].

Die landesherrlichen Bemühungen, der verfallenen sächsischen Wirtschaft neben anderen Methoden auch durch die Anwerbung fremder Handwerker, Manufacturiers und sonstiger Fachleute aufzuhelfen und damit die Wirtschaftskraft des feudalen Staates zu stärken, lebten Anfang des 18. Jahrhunderts wieder auf und erreichten einen neuen Höhepunkt in dessen zweiter Hälfte.

Schon 1712 hatte August der Starke für seine in diesem Jahre gegründete „Commercien-Deputation", die sich mit Vorschlägen zur Verbesserung der wirtschaftlichen Verhältnisse Sachsens zu befassen hatte, Paul Jacob Marperger, einen Wirtschaftsfachmann, aus dem Württemberg-Oelßischen Dienst nach Sachsen berufen und ihn zum „Königlich-Polnischen und Chur-Sächsischen Hof- und Commercien-Rath" ernannt. Marperger faßte seine Aufgabe systematisch an und führte eine umfangreiche Analyse der sächsischen Wirtschaft durch, die ein gutes Bild des damaligen Standes der Produktivkräfte gibt[5].

> Nach Sachsen waren, wie Marperger berichtet, schon früher etliche flandrische und brabantische, wegen ihrer Religion „durch den Tyrannischen Duc d'Alba"[6] vertriebene Tuchmacher gekommen, hatten sich in der Gegend um Wittenberg angebaut und so die Herstellung feiner Tuche in „Ober-Teutschland" bekanntgemacht.

Als sich nach Aufhebung des Edikts von Nantes im Jahre 1685 ein Flüchtlingsstrom von mehr als 250000 Hugenotten aus Frankreich ergoß[7] – meist geschickte und erfahrene Handwerker – und die englische und preußische Wirtschaft befruchtete, war offenbar verpaßt worden, einen Teil dieser Flüchtlinge für Sachsen zu gewinnen. Marperger beklagt jedenfalls „das versehene Nichteinnehmen der Refugierten Frantzosen", über das ihn nur „die Fähigkeit der Handwerker in

[1] Zöllner, S. 214.
[2] Bodemer, S. 4 u. 7.
[3] Peschek, Christian Adolf, „Die Böhmischen Exulanten in Sachsen ...". Leipzig 1857, S. 109–14.
[4] Kötzschke, Rudolf, „Grundzüge der deutschen Wirtschaftsgeschichte bis zum 17. Jahrhundert". Leipzig-Berlin 1921, S. 194.
[5] Marperger, Abriß.
[6] Ebenda, S. 18.
[7] Jefimow, A. W., „Geschichte der Neuzeit 1640–1870". Berlin-Leipzig 1951, S. 25.

Sachsenland" einigermaßen tröstete, „wie wohl die damit entgangene Capitalisten an meisten zu bedauern" seien.[1]
Diese Klage Marpergers war durchaus berechtigt. Die Akkumulation ging in dem Sachsen der damaligen Zeit langsam und schwer vor sich; in einem späteren Abschnitt wird zu zeigen sein, wie der Staat mit seiner Prämienkasse einen gewissen Ausgleich dafür zu bieten suchte.
Die gleiche Chance wie nach Aufhebung des Edikts von Nantes – wenn auch in zahlenmäßig viel geringerem Umfange – ergab sich für die sächsische Wirtschaft noch einmal, als im Frühjahr 1751 die in Languedoc noch vorhandenen Reformierten verfolgt wurden und das Land verließen. Ein Teil von ihnen wandte sich nach Frankfurt und Hanau, ein weiterer nach Berlin, da der König von Preußen „ihnen dero protection acordiret". Unter den Flüchtlingen befanden sich einige Adlige, vorwiegend aber „Negocianten" und Künstler, und im Bericht, den der damalige sächsische Gesandte in Hamburg der Geheimen Kanzlei gab, wird hervorgehoben, daß alle Flüchtlinge wegen ihrer guten Kleidung den Eindruck von Wohlhabenheit machten und anscheinend „Gelegenheit gefunden haben müßten, ihre Baarschaften und andere transportable Mittel von einigem Werth mit aus Frankreich herauszubringen"[2]. Die Antwort der Geheimen Kanzlei auf diesen Bericht sei wörtlich wiedergegeben, da sie die Gesichtspunkte der Anwerbung – Gewinnung von geschickten Händen und von Kapital für das damit schlecht ausgestattete Land – und die dabei angewandte Methode trefflich kennzeichnet:

> „... So begehren wir, ihr wollet daferne unter mehreren dergleichen Refugiers Fabricanten und Manufacturiers sonderlich solche, da etwa noch mit einigem Vermögen versehen, oder die eine vorzügliche Geschicklichkeit besitzen, ankämen, selbige mit guter Art und Behutsamkeit, daß sie ihren künftigen Aufenthalt, in unseren Landen nehmen möchten, zu disponiren euch angelegen sein lassen, auch dem Ende, wie sie auf solchen Fall unsere Protection und aller möglicher Förderung zu genießen haben würden, selbige versichern und den Erfolg zu seiner Zeit unterthänigst berichten"[3].

Die bei Zuzug fremder Manufacturiers und Handwerker in Aussicht gestellten „Begnadigungen" waren vielfältig und wohlbedacht auch auf die Bedürfnisse und berechtigten Interessen der heimischen Manufacturiers abgestimmt. Sie, „die zum Teil ihrer Manufacturen während der beschwerlichen" Zeit des Siebenjährigen Krieges „mit vielen Unkosten durchgeführt"[4] hatten, sollten nicht zurückgesetzt werden, „die Concurrenz zwischen den alten und den neu angekommenen Fabricanten nicht gebrochen" und „Monopolia und Jura prohibendi, selbst bey An-

[1] Marperger, Abriß, S. 17.
[2] Acta, „Die sich in Hamburg eingefundene und in die Preuß. Lande gewendete Französische Refugiers darunter Fabricanten und Manufacturiers, und wie nach Ankunft mehrerer dergleichen dieselben zu ihren künftigen [Wohnsitzen] in hiesigen Landen zu disponiren betr." de an. 1751; LHA, Loc. 5422.
[3] Ebenda.
[4] Acta, „Die denen fremden sich anher ziehenden Fabricanten zu ertheilende Begnadigungen und Immunitaeten intuiti der Land- (: General-: / Accis-Abgabe, betr." Anno 1764–66; LHA, Loc. 5351, Bl. 9.

legung von Fabriquen neuer Art, soviel solches nur immer vermieden werden kan", nicht bewilligt werden[1].

Für die Befreiung von Abgaben war das Mandat vom 21. Juli 1718[2] maßgebend, das für „Fabricanten", die sich nach Sachsen wenden und dort anbauen wollten,

> „die geordneten Bau-Ergötzlichkeiten an baarem Gelde bei der Generalaccise;
> zweijährige Befreiung vom Acker-, Vieh- und Nahrungsgelde;
> zehnjährige Befreiung von allen Steuern und Bürgerlichen oneribus, von Einquartierung, Wachten und Geschoß;
> Abschreibung aller auf den wüsten Stellen haftenden Steuern und aller anderen Reste, welcher Art sie auch seien;
> Berechnung der Schocke darauf sofort und künftig nicht nach dem vormaligen darauf haftenden vollen, sondern einem anderen billigen Quanto;
> Erteilung des Bürgerrechts ohne Entgeld;
> Aufnahme bei den Innungen und Handwerkern ‚um ein leidliches';
> Erleichterungen bei der Ablegung von Meisterprüfungen"

vorsah.

Auch Land- und Generalaccise-Immunitäten wurden gewährt; je nachdem, ob der fremde „Fabricant" eine dem Lande bisher unbekannte Fertigung mitbrachte oder Sachsen darin bereits eine eigene Produktion aufwies, wurden sie für höchstens drei oder für mindestens zwei Jahre ausgesprochen. Bedingung war jedoch nach einer Anweisung des regierenden Prinzen Xaver, daß sich diese Vergünstigungen nicht nachteilig auf die Höhe der landesherrlichen Revenuen auswirkten.

Gegenüber den dann tatsächlich gewährten Privilegien waren die Forderungen der fremden Manufacturiers oftmals recht weitgehend und übertrafen das, was den einheimischen zuerkannt war, um ein vielfaches.

> So verlangte ein aus Cambray in den Niederlanden stammender „Sammet- und Etoffes-Fabricant" namens Hilaire de Loire[3] für den Fall seiner Übersiedlung nach Sachsen 300 Reichstaler jährliche Pension, 2000 Reichstaler Vorschuß „ohne Interesse", freies Logis, freies Holz für seine Webstühle, Befreiung von bürgerlichen oneribus und freien Transport für sich und seine Leute.
> Als Gegenleistung wollte er kostbare und schöne Samtstoffe sowie Tücher fertigen und dazu 12 Webstühle und das notwendige Werkzeug, ferner 6 Gesellen und mehrere Arbeiter aus Holland, der Schweiz und Frankreich mitbringen, so daß keine Gefahr bestünde, daß durch ihn den sächsischen „Fabricanten" Leute abspenstig gemacht würden.

Oft genug kam es aber auch vor, daß die landesherrlichen Versprechungen nicht eingehalten wurden, wenn nur einmal der fremde Manufacturier im Lande war.

[1] Die bei der „Begnadigung" von fremden Manufacturiers einzuhaltenden Regeln gibt der Administrator von Sachsen, Prinz Xaver, den „Geheimen Räthen" in einem Schreiben vom 21. Juni 1764 bekannt – siehe Akte Loc. 5351, Bl. 9 u. 10.

[2] „Mandat wieder den Vor- und Auffkauff Der Wolle, Auch deren Ausführung ausm Lande, samt deme, was darinnen wegen derer Innländischen und Frembden Woll-Fabricanten enthalten". Mandatensammlung des LHA. Jahrg. 1718.

[3] Acta, „Die von dem Fabricanten Hilaire de Loire, welcher von Berlin nach Dreßden sich wenden, und eine Sammet- und Etoffes Fabrique anlegen will, gesuchte Beneficia betr." an. 1743; LHA, Loc. 5327, Bl. 1–4.

Alexander Heinrich von Siegmann berichtet darüber in einem Schreiben vom 30. Juli 1743 an den sächsischen Kurfürsten recht freimütig[1]:

„... allein es ist diesen guten Menschen wie vielen anderen frembden Manufacturiers ergangen, welche man durch große Vorschuß- und Privilegienversprechungen in hiesige Lande gelocket, und hernach sitzen und das ihrige unbekümmert aufzehren lassen".

Der Grund dafür lag zumeist in der schlechten finanziellen Lage des sächsischen Staates, der bestrebt war, möglichst billig zu einer Steigerung der Revenuen zu kommen. Eine große Zahl von Gesuchen ausländischer wie auch inländischer Manufacturiers um Errichtung von Werkstätten in Sachsen wurde allein deshalb abgelehnt, weil die Gesuchsteller zugleich um Vorschüsse dafür baten. Nicht selten auch zog der Staat die Verhandlungen so lange hin, bis sich der Manufacturier zu schlechteren Bedingungen bereitfand oder es vorzog, in ein anderes Land zu gehen.

Vielfach hielten aber auch die Manufacturiers nicht das, was sie mit oft hochtönenden Worten zu leisten versprachen. Wohl waren es manchmal die wagemutigsten und tatkräftigsten Elemente, denen ihr Land für ihre Unternehmungen zu eng geworden war, noch öfter aber solche, die infolge ihrer Untüchtigkeit der heimatlichen Konkurrenz nicht standzuhalten vermochten, ganz abgesehen von den zahlreichen umherreisenden Schwindlern und Hasardeuren, die aus dem Europa jener Zeit nicht wegzudenken sind.

Die Gesuche um Seßhaftmachung in Sachsen wurden deshalb unter Hinzuziehung von Sachverständigen sehr genau daraufhin geprüft, ob der fremde Manufacturier oder Handwerker in seinem Fach tüchtig, zuverlässig, nach Möglichkeit nicht ohne Mittel war und von seinem Zuzug technische und wirtschafliche Vorteile für das Land zu erwarten waren. Auch wurde geklärt, ob durch die Erteilung eines Privilegs nicht bestehende Rechte, insbesondere Ausschließungsrechte, einheimischer Manufacturiers verletzt wurden.

Als Musterbeispiel für eine solche gründliche Prüfung ist die Behandlung der beabsichtigten Anwerbung einer in Venedig lebenden türkischen Familie anzusehen, die angeblich im Besitze der echten Farbe zum Rotfärben von Wolle und Baumwolle war[2].

Zunächst ließ die Geheime Kanzlei den Leipziger Bürgermeister bei dortigen Kaufleuten und Manufacturiers erörtern, ob der Zuzug der türkischen Familie dem Lande Nutzen verspräche. Die Befragten bejahten dies für den Fall, daß die Türken tatsächlich echt färben könnten, zweifelten aber daran. „Die Venezianer würden den Türken nicht weglassen, wenn er tatsächlich das gerühmte Arcanum, ächt und fest zu färben, besäße". So sei alles wohl nur „Betrug und Windmacherei".

Weiterhin wurde der Handelsmann und bedeutendste Laubaner „Fabrikant" Pistorius um ein Gutachten gebeten, in dem er vor allem wirtschaftliche

[1] Akte, Hilaire de Loire, Bl. 5.

[2] Acta, „Des Herrn Agdollo Vorschlag, eine von Smirna nach Venedig sich gewendete Familie, welche das Geheimniß der rothen festen Farbe auf Wolle und Baumwolle besitzen, auch die Cattunweberey verstehen soll, nach Sachßen zu ziehen betr." de an. 1748. 49; LHA, Loc. 5416.

Bedenken geltend machte; er habe ein Pfund rotes Garn auf der Leipziger Messe von Griechen für 28 Groschen gekauft, während es wegen des Bezuges der Färbereimaterialien von weither in Sachsen kaum für 34 bis 36 Groschen gemacht und gefärbt werden könne.
Schließlich veranlaßte die Geheime Kanzlei die Beiziehung einer Farbprobe, wonach festgestellt wurde, daß die Farbe der Bleiche nicht standhielt.

Der Grund dafür, sich in Sachsen um Niederlassung zu bewerben, lag für manchen Manufacturier darin, daß ihm in seinem bisherigen Aufenthaltslande das Privileg verweigert oder entzogen worden war.

So hatte der bereits genannte Hilaire de Loire[1] seine in Berlin in Gang befindlichen „Sammet-Webstühle" und Gewebe versiegelt und das Samtmachen bei 20 Reichstalern Strafe und unter Androhung von Spandauer Festungshaft verboten bekommen, weil er das für Preußen bestehende Samtherstellungsmonopol des Potsdamer Schutz- und Hofjuden Hirsch verletzt hatte.

Wirklich tüchtige Manufacturiers nach Sachsen zu ziehen, war oftmals schwer, da das wirtschaftsstärkere Ausland günstigere Niederlassungsbedingungen bieten konnte.

In Preußen waren beispielsweise dem vorstehend erwähnten „Sammtfabricanten" Hirsch in Potsdam 10000 Reichstaler Vorschuß ohne Interesse und alle Jahre 10 Reichstaler für jeden seiner 80 gangbaren Stühle und für jeden neuen Stuhl gezahlt worden[2]; der Berliner Damastmacher Pitra erhielt die gleichen Stuhlgelder wie Hirsch und 6000 Reichstaler Vorschuß. Manufacturiers, die sich in Dänemark und Schweden niederließen, bekamen sogar Pensionen in Höhe von 4000 bis 6000 Reichstalern.

Manche der sächsischen Privilegiengesuche enthielten deshalb die mehr oder weniger verhüllte Drohung, sich einem anderen Lande zuzuwenden, wenn den Bedingungen des Antragstellers nicht entsprochen würde.
Im Jahre 1735 wurde die Gewinnung fremder Manufacturiers der neu errichteten „Commercien-Deputation" als Aufgabe übertragen.

Nach § 12 ihrer „Instruction" vom 29. April 1735[3] war sie verpflichtet, „auf alle thunliche Weise dahin bedacht [zu] seyn, fremde Künstler und solcherley Handwercker, dergleichen vor diesem in Unsern Landen entweder nicht bekannt gewesen, oder ein mehrers als die bisherigen zu praestiren vermögen, wo nöthig mit guter Behutsamkeit, und nach vorher bescheinigter Probe ihrer Wißenschaft in unsere Lande zu ziehen, und denenselben hierzu, so viel an ihnen, allen möglichsten Schutz und Aßistenz zu leisten".

Den Tüchtigen unter ihnen wurde die „Begnadigung" mit besonderen Privilegien in Aussicht gestellt, wenn sie sich in einer der sächsischen Städte niederließen und ansässig machten.
Auch die zweite Methode, fremde Produktionserfahrungen für das Land zu nutzen, legte der Landesherr der Deputation nahe. Geschickte Handwerksgesellen sollten ihre Wanderjahre in solchen Ländern verbringen, „allwo sie etwas besonderes, so

[1] Akte, Hilaire de Loire, Loc. 5327, Bl. 1.
[2] Ebenda, Bl. 11 u. 12.
[3] Akte, Verfaßung, Loc. 11089, Bl. 10.

hinbevor unbekannt gewesen, erlernen, mithin bei ihrer Wiederkunft dem Publico zu Nutzen machen können"[1].

Als im Jahre 1764 die „Churfürstlich-Sächsische Prämien-Caße" gegründet war[2], wurde die Anwerbung verstärkt und systematischer fortgesetzt. Gleich zu Anfang erklärte die ebenfalls 1764 an Stelle der Commercien-Deputation errichtete „Landes-Oeconomie-, Manufactur- und Commercien-Deputation", der die bestmögliche Verwendung der Prämienkassengelder übertragen war, sie wolle u.a. besonders auf die Niederlassung ausländischer Strumpfwirker bedacht sein.

Da sich die Strumpfproduktion später zu einem der Hauptzweige der sächsischen Textilindustrie entwickelt hat, erscheint es berechtigt, die Anfänge dieses Gewerbes, soweit sie durch Fremde herbeigeführt und gefördert wurden, etwas ausführlicher darzustellen.

Die Landes-Oeconomie-, Manufactur- und Commercien-Deputation hatte erfahren, daß in dem Eckartsberga „nahgelegenen Weimarischen Ort Apolda die meisten in sehr großer Anzahl sich daselbst befindenden Strumpff-Würcker ihre dortige Etablissements zu verlaßen und sich anderwärts zu sezen im Begriff stehen"[3]. Sie warf deshalb bereits im ersten Avertissement der Prämienkasse vom 17. Juli 1764[4] für jeden Ausländer, „der einen Strumpfwürkerstuhl nach Eckartsberga etablirte", eine Prämie von 30 Talern aus.

Der Erfolg dieser Prämienaussetzung scheint schon im ersten Jahre beachtlich gewesen zu sein.

Nach einem Schreiben der Deputation an den Prinzen Xaver vom 21. Mai 1765 hatte sich die Zahl der in Eckartsberga aufgestellten Stühle um 16 erhöht. Die Deputation habe dies jedoch nicht öffentlich bekannt gemacht, „um nicht die ohnehin sich bereits geäußerte Jalousie derer Nachbarn noch mehr zu wecken"[5]. Auf der Ostermesse 1765 sind weitere 210 Taler dafür an Strumpfwirker gezahlt worden, die aus „Salze", Apolda und anderen Orten im Weimarischen kamen.

Die günstigen Erfahrungen bei der Anwerbung von Strumpfwirkern mit ihren Stühlen nach Eckartsberga veranlaßten die Landes-Oeconomie-, Manufactur- und Commercien-Deputation, im Avertissement vom 13. August 1738[6] Prämienzahlungen auch für die Aufstellung ausländischer Strumpfwirkerstühle in Weißenfels, Zörbig, Triptis und den Städten des sächsischen Kurkreises in Aus-

[1] § 13 der „Instruction".
[2] Akte, Aufnahme, Loc. 5355, Vol. I, Bl. 2 u. 6.
[3] Ebenda, Bl. 6.
[4] „Avertissement, wodurch auf höchsten Befehl Ihro Königl. Hoheit, des Prinzen Xaverii, Königlichen Prinzens in Pohlen und Litthauen ... auch der Chur-Sachsen Administratoris, zu Aufmunterung des Nahrungs-Standes auf künftige Michaelis 1764 wie auch auf Ostern, Johannis und Michaelis des 1765sten Jahres, die ausgesetzten Preiß-Aufgaben bekannt gemacht worden"; ebenda, Bl. 13, 33–48.
[5] Ebenda, Bl. 133, 137.
[6] Acta, „Die zu mehrerer Aufnahme der Land-Wirtschafft und Manufacturen ausgesetzte Praemien betr." Anno 1771 seqque"; LHA, Loc. 5356, Vol. II, Bl. 109–118.

sicht zu stellen und die Aufstellung von Tuchmacherstühlen in die Prämiengewährung einzubeziehen[1].

In Triptis sind dadurch von 1782 bis 1787 allein 19 Stühle in Gang gekommen.

Schließlich wurden im Avertissement vom 26. Februar 1800 für die Aufstellung der Stühle keine besonderen Orte mehr vorgeschrieben. Ihr Ende erreichte diese Methode der Anwerbung von Strumpfwirkern nach fast vierzigjähriger Anwendung; aus dem Avertissement für die Jahre 1806–1811 wurde ihre Prämiierung mit der Begründung weggelassen, daß die Inländer schon Mühe genug hätten, sich bei dieser „Profession zu halten und dauernd auf landesherrliche Unterstützung angewiesen wären"[2].

Auch auf anderen Gebieten der Textilproduktion und einer Reihe weiterer Gewerbe führten die Bemühungen der Landes-Oeconomie-, Manufactur- und Commercien-Deputation um Heranziehung fremder Manufacturiers und Fachkräfte und um Einführung ausländischer Produktionsmethoden zum Erfolg; außerdem befaßte sie sich mit der Gestaltung fortschrittlicher „Wirtschafts-Reglements" nach ausländischen Vorbildern. Hierzu noch einige Beispiele[3]:

Zur Förderung der Großschönauer Damastmanufaktur wurde ein in Frankreich ausgebildeter Zeichenmeister auf ein halbes Jahr gegen Zahlung von monatlich 25 Reichstalern aus der Prämienkasse angestellt, der den dortigen Musterzeichnern unentgeltlich Unterricht zu geben hatte.

Die Deputation beantragte bei der Landesregierung die Aufstellung eines „Generalis für Gold- und Silberdrahtfabriquen" unter Verwendung der in Frankreich herausgekommenen Reglements, damit den in Vergleich zu den ausländischen noch sehr mangelhaften sächsischen Manufakturen durch zweckmäßige Vorschriften eine bessere Entwicklung ermöglicht würde.

Mit Beginn des 19. Jahrhunderts hörten die staatliche Anwerbung und der Zuzug fremder Manufacturiers nach Sachsen auf. An ihre Stelle traten die Bemühungen, den ausländischen Vorsprung in der Maschinisierung der Produktionsprozesse einzuholen, wobei abermals eine beachtliche ausländische Mitwirkung festzustellen ist.

Der Zuzug hatte für Sachsen große Bedeutung. Zu einem nicht geringen Teil beruhte die Erholung der sächsischen Wirtschaft nach der Massenvernichtung von Produktivkräften im Dreißig- und Siebenjährigen Kriege auf dieser Zufuhr frischen Blutes aus dem Auslande. Die Fremden brachten, wie vorstehend in Beispielen – mithin keineswegs erschöpfend – dargestellt wurde, ihre Produktionserfahrungen und teilweise auch Produktionsinstrumente und Geldkapital ins Land. Sie erleichterten damit die zurückgebliebene inländische Akkumulation und vollzogen so zu ihrem Teile den Fortschritt zur kapitalistischen Fabrikationsweise.

[1] Als Prämien für die Tuchmacherstühle waren ausgesetzt: bei Niederlassung in den Städten des sächsischen Kurkreises für einen einmännischen Stuhl 15 Taler, für einen zweimännischen Stuhl 20 Taler, in Wittenberg 30 bzw. 40 Taler; Akte, Aufnahme, Loc. 5356. Vol. II, Bl. 117.

[2] Ebenda, Bl. 208/10 und 260.

[3] Akte, Landes-Oeconomie-, Manufaktur- und Commercien-Deputation, Loc. 5356, Vol. I, Bl. 111 u. 123.

4. Die Abwanderung von Manufacturiers

Den Bemühungen des feudalen Staates, zur Erhöhung seiner Revenuen wertvolle Produktivkräfte durch Heranziehung ausländischer Manufacturiers und Handwerker zu gewinnen, entsprach es, die heimischen Produktivkräfte dem Lande zu erhalten. Wohl zogen schon seit langem sächsische Handwerksgesellen ins Ausland – wie andererseits fremde nach Sachsen kamen; sie kehrten jedoch, da die Niederlassungsbedingungen für fremde Meister schwer waren, nach Ablauf ihrer Wanderzeit zumeist in ihr Heimatland zurück.

Einen anderen Charakter hatten die Abwanderungen, die in zunehmendem Umfange seit dem Beginn des 18. Jahrhunderts wahrzunehmen sind; bei ihnen handelte es sich nicht um ein zeitweiliges, sondern um ein dauerndes Verlassen des Landes. Die Auswanderer waren Manufacturiers, vielfach Spezialisten, Handwerker, Hausindustrielle, auch Handelsleute, die dem Lande durch die Mitnahme von Arbeitsinstrumenten, Geldkapital, Arbeitskräften und Produktionserfahrungen beträchtlichen Schaden zufügten. Handelte es sich dabei um Produktionszweige, auf denen Sachsen eine besondere Eigenart entwickelt hatte wie in der Herstellung von Porzellan, so bedeutete die Abwanderung zugleich einen Verrat von Produktionsgeheimnissen an das Ausland.

Um 1719 hatte der in der Meißner Porzellanmanufaktur beschäftigte Samuel Stelzel „aus hiesigen Churfürstentumb und Landen" die Flucht ergriffen und „an anderen Orthen, der geleisteten Pflicht zu wieder, Kunstgriffe und Vortheile bey der Porcellin Fabrique" bekannt gemacht, „... Stelzel war nach Wien gegangen und hatte das dortige Porcellainwerk aufs Höchste gebracht"[1].

Die benachbarten Staaten verfuhren bei ihrer Anwerbung fremder Manufacturiers und Handwerker nach den gleichen Methoden, wie sie für Sachsen im vorigen Abschnitt aufgezeigt wurden.

In einem Mandat vom 30. Mai 1725 stellt der Kaiser den fremden, sich nach Böhmen und in die Grafschaft Glatz begebenden Handelsleuten, „Fabrikanten", Künstlern und Handwerkern, „die sich niederlassen und die Landes-Manufacturen durch Rath und That in ein besseres Aufnehmen bringen oder neue Fabriquen einführen auch in dieser absicht Compagnie-Handlungen zu schließen und zu stifften beträchtliche Real- und Personal-Privilegia und Immunitäten" in Aussicht[2].

Der König von Preußen bestimmte in einem Avertissement vom 13. Juni 1764, daß alle ausländischen Familien, die in der Residenz Berlin und anderen Städten große „Fabriquen" anlegen wollen, unentgeltlich die dazu notwendigen Häuser und die Spinnerwohnung erhalten und ihnen die gleichen Rechte wie den alten Untertanen gewährt werden[3].

Vom Herzog Friedrich zu Sachsen [– Gotha?] wurde in einem 1735 erlassenen

[1] Acta, „Miscellanea Porcellaine Manufactur betr." 1720–24; LHA, Loc. 5326, Bl. 1.

[2] Acta, „Die von Keyserl. Maj. per Mandatum denen nacher Böhmen u. der Grafschafft Glaz sich wendenden fremden Fabricanten u. Handwerkern versprochene Privilegia. So wohl die Commercia in hiesigen Landen wieder empor zu bringen", 1725. LHA, Loc. 30691, Bl. 1, 2.

[3] Acta, „Die Verleitung und das Wegziehen innländischer Fabricanten u. w. d. e. betr." Anno 1764–1830; LHA, Loc. 11095, Bl. 26.

und 1750 erneuerten Patent „Handelsleuten, Verlegern, Fabricanten und Arbeitern in Seide, Wolle, Linnen, Stahl, Eisen und anderen Materialien", die ins Herzogtum kamen, um sich dort niederzulassen, ihr Gewerbe zu treiben und ihre Geschicklichkeit und gute Lebensführung durch „Attestate" nachweisen konnten, 12-jährige Personal-Immunität, völlige Freiheit von Einzugsgeldern, Gewerbesteuern, Frohnen und Wachten, Militär- und anderen Diensten für sich und ihre Bedienten, 12-jährige Immunitäten für ihre Witwen und Kinder, völlige Gleichstellung mit den eingeborenen Untertanen – so die Fähigkeit zur Bekleidung aller Ehrenämter, unentgeldliche Begnadigung mit den notwendigen Konzessionen bei Anlegung von Manufakturen, auf Ansuchen barer Vorschuß aus dem „Fürstlichen Fonds" und bei Wegzug Verschonung von der Zahlung eines Abzugsgeldes und Schadenersatzes zugesichert[1].

Die Abwanderung von Manufacturiers und Handwerkern, anfangs nur eine Einzelerscheinung, nahm im weiteren Verlaufe des Jahrhunderts zuweilen Massencharakter an. So sind nach einem Schreiben des Bürgermeisters von Zittau an den Kurfürsten vom 24. Dezember 1749 in dieser Zeit innerhalb von vier bis fünf Jahren allein 300 Leineweber aus der Oberlausitz nach Berlin gegangen „und noch viele stünden sozusagen auf dem Sprunge"[2].

Der Hauptstrom der sächsischen Auswanderer zog nach dem kaiserlichen Böhmen. Hierzu aus der großen Zahl der festgehaltenen Fälle einige Beispiele:

In Teigheim in Böhmen wurde eine neue Zeugmanufaktur angelegt, und ein dort angenommener Färber aus Greiz hat an die 20 Zeugmachergesellen in Ronneburg angeworben „in der Stille, daß solche nach und nach fortgegangen, ohne daß etwas gemercket worden".[3]

„Verschiedene Meister aus hiesigen Gegenden haben sich in Schlackenwalde in Böhmen angesetzt und gegenwärtig" arbeiten da „20 sächsische Landeskinder"[4].

Der Weidaer Garnhändler Gänzel hat sich nach Wien gewandt, um zu Neustädtel in Mähren auf kaiserliche Kosten eine neue Manufaktur anzulegen; er hat einen der besten Meister von Gera mitgenommen, und Leute aus anderen Gegenden sind zur Abwanderung aufgefordert worden[5].

„Die in der angrenzenden Böhmischen Herrschaft zu Rothenhauß angelegte Cattun-, Pique-, Leinewand- und Druckerey-Fabrik scheint mit schnellen Schritten der Vollkommenheit und Ausbreitung sich zu nähern, welche sie durch die aus Sachsen und besonders aus Chemnitz dahin gezöckerten und gut gelohnten Arbeiter erlangt"; angeleitet wurden die dortigen Weber von einem aus Sachsen eingewanderten Meister[6].

In dem böhmischen Dorfe Schönau hat eine „Fabrique zu wollenen und leinenen Bande" – dergl. in und bei Pulsnitz fabriziert wird – angelegt und dazu sowohl Fabrikanten sammt Würkerstühlen und übrigen Geräthschaften als auch Färber und sogar wollene Garne darzu aus der Pulßnitzer Gegend gezogen werden sollen"[7].

[1] Acta, „Den Verfall der Commercii und die Entweichung einiger Fabrikanten in andere Lande betr." 1749. 1750; LHA, Loc. 5287, Bl. 54.
[2] Ebenda, Bl. 1–15.
[3] Extract Protocolli vom 9. Mai 1769; Akte Loc. 11095, Bl. 38.
[4] Extract vom 4. Mai 1769; ebenda, Bl. 43.
[5] Aus einem Schreiben vom 16. März 1772; ebenda, Bl. 62.
[6] Bericht aus Olbernhau vom 1. Juli 1784; ebenda, Bl. 81.
[7] Schreiben vom 19. Nov. 1785; ebenda, Bl. 100.

Weiterhin hat ein gewisser Bachmann aus Erfurt, der in Pulsnitz in der Färberei lange Zeit gearbeitet, eine Bandmanufaktur in Teplitz errichtet[1].
Die Bemühungen dieser sich in Böhmen niederlassenden Bandmanufacturiers führten nach einem Bericht des Amtes Radeberg zur Abwanderung von 10 Bandmachern aus Großröhrsdorf und Pulsnitz.
Einige Zeugmacher sind von Werdau nach Graslitz gezogen[2].

Eine besondere Gefahr für die Abwanderung nach Böhmen lag namentlich in Zeiten schlechter Wirtschaftslage darin, daß unmittelbar beiderseits der Landesgrenze die gleichen Gewerbe ansässig waren, so die Fabrikation leinener, halb- und ganzseidener Tuche und halbseidener Leinewand im sächsischen Sebnitz wie jenseits der Grenze[3].
In Böhmen waren die Bestrebungen darauf gerichtet, sich durch den Aufbau einer eigenen Textilproduktion von der bisherigen sächsischen Einfuhr unabhängig zu machen, und wenn auch die dort „gewöhnliche, sehr sclavische und rüde Behandlung, die alle Arten von Fabrikanten und vorzüglich die hiesigen, so sehr als den Hunger scheuen"[4], trotz hoher Löhne abschreckend wirkte, so war doch der Erfolg der Anwerbung auf Kosten der sächsischen Produktivkräfte beträchtlich. In einem Schreiben vom 29. Mai 1769 an den sächsischen Konferenzminister Wurm bringt der Bürgermeister von Weida als das Oberhaupt eines Ortes, der von der Abwanderung besonders betroffen wurde, deren Vorteile für Böhmen und nachteiligen Auswirkungen für Sachsen drastisch zum Ausdruck:

Es wird die Zeit kommen, „daß sie [die Böhmen] auch andere Leute mit Waaren versehen ..., ja es wird so weit kommen, wenn kein Einhalt wegen der vielen Garn-Ausfuhre geschiehet, daß wir nicht im Stande seyn, unseren bereits ansäßigen Meistern mehr Arbeit zu geben, und viele werden genöthiget werden, um Brod zu haben, selbsten dahin zu gehen, geschweige junge Leute ..."
Durch diese Gelegenheit gehen unsere Fabriquen zu Grunde. In 6. 8 Jahren kann Österreich Italien und alles versehen" und das Resultat dieser Entwicklung ist „ein von Unterthanen in künftiger Zeit entblößtes Land"[5].

Außer Böhmen bemühten sich auch Preußen, Polen, Rußland und Dänemark um den Zuzug sächsischer Fachkräfte zur Errichtung von Manufakturen.
Bei der Abwanderung nach Preußen stellten wie bei der nach Böhmen die Tuchmacher das Hauptkontingent.

So ließen sich einige sächsische Zeugmacher im Reichenbachschen nieder und stellen 12 Stühle auf. Die Breslauer Zeughändler gaben ihnen die notwendige Wolle und verpflichteten sich, deren Waren abzunehmen. Weitere 40 Familien aus Sachsen sollten auf Kosten der Breslauer Zeughändler ansäßig gemacht werden, „damit man nicht nötig habe, wollen Zeuge noch weiterhin aus Sachsen kommen zu lassen"[6].

[1] Schreiben des Amtes Radeberg vom 7. Jan. 1786 an den sächsischen Kurfürsten; Akte Loc. 11095, Bl. 116.
[2] Aus der Michaelis-Meß-Relation vom 2. Nov. 1786; ebenda, Bl. 151.
[3] Aus einem Bericht des Amtmanns zu Pirna vom Jahre 1785; ebenda, Bl. 101.
[4] Bericht aus Olbernhau vom 11. Sept. 1784; ebenda, Bl. 901.
[5] Ebenda, Bl. 43–45.
[6] Aus einem Schreiben an die Landes-Oeconomie-, Manufactur- und Commercien-Deputation vom 5. Sept. 1764; ebenda, Bl. 18.

Nach Meldung der Steinbachischen Handlung zu Lauban vom 2. Mai 1766 sind etliche 30 Weber, darunter die besten Arbeiter, von Lauban nach Schlesien gegangen, um in Landshut seßhaft gemacht zu werden[1].

Aus Schneeberg hat sich ein „Spitzenfabricant" nach Berlin gewandt[2] und aus Forst der „Verleger und Direktor" der Tuchmanufaktur nach Peitz[3], wobei er gleichzeitig in Aussicht stellte, sämtliche „Tuchfabrikanten und Spinner" von Forst nach Preußen zu ziehen.

Der Königl. preuß. Landrat von Wernesdorf berief den Amts-Chirurgus Meinert von Finsterwalde nach Cottbus, „wodurch dem Lande ein nun angehender Segen recht offenbar entzogen würde", denn Meinert war in der Färberei bewandert; er hatte eine Farbe erfunden, womit Baumwollsamt schwarz gefärbt und dem englischen Manchester völlig gleichwertig wurde. Er vermochte schlechtes Glas in verschiedenen Farben zu devitrifieren, Leder zu färben und Wachs in sehr kurzer Zeit weiß zu bleichen"[4].

Der letzte der Fälle von Abwanderung nach Preußen, der bei der Landes-Oeconomie-, Manufactur- und Commercien-Deputation am 2. Okt. 1816 angezeigt wurde, betraf die Übersiedlung des Handelsmanns Kirsch von Glauchau nach Eilenburg, wo ihm vom preußischen Staat eine große Wiese als Bleiche überlassen wurde. Kirsch zwang unter der Drohung, daß sie sonst kein Geld von ihm bekämen, zwei Webermeister, die bisher für ihn gearbeitet hatten, zum Mitgehen[5].

Nach Polen wanderten besonders in den Jahren 1773 und 1774 viele sächsische und deutsche Untertanen ab; aus Warschau wird darüber berichtet, daß zwei oder drei neue Straßen in der Hauptstadt von ihnen „besetzt worden sind"[6]. Die polnischen Anwerbungsbemühungen waren wie die böhmischen vielfach mit Wirtschaftsspionage verbunden. Beliebt war, Personen von Stand nach Sachsen zu schicken, denen infolge ihres Ranges aus diplomatischen Gründen die Besichtigung der Manufakturen und die Vorführung von Produktionsverfahren nicht gut verweigert werden konnten:

Wie für Böhmen der Graf Bolza Thüringen und das Vogtland bereiste, um dort besonders die Baumwollenmanufakturen auszukundschaften, kam aus Polen der älteste Bruder des Königs, Fürst Poniatowsky, im Juni 1784 und ein Adjutant, von dem bekannt war, daß er schon früher Arbeitskräfte nach Polen zu ziehen versucht hatte, mit der Absicht, verschiedene sächsische Manufakturorte, insbesondere die Chemnitzer „Canevas- und Pique-Manufactur" zu besuchen[7].

Weiterhin sandte das „Dänische General-Landes-Oeconomie- und Commerz-Collegium" nach einer Anzeige des sächsischen Gesandten am dänischen Hofe „zur Aufnahme und Beförderung der Leinewandweberei in Dänemark einen gewissen nach verschiedenen Kennzeichen beschriebenen Musmann" mit dem Auftrag nach Deutschland, in Schlesien, Böhmen, der Lausitz und Westfalen „geschickte Arbeiter" zur Übersiedlung nach Dänemark zu verleiten[8].

[1] Acte Loc. 11095, Bl. 32.
[2] Aus einem Schreiben des Postmeisters von Schneeberg vom 12. Juli 1772; ebenda, Bl. 69.
[3] Extractus Protocolli vom 11. Mai 1764 in der Leipziger Jubilate-Meße, ebenda, Bl. 1.
[4] Extract vom 12. Juli 1764, ebenda, Bl. 13 u. 14.
[5] Ebenda, Bl. 184.
[6] Extrait d'une dépeche du Ministre resident d'Eßen, datée de Varsovie, du 8. Oct. 1788; ebenda, Bl. 165, 166.
[7] Ebenda, Bl. 45, 73, 82.
[8] Aus einem Schreiben des sächsischen Kurfürsten vom 5. Febr. 1787; ebenda, Bl. 153.

Sobald die Ankunft derartig verdächtiger Personen bekannt war, wurden die gefährdeten Manufakturen gewarnt und angewiesen, dem Fremden nur soviel zu zeigen, „als ohne Entdeckung der eigentümlichen Geheimnisse in der Fabrikation ... geschehen kann und besonders auf die Versuche zur Abwerbung zu achten und Gegenmaßnahmen zu ergreifen"[1]. Oftmals kam die Abwehr jedoch zu spät.

Als bekannt wurde, daß in der Schönburgischen Stadt Lichtenstein unter der Vorgabe, die Forstwissenschaft erlernen zu wollen, ein Russisch-Kaiserlicher Hofrat die dortigen „Weberei-Fabrikanten" durch Geschenke und Unterstützungen zum Wegziehen außer Landes verleiten wollte, waren bereits einige Gesellen in Bremen eingeschifft und nach Rußland gebracht worden, um in der Gegend von Odessa Land zu erhalten und „Fabriken" zu errichten[2].

Mit der Abwanderung war in vielen Fällen ein Entzug von Arbeitsinstrumenten verbunden; manchmal ging es auch darum, nur diese für das Ausland zu gewinnen.

So berichtet der Gleitseinnehmer von Pausa, daß aus dem Reußischen eine Zwirnmühle und Krempeln zur Baumwollspinnerei „genug im geheimen" über die Grenze nach Böhmen gegangen seien[3].
„Ein paar Böhmische Juden haben sich in Pulsnitz eine Zwirnmühle machen lassen und abgeholt, desgleichen waren 4 Bandmacherstühle von Pulsnitz und Ohorn nach Böhmen weggeführt worden"[4].
Der König von Preußen kaufte einem Suhler Weber für 200 Taler eine von diesem erfundene Maschine ab, auf der täglich 50 Pfund Wolle zugerichtet werden konnten; den Suhler Webern verweigerte der Erfinder die Anfertigung[5].

Die auswärtigen Versprechungen gaben nur den Anstoß zur Abwanderung sächsischer Manufacturiers, Handwerker und sonstiger Fachkräfte, ihre Ursache waren sie nicht. Diese lag in einer Vielzahl von Momenten.

Bereits in einem Mandat vom 11. Juli 1735 wurde den Gründen für die Abwanderung aus Sachsen nachgespürt und dafür zu einem Teil die Verfolgungen, Bedrückungen und Beschwerlichkeiten „bald durch schädliche Mißgunst, bald durch die Innungen und Handwercker, bald durch andere praeoccupierte, und mehr auf ihren Privat-Nutzen als vor das allgemeine Beste portierte Leuthe, bei nicht aussenbleibender Verhetzung gewinnsichtiger Advocaten[6]" verantwortlich gemacht.

Zu diesen, den Manufacturiers von seiten der Zünfte bereiteten Schwierigkeiten traten die in Vergleich zu anderen Ländern offenbar sehr hohen Abgaben.

Infolge der hohen Abgaben wandten sich viele Kaufleute, Färber und „Fabricanten" in das Reußische. Die Kaufleute, die sonst in Reichenbach gekauft hätten, kauften wegen der Abgaben jetzt in Nürnberg und anderen Orten[7].

[1] Akte Loc. 11095, Bl. 74, 75.
[2] Extractus Protocolli von der Leipziger Oster-Messe vom 3. Mai 1804; ebenda, Bl. 167.
[3] Bericht vom 30. Mai 1769, ebenda, Bl. 45.
[4] Aus einem Schreiben des Amtes Radeberg vom 7. Jan. 1786 an den sächsischen Kurfürsten; ebenda Bl. 116.
[5] Extract vom 24. Mai 1764 aus Ostermeß-Relation; ebenda, Bl. 19.
[6] Akte, Verfaßung, Loc. 11089, Vol. I, Bl. 27, 28, 39.
[7] Akte Loc. 30691, Bl. 13.

Die Hauptursache lag aber wohl in der bereits erwähnten geringen inländischen Akkumulation von Kapital.

„Da die Capitalisten unter den hiesigen Kaufleuten rar geworden, so ist keiner mehr im Standte, für 30. 40. bis 50000 Reichsthaler Waaren auf Speculation hinzulegen und dadurch die Fabrikanten immer in Arbeit zu erhalten"[1].

Hinzu kam eine Schrumpfung der Absatzmärkte im Ausland, das in zunehmendem Umfange zur Einrichtung eigener Manufakturen überging und vielfach die Einfuhr sächsischer Manufakturwaren sperrte oder mit hohen Zöllen belegte. Andererseits entzog das Ausland Sachsen wichtige Rohstoffe und Halbfabrikate, vor allem Wolle und Garne, wodurch zeitweise ein Mangel im Inland auftrat. Die Woll- und Garnpreise stiegen, und den sächsischen Manufacturiers und Kaufleuten wurde die Konkurrenz im Auslande erschwert bzw. unmöglich gemacht. Da der sächsische Binnenmarkt für diesen Ausfall meistens keinen Ersatz bot, ergab sich bei manchem Manufacturier und Handwerker der Anreiz und die wirtschaftliche Notwendigkeit zur Abwanderung.

Auch die Schuld an dem bereits an anderer Stelle erwähnten Wegzug von 30 Laubaner Webern nach Schlesien lag in der Teuerung der Garne[2].

Die hohen Materialkosten führten, zumal die Preise der Ausfuhrwaren sehr oft von den ausländischen Bestellern diktiert wurden, zugunsten der Revenuen der Manufacturiers und Verleger zu außerordentlich niedrigen Verdiensten der Manufakturarbeiter und abhängigen Handwerker.

So gingen die Löhne der Weber im Jahre 1793 nach Angaben der vogtländischen Kreis- und Amtshauptleute[3] von 1 Reichstaler 18 gr pro Stück bis auf 1 Reichstaler 4 gr und die Spinnerlöhne von 10 bis 12 gr für den „Zeddel" auf 7 bis 8 gr zurück. Die Klagen über die zu niedrigen Löhne, die trotz außerordentlichen Fleißes und übermäßiger Anstrengungen der Weber und Spinner kaum die notwendigsten Lebensbedürfnisse deckten, wollten während des ganzen 18. Jahrhunderts nicht verstummen. Die dauernde Bedrohung ihrer Existenz, die nur dann gemildert wurde, wenn infolge günstiger Ernten die Brotpreise niedrig waren, ließ in vielen Webern und Spinnern der Lausitz, des Erzgebirges und Vogtlandes den Vorsatz reifen, durch Auswanderung ihre wirtschaftliche Lage zu verbessern. Hierzu ein besonders drastisch formuliertes Beispiel aus der Oberlausitz:

„Wie schlecht hingegen der Verdienst von der Lohn-Arbeit auf dem Lande dermalen ausfalle, solches beschreiben die Neu-Eybauer ... ebenso wehmütig als umständlich, allermaßen ..., daß, wenn vormals an einer starcken Leinwandt 1 Thaler – an einer feinen aber 1 Thaler 12 g – verdienet werden können, solches nunmehr nach Abzug derer Kosten bis auf 5 g 6 Pfg. gefallen, welches denn freylich unmöglich zureichen könte, einer Famile auch nur das trockene Brodt

[1] Akte Loc. 11095, Bl. 93, 94.
[2] Nachricht der Steinbachischen Handlung in Lauban vom 2. Mai 1766; ebenda, Bl. 32.
[3] Acta, „Die von der Landes-Oeconomie- Manufactur- und Commercien-Deputation bey Ablauf jeden Jahres von denen daselbst vorgewesenen Sachen ingleichen von dem Zustande der Land-Wirtschaft, Manufacturen und Handlung erstattete Haupt-Berichte betr." Anno 1793; LHA, Loc. 5344, Vol. IX, Bl. 58.

zu verschaffen. Wir würden es vor eine straffwürdige Ausschweiffung halten müssen, wenn gedachte Neu-Eybauer endlich frey heraus bekennen, daß sich die armen Weber nur nach baldiger Sommers Zeit sehnten, damit sie barfuß nach Preußen kommen könnten, welches sie allbereit schon würden gethan haben, wenn sie sich könten mit Kleidung vor der Kälte bewahren, daferne nicht der aus denen Gesichtern dieser an den Bettelstab arbeitenden Leute blickende Hunger ... ein mitleidendes Nachsehen erforderten"[1].

Sobald die Abwanderungen aus Sachsen zahlreicher wurden, setzten systematisch Gegenmaßnahmen ein.
Häufig wurden die Auswanderer schon vor oder beim Überschreiten der Landesgrenze gefangen genommen und zurückgebracht. Sein besonderes Augenmerk richtete der Staat auf das Unschädlichmachen der Werber.

In einem Mandat vom 21. Aug. 1764 bedrohte er Personen, die andere, besonders die Grundbesitzer in Städten und auf dem Lande, „Fabricanten", Manufacturiers, Künstler, Kauf- und Handelsleute zum Wegziehen mit Erfolg verleiteten, je nachdem, ob es sich dabei um unangesessene oder angesessene Untertanen handelte, mit fünf- und zehnjähriger „Festungs- Bau- Zuchthauß- oder anderer Gefängniß-Strafe" und bei wiederholter Verführung einzelner Personen und ganzer Familien mit dem Tode durch den Strang. Schon der Versuch zur Abwerbung und die Mithilfe dazu wurden unter Zuchthausstrafe gestellt, während die Verführten straffrei blieben[2]. Gleichzeitig wurde bestimmt, daß „Fabriquen", Manufakturen und Werkstätten von Fremden und nicht legitimierten Inländern nur mit Genehmigung der Ortsobrigkeit und im Beisein einer von dieser verpflichteten Person in Augenschein genommen werden durften. Die Kenntnis von Abwerbungsversuchen war anzeigepflichtig; der Anreiz dazu wurde durch Prämien in Höhe von 50 bis 200 Talern aus dem Vermögen des „Inculpenten" oder aus der kurfürstlichen Kasse gewährleistet[3].

Zu den rechtlichen traten wirtschaftliche Gegenmaßnahmen, Ausfuhrverbote des Staates für Wolle und Garne – auf die später in anderem Zusammenhange zurückzukommen ist – und Erleichterungen bei den Abgaben. Aus den Reihen der Manufacturiers und Verleger kamen Vorschläge zum Verbot der Einfuhr von Bändern[4] und Anregungen, wie eine konstantere Beschäftigung der „Fabricanten" möglich sei und die Abwanderung vermieden werden könne.

Der Kaufmann Bugenhagen aus Chemnitz schlägt beispielsweise vor, „gegen unterpfändliche Einsetzung ihrer vorrätigen Waaren das deren Wert betragende Capital als Darlehn" an die Verleger zu geben, da die „Fabricanten" am ehesten

[1] Akte, Verfall, Loc. 5287, Bl. 28, 29.
[2] Demgegenüber hielt es der Rat zu Sebnitz „für ein sicheres Hinderungsmittel wider Auswanderung, wenn diejenigen Personen, welche ausgewandert und dadurch an ihrem Landes-Herrn und Vaterland einmahl untreu worden, im Fall sie wieder erlangt würden", zum abschreckenden Beispiel für andere nicht wieder auf freien Fuß kämen; Akte Loc. 11095, Bl. 109.
[3] „Ihrer Königl. Hoheit, Herrn Xaverii, Königl. Printzens in Pohlen und Lithauen ..., Hertzogs zu Sachßen ... Administratoris der Chur Sachßen ... Mandat, wider die Verleitung derer Unterthanen und Einwohner zum Wegziehen außer Landes", ergangen de dato Dreßden, den 21. Aug. 1764; ebenda, Bl. 21–23. Vorläufer dieses Mandats waren: Mandat vom 20. Dez. 1723; „Generalis wegen Verleitung der Unterthanen und Einwohner zum Wegziehen außer Landes" vom 30. Okt. 1738.
[4] Akte Loc. 11095, Bl. 121.

vom Wegziehen abgehalten würden, wenn sie von den Verlegern auch bei mangelndem Warenabsatz dauernd beschäftigt würden[1].
Zwei Personen, die für besonders gute gewerbliche Leistungen Prämien aus der „Churfürstlichen Prämien-Caße" erhalten hatten, baten ausdrücklich darum, „die Namen der Percipienten künftig bloß auf dessen [deren] Verlangen öffentlich bekannt zu machen, zumal es auch darum bedenklich scheinen will, die besten ouvriers bekannt zu machen, weil dadurch den Auswärtigen Gelegenheit gegeben werden möchte, solche etwan aus dem Lande zu locken"[2].
Ein anderer Vorschlag (1784) ging dahin, „dem Auswandern hiesiger Gesellen nach Böhmen dadurch mehr als durch die schärfsten Befehle" vorzubeugen, „wenn alle Innungen der Manufactur sich dahin vereinigten, keinen Gesellen", der in Böhmen gearbeitet, zu fördern, „ihn vielmehr für geschimpft ... hielten"[3].

Der Staat bemühte sich auch um die Wiedergewinnung der Auswanderer. Nicht selten kehrten diese nach Enttäuschungen sogar von selbst zurück.
Als sich in der ersten Hälfte des 19. Jahrhunderts in Sachsen die kapitalistische Produktionsweise durchzusetzen begann und in ihrem Gefolge Krisen mit beträchtlicher Arbeitslosigkeit und relativer Übersetzung von Gewerbezweigen auftraten, ging auch in der Bewertung der Abwanderung ein radikaler Wandel vor sich. Hatte der feudale Staat unter Anwendung seiner Machtmittel noch um das Verbleiben jedes einzelnen Mannes im Lande gekämpft, so wurde jetzt die Frage aufgeworfen, „ob es überhaupt in staatswirthschaftlicher Rücksicht zweckmäßig und rätlich sei, der teilweisen Verlegung eines in dem bisherigen Umfange im Inlande nicht mehr gedeihenden Fabrikzweiges in das Ausland hindernd entgegenzutreten", wodurch „die Anhäufung einer erwerbslosen, dem Staate zur Last fallenden Menschenmasse veranlaßt" würde[4]. In einem Recommunicat vom 4. Dez. 1828 bringt die Landes-Oeconomie-, Manufactur- und Commercien-Deputation diese neuen Gesichtspunkte dahingehend zum Ausdruck, daß „in der That mehr die polizeiliche als commercielle Rücksicht hierbei ins Auge zu fassen ist, indem die Besorgniß; aus welcher man früher das Wegziehen der Fabrikanten und Fabrikarbeiter aus dem Lande möglichst zu verhindern müssen glaubte, und die insbesondere dem Mandate vom 21. August 1764 zu Grunde liegt, heut zu Tage ohne alle Erheblichkeit ist"[5]. Die Deputation hält es lediglich für wünschenswert, daß der Staat über die Bedingungen der Aufnahme sächsischer Auswanderer namentlich in Rußland und Polen Erkundigungen einzieht und die aus dem Lande Gehenden berät.
Im Mandat vom 6. Feb. 1830 haben dann die neuen, der Entwicklung zum Kapitalismus Rechnung tragenden Gesichtspunkte ihren rechtlichen Niederschlag gefunden.

Ledige und kinderlose „Individuen", sowie Gelehrte, Künstler, Fabrikunternehmer und überhaupt solche Personen, bei denen die erforderliche Bildung, um Wichtigkeit und Erfolg eines solchen Schritts zu übersehen, vorausgesetzt

[1] Akte Loc. 11095, Bl. 98.
[2] Akte, Aufnahme, Loc. 5355, Vol. I, Bl. 88.
[3] Akte Loc. 11095, Bl. 94.
[4] Ebenda, Bl. 212.
[5] Ebenda, Bl. 242.

werden kann und bei denen nicht zu befürchten steht, daß sie künftig, nach ihrer „etwaigen Zurückkunft, dem Lande zur Last fallen könnten"[1], durften ohne weiteres auswandern, soweit nicht Vorschriften über die Militärpflicht dem entgegenstanden. Einschränkungen waren nur für Familienväter und ganze Familien sowie für Untertanen festgesetzt, „welche sich durch ihrer Hände Arbeit ernähren", um leichtsinnige Auswanderung und Rückkehr von Auswanderern in völliger Verarmung zu Lasten des Staates zu vermeiden.

Diese gesetzliche Regelung bedeutete jedoch nur eine Legitimierung der tatsächlichen Verhältnisse, denn um diese Zeit hatten bereits Massenabwanderungen nach Polen und Rußland eingesetzt.

5. *Gewinnung von Manufacturiers für Fertigungszweige von Staatsinteresse*

Die Methode der Entwicklung von Produktivkräften durch Anwerbung und Zuzug von außen war die am schnellsten wirksame. Bestand jedoch Aussicht, derartige Kräfte im eigenen Lande zu gewinnen, so scheute der feudale Staat keine Anstrengungen. Sofern der Landesherr nicht selbst zum Manufacturier wurde und in staatlichen Anstalten Waren herstellen ließ, an denen der Hof und die Oberschicht des Landes Bedarf hatten, bemühte er sich, geeignete Inländer durch Aussetzung von Prämien dafür heranzuziehen.

So hatte die Landes-Oeconomie-, Manufactur- und Commercien-Deputation in den „Intelligenzblättern" ein Avertissement bekannt machen lassen, „um einen Entrepreneur zu Anlegung einer Horn-Manufactur in hiesigen Landen ausfindig zu machen". Auf seine Bereitwilligkeit wurde der Kammacher Renner in Leipzig „unter gewißen Einschränkungen zu Ertheilung eines Privilegii auf 10. Jahr bey der Landes-Regierung verbeten und ihm auch die diesfalls ausgesezte Praemie zuerkannt"[2].

Nach dem ersten Jahreshauptbericht der gleichen Deputation vom Jahre 1765 machte sich in Sachsen die Anlegung mehrerer Glashütten notwendig, zu der „sich jedoch zur Zeit weder die Thunlichkeit davon, noch auch ein Entrepreneur hat finden wollen"[3].

Weiterhin sollten nach einem Bericht der Deputation vom 11. Februar 1767 entweder durch Private oder auf landesherrliche Kosten mehrere „Fayence-Fabriquen" im Lande angelegt werden, und die Deputation hatte durch das „Leipziger Intelligenz-Blatt" „... denen Entrepreneurs die hier zu im Lande vorhandene vortheilhafte Gelegenheit eröfnet, auch selbigen theils die verfaßungmäßige, theils nach Befinden außerordentliche Unterstützung zugesichert". Der Administrator Xaver wollte, daß „der Bedacht auf Ausfindigmachung eines Entrepreneurs, der eine Fayence-Manufactur vorzüglich zu Torgau anlege, zu nehmen" sei.[4]

Im Avertissement der „Churfürstlichen Prämien-Caße" vom 1. Mai 1765 wurde für die Anlegung einer „Fabrik" von Papier maché zur Ersparung der weit teu-

[1] „Mandat, das bei dem Auswandern hiesiger Unterthanen zu beobachtende Verfahren betreffend, vom 6ten Feb. 1830"; in: (11) „Gesetzsammlung für das Königreich Sachsen vom Jahre 1830", 3. ... (12) 5., § 9.

[2] Akte Landes-Oeconomie-, Manufactur- und Commercien-Deputation, Loc. 5356, Vol. I, Bl. 120.

[3] Ebenda.

[4] Acta, „Die Ausfindigmachung eines Entrepreneurs zur Anlegung einer Fayence-Manufactur betr." Anno 1767. 68; LHA, Loc. 5358, Bl. 1, 25.

reren Bildhauer- und „Stuc Arbeit" eine Prämie von 100 Talern ausgesetzt[1], für die einer „Bleistift-Fabrique" 50 Taler; im Avertissement vom 5. Juni 1782 für Anlage von Branntweinbrennereien 200 Taler, für Anlage von „Stärkemacherey an Orten, wo keine", und bei Produktion von wenigstens 15 Zentnern im ersten Jahr 30 Taler, bis zu 25 Zentnern im zweiten Jahr 50 Taler, und bis zu 40 im dritten Jahr 70 Taler[2].

Für jede an Orten, wo kein Verbietungsrecht im Wege stand, neu angelegte Bleiche (die der Kattundrucker ausgenommen) sah das Avertissement vom 13. Aug. 1788 nach 5jähriger Inbetriebnahme eine Belohnung von 50 bis 100 Reichstalern und für den Fall, daß dabei statt Holz Torf, Stein- oder Erdkohlen verbraucht wurden, nochmals 50 Taler vor[3].

Das gleiche Avertissement sicherte jedem, „welcher an einem nahrungsbedürftigen Orte hiesiger Lande eine nützliche Manufactur oder Fabrick anlegt, insonderheit wer steinerne Flaschen, Salpeter, Bleystifte, Feilen, Sicheln, Sensen, Futterklingen und Stahl fabrikmäßig zu verfertigen unternimmt", die landesherrliche Unterstützung zu.

Die Förderung der heimischen Produktivkräfte richtete sich somit darauf, bisher im Lande unbekannte Gewerbezweige heimisch zu machen und die Produktion der bereits bestehenden, aber nicht zureichenden auszuweiten. Dem Staat kam es dabei besonders auf die Anwendung der fortschrittlichsten ausländischen Herstellungsverfahren an, um die Qualität der sächsischen Manufakturwaren zu verbessern und den Vorsprung des Auslandes einzuholen.

Prämien wurden deshalb ausgesetzt für „inländischen Camelot, welcher ... dem Französischen, Brüßlern und Leydnern Camelots in Güte und Glanz am nächsten gebracht ist"; für „das vorzüglichste Stück ... der verschiedenen seidenen Zeuge, welche dem Französischen ... am nächsten kömmt"; für „Sicheln, Sensen und Futterklingen, welche den zeither aus fremden Orten eingeführten an Güte am nächsten kommen"; für den „Huth, welcher dem feinsten Englischen in allen Qualitäten am nächsten kommt"; für die Fertigung „der besten und wohlfeilsten Wachslichter, die denen zu Mans an Güte, Weiße, Härthe und Dauer am meisten gleich kommen"; für „Loth-Zwirn aus inländischen Garn", dem holländischen gleich; für den Bleicher, der „so gut zu bleichen im Stande ist, wie in Harlem gebleicht wird" oder dem „am nächsten" kommt; für den, der „ein Stück Spitzen in Feinheit und Dessein den Brüßlern am gleichsten gefertigt hat", für den, der die beste der „Französ. oder englischen in Härte und Politur am nächsten kommende, schneidende oder andere kleine stählerne Waare gefertigt hat"; für den „Künstler, welcher die meisten und accuratesten, denen Englischen gleich kommende Feilen von verschiedenen Arten selbst im Lande gefertigt hat"; für den, „der im Lande aus fremden Eisen Stahl fertiget, welcher dem besten ausländischen am gleichsten kommt" und eine um die Hälfte höhere Prämie für den, der „dergleichen aus innländischem Eisen fertiget"[4].

Einige Prämien dienten dazu, die Produktion quantitativ zu heben.

Wer beispielsweise im Winter 1765 „in mittleren und kleinen Städten Leute, welche vorher mit genugsam beschäftigender und unterhaltsamer Arbeit nicht versehen gewesen (es mögen Kinder, Erwachsene oder Alte seyn) in eine an-

[1] Akte, Aufnahme, Loc. 5355, Vol. I, Bl. 144.
[2] Ebenda; Akte, Aufnahme, Loc. 5356, Vol. II, Bl. 42.
[3] Ebenda, Vol. II, Bl. 116, 117.
[4] Avertissement vom 18. Juli 1764; Akte, Aufnahme, Loc. 5355, Vol. I, Bl. 14–18, 33–48.

haltende Manufactur-Arbeit gesetzet hat", erhielt „nach Beschaffenheit der Arbeit, in welche er solche Personen gesetzt hat, für jede 1. 2. und 3 Thaler, vielleicht auch ein mehreres" als Prämie zugesichert[1].
Im Avertissement vom 13. Aug. 1788 waren 100 Taler für den ausgesetzt, der „100 Personen, so bisher noch nicht gesponnen, mit Spinnerey von Landwolle ... auf dem gewöhnlichen kleinen Rade" beschäftigt, und 200 Taler bei Spinnen auf großem holländischem Rade[2].

Es wurde auch versucht, dem örtlich spürbaren Mangel an Manufacturiers und Handwerkern als Manufakturarbeiter für bestimmte Fertigungszweige durch Abwerbung innerhalb der sächsischen Lande abzuhelfen.

So hatten die Tuchmacher in Lauban einen Görlitzer Tuchbereiter zu sich gezogen[3].
Starke Anwerbungsversuche gingen namentlich von der Stadt Naumburg aus, und es wurde in der Oberlausitz die Befürchtung laut, daß „sie in Naumburg in kurzer Zeit endlich alles beisammen" hätten.

Wenn die Anwerbung nicht wie im Falle der Stadt Wittenberg, die sich an den Landtag wandte und die Stände der Ritterschaft und der Städte um Aussetzung von Prämien für den Zuzug von Tuchmachern bat, legalen Charakter annahm[4], stellte sie zumeist einen Verstoß gegen die geltenden Privilegien dar.

Die Großschönauer Weber hatten beispielsweise in ihren Innungsprivilegien ein ausdrückliches Verbot, „daß keiner ihres Mittels aus dem Orte auswandern soll, auch wenn es an einen andern Ort des Inlandes hin wäre"[5].

Verbote der Abwanderung in Innungsprivilegien hatten aber, wie der Wegzug von Großschönauer Damastwebern und ihrer Gesellen zeigte, keinen großen Erfolg. Die Landes-Oeconomie-, Manufactur- und Commercien-Deputation kam deshalb zu der Auffassung, daß „dergleichen Beschränkungen der natürlichen Freiheit" nichts taugen und „daher die Aufhebung dieses unpolitischen Verbotes, insofern es gegen inländische Orte gerichtet ist, mehr Nutzen stiften und zum gewünschten Zwecke [der Förderung der heimischen Textilproduktion] mehr beitragen" dürfte als selbst so eine Prämie[6].
Der Erfolg bei den Versuchen, Manufacturiers für Fertigungszweige von Staatsinteresse zu gewinnen, war recht unterschiedlich. Für neu angelegte „Stärkemachereyen" wurden aus den Mitteln der Prämienkasse in den Jahren 1782 bis 1787 2190 Taler[7] gezahlt, was bei einer Durchschnittsprämie von 50 Talern auf die Neuanlage von etwa 40 solcher Betriebe schließen läßt. Für die Herstellung von Papier nach holländischem Muster wurden nur 50 Taler ausgegeben. Die

[1] Akte, Aufnahme, Loc. 5355, Vol. I, Bl. 14–18, 33–48.
[2] Akte, Aufnahme, Loc. 5356, Vol. II, Bl. 116.
[3] Extract vom 21. Juni 1764; Akte Loc. 11095, Bl. 12.
[4] Akte, Aufnahme, Loc. 5356, Vol. II, Bl. 94.
[5] Acta, „Die zur Aufnahme der Landwirthschaft und Manufacturen ausgefertigten Prämien betr." 1825; LHA, Loc. 6597, Vol. IV, Bl. 58.
[6] Ebenda.
[7] Akte, Aufnahme, Loc. 5356, Vol. II, Bl. 59.

gleichhohe Prämie für die Errichtung einer „Bleistift-Fabrique" ist trotz der langen Dauer ihrer Aussetzung anscheinend niemals verdient worden, wie auch andere erst nach langjähriger Ausschreibung in Anspruch genommen oder gar zurückgezogen wurden. Eine der erfolgreichsten Prämien war die „für die Fabrikation vorher unbekannter Waaren oder für vorzügliche Fabrikation schon bekannter Waaren und für andere neue Erfindungen". Für sie zahlte die Prämienkasse in den Jahren 1801–1804 1403 Taler aus[1], von 1805 bis 1811 sogar 2514 Taler[2] und von 1817–1831 1760 Taler[3].

In den zwanziger Jahren des 19. Jahrhunderts setzte mit zunehmender kapitalistischer Entwicklung eine scharfe Kritik an der Wirksamkeit der staatlichen Maßnahmen zur Förderung der heimischen Produktivkräfte ein. Eine Befragung der sächsischen Kreis- und Amtshauptleute, ob für die Jahre 1820–1825 die Prämienzahlungen beizubehalten wären, ergab zwar immer noch eine fast einmütige Zustimmung; in dem Amtshauptmann von der Planitz traten aber bereits die neuen Auffassungen als Folge des vor sich gegangenen ökonomischen Wandels zutage.

> Planitz vertrat die Meinung, „daß Prämien im ganzen nur sehr geringfügige Resultate hervorbrächten. Der Hauptantrieb zu allen Fortschritten, es sey im Technischen oder bei der Landwirthschaft, liege theils in den allgemeinen Zeitverhältnissen und Conjuncturen, theils in der Localität und in beiderlei Hinsicht sey es der richtige Speculationsgeist und Calcul des Gewinnvollen; dieser werde aber von den dermaligen Zeitumständen nicht begünstigt. Aufmunterungen von Seiten des Staats vermöchten das Nachtheilige der Conjuncturen nicht zu ersetzen, und wenn diese günstig sey, bedürfe es keiner eingreifenden Aufmunterungen. Entfernung und Beschränkung aller dem Aufschwunge der Industrie nachtheiligen Hindernisse, – oder mit anderen Worten: Gestattung der möglichsten Freiheit des Verkehrs, sey wohl das Einzige, worauf die Regierungen ihr Augenmerk zu richten hätten, wobei jedoch einzelne Fälle vorkommen könnten, wo der Unternehmer und Erfinder mittelst pecuniärer oder andrer Unterstützung z.B. durch Belobungen oder ehrenvolle Auszeichnungen aufzumuntern sein dürfte. Eine generelle Zusicherung dieser Art bewirke vielleicht Mehr als eine Anregung zu speciellen Unternehmungen durch Prämien"[4].

Auch die Höhe der einzelnen Prämien wurde kritisiert, und Planitz wies mit Recht darauf hin, daß „der Betrag der Prämien dem gehabten Aufwande oder der vermeintlichen Einbuße so leicht wohl niemals genügend entsprechen dürfte", denn das Höchstmögliche waren 500 Taler[5]. Mit dem Jahre 1817 ging die Landes-Oeconomie-, Manufactur- und Commercien-Deputation deshalb zu neuen Grundsätzen bei der Gewährung von Prämien über. Diese sollten künftig nur auf besonders wichtige Gegenstände konzentriert, dabei gleichzeitig erhöht und „hauptsächlich für Unternehmungen von bleibendem Wert, nicht aber für kleine Privatanstalten

[1] Akte, Aufnahme, Loc. 5356, Vol. II. Bl. 232, 234.
[2] Acta, „Die zur Aufnahme der Landwirthschaft und Manufacturen ausgefertigte Praemien betr." de ao. 1807; LHA, Loc. 6598, Vol. III, Bl. 43.
[3] Ebenda, Bl. 214; Akte Loc. 6597, Vol. IV, Bl. 41 u. 129.
[4] Aus einem Audienzvortrag der Landes-Oeconomie-, Manufactur- und Commercien-Deputation vor dem König vom 29. Nov. 1825; ebenda, Bl. 5 flg.
[5] Ebenda, Bl. 7.

gezahlt werden, für die sich der Einzelne wegen seines Vortheils ohnehin schon bereit findet oder damit aufhört, wenn die Prämie verdient ist"[1].
Der sächsische Staat hat dann noch eine Zeitlang versucht, den Gang der technisch-ökonomischen Entwicklung zu lenken. Er mußte aber bald erkennen, daß dazu nach dem Aufkommen neuer Produktivkräfte in Gestalt der Maschinen größere Mittel als die einer landesherrlichen Prämienkasse und eine andere Initiative als die des staatlichen Bürokratismus erforderlich waren. Die Zwangsläufigkeit der kapitalistischen Entwicklung hatte den feudalen Obrigkeitsstaat bereits an einer Stelle überflüssig gemacht.

[1] Akte Loc. 6598, Vol. III, Bl. 212.

KAPITEL II

DER PRODUZIERENDE MENSCH IN DER MANUFAKTUR

1. Der Manufakturarbeiter nach Herkunft, Geschlecht, Alter und Zahl

An einer früheren Stelle dieser Untersuchung war die Rede davon, daß sich das Mehrprodukt in der Manufaktur durch die Ausbeutung einer größeren Zahl arbeitsteilig Kooperierter ergibt. Zur Charakterisierung der in der sächsischen Manufaktur wirksamen Produktivkräfte ist deshalb zunächst nach der Herkunft, Art und Zahl der in diesen Werkstätten beschäftigten Arbeitskräfte zu fragen.

Wie die ersten gewerblich verwendeten Fonds, so entstammten in Sachsen auch die ersten industriell ausgebeuteten Arbeitskräfte dem Bergbau. Dort hatte sich bereits im 14. Jahrhundert aus Gründen, auf die hier nicht einzugehen ist, eine Scheidung zwischen Bergbauberechtigten und Bergarbeitern vollzogen[1], ein Vorgang der Expropriation und Proletarisierung, der mit dem weiteren Verfall des Bergbaus zu einer anhaltenden und beträchtlichen Freisetzung technisch ausgebildeter und erfahrener Arbeitskräfte führte. Aus diesem Personenkreis, der kaum Aussicht hatte, jemals wieder in seinem alten Beruf Beschäftigung zu finden, rekrutierten sich die Arbeitskräfte der ersten Heimarbeitsstätten des Erzgebirges, die später vielfach zu Außenstellen oberdeutscher und einheimischer Verlagsunternehmungen wurden und die Keime darstellten, aus denen sich zentralisierte und dezentralisierte arbeitsteilige Betriebe entwickelten.

Die zweite Quelle, aus der den sächsischen Manufakturen Arbeitskräfte zuflossen, entsprang dem Zunfthandwerk sowie der Hausindustrie und Heimarbeit und ergab sich aus der Akkumulation von Handelskapital. Einmal bemächtigte sich ein Teil der kapitalkräftigen fremden und einheimischen Handelshäuser auf dem Wege des Verlages der kleingewerblichen Produktion, zum anderen fingen vermögende Handwerksmeister an, mit den Erzeugnissen ihrer ärmeren Mitmeister zu handeln und unter Aufgabe eigener produktiver Betätigung zu Händlern zu werden. Die Folge war in beiden Fällen, daß nach und nach ein immer größerer Teil der kleinen Warenproduzenten seine Selbständigkeit in bezug auf sein Eigentum an den Produktionsmitteln und die Verbindung mit dem Markt einbüßte, zu Lohnwerkern und schließlich zu Lohnarbeitern in den Werkstätten der Kaufleute wurde.

In Chemnitz, von alters her einem der Hauptorte der sächsischen Textilproduktion, begann diese Expropriation bei den ärmeren Leinweber- und Tuchmachermeistern nach Zöllner[2] bereits im 15. Jahrhundert, wurde aber erst im Laufe des

[1] Gebauer, I, S. 480.
[2] Zöllner, S. 117, 118 u. 205.

16. Jahrhunderts durch die „zahlreichen Reibereien und Zwistigkeiten und Befeindungen der Innungsmitglieder untereinander" und mit dem Rat, die einen Abwehrprozeß der zum sozialen Abstieg verurteilten Meister darstellten, augenfällig[1] und erreichte ihren Höhepunkt im 18. Jahrhundert[2].

Einen weiteren Zustrom von Arbeitskräften erhielten die sächsischen Manufakturen vom Lande. Es waren sowohl landwirtschaftlich beschäftigte Arbeitskräfte als auch dörfliche Gewerbetreibende, die den Weg in die zentralisierten arbeitsteiligen Betriebe der Städte und der zerstreuten Manufakturen von Stadt und Land gingen. In geringer Zahl werden sich darunter vermutlich auch Bauern befunden haben, die dem „Bauernlegen" zum Opfer gefallen waren[3].
Die Abwanderung landwirtschaftlicher Arbeitskräfte scheint in der zweiten Hälfte des 17. Jahrhunderts besonders spürbar gewesen zu sein und sich im ersten Drittel des folgenden Jahrhunderts noch verstärkt zu haben. Der Landesherr war deshalb gezwungen, im Interesse der Feudalklasse, deren wirtschaftliche Existenz in erster Linie auf ihren gutsherrlichen Revenuen beruhte, gesetzliche Maßnahmen dagegen zu ergreifen.

Am 16. Juli 1735 erließ der Kurfürst eine neue Gesindeordnung, „in welcher die bereits Ao. 1651. und 1661. dießfalls gemachten Verfassungen zur gehörigen Beobachtung eingeschärfet"[4] wurden. Nach ihr mußten die Obrigkeiten u. a. darauf achten, daß „diejenigen, die der Bauernarbeit gewohnt seyn, ... sich auf andern denen Städten zustehenden Bewerb nicht legen, sondern vielmehr bey der Arbeit und Lebensart ihrer Eltern bleiben ...[5]". Wegen der Dienste der Kinder von Untertanen wurde deshalb verordnet, daß „kein Unterthan, männ- oder weiblichen Geschlechts, sich zu vermiethen, oder um Tagelohn zu arbeiten Macht haben" soll, „bevor er sich nicht bey dem Erb- und Gerichtsherrn des Orts, wo er gezogen und gebohren, angeboten oder anbieten lassen"[6]. Brauchte die Herrschaft seine Dienste, so war er „verbunden, ihr 2. Jahr um das gesetzte Lohn, vor einen Fremden zu dienen, um den jedes Orts gewöhnlichen Scheffel zu dreschen oder andere Tagearbeit zu thun"[7].
Diese Dienstbarkeiten waren in der Oberlausitz, die erst gegen Ende des 30-jährigen Krieges zum sächsischen Staatsverband kam, weitaus drückender als in den alten Gebieten des Landes. Daraus ergab sich ein Anreiz zur Abwanderung aus der Oberlausitz, dem der Staat durch die am 8. Juli 1656, 7. April 1663 und 20. August 1667 ergangenen Mandate „wegen derer aus dem Marggrafthum Oberlausitz entwichenen Unterthanen" und durch das am 1. Juni 1735 in Dresden erlassene Generale zu begegnen suchte. In ihnen bestimmte der Landesherr, „daß niemand die aus berührtem Marggrafenthume entwichenen Unterthanen wenn sie keinen Los- oder Abzugsbrief vorlegen, annehmen, sondern männiglich dieselben anhalten und dem Eigenthümer oder Besitzer, nach produ-

[1] Kunze, Leinwand, S. 23.
[2] Zöllner, S. 415.
[3] Blaschke, Bauernlegen, S. 97flg.
[4] „Wöchentliche Dreßdnische Frag- und Anzeigen", No. XLIII, Dienstags, den 26. Octobr. Anno 1751.
[5] Ebenda; ohne Angabe des Verfassers; „Über den Mangel an Gesinde und Arbeitsleuten und die wirksamsten Mittel ihm abzuhelfen – zur Beherzigung für meine Landsleute von einem Chursachsen. Freimüthig und bescheiden", Leipzig 1799.
[6] Wöchentliche Dreßdnische, No. XLVIII, Dienstags, den 30. Novembr. Anno 1751.
[7] Ebenda, No. L, Dienstags, den 14. Decembr. Anno 1751.

cirtem Attestate von denen Aemtern Budißin und Görlitz, gegen billigen Abtrag derer Unkosten, und Ausstellung eines Reverses, ohne Widerrede ausantworten sollen"[1].

Gewichtiger als die Abwanderung von ehemals ausschließlich in der Landwirtschaft Beschäftigter war wohl der Zustrom von Arbeitskräften, die sich bereits auf dem Lande einer gewerblichen Tätigkeit zugewandt hatten. Der Prozeß dieser Entwicklung wird in Sachsen nicht anders verlaufen sein als sonst in Deutschland auch. Aus einer anfangs namentlich im Winter als Nebenverdienst sehr willkommenen Zusatzbeschäftigung wie Spinnen und Weben wurden allmählich Haupterwerbszweige, die einem großen Teil der nicht mehr in der Landwirtschaft unterkommenden bäuerlichen Familienmitglieder Existenz gaben. Gefördert durch den Verlag, breitete sich in verschiedenen Gegenden Sachsens die gewerbliche Betätigung der Landbevölkerung immer mehr aus, obwohl die städtischen Zünfte einer solchen Entwicklung von Anfang an scharf entgegentraten[2].

So waren es in Zittau die großen, von den vorhandenen Zunftmeistern und Gesellen nicht mehr ausführbaren Bestellungen der Nürnberger Handelshäuser, die nach dem 30jährigen Kriege bewirkten, daß auch den Bewohnern der zur Stadt gehörenden Dorfschaften das Weben, das die Untertanen der adligen Gutsherren längst ausüben durften, gegen die Zahlung eines Stuhlgeldes von einem Taler gestattet wurde[3].

Anfang des 18. Jahrhunderts hatte sich nach Korschelt die Weberei in der Oberlausitz so ausgedehnt, daß „ein landesherrliches Rescript dem Weibsvolke" das Weben verbot, weil es an Dienstboten fehle[4].

Ähnlich stark nahm die dörfliche Spinnerei zu. Im Chemnitzer Bezirk waren 1799 allein in einem Umkreis von 4 Meilen um 15000 Menschen mit Handspinnerei im Haupterwerb beschäftigt[5].

Die massenhafte Hinwendung solcher Dorfhandwerker und sonstiger ländlicher Gewerbetreibender in sächsische Städte registriert Gebauer[6] bereits für das 15. Jahrhundert. Zur Speisung von Manufakturen mit Arbeitskräften kam sie jedoch erst in Betracht, als die Errichtung arbeitsteiliger Werkstätten ein größeres Ausmaß anzunehmen begann.

Höffer berichtet über den Gründer der 1702 in Plauen angelegten Manufaktur baumwollener Zeuge[7]: „Johann Friedrich Schild, in Sachsen gebohren, welcher allhier zu Plauen anno 1701 Bürger worden, und geheyrathet, legte um seine

[1] Wöchentliche Dreßdnische, No. XLII, Dienstags, den 19. Octobr. Anno 1751.
[2] Schaller, E., „Handel und Gewerbe auf dem Lande. (Nach einem Mandat von 1767)", in: „Sachsen-Post", Nr. 182 vom 30. März 1910, IV. Jahrg., S. 2.
[3] Korschelt, G., „Beiträge zur Geschichte der Webindustrie der sächs. Oberlausitz", in: „Gebirgsfreund – Illustrierte Zeitschrift für Topographie, Geschichte und Touristik des Riesen- und Isergebirges, des Jeschken- und Lausitzergebirges, Glatzer- und Eulengebirges, Nordböhmens und des Spreewaldes", Sechster Jahrgang, Zittau 1894, Seite 20.
[4] Ebenda.
[5] Meerwein, Georg, „Die Entwicklung der Chemnitzer bzw. Sächsischen Baumwollspinnerei von 1789–1879", Heidelberger Diss., Berlin 1914, S. 17 und 18.
[6] Gebauer, III, S. 223.
[7] Siehe Teil I, Kapitel I.

> Manufactur auf einen dauerhaften Fuß zu gründen, nachdem er zuförderst einige Bauern zu Meßbach, Thiergarten und Weischlitz im Wollspinnen unterrichtet, vor dem Straßberger Thor am Mühlberg ein ordentliches Fabric-Hauß an ..."[1].

Der erheblichste Teil dieser ländlichen gewerblichen Arbeitskräfte fand jedoch nicht in den zentralisierten, sondern in den zerstreuten Manufakturen und Verlagsunternehmungen des oberdeutschen und sächsischen Handelskapitals Beschäftigung. Bis zu welcher auch für heutige Begriffe erstaunlichen Größe die Kooperation von Arbeitskräften in solchen Betrieben ging, wurde bereits angedeutet[2].
Zum Bergbau, der Landwirtschaft und dem ländlichen Gewerbe trat als weitere, wohl nicht viel weniger ergiebige Quelle[3], aus der den sächsischen Manufakturen Arbeitskräfte zuflossen, die Zuwanderung vom Auslande. Sie entsprang einmal aus der Notwendigkeit zahlreicher, wegen religiöser Unduldsamkeit aus den Niederlanden, Frankreich, Bayern, Schwaben und Böhmen vertriebener Protestanten[4], sich eine neue Existenz zu gründen, zum andern war sie die Folge staatlicher und privater Anwerbungsbemühungen.

> Das bereits an anderer Stelle erwähnte Musterbeispiel einer solchen Anwerbung von Handwerkern als Manufakturarbeiter lieferte der Leipziger Handelsherr Heinrich Cramer von Claußbruch, der Tuchmachermeister und Gesellen aus den Niederlanden kommen ließ und mit ihnen seit 1579 in Meuselwitz bei Leipzig eine Tuchmanufactur betrieb.

Die Herkunft der Manufakturarbeiter ist von entscheidender Bedeutung für ihren gesellschaftlichen Charakter, und dieser wiederum beeinflußt ihre Leistungsfähigkeit in der Produktion, was u. a. in höherer Arbeitsproduktivität der rechtlich freien, kapitalistischen Lohnarbeiter gegenüber feudal oder zünftig gebundenen Arbeitskräften zum Ausdruck kommt. Die Bergarbeiter wie die fremden, die sich der Manufakturarbeit zuwandten, waren von Anfang an rechtlich frei, die Arbeitskräfte vom Lande wurden es zumeist, sobald sie sich der „freimachenden Stadtluft" unterstellten. Die Folge war, daß Sachsen neben einer großen Zahl zünftig gebundener Arbeitskräfte schon frühzeitig auch freie gewerbliche Lohnarbeiter aufzuweisen hatte.

> Die Chemnitzer Bleiche, vermutlich die erste arbeitsteilige Kooperation[5] größeren Ausmaßes in Sachsen überhaupt, zumindest aber eine der ersten bedeutenderen einfachen kapitalistischen Kooperationen auf gewerblichem Gebiete,

[1] Höffer, Carl Heinrich, „Versuch einer Geschichte der Baumwollenen Waaren-Manufactur im Voigtländischen Creiß von 1550–1790", in: „Mitteilungen des Altertumsvereins zu Plauen i. V.", Neunte Jahresschrift auf die Jahre 1892–93, Plauen i. V. 1893, Kapitel 14, S. 11; Neupert, A., „Zur Geschichte der Plauen'schen Industrie. Nach „Fiedler" und neueren Quellen dargestellt", in: „Mitteilungen des Altertumsvereins zu Plauen i. V., 14. Jahresbericht auf das Jahr 1900", Plauen i. V. 1901, S. XCII.
[2] Siehe die ersten beiden Abschnitte von Kapitel I, Teil I.
[3] Die Mehrzahl der Zugewanderten wandte sich einer selbständigen Tätigkeit als Manufacturier oder Handwerker zu.
[4] Bodemer, S. 4 u. 6.
[5] Über die Arbeitsteilung bei der Chemnitzer Bleiche siehe Teil I, Kapitel IV, „2. Die Anwendung der Arbeitsteilung und die Erhöhung der Arbeitsproduktivität".

wurde beispielsweise schon im 15. Jahrhundert mit Lohnarbeitern betrieben. Die Notwendigkeit dazu ergab sich nach Zöllner[1] aus der Tatsache, „daß die meisten der Bleichgewerken den begüterten Patrizierfamilien der Stadt angehörten, die natürlich nicht selbst das Weberhandwerk trieben, sondern um Lohn arbeiten ließen ...".

Gleichfalls mit freien Lohnarbeitern und außerhalb der Innung wurde in Chemnitz auch schon im 15. Jahrhundert und in Plauen etwas später die Schleierwirkerei ausgeübt. In Chemnitz befaßten sich vornehmlich Frauen damit, und das Geschäft ließ sich zum Nachteil der zünftigen Weber so gut an, daß man bei der Herstellung der Schleier sogar die „Hilfe von ermiethetem Gesinde" und von „Lehrdienern" in Anspruch nahm. Auf die Klage der Leineweber wurde diese unzünftige Schleierwirkerei bei Strafe von 2 Schock Buße und Zerstörung des Gezeugs am 10. Februar 1477 verboten[2].

Auch in Plauen war die Schleierwirkerei anfangs ausschließlich eine Arbeit von Frauen und unzünftigen Männern; seit 1730 befaßten sich vereinzelt auch zünftige Weber damit[3].

Feudal völlig gebundene Manufakturarbeiter nachzuweisen, scheint nach dem bisher vorliegenden Material für Sachsen unmöglich zu sein, da der außerökonomische Zwang zur Zeit der Entfaltung und Blüte der Manufakturen dort zwar gegenüber dem im 15. und 16. Jahrhundert herrschenden größer geworden war, nicht aber die Höhe erreicht hatte, um derart weitgehende Dienstleistungen fordern zu können, wie sie beispielsweise die Leibeigenenmanufakturen im Rußland des 18. Jahrhunderts verlangten. Es ist zumindest für die sächsischen Stammlande lediglich die Tendenz zu einer „Zweiten Leibeigenschaft" nachweisbar, die in den „Lausitzen" verstärkt auftrat.

Die feudale Abhängigkeit und der außerökonomische Zwang äußerten sich unter anderem in der Delegierung eines „Fabrikstrafrechts" an einige Eigentümer[4] von Manufakturen und der Beschränkung der Freizügigkeit bei Beschäftigung in Werkstätten, die ein Fabrikationsgeheimnis zu wahren hatten. Eine Sonderstellung unter den sächsischen Manufakturarbeitern nahmen die Damastweber von Groß- und Neuschönau ein, deren Einrichtungen dem Zunftwesen und seinen Formen ähnelten, doch aber, wie bereits Wieck richtig erkannt hatte[5], etwas prinzipiell völlig anderes darstellten. Mit Rücksicht auf die Geheimhaltung des Herstellungsverfahrens und um die Abwanderung dieses Fertigungszweiges nach anderen Orten Sachsens und des Auslandes zu erschweren, war nämlich in die Damastweberei die Arbeitsteilung eingeführt worden. Sie wandelte den auch dann noch nach außen hin als Handwerksmeister erscheinenden Damastwebermeister zum Manufactu-

[1] Zöllner, S. 99.

[2] Ebenda, S. 103.

[3] Gebauer, II, S. 538.

[4] Acta, „Die von Georg Wilhelm von Heßler bey seiner neu anzulegenden Färberey Fabrique verlangten verschiedene Immunitaeten betr.", Anno 1736 37 38; LHA, Loc. 5555, Volum II; Notizen, S. 13 u. 14; Rößig, C. G., „Die Produkten-Fabrik-Manufactur- und Handelskunde von Chursachsen und dessen Landen in zwey Theilen. – Zweiter Theil. Fabrik, Manufaktur und Handelskunde", Leipzig 1804, S. 290.

[5] Wieck, Friedrich Georg, „Industrielle Zustände Sachsens – Das Gesamtgebiet des sächsischen Manufaktur- und Fabrikwesens, Handels und Verkehrs. Historisch, statistisch und kritisch beleuchtet". Chemnitz 1840, S. 145flg.

rier[1] und den Gesellen zum zünftig gebundenen Teilarbeiter, der den Arbeitsprozeß niemals in seiner Gesamtheit kennen und beherrschen lernte[2], und aus dem zünftigen Handwerksbetrieb wurde so eine Manufaktur.

Über die zahlenmäßige Entwicklung des sächsischen Manufakturarbeiters wird infolge der Lückenhaftigkeit des Materials und des Unvermögens, in vielen Fällen genau zu erkennen, ob es sich bei den Werkstätten um Handwerksbetriebe mit Gesellen oder um Manufakturen mit Teilarbeitern handelt, kaum etwas Genaues ausgesagt werden können. Selbst eine Schätzung ihres Bestandes zur Blütezeit der Manufakturen in Sachsen – so wünschenswert diese für die Beurteilung ihrer Produktionskapazität gegenüber der des Handwerks sein würde – erscheint riskant. Immerhin aber ermöglichen die zahlreich vorliegenden Einzeldaten einigen näheren Aufschluß über den Beschäftigungsstand von Manufakturgattungen und einzelnen Werkstätten. So kann als sicher angenommen werden, daß der größte Teil der sächsischen Manufakturarbeiter in den zerstreuten Manufakturen des Landes tätig war, deren Beschäftigtenzahl pro Betrieb zumeist auch höher lag als die der zentralisierten Manufakturen.

In Bautzen gab es beispielsweise an 100 Strumpfwirkermeister, die nicht nur am Orte, sondern auch in Hoyerswerda, Kamenz, Löbau und vielen Dörfern der Oberlausitz wollene Strümpfe, Mützen, Gamaschen und Handschuhe stricken ließen, die sie selbst dann in Bautzen walkten, zurichteten und färbten und sodann im Großen versandten, zum Teil bis nach Nordamerika. Über die Beschäftigtenzahl dieser zerstreuten Manufakturen gibt die Tatsache einen Anhaltspunkt, daß jährlich 6000–7000 Stein[3] Wolle dafür verbraucht wurden[4].
Von den zentralisierten arbeitsteiligen Werkstätten stellte die Meißner Porzellanmanufaktur während der ganzen Manufakturperiode die größte Konzentration von Arbeitskräften mit einer von Anfang an sehr weitgehenden Arbeitsteilung dar. Sie nahm 1710 mit einigen Arkanisten, 8 bis 10 Massebereitern und Brennern, ebensoviel Töpfern, 2 Kapselmachern, 6 bis 8 Glasschneidern und Schleifern, 1 Zeichner, 2 Vergoldern, 2 Emaillierern und 1 Lackierer ihren Betrieb auf und verfügte im Jahre 1765 über einen bis zum Jahre 1890 nicht wieder erreichten Personalstand von 731 Mann[5].

In der allgemeinen Vorbemerkung zu dieser Untersuchung wurde darauf hingewiesen, daß die Zerlegung des Gesamtarbeitsprozesses erlaubt, mit Erfolg auch körperlich und geistig Schwächere wie Frauen und Kinder an der Arbeit in der Kooperation zu beteiligen. Diese generelle Feststellung hat auch für Sachsen Gültigkeit; seine Manufakturgeschichte weiß sowohl von Kinderausbeutung wie beträchtlicher Frauenarbeit zu berichten.

[1] Wieck, S. 147.
[2] Ebenda, S. 146.
[3] 120000 bis 140000 Pfund.
[4] „Allgemeines Handlungs- und Fabriken-Addreßbuch auch Handlungs-Erdbeschreibung der Lausitzen und beiden Schlesien", in Samml.: „Das gewerbefleißige Deutschland", Ronneburg und Leipzig 1801, S. 8.
[5] „Festschrift zur 200jährigen Jubelfeier der Ältesten europäischen Porzellanmanufaktur Meißen", Dresden 1910, S. 155; die Entwicklung der Belegschaftsstärke vom Gründungsjahr bis ins 20. Jahrhundert ist im Kapitel I des Teils I, „2. Der sächsische Manufacturier", wiedergegeben.

Die Hauptdomäne für Kinderarbeit in sächsischen Manufakturen stellte die Kattundruckerei mit ihrem außerordentlich großen Bedarf an „Streichjungen" zum Auftragen der Farbe auf die Drucktische dar, für die auf die Angaben im Tabellarium verwiesen wird.

In der Granatsteinverarbeitung von Volkersdorf, Gebhardsdorf und Schwerra wurden unter Ausnutzung ihres Spieltriebs Kinder von fünf Jahren mit dem Anreihen von Granatsteinen beschäftigt[1].

Ebenso alte Mädchen verwendete man gegen eine Vergütung von 4 g pro Woche auch zum Spitzenklöppeln[2].

In der von dem ehemaligen Kammerrat Raabe zu Leipzig um 1754 in Maitschen [Mahitzschen] bei Torgau errichteten Seidenmanufaktur arbeiteten 14 bis 15 Personen, meistens Kinder, denen es oblag, die dort aufgestellte Maschine zum Zwirnen und Doublieren der Seide zu bedienen, indem sie die Seide „aufsteckten, die zerrissenen Fäden anknüpften und die Kränze einhingen"[3].

Arbeit von Kindern beiderlei Geschlechts war auch in der sächsischen Damastmanufaktur üblich, wie die am 1. Mai 1743 bestätigte „Ordnung für die Damastweber" zeigt, die mit Rücksicht auf die Wahrung des Herstellungsgeheimnisses unter Androhung schwerer Strafe gebot, Knaben und Mädchen aus fremden Orten höchstens zum Spulen und Treiben, keineswegs aber zum Ziehen beim Stuhle zu verwenden[4].

Schließlich ist die Kinderarbeit in den Waisenhäusern zu erwähnen, die sich zu ihrer Finanzierung, teilweise auch, um ihren Zöglingen eine Berufsausbildung zu geben, vielfach Manufakturen und handwerkliche Arbeitsstätten angegliedert hatten. So beschäftigte das Waisenhaus zu Langendorf 1764 37 Kinder, die in der Zeit vom 6. August bis zum 28. September 1764 allein 211 Stück Wollgarn spannen[5].

Die gewerbliche Frauenarbeit in Sachsen hat eine lange Geschichte. Hervorgegangen wie alle derartige Beschäftigung aus dem Zwang zur Deckung des eigenen Bedarfs, trat sie erstmalig selbständiger als Mithilfe bei der Arbeit des handwerklich tätigen Ehemannes in Erscheinung.

Im Verlaufe eines Streites zwischen den Chemnitzer Tuchmachern und Leinewebern um die Abgrenzung ihrer Handwerke erlaubte die kurfürstliche Regierung am 28. November 1605, daß die Leineweber überall Wolle kaufen und diese von ihren Frauen und Kindern am Rocken spinnen lassen durften, wohingegen ihnen die Beschäftigung von Mägden damit und von Lohnspinnern untersagt blieb[6].

Während die Frauenarbeit innerhalb des Handwerks diese engen, durch die zünftigen Vorschriften gezogenen Grenzen nicht überschritt, entwickelte sie sich außerhalb des zünftigen Rahmens bis zum Ende des 18. Jahrhunderts außerordentlich stark. Hierzu aus der Fülle des Materials noch einige Beispiele:

[1] Adreßbuch, Lausitzen, S. 28.

[2] Rößig, Produkten, S. 302; Ob die Spitzenklöppler zu den Manufakturarbeitern zu rechnen sind, hängt davon ab, ob die Spitzen nach dem Klöppeln vom Verleger in eigner Werkstatt noch einer Manipulation unterworfen, beispielsweise zusammengenäht wurden. Der Betrieb stellte dann eine zerstreute Manufaktur dar.

[3] Ebenda, S. 224.

[4] Gebauer, III, S. 251.

[5] Akte, Aufnahme, Loc. 5355, Vol. I, Bl. 105.

[6] Zöllner, S. 347.

Die von dem Kaufmann Gottlob Gräser in Verbindung mit dem Faktor von Hagen und einem Werkmeister Grubig zu größerer Blüte gebrachte, schon um 1700 bestehende Manufaktur halbseidener Waren in Langensalza beschäftigte um die Wende zum 19. Jahrhundert u. a. auch Mädchen zum Spulen von Fäden[1].

Der Plauener Bürger und ehemalige Buchhalter Schild fing 1702 mit 8 „Würker-Mädchen", Plauener Bürgertöchtern, eine Manufaktur an, in der „breite Weiber-Halstücher, auch ... Cattune" hergestellt wurden[2]. Allmählich erhöhte Schild die Zahl seiner Wirkerinnen, „die er mit nöthigen Spulmädchen und täglichen Unterricht versah bis auf 16 ..."; im übrigen ist in diesem Zusammenhang wissenswert, daß nach der Schleierordnung vom Jahre 1715 in Plauen nur Bürgertöchter im „Wirken" angelernt werden durften[3].

Die 1766 von der „Herrnhuthischen" Brüdergemeine zu Kleinwelka errichtete „Lein- und Parchentmanufactur" beschäftigte „die bey ihren Anstalten befindlichen Mädgen"[4]; es wird sich dabei somit auch um Kinderarbeit gehandelt haben.

Von der 1780 in Chemnitz gegründeten Kattundruckerei des Seilermeisters Kreisig berichten die „Notizen zur Geschichte der Zeugdruckerei ..."[5], daß in ihr eine „große Zahl von Ausmahlerinnen" arbeitete.

Unter der 73 Köpfe starken Belegschaft der 1791 von dem Grimmaer Kaufmann Meisner ins Leben gerufenen Zwirnmanufaktur befanden sich 12 „Spulen-Mädchen"[6].

Besonders viel Frauen wurden schon seit dem Ausgang des 16. Jahrhunderts im Erzgebirge und Vogtland mit dem Klöppeln von Spitzen beschäftigt; Rößig[7] schätzt die Zahl aller damit Befaßten für die Wende zum 19. Jahrhundert auf 27000, wovon die meisten Frauen und Kinder gewesen sein werden.

Es bleibt zu untersuchen, ob die Zahl der Teilarbeiter in den Manufakturen zu ihrer Blütezeit, die in Sachsen in die zweite Hälfte des 18. Jahrhunderts fällt, zeitlich und örtlich stets ausreichte oder ob die Entwicklung der neuen Betriebsform und damit der Fortschritt zu einer höheren Arbeitsproduktivität wie in Rußand durch den Mangel von Arbeitskräften gehemmt wurde. Der Bedarf an gewerblichen Arbeitskräften wies in Sachsen, von den Perioden der allerdings häufigen Kriege abgesehen, einen ständigen Zug nach oben auf. Bodemer schreibt über diesen Prozeß, der namentlich im Erzgebirge vor sich ging:

> „Da es nun damals noch keine Maschinen zur Vorrichtung der Rohmaterialien gab, so vermehrte sich mit der Einführung jedes neuen Artikels auch die Zahl der Arbeiter so bedeutend, daß das rauhe und unwirtliche Erzgebirge zum Staunen der Welt und häufig nicht ohne den Neid derselben bald eine der bevölkertsten und gewerbfleißigsten Gegenden der Erde ward"[8].

Mit der zunehmenden Gewerbsentwicklung stellten sich trotz dieser starken Vermehrung des industriell tätigen Personenkreises bereits zu Beginn des 18. Jahr-

[1] Rößig, Produkten, S. 318.
[2] Höffer, S. 11–13.
[3] Gebauer, II, S. 538.
[4] Acta, „Die von der Herrnhuthischen Brüder-Gemeinde zu Klein-Welcke, angelegte Lein- und Parchent-Manufactur betr.", Anno 1766; LHA, Loc. 5310, Bl. 1.
[5] S. 18 und 20.
[6] Rößig, Produkten, S. 237.
[7] Ebenda, S. 300.
[8] Bodemer, S. 7.

hunderts Anzeichen dafür ein, daß das vorhandene Reservoir an Arbeitskräften einer Ausweitung bedürfe. Einer der Gründe dafür, daß es auf diesem Gebiete zu Mangelerscheinungen kam, lag darin, daß die besten Arbeitskräfte dem Lande vielfach durch das Unwesen der Soldatenanwerbung und direkte Kriegsauswirkungen verloren gingen.

Zöllner schreibt, daß Chemnitz um 1700 fast ununterbrochen als Hauptwerbeplatz für das Erzgebirge benutzt wurde und man dort „die im Erzgebirge angeworbenen, meist zusammengeraubten Rekruten concentrierte“[1].
Im Zweiten Schlesischen Krieg entließ die Porzellanmanufaktur Meißen beim Einmarsch der feindlichen Preußen im Jahre 1745 zeitweilig ihre Arbeiter und veranlaßte die Zerschlagung der Brennöfen, um das Fabrikationsgeheimnis nicht preisgeben zu müssen. Trotzdem gelang es Friedrich II. von Preußen, Meißner Porzellanarbeiter zu gewinnen und Brennerde nach Berlin zu bringen. Sie ermöglichten es, daß dort die „Königliche Pozellanmanufaktur“ errichtet werden konnte[2].
Der Siebenjährige Krieg gefährdete den Fortbestand der Manufaktur aufs ernsteste; ihre erschütterte Finanzlage trieb viele Arbeiter wegen zu geringer Verdienstmöglichkeiten ins Ausland, wo so wie in Thüringen nach Meißner Vorbild neue Manufakturen entstanden[3].

Nicht minder bedeutend als dieser durch Krieg und Kriegsfolgen verursachte Entzug gewerblicher Arbeitskräfte war der durch Auswanderung auf Grund von Abwerbung bedingte, teilweise auch völlig ohne äußere Anregung erfolgende. Namentlich die Nachbarländer Preußen und Böhmen entzogen Sachsen auf diese Weise wertvollste Produktivkräfte.

Gebauer weiß von einer heimlichen Auswanderung im Jahre 1744 zu berichten[4], der „im Dezember 1745 eine öffentliche, von der preußischen Regierung unterstützte und beschützte folgte. An 270 Menschen mit 43 Damastwebstühlen wanderten unter preußischer Bedeckung teils nach Schlesien, teils nach Potsdam und Berlin aus. Während des Siebenjährigen Krieges und nach demselben wiederholten sich diese Auswanderungen“.

Neben die bereits geschilderten staatlichen Maßnahmen zur Verhinderung eines solchen Abwanderns von Arbeitskräften und die jahrhunderte langen Versuche, fremde Gewerbspersonen ins Land zu ziehen, trat zeitweise eine Fülle staatlicher und privater Bemühungen, die darauf abzielten, die vorhandenen Arbeitskraftreserven für die Ausbeutung durch gewerbliche Arbeit nutzbar zu machen. In seiner Bedeutung allen anderen Maßnahmen voran stand der staatliche Schutz der Manufacturiers, „Fabricanten und Fabric-Arbeiter“ und einer Reihe weiterer Gewerbspersonen vor Rekrutierung.

An diesbezüglichen Vorschriften wurden im 18. Jahrhundert erlassen: das Mandat vom 28. August 1726, die „Erneuerte Ordonanz“ vom Jahre 1752 (Cap. VIII), das „Mandat wegen des Verboths aller gewaltsamer Werbung“ vom

[1] Zöllner, S. 388.
[2] Festschrift, S. 152.
[3] Ebenda; „Allgemeines Handlungs- und Fabriken-Addreßbuch von Obersachsen“, in Samml.: „Das gewerbefleißige Deutschland“, Ronneburg und Leipzig 1800, S. 236 u. 237.
[4] Gebauer, III, S. 252.

25. April 1767, das „Mandat vom 19. November 1774 wegen der vom Lande zu besorgenden alljährlichen Rekrutirung des Mannschafts-Abganges bey der Armee“[1], die „Verhaltungspunkte vom 24. Mai 1775 zur Nachachtung des Mandats vom 19. November 1774“, das „Mandat wegen künftiger Ergänzung des ordinairen Mannschafts-Abganges bey der Armee, durch eigene Werbung der Compagnie-Inhaber“ vom 12. Juni 1779, das „Mandat, wie es mit der Anwerbung zu Kriegs-Diensten, mit Entlaßung der in Kriegs-Diensten gestandenen, und mit den, denen aus Kriegsdiensten entlaßenen Unter-Officiers und Gemeinen zu gönnenden Vorzügen, Vortheile und Befreyungen fürohin gehalten werden soll“, vom 21. April 1792[2].

Während die Rekrutierung anfangs von den Kompagnien durchgeführt wurde, übertrug sie das Mandat vom 24. Mai 1775 auf die „Civil-Obrigkeiten“, bei denen sie jedoch nur bis zum Jahre 1779 verblieb[3], da die Neureglung sowohl dem Lande als auch der Armee neue und größere Schwierigkeiten brachte als die Handhabung durch die militärischen Dienststellen. Von da an durften diese wieder selbst werben, waren dabei aber verpflichtet, den Personenkreis von Werbung auszunehmen, der bereits durch die „Verhaltungs-Puncta“ vom 24. Mai 1775 davon befreit war. Zu ihm gehörten:

„B) Von denen Unangeseßenen.

1) Alle Handwercks-Meister und Bürger in denen Städten, welche ihr Handwerck würcklich treiben, sowohl als sämmtliche Lehrlinge bey denen Handwerckern, wenn sie ihre Lehrzeit noch nicht bis auf ein halb Jahr ausgestanden.

Doch können unansäßige Bürger, und unbeweibte Meister bevorab diejenigen, die bey andern nur als Gesellen arbeiten, in Ermangelung anderer, zur Recrutierung mit gezogen werden ...

4) Die Manufacturiers und Fabricanten, so bey denen angelegten Manufakturen, oder vor sich, nach der Kunst, und mit denen zur Kunst gehörigen Instrumenten, würcklich arbeiten, ingleichen die Corduan-Macher im Lande überhaupt sowohl als die Bereiter des rothen Leders zu Budissin insonderheit, nicht aber alle deren Handlanger, und die nur grobe Arbeit dabey verrichtende Tagelöhner.

Wie denn auch dem Obrigkeitlichen Ermeßen überlaßen wird, mit Zuziehung der Vorsteher und Ober-Aeltesten, derer, zu den Landes-Fabriquen gehörigen Handwercker, und unter Vernehmung mit denen Directeurs, errichteter Manufacturen, aus dem Mittel dieser Fabricanten, ein – oder den andern, den sie entbehrlich zu seyn erachten, mit unter die Recrutirung zu nehmen ...

6) Kauf- und Handelsleute, und die bey ihnen in der Handlung stehende Diener und Lehr-Pursche, nicht aber derselben sogenannte Marckthelffer und Hauß-Knechte, sowenig als kleine Büdgen-Crämer und Herumträger ...

8) Die Verwalter, Pachter, (nicht aber die bloßen Vieh Pachter,) Hofmeister, Brauer, Mälzer, Schäfer, und Schaaf-Knechte auf beträchtlichen Schäfe-

[1] Mandatensammlung des LHA, Jahrg. 1726, 1752, 1767, 1774.

[2] Acta, „Die Stoehrung der Meßen und Fabric Örter durch gewaltsame Werbung einige Regimenter auch von Obrigkeiten zu Recruten verabfolgten Fabricanten und Fabric-Arbeiter“, Anno 1779–1810; LHA, Loc. 11115, Vol. II, Bl. 1–19, 49.

[3] Siehe Mandat vom 12. Juni 1779.

> reyen, und andere Wirthschafts-Bediente und Knechte, in denen Aemtern, auf denen Ritter- Pfarr- und Frey-Güthern, auch Raths- und Commun-Vorwergen und Güthern, ...".

An der strengen Einhaltung dieser Bestimmungen hatte der Staat schon aus fiskalischen Erwägungen heraus Interesse. In einem Schreiben des Kurfürsten vom 16. Oktober 1797 an die Landes-Oeconomie-, Manufactur- und Commercien-Deputation heißt es unter anderem: „Nicht minder haben Wir der sämmtlichen Armee, die Stöhrung der Meßen und Beeinträchtigung der Fabricken durch Werbe-Excesse, nochmahlen geschäft untersagen laßen"[1].

Außerdem setzte sich die Landes-Oeconomie-, Manufactur- und Commercien-Deputation im Jahre 1764 bei der Regierung dafür ein, daß man zu einer Einschränkung der auf den Messen wahrzunehmenden „unnüzlichen und schädlichen Gewerbs-Arten, besonders derer Glücks-Büdner, Seiltänzer und anderer Landstreicher" komme[2], und erörterte in diesem Zusammenhang einen Vorschlag der Gebrüder Kühn zu Wittenberg, ein Arbeitshaus anzulegen, um „dergleichen und andere müßge Hände zum Vortheil des Staats besser" zu beschäftigen[3]. 1725 stellte der Amtshauptmann Georg Wilhelm von Heßler ein Färbereiprojekt auf. Damit es Heßler nicht an Arbeitern fehle, hatte der Beamte zu Weißenfels eine Menge von Zeugmachern im Vogtlande und den angrenzenden Gebieten namhaft gemacht, die „aus Armut ihre Handarbeit nicht fortsetzen" konnten „und ... wenig zur Consumtions-Caßa abgeben und noch weniger im Standt" waren, „Landes onera zu tragen, sondern vielmehr ihre Wohnung verlassen" wollten[4].

Mit der Ausnützung rechtlich Unfreier durch Manufakturarbeit befaßte sich ein Projekt des bekannten Kammerrats Raabe. Er bot sich der Landes-Oeconomie-, Manufactur- und Commercien-Deputation an, „unter gewißen Conditionen: 2 bis 300 baumwollen Spinner und Krempler in dem Zucht- und Armen Hauße zu Waldheim und Torgau ingleichen in dem hiesigen [Dresdner] Stift zu unterhalten"[5]. Eine Anfrage ergab jedoch, daß es dort „an müßigen Händen fehlet", so daß die Verwirklichung dieses Planes deshalb und weil wegen einiger Bedingungen Raabes Bedenken aufgekommen waren, unterblieb[6].

Der allgemeine Mangel an Arbeitskräften veranlaßte die Bewerber um Privilegien zur Errichtung von Manufakturen nicht selten, in ihren Gesuchen darauf hinzuweisen, daß der Betrieb der anzulegenden Werkstätten arbeitskräftemäßig gesichert sei.

Hilaire de Loire, der 1743 in Dresden eine Samt- und Tuchmanufaktur anlegen wollte, versprach beispielsweise, „6. Gesellen mit sich zu bringen auch noch mehrere Arbeiter aus Holland Schweiz und Frankreich, wohin er seine Correspondenz

[1] Akte Loc. 11115, Bl. 8, 9 u. 20.
[2] Akte, Landes-Oeconomie-, Manufactur- und Commercien-Deputation, Loc. 5356, Vol. I, Bl. 8.
[3] Ebenda, Bl. 9.
[4] Acta Commissionis, „Die von Churf. Durchl. zu Sachsen anbefohlene Untersuchung der von dem Amtshauptmann Georg Wilh. von Heßler vorgeschlagene neue Invention zu färben", 1725; LHA, Loc. 7414, Bl. 4, 131.
[5] Akte, Landes-Oeconomie-, Manufactur- und Commercien-Deputation, Loc. 5356, Vol. I, Bl. 122.
[6] Ebenda.

habe, nach Sachsen zu ziehen ohne den sächsischen Fabricanten ihre Leute abspenstig zu machen"[1].

Oftmals traten die Mangelerscheinungen auch nur örtlich auf und wären leicht und schnell zu beheben gewesen, wenn nicht zünftige Vorschriften wie die Einengung der Freizügigkeit den Ausgleich unmöglich gemacht hätten.

So scheiterte der Plan, zur Verbesserung der Erwerbsverhältnisse im oberen Erzgebirge um 1825 die Damastweberei einzuführen, daran, daß alte Innungsprivilegien den Großschönauer Webern die Auswanderung nicht nur ins Ausland, sondern auch nach Orten innerhalb Sachsens verboten. Inwieweit sich allerdings schon damals als Folge der eingetretenen kapitalistischen Entwicklung neue, den zünftigen Vorstellungen abgewandte Gedanken in der Wirtschaftsauffassung des Staates durchgesetzt hatten, zeigt die Bemerkung, die von der Landes-Oeconomie-, Manufactur- und Commercien-Deputation an die Wiedergabe dieser Tatsache geknüpft wird: „Dergleichen Beschränkungen der natürlichen Freiheit taugen allerdings nichts; auch haben sie nicht das Auswandern der Damastweber und ihrer Gesellen in das Ausland verhindert, wie das Beispiel von Warnsdorf und Rumburg lehrt. Es dürfte daher die Aufhebung dieses unpolitischen Verbotes, insofern es gegen inländische Orte gerichtet ist, mehr Nutzen stiften und zum gewünschten Zwecke mehr beitragen als selbst eine solche Prämie"[2].

Außerdem zeigten sich, gegen das Ende des 18. Jahrhunderts immer mehr zunehmend, in manchen Branchen – so in der Suhler Gewehrfabrikation, insbesondere aber in der sächsischen Spinnerei und Weberei – ernste Störungen der Proportionalität der Zahl der kooperierten Teilarbeiter; von ihnen wird in der im Vorwort erwähnten Untersuchung über die sächsische Fabrik der Frühzeit eingehend die Rede sein, da sie einen der Impulse zur Mechanisierung darstellen.
Die Produktionskapazität und Arbeitsproduktivität in der Manufaktur wird im wesentlichen von der auf Arbeitsteilung beruhenden Arbeitsorganisation[3] und der Quantität und Qualität ihrer Arbeitskräfte bestimmt. Nach beiden Seiten lagen in Sachsen die denkbar besten Voraussetzungen für eine günstige Entwicklung vor. Die Zahl seiner Manufakturarbeiter muß – wenn über ihre Größe auch nichts Genaues gesagt werden kann – im Vergleich zu der in den Nachbarländern bedeutend gewesen sein, und auch in seiner technischen Eignung, über die anschließend berichtet wird, übertraf der sächsische Manufakturarbeiter vielfach seine ausländischen Kollegen. Die Folge war, daß Sachsen die anfängliche Produktionsüberlegenheit der ausländischen Manufakturen einholte und sie sogar auf nicht wenigen Gebieten übertraf, was in einer wenn auch durch zahllose Handelserschwerungen gehemmten Entwicklung des sächsischen Außenhandels mit Manufakturwaren zum Ausdruck kam. Der gegen Ende des 18. Jahrhunderts zeitweise sehr spürbare Mangel an Arbeitskräften deutete darauf hin, daß Sachsens Wirtschaft allmählich für die Ersetzung eines Teil der menschlichen Arbeitskraft durch die Maschine reif wurde.

[1] Akte, Hilaire de Loire, Loc. 5327, Bl. 4.
[2] Akte Loc. 6597, Bl. 58, 59.
[3] Die Manufakturökonomie beruhte keineswegs nur auf der Organisation des Produktionsablaufs, sondern bezog auch andere Faktoren wie die Wahl des Standorts und die Gestaltung der Verkaufsbedingungen ein (siehe Akte Loc. 5358, Bl. 3flg.).

2. Die technische Eignung des sächsischen Manufakturarbeiters

In der Manufaktur ging, wie Marx gezeigt hat[1], die Umwälzung der Produktionsweise gegenüber dem Handwerk von der Arbeitskraft aus. Die Handtechnik blieb jedoch ihre Basis. Wenn der Manufakturarbeiter auch nur noch einen kleinen Teil des ganzen Handwerks zu beherrschen brauchte und „eine Klasse sogenannter ungeschickter Arbeiter" enstand[2], so war die technische Eignung der Arbeitskräfte doch beim Aufkommen der Manufakturen von Bedeutung. Den sächsischen Manufacturiers stand bei der Errichtung ihrer Betriebe ein besonders gut qualifizierter Arbeiterstamm in ausreichender Zahl zur Verfügung, was Marperger neben der geographischen Lage und den „sächsischen Naturgaben" als die Ursache des Wachstums der sächsischen Manufakturen kennzeichnet[3].

> „... Die Dritte ist des Churfürstenthums Sachsens seiner Einwohner natürliche und angebohrne Fähigkeit, zu allen guten Künsten und Wissenschaften, und folglich auch zu denen Mechanischen, und zu denen Commerciis, als welche beyde ohne einander nicht seyn können, sondern einander die Hände bieten müssen, woraus eben die Menge der Künstler und Handwercker entspringt die man hin und wieder in allen Sächsischen Städten, Flecken und Dörffern antrifft, so daß nicht leichtlich, (das einige Holland ausgenommen) ein Land oder Provintz in gantz Europa seyn wird, welches nicht der proportion mit Sachsen-Lands Größe, mehrere Handwercks-Leut, als selbiges in sich beschliessen solte und möchte man füglicher auf Sachsenland applicieren, was ehemahls die Mayländer von der Menge ihrer Handwercks-Meister zu sagen pflegten: Daß wenn gleich gantz Italien von dergleichen Leuten entblößet oder ausgestorben wäre, so würde doch solches aus dem einigen Mayland wieder können ersetzet werden. Wir nehmen dannenhero diese der sächsischen Einwohner Fähigkeit zu denen Commerciis und Mechanischen Künsten wie auch ihre (denenselben obliegende) Menge, billich als eine wichtige Ursache an wodurch die Commercia dieser Landen mächtig können befördert werden".

Marperger hat damit ohne Zweifel der Eitelkeit seines Souveräns zu schmeicheln gesucht und übertrieben. Auch ist seine Darstellung, in der die besondere Fähigkeit der Sachsen zu gewerblicher Arbeit auf natürliche und angeborene Eigenschaften zurückgeführt wird, nicht zutreffend. Diese hat sich sicherlich in erster Linie durch die jahrhundertelange Beschäftigung eines erheblichen Teiles der sächsischen Bevölkerung im Erzbergbau entwickelt und kam nach dessen Rückgang und Erliegen in vielen Gegenden des Erzgebirges nunmehr anderen Gewerbezweigen zugute. Im 18. Jahrhundert war sie offenbar allgemein und wurde durch staatliche Maßnahmen wie durch Zuwanderung qualifizierter Arbeitskräfte noch besonders gepflegt und weiterentwickelt; vor allem den Arbeitskräften für das Textilgewerbe wandte der Staat sein Interesse zu. Er ließ Spinn- und Klöppelschulen errichten[4] – worauf im Abschnitt über das gewerbliche Schulwesen einge-

[1] Marx, Bd. I, S. 388.
[2] Ebenda, S. 367.
[3] Marperger, Abriß, S. 6.
[4] Akte, Aufnahme, Loc. 5355, Vol. I, Bl. 42.

gangen wird – und veranlaßte die Ausbildung von Hechelmachern[1] und die Qualifizierung von Spinnern.

Er sicherte jedem „Schulmeister, welcher selbst, oder durch seine Frau, oder durch eine dritte Person seine Schulkinder im Spinnen auser den Schulstunden ... am besten" unterrichtete, eine Prämie von 50 Talern zu.
An Spinner und Spinnerinnen, die durch eine Bescheinigung des „Fabricanten", für den sie arbeiteten, nachwiesen, daß sie die Wolle drei Monate lang statt auf die bisher übliche Weise nunmehr nach holländischer Art auf dem Knie gestrichen und gesponnen hatten, ließ er 10 Taler pro Person auszahlen[2].

Durch die Prämien für Aneignung fortschrittlicherer Arbeitsmethoden beim Spinnen sollten „Fleiß- und Geschicklichkeit der Arbeiter ... belohnt werden", und ein „Manufakturverleger" durfte sich nur dann darum bewerben, wenn er „sich ausdrücklich verbindlich machte, solches Geld unter seine Arbeiter zu vertheilen"[3].
Weiterhin wurde die Ausbildung von Schriftgießerlehrlingen[4] und taubstummer „Kunst- und Handwerkslehrlinge"[5] durch Prämien gefördert und den Schülern an den Zeichenschulen der Akademie der Künste für gewerblich bedeutsame Zeichnungen Belohnungen in Aussicht gestellt.
Als Sachsen zur fabrikatorischen Produktionsweise überging, konnten seine Fabrikunternehmer wie vordem die Manufacturiers auf eine breite Schicht an gewerbliche Arbeit von Alters her gewöhnter und gut ausgebildeter Arbeitskräfte zurückgreifen. Gerade aus dieser besonderen, im Laufe der Jahrhunderte erworbenen technischen Qualifikation beruhte das Seßhaftwerden zahlreicher Industriezweige in Sachsen, namentlich im Erzgebirge, die sonst schwerlich ihren Standort dort gefunden hätten.

[1] Akte, Landes-Oeconomie-, Manufactur- und Commercien-Deputation, Loc. 5356, Vol. I, Bl. 127.
[2] Akte, Aufnahme, Loc. 5355, Vol. I, Bl. 89.
[3] Ebenda.
[4] Akte, Landes-Oeconomie-, Manufactur- und Commercien-Deputation, Loc. 5356, Vol. I, Bl. 125.
[5] Akte Loc. 6598, Bl. 165flg.

KAPITEL III

DIE ROHSTOFFVERSORGUNG DER MANUFAKTUREN

1. Rohstoffvorkommen und Rohstoffproblem

In der Literatur des 18. Jahrhunderts wird, um das Ansehen Sachsens zu heben, oftmals der Anschein erweckt, als ob die sächsische Wirtschaft mit den zum Betrieb ihrer Manufakturen und anderer gewerblichen Werkstätten notwendigen Roh- und Hilfsstoffen ausreichend durch die inländische Erzeugung versorgt würde.

> So heißt es in den „Dreßdnischen Gelehrten Anzeigen auf das Jahr 1751", daß „das werthe Sachsen von Gott und der Natur vor vielen andern Ländern in Deutschland also gesegnet ist, daß alle vegetabilia, mineralia und animalia, ja fast alle Ingredientien und Specereien, so zur Färberey und Mahlerey erforderlich, darinnen generiret werden ..."[1].
> Auch der bereits erwähnte Marperger berichtet in seinem 1718 erschienenen Werk, daß Sachsen vor 300 und mehr Jahren fast ganz allein Tücher fabriziert und damit gehandelt hätte, weil die umliegenden Länder verwüstet waren oder stetig Krieg führten oder das Material nicht so gut bei der Hand hatten wie Sachsen[2].

Eine derart günstige Rohstofflage ist jedoch, die Textilhilfsstoffe ausgenommen für das Sachsen des 18. Jahrhunderts, in dem die Manufakturen ihren höchsten Stand erreichten, nicht nachweisbar. Wenn Marperger als „die Causae Impulsivae und Efficiendes, oder die zu denen sächsischen Commercien und Manufacturen bewegende und deroselben Beförderung kräfftige würckenden Ursachen" neben anderen auch die „sächsischen Naturgaben"[3] bezeichnet, so muß er zugleich auch einräumen, daß die inländische Erzeugung einer Reihe von Rohstoffen zum Betrieb wichtiger sächsischer Gewerbezweige nicht ausreicht und einer Ergänzung durch Einfuhr bedarf.

Eine Analyse der damaligen sächsischen Rohstofflage auf Grund der zahlreichen, in Akten und zeitgenössischen Werken verstreuten Angaben ergibt zunächst für die zu jener Zeit hauptsächlich verarbeiteten Textilfasern, daß Sachsens Klima und Boden bis auf den Hanfbau[4] durchaus eine beachtliche Eigenerzeugung zuließen. So wurde die Schafzucht von alters her betrieben, der Flachsbau war weit

[1] Dreßdnische Gelehrte, Sp. 325.
[2] Marperger, Abriß, S. 18.
[3] Ebenda, S. A 2 u. 12, 13.
[4] Akte, Aufnahme, Loc. 5356, Vol. II, Bl. 255.

verbreitet, und sogar Maulbeerbäume als die Futtergrundlage der Seidenraupenzucht wurden in nicht unbeträchtlicher Menge angepflanzt[1].
Wolle gewann man namentlich in der Oberlausitz[2] und in Thüringen, vor allem um Langensalza[3] sowie auf den Thüringer Edelhöfen Taubenthal[4], Schönberg[5], Scharfloh und seiner Umgebung[6]. Als Orte im Meißnischen Kreis werden Stolpen und Hohnstein[7], im Leipziger Kreis Börln[8] und Oschatz[9] genannt, weiterhin das Stift Zeitz und die Schäfereien in Bosau und Haynsburg, Kayna und Wiedenborn.
Fast durchweg hebt Naumann in seiner „Industrial- und Commercial-Topographie von Chursachsen" vom Jahre 1789 neben der Menge auch die Güte der in den genannten Orten gewonnenen Wolle hervor. Die Landwolle Börlns bezeichnet er als die beste in Sachsen; die kurfürstlichen Schäfereien wie die in Hohnstein und Stolpen erzeugten Wolle von spanischen Schafen.
Obwohl es nicht leicht möglich ist, sich eine genaue Vorstellung von der Größe der sächsischen Wollproduktion im Verlaufe des 18. Jahrhunderts zu verschaffen – Gebauer[10] gibt lediglich an, daß diese „vor 1768" 150000 Stein, 1811 204545 Stein betragen habe – so muß sie doch als bedeutend angenommen werden, wenn man berücksichtigt, daß an inländischer Wolle von Leipzig aus in der Zeit vom 1. Oktober 1761 bis September 1764 allein 48846 Stein[11] = rd. 10750 Zentner ins Ausland gegangen sind[12].
Der Flachsbau wurde in Sachsen namentlich an den Zentren seiner Verarbeitung, besonders in der Oberlausitz[13], so um Lauban[14] und Bautzen[15], wie auch im Erzgebirge betrieben, ferner im Bezirk des Amtes Delitzsch, in Jeßen[16] in Senftenberg[17], bei Merseburg[18] und in der Grafschaft Stolberg-Roßla[19].

[1] Dreßdnische Gelehrte, Sp. 401 flg.
[2] Addreßbuch, Lausitzen, S. 2.
[3] „M. C. N. Naumanns Industrial- und Commercial-Topographie von Chursachsen". Leipzig 1789, S. 158.
[4] Ebenda, S. 302.
[5] Ebenda, S. 271.
[6] Ebenda, S. 260.
[7] Ebenda, S. 300, 142.
[8] Ebenda, S. 244.
[9] Ebenda, S. 232.
[10] Gebauer, I, S. 294.
[11] Ein Stein kam bis 1858 in Dresden und Leipzig 22 Pfund gleich; aus: „Maße, Gewichte, Münzen" in „Muret-Sanders Deutsch-englischem Wörterbuch", Abt. B, S. XXXV.
[12] Akte, Landes-Oeconomie-, Manufactur- und Commercien-Deputation, Loc. 5356, Vol. I, Bl. 129.
[13] Addreßbuch, Lausitzen, S. 2.
[14] Ebenda, S. 47.
[15] Ebenda, S. 19
[16] Naumann, S. 144.
[17] Ebenda. S. 291.
[18] Ebenda, S. 206.
[19] Hunger, S. 338

Lein bauten Zwenkau[1] und Lützen[2] an, und von Ullersdorf bei Niesky berichtet Naumann, daß es „vielen Leinsamen" habe[3], von Lübbenau, daß von dort der beste Leinsamen käme, der „weit verführt" werde.[4]

Das bedeutendste Hanfanbaugebiet lag in der Gegend um Mühlberg, wo „das beste Schiffsleinenzeug in ganz Sachsen gemacht" wurde[5]. Viel Hanf erzeugten auch die Dörfer um Weißenfels[6] und Kloster Neuzelle in der Niederlausitz[7].

Hopfen zog man an vielen Stellen des Landes, die klimatisch dazu geeignet waren, so bei Gräfenhaynichen[8] und Kemberg im Kurkreis, dessen Anbaugebiet sich bis Dessau erstreckte[9], in Guben[10], besonders auch bei Lübben[11], im Stift Merseburg[12], in Wehlen[13] und bei Zwätzen in Thüringen[14].

Mit der Seidenraupenzucht befaßte man sich hauptsächlich im Markgraftum Niederlausitz, im Kur- und im Meißnischen Kreis, da diese Landesteile die günstigsten klimatischen Voraussetzungen für das Gedeihen der Maulbeerbäume boten. An solchen wurden bei der Herbstrevision 1793 gezählt[15]:

	im Markgraftum Niederlausitz	im Kurkreis	im Meißnischen Kreis
nutzbare Bäume	2179	718	3583
noch nicht nutzbare Bäume	645	52	562
Bäume in Baumschulen	9950	7183	3032

Die Gesamtzahl der Maulbeerbäume in allen sächsischen Kreisen gibt Stöver in seiner „Statistik des Deutschen Reichs"[16] für diese Zeit mit 70000 an. Als Orte mit starkem Seidenbau und entsprechenden Maulbeerbaumpflanzungen hebt Naumann in seiner Topographie Kalau[17], Leipzig, dessen Plantage „für eine der ältesten zu halten ..." ist[18]), Welkau[19], Niemegk[20] und Hosterwitz bei Dresden mit seiner kurfürstlichen Maulbeerbaumpflanzschule hervor[21].

Der Rohstoff für die Porzellan- und Töpferwarenherstellung war im Lande in vorzüglicher Qualität vorhanden. In Colditz wurde „der brauchbarste Tohn zur Porzellanfabrik gegraben, ingleichen der weiße Tohn, so wie der zu Meissen, welche von Fabricanten gesucht werden"[22]. Ferner fand sich bei Aue „die schönste Tohnerde bey dem weissen Andreas, unter dem Namen des Porcelläntohns"[23]. Weitere

[1] Naumann, S. 345.
[2] Ebenda, S. 196.
[3] Ebenda, S. 309.
[4] Ebenda, S. 194.
[5] Ebenda, S. 211.
[6] Ebenda, S. 319.
[7] Ebenda, S. 335.
[8] Ebenda, S. 120.
[9] Ebenda, S. 147.
[10] Ebenda, S. 128.
[11] Ebenda, S. 194.
[12] Ebenda, S. 207.
[13] Ebenda, S. 316.
[14] Ebenda, S. 345.
[15] Akte Loc. 5344, Vol. IV, Bl. 137 flg.
[16] Zitiert bei Naumann, S. 186.
[17] Ebenda, S. 146.
[18] Ebenda, S. 186.
[19] Ebenda, S. 320.
[20] Ebenda, S. 222.
[21] Ebenda, S. 143.
[22] Naumann, S. 47.
[23] Ebenda, S. 7.

Vorkommen hatten Schneeberg[1], Schwarzenberg, Zehren[2], Görlitz[3], Grünhayn[4], Penig[5] und Ockrilla bei Meißen. Aus diesem Orte kam der rote Porzellanton, „woraus Böttcher zuerst das rothe jaspisartige Porcellan machte“[6]. Bei Kamenz grub man in unmittelbarer Nähe der Stadt Ton, der von ihren Töpfern zur Herstellung sehr guter, weithin bekannter Gefäße verwendet wurde[7]. Die Waldenburgische Erde war die Grundlage für die Fertigung eines Steinzeugs, von dem der Gelehrte Agricola Mitte des 16. Jahrhunderts schrieb, „daß in Deutschland die Waldenburger Gefäße nicht die schönsten, aber die besten und haltbarsten“ seien[8].

In Zwickau wurden Futtersteine für die Hochöfen gewonnen[9], in Wiesenthal der feuerbeständige „Caisettenthon, der zu Kapseln bey der Porcellanfabrik, auch zu Häfen bey den Blaufarbenwerken dient“[10], bei Mühlbock in der Oberlausitz solcher zur Herstellung von Tabakspfeifen[11]. Außerdem fanden sich gewöhnliche Tone in großer Menge an vielen Stellen im Lande.

Als Orte, die sich in Sachsen besonders mit der Lederherstellung befaßten, wurden Bautzen und Kamenz wie die Oberlausitz allgemein hervorgehoben; die Appretur betrug in Bautzen nach Angaben von 1801[12] 8000 Stück Leder und Felle, in Kamenz die Hälfte. Die Gegend um Weida im Neustädter Kreis war wegen der Menge der dort anfallenden rohen Bock- und Ziegenfelle bekannt[13].

Tabakbau fand sich in verschiedenen Gegenden der sächsischen Lande; in der Oberlausitz[14], in der Gegend von Düben[15], im Kurkreis bei Kemberg[16], in Grimma[17], Sellerhausen[18] und Stötteritz[19], in Heldrungen[20], seit 1756 im Hennebergischen[21], bei Kölleda in Thüringen[22], in der Gegend von Pirna[23], in Seidnitz bei Dresden, das

[1] Naumann, S. 274.
[2] Ebenda, S. 333.
[3] Ebenda, S. 118
[4] Ebenda, S. 126.
[5] Ebenda, S. 236.
[6] Ebenda, S. 231.
[7] Addreßbuch, Lausitzen, S. 11.
[8] Berling, Karl, „Die Kurfürstin Anna und das Waldenburger Steinzeug“, in: „Meißnisch-Sächsische Forschungen zur Jahrtausendfeier der Mark Meißen und des sächsischen Staates ...“. Dresden 1929, S. 142flg.; Naumann, S. 311.
[9] Ebenda, S. 346.
[10] Ebenda, S. 325.
[11] Ebenda, S. 211.
[12] Addreßbuch, Lausitzen, S. 6 u. 11.
[13] Naumann, S. 321.
[14] Addreßbuch, Lausitzen, S. 2; Naumann, S. 105.
[15] Ebenda, S. 72.
[16] Ebenda, S. 47.
[17] Ebenda, S. 121.
[18] Ebenda, S. 291.
[19] Ebenda, S. 296.
[20] Ebenda, S. 131.
[21] Ebenda, S. 132.
[22] Ebenda, S. 152.
[23] Ebenda, S. 239.

im Meißnischen Kreis den meisten Tabak pflanzte[1], bei Niesky[2], Torgau[3], Wittenberg[4] und in Zwickau[5]. Sächsische Tabakmühlen und „Fabriken" bereiteten diesen Tabak zu. In Kleinwelka, Herrnhut und Bautzen wurden nach den Angaben von 1801 jährlich neben über 200 Zentnern ausländischen Tabaks gegen 1200 Zentner Eigenbau verarbeitet[6], wovon auf die Bautzner Tabakmühle 350 Zentner Inlandserzeugung und 70 Zentner ausländischer Tabak entfielen[7]. Die gesamte Tabakproduktion Sachsens betrug im Jahre 1791 3870 Zentner, 1792 4101 Zentner[8].

Wenn in den anfangs erwähnten „Dreßdnischen Gelehrten Anzeigen auf das Jahr 1751" von dem Vorkommen fast aller Färbemittel in Sachsen die Rede war, so ist dies keineswegs übertrieben. Der sächsischen Textilproduktion standen aus eigener Erzeugung pflanzliche wie auch mineralische Farbstoffe zur Verfügung, die auf eine teilweise schon sehr lange Kultivierung zurückblicken konnten. Bereits die Sorben bauten, „wenigstens in späteren Zeiten, Waid, das vorzüglichste und allgemeine Färbematerial in Deutschland vor der Einführung des ausländischen Indigo"[9]. Im 18. Jahrhundert lebte der dadurch verdrängte Waidbau auch in Sachsen wieder auf. Naumann berichtet darüber von Großenhain und seiner Umgebung, das wie ehedem vor allem Thüringen einen „blühenden Waidbauhandel beförderte" und damals wieder aufzunehmen schien[10], ebenso von Mengelsdorf bei Reichenbach in der Oberlausitz, das sehr guten Waidbau[11] treibe und von Tennstädt, „daß man einigen Waid zu erbauen fortfährt ..."[12]. Auch Wiedemar im Amte Delitzsch wird als Waidanbaugebiet genannt[13].

Krapp wurde ebenfalls in Sachsen gezogen, besonders in Dahlen[14], Gävernitz[15], Görlitz[16], Kindelbrück in Thüringen[17], Seidlitz im Meißnischen Kreis[18], im Amt

[1] Naumann, S. 290.
[2] Ebenda, S. 288.
[3] Ebenda, S. 306.
[4] Ebenda, S. 329.
[5] Ebenda, S. 350.
[6] „Neues Museum für die sächsische Geschichte, Litteratur und Staatskunde". Herausgegeben von D. Christian Ernst Weiße, Assessor des Oberhofgerichts und Professor der Rechte zu Leipzig. Zweyten Bandes zweytes Heft. Freyberg 1801, Besprechung von: „Erdbeschreibung der Markgrafthümer Ober- und Niederlausitz für die erwachsene Jugend" von Carl Aug. Engelhardt. Dresden u. Leipzig 1800, S. 159flg.
[7] Addreßbuch, Lausitzen, S. 6.
[8] Akte Loc. 5344, Vol. IX, Bl. 27.
[9] Beiträge zur Geschichte der Cultur, S. 5.
[10] Naumann, S. 123.
[11] Ebenda, S. 205.
[12] Ebenda, S. 302.
[13] Akte, Aufnahme, Loc. 5356, Vol. II, Bl. 266.
[14] Naumann, S. 49.
[15] Ebenda, S. 121.
[16] Ebenda, S. 105.
[17] Ebenda, S. 149.
[18] Ebenda, S. 290.

Weißensee an der Unstrut, das bereits 1770 89 Zentner gebaut haben soll[1], ferner in Bautzen durch den Bürgermeister Hering (1779)[2]. Die Landes-Oeconomie-, Manufactur- und Commercien-Deputation erhielt Nachricht von dem Vorkommen eines weiteren Farbkrautes in Sachsen, der Scharte, die zu dieser Zeit vornehmlich in den Ämtern Merseburg und Schkeuditz, bei Weißensee in Thüringen in ziemlicher Menge gewachsen und ausgeführt worden sein soll, desgleichen um Rötha, Borna und Pegau[3].

Von den mineralischen Farben Sachsens erwähnt Marperger die blaue, die in Schneeberg aus Kobalt gewonnen und an vielen Orten des Erzgebirges aus den Silberzechen gebrochen werde[4], und deren Vorkommen so bedeutend war, daß damit ein einträglicher Handel nach Frankreich, England, Holland, Italien, Nürnberg und Hamburg geführt werden konnte[5]. Bei Eckartsberga fand sich neben anderen Farberden das Berliner Blau[6]. Bei Hartenstein im Schönburgischen wurde Zinnober gegraben, ebenso in der Nähe des Schlosses Stein im Erzgebirge[7]. Bei dem Dorfe Heynitz im Meißnischen Kreise kam „Gelber Ocher" vor[8], in Oberneuendorf bei Görlitz die zum Ziegelfärben unentbehrliche rote Erde[9], bei Planitz die bunte Siegelerde[10].

Ein weiterer notwendiger Hilfsstoff für die Textilproduktion, die Walkererde, fand sich ebenfalls an zahlreichen Stellen des Landes. Marperger berichtet über das Vorkommen von „Seiffen-Füll-Walck- und weiß Erden" für die Tuchmacher in Rochlitz, Colditz, Roßwein und von „fetter Seiffen Erde" bei „Tschorlau, die viel in Schlesien geführet, und die Leinwand damit gebleichet wird, daß also Sachsen keine Füll Erde aus Engeland nöthig hat"[11]. Walkererde wurde ferner bei Chemnitz, Schneeberg, Zwickau[12], Schmiedeberg[13], Langensalza[14] sowie bei Kamenz[15] und Schönbrunn in der Nähe von Görlitz[16] gegraben.

Das zur Herstellung der Arbeitsinstrumente für die Manufakturen und „Fabriquen" erforderliche Eisen und die sonstigen Metalle standen von alters her aus den Gruben des Erzgebirges zur Verfügung, wie auch aus den Hennebergischen; Brennstoffe lieferten die ausgedehnten und an vielen Stellen vorhandenen Waldungen und seit

[1] Naumann, S. 320.
[2] Notizen, S. 16.
[3] Akte, Landes-Oeconomie-, Manufactur- und Commercien-Deputation, Loc. 5356, Vol. I, Bl. 84; Naumann, S. 234 u. S. 17.
[4] Marperger, Abriß, S. 22 u. 21; Naumann, S. 273, 331, 344.
[5] Marperger, Abriß, S. 28 flg.
[6] Naumann, S. 75.
[7] Ebenda, S. 130, 296.
[8] Ebenda, S. 141.
[9] Ebenda, S. 227.
[10] Ebenda, S. 241.
[11] Marperger, Abriß, S. 22; Albinus, S. 172 u. 176.
[12] Naumann, S. 43.
[13] Ebenda, S. 270.
[14] Ebenda, S. 310.
[15] Ebenda, S. 37.
[16] Ebenda, S. 272.

der zweiten Hälfte des 18. Jahrhunderts in zunehmendem Umfange der sächsische Steinkohlenbergbau.

Die Rohstoffvorkommen und die inländische Erzeugung der Halbfabrikate genügten zumeist aber nur zeitweilig und teilweise, um den Bedarf der heimischen Manufakturen, „Fabriquen" und des Handwerks zu decken. Klagen über das örtliche und allgemeine Fehlen namentlich der Wolle, des Flachses, der daraus gesponnenen Garne und der Viehhäute wurden im Verlaufe von fast der gesamten Manufakturperiode immer wieder laut, und die Schuld daran schrieb man in den meisten Fällen der Ausfuhr dieser Materialien zu. Diese war bei der Wolle und ihren Gespinsten beträchtlich, besonders nach der Schweiz[1], aber auch die Brandenburgischen Lande[2], nach Böhmen und Hof in Bayern[3].

Wenn dieser Entzug von Rohstoffen durch das Ausland auch sehr ins Gewicht fiel, so lag doch die Haupterklärung für die zutage getretenen Mangelerscheinungen in der mengenmäßig ungenügenden inländischen Erzeugung.

Beispielsweise reichten „die in der Oberlausitz gewonnenen Garne ... kaum zum sechsten Theil der inländischen Fabrikbedürfnisse: die meisten kommen aus Böhmen, Schlesien und seitdem durch die Revolution [von 1789] die Französischen Leinenfabriken ins Stocken gerathen, auch aus dem Braunschweigischen. Die meisten nöthigen Garne und ein Theil der Leinewand werden in Schlesien und Böhmen gebleicht besonders im Leutmeritzer Kreise"[4].

Marperger gibt den gleichen Grund für das sächsische Leinengewerbe zu Anfang des 18. Jahrhunderts an; das im Lande gesponnene Garn konnte den von ihm errechneten Bedarf von 4127760 Stück Garn für die zünftigen Leineweber in den Städten und den der Dorfmeister in Höhe von 4914000 Stück nicht decken[5].

Ebenfalls ungenügend war die Versorgung der sächsischen Papiermühlen mit Hadern und Lumpen, was zur Folge hatte, daß an gutem Papier dauernd großer Mangel bestand und davon häufig eingeführt wurde, obgleich „hiesige Lande zu deßen Bereitung die beste Gelegenheit darbieten"[6]. Als Ursache dafür gab die Prämienkasse „das den Papiermühlen zuständige dem besseren Sortiren des Materials hinderliche Monopol des auf bestimmte Bezirke beschränkten Lumpensammelns" an und hob hervor, daß „die Fabrikation der feinen Papiersorten und der Presspähne mit der des Auslandes wohl schwerlich eher rivalisieren" könne, „als bis das diesen Manufacturzweig drückende und vertheuernde Zunftwesen ... aufgehoben" sei[7].

Weiterhin mangelte es an Potasche[8], an Schmelzstahl, der „zu größern und

[1] Marperger, Abriß, S. 30.
[2] Akte, Landes-Oeconomie-, Manufactur- und Commercien-Deputation, Loc. 5356, Vol. I, Bl. 132.
[3] Ebenda, Bl. 129.
[4] Neues Museum, S. 158.
[5] Marperger, Abriß, S. 14.
[6] Akte, Landes-Oeconomie-, Manufactur- und Commercien-Deputation, Loc. 5356, Vol. I, Bl. 43; siehe auch: Falke, Joh., „Zur Geschichte der Papierfabrikation im Kurfürstenthum Sachsen", in: „Archiv für die Sächsische Geschichte", Erster Band, Leipzig, 1863, S. 329 bis 356.
[7] Akte Loc. 6597, Bl. 50.
[8] Akte, Landes-Oeconomie-, Manufactur- und Commercien-Deputation, Loc. 5356, Vol. I, Bl. 26.

kleinern schneidenden und andern Instrumenten“ taugt[1], an Eichenbuschholz für Lohe zu Gerbereien, auf dessen Verwendung die ausgezeichnete Qualität und der Ruf der niederländischen Gerbereien beruhten[2], sowie in immer größerem Umfange an Holz.

Der Anreiz zur Einfuhr ging oftmals von der Tatsache aus, daß, wie bei dem soeben erwähnten guten Papier, die heimischen Erzeugnisse in ihrer Qualität nicht an die ausländischen herankamen. So weist Marperger darauf hin, daß die sächsischen Werkstätten für feine Tuche „denen Holländisch- und Engelischen nicht viel ungleich kämen, ja wenn man die Kosten der Spanischen Wolle daran wenden wolte, denenselben allerdings gleichkommen solten“[3].

Einen Beweis für die Richtigkeit dieser Auffassung Marpergers bot die Conradsche Manufaktur in Görlitz, „worinn man die aus dem Landesherrlichen Vorrath erhaltene spanische Wolle verarbeitet ...“ und deren Erzeugnisse als vorzüglich bezeichnet wurden[4].

Marperger gibt deshalb bei den ausländischen rohen Waren, „welche Sachsen-Land vor andern nöthig hat“, die feine Wolle an, außerdem Farbwaren, rohe Seide, Leder, Kamelhaar und Wachs[5], Waren, die tatsächlich im ersten Drittel des 18. Jahrhunderts auch aus dem „gantzen Römischen Reich“, besonders aus Böhmen, ferner aus Polen, Ungarn und Siebenbürgen bezogen wurden[6].
Eine neue Situation in der Versorgung mit Textilrohstoffen entstand für Sachsen mit zunehmender Verarbeitung der Baumwolle und englischer Maschinengarne. „Hatte sich früher die Weberei in Sachsen nur mit Wolle und Leinen, dann hie und da – z.B. in Annaberg und Leipzig – mit Seide beschäftigt, so wurde doch auch schon in der ersten Hälfte des vorigen Jahrhunderts [1700–1750] die Verwendung der Baumwolle, zunächst der Mazedonischen und des Produkts holländischer Kolonien (Surinam) im Erzgebirge und Voigtlande eingeführt“[7]. Bereits für die zweite Hälfte des 18. Jahrhunderts stellt die Landes-Oeconomie-, Manufactur- und Commercien-Deputation fest, daß die „Manufactur derer Baumwollenen-Waaren ... vor hiesige Lande von gar weitem Umfange“ ist, „obgleich das dazu erforderliche rohe Material nicht im Lande gewonnen wird“[8]. Von Chemnitz, einem Zentrum der sächsischen Textilproduktion, berichtet Naumann 1789, „... daß zum Behuf der Fabriken, allein fünf Niederlagen von Mazedonischer Wolle [Baumwolle] in der Stadt befindlich sind“[9]. Da das sächsische Klima den Anbau von Baumwolle nicht zuläßt, waren die Manufakturen auf ausländische Zufuhren angewiesen und mit dieser Abhängigkeit einer von der politischen Lage oft stark beeinflußten

[1] Akte Loc. 6598, Bl. 235.
[2] Akte Loc. 6597, Bl. 103.
[3] Marperger, Abriß, S. 17.
[4] Naumann, S. 101.
[5] Marperger, Abriß, S. 12 u. 13.
[6] Ebenda, S. 28 flg.
[7] Notizen, S. 12.
[8] Akte, Landes-Oeconomie-, Manufactur- und Commercien-Deputation, Loc. 5356, Vol. I, Bl. 36.
[9] Naumann, S. 44.

Unsicherheit ausgesetzt. So trat durch die Kontinentalsperre und nach der Zerstörung der französischen Handelsmarine ein immer merklicher werdender Mangel an Baumwolle auf, der nur durch teils geschmuggelte, teils mit französischen Lizenzen ermöglichte Einfuhr über nördliche [Archangelsk], östliche und südliche Häfen abgestellt werden konnte[1].

Auch an feinen Garnen bestand in Sachsen lange Zeit Mangel. Die zur Verfügung stehenden feinen Handgespinste waren mengenmäßig unzureichend und so teuer, daß beispielsweise die „Plauener Manufakturverleger", wie der Landes-Oeconomie-, Manufactur- und Commercien-Deputation im Jahre 1793 angezeigt wurde, zur Fabrikation feiner Modeartikel „ansehnliche Quantitaeten von Englischen Maschinen-Gespinst" einbrachten und der Deputation erklärten, daß sie aus Konkurrenzrücksichten diese so lange aus England beziehen müßten, bis die sächsische Maschinenspinnerei die englische Produktion in „Feinheit und Wohlfeilheit" erreicht habe[2].

Das sächsische Rohstoffproblem in der Manufakturperiode ist somit dadurch gekennzeichnet, daß bis auf die Baumwolle zahlreiche, zum Betrieb der Manufakturen unentbehrliche Rohstoffe und Halbfabrikate zwar im Lande vorhanden waren, nicht aber jederzeit in ausreichender Menge und Güte und oftmals auch nicht so billig, der Staat jedoch, um die allgemein herrschenden merkantilistischen Prinzipien auch in Sachsen anzuwenden, Wert auf eine möglichst ausschließliche Eigenerzeugung legte. Diese Haltung kommt besonders gut in den §§ 5 und 10 der „Instruction" vom 29. April 1735 zum Ausdruck, in der Friedrich August II., der Nachfolger Augusts des Starken, die Commercien-Deputation anweist, „eine vollkommene Nachricht [darüber] zu erlangen, ... ob nicht die zum Behuf derer Manufacturen zeither von auswärtigen Orthen erhohlter rohe Materialien innerhalb Landes zu erzielen" und „wie nun hauptsächlich vor allen Dingen" darauf zu achten, daß „soviel möglich die Gelder innerhalb Landes behalten und deren vielmehr von auswärtigen Orthen herbey gebracht werden, solches aber größtentheils auf Anrichtung solcher Manufacturen mit ankommt, welche man Zeithero mit großen Aufwand bey Frembden erhohlen müßen"[3]. Mit dieser Instruktion war der staatlichen Wirtschaftspolitik für die Zeit der stärksten Entwicklung der Manufakturen der Weg vorgeschrieben, den sie bei der Rohstoffversorgung zu gehen hatte. Ihre Methoden waren: Förderung der Gewinnung und Verarbeitung einheimischer Rohstoffe, Verhängung von Ausfuhrverboten für einheimische Rohstoffe und Halbfabrikate, an denen es im Lande mangelte, Einfuhrverbote für solche, die in ausreichender Menge vorhanden waren oder deren Einfuhr die Entwicklung einer eigenen Rohstoffbasis gefährdet hätte, und schließlich Einfuhr- und Beschaffungserleichterungen für die im Lande fehlenden notwendigen Rohstoffe.

Der feudale Staat überwachte die konsequente Anwendung dieser Methoden, da für seinen Souverän von der Stärkung der heimischen Produktivkräfte die Höhe der Revenuen und der Grad der politischen Macht des Landes abhingen. Seine

[1] Notizen, S. 24 u. 25.
[2] Akte Loc. 5344, Vol. IX, Bl. 60, 61.
[3] Akte, Verfaßung, Loc. 11089, Bl. 5, 6, 8.

Bestrebungen hatten Erfolg. Mit zunehmender kapitalistischer Entwicklung jedoch mußten sie schon mit Rücksicht auf die Erhaltung der Konkurrenzfähigkeit der sächsischen Waren zu Gunsten eines möglichst billigen Bezugs der Rohstoffe aufgegeben werden.

2. Die Förderung der Gewinnung und Verarbeitung einheimischer Rohstoffe und Halbfabrikate

Die irrige Auffassung der Merkantilisten, daß sich der Gewinn in der Zirkulationssphäre bilde, führte zu einer Überschätzung der Aktivität der Handelsbilanz[1]. Die Bemühungen des feudalen Staates um die Verbreiterung der inländischen Rohstoffbasis waren deshalb am stärksten bei den Materialien, für die das meiste Geld außer Landes ging. Soweit dieses Streben zu einer billigeren, die Konkurrenzfähigkeit und damit den Profit fördernden Versorgung der Manufakturen mit Rohstoffen führte, konnte der Staat dabei auf die Unterstützung seiner Politik durch die Manufacturiers rechnen. Nach Marx wurden so „unter dem Vorwand, sich nur mit dem Reichtum der Nation und den Hilfsquellen des Staats zu beschäftigen, ... in der Tat die Interessen der Kapitalistenklasse und die Bereicherung überhaupt für den letzten Staatszweck" erklärt und „die bürgerliche Gesellschaft gegen den alten überirdischen Staat" proklamiert[2].

Die staatliche Förderung einer ausreichenden Eigenerzeugung erreichte in Sachsen ihren Höhepunkt nach der Gründung der Landes-Oeconomie-, Manufactur- und Commercien-Deputation im Jahre 1764. Ein differenziertes System von teilweise dem Ausland nachgeahmten Methoden wurde angewandt, so die Zahlung von Prämien für den Anbau von pflanzlichen Rohstoffen, für die Gewinnung tierischer und mineralischer Produkte und ihre mengen- und gütemäßige Steigerung, für die Entwicklung von Austauschstoffen; der Staat sorgte für kostenlose Verteilung von hochwertigem Saatgut und für die Beschaffung ausländischer Zuchttiere, er förderte die Einführung technischer Schulung, regte die Verbesserung der Bearbeitungsverfahren bei Rohstoffen an und gab Hinweise zum lohnenden Anbau mangelnder Materialien.

Der überragenden Bedeutung der Textilproduktion entsprechend wandte der sächsische Staat sein besonderes Augenmerk einer besseren Versorgung des Landes mit Textilfasern zu; ihretwegen waren ja auch während der ganzen Manufakturperiode die meisten und ernstesten Beschwerden zu verzeichnen gewesen.

Bei der Wolle richteten sich die staatlichen Bemühungen auf die Hebung ihrer Quantität wie ihrer Qualität. Am bedeutsamsten war in dieser Hinsicht die 1765 auf Kosten des Kurfürsten erfolgte Einfuhr einer Herde von 220 Merinoschafen aus Spanien, der später weitere folgten[3].

[1] Marx, Bd. I, S. 149, 150, 162; derselbe, „Das Kapital – Kritik der politischen Ökonomie", II. Bd., Buch 2, „Der Zirkulationsprozeß des Kapitals". Dietz Verlag, Berlin 1951, S. 9; ebenda, Bd. III, S. 369, 834, 835, 324.

[2] Ebenda, S. 835.

[3] Hunger, S. 347; Kohlsdorf, Karl, „Geschichte der Leipziger Ökonomischen Sozietät", Leipziger Diss., Leipzig 1913, S. 10 u. 11.

Zu diesem unmittelbaren Eingreifen des Souveräns trat die Anregung der Privatinitiative durch staatliche Belohnungen.

So sicherte die „Churfürstliche Prämien-Caße" bereits in ihren ersten Prämien-Avertissement vom Jahre 1764 50 Taler dem Landwirt zu, der „binnen hier und Johannis 1765 den Ertrag der Wolle, den er zeither von seinem Schaaf-Viehe gewonnen hat, durch besser veranstaltete Fütterung und Wartung am meisten vermehret haben wird"[1]. Das zweite Avertissement sah 50 Taler für die Verbesserung der Wollqualität durch Anschaffung von Stören vor[2]. 1764 wurden 60 Taler ausgesetzt für Verbesserung der Zubereitung von Landwolle, daß sie „Sprödigkeit und rauhes Wesen" verliert und feinere Qualität bekommt[3] und weitere 60 Taler für ihre Zubereitung „zu Annehmung der hohen Farben, ohne daß sie viel teurer wird"[4].

Der Erfolg aller diesbezüglichen Maßnahmen kam unter anderem darin zum Ausdruck, daß man „zu Ausgange des sechsten Jahrzehendes des achtzehenden Jahrhunderts 1561286 Schafe" zählte. „Gegenwärtig [um 1803] kann man mit Wahrscheinlichkeit gegen zwey Millionen rechnen"[5].
Sehr wichtig für ihre Qualität ist das Kämmen der Wolle, das in Sachsen wie in Frankreich und England noch bis in die dreißiger Jahre des 19. Jahrhunderts mit der Hand erfolgte, da vollkommene mechanische Vorrichtungen fehlten. Aus diesem Grund war es schwierig, „große Quantitäten Wolle allenthalben und zu jeder Zeit gekämmt zu erhalten"; die Landes-Oeconomie-, Manufactur- und Commercien-Deputation regte deshalb im Avertissemententwurf für die Jahre 1832–37 an, die Erfindung von Kämmaschinen durch Prämien zu fördern[6].
Der oft sehr spürbare Mangel an Wolle verleitete manchmal auch zu Maßnahmen und Vorschlägen, denen keine praktische Bedeutung zukam, beispielsweise dem zum Sammeln des „Pflaums einheimischer Ziegen"[7]. Erwogen wurde ferner auf eine Anregung des Administrators Xaver die Verarbeitung der zweischurigen Wolle „mit eben dem Nutzen als die einschurige"[8].
Gewichtiger schon waren die Versuche, den Schwankungen in der Versorgung der Manufakturen und des Handwerks mit Wolle durch Anlage von staatlichen und kommunalen Vorräten zu begegnen. Das Beispiel dazu gab die Stadt Zittau, deren Magistrat „einen beträchtlichen Vorschuß zu einem Wollmagazine gemacht" hatte[9], das es auch armen Meistern ermöglichte, sich an größeren Auslandsaufträgen zu beteiligen, da ihnen die von dort bezogene Wolle bis zum Verkauf ihrer Waren verlegt wurde[10].

[1] Akte, Aufnahme, Loc. 5355, Vol. I, Bl. 44.
[2] Ebenda, Bl. 52.
[3] Ebenda.
[4] Ebenda.
[5] Rößig, Produkten, S. 122.
[6] Akte Loc. 6597, Bl. 115.
[7] Ebenda, Bl. 55.
[8] Akte, Landes-Oeconomie-, Manufactur- und Commercien-Deputation, Loc. 5356, Vol. I, Bl. 28.
[9] Addreßbuch, Lausitzen, S. 38; Akte, Aufnahme, Loc. 5356, Vol. II, Bl. 140.
[10] Ebenda.

Der Flachsbau in Sachsen erfuhr 1764 eine besondere staatliche Förderung durch die kostenlose Verteilung von 12 Tonnen Rigaischen Leinsamens[1]. In ihrem zweiten Hauptbericht auf das Jahr 1765 hebt die Landes-Oeconomie-, Manufactur- und Commercien-Deputation den guten Erfolg dieser Maßnahmen hervor; „von vielen Orten her" ist „eine weit größere quantitaet, als man ihnen zutheilen können, verlangt worden, und nach den von denen Creyßhauptleuten eingegangenen Berichten ist der Eyfer zum Flachsbau bey denen Unterthanen so groß, daß solcher fast in allen Orten, wo nur die Beschaffenheit des Bodens solche Cultur erlaubet, oder nicht besondere Hinderniße im Wege stehen, ziemlich starck und mit gutem Succeß betrieben wird"[2].

Gleichzeitig wurde von der Deputation angeregt, auf dem Vorwerksgute Hosterwitz bei Dresden einen Versuchsacker für den Flachsbau einzurichten, auf dem ein Fachmann namens Breitenbach Anweisungen zur Verbesserung dieser Kultur sowie der Spinnerei geben sollte. Die Deputation veranlaßte ebenfalls, daß der Seiler Teichmann, „so überhaupt den Flachs und Hanfbau und insonderheit dessen Praeparation mit dem Rösten, Brechen und Hecheln auf die Rheinische Art mittelst einer Kutsche, eine Reibmühle und besonderen Hecheln gründlich zu verstehen sich rühmet ...", einen Versuch damit anstellen konnte[3].

Zu diesen Maßnahmen trat die Förderung des Anbaus von Flachs und Hanf und ihrer Qualitätsverbesserung durch Aussetzung von Prämien.

Im zweiten Avertissement vom 1. Mai 1765 sicherte die Deputation dem „Landmann, der 1765 Sibirischen Lein gesät hat und gegen Michaelis davon 1 Pfund gehächelten Flachs, nebst einem ganz ausgerissenem Stengel einschicket", 30 Taler zu[4].

Diese Anbauprämien wurden im weiteren Verlauf des 18. Jahrhunderts und im ersten Drittel des 19. Jahrhunderts beibehalten.

Das Avertissement vom 13. Jan. 1770 warf für Landwirte im Amte Borna, die den meisten ausländischen guten Lein säten, drei Preise von 10, 15 und 20 Talern aus[5]; das Avertissement vom 5. Juni 1782 enthielt Prämien von 20, 30 und 40 Talern für Flachs- und Hanfanbau in der Oberlausitz, im Meißnischen, im Kreisamt Leipzig und den Ämtern Delitzsch, Zörbig, Pegau und Borna und dessen Vermehrung im ersten, zweiten und dritten Anbaujahr[6]; in dem vom 13. August 1788 waren „für Landwirte, die an Orten, wo Flachs- und Hanfbau noch nicht üblich gewesen", diesen dort einführten und „durch Gebrauch des Rigaischen oder zwei- und dreijährigen inländischen Leinsaamens und des Rheinischen Hanfsaamens" besonders gute Qualitäten erzielten, in jedem Amte 6 Prämien von 5–30 Talern ausgesetzt[7].

[1] Akte, Landes-Oeconomie-, Manufactur- und Commercien-Deputation, Loc. 5356, Vol. I, Bl. 17.
[2] Ebenda, Bl. 83.
[3] Ebenda.
[4] Akte, Aufnahme, Loc. 5355, Vol. I, Bl. 99.
[5] Ebenda, Bl. 274.
[6] Akte, Aufnahme, Loc. 5356, Vol. II, Bl. 41.
[7] Ebenda, Bl. 113.

Mit dem Aufkommen der Maschinenspinnerei trat der Anreiz zur Qualitätsverbesserung des Flachses durch Prämien in den Vordergrund.

Der Flachs sollte nach den Vorschlägen für neue Prämien ab 1826 „so verbessert werden, daß er zur Maschinenspinnerei geschickter werde". Als Methoden dafür wurden die Verwendung guten Leinsamens, angemessene Röste und tüchtiges Hecheln empfohlen[1]. Als Prämien für diese bessere Flachszubereitung versprach die Prämienkasse in den Jahren 1826–1837 je 50–100 Taler[2].

Für Flachs- und Hanfbau wurden in den Jahren 1782 bis 1787 130 Taler verteilt[3], 1793 45 Taler[4]. Somit entsprach der Erfolg der Prämienaussetzung nicht den Erwartungen.

Es dauerte lange, bis die Prämie für Leinsaat erstmalig in Anspruch genommen wurde. Die Hanfkultur hatte überhaupt keinen Fortschritt gemacht, was nach Ansicht der Landes-Oeconomie-, Manufactur- und Commercien-Deputation aber darauf zurückgeführt werden mußte, daß sich der sächsische Boden wohl zum Flachs-, nicht aber zum Hanfbau eignete; die kurfürstlichen Lande waren deshalb auch gar nicht auf die Fabrikation hänfener Leinewand eingerichtet. Für den nicht erheblichen Bedarf an Seilen genügte der Anbau.

Der Mangel an Rohstoffen für die Garnbereitung führte auch zur Verwendung bis dahin noch nicht oder wenig verarbeiteter Fasern.

Ein Leipziger namens Kühne sandte beispielsweise der Deputation Proben von Garnen aus inländischen Nesseln ein und bat gleichzeitig um ein Privilegium zur Anlegung einer Nesseltuchmanufaktur[5].

Die Gewinnung der Seide erfordert naturgemäß „viel Geduld und viel Zeit"[6]. Der Staat mußte deshalb auch für die Aufmunterung des Interesses am Seidenbau durch Prämien besorgt sein. Dem gleichen Zwecke diente u. a. das bereits am 6. August 1754 von Kurfürst Friedrich August II. erlassene „Mandat wegen Anlegung derer Plantagen von Maulbeerbäumen"[7]. Der Souverän bemühte sich um Verbreitung der notwendigen technischen Kenntnisse über die Anpflanzung von Maulbeerbäumen, die erstmalig im Jahre 1670 von dem Kaufmann und Manufacturier Daniel Krafft in Dresden versucht wurde[8], ferner um die richtige Behandlung von Seidenraupen und die einwandfreie Abhaspelung der Kokons.

An Prämien setzte er im Avertissement vom 1. Mai 1765 für die Anlage von Maulbeerbaumplantagen 50 Taler bei Anpflanzung von mindestens 500 Bäumen, 30 Taler bei mindestens 300 und 20 Taler bei mindestens 200 Bäumen aus[9]; das

[1] Akte Loc. 6597, Bl. 35.
[2] „Gesetzsammlung für das Königreich Sachsen, 14. 20) Preisaufgaben vom 12. Mai 1826 für 1826–1831".
[3] Akte, Aufnahme, Loc. 5356, Vol. II, Bl. 59.
[4] Akte Loc. 5344, Vol. IX, Bl. 118.
[5] Akte, Landes-Oeconomie-, Manufactur- und Commercien-Deputation, Loc. 5356, Vol. I, Bl. 42 u. 43.
[6] Naumann, S. 328.
[7] Rößig, Produkten, S. 134–136.
[8] Ebenda, S. 134.
[9] Akte, Aufnahme, Loc. 5355, Vol. I, Bl. 249.

> Avertissement vom 5. Juni 1782 sah für jede „Stadt Commun", die wenigstens 1000 Stück hochstämmige weiße Maulbeerbäume pflanzte, 50 Taler, nach sechs Jahren nochmals 25 Taler und weitere 30 Taler nach Ablieferung von wenigstens 30 Pfund Seide vor[1].

Für neuangelegte Maulbeerbaumpflanzungen verteilte die Prämienkasse in den Jahren 1782–87 150[2], 1793 10 Taler[3].

> „Geistlichen und Schuldienern, ganzen Communen und einzelnen Personen von Bürgern und Bauernstand", die Maulbeerbäume pflanzen wollten, erhielten von ihr „zur Förderung unentgeldlich junge Bäume, Saamen, und Seidenwürmer-Eyer auf Antrag"; so wurden im Jahre 1793 1360 junge Maulbeerbäume verteilt, davon allein 600 Stück an den Rat der Stadt Meißen, die weiteren an Bürgermeister und „Kinderlehrer"[4].

Mit der zweiten Aufgabe, der Unterrichtung in der Technik der Seidenraupenzucht, beauftragte die Landes-Oeconomie-, Manufactur- und Commercien-Deputation einen eigens dazu angestellten „Planteur" Breitenbach, der schon bei der Förderung des Flachsbaus erwähnt worden war und dem auch die Verbesserung des Tabakbaus oblag[5].

Über den Erfolg dieser staatlichen Unterstützung des Seidenbaus in Sachsen berichtet Hunger in seinen 1795 erschienenen „Denkwürdigkeiten ..."[6]; danach sind 1787 im Kurkreis 34443 und in der Niederlausitz 29553 Maulbeerbäume angepflanzt worden. Konkrete Angaben über den Ertrag der Seidenraupenzucht fehlen jedoch; im zweiten Jahreshauptbericht der Landes-Oeconomie-, Manufactur- und Commercien-Deputation auf das Jahr 1765 wird lediglich erwähnt, daß in der Hosterwitzer Plantage „eine quantitaet Seide erzeuget worden" und auch der Amtmann Reinhardt zu Seyda, der auf sein Verlangen von der Deputation „ein paar Loth Grains ... erhalten hat, ... ebenfalls eine ansehnliche quantitaet Cocons zur Abhaspelung anherogesandt" habe[7].

Der Staat setzte sich auch sehr stark für die Gewinnung von Farbstoffen aus inländischen Pflanzen und die Entdeckung neuer Vorkommen von Walkererde ein.

Wegen der „Farben-Röthe" schrieb der Kurfürst am 6. April 1747 an sämtliche Beamte des Landes:

> „Nachdem die Cultur der Farben-Röthe zur Beförderung derer Landes-Fabriquen vor sehr zuträglich befunden worden; So begehren Wir hierdurch, du wollest nicht nur im Ambte bey dir die Unterthanen zum Bau berührter Röthe, wo solche, nach Beschaffenheit des Bodens und wegen nicht häuffigen Wild-Preths füglich zu bewerckstelligen, durch Vorstellung des davon zu hoffen habenden Nutzens, ermahnen, und ihnen darzu die nöthige Anleitung geben, sondern

[1] Akte, Aufnahme, Loc. 5356, Vol. II, Bl. 42.
[2] Ebenda, Bl. 59.
[3] Akte Loc. 5344, Vol. IX, Bl. 129.
[4] Ebenda, Bl. 137flg.
[5] Akte, Landes-Oeconomie-, Manufactur- und Commercien-Deputation, Loc. 5356, Vol. I, Bl. 19, 20.
[6] Hunger, S. 340.
[7] Akte, Landes-Oeconomie-, Manufactur- und Commercien-Deputation, Loc. 5356, Vol. I, Bl. 87.

> auch an die einbezirketen Schrift- und Ambts-Saßen, von Ritterschaft und Städten, zur ebenmäßigen Aufmunter- und Veranlaßung ihrer Unterthanen zu Fortpflanzung dieses Materialis, und daß sie bey sich selbst zu Anleg- und Ausbreitung dieser Farben-Plantage diensame Veranstaltung treffen sollten ..."[1]

Die Landes-Oeconomie-, Manufactur- und Commercien-Deputation führte diese Bemühungen durch Aussetzung von Prämien fort.

> Wer Krapp an Orten zog, wo er „vordem noch nicht war und davon am meisten mindestens 20 Centner erbaut", sollte nach Vorschlag der Deputation vom 5. August 1765 zu Michaelis 1768 – da Krapp drei Jahre zu seiner Kultivierung braucht – 100 Taler zugesichert bekommen[2] und für dessen Anbau im Meißnischen und Thüringer Kreis nach dem Avertissement vom 13. Jan. 1770 5 Taler[3].

Die Deputation verteilte im Jahre 1765 auf das Anerbieten des Bürgermeisters Hadelich in Erfurt 100 Krappflanzen an Beamte[4] und ließ die Bedingungen zur Kultur der in Sachsen wild wachsenden Scharte untersuchen[5]. Sie empfahl weiterhin der Leipziger Oeconomischen Societät, den von dem Landwirt Bücher in Leipzig bereits mit gutem Erfolg begonnenen Anbau des Holländischen Krapps und der Breslauer Färberröte zu unterstützen[6].

Bald jedoch wurden Prämien für die Anpflanzung von Farbkräutern nicht mehr ausgesetzt, da diese den Boden zu sehr erschöpfte[7]. Auch dem vorerwähnten Generale zur Förderung des Anbaus der Färberröte war kein großer Erfolg beschieden. Die deshalb befragten Beamten erklärten übereinstimmend, daß Sachsens Klima, der dafür ungeeignete Boden, Unkenntnis der Kultivierungstechnik, der außerordentlich hohe Düngerverbrauch wie der ebenfalls große Bedarf an Arbeitskräften und die Schädigung der Pflanzen durch Wildfraß dem entgegenstünden. Lediglich die Stadt Leipzig machte einen Versuch damit[8].

Die Anregung, neue Vorkommen von Walkererde ausfindig zu machen, setzte mit der Gründung der Prämienkasse ein.

> Wer „der englischen am meisten gleichkommende Walck- oder Füller-Erde in größter Quantität im Lande wird entdecket haben", erhielt nach ihrem ersten Avertissement von 1764 30 Taler[9]; das Avertissement vom 5. Juni 1782 versprach für „gute feine Walkererde" den gleichen Betrag[10]. Diese Prämie scheint aber nicht sehr in Anspruch genommen worden zu sein; in den Jahren 1782–87 wurde sie nur einmal gezahlt[11].

[1] Acta, „Generale wegen Ausbreitung der Cultur der Farben-Röthe", d. d. 6. April 1747; LHA, Loc. 30401, Bl. 7.
[2] Akte, Aufnahme, Loc. 5355, Vol. I, Bl. 154.
[3] Ebenda, Bl. 284.
[4] Akte, Landes-Oeconomie-, Manufactur- und Commercien-Deputation, Loc. 5356, Vol. I, Bl. 83, 84.
[5] Ebenda, Bl. 84, 85.
[6] Ebenda.
[7] Akte, Aufnahme, Loc. 5356, Vol. II, Bl. 266.
[8] Akte, Generale, Loc. 30401, Bl. 44.
[9] Akte, Aufnahme, Loc. 5355, Vol. I, Bl. 45.
[10] Akte, Aufnahme, Loc. 5356, Vol. II, Bl. 55.
[11] Ebenda, Bl. 58.

Auch die Aufschließung und Verarbeitung guten Töpfertons im Vogtlande suchte die Deputation durch die Zahlung einer Prämie zu fördern; in den Avertissements vom 13. Jan. 1770 und 13. Aug. 1788 waren dafür 15 Taler vorgesehen[1].
Die Deputation ließ außerdem Proben „weißer oder Meißner Erde" aus der Gegend von Wiesenburg, Merseburg, Raschau, Erfurt, Kirchhain und Sachsenburg kommen, um sie der „Porcellain-Fabric" in Meißen und einigen Tuchmachern zur Prüfung auf ihre Brauchbarkeit als Porzellan- bzw. „Walcker-Erde" vorzulegen[2].
Soweit die Deputation die Verbreiterung der sächsischen Rohstoffbasis nicht unmittelbar fördern konnte, griff sie wenigstens unterstützend ein.

Sie vermittelte z.B. dem Lederbereiter Seiferth zu Naumburg, der wegen seiner besonders guten Zubereitung der Kalbfelle bekannt war, beim „Cammer-Collegium" die Erlaubnis, die Lohe dazu von den gefällten Bäumen aus den kurfürstlichen Waldungen nehmen zu dürfen[3]. Die Förderung durch Anpflanzung von Eichenbuschholz machte sich die Prämienkasse erst in den Jahren 1832–37 zur Aufgabe; die Rückständigkeit der sächsischen Gerbereien zwang dazu[4].

Eine Reihe weiterer Prämien hatte den Zweck, zur Gewinnung und Verwendung von Austauschstoffen anzuregen.

Hammerwerksbesitzer oder Zinnmeister inländischer Blechhütten, die statt des bis dahin verwendeten Talgs „eine ebenso brauchbare, jedoch wohlfeilere fette Materie zum Verzinnen der weißen Bleche zuerst" verwendeten, erhielten nach dem Avertissement vom 13. Aug. 1788 50 Taler als Prämie zugesichert[5]. Ein gleich hoher Betrag wurde im Avertissement vom 13. Jan. 1770 dem Erfinder eines Surrogats für „Zunden" zum Leinewandbleichen in Aussicht gestellt, die „weniger kostbar, unschädlich oder bloß mit Potasche" waren[6].
Allerdings mangelte es zeitweilig auch sehr „an dem vor viele Fabriquen und Manufacturen so nöthigen Materiali der Potasche", was die Deputation nach ihrem Hauptbericht von 1765 veranlaßte, „mit der Turfasche eine Probe zur Potasche machen" zu lassen[7]. Nach dem gleichen Bericht hatten sich „verschiedene zu Anlagung dergl. Siedereyen erboten und deshalb um conceßion zu Sammlung der darzu erforderlichen Asche gebeten"[8].

Ein Beispiel dafür, wie die Rohstoffversorgung auch durch überholte Produktionsverhältnisse gehemmt werden konnte, bot die bereits im vorigen Abschnitt erwähnte zünftige Einengung der Lumpen- und Hadersammelgebiete für die Papiermühlen, ein weiteres der Waidbau, den man besonders stark in Thüringen um Langensalza betrieben hatte. Die Kultur verfiel mit der Einfuhr des billigeren und besseren Indigos und durch die hemmende Tätigkeit der Langensalzaer Waid-Gilde, die seit ihrer Konfirmierung im Jahre 1717 das Verarbeitungs- und Handelsmonopol

[1] Akte, Aufnahme, Loc. 5356, Vol. II, Bl. 17, 111.
[2] Akte, Landes-Oeconomie-, Manufactur- und Commercien-Deputation, Loc. 5356, Vol. I, Bl. 27.
[3] Ebenda.
[4] Akte Loc. 6597, Bl. 103.
[5] Akte, Aufnahme, Loc. 5356, Vol. II, Bl. 118.
[6] Akte, Aufnahme, Loc. 5355, Vol. I, Bl. 284.
[7] Akte, Landes-Oeconomie-, Manufactur- und Commercien-Deputation, Loc. 5356, Vol. I, Bl. 89.
[8] Ebenda.

besaß[1]. Zu Beginn des 19. Jahrhunderts wurden die Vorwürfe gegen die Gilde immer heftiger, besonders weil die von ihr angestellten „Waidbereiter ... aus ihrer Wißenschaft ein eigenes Geheimnis machten" und den Waid verdarben[2]. Hinzu kam, daß die Gilde den Beitritt neuer Mitglieder durch die Forderung eines Eintrittsgeldes von „mehr als 100 Thalern" erschwerte. Die Weißische Handlung in Langensalza schlug deshalb vor, daß diese so nachteilige „Waidgilde ... gänzlich aufgehoben und jedem dasigen Einwohner, ohne an einen Zunftzwang gebunden zu seyn, frei gelaszen werden möchte nach Gefallen Waid zu kaufen und zu verkaufen und ihn wie es ihn am besten dünkte bei der Fabrication, ohne Zuziehung des ... Waidbereiters zu behandeln"[3]. Da dem Staat die Hälfte der „Waidgilde-Einkaufsgelder" zufloß, hatte er am Bestehen der Gilde nur solange fiskalisches Interesse, als der Waidbau blühte. Der Verfall dieser Kultur[4] erleichterte ihm die am 22. Aug. 1812 angeordnete Auflösung der Gilde. Damit war der Weg zu einer neuen Entwicklung des Waidbaus in Sachsen frei. Um ihn wieder aufleben zu lassen, schlug das Amt Langensalza am 26. Jan. 1811 dem König vor, eine Schrift über die Technik des Waidbaus und der Farbgewinnung abfassen und verbreiten zu lassen, guten Samen aus dem Inneren Frankreichs zu beschaffen und eine Prämie für „Cultivateure und Fabrikanten" auszusetzen. Gleichzeitig sollte darauf Bedacht genommen werden, daß Waid nur auf Brachen angepflanzt würde, um den Getreidebau nicht zu beeinträchtigen[5].

Auffallend stark waren die staatlichen Bemühungen, den Tabakbau in Sachsen zu fördern, weil – wie die Landes-Oeconomie-, Manufactur- und Commercien-Deputation in ihrem Hauptbericht auf das Jahr 1765 feststellte – „für Tabak alljährlich sehr große Summen außer Landes gehen, so daß der Tabakbau dem Lande von großem Nutzen sein könne"[6].

So ließ der Administrator Xaver „einen eigenen Tabacks-Planteur zum Unterricht der Unterthanen im Chur-Cr. annehmen und mit einer jährlichen Besoldung aus der Prämien-Casse versehen ..."[7]. Eine Prämie von 100 Talern, wie bereits weiter vorn erwähnt, war für den ausgesetzt, der „den meisten Toback, wenigstens eben in einem Jahre 20 Centner erbauet ..."[8].

Der „willkührliche Nieder Lausizische Landtag" in Lübben erörterte 1765 einen „Plan zum Tobacks-Bau in der Niederlausitz" und verlangte 1768 ein Generale mit der Zusicherung, „daß die fernere Cultur des Tobacks weder durch Accis oder andere Auflagen noch durch Einschränkung deß freyen Spinnens und Verkauffs auf dem Lande gehemmt werden sollte"[9], ein Wunsch, der mit dem

[1] Acta, „Den Waidbau in hiesigen Landen betr."; LHA, Loc. 5444, Bl. 1 u. 9.
[2] Ebenda, Bl. 9.
[3] Ebenda, Bl. 3 u. 8.
[4] Der Preis für 1 Schock Waidballen fiel von 4 g auf 1 g 9 Pfg.; ebenda, Bl. 6.
[5] Ebenda, Bl. 7–10.
[6] Akte, Landes-Oeconomie-, Manufactur- und Commercien-Deputation, Loc. 5356, Vol. I, Bl. 85.
[7] Akte, Aufnahme, Loc. 5355, Vol. I, Bl. 182.
[8] Ebenda.
[9] Acta, „Die zu Beförderung des Tabacks-Baues sowohl in dem Marggrafthum Nieder-Lausitz als sonst vorzukehrende Veranstaltungen betr.", Anno 1765, 66. 67. 68. 69, seq.; LHA, Loc. 5429, Vol. I, Bl. 1 u. 2.

Mandat vom 11. Dez. 1771 in Erfüllung ging[1]. Auf Anordnung des Kurfürsten wurden außerdem im Markgraftum Niederlausitz als einem der Hauptanbaugebiete Sachsens unentgeltlich Tabaksamen und eine „gedruckte Anweisung über die Kultur der Pflanze" verteilt"[2].

Bis zum Jahre 1792 hatte sich der Tabakbau in Sachsen soweit eingeführt, daß über 4000 Zentner geerntet werden konnten[3] und seine Einschränkung zugunsten des Getreidebaus gefordert wurde.

Die Landes-Oeconomie-, Manufactur- und Commercien-Deputation regte ferner die verstärkte „Cultur des Hopfens als eines zum Brauwesen besonders erforderlichen Materialis" an[4].

Sie setzte im Avertissement vom 5. Juni 1782 für die dreijährige Benutzung inländischen Hopfens zum Brauen von gutem Bier eine Prämie von 30 Talern aus[5], die in den Jahren 1782–87 mit 225 Talern in Anspruch genommen wurde[6]. Diese Prämie fiel im Jahre 1806 mit der Begründung weg, daß der benötigte Dünger besser für den Getreidebau verwendet werde und sich die Hopfenkultur wegen der Höhe des Arbeitslohnes und dem Mangel an Arbeitskräften nur auf den Rittergütern lohne, denen aber keine Prämien gezahlt werden dürften[7].

Die Erteilung von Privilegien zur Errichtung von Manufakturen machte die Landesregierung manchmal auch davon abhängig, daß die Bewerber in erster Linie inländische Rohstoffe zu verarbeiten versprachen, wie das Beispiel der Errichtung einer Wachsbleiche in Eutritzsch bei Leipzig zeigt, die von der Landes-Oeconomie-, Manufactur- und Commercien-Deputation unter der Bedingung befürwortet wurde, „daß vorzüglich das inländische Wachs zu verarbeiten" ist[8]. Durch Aussetzung von Prämien förderte die Deputation ferner die Einführung rohstoffsparender Arbeitsweisen – wie das Waschen des Zinns und anderer Erze ohne Verwendung der bisher üblichen leinenen Planen[9] auf „gut bestundeten Herden" – sowie die Heranziehung von Austauschstoffen.

Eine Reihe von Erfindern bot der Deputation die Auswertung ihrer Ergebnisse an und lieferte damit manchmal, von Schwindlern und Phantasten abgesehen, einen wertvollen Beitrag zum technisch-ökonomischen Fortschritt in der Manufakturperiode.

Der Bürgermeister und Professor Hadelich zu Erfurt hatte beispielsweise Verfahren erarbeitet, um Papier aus Torf herzustellen sowie Segeltuch, Ankerseile,

[1] Acta, „Was wegen derer vom Schnupf- und Rauch-Taback führohin zu entrichtenden Abgabe, ingleichen zu Beförderung der innländischen Tabacks-Cultur und Fabrication entworfene Mandat betr.", Anno 1771. 72. 73; LHA, Loc. 5429, Vol. II, Bl. 122; Anno 1773, Vol. III; Anno 1782 seq., Vol. IV.

[2] Ebenda, Vol. II, Bl. 131.

[3] Akte Loc. 5344, Vol. IX, Bl. 27.

[4] Akte, Landes-Oeconomie-, Manufactur- und Commercien-Deputation, Loc. 5356, Vol. I, Bl. 86.

[5] Akte, Aufnahme, Loc. 5356, Vol. II, Bl. 51.

[6] Ebenda, Bl. 59.

[7] Ebenda, Bl. 255.

[8] Akte, Landes-Oeconomie-, Manufactur- und Commercien-Deputation, Loc. 5356, Vol. I, Bl. 47.

[9] Akte, Aufnahme, Loc. 5355, Vol. I, Bl. 144.

Bindfaden, Wachstuch und Packleinewand aus Flachs „aus einer Materie, wovon der Centner nicht 12 g kostet“. Seine „Deutsche Baumwolle“ aus den Flugsamenhaaren der „Pappel-Weyde“ erregte starkes Interesse bei Friedrich II. von Preußen, der die Ödungen der Mark Brandenburg zur Gewinnung dieses Rohstoffes ausnutzen wollte[1].

Der „Medicus“ Dr. Weitz findet eine Technik, das Leder ohne Lohe gar zu machen und bittet die Deputation, ihm einen Acker zum Anbau der dafür „nöthigen Vegetabilien“ zu überlassen[2].

Der „Commercien Rath“ Lange läßt in seinem Chemnitzer Betrieb „Wergh“ anstelle von Baumwolle verarbeiten[3].

Mit zunehmender industrieller Entwicklung traten die staatlichen Bemühungen in den Vordergrund, die darauf abzielten, daß immer knapper und teurer werdende Holz einzusparen und durch andere Brennstoffe zu ersetzen. Seit der zweiten Hälfte des 18. Jahrhunderts sicherte der Staat in wachsender Höhe Belohnungen für die Entdeckung und den Abbau von Kohle- und Torflagern zu.

So erhielt jeder, der „außer der Gegend von Dreßden und Zwickau[4], besonders aber in der Gegend von Grimma, gute Steinkohlen entdeckt, welche mit Nutzen in Fabriquen und Manufacturen zu gebrauchen sind, ... wenn das Werk für bauwürdig erkannt wird“, nach dem Avertissement vom 13. Jan. 1770 eine Prämie von 50 Talern, nach dem vom 5. Juni 1782 eine ebenso hohe für Vorkommen außerhalb der Gegend um Dresden und Leipzig[5]. Die Prämienzusicherung wurde in den Avertissements vom 31. Dez. 1805[6] und 14. Okt. 1816[7] fortgesetzt, jedoch ohne daß man die Höhe der Prämien dafür begrenzte, da die Abbauschwierigkeiten wuchsen. Großen Wert legte die Deputation dabei auf das Ausfindigmachen neuer Vorkommen im Chemnitzer Gebiet.

Eine systematischere Förderung des Steinkohlenabbaus in Sachsen versprach allerdings der Vorschlag der Leipziger Oeconomischen Sozietät, „mit Unterstützung aus der Prämien-Caße ... einige Jahre nacheinander durch einen Bergverständigen unter Begleitung geschickter Markscheider die Steinkohlen-Flötze in hiesigen Landen genauer aufzusuchen“[8].

[1] Acta, „Die von dem Legation-Rath Leiseling zu Hamburg, wegen der von dem Profeßore und Bürgermeister Hadelich zu Erfuhrt anerbotene Entdeckung seiner nüzlichen Erfindungen, u. a. Papier aus Torf, deutsche Baumwolle gethanen Vorschlag“, Anno 1767; LHA, Loc. 5348, Bl. 2, 3, 5flg., 10, 20.

[2] Akte, Landes-Oeconomie-, Manufactur- und Commercien-Deputation, Loc. 5356, Vol. I, Bl. 119.

[3] Acta, „Das von dem Commercien Rath Langen zu Chemnitz in Betreff seiner zur Zubereitung und Bearbeitung des Wergks statt der Baumwolle angelegten Fabrik geschehenes Suchen“ betr., 1783; LHA, Loc. 5342; Zöllner, S. 423–426.

[4] In Burgk bei Dresden wurden Steinkohlen „schon vor mehr denn 200. Jahren ... alda gebrochen ...“; bereits 100 Jahre vor Veröffentlichung des nachstehend zitierten Artikels war „die Gegend um Zwickau wegen der Steinkohlen berühmt“ (Artikel im XLVII. Stück der „Dreßdnischen Gelehrten Anzeigen auf das Jahr 1751“, Spalte 421, Art.: „Historische Nachrichten und aus der Naturkunde gemachte Betrachtungen über die Steinkohlen, nebst rechtlicher Erläuterung darüber, in Chursächsischen Landen“).

[5] Akte, Aufnahme, Loc. 5355, Vol. I, Bl. 285; Vol. II, Loc. 5356, Bl. 40.

[6] Ebenda, Loc. 5356, Vol. II, Bl. 367.

[7] Akte Loc. 6598, Bl. 185.

[8] Akte, Aufnahme, Loc. 5356, Vol. II, Bl. 49, 50.

Außer der Entdeckung und dem Abbau prämierte die Landes-Oeconomie-, Manufactur- und Commercien-Deputation auch die Verwendung der Steinkohlen und des Torfs als Ersatz für Holz:

Wer beim Bierbrauen, Ziegel- und Kalkbrennen, Bleichen, Färben, Drucken oder bei anderer Holz erfordernden „Fabrik an Stelle von Holz und Holzkohle 1 Jahr lang Stein-Erdkohlen oder Torf gefeuert" hatte, erhielt aus der Prämienkasse gemäß Avertissement vom 26. Feb. 1800 5 bis 50 Taler[1].
Im Avertissement vom 31. Dez. 1805 waren für „Stein-, Erdkohlen- oder Torffeuerung" Prämien von 50 bis 200 Talern vorgesehen[2], ebenso in dem vom 14. Okt. 1816, das auch die Anwendung der Wasserdämpfe (Umschreibung für den Einsatz von Dampfmaschinen) in die Prämierung einbezog[3].

Der Übergang zur Steinkohlenfeuerung bedingte andere Heizanlagen, um deren Beschaffung und Bau sich die Deputation ebenfalls bemühte.

Wegen der Zeichnung für einen Glasofen schrieb sie 1764 eigens nach London[4].
Für den Bau holzsparender Öfen setzte sie im Avertissement vom 30. Dez. 1805[5] Prämien von 20 bis 50 Talern und für „Fertigung thönerner Roste zur Feuerung mit Steinkohlen ..." 20 Taler aus.
Im Avertissement vom 22. Feb. 1820 versprach sie 50 Taler[6], in dem vom 12. Mai 1826 sogar bis zu 200 Talern[7] für neue Vorrichtungen zur Ersparnis von Feuerungsmaterial für „Fabrik- und Manufacturanstalten".

Die Umstellung der Holz- auf die Steinkohlenfeuerung durch Prämien anzuregen, schien allein schon wegen der damit verbundenen Kosten für neue Öfen notwendig; es galt außerdem das an manchen Orten bestehende Vorurteil zu überwinden, die Steinkohlenfeuerung sei wegen der dabei auftretenden Dämpfe gesundheitsschädlich[8].

Als der Stadtkämmerer Sonnenkalb von Naumburg um 1760 bei Mertendorf, Punkewitz und Rathewitz „brennbare Erde oder sogenannte Bergkohlen" gefunden hatte, scheiterte deren allgemeine Verwendung in Naumburg an diesem Vorurteil; die Landes-Oeconomie-, Manufactur- und Commercien-Deputation suchte es dadurch zu beseitigen, daß sie in Schulpforta beispielgebend „mit bestem Effekt die Veranstaltung zu Feuerung zweyer Auditorien mit Steinkohlen getroffen" und beim „Cammer-Collegium" den Antrag stellte, „daß denenjenigen, so zu Naumburg bey daselbstiger Theuerung und Seltenheit des Holzes und dergleichen bey denen Churfürstl. Floß- und Forst-Aemtern anhalten würden, solches blos unter der Bedingung, eine gewiße quantitaet Berk Kohlen mitzunehmen, verabfolget werden möchte"[9].

[1] Akte, Aufnahme, Loc. 5356, Voll. II, Bl. 207, 208.
[2] Ebenda, Bl. 367.
[3] Akte Loc. 6598, Bl. 185.
[4] Akte, Landes-Oeconomie-, Manufactur- und Commercien-Deputation, Loc. 5356, Vol. I, Bl. 25.
[5] Akte, Aufnahme, Loc. 5355, Vol. I, Bl. 367.
[6] „Gesetzsammlung für das Königreich Sachsen vom Jahre. 1820. Dresden 1stes–20stes Stück," S. (13) 4, § 18.
[7] Akte, Loc. 6597, Bl. 75.
[8] Dreßdnische Gelehrte, Sp. 424.
[9] Akte, Landes-Oeconomie-, Manufactur- und Commercien-Deputation, Loc. 5356, Vol. I, Bl. 25, 26.

> Sie regte weiterhin an zu prüfen, „inwiefern der im Amt Wittenberg, besonders bei Schmiedeberg, ausfindig gemachte Torf ... bei einer Ziegelhütte oder neu anzulegenden Alaunhütte sowie die zugleich angezeigte, bei dem Dorfe Moschwitz [entdeckte], vitriolische Erde bei dem Alaunwerk zu Schwemsal benutzt werden kann“[1].

Der Erfolg der Prämien für die Entdeckung und den Abbau von Steinkohlen- und Torflagern war nicht bedeutend. Die staatliche Belohnung für das Ausfindigmachen von Torf wurde – wenn die Angaben in den Akten vollständig sind – lediglich im Jahre 1764 mit 10 Talern[2] und 1793 mit 50 Talern[3] in Anspruch genommen. Für die Verwendung von Torf an Stelle des Holzes gab die Prämienkasse im Jahres 1793 50 Taler aus[4], für eingeführte Steinkohlenfeuerung in den Jahren 1801 bis 1804 20 Taler[5] und für die Verwendung von Steinkohlen und Torf in der Zeit von 1805 bis 1811 207 Taler[6].

Bis dahin hatte die Torffeuerung immerhin so zugenommen, daß die Prämie wegfallen konnte. Die stärkere Verwendung des Torfs wie der anderen Holzsurrogate wurde sowieso mehr als mit Prämien durch die ständig steigenden Holzpreise angeregt, unter denen die Absatzfähigkeit der sächsischen Manufakturwaren im Auslande litt.

Um dieser Absatzfähigkeit willen empfahl die Landes-Oeconomie-, Manufactur- und Commercien-Deputation, die sparsame Verwendung von Heizmaterial bei den Manufakturen und „Fabriken“ durch staatliche Belohnungen zu fördern.

> So befürwortete sie die Einführung einer Prämie „auf Ersparniß am Feuerungsmaterialien“ bei den zahlreichen „Landes-Manufacturen und Fabriken“, die „sich wohl schwerlich mit Nachhalt neben ihren, von einem male zum andern wohlfeiler verkaufenden ausländischen Concurrenten möchten aufrechterhalten können, wenn es nicht glücken sollte, sie durch Aufsuchung und Anwendung neuer Mittel zur Ersparniß an den zeitherigen Fabrikationskosten in den Stand zu setzen, die Preise ihrer Waaren noch niedriger als bisher zu stellen“[7].

Neben der Gewinnung und Verwendung von Austauschstoffen regte die Landes-Oeconomie-, Manufactur- und Commercien-Deputation die Anpflanzungen des Holzes durch Prämien an; 1793 zahlte die Prämienkasse dafür 16 Taler[8], 1801 bis 1806 80[9] und 1807 bis 1811 497 Taler aus[10]. Für die Gewinnung von Holzkohlen setzte sie im Avertissement vom 13. Jan. 1770 40 Taler fest[11], für Verkohlung von großen Meilern in dem vom 13. Aug. 1788 25 Taler[12].

[1] Akte, Landes-Oekonomie-, Manufactur- und Commercien-Deputation, Loc. 5356, Vol. I, Bl. 25, 26.
[2] Akte, Aufnahme, Loc. 5355, Vol. I, Bl. 105.
[3] Akte Loc. 5344, Vol. IX, Bl. 127.
[4] Ebenda.
[5] Akte, Aufnahme, Loc. 5356, Vol. II, Bl. 231.
[6] Akte Loc. 6598, Bl. 41 u. 43.
[7] Ebenda. Bl. 222, 223.
[8] Akte, Loc. 5344, Vol. IX, Bl. 127.
[9] Ebenda,
[10] Akte Loc. 6598, Bl. 43.
[11] Akte, Aufnahme, Loc. 5356, Vol. II, Bl. 18.
[12] Ebenda, Bl. 117.

Außer dem Steinkohlenbau brachte der sich anbahnende Übergang zur Fabrikindustrie auch der Gußstahlerzeugung in Sachsen als zweiter Grundlage der Mechanisierung eine stärkere staatliche Förderung. Zwar hatte die kurfürstliche Prämienkasse schon in ihrem ersten Avertissement von 1764 eine Prämie von 150 Talern für Stahl aus inländischem Eisen ausgesetzt[1], in dem vom 12. Mai 1826 jedoch war sie mehr als verdreifacht.

> Es erhielt sie, „wer in hiesigen Landen Gußstahl ... im Großen und mit Vortheil fabriciret, auch zuerst das dabei beobachtete Verfahren, mit Einreichung mehrerer Probestücke von diesem Stahle ... anzeigt, ... wenn sein Fabrikat, nach vorgängiger genauer Prüfung zur Fertigung größerer und kleinerer, schneidender und anderer Instrumente aller Art vollkommen, tüchtig und brauchbar befunden worden ..."[2]

Der Prämienaufgabe waren Qualitätsbestimmungen für Stahl beigefügt, die wegen ihrer Bedeutung für die weitere Entwicklung der Stahlproduktion in Sachsen nachstehend wiedergegeben werden:

> „Es sind aber die Kennzeichen eines guten Gußstahls vorzüglich folgende:
> 1. Reinheit und gleichförmiges Korn auf dem Bruche im weichen Zustande sowohl als eine gleichförmige Farbe;
> 2. Vollkommene Gleichförmigkeit und Festigkeit nach der Härtung in allen einzelnen Theilen, sowie das möglichst feinste Korn;
> 3. Bei den verschiedenen Graden des Anlassens eine wachsende Zähigkeit, ohne jedoch die derselben entsprechende Härte zu verlieren;
> 4. Frei von allen Rissen und Lamellen, die gewöhnlich bei unvollkommenem Gußstahl sowohl vor, als nochmehr nach dem Härten sichtbar werden;
> 5. Die Eigenschaft bei gehöriger Rothglühhitze in jede beliebige Form geschmiedet werden zu können, ohne an seiner Qualität zu verlieren".

Die Haupttriebkraft bei der Verbreiterung der sächsischen Rohstoffbasis gab das fiskalische und dynastische Interesse des Souveräns ab. Trotz mancher Mißerfolge im einzelnen hatte die staatliche Förderung der Gewinnung und Verarbeitung einheimischer Rohstoffe beachtliche Erfolge zu verzeichnen. Soweit das sächsische Rohstoffproblem nicht durch diese Aufmunterung der inländischen Initiative und Mobilisierung der Reserven des Landes gelöst werden konnte, setzte der Staat Machtmittel ein, erließ Ausfuhrverbote für einheimische Rohstoffe und Halbfabrikate und erleichterte deren Beschaffung durch Zoll- und Abgabenvergünstigungen.

3. *Ausfuhrverbote für einheimische Rohstoffe und Halbfakrikate sowie Einfuhrerleichterungen und -verbote*

a) Die Drosselung der Ausfuhr

Unter den Ausfuhrverboten kam denen für Wolle und Garne wirtschaftlich die größte Bedeutung zu. Die Anfänge derartiger Reglungen reichen für Sachsen bis ins 14. Jahrhundert zurück.

[1] Akte, Aufnahme, Loc. 5355, Vol. I, Bl. 43.
[2] Akte Loc. 6597, Bl. 72.

Die Meißner Markgrafen Friedrich und Balthasar verboten schon 1367 gleichzeitig mit dem der Stadt Chemnitz erteilten Bleichmonopol die Ausfuhr des Flachses, der ungebleichten Leinewand und des Garnes[1].

Diese Verbote wurden im Laufe der Jahrhunderte immer wieder erneuert.

Schon 1390 rief Markgraf Wilhelm in Erinnerung: „Wir wullin ouch nicht gestaten, daz ymant smale lynwad, rohen golczsch noch zcwern (no)ch keynerleige garn uz unsern landen fure, unser bleiche zcu Kempnicz zcu schadin. Unde wo man die in unsern landen ankomet, die sal man mit der habe ufhaldin unde hyndern, unde wer die kummert unde ufheldet, der [hab]e sal uns eyn dirtteil, den gewerken eyn dirtteil unde dem, der die ufheldet, ouch eyn dirtteyl werdin unde volgen ..."[2].
Durch das Mandat vom 30. Mai 1451 trat neben die bereits 1390 angedrohte Konfiskation der widerrechtlich zur Ausfuhr vorgesehenen Waren Strafe an Leib und Gut[3].
1472 folgte ein abermaliges landesherrliches, an den Vogt zu Chemnitz gerichtetes Gebot, die Garnausfuhr zu verhindern. In ihm wurde zunächst darauf hingewiesen, daß „gros bleichen mit weissir leinwat und sloiren [Schleiern], auch anderem gute in unserem ampte und stat bey euch angericht sint wurden und durch das gancze iar uff den iarmarckten und sust vil garns gekauft und aus unsseren landen in fremde landt gefurt werde uns und unssir bleichen zcu Kempnicz und Rochelicz zcu unvorcellichen schaden ...". Der Vogt wurde weiterhin angewiesen, dafür Sorge zu tragen, daß auf dem Lande hergestellte Leinwand, Schleier und „andir weis gut" nicht mehr in Chemnitz gebleicht werden durften, die Zahl der ländlichen Leineweber pro Dorf auf einen beschränkt blieb der lediglich den Bedarf „der armen Leute" zu befriedigen hatte und schließlich „... kein garn aus unsern landen in fremde lande furen" zu lassen[4].

Die Nachteile einer solchen Ausfuhr von Halbfabrikaten, insbesondere von Garnen, machten sich vor allem in Chemnitz bemerkbar, dessen Rat sich deshalb im Interesse der dortigen Bleiche am 9. Juli 1567 zu einer Eingabe an den Landesherrn veranlaßt sah[5]. Darin wurde dieser auf vier schädliche Auswirkungen des Abzugs der rohen Garne hingewiesen:

1. würden deshalb in den kurfürstlichen Landen nicht allein weniger Leinenwaren angefertigt, „sondern auch die Manschafft geschwecht vnnd geringertt" und die Leinwand zum Nachteil der armen Leute teurer,
2. hätten die Bürgerschaft und die Leute auf dem Lande, die mit rohen Leinenwaren handeln, keinen Verdienst mehr, und es müßten sich damit auch für den Kurfürsten „Steuer rent vnnd Zinß" vermindern, wenn „die frembdenn Vorkeuffer die rohen wahrnn außerhalb landes vngebleichtt vnnd vngeferbbt fuhrnn vnd draussenn Bleichenn vnnd ferbenn, endtlichen widerumb herein fuhrenn soltenn",

[1] Zöllner, S. 37.
[2] Quellen, IV. Teil. „290. Markgraf Wilhelm bestätigt den Bleichgewerken den Besitz dreier Bleichen und erläßt eine Bleichordnung. 1390. UB Chemnitz 58", S. 12–14.
[3] Zöllner, S. 101.
[4] Quellen, IV. Teil, „296. Landesherrliches Gebot, die Zahl der Dorfleinweber zu beschränken und die Garnausfuhr zu verhindern." 1472. UB Chemnitz, 233, S. 22 u. 23.
[5] Ebenda, „299. Eingabe des Chemnitzer Rathes gegen die Ausfuhr von Rohgarn und die Umgehung des Bleichmonopols, 1567, LHA, Loc. 35158 Rept. I Sect. A., Gen. nr. 56, Bl. 20 a ff.", S. 27 flg.

3. bewirkte der Geldverlag der einheimischen Meister durch die „frembden hendler", daß „die Meistere denn hendlern wegenn solches verlags wie leinwadt etzliche groschenn neher, da sie die sonst verkaufenn, liefernn, dardurch werden die leutte mehr Ermer dann Reicher gemachtt, vnd die hendler haben durch solchen verlagk den gewinst aber die Muhe vnd arbeitt vmb sonsten",
4. macht die Stadt Chemnitz den Kurfürsten darauf aufmerksam, daß wenn er die Ausfuhr der rohen Waren gestatte, das über zweihundert Jahre alte und von ihm selbst bestätigte Bleichmonopol aufgehoben würde, das eine solche verbiete.

Um den beginnenden Verfall der Chemnitzer Bleiche aufzuhalten, empfahl der Rat dem Kurfürsten:

a) die Ausfuhr von rohen Garnen und Farbleinewand bei Strafe des Verlustes dieser Waren zu verbieten und eine Produktionsabgabe „vff die schwarzenn vnd sonsten wahrn als Parchent, Zschetter, Ferbleinwandten, Zichenn, schleuer, gebreste leinwandten" in Höhe von 1 Pfg bis 5 gr einzuführen, soweit sie in Orten innerhalb einer Entfernung von 10 Meilen (dem der Chemnitzer Bleiche durch Privileg zugeteilten Gebiet) um Chemnitz hergestellt worden waren,
b) eine Ausfuhrabgabe von 3 Pfg. Zins und 1 Pfg. Siegelgeld auf Barchente zu legen, soweit diese ungefärbt im Inland nicht abgesetzt werden konnten und bei ihrer Herstellung Garn Verwendung gefunden hatte, das zu Bleichleinewand nicht taugte,
c) zur Steigerung des Ertrags der Chemnitzer Bleiche die Spinner der Ämter Chemnitz, Schellenberg und Lichtenwalde unter Androhung von Strafe anzuweisen, ihr Garn alle Markttage nach Chemnitz zu bringen, wie die Spinner der Ämter Grünhain und Stollberg zu veranlassen, solches in Stollberg oder auch in Chemnitz abzuliefern „vnd ausserhalb Landes keines weges zuuorpartieren",
d) die in Freiberg unter Umgehung der Chemnitzer Bleiche in beträchtlichem Umfang hergestellte und roh und ungebleicht ohne Bleichzins verkaufte, teilweise auch ins Ausland zur Bleiche gebrachte sogenannte „schwewisch" Leinewand im Interesse der Chemnitzer Bleiche neben dem Rollgelde und „ferbzinsen" auch mit einem Bleichzins von einem Groschen zu belegen und
e) die Konkurrenz der schlesischen Waren von der Chemnitzer Bleiche dadurch abzuhalten, daß er den Bitten der einheimischen Leinewebermeister entspricht, den Fremden „gleichergestalt ettwas darauf zuschlahenn".

In der Folgezeit ging eine Reihe von Mandaten und Generalen ins Land, die den Schutz des heimischen Leinen- und Wollgewerbes durch Regulierung des Aufkaufs der Garne und ihrer Versendung ins Ausland zum Gegenstand hatten. Von ihnen seien, ohne hier auf die Entwicklung im einzelnen einzugehen[1], die der-

[1] Zum Studium der Garnaufkauf- und Ausfuhrreglungen sei auf folgende Akten des Sächsischen Landeshauptarchivs verwiesen:
a) Concepte, „Den Aufkauf u. Verführung des Garns außer Landes betr. de Ao. 1688 biß 1709", Loc. 30408;
b) Acta, „Die schädliche Ausfuhre derer rohen Häute und unverarbeiteten Garne und die dieserhalb von der Landschafft gethane Vorschläge betr.", Anno 1737. 38., Loc. 5419;
c) Acta, „Die Publicirung eines Patents in dem Marggrafthum der Ober-Lausitz wieder die Ausfuhre der gesponnenen Wolle betr.", Anno 1744–46, Loc. 5847;
d) Acta, „Derer inländischen Fabricanten Garn-Auffkauf unter gewißen Praecautionen betr.", an. 1746, 1748. 1749 seq., Loc. 5417;
e) Acta, „Das Mandat wegen des denen Fabricanten zu verstattenden Aufkauffs derer

jenigen der nachstehend ausführlicher dargestellten Handelsbestimmungen für Wolle, glich das am Anfang der Blütezeit der Manufakturen erlassene Generale vom 17. September 1763 und das vom 6. August 1778, den Garnhandel betreffende[1], erwähnt. Das Generale von 1763 brachte neben Bestimmungen, die sich – wie der folgende Abschnitt zeigt – auf den inländischen Garnhandel bezogen, eine Beschränkung der Ausfuhr; den Fremden war der „Garn-Einkauf zur Ausführung außer Landes erst nach aufgehobenen Zeichen und unter gewissen Bedingungen verstattet ..."[2].

Waren es bei der Herstellung der Garne immerhin einige gewerbliche Manipulationen, die nach der Gewinnung der dazu erforderlichen Rohstoffe im Lande ausgeführt werden konnten und der Bevölkerung Arbeit und Brot gaben, so lagen die Verhältnisse bei der Wolle in dieser Hinsicht erheblich ungünstiger. Die Wollausfuhr einzudämmen, erschien deshalb auf Jahrhunderte hinaus als eine der dringendsten gewerbepolitischen Aufgaben des Staates, deren Lösung man sogar für Deutschland im ganzen versuchte, indem auf einer Reihe von Reichstagen eine „Policey-Ordnung" darüber aufgestellt wurde, wie es mit „dem Kauf und Ausführung der Wolle allenthalben gehalten werden solle"[3].

> So verbot man die Ausfuhr der deutschen Wolle „in dem Abschiede vom 1555. § 135ff. vom J. 1566. § 177. Reichspolizey-Ordnung v. J. 1577. tit. 22"[4].

Der Erfolg dieser Reglung auf höchster Ebene wie auch die Wirkung des Torgauischen Anschreibens vom Jahre 1583,

> nach dem „ein jeder so Wolle hat, sie in die Städte zu Marckte führn, oder an Tuchmacher so sie zu ihro Nothdurfft bedürffen, unnd nicht Vortheils halber ferner verkauffen überlaßen solle"[5],

Garne auf dem Lande, betr., de an: 1750; Ingl. Den untersagten Verkauff der feinen wollenen, oder so genannten Satin, Garne an Auswärtige, zum Behuff derer wollenen Zeuch-Fabriquen in denen Gegenden von Penig, Chemnitz, Frankenberg, Borna, Zeiz, Crimmischau, Weyda und Lausig betr.", 1751. 53, Loc. 5417;

f) Acta, „Den Verfall des Leinewand-Handels und die denen leinenen Manufacturen in der Ober-Lausiz schädliche Ausfuhre der Garne betr.", Anno 1765. 66. 67. seqqv.: 91, Loc. 5350;

g) Acta, „Die schädliche Ausfuhre der Garne außerhalb Landes, und das dieserhalb ergangenen Generale betr.:" Anno 1763. 1764. seqqv. bis 1780, Loc. 5399, Vol. I; Ao: 1786 seq., Loc. 5301, Vol. III; Anno 1790, Loc. 5401, Vol. IV; Anno 1799, Loc. 5440, Vol. V; siehe außerdem: „Codex Augusteus Oder Neu vermehrtes Corpus Juris Saxonici ..." (künftig: Cod. Aug.) II p 1761, 1873, 1933.

[1] Rößig, Produkten, S. 276.

[2] Akte, Landes-Oeconomie-, Manufactur- und Commercien-Deputation, Loc. 5356, Vol. I, Bl. 67.

[3] Acta, „Die Ausführung und Impostirung der Wolle betr.", 1603–1722, de ao 1716; LHA, Loc. 5324, Vol. I, Bl. 1.

[4] Sörgel, M. Ernst August, „Memorial an Se. Churfürstliche Durchlaucht von Sachsen, in Betreff des dem Verderben nahen Manufactur- und Handelswesens". Gera 1801, S. 65.

[5] Acta, „Die Ausführung und Impostirung der Wolle betr.", De ao. 1734; LHA, Loc. 5325, Vol. III, Bl. 130.

scheinen nicht bedeutend gewesen zu sein, denn die Klagen über den Wollaufkauf und die Wollausfuhr gingen weiter.
Kurfürst Christian der Andere von Sachsen erließ deshalb am 12. März 1603 ein Mandat, in dem er verfügte,

> daß alle „Mißbräuche" und „Monopolia" abgeschafft werden und „alle Bürger und Bauern", so Wolle zu verkaufen haben, dieselbe in die nechst angelegene Städte zu feilen Kauf führen oder tragen und den Tuchmachern und andern unverdächtigen Personen, so sie zu ihrer Nothdurft bedürffen, und nicht ihres Vortheils halber ferner verkaufen, umb gleichmäßige Bezahlung zukommen laßen sollen"[1].

Schon am 8. Januar 1613 machte es sich notwendig, daß Kurfürst Johann Georg I. dieses Mandat erneuerte, da Berufsfremde wie auch Tuchmacher und ausländische Aufkäufer von Haus zu Haus gingen, um die Wolle von den Bauern „Bürden und Sackweise, auch bißweilen, wann dieselbe noch auff den Schafen stünde, ab: und auszukeuffen, desgleichen die beste auszuschiessen, und aus dem Lande zu führen, und dargegen die geringste im Lande zu lassen[2]". Vom Verbot der Wollausfuhr war wie durch das Mandat von 1603 lediglich die „Adeliche" Wolle ausgenommen; Kurfürst und Ritterschaft konnten die auf ihren Gütern erzeugte Wolle nach wie vor verkaufen, an wen sie wollten, mithin auch an Ausländer.
Die finanzielle Begünstigung der Angehörigen der Feudalklasse auf Kosten der Allgemeinheit ging so weit, daß diese Wolle bei der Einführung der General-Accise im Jahre 1703 – wie vordem auch schon – accisfrei gelassen wurde. Das General-Accis-Collegium schlug jedoch vor, auf einen Taler 6 Pfg. zu erheben, da die sächsische Wolle den Fremden fast unentbehrlich sei und man deshalb keine Sorge zu haben brauche, daß durch diese Accise die Ausfuhr unterbliebe.
Dieselben Klagen, die zum Erlaß des Mandats vom 8. Januar 1613 geführt hatten, wollten auch in der Folgezeit nicht verstummen und veranlaßten Kurfürst Johann Georg I. am 31. Januar 1626 zur Veröffentlichung des „Mandats wider den Vor- und Auffkauff der Wolle ..."[3], nachdem 1615 das Wollausfuhrverbot aufgehoben worden war. Man wollte sich von da an mit einer Taxe auf die ausgeführte Wolle begnügen, konnte damit aber nicht verhindern, daß die reinste und beste Qualität außer Landes ging. 1661 erfolgte deshalb die Erneuerung des Mandats von 1626[4] und 1677 die des Ausfuhrmandats von 1613[5].
Im zweiten Jahrzehnt des 18. Jahrhunderts spitzte sich die Versorgungslage der einheimischen Gewerbebetriebe mit Wolle dadurch erheblich zu, daß preußische,

[1] Akte Loc. 5324, Bl. 5 u. 6; Cod. Aug. p. 1439.;
[2] Cod. Aug. I p. 1479.
[3] Ebenda, p. 1503.
[4] Ebenda, p. 1561.
[5] Ebenda, p. 1655; die „Fernere Erklärung Churf. Johann Georgens des II. Zu Sachsen, des Tuchmacher Privilegii de Anno 1661, d. 2, April wegen der Bauer-Wolle und dernjenigen, so auf Ritter- und Land-Gütern erzeuget, den 26. Octobr. Anno 1664" (Cod. Aug. I, p. 1619); Wuttke, Robert, „Die Einführung der Land-Accise und der Generalkonsumtionsaccise in Kursachsen auf Grund von archivalischen Quellen dargestellt". Heidelberger Diss., Leipzig 1890, S. 11.

namentlich brandenburgische Aufkäufer in großer Zahl in Sachsen auftraten und Preußen zugleich die Ausfuhr seiner Wolle sperrte. Die Unzufriedenheit darüber,

> daß die inländischen Tuch-, Zeug- und Hutmacher, Strumpfwirker und Stricker „zu Fortsetzung ihrer Nahrung und Bewerbs, sich der benöthigten Wolle entweder nicht mehr zu Gnüge im Lande erholen könnten, oder doch dieselbe sehr hoch und theuer bezahlen müßten, Dahero auch viele sich aus Unseren Landen hinweg zu begeben, des Vorsatzes seyn sollten"[1],

führten am 21. Juli 1718 zum Erlaß des Mandats „wider den Vor- und Auffkauff der Wolle, auch deren Ausführung ausm Lande, sambt deme, was darinnen wegen derer innländischen und frembden Woll-Fabricanten enthalten"[2]. In diesem für die Entwicklung der sächsischen Tuchmanufakturen und sonstigen Wolle verarbeitenden Werkstätten bedeutsamen Mandat wurde bestimmt, daß mit „Auf- und Zusammenkauffung der Pfarrer- Bürger- Müller- Schäfer- und Bauer-Wolle, keine schädliche Monopolia gemachet und getrieben" werden und diese Wollarten nicht ins Ausland, besonders nicht in die Brandenburgischen Lande verkauft werden durften. Das Gleiche galt für die sogenannte Bündelwolle. Sie unter die „Adeliche" Wolle zu mischen und auf diese Weise auszuführen, war ebenfalls untersagt, wie auch, zu ihrer Einsammlung von Haus zu Haus zu gehen. Alle Bündelwolle mußte vielmehr zum öffentlichen Verkauf auf den Markt der Stadt gebracht werden. Auf Verlangen war der Nachweis darüber zu führen, wer die Wolle gekauft hatte. War es ein Ausländer, so verfiel sie der Konfiskation und bei bereits erfolgter Ausfuhr wurde eine Strafe in Höhe des Warenwertes festgesetzt, die zu einer Hälfte den Ämtern, zur anderen den „Denuncianten" zufloß. Außerdem enthielt das Mandat die für das Wachstum des sächsischen Textilgewerbes bedeutsame Vorschrift, daß die Montierung der Miliz ausschließlich mit inländischen Tuch zu erfolgen habe[3].

Die Jahre nach Erlaß des Wollausfuhrmandats von 1718 waren voller Mißstimmung darüber, daß dessen Bestimmungen nicht eingehalten und genügend überwacht wurden. Schon am 20. Juni 1717 erging deshalb ein scharfer kurfürstlicher Befehl an sämtliche Beamte, Land-Accis- und Gleitseinnehmer, Zoll- und „Straßen-Bereuther", die Pfarr-, Bürger-, Schäfer-, Bauer- und Bündelwolle, „jedoch mit Ausnahme, derer Leipziger Messen, derenthalben Wir in dem nachfolgenden inserat einige Milderung zu treffen bewogen worden, gar nicht; die Adeliche- und übrige Wolle hingegen darunter auch die Schlächter-Wolle und Schaaf-Felle, desgleichen Wollen- und Leinen Garne nur allein in die sämbtl. Königl. Preußischen ingl. die Fürstl. Anhalt-Dessauischen Lande nicht" ausführen zu lassen. Beim Verkauf in andere Länder mußte, um die Umgehung dieses Verbots zu erschweren,

[1] Entnommen der Präambel zum Mandat Augusts des Starken vom 21. Juli 1718, Cod. Aug. I, p. 1881.

[2] Ebenda.

[3] Vgl. hierzu auch den „Erläuterungs-Befehl über das am 21. Julii a. c. ausgegangene Wollen-Mandat" vom 15. September 1718 (Cod. Aug. I, p. 1883) und den „Befehl, das die in dem sogenannten Gemenge befindliche Schäffer-Wolle, unter der Herrschaffts Wolle, sonst aber nicht mit verkaufft werden dürffe" vom 21. Dezember 1718 (Cod. Aug. I, p. 1883).

der Magistrat dem Käuffer „Attestat" geben, daß „Wolle von dort in loco verarbeitet, und zur Manufactur consumiret werden solle".[1]

Bereits am 8. Mai 1720 folgte ein weiteres kurfürstliches Mandat[2], mit dem die durch Generalverordnung vom 21. Dezember 1718 erlaubte Ausfuhr der Schäferwolle im Gemenge mit der Ritter- und anderen Wolle wieder verboten wurde, da man unter sie vielfach Pfarr-, Bürger-, Bauer-, Schäfer- und Schafknechtswolle gemischt hatte, deren Verkauf ins Ausland nicht gestattet war.

Trotz dieser und aller späteren Mandate und der in ihnen angedrohten Strafen wissen die Akten von zahlreichen Übertretungen der kurfürstlichen Vorschriften über die Ausfuhr zu berichten, an denen sogar Amtspersonen beteiligt waren wie der Amtmann von Gommern, der seine Wolle nach Zerbst ausführte, oder der Gutsbesitzer von Dobrisowsky zu Sitzenroda bei Schilda, der Bündelwolle aufkaufte und mit Adelswolle mischte, an der Ausfuhr dieser Gemengewolle aber noch rechtzeitig gehindert werden konnte. Die Überwachung der Verbote besorgten in erster Linie die Accis-, Gleits- und Zollbeamten; außer ihnen hatte der Kurfürst 1718 dafür noch einen „Woll-Revisor" ernannt, der nicht besoldet wurde, aber eingeräumt bekommen hatte, „den Vortheil von Contraband und Straffgeldern" zu genießen[3].

Die Unzufriedenheit der in jenen Jahren auf den Wollbezug angewiesenen Inländer zeigte sich darin, daß die „Fabrikanten" über das zu geringe und zu teure Angebot klagten, während die Landleute, wie der Rat zu Leipzig in einem Schreiben vom 16. Mai 1720 an den Kurfürsten zum Ausdruck brachte[4], große Beschwerde darüber führten, daß inländische Tuch- und Zeugmacher und andere „Fabricanten" ihnen „auf den Stein zu ein bis zwey Gülden weniger auf die Wolle als die fremden geboten" hätten, oder überhaupt kein Angebot ihrerseits erfolgt sei. Eine Erleichterung dieser Situation, die sich für viele der wollerzeugenden Bauern noch durch einen Mißwachs im Jahre 1720 verschärfte, wurde dadurch herbeigeführt, daß die inländischen Tuchmacher und Wollerzeuger auf der Leipziger Messe die erste völlige Woche, die letzte Meßwoche bis Donnerstag Abend, wenn die Wolle bis dahin „nicht so völlig zu Marckte käme", die folgende Woche, solange der Wollmarkt währt, jedesmal bis Mittwoch abend gegen konstanten Marktpreis kaufen und verkaufen und danach die Ausländischen „mit Ausnahme der Königl. Preuß. und Chur-Brandenburgischen auch Deßauischen Kaufleute" ungehindert Wolle einkaufen durften[5]. Aber schon am 17. April 1722 machte die Landesregierung – wie zwei Jahre vorher der Rat der Stadt Leipzig – den Kurfürsten darauf aufmerksam, die Tuchmacher seien weder imstande, die Wolle, die ihnen in den Städten und Messen angeboten würde, zu kaufen und Vorräte davon anzulegen, noch sie zu verarbeiten[6]. Der Bauer müsse die Wolle verschleudern, und es profitiere nur der

[1] Cod. Aug. I, p. 1883.
[2] Ebenda, p. 1921.
[3] Akte Loc. 5324, Vol. I, Bl. 283, 260.
[4] Ebenda, Bl. 224.
[5] Ebenda, Bl. 230.
[6] Akte Loc. 5324, Vol. I, Bl. 270, 272.

Kaufmann. Besonders hart betrafen die Wollausfuhrverbote und das aus Geldmangel entspringende Unvermögen vieler Handwerker, sich Wollvorräte zuzulegen, die Schafknechte, die Wolle an Stelle von Geldlohn erhielten. Für sie setzte sich Christian Gottlieb von Holtzendorf im Juni 1720 beim Kurfürsten dafür ein, daß ihre Wolle mit in das Gemenge genommen und damit ausgeführt werden dürfe[1].

Am 5. November 1732 erfuhren die Wollausfuhrverbote von 1603, 1613, 1626, 1677, 1718[2], 1719 und 1720, insbesondere das vom 21. Juli 1718, eine abermalige Erneuerung und wurden gleichzeitig auf das Reußische und Schönburgische ausgedehnt. Auch in diese Gebiete durfte von da ab bei Strafe des Verlusts der Waren bzw. des Warenwertes „keine Pfarr-Bürger-Müller-Schäffer-Schaffknechts-Bauer- und Bündel- noch andere Wolle, von welcherley Arth dieselbe seyn möge, verführet und geschaffet" werden[3].

Trotz aller gesetzlichen Reglungen hörten die Mißstände, die sich bei der Wollversorgung des Landes ergaben, nicht auf. Ein Bericht der Landesregierung vom 21. Dezember 1736, der gleichzeitig Vorschläge zu ihrer Beseitigung enthielt, kennzeichnete diese wie folgt:

> „Endlich ist ... eine gar bekannte Sache, daß der Wollen-Einkauff in hiesigen Landen von sehr wenig Leuthen dependiret, mithin sich beynahe auf ein Monopolium qualificirt. Da nun hieraus sowohl dem Lande insgemein, alß iedem Hauß-Wirth insonderheit sehr großer Nachteil entstehet, so wäre sonder Maaßgebung derer getreuen Stände Überlegung anheim zu stellen, wie nicht allein der innländische Woll-Handel in mehrere Freyheit gesetzet, die determinirung des Preißes und der darbey sich iezuweilen nicht undeutlich äußernde Zwang denen anmaßlichen Monopolisten entreißen, die Ausfuhre der Wolle mehr und mehr verhindert, dargegen aber auf Anrichtung solcher Fabriquen, in welchen die Zeithero außer Landes geschaffte Wolle mit Nutzen zu verarbeiten, ernstlich gedacht, und solchemnach der von diesem so gemeinnützigen und unentbehrlichen Materiali zu gewartende Vortheil im Lande behalten werden möge"[4].

Am 15. September 1750 schärfte der Kurfürst, durch die nicht nachlassenden Klagen über den Mangel an Wolle im Lande und die zu hohen Preise beim Bezug der überdies schlechteren ausländischen bestimmt, die strenge Einhaltung der früheren Wollausfuhrverbote erneut ein. Gleichzeitig wurden in diesem Mandat[5] die Rittergutsbesitzer ermahnt, „ihre Wolle lieber denen innländischen Fabricanten um billigen Preiß [zu] gönnen, und dadurch das Aufnehmen derer Landes-Manufacturen befördern helffen, als solche an Auswärtige [zu] verkauffen". Eine derartige Ermahnung war durchaus am Platze, denn nach einem Bericht der Commercien-

[1] Akte Loc. 5324, Vol. I, Bl. 313.
[2] Und zwar vom 21. Juli, 15. September und 21. Dezember.
[3] Akte Loc. 5324, Vol. II; „Wöchentliche Dreßdnische Frag- und Anzeigen", No. X, Dienstags, den 9. März 1751.
[4] Akte Loc. 5325, Vol. III, Bl. 29.
[5] „Ihrer Königl. Maj. in Pohlen ... als Chur-Fürstens zu Sachsen ... Erneuertes und geschärfftes Mandat, wieder die Auf- und Zusammenkauffung. auch Ausfuhre derer Pfarrer-Bürger-Müller-Schäfer- und Schaaf-Knechts-Wolle. Ergangen de Dato Dreßden, den 15. Sept. 1750"; in: Akte, Loc. 5325, Vol. IV.

Deputation vom 6. April 1751[1] erzeugte Sachsen alljährlich 10–12000 Zentner Wolle, wovon nur $^1/_3$ im Lande verarbeitet, das übrige aber von den Rittergutsbesitzern, die allein dazu berechtigt waren, ausgeführt wurde. Trotz dieser eindeutigen Zahlen konnte sich die Commercien-Deputation beim Kurfürsten deshalb nicht zu der Befürwortung eines Ausfuhrverbots auch für „Adelswolle" entschließen, weil es lange dauere, bis sich die Zahl der sächsischen Manufakturen so vergrößert habe, daß diese die gesamte inländische Wolle verarbeiten könnten. Bevor dies aber nicht der Fall sei, würden, wie die Deputation am 6. April 1751 an den Kurfürsten schrieb, „die Besitzer derer Ritter-Güther sowohl als selbst Ew. Königl. Majest. Domänen-Aemter, durch die aus dem gänzlichen Verboth der Ausfuhre innländischer Wolle ohnfehlbar herfließende Verminderung des Preißes derselben an ihren Revenüen beträchtlichen Abfall erleiden ...".
In dieser Stellungnahme kam der Interessengegensatz zum Ausdruck, der hinsichtlich des Verbots der Ausfuhr von Wolle zwischen der Feudalklasse als Lieferanten und den Manufacturiers und Handwerkern als Verarbeitern bestand und der sich schon einmal sehr deutlich 1736 in der Ständeversammlung als Gegensatz zwischen Stadt und Land gezeigt hatte. Während die Ritterschaft als Sprecher der Rittergutsbesitzer den völlig freien Verkauf der Wolle forderte, der ihnen höhere Preise brachte und einen sicheren Absatz garantierte, mußten die Städte als Vertreter des Wollgewerbes für eine Drosselung der Wollausfuhr eintreten, die ihnen den Bezug des knappen Rohstoffes zu niedrigeren Preisen sicherte. Die Vorsicht, mit der die Commercien-Deputation die ökonomischen Grundlagen der damals noch im Vollbesitz ihrer wirtschaftlichen und politischen Macht befindlichen feudalen Oberschicht des Landes zu erhalten und zu stärken suchte, geht aus dem Vorschlag hervor, den sie dem Kurfürsten an Stelle eines Ausfuhrverbotes unterbreitete und der auf Kosten der Kaufmannschaft die landesherrlichen Revenuen stärken und zugleich einen Fonds zur Anlage neuer Manufakturen schaffen sollte.

> Die Deputation schlug vor, daß auf die ausgehende Wolle „über die iezo zu bezahlende 3 Pfg; vom Thaler Land-Accise, anoch 9 Pfg. vom Thaler-Essito-Zoll, welche weder der Verkäuffer, noch Käuffer, sondern der Ausführer zu entrichten hätte", gelegt würde, und man „solches separatim berechnen ließe, und daraus einen Fond der jährlich an 3000 Thlr. betragen dürfte constituiret. Dieses werde weder den Ausgang eines Materialis, so die fremden nicht entbehren können hindern, noch auch das Commercial-Einverständniß mit denen benachbarten Puisancen alteniren, da bloß aus Nieder Sachßen, aus dem Brandenburgischen aber gar keine Wolle ins Land komme, und in Schlesien solche schon mit 6. pro Cent, folglich um 2. pro Cent höher impostiret sey".

Die Ursache der damals beträchtlichen Ausfuhr von sächsischer Wolle namentlich nach der Schweiz und Böhmen lag darin, daß mit der während des 18. Jahrhunderts auch im Auslande stark anwachsenden Zahl der Wollmanufakturen deren Rohstoffbedarf ebenfalls außerordentlich anstieg und ferner die sächsische Wolle wegen ihrer Güte besonders gesucht war. Aber selbst nachdem im Siebenjährigen Kriege viele sächsische Schäfereien „ruiniert, viele 1000 Schafe dem Feind ausgeliefert" oder an Seuchen krepiert waren und die Wollproduktion nur

[1] Akte Loc. 5324, Vol. II.

noch einen Bruchteil ihrer einstigen Größe ausmachte, sah es die Ritterschaft, „der die freye Ausfuhre und Verkauf ihrer Wolle jederzeit zugestanden, wobey sich auch durch die ins Land publicirte Mandate de ais 1603. 1613. 1626. 1662. 1677. 1718. 1719. 1720. und 1750. geschützet worden[1], ... als eine Schmälerung ihrer Freyheiten und Privilegien“ an, wenn die Ausfuhr der „Adelswolle“ verboten würde. Auch gegen die geplante Einführung eines Ausfuhrzolles, der in den ersten Jahren nach Beendigung des Krieges volkswirtschaftlich durchaus berechtigt war, setzten sich die Rittergutsbesitzer zur Wehr:

> „Denn obwohlen bey der vorgeschlagenen Impostirung, der Ritterschaft die Freyheit, ihre Wolle außer Landes zu verkaufen, unbenommen bleibt, und die Absicht eigentlich dahin gehet, die Wolle durch den Aufschlag blos denen Fremden theurer zu machen, und sie zu nöthigen ihre Waaren in höherm Preiße zu verkaufen; so möchte doch die Erreichung dieser Absicht, durch die Impostirung, um so weniger zu hoffen stehen, da nicht alle Wolle im Lande selbst verarbeitet werden kan, folglich solche auswärts verkaufet werden muß, und die Ritterschaft daher gezwungen ist, die Wolle um so viel, als der Aufschlag beträgt, wohlfeiler hinzugeben, hierbey aber nicht der Fremde, sondern der Woll-Verkäufer einbüsset, mithin an dem Ertrage des Landes verloren wird, wie solches die iezige Erfahrung, da wegen der theuren Fracht, der Preiß der Wolle gefallen ist, bestärcket.“

An Stelle eines Ausfuhrzolls machten sie, damit die in Sachsen erzeugte Wolle auch tatsächlich innerhalb des Landes verarbeitet werden könne, den Kurfürsten den Vorschlag,

> 1. „an denen Orten, wo es daran fehlet, Fabriquen von solchen wollenen Waaren, woran in hiesigen Landen noch ein Mangel ist, anzulegen, oder die vorhandenen zu verbessern,
> 2. das Consumo ausländischer Woll-Waaren schlechterdings zu verbieten, wie Preussen und Oesterreich thun, und
> 3. an denen hierzu bequemen Orten ohnverweilt durch Praemia oder andere diensame gelinde Mittel zu veranlaßen, daß die einschurigen Schäfereyen in Zweyschürige, an welcher Wolle es in hiesigen Landen gebricht, verwandelt werden.“

Fiskalische Interessen veranlaßten den Administrator Xaver jedoch, einen Grenzzoll auf die „Adelswolle“ einzuführen.

> „Wann Wir jedoch, nach reifer Erwägung aller dieser Gründe ermeßen, wie ... die Praelaten, Grafen, Herren, die von der Ritterschaft, wie nicht weniger die Communen und andere, so Rittergüter haben, da ihnen in allen von euch angeführten Mandaten ein mehreres nicht versprochen, als daß ihnen frey bleibe, wem sie ihre Wolle laßen und verkaufen wollen, diese Freyheit aber durch die Impostirung nicht aufgehoben wird, solche diesemnach als eine Schmälerung ihrer Privilegien keineswegs betrachten mögen“.

Das diesbezügliche Mandat wurde am 23. März 1765[2] erlassen und belegte die

[1] Extract, „Aus deren Anmerkungen des Geheimen Consilii, über die Leipziger Oster-Meß-Relation 1764. 2) ad verba: in der Ober-Lausiz; in: Acta, „Die Ausführung und Importirung der Wolle betr.“, de ao. 1763, LHA, Loc. 5355, Vol. V; Bl. 42, 43, 46.

[2] „Ihrer Königl. Hoheit, Herrn Xaverii, Königlichen Printzens in Pohlen und Littauen ..., Hertzogs zu Sachßen ... Administratoris der Chur Sachßen ... Mandat, wegen der resp. zu verbiethenden und zu impostirenden Ausfuhr der Wolle, Ergangen de Dato Dreßden, den 23. Mart. 1765“; in: Akte Loc. 5355, Vol. V, Bl. 94flg.

Rittergutswolle mit einem am Versandort[1] zu erhebenden „Gräntz-Zoll" von sechs Groschen auf den Stein. Xaver war der Ritterschaft damit insofern entgegengekommen, als er ursprünglich den doppelten Zollsatz vorgesehen hatte. Das Mandat brachte außerdem die Erneuerung des am 18. September 1718 ausgesprochenen Verbots, Wolle jeglicher Art in die Brandenburgischen Lande zu verkaufen und dehnte dieses auf die „Kayserlich-Königlich-Böhmischen und Oesterreichischen sowie Königlich-Preußischen und Churfürstlich-Brandenburgischen alten und neuen Erblande" aus. Abgesehen von diesen Einschränkungen verblieb es hinsichtlich des Verkaufs der Rittergutswolle bei den Bestimmungen des Mandats vom 12. März 1603 und der „in vim mandati publicirten Erklärung des Tuchmacher-Privilegii in puncto des Wollenkaufs vom 6. Augusti 1662", wonach der Adel seine Wolle verkaufen durfte, an wen und wo er wollte.

Dem Mandat vom 23. März 1265 ging es so, wie seinen zahlreichen Vorläufern auch. Kaum war es erlassen, so wurde schon über seine mangelhafte Durchführung geklagt.

> Während 1767 in Dresden und Leipzig „der versender seine Wolle, eher zum Thore hinaus nicht bringen könne, bis der Grentz-Zoll erleget, ... wären noch auf denen Grenzen die wenigsten Fuhr Leute, des Grenz-Zoll-Zettels halber befraget" worden, was „dem Leipziger Woll-Handel sowohl als denen Fabriquen und überhaupt dem Churfürstl. hohen Intereßo sehr nachtheilig falle"[2].

Die Beträge, die den kurfürstlichen Revenuen durch seine Nichtbeachtung entgingen, waren beträchtlich.

> In Naumburg hatten die Wollhändler beispielsweise „weder den Grentz Zoll à 6 g pro Stein, noch weniger die Ausgangs-Woll-Accise in Rechnung" gebracht. „Da nun diese beyde Abgaben von jedem C [Zentner], wann man solchen à 5 Steine rechnet, an Grenz-Zoll à 6 g pro Stein thlr 1 6 gr
> und à 30 thlr, Werth .... 7 gr 6
> zusammen ausmachet 1.13.6
> so könnten sie solches zu erspahren, von Leipziger Wollhändlern nichts mehr kommen laßen"[3].

Das Wollausfuhrverbot wurde trotz der ausgesetzten Strafe in Höhe des doppelten Wertes der versandten Ware nicht nur übertreten, sondern der Landesherr bewilligte auch Befreiungen von ihm.

> So erlaubte Xaver am 10. Oktober 1767 dem kurfürstlichen Kammerherrn Johann Adoph Graf von Loß „in Betracht derer angeführten Umstände, aus besonderen Gnaden bewogen, demselben für diesesmahl, mithin ohne consequenz, auf künftige Fälle oder andere Personen, dispensando von dem wegen der Woll-Ausfuhre im Jahre 1765. publicirten Mandat, zu gestatten, daß er seine, auf seinem mit Böhmen gränzenden Guth, Olbernhau gewonnene und dermalen unverkauft im Vorrath habende Wolle nach Böhmen ungehindert, auch ohne einige weitere, denn die sonst gewöhnliche Abgabe verkaufen und dahin ausführen möge"[4].

[1] Nicht an der Grenze.
[2] Akte Loc. 5355, Vol. VI, Bl. 1.
[3] Ebenda, Bl. 4, 5.
[4] Ebenda, Bl. 17.

In den Jahren nach 1767[1] erhielten immer mehr adlige Rittergutsbesitzer, die sich im Hofdienst befanden, die Ausfuhrerlaubnis nach Böhmen, so der Erste Hofmarschall Carl Friedrich von Schönberg für die auf seinem Rittergut Maxen, der Geheimrat Rudolph von Bünau für die auf seinen Gütern Lauenstein und Weesenstein erzeugte Wolle, um nur einige Namen zu nennen.
Am 2. April 1768 gestattete der Administrator sogar, daß die auf dem „Cammer-Forwerg" Hohenstein gewonnene Spanische Wolle in das Königreich Böhmen gebracht werden durfte[2].

Daß der Kurfürst schon so kurze Zeit nach Verhängung des Verbots der Wollausfuhr nach Böhmen derartige Ausnahmen zulassen mußte, hing einmal damit zusammen, daß die Wolle trotz des bestehenden Mangels im Lande nicht restlos verkauft werden konnte, weil die Manufacturiers und Handwerker, wie aus einem Gutachten der Landes-Oeconomie-, Manufactur- und Commercien-Deputation hervorgeht, zumeist finanziell nicht in der Lage waren, ihren Jahresbedarf auf einmal einzukaufen, zum anderen damit, daß sich die Rittergutsbesitzer die höheren böhmischen Preise nicht entgehen lassen wollten. Die Folge dieser und der nach anderen Ländern gehenden Ausfuhr, die 1767 26226, 1768 23429 und 1769 21220 Stein[3] betrug, war, daß der seit der Drosselung des Verkaufs namentlich nach Böhmen merklich gefallene Preis für die „ordinäre Landwolle" zum Nachteil der inländischen Manufacturiers wieder anstieg.
Der Umstand, daß die Manufacturiers und Handwerker weniger Wolle kaufen konnten, als im Land erzeugt wurde, führte dazu, daß der Landtag das seit dem Mandat vom 23. März 1765 bestehende Verlangen der Ritterschaft nach Aufhebung des Wollimports befürwortete, das Ausfuhrverbot gegen die Kaiserlich-Königlichen und Königlich-Preußischen Lande aber noch beibehalten wissen wollte[4]. Am 8. Mai 1770 entsprach der Kurfürst diesem Wunsche[5]; den berechtigten Interessen der inländischen Manufacturiers und Handwerker suchte sein Mandat von diesem Tage durch die erneute Einschärfung der Bestimmungen gerecht zu werden, die „wegen verbothener Auf- und Zusammenkaufung auch Ausfuhr derer Pfarrer-Bürger-Bauer-Müller-Schäfer- und Schaaf-Knechts-Wolle in denen Mandaten vom 15. September 1750. und 23. Mart. 1765. enthalten"[6] waren.
Um diese Zeit wurden mit immer größerer Nachdrücklichkeit Stimmen laut, die nicht nur Kritik an Einzelmaßnahmen der staatlichen Wollhandelspolitik zum Gegenstand hatten, sondern ihre prinzipielle Richtigkeit namentlich in bezug auf

[1] Akte Loc. 5355, Vol. VI, Bl. 42flg.
[2] Ebenda, Bl. 39.
[3] An Grenzzoll nahm der Kurfürst dafür ein:

1767	6556	Taler	20 gr $8^1/_2$ Pfg.
1768	5887	„	8 gr $3^1/_2$ Pfg.
1769	5305	„	1 gr 5 – Pfg.; ebenda, Bl. 62.

[4] Hinweis auf die Landtagsakten 1769, Vol. III, in: Akte Loc. 5355, Vol. VI, Bl. 168flg.
[5] „Ihrer Chur-Fürstl. Durchl. zu Sachßen ... Mandat wegen Aufhebung des Gränz-Zolles von der außerhalb Landes verführenden Wolle. Ergangen de dato Dreßden, den 8. May 1770"; in: Akte Loc. 5355, Vol. VI, Bl. 178.
[6] Ebenda.

die Wollausfuhrverbote anzweifelten und damit die Überleitung zu einer freieren Gestaltung des sächsischen Wollmarktes anbahnten.

So sah man in der „Verweisung" der nicht zur Ausfuhr freigegebenen Wolle in die Städte eine Vergrößerung der Gefahr, daß Aufkäufern die Gelegenheit verschafft werde, Wolle zu erwerben und auszuführen, und man gab zu erwägen, ob ihre „Verführung" in die Städte nicht besser auf solche beschränkt werde, die Wollgewerbe beherbergen.

Der Hauptvertreter solcher fortschrittlichen Gedanken war die Landes-Oeconomie-, Manufactur- und Commercien-Deputation, unter deren Mitgliedern ein starkes und fachlich tüchtiges bürgerliches Element vertreten war. Sie brachte in einem Gutachten vom 13. Juni 1770 zum Ausdruck, daß das Wollausfuhrverbot nicht den gewünschten Erfolg habe.

Der Grund dafür, warum das „Verboth der Woll-Ausfuhre nicht kann befolget werden", lag für sie vor allem in „Armuth und Unvermögen so wohl derer Fabricanten, als derer Cultivateurs in dem erstere keineswegs im Stande sind, sich sogleich bey der Woll-Schur ihr gantzes Woll-Bedürfniß bis zur andern Woll-Schur zu erkaufen, der Cultivateur aber auch viel zu unvermögend ist, denenselben seine Wolle zu borgen, oder solche solange aufzubehalten, bis dieselben ihm selbige nach und nach gegen Zahlung abnehmen können, woraus denn nothwendig dieses erfolgen muß, daß bald nach der Woll-Schur ein Mangel an Wolle entstehet, und der innländische Wollhändler, welcher solche aufgekaufet hat, und bey sich alsdenn die Fabricanten ihres Bedürfnißes erholen müßen, Theuerung damit machet, weil er weiß, daß jene solche nicht entbehren können". Daneben machte sie für sein Versagen den Umstand verantwortlich, daß sich das Ausfuhrverbot nicht auf sämtliche im Lande erzeugte Wolle erstreckte und die Eigentümer solcher Wolle, die nicht ausgeführt werden durfte, „durch die denen Aemtern und Ritter-Guths-Besitzern gegönte Freyheit eyfersüchtig und mißvergnügt gemacht werden, daß sie, um gleichen Gewinnst von ihrer Woll-Cultur mit jenen zu haben, Gelegenheit suchen, ihre Wolle ebenfalls außerhalb Landes, oder wenigstens nach Leipzig oder Naumburg zu verkaufen, wodurch denn ohnfehlbar noch der größte Theil dieser Wolle den dießseitigen Fabricanten entgehet".

Die schlechten Erfahrungen mit Grenzzoll und Ausfuhrverbot veranlaßten die Deputation, den Kurfürsten gleichsam zu beschwören, daß er künftig von weiteren Einengungen des Handelsverkehrs mit Wolle Abstand nehmen möge. In ihrer Stellungnahme kommt zugleich das Bestreben zum Ausdruck, nicht nur den Interessen der Rittergutsbesitzer, sondern auch denen der Manufacturiers und Handwerker gerecht zu werden:

„Nachdem aber die Erfahrung seit dem gewiesen, wie wenig denen Landes-Manufacturen denen es nach wie vor an Kräften zum ohnmittelbaren Einkauf der Wolle gefehlet, mit diesem Impost geholfen gewesen, und wie viel Beschwerde hingegen daraus für die Cultivateurs entstanden, welche sogar zu dem Besorgniß angestiegen, daß die Besitzer der ansehnlichsten Schäfereyen zu Vernachläßigung der Woll-Cultur veranlaßet werden könnten; So verehren wir den von Ew. Churfürstl. Durchl. zu Wiederaufhebung gedachten Imposts gefaßten weisen Entschluß viel zu sehr, als daß wir uns ermächtigen sollten, einige weitere Einschränkung der Freyheit des Verkaufs und der Ausfuhre der Wolle, als schon in alten Gesetzen gegründet, anzurathen".

> Wenn die Eigentümer der Rittergutswolle diese verkaufen könnten, wohin sie wollten – ja sogar ins Ausland –, erscheine es der Deputation umso weniger ratsam, „den Zwang derer übrigen Cultivateurs auf irgend eine Art zu vergrößern, in dem selbige, in Erwägung, daß sie die meiste Last der Abgaben zu tragen haben, wohl billig alle mögliche Begünstigung, so sehr als irgend andere verdienen, und das Gegentheil nur zu mehrern Klagen und Beschwerden, auch wohl zu noch mehrern Contraventionen" Anlaß geben dürfte, „wornach denn auch folglich noch weniger, oder doch kein mehrerer Nuzen von dem quaestionirten Verbote zu erwarten seyn möchte".

Zur Verbesserung der sächsischen Wollversorgung schlug die Deputation dem Kurfürsten in ihrem bereits erwähnten Gutachten vom 13. Juni 1770 vor, anzuordnen, daß die Wolle nicht mehr in die nächstgelegene Stadt gebracht werden müsse, sondern auf jedem privilegierten inländischen Wollmarkt verkauft werden dürfe. Außerdem empfahl sie die Errichtung eines oder mehrerer Wollmagazine nach Berliner Vorbild, wo „der Fabrikant die Wolle kaufen kann, wie er sie braucht, und zwar nicht unter Berechnung eines Zinses, sondern zum Einkaufspreis und allenfalls mit einem Zuschlag von 1 g auf jeden Thaler"[1].

Nach den Mandaten von 1765 und 1770 war den sächsischen Rittergutsbesitzern die Ausfuhr ihrer Wolle in die Böhmischen und Oesterreichischen Lande deshalb untersagt, weil diese deren Verkauf nach Sachsen gesperrt hatten. Böhmen gab jedoch die Wollausfuhr wieder frei[2], was zur Folge hatte, daß der Kurfürst „mittelst Mandats vom 24sten October 1776"[3] die nach Böhmen ebenfalls wieder erlaubte, sie aber mit einer Ausgangsabgabe von 9 Groschen, 6 Pfennigen auf den Stein belastete. Für die in andere Lande außer nach Preußen gehende Wolle – wohin die Ausfuhr nach wie vor verboten blieb – wurde der Ausgangsimpost durch das Generale vom 1. November 1788 um die Hälfte auf 3 Groschen pro Stein herabgesetzt[4]. Als die Landes-Oeconomie-, Manufactur- und Commercien-Deputation dem Kurfürsten am 4. November 1801 vorschlug, zur Abwehr der erneuten starken Wollausfuhr die Ausgangsabgabe auf einen Taler vom Stein zu erhöhen, bis „ein erhebliches Fallen der Wollpreise oder sonst eine die Wiederherabsetzung der

[1] Für das Berliner Wollmagazin, das im Rathaus untergebracht war, stellte der König von Preußen jährlich ein Kapital von 10000 Talern zur Verfügung. Jeder „Fabrikant" gab seinen Wollbedarf an, der vom Magazin im Sommer nach der Schur, wenn die Wolle am billigsten war, eingekauft und im Rathaus deponiert wurde. Die Abholung durch die „Fabrikanten" erfolgte ratenweise gegen Barzahlung. Die Manufacturiers und Handwerker zahlten auf diese Weise nur 4 g mehr, als der Einkaufpreis betrug, und ersparten so 2 Taler und mehr. Von den Zinsen, die 3 bis 4 Prozent betrugen, bestritt das Magazin seine Verwaltungskosten; siehe Akte Loc. 5355, Vol. VI, Bl. 205–214.

[2] Akte Loc. 5355, Vol. VII, Bl. 120, 121, 131.

[3] Ohne Angabe des Verfassers, „Ist die sächsische Wollmanufaktur ihrem Verderben nahe? – Beantwortet in Hinsicht auf die seit dem Jahre 1583 erschienenen Landesgesetze und die im Sörgel'schen Memorial an Sr. Churfürstl. Durchl. zu Sachsen enthaltenen Behauptungen". Pirna/Dresden, ohne Jahresangabe [nach 1801], S. 27 u. 28; „Erwiderung auf die Schrift des Pastors M. Ernst August Sörgel: Memorial an Se. Churfürstliche Durchlaucht von Sachsen in Betreff auf das dem Verderben nahen Manufactur- und Handelswesens". Gera 1801.

[4] Ebenda.

erhöhten Ausgangs Abgabe rathsam und nöthig machende Veränderung der bisherigen Umstände sich ereignen sollte", und sogar die Ausdehnung des Ausfuhrverbotes auf alle Wolle gefordert wurde[1], lehnte dieser die Zollerhöhung wie die verschärfte Drosselung der Wollausfuhr ab. Er trat statt dessen einem Vorschlag der Landesregierung näher, der „die Einfuhre der ausländischen Wolle bis zur nächsten Wollschur durch Befreiung von allen Eingangs-Abgaben an Chaußée, Gleite und sonst auf alle Art" begünstigt wissen wollte und ließ keinen Zweifel darüber, daß ihm eine nochmalige öffentliche Mahnung, die Ausfuhrverbote einzuhalten, nicht zusage[2]. In dieser Haltung des Kurfürsten wurde der prinzipielle Wandel sichtbar, der sich in den Auffassungen darüber vollzogen hatte, wie dem Wollmangel in Sachsen abgeholfen werden könne. Die Erleichterungen, die der Plan der Aufhebung der Eingangsabgaben von der ausländischen Wolle vorsah, waren im Vergleich zu den ihnen vorausgegangenen nicht allzu beträchtlich.

Das Generale vom 20. August 1796 hatte beispielsweise die Befreiung der ausländischen Wolle von allen Land-Accis-Abgaben gebracht[3].

Immerhin war der Anreiz, mehr Wolle als bisher nach Sachsen einzuführen, von da an gegeben, als der Kurfürst den vorerwähnten Plan zwar nicht generell annahm, aber zuließ, daß die Handelsaccise von 6 Pfg. vom Taler wegfiel und bloß der „Fabrik-Saz" von 6 bzw. 3 Pfg. pro Stein erhoben wurde, wenn die ausländische Wolle zum freien Verkauf „nach einzelnen hiesigen Fabrikorten" ging[4].

Der vorstehende historische Überblick läßt erkennen, daß sich der sächsische Staat auf einem für das Land besonders bedeutungsvollen Gebiet drei Jahrhunderte lang anstrengte, die heimischen Produktivkräfte durch das Instrument des Ausfuhrverbots zu entwickeln. Trotz vieler Übertretungen und der durch feudale Klasseninteressen oft durchkreuzten Absichten haben die Wollausfuhrverbote diesen Zweck ohne Zweifel gefördert. Mit ihrer Aufhebung und den an ihre Stelle tretenden mäßigen Imposten wurde der allmähliche Übergang zu jener freieren Gestaltung des zwischenstaatlichen Verkehrs mit Wolle angebahnt, der eine Voraussetzung für die spätere Entwicklung des sächsischen Textilgewerbes zur Exportindustrie von Weltgeltung darstellte.

Im Rahmen dieser Untersuchung kann selbstverständlich keine vollständige Geschichte der sächsischen Ausfuhrverbote gegeben werden. Neben der zeitlich weiter zurückreichenden Darstellung der die Manufakturentwicklung besonders stark beeinflussenden Wollausfuhrverbote soll die staatliche Initiative in Bezug auf die Zurückhaltung anderer Rohstoffe im Lande deshalb nur soweit Erwähnung finden, als diese in die Blütezeit der Manufakturen fallen[5].

[1] Acta, „Die Ausführung und Impostirung der Wolle betr.", De ao 1801; LHA, Loc. 5444, Vol. X, Bl. 13.
[2] Akte Loc. 5444, Vol. X, Bl. 122; Vol. XI, Bl. 187.
[3] Mandatensammlung des LHA, Jahrg. 1796.
[4] Akte Loc. 5444, Vol. XI, Bl. 187.
[5] Von früheren Regelungen seien nur erwähnt: das „Verbot Churf. Johann Georgens des I. zu Sachsen des Vor- und Auffkauffs der Kalb-, Schaaffs- und Bock-Felle, auch solche nicht aus dem Lande zu führen, it. wegen des Weiß- und Sehmisch-Gerber-

So wurde im Jahre 1708 die Ausfuhr des Hopfens[1] und im Jahre 1729 die des Kaolins verboten, der weißen bei Aue vorkommenden Erde, aus der Böttger in der Meißner Manufaktur Porzellan herstellen ließ. 1745 machte sich eine Erneuerung dieses Verbots notwendig[2], das nicht nur, um einem Mangel an Kaolin für die inländische Porzellanherstellung vorzubeugen, sondern auch mit Rücksicht auf die Abwehr der ausländischen Konkurrenz ausgesprochen worden war.
Unterm 21. Juli 1763 erfolgte ein Verbot der Ausfuhr des Flachses im Gebirge, das allerdings – wie die Landes-Oeconomie-, Manufactur- und Commercien-Deputation[3] berichtet – fast allgemein zu Klagen Anlaß gab. Die erzgebirgischen Flachsbauer waren deshalb damit unzufrieden, weil der örtliche Markt ihnen infolge „ermangelnder Spinnerei" keinen Ausgleich für den Exportausfall bot und eine Versendung in andere Gegenden Sachsens, für deren Zeug- und Leineweber gleichzeitig Mangel an Flachs und Garn bestand[4], aus nicht angegebenen Gründen unterblieb. Damit war ähnlich wie bei der Wolle die Gefahr heraufbeschworen, daß die Flachsbauer ihre Kulturen aufgaben. Da die Ausfuhr des Flachses trotz der Sperre anhielt, und auf dem sogenannten Teich-Vorwerk bei Rückerswalde eine ordentliche Niederlage deswegen unterhalten und der Flachs von da nicht allein nach Böhmen, sondern sogar nach Schlesien ausgeführt wurde, entschloß sich das „Geheime Concilium" nach dem zweiten Hauptbericht des Landes-Oeconomie-, Manufactur- und Commercien-Deputation auf das Jahr 1765 zur Aufhebung des Ausfuhrverbots[5].
1765 wurde die Ausfuhr des Henningslebener Frauenglases untersagt und 1783 ein Mandat erlassen, das im Interesse der sächsischen Papierbereitung bei Strafe der Konfiskation die Ausfuhr von Hadern verbot[6].
Groß war die Zahl der Anträge, die namentlich in der zweiten Hälfte des 18. Jahrhunderts wegen Errichtung von Ausfuhrverboten beim „Geheimen Concilium" und der Landes-Oeconomie-, Manufactur- und Commercien-Deputation eingingen.

Die Ober-Amtsregierung zu Lübben schlug beispielsweise ein Verbot der Ausfuhr des Hopfens vor[7].

Handwercks, den 20. Novemb. anno 1627" (Cod. Aug. I, p. 1505); „Befehl Churf. Johann Georgens des I. zu Sachsen, daß keine Potasche aus dem Lande geführet
1 werden solle, den 4. Febr. Ann. 1650" (Cod. Aug. I, p. 1519).
„Befehl, daß kein Hopffe aus dem Lande geführet werden solle, den 12. Dec. An.
2 1708" (Cod. Aug. I, p. 1751).
3 Festschrift, S. 122.
Akte, Landes-Oeconomie-, Manufactur- und Commercien-Deputation, Loc. 5356,
4 Vol. I, Bl. 135.
So machte die Landes-Oeconomie-, Manufactur- und Commercien-Deputation den Rat der Stadt Zittau darauf aufmerksam, daß die dortigen Leinenhändler, die den Rückgang ihres Gewerbes auf den Flachsmangel in der Oberlausitz schoben, diesen Rohstoff im „Gebirgischen Kreis" kaufen könnten, in dem Überfluß daran bestände.
5 Acta, „Das Mandat wegen zu verbiethender Ausfuhre der rohen Felle und Häute, der Haare, des Horns, Flachses, Hanfes und der Haderlumpen, betr.", Anno 1764.65 bis 1800; LHA, Loc. 5359, Bl. 6–10.
6 Falke, Geschichte, S. 352.
7 Akte, Landes-Oeconomie-, Manufactur- und Commercien-Deputation, Loc. 5356, Vol. I, Bl. 86.

Der Landes-Hauptmann Graf von Solms stellte den Antrag, die Ausfuhr der Waldenburger Erde zu verbieten, „weil selbige zu Retorten zum Vitriol-Brennen ganz unentbehrlich und dadurch das Wegziehen der VitriolBrenner verhindert werden könnte“[1].

Der Gerber Seyfert zu Naumburg suchte darum nach, „daß dem Schlächter Freytag beim Schulen-Amt Pforte die bisher getriebene Ausfuhr seiner Viehhäute ins Gothaische wegen deshalb entstehenden Mangels und Theuerung untersagt werden möchte“[2].

Der Manufacturier Malvieux bat „zu Begünstigung der von ihm angelegten feinen Handschuh-Manufactur“ um ein Verbot der Ausfuhr von Zickelfellen; ein weiterer Vorschlag betraf die Impostirung der Zickelfelle à 1 g pro Stück, die am 20. September 1765 angeordnet wurde.[3]

Malvieux ließ in seiner Manufaktur in Dresden[4] die Felle selbst zubereiten. Sein jährlicher Bedarf daran betrug 70–80000 Stück, den er teilweise in Frankfurt/Oder und Hamburg deckte, während, wie er 1766 schrieb, gleichzeitig „große Portion außer Landes gesendet würden“, obwohl der Verkauf von Fellen und Häuten dahin bereits durch das Mandat vom 16. Juni 1670 verboten und diese Reglung am 21. Jan. 1749 und 3. Juni 1750 erneut eingeschärft worden war[5]. Er suchte deshalb um das Recht nach, die Felle im Lande aufkaufen zu dürfen.

Wenn sich der sächsische Staat – wie ein späterer Abschnitt dieser Untersuchung über „Die Abschöpfung des Mehrwerts“ dartun wird – in jener Zeit auch durchaus als Anhänger der Prinzipien des Merkantilsystems zeigte, nach dem Losungswort „Handelsbilanz“[6] verfuhr und sich somit durchaus bewußt war, daß „der Reichthum eines Staats noch weit mehr befördert wird, wenn die im Lande gewonnene rohen Materialia durch geschickte Fabricanten und Manufacturisten bis zu ihrer letzten Vollkommenheit verarbeitet werden“[7], so fällt doch immer wieder auf, wie zurückhaltend sich die Staatsorgane bei der Beurteilung beantragter Ausfuhrverbote verhielten. Von ihnen verfielen nicht wenige der Ablehnung, wenn sich eine andere Möglichkeit zeigte, das in vielen der Anträge zum Ausdruck kommende berechtigte Schutzbedürfnis der sächsischen Wirtschaft zu befriedigen. Ohne Zweifel lag die wesentlichste Triebkraft für eine solche Politik in der Furcht vor Gegenmaßnahmen der durch die Verbote benachteiligten Länder. Das vom Siebenjährigen Krieg geschwächte und um den Wiederaufbau seiner Wirtschaft besorgte Sachsen mußte mit seinen Nachbarn in gutem Einvernehmen leben. Kriegswirren in und außerhalb des Landes und alle damit verbundenen Handelserschwerungen hatten zur Genüge die Anfälligkeit der auf Export angewiesenen sächsischen Manu-

[1] Akte, Landes-Oeconomie-, Manufactur- und Commercien-Deputation, Loc. 5356, Vol. I, Bl. 127, 128.

[2] Ebenda, Bl. 135.

[3] Ebenda, Bl. 135, 136; siehe auch Akte Loc. 5359, Bl. 26, 82.

[4] „Extract aus der Meß-Relation von der Leipziger Michaelis-Meße 1766“, in Akte Loc. 5359.

[5] „Verordnung Herrn Friederici Augusti, Königs in Pohlen ... Chur-Fürstens zu Sachsen ... wegen der, dem Mandate vom 16. Junii, 1670. entgegenlaufenden Verkauffung derer Häute und Felle außerhalb Landes; den 3. Junii 1750“; in Akte Loc. 5359.

[6] Marx, Bd. I, S. 149 u. 150.

[7] Akte, Landes-Oeconomie-, Manufactur- und Commercien-Deputation, Loc. 5356, Vol. I, Bl. 91.

fakturen und sonstigen Gewerbebetriebe erwiesen. Der so wirksame ökonomische Zwang zu einer freieren Gestaltung der Außenhandelsbeziehungen ließ gerade in Sachsen zeitiger und stärker als in anderen Ländern das Verlangen nach einem völlig ungehemmten Austausch von Rohstoffen,Halbfabrikaten und Fertigwaren aufkommen, dessen Befriedigung für die im ersten Drittel des 19. Jahrhunderts immer mehr zur Großproduktion übergehenden Manufakturen und Fabrikbetriebe lebensnotwendig war.

b) Einfuhr- und Beschaffungserleichterungen (einschließlich Garnaufkaufverbote und Reglementierung des Dorfhandels)

In ihrem ersten Hauptbericht auf das Jahr 1764 kennzeichnet es die Landes-Oeconomie-, Manufactur- und Commercien-Deputation als vordringliche Aufgabe der sächsischen Außenhandelspolitik, außer der „Verwehrung des Ausgangs derer vor die inländischen Manufacturen dienlichen rohen Materialien und Materiatorum ..., die Einführung der ausländischen rohen Materialien zu erleichtern ..."[1], wobei sie „den rohen Materialien diejenigen ausländischen bereits bearbeiteten Waaren" gleichstellte, „die zur Erlangung der letzten Adpretur, zur Gewinnung der „zweiten main d'ouvre" in hiesige Lande eingehen". Ihrem Bezug standen eine Reihe von Erschwerungen entgegen, die zum größten Teil aus der Art des sächsischen Abgabensystems herrührten und sich nicht nur auf die Beschaffung von Rohstoffen und Halbfabrikaten, sondern auch auf den Handel mit Fertigwaren erstreckten. Von alters her wurden in Sachsen wie im übrigen Deutschland auch Zölle und Geleite erhoben, deren Berechtigung sich aus dem Aufwand herleitete, „welchen der kostbare Straßenbau und die Erhaltung der Sicherheit und Bequemlichkeit, auf den Heer- und Land-Straßen erfordern"[2]. Hunger, der bedeutende sächsische Finanzschriftsteller aus der zweiten Hälfte des 18. Jahrhunderts, schreibt über den volkswirtschaftlichen Nutzen dieser Abgaben:

> „... wenn sie mit Einsicht in den Gang des Handels, mit sorgfältiger Erwägung der Lokal-Umstände, mit kluger Moderation angelegt, und im genauesten Verhältniß gegen die Zölle benachbarter Staaten, in sofern diese nicht zu hoch gespannt sind, abgemessen; wenn die Rollen öffentlich bekannt gemacht, und die Einnehmer unter scharfer Aufsicht gehalten werden, damit sie in keinem Falle von dem Buchstaben abweichen und die Kontribuenten nach Willkühr behandeln; so wird ihr Einfluß so wenig nachtheilig seyn, daß viel mehr ein weiser Finanz-Minister, vermittelst desselben, dem Handel eine zweckmäßige Richtung, so wie den Produkten und Fabrikaten des Landes einen bestimmten Vorzug geben kann".

Die sächsische Finanzpraxis hatte sich jedoch, durch einseitige fiskalische Interessen veranlaßt, von einer solchen einsichtigen Handhabung der Abgabenfestsetzung weit entfernt. Hunger führt für die zweite Hälfte des 18. Jahrhunderts, die Zeit des höchsten Standes der Manufakturen in Sachsen, beträchtliche Klagen über

[1] Akte, Landes-Oeconomie-, Manufactur- und Commercien-Deputation, Loc. 5356, Vol. I, Bl. 60, 61.
[2] Hunger, S. 21.

die große Zahl, Höhe und Uneinheitlichkeit der erhobenen Zölle und Geleite, die sich nachteilig auf die Entwicklung der sächsischen Produktivkräfte auswirkten.

So gab es im Kurfürstentum Sachsen und den dazu gehörigen Landen 1790 36 Heer- und Hauptstraßen, auf denen „Gleit und Zoll" entrichtet werden mußte[1]. Alle anderen Straßen waren verboten und nur, wenn die umfahrenen Zölle „nacherlegt" wurden, durften manche von ihnen benutzt werden. War dies nicht der Fall, so drohte die Konfiskation von Pferden und Wagen[2].
Hinzu kam, daß die Verzollung selbst auf ein und derselben Straße, im gleichen Kreis und Amt, völlig unterschiedlich gehandhabt wurde und sich bald nach der Anzahl der Pferde oder nach den Wagen, bald nach dem Wert oder Gewicht der Waren, bald aber auch nach beiden richtete.

Hunger setzte sich deshalb für ein auf der Grundlage der Pferdezahl basierendes Zoll- und Geleitsystem ein, das für den Verkehr mit Luxuswaren durch die Erhebung von besonderen „Gränz-Imposten"[3] ergänzt werden sollte. Die Manufakturperiode brachte es jedoch trotz der großen Hemmungen, die von der Vielzahl an Zöllen und Geleiten auf die Rohstoffversorgung des Landes und den Austausch mit Halb- und Fertigfabrikaten ausgingen, noch zu keiner tiefgreifenden Reform der Zollerhebung. Für eine Änderung auf diesem Gebiete waren einmal die fiskalischen Interessen der zahlreichen Gebietskörperschaften noch zu stark und zum anderen die politische Stellung der Manufacturiers und der mit Manufakturwaren handelnden Kaufleute zu schwach, als daß noch im 18. Jahrhundert die bereits notwendig gewordenen Erleichterungen im inner- und zwischenstaatlichen Warenaustausch hätten erzwungen werden können. Die Vorteile des 1834 ins Leben getretenen Zollvereins kamen in der Hauptsache schon nicht mehr den sächsischen Manufakturen, sondern der aufblühenden Fabrikindustrie zugute.
Außer den Zöllen und Geleiten waren in Sachsen von alters her Konsumtionsabgaben üblich; ihre Erhebung wirkte sich im ungünstigen Sinne oftmals derartig einschneidend und nachhaltig auf das Wachstum der gewerblichen Produktivkräfte und nicht zuletzt auf die landesherrlichen und kommunalen Revenuen aus, daß ihre Gestaltung Gegenstand häufiger Reformen wurde.
Hunger, auf dessen „Denkwürdigkeiten"[4] sich die nachfolgende Darstellung dieser Konsumtionsabgaben hauptsächlich stützt, erwähnt als erste derartige Abgabe in Sachsen die „Ziese"[5], die 1438 zur Bezahlung der Folgen der Hussitenkriege eingeführt, im Laufe weniger Jahre so ausgedehnt wurde, „daß alle fremde und einheimische Kaufmannsgüter, nebst dem gebraueten Bier, solche tragen, auch alle Handwerker, als Schuster, Sattler, Riemer, Wollweber ... den 30sten Pfennig der Lösung erlegen mußten"[6]. Doch scheint die Belastung durch diese Konsumtionsabgabe nicht so drückend gewesen zu sein wie die der direkten Steuern jener Zeit[7].

[1] Hunger, S. 25.
[2] Ebenda, S. 29.
[3] Ebenda, S. 24.
[4] Ebenda.
[5] Ebenda, S. 59.
[6] Ebenda, S. 60.
[7] Ebenda, S. 61.

Im 17. Jahrhundert stiegen, wie Hunger berichtet[1], mit den Bedürfnissen des Staates auch die Abgaben, „besonders die Konsumtions- und Handels-Abgaben". So wurden 1615 „auf in- und ausländische Waaren, besonders auf diejenigen welche nach Leipzig und von dar weiter giengen, eine extraordinäre Kammer-Abgabe gelegt" und 1641, angeblich, „um den Unterthanen in den schweren Kriegsläuften Erleichterung bey der ihnen hart angelegten Kontributions-Last zu verschaffen, die Land-Accise eingeführt"[2]. Dieser Landaccise brachten von Anfang an die am Aufblühen des sächsischen Handels und Gewerbes interessierten Kreise eine so scharfe Kritik entgegen, daß der Kurfürst Johann Georg I. sie 1653 mit Zustimmung der Städte durch ein auf die Steuerschocke repartiertes Äquivalent von 60000 Talern ersetzen wollte, jedoch dabei am Widerstand der Ritterschaft als der handels- und damit fortschrittfeindlichsten Klasse des Landes scheiterte[3]. 1657 protestierte in Dresden die Hanse gegen die Einführung der Landaccise und erreichte, daß 1658 „in Ansehung derer die Leipziger Messen besuchenden fremden Kaufleute, zu wechselseitiger Beförderung des Handels ein billiges Abkommen getroffen, hierdurch aber den Beschwerden der Hansee-Städte abhelfliche Maaße gegeben ..."[4]. 1670 wurde die Landaccise wieder abgeschafft, da „ihr schädlicher Einfluß auf den gesammten Nahrungsstand", der anfangs infolge einer günstigen Konkurrenzlage der sächsischen Manufakturen nicht ins Gewicht fiel, sich immer stärker bemerkbar machte. Im Laufe des letzten Drittels des 17. Jahrhunderts waren nämlich von den Sachsen benachbarten Reichsländern wie auch von verschiedenen großen Staaten außerhalb Deutschlands einige, die vordem keine eigenen Manufakturen oder nur solche in ungenügender Zahl unterhalten hatten, zu einer starken Eigenproduktion übergegangen. Die Folge war, daß dem Vertrieb der sächsischen Manufakturwaren, dem vordem nur selten ein Einfuhrverbot entgegenstand, plötzlich eine starke ausländische Konkurrenz begegnete. Trotz dieser veränderten Situation führte man 1682 die Landaccise wieder ein und dehnte sie in der Folgezeit sogar noch auf weitere Waren aus, obwohl die Stände 1683 „beträchtliche Abnahme des inländischen Gewerbes, und selbst Auswanderung der Unterthanen davon" befürchteten und die Anschaffung der Abgabe forderten[5].

Die Erhebung der Landaccise war anfangs denkbar einfach; „ein einziger allgemeiner Satz an drey Pfennigen vom Thaler, war nach der ursprünglichen Einrichtung der ganze Tarif"[6]. Später stellten sich Mißstände ein wie Willkür bei der Schätzung der Waren und Überschreitung der in den Mandaten von 1670 und 1682 festgelegten Sätze sowie Neueinführung verschiedener Kammerimposten bei einzelnen Warenarten, die 1717 von einer Kommission erörtert, aber erst 1769 behoben worden sind[7]. In diesem Jahre fielen „die unter der Administra-

[1] Hunger, S. 94.
[2] Ebenda, S. 94, 95.
[3] Ebenda, S. 97, 98.
[4] Ebenda, S. 97.
[5] Ebenda, S. 107, 108.
[6] Ebenda, S. 98.
[7] Ebenda, S. 99.

tion angelegten gemeinschädlichen Imposten“ weg. Die Reformbemühungen um die Landaccise wurden von da an solange fortgesetzt, bis am 1. Januar 1789 „die neue Land-Accis-Ordnung von inländischen Waaren“ erlassen werden konnte[1]. Mit ihr war eine der bisher größten Schwierigkeiten, über die sich die Stände in allen Landesversammlungen und die Kaufleute, Manufacturiers und „Gewerbe treibenden Unterthanen“ seit Erlaß des Mandats von 1682 immer wieder beklagt hatten: die mehrmalige Veraccisierung ein und derselben Sache, mit einem Male beseitigt. Es wurde festgelegt, „daß die Land-Accise in der Ordnung nur einmal entrichtet werden, und nur in dem Falle, wenn eine bey dem ersten Kauf, oder Tausch, von dem Verkäufer oder ersten Käufer einmal vergebene Sache, durch den zweiten Kauf, oder Tausch, in eine andere dabey Gewinn durch weitern Handel, ohne weitere vorhergegangene Bearbeitung suchende Hand gelangt, nicht aber, wenn sie von dieser Hand weiter in die dritte, vierte ... kommt, eine nochmalige Vernehmung statt finden solle“[2].

Weiter wurden durch die neue Land-Accis-Ordnung von 1789 „zu Begünstigung der Manufakturen die ohnentbehrlichsten Materialien, so wie eine Menge vorzüglich wichtige Artikel der ersten Nothwendigkeit, sowohl zum Handel, als Privatgebrauch, mit der Land-Accise verschonet, und überhaupt alle vorherige Befreiungen viel weiter ausgedehnet ...“[3].

Die Zölle und Geleite sowie die Landaccise waren aber nicht die einzigen, den Betrieb der Manufakturen belastenden Abgaben. Kriegsfolgen, schlechte Verwaltung, fürstliche Verschwendungssucht und das kostspielige Verlangen der sächsischen Dynastie nach der polnischen Königswürde ließen nach einer neuen ergiebigen Steuerquelle suchen, die man nach brandenburgischem Vorbild in der „General-Konsumtions-Accise“[4] gefunden zu haben glaubte und 1701 erstmalig probeweise in den Städten und Dörfern der Grafschaft Mansfeld einführte. 1702 folgten die Städte Zwickau, Torgau, Oschatz, Meißen, Wurzen, Eilenburg, Großenhain und mehrere andere freiwillig[5], 1703 fand sie Eingang in den amtsässigen Städten[6], während die Flecken und Dörfer wegen ihrer ohnehin schon beträchtlichen Belastung mit „Ordinären Schock- und Quatember-Steuern“[7] davon befreit blieben; ab 1705 wurde sie in den beiden Markgraftümern Ober- und Niederlausitz und im Thüringer Landesteil des Herzogs von Weißenfels erhoben[8].

Die Generalkonsumtionsaccise beruhte auf dem Grundsatz, daß niemand von ihr befreit war. Entrichtet werden mußte sie beim Eingang der Waren in accisbare Städte[9]

[1] Hunger, S. 101.
[2] Ebenda, S. 103.
[3] Ebenda.
[4] Ebenda, S. 140 u. 141.
[5] Ebenda, S. 142.
[6] Ebenda, S. 145.
[7] Ebenda.
[8] Ebenda, S. 146.
[9] Die Accisordnung und die allgemeinen Regeln der Accise wurden 1707 gedruckt. Ihr 5. Kapitel handelte von „Materialien, Manufactur- und Kaufmannswaaren“, das 8. von „Künstlern, Handwerkern und Tagelöhnern“; ebenda, S. 149, 150.

Da das Land, wie oben erwähnt, von ihr verschont blieb, war damit zu rechnen, „daß Handel und Gewerbe die mit dieser Abgabe beschwerten Städte verlassen, und aufs flache Land ziehen, hierdurch aber auf der einen Seite die Stadt-Nahrung zu Grunde gehen, auf der anderen hingegen der Ackerbau vernachlässiget werden dürfte"[1]. Um dieser Gefahr von Anfang an vorzubeugen, machte man noch vor Erlaß der General-Konsumtions-Ordnung im Jahre 1705 die „Dorf-Accis-Ordnung"[2] bekannt, nach der „die ganze Konsumtion des Landmanns, dessen Nahrung und Wirthschafts-Verkauf völlig und ohne alle Einschränkung" von der Konsumtionsaccise frei blieb, „allein aller Handel in der ersten Hand, alles den Städten zukommende Gewerbe, alle Fabrikatur ... entweder beim Er- oder Verkauf mit Handlungs-Accise belegt" wurde[3].
Die Notwendigkeit zur Einräumung von Einfuhr- und Beschaffungserleichterungen war nicht zu allen Zeiten gleich stark. Es gab im Sachsen des 18. Jahrhunderts Perioden, in denen wie 1730–1740 dem zwischenstaatlichen Handel wenig Schwierigkeiten im Wege lagen und von den Nachbarländern weder die Ausfuhr der Wolle noch die Einfuhr der daraus gefertigten Waren verboten war. Dies hatte, wie Hunger berichtet[4], zur Folge, daß sich beispielsweise die sächsischen wie auch die brandenburgischen Wollgewerbebetriebe in dem „blühendsten Zustand" befanden. Die für beide Länder günstige Situation ging jedoch mit der Regierungsübernahme durch Friedrich II. zu Ende, und in Sachsen fand man scharfe Worte der Verurteilung für den von ihm eingeschlagenen Handelskurs. So schrieb Hunger:

> „Alles räumte er [Friedrich II.] dem Handel ein, alles ohne Ausnahme, nur nicht Freiheit.
> Die Verbote und monopolischen Anstalten, welche vom ersten Anbeginn seiner Regierung statt fanden, worunter seine Unterthanen bis an seinen Tod schmachteten, haben dem Handel beider Nationen gleichen Schaden gethan"[5].

Die nun folgenden Jahrzehnte standen, obgleich der Aufwärtsentwicklung der sächsischen Manufakturen in dieser Zeit eine freiheitlichere Gestaltung der Außenhandelsbeziehungen, eine leichtere Beschaffung der erforderlichen Rohstoffe und ein größerer Auslandsabsatz notgetan hätten, völlig im Zeichen der Auffassung, durch gegenseitiges Übervorteilen und Abkapseln, durch Ein- und Ausfuhrverbote sowie Zollschranken die heimischen Produktivkräfte und damit zugleich die landesherrlichen Revenuen am besten entwickeln zu können.

> So führte 1749 der Premierminister Graf Brühl auf verschiedene Waren höhere Imposten ein, die aber zur Folge hatten, daß der Warenverkehr und damit die Acciseinkünfte zurückgingen[6]. Sie wurden daraufhin 1755 an den Grafen Bolza verpachtet[7].

[1] Hunger, S. 146, 147.
[2] Ebenda, S. 147.
[3] Ebenda.
[4] Ebenda, S. 155, 156.
[5] Ebenda, S. 156.
[6] Ebenda, S. 158.
[7] Ebenda, S. 162.

1765 verbot Sachsen die Einfuhr österreichischer und brandenburgischer Konsumwaren[1], 1767 belegte es „die meisten ausländischen Waaren und Feilschaften" mit einem starken Zoll, um die Mittel zur Wiederherstellung der Armee zu gewinnen[2].

Eine Änderung dieser Handelspolitik wurde im Jahre 1767 eingeleitet, als sich ihre Auswirkungen immer deutlicher darin zeigten, daß „der Vertrieb inländischer Fabrik-Waaren von Tage zu Tage schwächer" wurde, „ein großer Theil des vortheilhaftesten Oekonomie-Spedition- und Baratto-Handels ... verlohren" ging, und „sowol bey den General-Accis-Einkünften, als bey den übrigen Finanz-Zweigen ... sich ein merklicher Fall ereignete, welcher durch die immer mehr überhand nehmende Kontrebande von Tage zu Tage vergrößert ward"[3]. Eine eigens dafür eingesetzte staatliche Untersuchungskommission stellte u. a. fest, daß die vorerwähnten Imposten „den nachtheiligsten Einflus auf den grossen Materialingleichen auf den Oekonomie- und Grosso-Handel" Sachsens gehabt hatten[4]. Damit bestätigten sich zugleich die zahlreichen Klagen, die besonders eindrucksvoll für das „Geheime Consilium" namentlich von den „Verlegern der Langensalzaer Rasch-Manufaktur" und dem Crimmitschauer Kaufmann Seyferth über die zu hohen sächsischen Abgaben vorgebracht worden waren.

Die Verleger versicherten, daß sie die Konkurrenz der Mühlhausener und Eisenacher unmöglich länger aushalten könnten, „woferne ihnen nicht, sonderlich in Ansehung der Accis-Abgaben von denen zur Manufactur benöthigten Materialien, eine Erleichterung und Befreyung angedeihe"[5]. Seyferth gab an, daß „die Abgaben von denen Fabricatis wenigstens 3. pro Cent ausmachten, welche also der Kaufmann von seinem Abnehmer wieder zu gewinnen suchen müste". Zum Beweis dessen führte er an, daß von der Wolle „beym Einkauf in Dahme 1. pro Cent, bey dem Eingang in Crimmitschau 1/2. pro Cent, wenn sie an den Fabricanten gegeben wird, abermals 1/2. Cent, und wenn die Waare fertig, noch 1. pro Cent gegeben werden müße"[6]. Wenn diese Abgaben nach der Ansicht Seyferths nur „auf die Helfte herabgesetzt werden könten", würde sich „das innländische Commercium ... aller übrigen Hinderniße ohngeachtet, noch ... souteniren können" und selbst „die Landesherrlichen Caßen" hätten „dabey ganz keinen Schaden" zu leiden, sondern dürften „durch die Vervielfältigung der Waaren und stärkeren Abzug derselben, eher gewinnen ..."[7].

Der Handel mit Wolle und Wollgarn war durch die Verzollung allein um 27.216 Stein gefallen, was für die sächsischen „Woll-Manufacturen" einen Verlust von über 136.000 Talern bedeutete[8]. Das Ergebnis dieser Untersuchung bewog den Kurfürsten, die Imposten am 14. September 1769 aufzuheben[9] und lediglich einige erhöhte Sätze auf solche Produkte, die auch in Sachsen konkurrenzfähig vorhan-

[1] Hunger, S. 178.
[2] Ebenda, S. 179.
[3] Ebenda.
[4] Ebenda, S. 193.
[5] Acta, „Die Accis-Abgaben von denen zu den Manufacturen benöthigten Materialien betr.", Anno 1768; LHA, Loc. 5364; Extract aus der „Meß-Relation" von der Leipziger Oster-Messe 1768.
[6] Ebenda.
[7] Ebenda.
[8] Hunger, S. 196, 197.
[9] Ebenda, S. 198.

den waren, und auf Luxuswaren beizubehalten. Erleichterungen wurden in diesem Zusammenhang namentlich bei der Versorgung des Landes mit Tabak gewährt[1]. War der Landesherr an einer Produktion persönlich, fiskalisch oder allgemein-wirtschaftlich besonders interessiert, so konnte die Einräumung von Beschaffungserleichterungen bis zur völligen Befreiung von allen Abgaben gehen.

Der Befehl Augusts des Starken vom 14. Januar 1710 erließ der Porzellanmanufaktur Meißen beispielsweise Accise, Zoll und Geleite für „die zur Porzellanfabrikation erforderlichen Materialien aller Art"[2].

Ebenso erwähnt der erste Hauptbericht der Landes-Oeconomie-, Manufactur- und Commercien-Deputation vom Jahre 1764 die gänzliche Befreiung der durch griechische Kaufleute in Chemnitz eingeführten Baumwolle von Imposten, sofern diese an inländische baumwollverarbeitende Betriebe verkauft wurden.

Die bereits an anderer Stelle geschilderten, sich im Laufe der Jahrhunderte wiederholenden zahllosen Klagen über den Mangel an Wolle und Garn für die städtischen Gewerbe führten zeitig zu gesetzlichen Reglungen, durch die deren Versorgung mit diesen Rohstoffen garantiert werden sollte. Betroffen wurde davon anfangs nur der Ankauf zum Zwecke der Ausfuhr, später der Aufkauf allgemein.

Marperger erwähnt in seinem Abriß[3] das Garn-Mandat vom 16. Juni 1696, in dem bestimmt war, daß „das von frembden Garn-Aufkäuffern erhandelte Garn weggenommen, und die Ubertreter" bestraft werden sollen.

In § 18 der am 29. April 1735 für die Commercien-Deputation erlassenen „Instruction" bringt Friedrich August die Bestimmungen der Landes- und Polizeiordnung sowie des „geschärfften Mandatis" in Erinnerung, wonach neben den „Stöhrern" und der „Pfuscherey" in verschiedenen Handwerken und allerhand bürgerlicher Hantierung „das schädliche Hausiren, auch Vor- und Auffkauf deren Garne und Wolle, ungebührl. Complotts und directe oder per indirectum getriebene Monopolia, Mißbrauch und Verfälschung derer Stempel sogar auf dem Lande, oder auch deren Anmassung von solchen Persohnen, welchen dieses am wenigsten zukommt, heimlicher Dorf-Handel, auch wohl in Lieferung außer Landes ..." verboten war[4].

Das Generale vom 17. September 1763 schränkte zum Besten der sächsischen Manufacturiers den inländischen Garnhandel dahin ein, daß:

1. alle Garne in die Orte gebracht werden mußten, die Marktrecht hatten,
2. den Zeug- und Leinewebern der Vorkauf bis nach aufgehobenem Marktzeichen gelasen wurde,
3. den Fremden aber der Garnaufkauf für die Ausfuhr erst nach aufgehobenem Zeichen und unter gewissen Bedingungen erlaubt war[5].

[1] Die staatliche Förderung des Tabakanbaus in der Niederlausitz ist im Abschnitt: „Die Förderung der Gewinnung und Verarbeitung einheimischer Rohstoffe und Halbfabrikate" dargestellt worden.

[2] Böhmert, Victor, „Urkundliche Geschichte und Statistik der Meissner Porzellanmanufactur von 1710 bis 1880 mit besonderer Rücksicht auf die Betriebs-Lohn- und Kassenverhältnisse", in: „Zeitschrift des K. Sächsischen Statistischen Bureau's", XXVI. Jahrgang 1880, Dresden, Heft I und II, S. 46.

[3] Marperger, Abriß, S. 8; „Verbot Herrn Friederici Augusti, Churf. zu Sachsen wegen Vor- und Aufkauffs derer Garne" (Cod. Aug. I, p. 1702).

[4] Akte, Verfaßung, Loc. 11089, Vol. I, Bl. 13flg.

[5] Akte, Landes-Oeconomie-, Manufactur- und Commercien-Deputation, Loc. 5356, Vol. I, Bl. 57.

Die Aufkaufverbote stellten nicht nur einen Schutz der städtischen Wirtschaft gegenüber der des Auslandes dar, sondern bedeuteten zugleich eine Bevorzugung der Stadt auf Kosten des Landes, soweit dort die gleichen Produktionszweige wie beispielsweise die Leinenindustrie betrieben wurden. Die Landes-Oeconomie-, Manufactur- und Commercien-Deputation erklärte sich deshalb in einem angeforderten Gutachten nicht damit einverstanden, daß dem Antrag der Garnweber zu Luckau und Vetschau entsprochen und „den Dorfwebern in der Niederlausitz der Verkauf der selbstgewürckten Leine-Wand, das Würken ums Lohn und der Aufkauf der Garne untersagt" wurde[1]. Nach wie vor verboten blieb noch im letzten Drittel des 18. Jahrhunderts der Garnhandel auf dem Lande durch städtische Aufkäufer, wie aus der Verurteilung des fortwährenden Garneinkaufs Chemnitzer und Mittweidaer Bürger durch die Deputation hervorgeht. Aber schon der 1765 von der Oberlausitz durch ihren Landeshauptmann gestellte und genehmigte Antrag, den dortigen Leinewebern das Garnsammeln in den Erblanden zu gestatten, zeigt die beginnende Auflösung der alten Bindungen[2], die außerdem durch zahlreiche Befreiungen im Einzelfall vorbereitet wurde.

So erhielt der „Amts-Chirurgus" Meinert, der eine Färberei baumwollener Trippe und Manchester anlegen wollte, die Erlaubnis, baumwollene und leinene Garne dazu im Lande, wo niemand ein Verbietungsrecht habe, aufzukaufen[3].
Der Graf zu Solms bat um die Erlaubnis, „daß die Papiermühle zu Klitzschdorf sich die Hadern aus der Ober- und Nieder-Lausitz erholen möchte, weil deren Ausfuhr aus Schlesien, woher sich selbige zeithero versorgt habe, verboten sey"[4].

Der sächsische Staat hatte, wie aus § 18 der schon erwähnten „Instruction" vom Jahre 1735 hervorgeht, schon frühzeitig sein Augenmerk darauf gerichtet, daß die Rohstoffversorgung seiner Manufakturen und Handwerksbetriebe nicht durch monopolartige Beeinflussung der Märkte beeinträchtigt werden konnte. Diese der Periode des vormonopolistischen Kapitalismus durchaus angemessene Haltung führte 1825 dazu, daß die Landes-Oeconomie-, Manufactur- und Commercien-Deputation die Berechtigung des Rohstoffverlags, bei dem sich an Stelle einer Menge von Garnhändlern, die bisher als Mittelspersonen zwischen der Spinnerin und dem Weber Nahrung gefunden, künftig nur ein einziger oder etliche Vermögende diesem Zwischenhandel in der Art widmeten, daß sie den Flachs in der ganzen Umgegend von Oelsnitz aufkauften und ihn für ihre Rechnung an Spinnerinnen austeilten, mit der Begründung ablehnte, daß daraus weder für den Bauern, Spinner und Weber der mindeste Nutzen entstehe[5]. Sie sprach sich in ihrem ersten Hauptbericht auf das Jahr 1764[6] deshalb auch offen gegen die Einschränkung des

[1] Akte, Landes-Oeconomie-, Manufactur- und Commercien-Deputation, Loc. 5356 Vol. I, Bl. 41.
[2] Ebenda, Bl. 131.
[3] Ebenda, Bl. 38.
[4] Ebenda, Bl. 114.
[5] Akte Loc. 6597, Bl. 53.
[6] Akte, Landes-Oeconomie-, Manufactur- und Commercien-Deputation, Loc. 5356, Vol. I, Bl. 32.

Gewerbes auf dem Lande aus, da sie befürchtete, „es möchte daraus nichts weiter als ein schädliches mit Vertreibung nahrhafter Landes-Einwohner verbundenes und die Ausfuhr der Garne außer Landes eher beförderndes, als verhinderndes Garn-Monopolium“ entstehen, „wenn man den Spinner blindlings in die Hände des Manufacturiers geben wollte“. Ihre monopolfeindliche Haltung kam weiterhin in der Ablehnung eines um 1764 von Amt und Rat zu Chemnitz zugleich gestellten Antrags zum Ausdruck, die Stadt Chemnitz zum Stapelort von Baumwolle zu machen[1]. Auch hierin zeigte sich bereits ein wesentlicher Fortschritt in der Befreiung der heimischen Produktivkräfte, denn gerade vom Handel, der wohl auch völlig frei betrieben werden konnte, zumeist aber – und zwar von alters her – „unter Monopolischen Zwang und Verpachtung“[2] stand und teils nur gewissen Zünften oder Städten offen war, gingen erhebliche Störungen auf die Versorgung der sächsischen Landesteile mit Rohstoffen und sonstigen Waren aus[3].

Eine durchaus positive Einstellung der öffentlichen Instanzen trat den Versuchen gegenüber hervor, die Schwankungen in der Rohstoffversorgung durch die Einrichtung von Magazinen und Märkten auszugleichen. Ein Musterbeispiel hierfür ist das Wollmagazin in Zittau, das mit finanzieller Hilfe der Stadt ins Leben gerufen wurde.

Ein großer Teil der bei der Rohstoffversorgung aufgetretenen Beschaffungsschwierigkeiten lag in den Schranken begründet, die das feudale und zünftige System jener Tage aufgerichtet hatte. Es gehört zu den Verdiensten der Landes-Oeconomie-, Manufactur- und Commercien-Deputation, an der Niederreißung vieler solcher die Manufakturentwicklung in Sachsen hemmenden Vorschriften und Verhältnisse mitgeholfen zu haben. Sie war es auch, die bei der Landesregierung den für den Rohstoffausgleich innerhalb Sachsens prinzipiell höchst bedeutungsvollen Antrag stellte, daß zum Besten der Chemnitzer Gewerbebetriebe, die mehr Garne benötigten als die Handwerker an kleineren Orten, keinem inländischen Manufacturier der Vorkauf auf den Marktplätzen gestattet werden solle, der der Freiheit des inneren Handels schädlich ist; nur den Chemnitzern möchte gegen Vorzeigung hinlänglicher Beglaubigung gleiches Recht auf den Märkten zu Leipzig, Colditz und Rochlitz wie den eigenen Bürgern zugestanden werden[4].

Der staatlichen Förderung waren durch die fiskalischen Interessen des Souveräns die Grenzen gesetzt, innerhalb deren sich die ergriffenen Maßnahmen in einer Reihe von Fällen vorteilhaft auf die Entwicklung der sächsischen Produktivkräfte auswirkten. Die weitere Durchsetzung der kapitalistischen Produktionsweise forderte

[1] Akte, Landes-Oeconomie-, Manufactur- und Commercien-Deputation, Loc. 3556, Vol. I, Bl. 32.

[2] Marperger, Abriß, S. 24.

[3] Ebenda, S. 24 und 25; Marperger registriert noch für 1718 als Stapelorte bzw. Orte mit Verarbeitungsmonopol in Sachsen die Städte Dresden, Leipzig, Pirna, Zwickau, Großenhain, Freiberg, Döbeln, Chemnitz und Bischofswerda; bekanntlich mußten die Waren bei ihrer Durchfahrt in solchen Orten eine bestimmte Zeit lang öffentlich zum Verkauf gestellt werden.

[4] Akte, Landes-Oeconomie-, Manufactur- und Commercien-Deputation, Loc. 5356, Vol I, Bl. 59.

freiere Formen des zwischenstaatlichen und innersächsischen Warenaustauschs und führte auch auf diesem Gebiete völlig neue Verhältnisse herbei.

c) Einfuhrverbote

Die Landes-Oeconomie-, Manufactur- und Commercien-Deputation brachte in ihrem ersten Hauptbericht auf das Jahr 1764 die in der Manufakturperiode allgemein gültige Ansicht zum Ausdruck, daß „die Einführung fremder Waaren zum Consumo ..., in so ferne das Bedürfniß durch innländische bestritten werden kan, um desto mehr zu erschweren“ sei[1]. Dem Verbot und der Einschränkung ihres Bezugs von außen konnten aus solchen Erwägungen heraus nicht nur Fertigwaren und Halbfabrikate, sondern auch Rohstoffe verfallen, soweit an ihnen im Lande kein Mangel bestand oder eine eigene Erzeugung ins Lebens gerufen und gesichert werden sollte.

Eines der ältesten Beispiele für eine solche zum Schutze der heimischen Rohstoffwirtschaft verfügte Drosselung der Einfuhr bieten das Mandat Kurfürst Johann Georgs I. vom 31. Dezember 1650, „daß alle Tücher und Waaren mit der Waid-Frucht, und nicht mit dem schädlich und durchfressenden Indigo, gefärbet werden sollen“[2], das am 21. April 1654 von Kaiser Ferdinand für das gesamte Reichsgebiet erlassene Indigo-Verbot und das von Johann Georg I. am 18. September 1654 ausgesprochene „Verbot der Corrosiv-Farbe Indigo genannt“[3].

In dem kaiserlichen „Mandat wegen Verboth der Corrosiv-Farbe, Indigo genannt“, wurde dem damaligen „Cammer-Gerichts Procuratorn, Fiscal Philipp Wernern von Emrich von Reichswegen angefohlen“, aufs genaueste Acht zu haben, daß bei Strafe der Konfiskation von den Tuchmachern im deutschen Reiche, anstatt der „fressenden Teufelsfarbe“ Indigo keine andere als die Thüringer Waidfarbe zur Färberei verwendet wird[4].

Obwohl das Mandat die ausdrückliche Bestimmung enthielt, daß die „in des Heil. Reichs Policey-Ordnung verbotene neuerliche und betrügliche Farben an keinem Orth eingeführet“ werden durften[5], scheint die Einhaltung und Überwachung dieses und der sächsischen Verbote illusorisch gewesen zu sein. Wenn in den „Erörterungen derer sächsischen Landesgebrechen de anno 1661“ dem heimischen Waidbau auch durchaus Förderung in Aussicht gestellt wurde[6], so gestattete man doch zugleich auch die Einfuhr des Indigos. An einer solchen, der Reichsgewalt zuwiderlaufenden Haltung hatte der sächsische Staat deshalb Interesse, weil ihm durch die Einfuhr des Indigos Einnahmen aus Imposten zuflossen, und die Kaufleute begrüßten sie, weil der Indigo billiger und deshalb leichter zu verkaufen war als die Waidfarbe[7]. Den Nachteil davon hatten zum

[1] Akte, Landes-Oeconomie-, Manufactur- und Commercien-Deputation, Loc. 5355, Vol. I, Bl. 62.
[2] Cod. Aug. I, p. 1521.
[3] Ebenda, p. 1547.
[4] Das Mandat nebst einem Aufsatz: „Von Waid-Bau, und der daraus präparirten blauen Farbe“ ist in den Spalten 289–294 des XXXIII. Stücks der „Dreßdnischen Gelehrten Anzeigen auf das Jahr 1751“ abgedruckt.
[5] Ebenda, Sp. 294.
[6] Ebenda, Sp. 289.
[7] Ebenda, Sp. 290.

Teil die sächsischen Blaufarbenwerke, in der Hauptsache aber die Thüringer Waidbauer, deren Kulturen verfielen und auch nicht wieder zur Blüte kamen, als in der zweiten Hälfte des 18. Jahrhunderts der Waidbau wieder in Gang gesetzt werden sollte und erneut der Erlaß eines Indigoeinfuhrverbots vorgeschlagen wurde[1].

Im 18. Jahrhundert befand sich Sachsen seinen großen Nachbarn gegenüber zumeist in einer wirtschaftlich und politisch schwachen Stellung, die zur Folge hatte, daß der in Bezug auf die Einfuhr anfangs zitierte Grundsatz in der Handelspraxis jener Zeit oftmals nur sehr milde Anwendung fand, bzw. tatsächlich verhängte Einfuhrverbote – wie die im Jahre 1765 kurz nach dem Hubertusburger Frieden für österreichische und brandenburgische Konsumwaren als Repressalie gegen das Vorgehen dieser Länder ausgesprochene Sperre – nur von kurzer Dauer waren[2].

Die behutsame und zugleich alle anderen Folgen klug wägende Haltung kommt besonders gut bei der Behandlung einer vom Tuchmacherhandwerk zu Lauban an die Landes-Oeconomie-, Manufactur- und Commercien-Deputation gerichteten Beschwerde zum Ausdruck, in der sich die Laubaner über die „Einführung der rohen schlesischen Tücher zur Adpretur" beklagten, „weil unter solchem Vorwand ... diese fremde Tücher leichtlich mit inländischen vermengt und zu der letzteren Nachteil im Lande verkauft werden könnten". Die Deputation erklärte sich mit einem Einfuhrverbot nicht einverstanden, weil dadurch „den innländischen Tuchbereitern ... der Gewinn der zweiten main d'œuvre abgeschnitten werde", und vertrat die Ansicht, „daß es noch andere Mittel als Verbote gibt um das Siegeln, Verpacken und Verkaufen der ausländischen Tücher für inländische bei den Tuchhändlern zu verwehren", ohne daß man die Ausländer durch Versagung der Adpretur zu nötigen brauchet, auf dergleichen bey sich selbst bedacht zu sein"[3].

Die Verhängung von Einfuhrverboten stand insbesondere in keinem Verhältnis zu der großen Zahl der namentlich in der zweiten Hälfte des 18. Jahrhunderts bei der Landesregierung und der Landes-Oeconomie-, Manufactur- und Commercien-Deputation deshalb gestellten zumeist aber abgelehnten Anträge, die größtenteils, Einzelfälle mit örtlich sehr begrenzter Bedeutung bestrafen[4].

So verlangten die Nagelschmiede zu Zwickau ein Verbot der Einfuhr fremder Nagelwaren „außer Meßzeiten"[5].
Die Dresdener Gold- und Silberschmiede beschwerten sich „über den Handel der Kupferstichhändler, Tyroler und anderer Leute ..., die mit Juwelen, Gold und Silber handeln"[6].

Es ist somit unverkennbar, daß in der Zeit, in der die sächsischen Manufakturen dem höchsten Stand ihrer Entwicklung zustrebten, das Einfuhrverbot als Instrument der Beeinflussung des Warenaustauschs nur eine unbedeutende Rolle

[1] Dreßdnische Gelehrte, Sp. 292.
[2] Hunger, S. 178flg.
[3] Akte, Landes-Oeconomie-, Manufactur- und Commercien-Deputation, Loc. 5356, Vol. I, Bl. 61.
[4] Ebenda, Bl. 136flg., Bl. 60flg.
[5] Ebenda, Bl. 62.
[6] Akte, Landes-Oeconomie-, Manufactur- und Commercien-Deputation, Loc. 5356, Vol. I, Bl. 63.

spielte. An Stelle einer radikalen Unterbindung des ausländischen Bezugs unerwünschter Waren wurden lieber Zollsätze eingeführt, deren Höhe beträchtlich sein konnte, wie der von der Landes-Oeconomie-, Manufactur- und Commercien-Deputation unterstützte Antrag der Landeshauptmannschaft der Oberlausitz zeigt, nach dem „die aus Böhmen eingehende rohe Wolle rohe und gebleichte Leinewand so wie mit anderen Waren schon 1754 geschehen, mit 25 pro Cent belegt werden möchte"[1]. Am 14. September 1769 wurden schließlich, wie bereits in anderem Zusammenhang erwähnt, die Imposten überhaupt aufgehoben und lediglich einige erhöhte Sätze auf Luxuswaren und solche Güter beibehalten, bei denen „die hinlängliche Konkurrenz der inländischen Manufakturen und Produkte eine mäßige Belegung der auswärtigen derartigen Artikel verstattete"[2]. Eine erfolgreiche Außenhandelspolitik war gerade für Sachsen von besonders großer Bedeutung, weil seine gewerbliche Produktion schon frühzeitig – und nicht zuletzt durch die Einführung der arbeitsteiligen Kooperation – so anwuchs, daß sie, wie Hunger schreibt[3], „über das Bedürfniß der Einwohner hinaus steiget, wo also innerliche Konsumtion bey weitem nicht der beträchtlichste Gegenstand der Industrie und Handlung ist, folglich ausländischer Debit hauptsächlich begünstiget werden muß". Ganz so, wie auch die staatliche Wirtschaftsverwaltung es im letzten Drittel des 18. Jahrhunderts anstrebte, vertrat Hunger die Auffassung, daß „die inländischen Waaren durch zweckmäßige Belegung derer mit ihnen im Lande konkurrierenden ausländischen Artikel ... einen Vorsprung erheischen". Er betonte aber gleichzeitig, „daß diese Belegung ... nicht den Oeconomie- und Gränz-Handel treffen darf", dessen Nutzen für die sächsische Wirtschaft beträchtlich war.

[1] Akte, Landes-Oekonomie-, Manufactur- und Commercien-Deputation, Loc. 5356, Vol. I, Bl. 65.
[2] Hunger, S. 198 u. 199.
[3] Ebenda, S. 100.

KAPITEL IV

ARBEITSTEILUNG UND ARBEITSINSTRUMENTE

1. Die Anwendung der Arbeitsteilung und die Erhöhung der Arbeitsproduktivität

Genau hundert Jahre, bevor Adam Smith seine Auffassungen über die kapitalistische Manufaktur niederlegte[1], schrieb ein sächsischer Manufacturier, der „Commercien-Rath“ Daniel Krafft, über den gleichen Gegenstand[2]. Wenn die Ausfüh-

[1] In seiner 1776 erschienenen „Untersuchung über das Wesen und die Ursachen des Volkswohlstandes“ („Bibliothek der Volkswirtschaftslehre und Gesellschaftswissenschaft“, III, Berlin 1905) demonstriert Smith zunächst am Beispiel der Stecknadelmanufaktur die Wirkung der Arbeitsteilung auf die Arbeitsproduktivität: „Ich habe eine kleine Fabrik dieser Art gesehen, in der nur zehn Menschen beschäftigt waren und manche daher zwei oder drei verschiedene Verrichtungen zu erfüllen hatten. Obgleich nun diese Leute sehr arm und darum nur notdürftig mit den erforderlichen Maschinen versehen waren, so konnten sie doch, wenn sie tüchtig arbeiteten, zusammen etwa zwölf Pfund Stecknadeln täglich liefern. Ein Pfund enthält über viertausend Nadeln von mittlerer Größe. Jene zehn Personen konnten mithin zusammen täglich über acht und vierzig Tausend Nadeln machen. Jeder Einzelne kann daher, da er den zehnten Teil von acht und vierzig Tausend Nadeln machte, als Verfertiger von vier Tausend acht Hundert Nadeln an einem Tage angesehen werden. Hätten sie jedoch alle einzeln und unabhängig von einander gearbeitet und wäre keiner für sein besonderes Geschäft angelernt worden, so hätte gewiß keiner zwanzig, vielleicht nicht Eine Nadel täglich machen können, d. h. nicht den zweihundertvierzigsten, vielleicht nicht den viertausend achthundertsten Teil von dem, was sie jetzt infolge einer geeigneten Teilung und Verbindung ihrer verschiedenen Verrichtungen zu leisten imstande sind“ (S. 8). Diese Wirkung war nach Smith drei Ursachen zuzuschreiben, „erstens der gesteigerten Geschicklichkeit jedes einzelnen Arbeiters, zweitens der Ersparnis an Zeit, welche gewöhnlich bei dem Übergange von einer Arbeit zur andern verloren geht, und endlich der Erfindung zahlreicher Maschinen, welche die Arbeit erleichtern und abkürzen, und einen Mann in Stand setzen, die Arbeit Vieler zu verrichten“ (S. 11). Weiterhin behandelte Smith die von der betrieblichen Arbeitsteilung auf den Wohlstand des Volkes ausgehenden Wirkungen (S. 15). Er erörterte ferner den Beweggrund zur Teilung der Arbeit, den er im Tauschtrieb des Menschen sah (S. 18) und zeigte schließlich die in der Ausdehnungsfähigkeit des Marktes liegenden Grenzen der Arbeitsteilung auf (S. 24flg.).

[2] Krafft, Joh. Dan., „Ein Beyspiel zwar wohlgemeynter aber leerer Projecte, um fleißige Arbeiter zu Manufacturen zu bekommen, und denen fleißigen Armen zu helffen“. Neu-Ostra den 23ten Novembr. A. 1676, in: „Leipziger Sammlungen von wirthschafftlichen Policey-Cammer- und Finantz-Sachen Anderer Band, Nebst Einer Vorrede, von dem wahren Unterschied der Städte und Dörfer, wie auch denen ersten Grund-Sätzen eines wohleingerichteten Stadt-Wesens zum Aufnehmen der Städte, wobey ein Register von dreyzehenden bis zum vier und zwantzigsten Stück befindlich“. Leipzig 1745, Sechzehndes Stück, VIII, S. 365flg.

rungen dieses in der Manufakturpraxis erfahrenen Mannes[1] auch keineswegs die Systematik des nationalökonomischen Klassikers erreichten, so hatte er über das Wesen und die Technik der arbeitsteiligen Kooperation sowie über deren produktionstechnischen und ökonomischen Fortschritt gegenüber dem Handwerk sicherlich als einer der ersten zumindest in Sachsen soviel Gültiges ausgesagt, daß es schon deshalb angebracht erscheint, einige dieser aus sächsischen Erfahrungen gewonnenen und auf sächsische Verhältnisse zugeschnittenen Gedanken zu zitieren. Krafft bemüht sich vor allem um eine Präzisierung des Begriffs der Manufaktur, den er, wie wir heutzutage, in der „arbeitsteiligen Kooperation" begründet sieht:

> „Denn in einer Manufactur wird eigentlich Waare, die aus vielerley Arbeit oder Theilen besteht, in großer Menge, schönster Feine und Accuratesse, und in kurtzer Zeit zum Handel und Verkehr von allerhand Arbeitern, unter der Direction eines oder etlicher verfertiget, davon jede Art von Arbeitern, z. E. bey einer Gewehr-Fabrique, eine Arbeit und ein Stück nach einer gewißen Vorschrift allein machet, sich darauf besonders leget, eine besondere Fertigkeit und Übung darinne erlanget, und also eine eintzige Arbeit u. ein eintziges Stück, so nebst andern z. E. ein Gewehr ausmachet, in der möglichsten Schönheit herfür bringet. Eine andere Sorte macht wieder eine andere dazu gehörige Arbeit, und ein ander Stück auf gleiche Weise, u. s. f. Endlich passen einige alle Stücke zusammen, oder sie appretiren endlich die gantze Waare, biß alles zur Vollkommenheit gebracht ist. Und das heißt eigentl. eine Manufactur, die in einer rechten Anstalt zu ihrem Zweck mit vielen Leuten auf- und eingerichtet ist"[2].

Krafft hebt insbesondere sehr scharf das grundsätzlich Neue der arbeitsteiligen Kooperation gegenüber dem Handwerksbetrieb namentlich auch in bezug auf die Steigerung der Arbeitsproduktivität hervor; er schreibt:

> „daß zwar viele Handwercker und Arbeiter der Stoff zu Manufacturen" sind, „keineswegs aber alle Handwercker eine eigentliche Manufactur, oder das Manufactur-Wesen und desselben rechten Nutzen und Flor in einem Lande ausmachen, soferne sie nur eintzeln vor sich und zwar einer eine gantze Waare, davon er zwar einige Arbeit recht, andere aber nur halb verstehet, oder doch nicht so fertig und geschickt darinno ist, langsam und nicht in großer Menge recht fein machet. Denn zu dieser letzten ist der 10 [zehnte] sowohl in Ansehung seiner Geschicklichkeit als seines Vermögens nicht geschickt. Es bleibt also das eintzelne Arbeiten der Handwercker nur was Kleines, Geringes und Unvollkommenes, sonderlich da die gewöhnlichen Zünffte gar nicht die Absicht haben, daß etwan eine Zunfft mit vereinigten Kräfften ihre Waare in solcher Menge und Feine herausbringe, wie sie zu erklecklichen Verkehr nöthig ist"[3].

Er erkennt ebenso klar die Mission der Arbeitsteilung in der Manufaktur und findet für die Rückständigkeit des sächsischen Zunfthandwerks nicht minder treffende

[1] Krafft hatte 1678 „auf Kosten hiesiger Herren getreuen Lande-Stände, Theils auch einer hochlöblichen Renth-Cammer in der Neustadt Ostra" eine „Seiden- und Wollen Manufactur" errichtet, deren Schicksal später noch dargestellt wird; diese Angaben sind entnommen dem Artikel: „IX. Allerhand Nachrichten von dem Anfang der feinen Zeug- und Tuch- ingleichen der Beutel-Tuchs-Manufacturen in Sachsen, welche ehemals Siegmund Ernst Spahn aufgesetzet", in: Leipziger Sammlungen, „Zwey und zwantzigstes Stück", S. 939.

[2] Ebenda, S. 373.

[3] Ebenda, S. 374.

Worte[1], wie er fachmännisch aufzeigt, welche Handwerke seiner Zeit in Sachsen der Arbeitsteilung unterworfen werden könnten:

> „Endlich erhellet auch hieraus ... was vor Handwercke, Professiones und Künste eigentlich zu denen Manufacturen und Fabriquen zu ziehen, und ein Grund von Manufacturwesen seyn. Denn man wird leicht erkennen, daß z. E. Fleischer, Becker, Schneider, Schuster, Zimmerleute, Maurer ... hierher gar nicht gehören. Und eben diese könte man nebst vielen andern bey ihrem Zunfftwesen lassen und solches nur verbessern. Allein wenn man bedencket, was dazu gehöret, ehe z. E. ein schön Stück Tuch, Zeug, Leinewand, Spitze, Seyden-Zeug, Galanterie-Waare, Gewehr, viele Stücke Kurtze Waare, eine kleine Uhr, eine schöne Waare von Holtz, Bein, Stahl, Eisen, Meßing, Kupfer, Gold und Silber ... fertig werde, wie viel Zubereitungen, Arbeit und Hände dazu gehören, und in wie vielerley ja fast unzehlige Sorten jede Art dieser Waaren getheilet, gemacht und erfunden werden können, ja in wie großer Menge und Feine viele dieser Waaren getheilet, gemacht und erfunden werden können, ja in wie großer Menge und Feine vieler dieser Waaren gesuchet und vertrieben werden, wenn sie nur schön, wohlfeil und von vielen gebrauchet werden, so wird man leicht begreifen, daß alle diejenigen Arbeiter, Professions-Verwandte, Künstler und Handwercker, die dazu beytragen und dabey arbeiten können, eigentlich in einer Manufactur gleichsam in ein Corpus, in eine gewiße Ordnung, in eine Harmonie, unter und nach einer gewißen Direction zusammengezogen werden. Und diese sind es auch eigentlich, die sich zum Aufnehmen derer Manufacturen von mannigfaltiger Einrichtung schicken ..."[2].

Um das Bild der Arbeitsteilung in der Manufaktur vollständig zu machen, erörtert Krafft noch die Teilfunktionen ihrer Leitung und Überwachung, wobei er als notwendige Eigenschaften eines Manufacturiers hervorhebt, daß dieser „Geld hat, ... die Manufactur und den Handel verstehet" und „correspondiren und dirigiren kan"[3], und kommt schließlich auf die Zusammenfassung der Teilfunktionen im Ablauf des Gesamtprozesses der Manufaktur zu sprechen, deren Konzentration in einem Gebäude er den Vorzug vor einer Zerstreuung in mehreren gibt[4].

Daß in der Darstellung den Ansichten Kraffts über die Arbeitsteilung trotz des Einleitungsabschnitts über „Kooperation, Arbeitsteilung und Manufaktur" hier soviel Platz eingeräumt worden ist, geschah nicht nur wegen seiner Eigenschaft als einer der ersten Manufakturschriftsteller Sachsens, sondern vor allem deshalb, weil er außer seinem praktischen Vorbild eben durch diese auf Erfahrung beruhenden Gedanken einen schwerlich zu unterschätzenden Einfluß auf die sächsische Manufakturentwicklung des 18. Jahrhunderts ausgeübt hat, obwohl der von ihm gegründeten und geleiteten Dresdner Manufaktur in Neustadt-Ostra [der späteren Friedrichstadt bei Dresden, jetzt Stadtteil von Dresden] kein günstiges Schicksal beschieden war.

Der vorgenannte Krafftsche Betrieb und die bereits 1579 in Meuselwitz bei Leipzig

[1] „... das eintzige wahre Mittel, zu machen, daß aller unnützer Zunft-Krahm entweder von selbst aufhöre, oder doch auf etwas Nützliches vor das Manufacturwesen selbst gerichtet werden könne ..."; Leipziger Sammlungen, S. 375.

[2] Ebenda, S. 375 u. 376.

[3] Ebenda, S. 376.

[4] Ebenda.

von Cramer von Claußbruch angelegte Tuchmanufaktur gehören zu den ältesten nicht bergbaulichen oder Bergbauprodukte verarbeitenden Werkstätten in Sachsen bzw. von Sachsen unterhaltenen Betrieben, deren Charakter als arbeitsteilige Kooperationen einwandfrei feststeht. Dies bedeutet aber keineswegs, daß es in Sachsen nicht schon früher gewerbliche Arbeitsstätten gegeben hätte, in denen Arbeitsteilung angewandt wurde. Die ausschließliche Beschäftigung mit Teilarbeiten bezog sich bei ihnen jedoch nicht auf wesentliche Abschnitte des Produktionsprozesses, sondern lediglich auf die Funktion der Leitung und Überwachung sowie auf Hilfsarbeiten, wie sie auch im Handwerk gang und gäbe waren und dort zumeist von Familienmitgliedern wie Frauen und Kindern, aber auch von Lohnarbeitern ausgeführt wurden. Aus diesen Gründen sind jene Betriebe auch nicht den Manufakturen, sondern den einfachen kapitalistischen Kooporationen zuzurechnen.

Die Frage, ob nur eine einfache oder schon eine arbeitsteilige Kooperation vorlag, ist auch bei der 1357 gegründeten Chemnitzer Bleiche zu stellen. Ihre technische Leitung und kaufmännische Verwaltung lag in den Händen eines Bleichmeisters, dem ein Schreiber und für die Instandsetzung der Baulichkeiten ein Baumeister zugeteilt waren, während die Gerichtsbarkeit der Bleiche von einem Bleichrichter wahrgenommen wurde. Der gesamte Bleichprozeß bestand aus vier Arbeitsgängen: 1. der Zubereitung der Leinewand in Laughäusern, 2. dem Walken, 3. dem Ausbreiten des Bleichgutes auf dem Rasen und 4. dem Mandeln der Leinewand, bei denen im 15. Jahrhundert 8 bis 10 „Bleichknechte" und außerdem „drei oder vier Knechte, Jungfrauen oder Frauen" beschäftigt waren, die das Tretrad der Mandel in Bewegung zu setzen hatten[1]. Da aus den bisher dafür herangezogenen Unterlagen jedoch nicht eindeutig hervorgeht, ob diese Bleichknechte auf jeweils eine oder mehrere der vorgenannten Teilarbeiten spezialisiert und ausschließlich mit ihr befaßt waren oder ob alle die gleiche Tätigkeit verrichteten, ist auch nicht mit Sicherheit die Frage nach dem Charakter der Bleiche als Manufaktur oder einfacher Kooperation zu beantworten.

Die Arbeitsteilung in den sächsischen Manufakturen wies je nach der Kapitalkraft ihrer Eigentümer und der technischen Eignung des Produktionsprozesses für die Zerlegung in einzelne Arbeitsgänge einen verschieden hohen Grad auf, der sich bei lebenskräftigen Betrieben im Laufe der Zeit noch verstärkte. War die Chance, durch Arbeitsteilung zu einer Steigerung der Arbeitsproduktivität zu gelangen, einmal erkannt, so drängte die damit in Aussicht stehende Erhöhung der Revenuen auch zu ihrer Einführung, die um so eher gewährleistet war, je mehr die jeweilige Manufaktur bei der Ausweitung ihrer Produktion mit entsprechend größerem Absatz rechnen konnte. Eine gute Möglichkeit, diese Tendenzen zu beobachten, bietet die auch in bezug auf andere Seiten des Manufakturwesens aufschlußreiche Meißner Porzellanmanufaktur. Ihr Arbeitsprozeß bestand aus einem technischen und einem künstlerischen. Der technische umfaßte folgende Teilarbeiten:

„1. Gewinnung und Schlämmen der Porzellanerde, Pochen, Mahlen und Läutern der Zusatzmaterialien, Mengen und Verdichten der fertigen Porzellanmassen;

[1] Zöllner, S. 124 u. 125.

2. das Porzellanbrennen in seinen verschiedenenen Stadien, das Glassiren, die sehr umfängliche Kapselfabrikation, das Sortiren, Schleifen und Einbrennen des bemalten Porzellans, und
3. die zur Farbenbereitung und Darstellung von Goldpräparaten im chemischen Laboratorium betriebenen Arbeiten",

der künstlerische:

„1. die Gestaltungsarbeiten an Modelliren, Bossiren, Formen, Drehen, Gypsarbeiten und anderen untergeordneten Arbeiten, und
2. die Arbeiten der Malerei, von den wirklich künstlerischen Ausführungen an bis zum einfachsten farbigen Rande, summarisch Emailmalerei genannt, die Arbeiten der Glasurmalerei, welche unter die Glasur aufgetragen, durch diese aber erst hervorgehoben wird, und das Poliren des nach dem Brennen matt erscheinenden Goldes"[1].

Während im Jahre 1720 nur fünf Kategorien von Teilarbeitern bei diesen Funktionen beschäftigt waren, wird für die Jahre ab 1765 von dreizehn berichtet.

Eine „Übersicht des Personalbestandes der Meissner Porzellanmanufactur in den Jahren 1720 bis 1880" meldet für das Jahr 1765, das der Manufaktur mit 731 Personen zugleich die bisher höchste Beschäftigungszahl brachte, 19 Beamte, 4 Materialscheider, 15 Maschinenarbeiter, 12 Schlämmer, 5 Massebereiter, 171 Mann Personal bei der Gestaltung, 67 Personen bei der Kapselbereitung, 21 Verglühbrenner, 6 Glasurer, 31 Gutbrenner, 6 Schleifer, 17 Farbenreiber, 270 Mann Personal bei der Malerei, 4 Emaillirbrenner, 61 Mann allgemeines und 22 Mann Handelspersonal[2].

Eine weitgehende Arbeitsteilung zeigte auch die Manufaktur der Großschönauer Damastweber, bei welcher der Anreiz zur Zerlegung des Gesamtarbeitsprozesses jedoch nicht wie üblich davon ausging, die Arbeitsproduktivität und damit die Revenuen zu erhöhen, sondern seine Wurzel vor allem in der Geheimhaltung des Herstellungsverfahrens im ganzen hatte. Dieses setzte sich nach Wieck[3] aus drei Arbeitsgängen zusammen:

1. dem Malen der Muster durch den Mustermaler, indem „die Figur, welche in die Waare gewebt werden soll, auf ein Stück Papier gemalt, welches nach Art eines Strickmusters linirt ist, und worauf die Umrisse der darzustellenden Figur sich grün ausgemalt befinden, und durch Punkte die zu der Ausführung des Musterbodens oder des Zwirnmusters nöthigen Zeichen bemerkbar gemacht werden"[4],
2. der Nachbildung des gezeichneten Musters durch den Mustermacher oder Einleser. „Jede geradeaus gehende Linie des Musters bildet eine Schnur und in die ganze Reihe dieser Schnuren werden die Querlinien des Musters eingelesen, indem so die die Figur bildenden Schnuren, so viele deren in jeder Querlinie des Musters mit grüner Farbe bezeichnet sind, durch Zwirn von den übrigen Schnuren abgesondert werden ... sind endlich die Schnüren vollendet, so werden die sogenannten Lätze gebildet, deren jeder in einer Vereinigung der in jeder Querlinie zu dem Muster gehörigen Schnuren durch Zwirn besteht, welcher am Ende zusammengeknüpft und mit einem hörnernen Ringe, dem technisch so genannten

[1] Böhmert, S. 46.
[2] Ebenda, S. 62 und 63.
[3] Wieck, S. 145flg.
[4] Ebenda, S. 147 und 148.

Hornäugelein, versehen wird ... die Musterschnüre dieser so vorgerichteten Lätze enthalten nun die Grundlage des zu webenden Musterbildes ..."[1],
3. dem eigentlichen Webvorgang. Die Muster wurden an den Webstuhl gebracht „und mit den, auf eine entsprechende Weise durch den oberhalb des Webstuhles befindlichen Musterkasten gehenden Schnuren in der Art verbunden, daß, wenn ein Latz gezogen wird, die zur Bildung des Musters erforderlichen Kettenfäden, die mit jenen Schnüren in Verbindung gesetzt sind, in die Höhe gehoben werden, damit die Bildung der Figur erhaben oder herausgezogen wird"[2]. Der Webstuhl wurde sodann in Bewegung gesetzt, wobei die Vorkämme die Fäden der Kette wechselweise so voneinander trennten, daß sie durchschossen werden konnten und sich die eine Figur bildenden Umrisse mit dem dazwischen befindlichen Grunde zu einem Atlaskörper verbanden[3].

Zu diesen drei Gruppen von Teilarbeiten trat noch die des Damastwebstuhlbaus, der ein Geheimnis der Manufaktur darstellte, und von dessen kunstgerechter Ausführung, namentlich der des Musterkastens, die Qualität der Erzeugnisse wesentlich mit abhing[4]. Nach Wieck vereinigte die Damastmanufaktur bei den vorgenannten Teilprozessen einschließlich ihrer Leitung die folgenden Beschäftigungsgruppen: „Meister oder Unternehmer, welche die Kapitalien zu Fertigung der Waaren herschießen"[5], Mustermaler, Mustermacher, Stuhlbauer, Weber, Zieher und Treter[6].

Die Großschönauer Damastweberei ist repräsentativ dafür, wie ein komplizierter Fertigungsprozeß mit mehreren langwierig erlernbaren Einzelarbeitsgängen zur Aufspaltung in selbständig betriebene Teilfunktionen zwingt und das Gewerbe dabei seinen handwerklichen Charakter in bezug auf die Betriebsorganisation verliert. Beide Beispiele zur Demonstrierung des in sächsischen Manufakturen angewandten Grades von Arbeitsteilung, das der Damastweberei wie jenes der Porzellanmanufaktur, lassen zugleich erkennen, daß die Zerlegung des Gesamtarbeitsprozesses nicht nur eine Steigerung der Arbeitsproduktivität nach sich zog, sondern auch eine erhebliche Verbesserung in der Qualität der Manufakturprodukte zur Folge hatte. Dieser Vorteil, der sich zwangsläufig aus der Beschränkung auf ein Teilarbeitsgebiet und durch die so ermöglichte höhere Virtuosität des spezialisierten Arbeiters ergab, wurde in Sachsen bei einigen Manufakturzweigen, zu denen auch die vorgenannten gehören, durch Ausbildungsmaßnahmen frühzeitig vergrößert.

Böhmert berichtet von der Meißner Porzellanmanufaktur: „Vom Jahre 1740 an ließ man durch den Modellmeister Kändler Unterricht im Formen geben, es wurden Prämien für diejenigen ausgesetzt, die sich auszeichnen würden. Durch höchsten Befehl vom 14. März 1743 erfolgte die Anstellung eines besonderen Zeichenmeisters und eines zweiten Lehrers und die Begründung einer wirklichen

[1] Wieck, S. 148.
[2] Ebenda, S. 149.
[3] Ebenda.
[4] Ebenda; Kunze, Arno, „Die Entwicklung der Oberlausitzer Leineweberei", Arbeitstitel, Maschinenmanuskript, Großschönau 1955, S. 36.
[5] Wieck, S. 147.
[6] Ebenda, S. 150.

Zeichenschule bei der Manufactur, in welcher alle Lehrlinge Unterricht erhielten"[1].
Auch die Großschönauer Mustermaler wurden im Zeichnen unterrichtet, wie an anderer Stelle bereits erwähnt[2].

Die vorliegenden Angaben über die Damastweberei und besonders über die Porzellanmanufaktur geben fernerhin ein gutes, auch generell aufschlußreiches Beispiel dafür ab, wie die manufakturmäßige Teilung der Arbeit „... ein mathematisch festes Verhältnis für den quantitativen Umfang dieser Organe, d. h. für die relative Arbeiterzahl oder relative Größe der Arbeitergruppen in jeder Sonderfunktion" schafft, „... mit der qualitativen Gliederung die quantitative Regel und Proportionalität des gesellschaftlichen Arbeitsprozesses" entwickelt[3].

In der Damastweberei entfiel bei gewöhnlichen Stühlen auf einen Weber ein Zieher, bei breiten Webstühlen waren zwei Weber und zwei oder drei Zieher und Treter je Stuhl nötig[4]; bei einem in der zweiten Hälfte des 18. Jahrhunderts konstruierten Spezialwebstuhl, der 350 Reichstaler kostete, waren sogar 7 Mann zur Bedienung erforderlich[5].
Die Meißner Porzellanmanufaktur bietet sogar die Möglichkeit, die Entwicklung des Zahlenverhältnisses ihrer Teilarbeiter zueinander über die längste Zeit ihres bisherigen Bestehens zu verfolgen.
Aus der vorstehenden Übersicht geht mit seltener Eindeutigkeit hervor, daß sich die zahlenmäßige Proportionalität der Teilarbeiter in der Porzellanmanufaktur seit dem Ende des Siebenjährigen Krieges und der sich anschließenden gründlichen Betriebsreform nicht wesentlich geändert hat, ein Beweis für die Richtigkeit des Satzes von Marx[6]: „Ist die passendste Verhältniszahl der verschiednen Gruppen von Teilarbeitern erfahrungsmäßig festgesetzt für eine bestimmte Stufenleiter der Produktion, so kann man diese Stufenleiter nur ausdehnen, indem man ein Multipel jeder besondren Arbeitergruppe verwendet ...".

Die Vielzahl der Produktionszweige, in denen namentlich während der zweiten Hälfte des 18. Jahrhunderts die Arbeitsteilung in Sachsen Eingang gefunden hat, läßt es nicht zu, im Rahmen dieser Abhandlung eine erschöpfende Geschichte der Zerlegung von Gesamtarbeitsprozessen zu geben[7]. Da die vorstehenden Beispiele das prinzipiell Bedeutsame der Arbeitsteilung jedoch nicht allseitig beleuchten, bedürfen sie noch einiger ergänzender Hinweise. Die Meißner Porzellanmanufaktur gehört zu den organischen Manufakturen, von denen Marx schreibt, daß in ihnen das Produkt in „einer Reihenfolge zusammenhängender Prozesse und Manipulationen"[8] hervorgebracht wird. Aber nur unvollkommen spiegelt sich das Idealbild einer heterogenen Manufaktur, bei der das Endprodukt „durch bloß mechanische

[1] Böhmert, S. 47.
[2] Siehe: Kapitel I, 3. Abschnitt.
[3] Marx, Bd. I, S. 362 u. 363.
[4] Wieck, S. 150.
[5] Kunze, Entwicklung, S. 36.
[6] Marx, Bd. I, S. 363.
[7] Weitere Angaben über die Arbeitsteilung finden sich im Kapitel V bei der Darstellung der einzelnen Manufakturzweige.
[8] Marx, Bd. I, S. 358.

Es machten aus in Prozent der Gesamtbelegschaft[1]:

im Jahre	Materialscheider	„Maschinenarbeiter"	Schlämmer	Massebereiter	Personal bei der Gestaltung	Personal bei der Kapsel-bereitung	Verglühbrenner	Glasurer	Gutbrenner	Schleifer	Farbenreiber	Personal bei der Malerei	Emaillierbrenner	Allgemeines Personal	Beamte	Handelspersonal	Personalbestand (absolut)
1720	—	3,0	—	12,1	36,5	—	—	—	12,1	—	—	3,0	—	15,2	6,0	12,1	33
25	—	2,4	—	4,8	44,0	—	—	—	9,8	—	—	—	—	12,2	17,0	9,8	41
65	0,5	2,1	1,5	0,7	23,5	9,3	2,9	0,8	4,2	0,8	2,3	37,0	0,5	8,3	2,6	3,0	731
70	0,7	2,5	2,1	0,7	22,8	6,9	3,6	1,0	4,6	1,0	2,6	35,2	0,5	10,4	2,3	3,1	606
75	0,5	1,5	1,3	0,6	22,0	6,9	3,4	1,0	4,2	1,0	3,1	36,3	0,6	10,8	2,1	4,7	611
80	0,9	1,6	1,1	0,7	19,9	8,3	3,5	1,1	4,6	1,1	3,0	36,4	0,7	8,7	3,4	5,0	564
90	1,1	1,9	1,3	0,8	19,8	9,0	3,9	1,3	4,6	1,9	3,4	32,3	0,8	10,1	2,5	5,3	524
95	1,5	2,4	1,8	0,7	17,5	9,1	4,3	0,9	4,2	2,0	3,6	32,3	0,9	10,8	3,3	4,7	541
1800	1,9	2,4	2,0	1,1	15,3	9,0	4,8	1,1	4,8	1,5	3,9	30,8	0,7	13,1	2,4	5,2	537
10	1,8	2,3	2,5	0,9	15,5	9,0	4,1	1,4	4,2	1,8	3,4	31,1	0,9	12,3	3,5	5,3	435
20	1,4	2,8	2,8	0,9	16,8	7,5	3,5	1,8	4,2	2,1	1,7	29,5	0,7	15,6	3,1	5,6	418
50	1,2	1,8	2,1	1,2	22,2	5,5	2,6	2,1	2,4	3,1	1,8	25,9	1,2	13,3	5,5	8,1	326

[1] Die absoluten Zahlen zu dieser Tabelle sind der bereits weiter oben erwähnten „Uebersicht des Personalbestandes der Meißner Porzellanmanufactur in den Jahren 1720 bis 1880" entnommen.

Zusammensetzung selbständiger Teilprodukte" entsteht, in der Manufaktur der Großschönauer Damastweber wider.

Das in Zwirn nachgebildete Muster und der Grund, in den dieses dann eingewebt wurde, stellten zwar zwei Teilprodukte, aber keine selbständigen dar[1].

Die sächsische Manufakturwirtschaft bietet aber genügend Beispiele für voll ausgeprägte heterogene Manufakturen, und sogar deren klassisch gewordenes Vorbild, die bereits von William Petty zur Illustrierung dieser Betriebsart herangezogene und von Marx[2] zitierte Uhrenmanufaktur fand sich von den zwanziger Jahren des 19. Jahrhunderts an im Lande.

In Carlsfeld im westlichen Erzgebirge wurde die Uhrenherstellung 1829[3] und in Glashütte erst 1845[4] aufgenommen. Die Carlsfelder Manufaktur beschäftigte anfangs bei der Fabrikation einer einfachen Wanduhr sechs Arbeiter, während diese 1863 bis zu ihrer Vollendung durch fünfzehn verschiedene Hände ging[5].

Vielfach stellten die heterogenen Manufakturen in Sachsen zugleich zerstreute Manufakturen dar, die den zentralisierten Betrieben gegenüber neben verschiedenen Nachteilen manchen ökonomischen Vorteil boten.

So war die Carlsfelder Uhrenmanufaktur von der anfangs „ausschließlichen Fabrikation in geschlossener Anstalt zur Hausindustrie" übergegangen, „welche die billige Arbeitskraft von Frauen und Kindern in größerem Umfange zu verwerten gestattete, als dies in der Fabrik möglich war"[6]. Zu diesem kapitalistisch bedeutsamsten Vorteil trat noch der, daß auf diese Weise die Kosten der Fabrikationsstätte gespart wurden[7].
Ein weiteres Beispiel für die zahlreichen heterogenen und zumeist gleichzeitig zerstreuten Manufakturen gibt die Bautzner Strumpfmanufaktur, über die das „Allgemeine Handlungs- und Fabriken-Addreßbuch ... der Lausitzen und beiden Schlesien[8] berichtet:
„Die Strumpfstrickerei ist zu Bautzen sehr ausgebreitet. Ein gewisser Kühnel legte den Grund zu derselben und in den Jahren 1732 bis 36 erreichte dieser Industriezweig seine höchste Stufe. Jetzt zählt man an 100 Meister und 30 Gesellen. Die Strumpfstrickermeister sind zum Theil Verleger und lassen nicht allein in Bautzen, sondern auch zu Hoyerswerda, Kamenz, Löbau ... Strümpfe, Mützen, Kamaschen, Handschuhe ... stricken, die sie dann walken, zurichten, färben und im Großen versenden. Außer den Leipz. Messen beziehen einige auch die zu Naumburg, Braunschweig und Frankf. an d. Oder. Jährl. werden 6–7000 Steine Wolle dazu verbraucht. Der Absatz geht zum Theil über Bremen nach Nordamerika".

Auch beide von Marx[9] beschriebenen Wege der Entstehung von Manufakturen können an Hand von Beispielen aus der sächsischen Manufakturgeschichte belegt werden.

[1] Wieck, S. 149.
[2] Marx, Bd. I, S. 358.
[3] Gebauer, II, S. 223; Wieck, S. 305.
[4] Gebauer, II, S. 229.
[5] Ebenda, S. 224.
[6] Ebenda.
[7] Marx, Bd. I, S. 359.
[8] S. 7 u. 8.
[9] Marx, Bd. I, S. 352.

So konzentrierten die Tuchmanufakturen und Kattundruckereien des Landes Arbeiter verschiedenartiger selbständiger Handwerke wie Wirker und Färber in einer Werkstatt. Ebenso vereinigte der sächsische Manufacturier Arbeiter desselben Handwerks, beispielsweise Glasarbeiter zur Herstellung von Spiegeln in einer gemeinsamen Werkstatt, um sie dort der Arbeitsteilung zu unterwerfen[1] so daß jeder von ihnen nur bei Teilarbeiten wie dem Schleifen, Folie schlagen, Spiegelbelegen oder Schleifen von „Facetten" beschäftigt war[2], während das Polieren der Spiegel eine Maschine besorgte.

Daneben traten Zwischenformen auf, bei denen sich die Merkmale des einen oder des anderen Weges zur Bildung von arbeitsteiligen Kooperationen nicht deutlich ausprägten, etwa bei der Großschönauer Damastweberei, deren Teilarbeiter zwar eine abgeschlossene Handwerkslehre auf ihrem Spezialgebiet absolviert hatten, aber kein selbständiges, als Ware für sich verkaufbares Teilprodukt herstellten und demzufolge auch nicht gut als Vertreter eines selbständigen Handwerks angesehen werden konnten. Vor allem aber ist auf einen, in Sachsen häufig beschrittenen und gar nicht über das Zunfthandwerk führenden Weg hinzuweisen, bei dem die Teilarbeiter, vor allem Frauen und Kinder, namentlich in der Textilindustrie, von Anfang an als solche eingestellt und für ihre Teilfunktionen angelernt wurden.
Bereits Krafft hatte sich, wie weiter vorn gezeigt wurde, mit den notwendigen Qualitäten und Funktionen des Leiters einer Manufaktur befaßt, die über die eines Handwerksmeisters hinausgingen. Der Erfolg der Manufaktur und ihre Lebensdauer hingen namentlich in den ersten Jahren ihres Bestehens sehr stark von der Geschicklichkeit ihrer Leitung ab, die Anfangsschwierigkeiten zu überwinden. Die zahlreichen Fälle, in denen sächsische Manufakturen schon kurze Zeit nach ihrer Gründung wieder eingingen, beweist dies zur Genüge. Aber gerade die im Gegensatz zum Handwerk eingetretene Trennung zwischen der Leitung des Betriebes und der körperlichen Mitarbeit im Produktionsprozeß ließen die Vorteile der Arbeitsteilung auch auf diesem Gebiete sichtbar werden und führten im Laufe der Zeit zur Heranbildung einer wendigen Klasse industrieller Kapitalisten, die im Ergreifen von Verdienstchancen ihren nichtsächsischen Kollegen kaum nachgestanden haben werden. Wie sich eine solche Qualifizierung durch Heraushebung aus dem Stand der Handwerksmeister und der Übergang zum Händler und weiterhin zum Manufacturier etappenweise vollziehen konnte, zeigt das Beispiel der Zittauer Tuchmachermeister Christian Friedrich Garbe und Friedrich August Oppelt:

Garbe und Oppelt bemühten sich nach einem Schreiben des dirigierenden Bürgermeisters der Stadt Zittau vom 4. Februar 1794 an den Kurfürsten[3] offenbar zunächst im Auftrag des dortigen Tuchmacherhandwerks um die Ausfuhr von Zittauer Tuchen nach der Levante und erreichten, daß allein in der Zeit vom

[1] Marx, Bd. I, S. 353; vgl. hierzu auch: Koslow, G. A., „Die Vorbereitung der kapitalistischen Produktionsweise". Berlin 1951, S. 31. Die Abhandlung Koslows bietet eine gute Zusammenfassung der Gedanken der Klassiker des Marxismus über dieses Gebiet.

[2] Frommhold, S. 10.

[3] Akte, Aufnahme, Loc. 5356, Vol. II, Bl. 140–146.

17. April 1792 bis zum 16. Oktober 1793 307 Stück im Werte von 17631 Reichstalern dorthin gingen. Sie nahmen die gefertigten Tücher von den einzelnen Meistern ab, ließen sie mit ihren eigenen färben und packen, besorgten die Ablieferung, nahmen das Geld dafür in Empfang und verteilten es an die Mitmeister. Für ihre Arbeit erhielten sie anfangs von jedem Stück 8 und später 12 Groschen. Im weiteren Verlaufe wandten sich verschiedene Handelshäuser in Wien mit Bestellungen direkt an Garbe, was diesem wie Oppelt vom Zittauer Handwerk sehr verübelt wurde.

Der durch die Arbeitsteilung herbeigeführte ökonomische Fortschritt bestand darin, daß der zur Herstellung der Manufakturware benötigte Zeitaufwand herabgesetzt und damit die Arbeitsproduktivität gesteigert wurde. Eine gleiche Wirkung hatte die Anwendung von Arbeitsinstrumenten[1], welche eine teilweise recht weitgehende Arbeitsteilung nach sich zog und deren Fertigung im Lande die Grundlage für die Entwicklung der später Weltgeltung erlangenden sächsischen Arbeitsmaschinenindustrie abgab.

2. *Die Arbeitsinstrumente*

Der Produktionsfortschritt der Manufaktur gegenüber älteren Betriebsformen beruhte hauptsächlich auf der Anwendung einer neuartigen Organisation des Herstellungsprozesses, während bei der Fertigungstechnik vorerst keine Änderung eintrat. Sie hatte wie im Handwerksbetrieb die Handarbeit zur Grundlage, und dieser Umstand führte dazu, daß in der Manufaktur zur Erleichterung des Arbeitsablaufs anfangs die gleichen Arbeitsmittel Verwendung fanden wie in den zünftigen Werkstätten[2]. Neuerungen auf diesem Gebiete erfolgten in Deutschland nur langsam, und Bodemer hebt zum Beweis dafür hervor, daß es Jahrhunderte bedurft hätte, bis man von der Handspindel zum Spinnrad und nach Verlauf von wiederum ebenso langer Zeit zur Spinnmaschine übergegangen sei[3]. Trotzdem lagen die Voraussetzungen für einen Fortschritt in bezug auf die Entwicklung und Verwendung von Arbeitsinstrumenten in Sachsen günstiger als anderswo. Mit den im Erzbergbau auf mechanischem Gebiet gesammelten Erfahrungen war ein großer Teil der Bevölkerung durch ihre Beschäftigung in den Gruben bekannt geworden, und als es für die meisten von ihnen galt, nach dem Verfall des Bergbaus eine andere Beschäftigung aufzunehmen, kam ihnen das Vertrautsein mit dem Gebrauch technischer Hilfsmittel zugute.

Für die zweite Hälfte des 18. Jahrhunderts ist ein verstärkter Einsatz zugleich verbesserter Arbeitsinstrumente feststellbar. Zu derartigen Maßnahmen zwang allein schon die in diesem Zeitalter bedeutend gewachsene ausländische Manufaktur- und Fabrikkonkurrenz. Hinzu kam, daß der Staat diese Entwicklung durch Prämien förderte, von denen beispielsweise die seit 1764 ausgesetzten Belohnungen für neuaufgestellte Strumpfwirkerstühle einen beachtlichen Erfolg hatten[4]. Die

[1] Marx, Bd. I, S. 357.
[2] Siehe Abschnitt: „Die technische Eignung des sächsischen Manufakturarbeiters".
[3] Bodemer, S. 8.
[4] Siehe Kapitel I, „3. Anwerbung und Zuzug fremder Manufacturiers".

letzten derartigen Maßnahmen fielen bereits in die beginnende Fabrikperiode und betrafen fast durchweg Arbeitsinstrumente der Textilproduktion.

So sicherte das Avertissement vom 20. Februar 1800 denen eine Prämie von 10 bis 50 Talern zu, „die in der Fertigung und dem Gebrauch bisher üblicher Manufactur-Materialien und Geräthschaften, neue nützliche Veränderungen oder Vortheile der Arbeit ..."[1] anzeigen würden. 30 Taler erhielt der Verfertiger von Tuchscheren versprochen, die ein Jahr benutzbar blieben, und 25 Taler waren für „Schmelztiegel, Schwefelröhren oder Retorten von inländ. Materialien" vorgesehen, wurden bis zum Jahre 1806 aber nur einmal in Anspruch genommen.
In Sachsen bestand vor allem Mangel an guten Krempeln. Es wurde deshalb eine Prämie in Höhe von 40 Talern zur „Nachahmung französischer Krempeln, besonders der aus Rouen, für Schaf- und Baumwollenspinnereien" ausgeworfen, die sich ein Chemnitzer Fabrikant namens Fischer verdiente, ohne allerdings das ausländische Vorbild völlig erreicht zu haben[2]. Die Preisaufgabe wurde deshalb im Avertissement vom 22. Februar 1820 für die Jahre 1820–1825 nochmals gestellt und die Belohnung dafür auf 50–100 Taler erhöht[3]. Das gleiche Preisausschreiben steigerte den Anreiz zur Fertigung „tüchtiger" Tuchscheren und feinen Krempeldrahts, indem es höhere Prämien – für die Scheren 200 und für den Draht 100–200 Taler – festsetzte.
Außerdem regte die Prämienkasse mit einer Belohnung von 30 Talern den Bau von Webstühlen für Spritzenschläuche im ganzen an, die bis dahin aus der zum Herzogtum (nicht Kurfürstentum) Sachsen gehörenden Stadt Weimar eingeführt werden mußten, da sich in Sachsen nur ein einziger, im Chemnitzer Gewandhaus aufgestellter Schlauchwebstuhl befand[4].

Für die Manufakturperiode fehlen eindeutige Zusammenstellungen über die Gesamtzahl der in den einzelnen Produktionszweigen verwendeten Großinstrumente, wie sie über den Einsatz von Maschinen bereits für die erste Zeit nach ihrem Aufkommen vorliegen. Werden Angaben gemacht, so umfassen sie in der Regel außer den Manufakturen auch die Handwerksbetriebe und sind deshalb für die hier zu stellende Frage, inwieweit die menschliche Arbeitskraft in der arbeitsteiligen Kooperation eine Steigerung ihrer Produktivität durch Verwendung von Arbeitsinstrumenten erfuhr, nicht zu gebrauchen. Es bleibt deshalb nur übrig, sich darüber wie über den Einsatz vervollkommneter Werkzeuge in der sächsischen Manufakturwirtschaft eine Vorstellung an Hand von Einzelangaben zu verschaffen.
Bei der starken Verbreitung der Textilproduktion in Sachsen waren die technischen Vorrichtungen zur Erleichterung des Spinn- und Webprozesses besonders zahlreich, und da sich hier im Laufe der Jahrhunderte Sonderzweige der Faserverarbeitung herausgebildet hatten, waren auch die Arbeitsinstrumente dieser Differenzierung gefolgt. Die Spezialwebstühle zum Wirken von Damast[5], Strümpfen und

[1] Akte, Aufnahme, Loc. 5356, Vol. II, Bl. 208/10.
[2] Ebenda, Bl. 264.
[3] Akte Loc. 6598, Bl. 220.
[4] Akte, Aufnahme, Loc. 5356, Vol. II, Bl. 264.
[5] Kunze, Entwicklung, S. 36. Nach Kunze waren die Großschönauer Stuhlbauer bereits 1737 „in der Lage, Zugstühle für Bildgewebe bis zu einer Breite von $3^1/_2$ Meter zu bauen. Einige Jahrzehnte später hatten sie für besonders feine Damaste einen Spezialwebstuhl konstruiert, der 350 Rthr. kostete und nicht weniger als 7 Arbeitskräfte zur Bedienung verlangte".

Spritzenschläuchen im ganzen wurden bereits früher erwähnt. Zu ihnen traten die Bandwebstühle, die anfangs nur eingängig waren und deren Schütze „unmittelbar mit der Hand“[1] bewegt werden mußte, bis zu Beginn des 18. Jahrhunderts Johann Christoph Hennig in Großröhrsdorf die mehrgängigen (mit 4 bis 16 Gängen) einführte, über deren Schicksal die späteren Ausführungen Aufschluß geben. Außer der Entwicklung von Spezialwerkzeugen war ein erheblicher technischer Fortschritt auch bei den Arbeitsmitteln der allgemeinen Weberei und Spinnerei zu verzeichnen. Allein schon der Übergang von der Handspindel – die allerdings in der Oberlausitz für die Herstellung feiner Leinensorten noch bis ins 19. Jahrhundert beibehalten wurde[2] – auf das gewöhnliche und das zweispulige Rad brachte eine beträchtliche Steigerung der Arbeitsproduktivität.

Wie die Landes-Oeconomie-, Manufactur- und Commercien-Deputation in ihrem Hauptbericht auf das Jahr 1793 mitteilte, wurde um diese Zeit „zur Feinspinnerey ... der Gebrauch des Westphälischen Spinnrades nach einem aus Westphalen erhaltenen Proberade eingeführt ...“[3].

Auch das Weben erfuhr im letzten Drittel des 18. Jahrhunderts eine erhebliche Verbesserung durch den Einsatz leistungsfähiger Stühle.

Naumann berichtet in seiner 1789 erschienenen Topographie[4], man habe in Neustadt (oder Neustädtel) bei Hohenstein „ganz neue drey Ellen breite Stühle, und auf solchen muß durch zween Menschen gewirkt werden“.

Die zahlenmäßige Größe der in der sächsischen Textilproduktion zum Spinnen verwendeten Arbeitsinstrumente läßt sich allein schon an dem Umstand ermessen, daß im Chemnitzer Bezirk, dem Mittelpunkt des sächsischen Textilgewerbes, noch 1799, mithin bereits zur Zeit der ausgehenden Manufakturperiode, „nicht weniger als ca. 15000 Menschen mit Handspinnerei beschäftigt“ waren[5]; selbst in den Jahren 1793 und 1794 wandte sich eine nicht geringe Zahl von Webern und Wirkern, die eine Zeitlang keine englischen Garne bekommen konnten und arbeitslos geworden waren, „der Hand-Maschinen-Spinnerey“ mit dem Erfolg zu, daß dort seit 1793 über 4000 derartige Apparate neu in Betrieb kamen. Entsprechend groß war der Einsatz von Webstühlen im Lande[6].

Die Großschönauer Damastmanufakturen verfügten zum Beispiel 1801 über 731 gangbare Stühle[7].
Auf den zur Stadt Zittau gehörenden Dörfern zählte man nach Wieck[8] „im Jahre 1725 an 3704 Stühle, auf denen Leinwand gewebt wurde“[9].

[1] Praßer, S. 179.
[2] Rößig, Produkten, S. 233.
[3] Akte Loc. 5344, Vol. IX, Bl. 20; über die Verbesserung der Bautzener Tuchmacherei nach dem Übergang zum Spinnen auf dem großen Rad siehe Addreßbuch, Lausitzen, S. 6 u. 7.
[4] Naumann, S. 221.
[5] Meerwein, S. 18; siehe auch Rößig, Produkten, S. 226.
[6] Die Angaben darüber lassen oftmals nicht mit Sicherheit erkennen, ob es sich bei ihnen schon um Maschinen oder nur um Werkzeuge handelte.
[7] Wieck, S. 153.
[8] Ebenda, S. 233.
[9] Eine Zergliederung nach Handwerksbetrieben und zerstreuten Manufakturen ist leider nicht möglich.

„Die Parchent-Manufactur zu Suhl hat im Jahre 1793 zusammen über 590 Weberstühle gangbar und überdem noch mehr als 200 Stühle außer Landes für Rechnung Suhlaer Parchent-Verleger beschäftigt“[1].

Auch einige Samt herstellende und Seide verarbeitende Manufakturen verfügten über eine stattliche Zahl von Großinstrumenten zur Erleichterung des Arbeitsprozesses.

So hatte die „mit den franz. Manufacturen weniger in Concurrenz kommende Stiehlersche Samt-Manufactur zu Leipzig ... im Jahre 1793 ... 40 Stühle im Umtrieb erhalten“[2].
Weiterhin meldet der Jahresbericht des Landes-Oeconomie-, Manufactur- und Commercien-Deputation für 1793, daß „Böhmens zu Burgstädt Fabrikation seidener Tücher auf 28 bis 29 Stühlen und Bischofs zu Leipzig Seiden- und Halbseiden-Waaren-Fabrikation auf 14 Stühlen in vorigen Maße fortgesetzt, und letztere gegen Ende 1793 sogar noch um 2 Stühle, also bis auf 16 Stühle erweitert worden“[3].
Schließlich wird in diesem Bericht erwähnt, daß die „Eschische Seidenstrumpffabrikation zu Limbach, welche überhaupt mit jedem Jahre ihrem Untergang schneller entgegen zu eilen scheint, ... im Jahre 1793 anderweit um 12 Stühle, nämlich von vorherigen 54, bis auf 42 abgenommen“ habe[4], mithin zur Zeit ihrer Blüte außerordentlich gut mechanisiert gewesen sein muß. Ebenfalls bedeutend war die Verwendung von Arbeitsinstrumenten beim Kattundruck und zwar in Gestalt von Drucktischen, Druckformen und Druckpressen, über die der Abschnitt „Die Baumwollenmanufakturen“ Angaben enthält.

Die massenhafte Verwendung von Arbeitsinstrumenten bei der Herstellung von Gespinsten führte dazu, daß in Sachsen schon sehr früh mit der Anfertigung dieser Werkzeuge begonnen wurde. So baute man in den um 1650 als Exulantensiedlungen gegründeten Orten Ober-, Nieder- und Kleinneuschönberg bei Olbernhau Strumpfweb- und Wirkstühle, und es wird auch der Chemnitzer Kaufmann Theunert genannt, der solche Stühle zuerst bezog[5]. Um 1660 kam die Strumpfstuhlbauerei auch in Claußnitz bei Mittweida auf, ohne sich dort aber auf die Dauer halten zu können. 1784 gingen die Schönberger Strumpfstuhlbauer zur Anfertigung verschiedener Arten von Stühlen über[6], wie die zweite Hälfte des 18. Jahrhunderts auch auf anderen Gebieten der sächsischen Arbeitsinstrumentenproduktion eine Vervollkommnung der alten Geräte und auch Neukonstruktionen zu Tage brachte.

1764 erfanden einige Falkensteiner Weber einen Webstuhl, „der darauf berechnet war, die gezogenen und geblümten Musseline besser und für größeren Bedarf genügend herzustellen“[7], und dessen Preis nach Bein 31 Taler, 6 Groschen, 6 Pfennige betrug.

[1] Akte Loc. 5344, Vol. IX, Bl. 76; auch für diese Angabe trifft die Bemerkung in der vorstehenden Fußnote zu.
[2] Ebenda, Bl. 85.
[3] Ebenda.
[4] Ebenda, Bl. 86.
[5] Gebauer, II, S. 178.
[6] Ebenda.
[7] Bein, Louis, „Die Industrie des sächsischen Voigtlandes. Wirthschaftsgeschichtliche Studie. Zweiter Theil. Die Textil-Industrie.“ Leipzig 1884, S. 100; Akte, Landes-Oeconomie-, Manufactur- und Commercien-Deputation, Loc. 5356, Vol. I, Bl. 36, 103.

In Großhennersdorf in der Oberlausitz wurde zum Weben von „Catinate, oder drey Ellen breit baumwollen Zeug ... ein besondrer Weberstuhl inventirt ..., der durch Federn getrieben wird, worauf eine Person so viel als zwo verfertigen kann. Von ordinairen und guten Weberstühlen, die von dort aus nach Görlitz, Budißin, und sofort verkauft werden, kostete vordem das Stück 8 Thaler, gegenwärtig dreyzehn, und zwar vom hartem Holze“[1].

Für die Herstellung derartiger Arbeitsmittel spielte wie später bei den Maschinen vielfach auch das ausländische Vorbild eine maßgebliche Rolle.

1794 förderte der Amtmann von Grünhain und Stollberg die Einführung des Westfälischen Spinnrades in seinem Verwaltungsbezirk dadurch, daß auf sein Betreiben „allhier dergleichen Räder nach dem aus Westphalen erhaltenen Proberade gefertiget werden“[2].
Zu Leisnig stellte Johann Gottlieb Strietmann Tuchmacherkämme, Baumwollkartätschen und Streichen „zum holländischen Spinnen und Hutmachkratzen“ her[3].

Daß in Sachsen vor allem bei den Arbeitsprozessen der Textilproduktion – wie schon aus den wenigen Beispielen zu erkennen ist – eine derart große Zahl von Werkzeugen Anwendung fand, ist nicht zuletzt eine Folge wie gleichzeitig die Ursache davon, daß deren Preise äußerst niedrig waren.

Bein erwähnt, daß um die Mitte des 18. Jahrhunderts ein hölzernes Spinnrad, das eine Lebensdauer von 12 und mehr Jahren besaß, 6 Groschen und 4 Spindeln dazu 3 Pfennige kosteten[4]. Der Preis für einen Wirkstuhl aus Holz mit eisernem Zahnrade zum Spannen der Kette betrug $2^1/_2$ bis 3 Taler, der für zwei Schützen mit Eintragspulen nebst Rohr- und Zwirnblatt $1^1/_2$ Taler.

Der Manufakturbetrieb kannte die Verwendung von Arbeitsmitteln auch in anderen Produktionszweigen. Teilweise begnügte er sich mit der Benutzung der schon in den Werkstätten der Zunftmeister gebräuchlichen Instrumente, nicht selten jedoch schuf er sich neue Geräte, die dem zerlegten Arbeitsprozeß besser angepaßt waren.

So führte die Meißner Porzellanmanufaktur, um dafür ein Beispiel für viele zu geben, 1821 eine Presse ein, welche die Kapseln, in denen das Porzellan gebrannt wurde, besser formte, als dies bis dahin bloß mit der Hand möglich war[5].

Die Manufakturperiode entwickelte, wie Marx[6] schrieb und bereits im Abschnitt über „Kooperation, Arbeitsteilung und Manufaktur“ erwähnt wurde, „sporadisch auch den Gebrauch von Maschinen namentlich für gewisse einfache erste Prozesse, die massenhaft und mit großem Kraftaufwand auszuführen sind“[7]. Auch auf diesem

[1] Naumann, S. 125.
[2] Akte, Loc. 5344, Vol. IX, Bl. 130.
[3] Naumann, S. 187.
[4] Bein, II, S. 51 u. 52.
[5] Wieck, S. 285.
[6] Marx, Bd. I, S. 365.
[7] In seinem Werk über die „Industriellen Zustände Sachsens“, S. 26, beschäftigt sich Wieck bereits 1840 mit den Voraussetzungen des Ersatzes der Handarbeit durch Maschinenarbeit. Er stellte fest, „daß Maschinen nur da sich einheimen und eine alte Arbeitsweise verdrängen und vernichten, wo es 1. sich um Herstellung einfacher sich

Gebiete profitierte die sächsische Manufakturwirtschaft von den Jahrhunderte alten, im Erzbergbau bei der Nutzanwendung der Mechanik gemachten Erfahrungen[1]. Nach Bodemer holte man sich schon vom 16. Jahrhundert an in Freiberg Rat und Belehrung, „wenn die Anlage von Kunstgezeugen und Wassergetrieben ... in Rede stand"[2].

Das Wasser spielte als Antriebskraft bei den in Sachsen verwendeten Maschinen bis weit ins 19. Jahrhundert hinein die Hauptrolle. Es stand für den damaligen Bedarf anfangs mit dem erforderlichen Druckgefälle und in ausreichender Menge an zahlreichen Orten des Landes zur Verfügung.

Marperger berichtete 1718 darüber: „... Die übrigen Städte insgesamt liegen an Flüssen oder starcken Bächen, die ihnen zu ihrer Nahrung und Manufacturen sehr zuträglich seyn als Chemnitz an den Wasser so gleichen Nahmen, führet, Hayn [jetzt Großenhain] an der Rhöder, Borna an der Wira, was die kleine Weiseritz der Stadt Dreßden, und ihren daran liegenden Handwercksleuten, Pulver-Pappier- und Polier-Mühlen, Eisen-Hämmern, Korn- und Walckmühlen vor Nutzen schaffe ist bekannt"[3].

Zu den technischen Vorteilen traten ökonomische, welche die Ausnutzung der Wasserkraft durch Maschinen lohnend machten, vor allem war es die steigende Arbeitsproduktivität bei gleichzeitigem Rückgang der Anlage- und Betriebskosten im Vergleich zu dem Aufwand des Handarbeitsprozesses, selbst wenn dieser durch Werkzeuge unterstützt wurde.

In Plauen benutzte man seit der ersten Hälfte des 18. Jahrhunderts an Stelle der einfachen Wäschemangeln zum Glätten der Nesseltücher die verbesserte holländische Mangel[4]. Die dazu „erforderlichen Wasserräder und 3 hölzernen Walzen, auf deren einer der zu mangelnde Stoff aufgerollt wurde, kosteten 80–90 Reichsthaler", nach Bein „ein mäßiger Preis für diese komplizierte und vorgeschrittene Einrichtung". Zur Bedienung der holländischen „Mandel" waren nur zwei Personen nötig, „deren eine das Anhalten und Anlassen der Räder, die

wiederholender Bewegung handelt, wo 2. große Kraft oder nicht zu unterbrechende Geschwindigkeit gefordert wird". Dagegen kann nach ihm die Maschine nie „einen herrschenden, die frühere Arbeitsweise vernichtenden, wenn auch umgestaltenden, Platz einnehmen, sondern die Menschenhand und der beurtheilende leitende Menschengeist werden stets die Oberhand behalten", wenn das Produkt „1. in stets wechselnden Mustern und Formen besteht, wo 2. wenig Kraft, mehr beurtheilende Ruhe und Sicherheit als einförmige Geschwindigkeit von Nöthen ist, endlich 3. wenn die Bewegung, die das Erzeugniß hervorbringt, jeden Augenblick eine neue anders gerichtete sein muß, in solchen Arbeitsfächern, wenn sich für dieselben auch erleichternde Werkzeuge benutzen lassen".

[1] Im Bergbau wurden 1497 die ersten Kunstgezeuge angelegt; vom Jahr 1504 datiert der erste bekannte Pferdegöpel in Schneeberg, dem 1512 die Pochwerke und 1550 die Stangenwerke folgten (sämtliche Angaben sind entnommen Bodemer, S. 3).

[2] Ebenda.

[3] Marperger, Abriß, S. 26.

[4] Auf der Chemnitzer Bleiche wurde im 15. Jahrhundert, um der Leinewand Glanz zu geben, eine Mangel benutzt, die wie die einfache Wäschemangel unter die Werkzeuge zu rechnen ist. Die „Mandel" erhielt ihren Antrieb durch ein Tretrad, in dem drei oder vier „Knechte, Jungfrauen oder Frauen" liefen und dadurch „den auf einem ‚Tisch' über runde Hölzer (Docken) gleitenden, mit schweren Steinen belasteten Mandelkasten in Bewegung" setzten (Zöllner, S. 125).

andere aber das Ein- und Durchziehen des Stoffes zwischen den Walzen und das Verhüten von lästigen Faltenbildungen zu besorgen hatte". Pro Tag konnten auf dieser Mangel 400 Stück Waren „gemandelt" werden[1].

Der Einsatz von Maschinen für gewerbliche Zwecke reicht in Sachsen bis ins Mittelalter zurück, wenn von den Wassermahlmühlen abgesehen wird, deren Geschichte sich vermutlich in noch weiter zurückliegende Zeiten verliert. Zwei Gattungen von Textilmaschinen waren es vor allem, die man bereits damals kannte und die ihre Bedeutung bis in die Neuzeit hinein bewahrten: Die Walckmühle und der Bandmühlenstuhl, der nach Marx[2] „Vorläufer der Spinn- und Webmaschinen, also der industriellen Revolution des 18. Jahrhunderts" war.

Die Chronik von Chemnitz registriert den Betrieb von Walckmühlen bereits für das 15. Jahrhundert[3], wobei zu fragen ist, ob dies tatsächlich die ersten waren. Auch zu der dortigen Bleiche gehörten zwei derartige Maschinen, die nach Zöllner[4] „aus 4 oder 8 durch das Mühlrad abwechselnd, wie bei einer Oehlmühle, in Bewegung gesetzten Stampfen" bestanden, „welche die in entsprechend angebrachten Löchern eines Klotzes liegende, zuerst mit Potaschenlauge, dann mit Wasser begossene Waare bearbeiteten". In der Folgezeit wurde die Zahl der Walckmühlen im Lande immer größer. Sie fanden Eingang bei den neuerrichteten Tuchmanufakturen – so in der 1579 von Cramer von Claußbruch in Meuselwitz bei Leipzig errichteten[5] und im Tuchmacherhandwerk, das sie gemeinsam betrieb. Gegen Ende des 18. Jahrunderts ist für alle bedeutenderen Tuchmacherorte Sachsens, wie Bautzen und Oschatz[6], die Existenz von Walcken feststellbar; zahlreiche dieser Orte verfügten außerdem noch über Farben- und Gerberwalkmühlen.

Die Bandmühlenstühle kamen gegen Ende des 16. Jahrhunderts auf[7] und vermehrten sich in Sachsen wie in Deutschland überhaupt so stark, daß die Bortenhandwirker nach einem Verbot der Anwendung dieser neuen Erfindung verlangten. Dieses erfolgte im Reichsmaßstab durch ein Edikt Kaiser Leopolds vom 19. Februar 1685, nachdem der Landtagsabschied vom Jahre 1676 für Sachsen dem gemäßigteren Vorschlag der „Landschafft" zugestimmt hatte, „... die durchgehende Einführung der Mühl-Stühle, hier im Lande noch zur Zeit zwar nicht zu verstatten, jedoch aber zu Neu-Ostra bey Fabricirung der Manufacturen iezo und künfftig zu behalten, und nicht zu verwehren"[8]. In diesem Edikt wurden zunächst die günstigen und die nachteiligen Folgen der zunehmenden Verwendung von Bandmühlen aufgezählt:

[1] Bein, II, S. 52.
[2] Marx, Bd. I, S. 450 u. 451.
[3] Zöllner, S. 120, 124 u. 125.
[4] Ebenda.
[5] Sächsische Kommission für Geschichte, S. 15 u. 16.
[6] Addreßbuch, Lausitzen, S. 8; Addreßbuch, Obersachsen, S. 249; Beust, Friedrich, Graf von, „Historische und statistische Aufsätze über die Sächsischen Lande." Erster Band, Altenburg 1797, S. 61.
[7] Bodemer, S. 11.
[8] Acta, „Die Schnur-Mühlen oder Mühl Stühle, darüber sich die Borten-Würcker und der Graf v. Hanau beim Reichstage beschweren, betr.", Anno 1678. 80. 85. 86. 1708. 12. 14. 16. 19. 20.; LHA, Loc. 5326, Bl. 1.

„Die vor einiger Zeit im Römischen Reich inventirte und denen Commercien wegen der mit leichter und bequemer Mühe durch wenigere Persohnen / auch dahero mit geringeren Unkosten in mehrere Menge zu verfertigstehender Arbeiten / sehr nützlich und vorträglich scheinende Schnurmühlen" haben „nunmehr dergestalten überhand genommen / daß nicht allein dardurch gedachtes sich sonsten im Röm. Reich in großer Anzahl befindliche Schnurmacher und Passamentirer Handtwerck von Tag zu Tag abnehme / und so gar zu Boden geworffen werden wolle, sondern auch so viel tausend Persohnen und gantze Familien an den Bettelstab / und dahin gebracht werden / daß sie bey ermangelnder ausser dieses von Jugend auff von ihnen erlernten Handwercks anderwertiger Nahrung und Gewerbs nicht nur denen Herrschafften und Obrigkeiten Gebührnüssen nicht einhalten können / sondern auch theils derselben gar in die Spithäler kommen / und also die Herrschafftliche Renthen und Einkommen mercklichen Schaden leyden / Herentgegen deren Onera und Aufflagen sich vermehren und häuffen / und dergestalten gegen Ernehrung einer Persohn wohl sechzehen andere zu Grund gerichtet / und dem gemeinen Wesen und Besten untauglich gemacht werden müssen / andere mehr bey solcher Beschaffenheit unter denen Handwerckeren und Unterthanen schädtliche Zerrüttung und Empörung zu geschweigen; Gleich wie aber ia genauer dieses Wercks Untersuchung so viel in Erfahrenheit gebracht worden / daß der durch eingangs gedachte Mühlstühle vermeinte Nutz- und Vorträglichkeit nicht allein nicht befindlich / sondern auch die in demselben fabricirte Arbeit / an der Wehrung und Güte selbsten der Ordinari Schnürmacher und Passamentirer / so nur ein Stück allein auff ein mahl von einer eintzigen Persohn gemacht wird / Handarbeit weit weichet und nachgiebt / und der gemeine Mann / welcher nur auf das äußerliche Pretium das absehen zu nehmen pfleget / nicht wenig gefehret / und in effectu in mehrere Unkosten eingeführet wird ..."

Dieser Begründung schloß sich im Edikt das Verbot an, das sich auf die Benutzung der Mühlstühle sowie auf die Einfuhr und den Verkauf der darauf gefertigten Waren erstreckte. Als Strafen bei Zuwiderhandlungen waren im kaiserlichen Befehl die unnachsichtige Konfiskation der Mühlstuhlwaren und die Schließung der mit ihnen handelnden Kramläden auf ein halbes Jahr vorgesehen und eine „Geld- oder Leibs-Straffe" angedroht. Am 9. Februar 1719 erneuerte Karl VI. auf Antrag der Augsburger Posamentierer dieses Verbot, und auch Sachsen folgte ihm; die am 29. Juli 1720 erlassene Generalverordnung gestattete jedoch den Bandwebern, die bis dahin auf Mühlenstühlen gearbeitet hatten, dies auch fernerhin und bis an ihr Lebensende zu tun[1].

Die Folge der zugunsten des Zunfthandwerks befohlenen Unterdrückung des technischen Fortschritts bei der Bandwirkerei war, daß Sachsen seinen Nachbarn gegenüber, die es mit dem Reichsverbot offenbar nicht so genau nahmen, auf diesem bei der damaligen Mode recht wichtigen Gebiete ins Hintertreffen kamen.

Die Landes-Oeconomie-, Manufactur- und Commercien-Deputation machte jedenfalls mit Schreiben vom 2. Mai 1764 den Administrator Xaver darauf aufmerksam, daß die „Seidenbandmanufakturen" und der Bandhandel „noch gar sehr in hiesigen Landen unbearbeitet" seien, ganz im Gegensatz zu Preußen, wo allein die Magdeburger Bandmanufaktur jährlich 60–80000 Taler „in Umtrieb sezet"[2].

[1] Akte, Schnur-Mühlen, Loc. 5326, Bl. 21, 22.; siehe auch Cod. Aug. I, p. 1927.

[2] Acta, „Die in hiesigen Landen zu gestattende Errichtung derer Band-Schnur-Mühlen betr. Generale vom 20. März 1765", Anno 1764–68, sequ. 1810; LHA, Loc. 5356, Bl. 1.

Auf einer einzigen Messe ginge „mehr als eine Tonne Goldes für Band außer Landes", und zwar an Händler aus Arnstadt, Magdeburg, Iserlohn und der Schweiz. Zu diesem Betrage käme noch das Geld für die Einfuhr leinener, wollener und florettseidener Bänder aus Köln, Berloh und Erfurt. Die Deputation schlug Xaver deshalb vor, die Konzession zur Errichtung einer „Band-Mühlen-Manufactur" zu erteilen, auf dem Reichstage die Aufhebung des kaiserlichen Mandats zu veranlassen und die generelle Erlaubnis zur Einführung von Bandstühlen zu geben, zumal sich viele Posamentierer bereit erklärt hätten, solche anzuschaffen.

Das Generale zur Wiedereinführung der Bandmühlen vom 20. März 1765 machte dieser Benachteiligung Sachsens ein Ende[1]. Es räumte den Posamentiererinnungen, um das Handwerk in seinem Bestand nicht zu gefährden, das Vorrecht ein, Bandmühlen zu errichten. Diese mußten sich binnen Monatsfrist nach Veröffentlichung des Generalis erklären, ob und wann sie solche anlegen wollten, „wiedrigenfalls die Errichtung der Schnurmühlen sodann auch andern Personen außer ihrer Innung eo ipso gestattet seyn" sollte[2]. Gleichzeitig setzte der Staat zur Förderung ihrer Anlage Prämien aus, die anfangs bei 30 Talern pro Mühle lagen[3], und bis zum ersten Drittel des 19. Jahrhunderts wesentlich erhöht wurden.

Das Avertissement der Prämienkasse vom 14. Oktober 1816 für die Jahre 1817–19 sah in seinem § 16 eine Belohnung von 100 Talern für den vor, der „eine oder mehrere Band- und Schnur-Mühlen anlegt, worauf fünfzehn Stück glattes, seidenes Band von guter Qualität zu gleicher Zeit gefertigt werden können, und diese Mühle oder Mühlen wenigstens Ein Jahr lang fortwährend im Umtrieb erhalten hat"[4].

Diese Prämie hatte jedoch einen so geringen Erfolg – sie wurde lediglich einmal in Anspruch genommen –, daß sie der Staat im Avertissement vom 22. Februar 1820 für die Jahre 1820–25 abermals verdoppelte[5].
Gegen die Einführung der Bandmühlen erlebte, wie Marx schrieb, „ziemlich ganz Europa ... während des 17. Jahrhunderts Arbeiterrevolten"[6]. Auch in Sachsen traten solche Protestbewegungen auf, aber hundert bis hundertfünfzig Jahre später und von Handwerksgesellen ausgehend. Ihr Schauplatz war Annaberg im sächsischen Erzgebirge und das ihm benachbarte Wiesenbad.

Dort hatte am 24. November 1797 beim Gerichtsverwalter ein Bandmacher aus Wien namens Freytag darum nachgesucht, auf seinem mitgebrachten Mühlenbandstuhl arbeiten zu dürfen, was ihm von der Obrigkeit gemäß dem Generale vom 20. März 1765 auch zugesagt wurde. Freytag handelte offenbar im Auftrag der Annaberger Kauf- und Handelsherren Benedict und Johann Friedrich May, die ihn vermutlich bevorschußt hatten, „um zu erproben, wie die hiesige Band-

[1] Marx, Bd. I, S. 450.
[2] Akte, Landen, Loc. 5356, Bl. 1; Siegel, Eduin, „Zur Geschichte des Posamentiergewerbes mit besonderer Rücksichtnahme auf die erzgebirgische Posamentenindustrie. Nach zahlreichen gedruckten und handschriftlichen Quellen – mit 18 Abbildungen." Annaberg 1892, S. 103flg.
[3] Akte, Aufnahme, Loc. 5355, Vol. I, Bl. 151.
[4] Akte Loc. 6598.
[5] Ebenda.
[6] Marx, Bd. I, S. 450.

weberei" durch die Einführung von Mühlenstühlen „vervollkommnet und konkurrenzfähig gemacht werden könne"[1]. Nur kurze Zeit verging, und schon waren am 28. Dezember 1797 nach einem Bericht des Hauswirts von Freytag „gegen 3 Uhr des Nachmittags ohngefähr 100 Posamentirer Gesellen aus Annaberg heraus ins Wiesenbad gekommen, und hatten durch eigenmächtige Einbrechung in sein Hauß und zum obern Fenster hinein in die oberst Stube ein darinen gelegenes Rad, so sein bisheriger Hausgenoße, Freitag, ein Mühlenbandarbeiter ... gehörig gewesen, hinweggenommen und nachdem sie ihm vieles an dem Hauß ruiniert, mit solchem Rad ... auch von dannen gegangen", um nach ihren Äußerungen die Mühle zu „demoliren"[2]. Im Verlaufe einer sich anschließenden Schlägerei zwischen Wiesaer Gerichtsschöppen und Einwohnern auf der einen und den Annaberger Posamentierern auf der anderen Seite gelang es den Wiesaern, sechs Posamentierer zu „arretiren" und ins dortige Gefängnis zu bringen. Mit dem Rad, das lediglich einen Teil seiner Bandmaschine darstellte, und von Freytag in Wiesenbad zurückgelassen worden war, zogen die Posamentierer nach Annaberg zurück, wo sie sich in den Gesellenherbergen versammelten und unter Androhung von Gewalt die Freilassung ihrer inhaftierten Mitgesellen forderten. Da sowohl die Stadtbehörde als auch die Ober- und Vormeister des Annaberger Posamentierhandwerks weitere und größere Ausschreitungen befürchteten. setzte man die inhaftierten Gesellen gegen ihr Handgelöbnis und eine Bürgschaft des Handwerks von 100 Talern wieder auf freien Fuß.

Soweit sie nicht überhaupt die geplante Absicht der Wegnahme dieser Maschine bestritten, erklärten die Gesellen bei ihrer Vernehmung, nicht davon gewußt zu haben, daß auf Mühlstühlen gearbeitet werden dürfe, die so schädlich für das Posamentierhandwerk seien. Sie empfänden eine Strafe als verdient, bäten aber darum, daß diese „auf äußerste in eine leidliche Geldstrafe verwandelt" werde. Das Gerichtsverfahren fand seinen Abschluß damit, daß der Kurfürst die Gesellen am 7. Juni 1789 begnadigte, sie aber „ernstlich" verwarnen und den entstandenen Schaden tragen ließ. Die Höhe des von Freytag am 17. Januar 1798 beim Gerichts-Direktor von Annaberg angemeldeten Schadenersatzanspruchs zeugt von dessen bzw. seiner Hintermänner Geschäftstüchtigkeit ebenso wie von der durch die gerichtliche Auslegung ihrer Handlungsweise als Aufruhr eingeschüchterten Posamentierer. Freytag meldete einen ihm durch „Einfall und Zertrümmerung des eigenthümlich gehörigen Band Mühlenstuhls" entstandenen „Schaden von wenigstens 500 Gulden nämlich 400 Gulden für den Stuhl einschl. der Transportkosten und 100 Gulden Versäumniß, nur auf 10 Wochen Gesellenlohn berechnet". Außerdem machte der Hauswirt Freytags den Posamentierern gegenüber noch einen Schaden von 7 Reichstalern 18 gr 6 Pf für versäumte Arbeit und anderes geltend. Freytag selbst zog daraufhin nach Berggießhübel, und die Akten wissen zu berichten, daß sich auch dort die Posamentiererinnungen von Radeberg, Wehlen und Dohna über ihn beschwert haben. Die Angelegenheit wurde sogar vor den Kurfürsten gebracht; mit welchem Erfolg, ist aber nicht bekannt.

Es mutet wie die Wirksamkeit einer revolutionären Tradition an, daß sich die Posamentierer desselben Ortes fünfzig Jahre später trotz der schmerzlichen Erfahrungen ihrer Großväter gegen die vermeintliche Existenz einer Trillier-Franzen-

[1] Siegel, S. 111; Acta inquisitionis, „Christian Friedrics Reymann und Consorten Posamentier Gesellen zu Annaberg in peto wegen geschehener Zusammenrottirung gewaltsamen Eindringens in hiesige Juris Diction und Wegnehmung einer Mühlen-Band-Maschine; ergangen vor dem Hoch Reichsgräfl. Wallwizl. Gerichten zu Wießa", Amtsgericht Annaberg Nr. 30; LHA.

[2] Ebenda.

Maschine wandten, die bei Eisenstuck & Co., der gleichen Firma aufgestellt worden sein sollte, welcher ehedem der Annaberger Handelsherr Benedikt angehört hatte[1].

Nach dem Bericht des Polizeiwachtmeisters Hirsch versammelten sich am 9. November 1846 nachmittags „ohne vorherige Erlaubniß des Stadtrates eine große Anzahl Posamentierermeister u. Gesellen“ auf der Annaberger „Posamentierherberge theils aus Annaberg, Buchholz und Schlettau. Der Zweck dieser Versammlung war, die bei Eisenstuck u. Co stehende Trilliermaschine schier zu vernichten oder unschädlich zu machen“. Der Impuls zu dem Vorgehen der Posamentierer ging – wie die Prozeßakten berichten – lediglich von einem Gerücht über das Vorhandensein einer solchen Maschine in der vorgenannten Firma aus, „die viel Arbeitskräfte entbehrlich machen und Brodlosigkeit“ unter der großenteils aus Posamentierern bestehenden Bevölkerung herbeiführen sollte. Eisenstuck, der von den Absichten der Posamentierer erfahren hatte, schickte in die Herberge und bot an, daß eine Deputation aus den Reihen der Posamentierer seine Räume untersuchen und sich von dem Nichtvorhandensein einer derartigen Maschine überzeugen möge. Dieses erfolgte, und der Deputation zogen sämtliche anwesende Posamentierer nach. Bei der Untersuchung, die tatsächlich keine Maschine zutage förderte, entstand außer einer durch den Wurf eines Steines zerstörten Fensterscheibe kein Sachschaden. Trotzdem schien sich die Angelegenheit für viele der Beteiligten recht folgenschwer auswirken zu wollen, da das Stadtgericht Annaberg eine Untersuchung wegen Widersetzlichkeit gegen die öffentliche Autorität, wegen Landfriedensbruchs, beabsichtigter Befreiung der als Hauptschuldige an dem Tumult verdächtigten und deshalb verhafteten Posamentierer, und wegen eigenmächtiger Versammlung der Innung eingeleitet hatte. Wenn der Prozeß gegen die Posamentierer aber letzten Endes „zu Folge allerhöchster Verordnung vom 17. April 1848 u. Vernehmung des königl. hohen Appelationsgerichts zu Zwickau vom 7. d. M.“ doch noch niedergeschlagen wurde, so verdankten dies die Angeklagten in erster Linie dem Umstand, daß der Staat ihrer schon durch die Teuerung des Jahres 1847 gereizten und nun durch ein leichtfertiges Gerücht zur Unbesonnenheit umschlagenden Haltung Verständnis entgegenbrachte, weil er mit Rücksicht auf die gespannte politische Lage vor Ausbruch der Revolution offenbar jede Verschärfung der Klassengegensätze aus taktischen Gründen vermieden wissen wollte[2].

[1] Acta, „In Untersuchungssachen wider die Posamentirer Johann Gotthelf Weisern Mstr. Carl Friedrich Fels u. Genoß. Mstr. Friedrich August Gerlach und Genossen Gesellen Carl Heinrich Gebhardt und Genossen Franz Orchlovsky u. Genoß. Knaben Bindrich hier Sächs. Hauptst., archiv Dresden, Amtsgericht Annaberg Nr. 17; 118 und 288 des Crim. Ges. Buchs; (beabsichtigte Zerstörung einer durch Eisenstuck u. Co angeschafften Trilliermaschine), Ergangen vor dem Stadtgericht zu Annaberg 1846“; LHA, Bl. 1, 2, 3; Siegel, S. 111.

[2] Zu dieser Auffassung berechtigt die Formulierung des Berichts über die Niederschlagung des Verfahrens, den das Appelationsgericht in Zwickau am 7. Mai 1848 dem Annaberger Stadtgericht gab. Das Vorliegen einer Widersetzlichkeit gegen die öffentliche Autorität verneinte dieses Gericht deswegen, weil der bei der Versammlung der Posamentierer anwesende Polizeiwachtmeister „nicht von einer bestimmten Person zur Thür hinausgedrängt worden ist und keine desh. nach Art. 105 beschuldigt werden kann“; auch die Auslegung des Tatbestandes dahin, daß „höchstens vorbereitende Handlungen zu einem Landfriedensbruch, nicht jedoch der Versuch eines Landfriedensbruchs festzustellen“ seien, muß als außerordentlich milde und den Posamentierern entgegenkommend bezeichnet werden (Akte Annaberg Nr. 17, Bl. 228 flg.).

Handelte es sich bei diesen Protesten gegen die Einführung der Bandmühlen in Sachsen um verhältnismäßig harmlos verlaufende Bewegungen – die übrigens den Demonstranten am meisten schadeten, da durch die Fernhaltung des technischen Fortschritts das Posamentiergewerbe dem Ausland gegenüber konkurrenzunfähig wurde und schließlich einschlief – so kam es 1848 in Elterlein und Mittweida bei Scheibenberg zu einem regelrechten Maschinensturm, der mit der weitgehenden Zerstörung zweier Maschinennagelfabriken endete[1].

Am 28. März 1848 war Jahn, dem Eigentümer einer Maschinennagelfabrik in Mittweida bei Scheibenberg im Erzgebirge bekannt geworden, daß ein Nagelschmied aus Elterlein in der Gegend um Mittweida herumgelaufen sei und die dortigen Nagelschmiede zur „Demolirung" seiner Fabrik aufgefordert und dabei erklärt habe, es kämen über 1500 Nagelschmiede aus der Umgebung zusammen, die „sich vorerst zu Elterlein versammeln würden, um in der bevorstehenden Nacht die dasige Nagelfabrik von Zimmermann und Leinbrock zu zerstöhren"[2]. Jahn traf daraufhin Vorbereitungen, um dem drohenden Unheil zu begegnen; er versteckte „die Geschäftsbücher, Documente und Cassa" im Keller und schickte zum Kreisamtmann nach Schwarzenberg um „dringendste militärische Hilfe" und zum Bürgermeister wegen Entsendung von Bürgerschützen. Auf die Nachricht aus Elterlein, daß in der dortigen Fabrik von Zimmermann und Leinbrock „alles zerschlagen und vernichtet sei"[3], ließ Jahn seine Arbeiter zusammenrufen und rüstete sie mit Sensen und Schußwaffen aus. Außerdem stellte er Fässer mit Nägeln, gußeiserne Gegenstände und alte Maschinenteile bereit, um sie von oben auf die Angreifer hinabzustürzen. Um zwei Uhr mittags begann der Angriff der Nagelschmiede auf die Fabrik, zu dessen Abwehr Jahn anfangs von den Schwarzenberger Schützen und etwa 20 Mann der Bürgerwehr unterstützt wurde. Nachdem die Nagelschmiede zweimal zurückgeschlagen worden waren und man dabei eine Frau angeschossen hatte, zogen sich die Angreifer zurück, um Verstärkung zu holen. Mittlerweile war Jahn der Fabrikant Breitkopf mit etwa 20 seiner Maschinenarbeiter zu Hilfe geeilt, und als die Nagelschmiede wiederkamen, begann der Angriff aufs neue und umso heftiger. Dabei gelang es diesen, erst an einer und dann an mehreren Stellen in die Fabrik einzudringen, worauf Jahn die Nutzlosigkeit weiteren Widerstandes einsah und sich dem Zugriff der Nagelschmiede durch die Flucht nach Schneeberg entzog. Die Zerstörungen, die Jahn bei seiner Rückkehr nach Mittweida antraf, schildert er wie folgt: „Der Hof lag voller Steine ... In den Fabrikgebäuden waren mit den Äxten und eisernen Brechstangen fast alle Maschinen zerstört. Nichts war unbeschädigt geblieben. Die meisten Warenvorräte hatte man geraubt oder ins Wasser geworfen. In den Wohngebäuden, war an Meubeln und sogar an Kleidungsstücken alles geraubt und zerstört, alle Öfen, Türen und Fenster zertrümmert, ja selbst die Fensterstöcke nicht verschont geblieben ... In den Zimmern, die voll Steine lagen, bei deren Größe man staunte, wie sie bis ins erste Stock zu schleudern waren, fanden sich die Dielen teilweise aufgerissen – wahrscheinlich um verborgene Schätze zu suchen. Die Keller, auf die der erste Angriff gerichtet worden, waren völlig leer"[4]. Es muß Wunder nehmen, daß es bei der übrigens von den

[1] Jahn, Gustav, „Die Zerstörung der Maschinennagelfabrik im Dorf Mitweida bei Scheibenberg durch aufrührerische Nagelschmiede, Handarbeiter und Bauern der Umgegend – geschildert und zum Besten seiner treuen Arbeiter veröffentlicht von Gustav Jahn früherer Besitzer der Fabrik ..." Chemnitz 1848.

[2] Ebenda, S. 4 u. 5.

[3] Ebenda, S. 10.

[4] Ebenda, S. 22, 23, aber nicht ganz wörtlich.

Angreifern begonnenen lebhaften Schießerei – am Eingang in das Fabrikhauptgebäude allein waren die Spuren von 31 Einschüssen festzustellen – nicht mehr Verwundete oder gar Tote gegeben hat. Das von Jahn zu Hilfe gerufene Militär traf erst nach dem Aufstand ein. Es hatte bis zur Rückkehr Jahns nach dessen Worten „80 Verbrecher nach Zwickau eskortiert“[1].

Die Vorgänge in Elterlein und Mittweida waren schon ein Teil der großen revolutionären Bewegung der nachfolgenden Monate und des Jahres 1849. In ihnen machte sich die Erregung Luft, die nach dem Ausbruch der Revolution in anderen Teilen Deutschlands verstärkt auch die arme Bevölkerung des Erzgebirges ergriffen hatte. Der Ruf, den die angreifenden Nagelschmiede dem Eigentümer der Mittweidaer Fabrik entgegenschleuderten: „Wir wollen die Maschinen zerstören, wir wollen deutsche Freiheit!“, macht diesen Zusammenhang deutlich. Er umreißt zugleich den Irrtum der unter dem kapitalistischen Fabriksystem leidenden Handwerker, Handarbeiter und kleinen Bauern, lediglich durch Zerstörung der neuen Arbeitsinstrumente diese Freiheit gewinnen zu können, die nach den gleichzeitigen Erkenntnissen von Marx und Engels nur durch die Beseitigung der kapitalistischen Produktionsweise überhaupt zu erreichen ist.

Die Abwehr gegen den Einsatz von Maschinen zeigte sich – wenn auch nicht so kraß wie in Elterlein und Mittweida – an zahlreichen anderen Orten des Landes ebenfalls. Besonders erwähnenswert ist der 1816 erfolgte Einspruch der vogtländischen Zeug-, Leine- und Wollweber beim König gegen die von Kammerrat Gößel in Plauen geplante Aufstellung von 100 Webmaschinenstühlen in seiner dortigen Kattunfabrik und Maschinenspinnerei[2]. Trotz größter Anstrengungen der vorgenannten Handwerke, die den Vorwurf erhoben, daß „die höchsten Schutzbriefe, die allergnädigsten Confirmationen der Spezial-Innungs-Articul u. allerhöchst. General-Innungsarticul, nach welchen die Leineweber Innungen gegen alle Pfuscher und Störer zu schützen sind“, nicht berücksichtigt worden seien, wies der König diesen Einspruch ab. Seine fortschrittliche Haltung in diesem Falle ermöglichte es der Maschine, in einem wichtigen sächsischen Produktionszweig Eingang zu finden und dort ihre Mission zu erfüllen, welche in der Phase des jungen aufsteigenden Kapitalismus darin bestand, die bisher nur durch Werkzeuge unterstützte menschliche Arbeitskraft wesentlich produktiver zu machen und damit die überkommene und entwicklungsfeindlich gewordene zünftige Produktionsweise aufzuheben.

Die zweite Hälfte des 18. Jahrhunderts ist in Sachsen auf verschiedenen Gebieten der gewerblichen Produktion voller Nachrichten über die erstmalige Anwendung und den Bau von Maschinen, die eigenen oder fremden Ursprungs waren.

[1] Jahn, Zerstörung, S. 22, 23.

[2] Acta, „Den von den Innungen des Zeug- Lein- und Wollenweberhandwerks im Voigtländischen Kreise gegen die von dem Herrn Kammerrath Gößel zu Plauen anzulegenden Webmaschinenstühle erregten Widerspruch betr.“, ergangen vor der Kreishauptmannschaft des Voigtländischen Kreises de anno 1816; Kreish. Zwickau Nr. 243; LHA, Bl. 3.

So erwähnte die Landes-Oeconomie-, Manufactur- und Commercien-Deputation in ihrem ersten Hauptbericht von 1765 die Erfindung einer Maschine zum Krempeln von Baumwolle durch Guidebald Gaße in Suhl[1].

Im gleichen Bericht ist die Rede von dem Filatorium eines Italieners namens Cavali, das der schon an früherer Stelle genannte Marchese Agdollo aus Venedig der Deputation zugesandt hatte, und auf dem feines baumwollenes Garn gesponnen werden konnte.

Die bekannteste Maschine der damaligen Zeit war ein „Filatorium zum Zwirnen und Doubliren der Seide", das der ehemalige Kammerrat Raabe nach einem gleichen in Bologna mit einem Aufwande von fast 30000 Reichstalern hatte anfertigen und in seiner Mahitzschener Seidenmanufaktur aufstellen lassen, nachdem die Probe mit einem kleinen handgetriebenen Filatorium „in seinem sogenannten Fabrikhause auf der Johannisgasse" in Leipzig offenbar zur Zufriedenheit ausgefallen war[2]. Die Maschine arbeitete nach Rößig[3] mit 80000 Spulen und leistete bis 600mal so viel wie ein Mensch in der gleichen Zeit. Friedrich II. von Preußen hielt sie für so wertvoll, daß er sie im Siebenjährigen Kriege „durch eine Wache vor Beschädigungen und Zerstöhrungen der herumschweifenden Truppen sicherte".

In Dresden baute ein gewisser Lehmann um die gleiche Zeit nach dem weiter vorn zitierten Jahresbericht der Landes-Oeconomie-, Manufactur- und Commercien-Deputation eine dort als Maschine bezeichnete Vorrichtung, mit der Feilen nach englischer Art gehauen werden konnten, und auch der Magdeburger Tischler Bauer bot eine solche zum Verkauf an.

„Der Kaufmann Mende in Annaberg (?) ließ 1790 eine holländische Tramirmaschine [zum Drehen von Nesselgarn] nach einem Pirmontesischen Modelle kommen, wo anfangs auf 6, sodann auf 60, auf 96 und endlich auf 432 Spulen gearbeitet wird, wofür er 1000 Thlr. aus der Prämienkasse erhielt"[4].

Wenn sich die Maschine in der Textilproduktion auch am frühesten, vielseitigsten und im zahlenmäßig bedeutsamsten Umfange Eingang verschafft hatte, so beschränkte sie sich jedoch keineswegs auf dieses Gebiet.

In seiner Abhandlung über die Industrieanlagen an der Weißeritz bei Dresden berichtet Frommhold[5], daß in der dort mit Hilfe von Tzschirnhaus[6] angelegten Edelsteinschleif- und Poliermühle das Schneidewerk im Jahre 1712 aus Sägen bestand, die von einem Wasserrad angetrieben wurden[7] und im Schleifwerk acht Maschinen aufgestellt waren.

In der 1711 aus dieser Mühle hervorgegangenen Spiegelschleife trieb ein unterschlächtiges Wasserrad die Polier- und Schneidemaschinen. Nach 1776 wurden Gipsstampfen und 1780 ein zweites Wasserrad eingeführt[8].

[1] Akte, Landes-Oeconomie-, Manufactur- und Commercien-Deputation, Loc. 5356, Vol. I, Bl. 36.

[2] Rößig, Produkten, S. 309flg.

[3] Ebenda, S. 223 u. 224.

[4] Ebenda, S. 230.

[5] Frommhold, S. 17.

[6] Tzschirnhaus, dem eine Zeitlang zu Unrecht das Hauptverdienst an der Erfindung des Meißner Porzellans zugeschrieben wurde, unterhielt auf seinem Gut Kießlingswalde eine Schleif- und Poliermühle, in der er u. a. drei Glasblöcke im Gewicht von $1^1/_2$, 2 u 3 Zentnern bearbeitete, die er 1695 in der Glashütte zu Pretzsch bei Wittenberg hatte herstellen lassen; Frommhold, S. 9.

[7] Ebenda, S. 16 und 17.

[8] Ebenda, S. 18, 20, 25, 26.

Bei der ebenfalls an der Weißeritz liegenden Pulvermühle liefen bis 1774 zwei Wasserräder und von da an vier Rollwerke zum Stampfen des Pulvers[1]. Auch das 1765 dort angelegte Kanonenbohrwerk war mit einer Maschine ausgestattet, auf der die Rohre gebohrt wurden[2], ebenso, wie ein „großes, von Wasser bewegtes doppeltes Kammrad" den Bohrmechanismus der Suhler zerstreuten Gewehrmanufaktur in Bewegung setzte[3].

In den letzten beiden Jahrzehnten des 18. Jahrhunderts fing in Sachsen die Verwendung von Maschinen an, ihren sporadischen Charakter zu verlieren; die Manufakturperiode ging so allmählich in das Fabriksystem über. Während sich noch zu Beginn des Jahrhunderts eine Reihe von zünftigen, staatlich sanktionierten Vorschriften wie die Plauener Schleierordnung von 1715 – nach der die Aufstellung von Wirkerstühlen auf dem Lande verboten war[4] – der Anwendung des technischen Fortschritts hemmend in den Weg stellte, bemühte sich der sächsische Staat unter dem Zwang ausländischer Fabrikkonkurrenz hundert Jahre später, die Ablösung der einfachen Arbeitsinstrumente durch Maschinen und damit den Übergang vom Handarbeitsprozeß zur mechanischen Fertigung zu beschleunigen. Die im zweiten Jahrzehnt des 19. Jahrhunderts dafür ausgesetzten und gezahlten Prämien geben ein aufschlußreiches Bild darüber, auf welchen Gebieten der Produktion die Mechanisierung des Arbeitsprozesses notwendig und wünschenswert erschien.

So wurden vom Jahre 1814 an Belohnungen für die Einführung der Dampfmaschine in Sachsen ausgesetzt[5]. Seit 1820 sicherten die Avertissements Prämien zu für die Verwendung von Zwillichwebstühlen, Blattbindemaschinen, Spritzenschlauchwebstühlen, Lederstechmaschinen, Indigoreibmaschinen, Maschinen zum Hauen der Zähne in die Sägeblätter, Kämmaschinen bei der Schafwollspinnerei, für die Einführung der Jacquard-Stühle in den Webereien des Vogtlandes und der Damastweberei in Großschönau, für die englischer und französischer Tuchschermaschinen und Appreturvorrichtungen neuer Art wie verbesserte Walkapparate und Dampfappreturmaschinen[6].

Soweit sie nicht vom Ausland bezogen wurden, ging der Bau dieser Maschinen wie vordem die Erzeugung von Arbeitsinstrumenten der Manufaktur in den kleinen Werkstätten von Handwerksmeistern[7], Mechanikern sowie von Holz- und Metallgewerken vor sich. Wenn deren Gesamtproduktion auch bedeutend war – in Olbernhau und den Dörfern seiner Umgebung sollen in den Jahren 1784 bis 1863 allein

[1] Frommhold, S. 44 und 45.
[2] Ebenda, S. 68.
[3] Anschütz, Heinrich, „Die Gewehr-Fabrik in Suhl im Hennebergischen, ihre Entstehung, Einrichtung und dermahliger Zustand nebst ausführlicher Beschreibung der Verfahrensart bey Verfertigung der Militär- und Jagd Gewehre." Dresden 1811, S. 59.
[4] Bein, II, S. 47.
[5] Im § 1 des Avertissements, der von der Holzersparnis handelt, wird die Dampfmaschine, wie die Deputation in einem Schreiben vom 22. September 1813 an den König zum Ausdruck bringt, mit den Worten umschrieben „... durch Anwendung von Waßerdämpfen zum Kochen und Sieden, inmaßen diese Art von holzersparenden Maschinen, welche bekanntlich der Engländer Boulton als Surrogat mechanischer Thier- und Wasser-Kräfte erfunden hat ..."; Akte Loc. 6598, Bl. 96.
[6] Akte Loc. 6597.
[7] Wieck, S. 258.

58305 Strumpfwirkerstühle gebaut worden sein[1] – so scheint es in der Manufakturperiode nach den vorliegenden Unterlagen auf dem Gebiete des Arbeitsinstrumentenbaus zu keiner größeren arbeitsteiligen Kooperation gekommen zu sein, und der über den handwerklichen Umfang hinausgehende Maschinenbaubetrieb in Sachsen ist eine Erscheinung des Fabrikzeitalters.
Sachsens Arbeitsinstrumentenbauer haben in der Manufakturperiode zum technischen Fortschritt im Werkzeugbau zwar keinen überragenden, den Leistungen auf anderen Gebieten ebenbürtigen Beitrag geliefert, unter geschickter Benutzung der ausländischen Vorbilder und Anregungen aber erreicht, daß die gebräuchlichen Arbeitsmittel verbessert angewandt und nach Umänderungen auch bei der Herstellung verwandter Produkte benutzt werden konnten. Sie schufen damit zugleich die Grundlage für einen Maschinenbau, der seine ausländischen Lehrmeister auf vielen Gebieten bald überflügelte und die Technik des 19. Jahrhunderts mit nicht wenigen bedeutenden Neuerungen bereicherte.

3. *Der sächsische Beitrag zum technischen Fortschritt in der Manufakturperiode*

Wie der technische Fortschritt bei seiner Anwendung oftmals auf starke zünftige und feudale Widerstände stieß, so konnte sich auch die geistige Betätigung, die ihn auslöste, nicht allenthalben und jederzeit frei entfalten. Ein allmählicher Abbau dieser Hemmungen trat im Verlaufe des 18. Jahrhunderts ein und zog in Sachsen eine derartige Fülle neuer naturwissenschaftlicher Erkenntnisse und technischer Erfindungen nach sich, daß es schwer fällt, aus ihr die Neuerungen von bleibendem Wert und überörtlicher Bedeutung herauszufinden. Rößig, der sich schon 1787 mit dem sächsischen Anteil am technischen Fortschritt in der Manufakturperiode befaßte, schrieb darüber in einem „Wissenschaftliche und Kunstverdienste" betitelten Abschnitt unter anderem: „In den Manufakturen und Fabriken hat Sachsen die wichtige Erfindung des Porzelains durch seinen berühmten Bar. v. Böttcher; die weißen Eisenbleche; die blauen Farben; in der Färberey verschiedene neue eigne Farben, in der Porzelainmahlerey desgleichen, ingleichen in dem Bergbau und Maschinenwesen, und in der Buchdruckerkunst, in dem Geschützwesen mehrere wichtige Erfindungen aufzuweisen"[2]. Mit dieser Aufzählung ist zugleich die ungefähre Reihenfolge ihrer Bedeutung für den zurückblickenden Betrachter gegeben.
Über die Erfindung des Porzellans liegen ausgezeichnete, auf exaktem Quellenstudium beruhende Darstellungen vor, so daß hier – und auch nur der Vollständigkeit halber – lediglich die wesentlichsten Tatsachen dieses Vorgangs ins Gedächtnis zurückgerufen zu werden brauchen. In Europa glückte die erstmalige Herstellung des Porzellans im großen[3] dem zu Schleiz im Vogtlande geborenen Apotheker Johann

[1] Gebauer, II, S. 178; Addreßbuch, Obersachsen, S. 321.
[2] Rößig, Carl Gottlob, „Die Chursächsische Staatskunde nach ihren ersten Grundsätzen." Leipzig 1787, S. 66.
[3] Reinhardt, Curt, „Tschirnhaus oder Böttger? eine urkundliche Geschichte der Erfindung des Meißner Porzellans", in: „Neues Lausitzisches Magazin – Zeitschrift der Oberlausitzischen Gesellschaft der Wissenschaften", Band 88, Görlitz 1912; mit

Friedrich Böttger vermutlich Anfang des Jahres 1709, nachdem ihr ebenfalls als eine Leistung Böttgers die des „holländischen Gutes“, eines der Delfter Fayence ähnlichen Erzeugnisses, und die Erfindung eines Verfahrens zur Fertigung des roten Steinzeugs vorausgegangen waren[1]. Auch in der Folgezeit kam es in der Meißner Manufaktur zu einer Reihe weiterer Neuerungen, die sich wie die Erfindung des Porzellans selbst manchmal unbeabsichtigt bei Versuchen zur Gewinnung anderer Materialien oder Verfahren ergaben und die Verbesserung des Hauptproduktes zum Ziele hatten.

So gelang es dem seit 1814 als leitender Inspektor angestellten Heinrich Gottl. Kühn, mit einem neuen Goldpräparat zugleich eine neue Verzierungsart zu erfinden; während das Gold bis dahin als feines Pulver auf das Geschirr aufgerieben und nach dessen Brand durch einen Achatstift glänzend gerieben werden mußte, konnte man es von da ab in flüssiger Form als Goldchlorid mit dem Pinsel auftragen, was die mannigfaltigsten künstlerischen Möglichkeiten zuließ und außerdem den großen Vorteil hatte, daß das Gold im Muffelofen auf das Geschirr aufgeschmolzen wurde und mit lebhaftem Metallglanz gleich aus dem Ofen kam[2]. Weiterhin erfand der Leiter des chemischen Laboratoriums der Manufaktur, Friedrich August Köttig, bei Versuchen zur Herstellung einer flüssigen bleifreien Glasur das künstliche Ultramarin[3].

Ob die Herstellung von Weißblechen tatsächlich zuerst in Sachsen erfolgte, erscheint zumindest zweifelhaft, wenn Rößig in einem anderen als dem vorstehend zitierten Werk[4] erwähnt, daß die „Kunst“ der Anfertigung von Weißblechwaren „1620 ein Römischer Priester, welcher Protestant wurde, aus Böhmen nach Sachsen gebracht haben“ soll. Fest steht aber, daß Sachsen das Verfahren schon sehr früh kannte und anwandte, während es erst 1670 nach England kam.
Unbestritten groß war der sächsische Beitrag zum technischen Fortschritt im Farbwesen.

Als bedeutendste Leistung auf diesem Gebiete ist die Erfindung des Berliner Blaus durch Melchior Ernst von Kröcker in den 20er Jahren des 18. Jahrhunderts zu nennen[5], wenn man die erste Darstellung des Kobaltblaus aus

dieser Veröffentlichung setzt sich Reinhardt für eine größere Würdigung der Verdienste von Tzschirnhaus bei der Erfindung des Porzellans ein, die er wie folgt kennzeichnet: „Das Gebot der Dankbarkeit aber verpflichtet die Meissner Porzellanmanufaktur und ihr Heimatland, neben Johann Friedrich Böttger, ja vor ihm den geistig bedeutenden, kunstfertigen und treuen Mann in Ehren zu nennen, der jener die Stätte bereitet und Sachsen Ruhm und Gewinn gebracht hat, dem ein widriges Geschick den Lohn seiner Mühen versagte, Ehrenfried Walther von Tzschirnhaus“ (S. 115).

[1] Festschrift, S. 1–5.
[2] Ebenda, S. 132 u. 133.
[3] Ebenda, S. 134.
[4] Rößig, Produkten, S. 419.
[5] Acta, „Das von Melchior Ernsten von Kröcher über seine neuinventirte Feuer-Spritzen gesuchte u. auch auf gewiße Maaße erlangte Privilegium, ingl. die Verfertigung der sog. Berliner Blaufarbe, und deren Vertreibung von denselben, bz. 1720–23“; LHA, Loc. 30400; Acta Commiß., „Die von Melchior Ernsten v. Kröcher inventirte neue blaue Farbe betr. 1723“; LHA, Loc. 30401; Die beiden vorgenannten Akten sind in den Lokaten nicht mehr enthalten.

Schneeberger Erz von 1540 durch den Glasmacher Christoph Schürer nicht als sächsische Erfindung ansieht, weil dieser aus Platten in Böhmen stammte und dort auch seine erste derartige Farbmühle anlegte[1].
1725 empfahl eine Sachverständigenkommission nach kurfürstlicherseits angeordneter Prüfung die Einführung einer grünen Farbe, zu welcher der Amtshauptmann von Heßler das „Arcanum ... neu erfunden" hatte[2]. Mit ihr konnten nicht nur Tücher, halb- und ganzwollene Zeuge, Strümpfe, Filze und Leinewand, sondern auch Holz, Gips, Eisen, Kupfer und dergleichen gefärbt werden. Das neue Verfahren bedeutete einen großen Fortschritt, weil es innerhalb kürzester Zeit erlernbar war und zu licht- und wasserbeständigen Farben führte, die das Gewebe überdies noch weich machten.
1743 erfand „der Bergrath Barth der ältere bey verschiedenen chemischen Versuchen auf dem nassen Wege" das „Sächsische oder Großenhainer Grün", welches dessen Sohn so vervollkommnete, daß es auch auf dem trockenen Wege bereitet werden konnte und zum Färben von wollenen und leinenen Zeugen taugte[3]. Der jüngere Barth stellte außerdem erstmalig in Großenhain das „Sächsische Schönblau, auch Lackmusblau" oder blaues Karmin her[4].
Nach dem zweiten Hauptbericht der Landes-Oeconomie-, Manufactur- und Commercien-Deputation erhielt der „Leinwand-Fabricant" May zu Löbau in der Michaelismesse die Prämie, die ausgesetzt war auf die „ächt schwarz gefärbte Baumwolle". Er hatte „einen Essig erfunden, wodurch er seinen Farben einen vorzüglichen lustre" gab[5].
Prämiert wurde fernerhin der „Zeug-Fabricant" Ehrlich im Dresdner Armenhause, „der wollene Decken von allerhand Art fertigt und die Wissenschaft besitzt, aus kupfernen Kesseln schöner als aus den gewöhnlichen zinnenen zu färben"[6].

Bei den in der Manufakturperiode eingesetzten nichtbergbaulichen Maschinen scheint es sich so gut wie nicht um sächsische Erfindungen gehandelt zu haben. Sie stammten zumeist aus dem Auslande oder waren im Lande nach fremdem Vorbild gebaut[7]. Die eigene Erfindertätigkeit auf diesem Gebiete muß als ausgesprochen bescheiden bezeichnet werden; sie erstreckte sich zumeist auch nur auf verhältnismäßig unwichtige Arbeitsmittel.

So machte Guidebald Gaße 1766 in Suhl die Erfindung einer anscheinend nicht sehr brauchbaren „Maschine" zum Krempeln von Baumwolle[8].
Ferner berichten die Akten von Feilenhaumaschinen des Tischlers Bauer in Magdeburg, eines Dresdners namens Lehmann, des Schlossers und Uhrmachers Dyx (?) in Weida, sowie von der Erfindung einer Graupenmühle, „wo die feinsten Graupen ohne die geringste Zuthuung einer Hand verfertigt" werden[9].

[1] Gebauer, II, S. 443.
[2] Akte Loc. 7414, Bl. 4.
[3] Rößig, Produkten, S. 355.
[4] Ebenda.
[5] Akte, Landes-Oeconomie-, Manufactur- und Commercien-Deputation, Loc. 5356, Vol. I, Bl. 101.
[6] Ebenda.
[7] Zudem lassen die oftmals nur spärlich überlieferten technischen Daten nicht immer mit Sicherheit ein Urteil darüber zu, ob die in den Quellen als Maschinen bezeichneten Arbeitsinstrumente tatsächlich auch solche und nicht bloß Großwerkzeuge mit Handbetrieb darstellten.
[8] Siehe den Abschnitt „Die Arbeitsinstrumente".
[9] Akte, Landes-Oeconomie-, Manufactur- und Commercien-Deputation, Loc. 5356, Vol. I, Bl. 125.

Eine Neuerung von weltweiter Bedeutung gelang dem Leipziger Buchdrucker Breitkopf im Jahre 1755 mit der Erfindung von beweglichen Typen für den Landkarten- und Notendruck[1]. Sie trug wesentlich dazu bei, daß sich die Breitkopf- und Härtelsche Buchdruckerei, die ohnehin ihren handwerklichen Charakter längst abgelegt hatte, immer mehr zu einer großen arbeitsteiligen Kooperation auswuchs.

Um 1803 beschäftigte sie beim Notendruck in ihrer Notenstecherei und Kupferdruckerei bis zu 80 Personen; die Hausbelegschaft betrug einschließlich der in der Schriftgießerei Beschäftigten bis zu 150 Personen. Gearbeitet wurde an 8 bis 10 Pressen. An Papier verbrauchte man jährlich bis zu 1500 Ballen[2].

Als letztes Gebiet, auf dem Sachsen wichtige Erfindungen zu verzeichnen habe, nennt Rößig das Geschützwesen[3], und Naumann beschreibt 1789 den sächsischerseits darin bewirkten Fortschritt wie folgt:

„Auf der Vestung Königstein erfand man unlängst eine neue Art von Canonen, wodurch man, weil sie mit Grenaden geladen sind, einen Feuerregen über dem Elbstrohm ausgießet, und die Passage den Augenblick hemmt"[4].

Rößigs Aufzählung der sächsischen Erfindungen ist insbesondere um die des Glasgießens zu erweitern, das der wegen seines Anteils an der Erfindung des Meißner Porzellans bereits an anderer Stelle erwähnte Tzschirnhaus erstmalig auf seinem Gut in Kießlingswalde vornahm[5]. Dieser naturwissenschaftlich und technisch vielseitig interessierte Mann beschäftigte sich außerdem erfolgreich mit der Verbesserung von Glasöfen, stellte Brennspiegel und Linsen von dahin nicht gekannter Größe und Wirkung her und veranlaßte die Auswertung des technischen Fortschritts durch die Anlage von Poliermühlen, Glasmanufakturen und Spiegelschleifen.

Neben diesen Neuerungen von größtenteils überörtlichem und den Augenblick überdauerndem Wert standen solche, die auch andernorts gang und gäbe waren oder in nennenswertem Umfang überhaupt nicht angewandt wurden, auf die aber spätere Zeiten manchmal gern zurückgriffen. Ihr Nutzen für die Manufakturperiode lag hauptsächlich darin, daß sie den Blick für neue technische Erkenntnisse und Möglichkeiten weiteten. Aus der Vielzahl der Erfindungen solcher neuen Stoffe und Verfahren einige Beispiele:

1727 Bereitung von Juchtenleder nach moskowitischer Art durch A. Haucken zu Annaberg[6],

[1] Wieck, S. 365.
[2] Rößig, Produkten, S. 344.
[3] Derselbe, Staatskunde, S. 66.
[4] Naumann, S. 155.
[5] Reinhardt, S. 16.
[6] Acta, „Die von Andreas Haucken, Loh- und Sehmischgerbern zu Annaberg angegebene Erfindung, gute u. tüchtige Juchten nach Art der Moskowitischen, zu Etablirung einer Fabrique solcher Ware verfertigen u. den dazu verlangten Vorschuß 1727"; LHA, Loc. 5555.
Die vorgenannte Akte ist in dem angegebenen Lokat nicht mehr enthalten.

1742 Erfindung der Fertigung weißer seidener Zeuge und wollenen „Beywerks" sowie roter Wolle durch „Tuch- und Zeugfabricant" Rosenberger[1],

1749 Erfindung eines besonderen Verfahrens, Tuche zu färben, durch Olearius zu Leipzig[2],

1751 Herstellung inländischen Saffians durch Hornberger zu Dresden[3],

1751 Verfertigung von Indigofarbe aus einem im Gebirge wachsenden Farbkraut durch E. A. Leußen[4],

1781 Verwendung von Werg an Stelle von Baumwolle durch Kommerzienrat Lange zu Chemnitz in dessen dafür angelegter „Fabrik"[5].

Der technisch-ökonomische Fortschritt konnte sich – wie eingangs erwähnt und besonders durch das Beispiel der Schnurmühlen belegt – zumeist nur im Kampf gegen die Hemmungen durchsetzen, die ihm das feudale Wirtschaftssystem in den Weg legte. Bodemer schreibt, daß „auf dem ganzen Gebiete der damaligen Gewerbsthätigkeit ... keine Erfindung denkbar" war, „welche nicht in irgend eine der Zunftgerechtsame eingegriffen und diese in den meisten Fällen zu Neuerungen und Ausgaben veranlaßt hätte"[6]. Die Folge war, daß „jeder Erfinder mit Haß verfolgt", und so „nicht allein der Erfindungsgeist unterdrückt, sondern häufig der fernere Gebrauch der schon in nützlicher Anwendung begriffenen Erfindungen auf Andrängen der Zünfte wieder untersagt" wurde[7]. Bei dieser Sachlage vollzog sich die Erfindertätigkeit nicht selten unter den schwersten persönlichen Opfern, wie das Beispiel des vorerwähnten Amtshauptmanns von Heßler zeigt, der durch den Aufwand für die Erfindung seiner grünen Farbe völlig verarmte und August den Starken lange vergeblich anflehte, ihm und seiner Familie finanziell zu helfen[8].
Manchmal beruhte der den neuen Verfahren bei ihrer Anwendung entgegentretende Widerstand auch nur auf Geistesträgheit, die sich zwangsläufig überall dort einstellte, wo man überholte Produktionsweisen konservierte. Ein Musterbeispiel dafür ist die Bewahrung des „Arcanums" in der Meißner Porzellanmanufak-

[1] Acta, „Die von Heinrich Gottlieb Rosenbergern Tuch- und Zeug-Fabricanten allhier, gesuchte Ertheilung eines Privilegii cum jure prohibendi, über die von ihm erfundene Fertigung gewißer Arten weißer seidener Zeuge und wollenen Beywerks, auch rother Wolle betr. 1742.48"; LHA, Loc. 5420.

[2] Acta, „Die von Johann Christian Oleario ehemaligen Post-Schreiber in Leipzig erfundene Tuchfärberei betr. 1749"; LHA, Loc. 5416.

[3] Acta, „Georg Andreas Hornbergers zu Dreßden Privilegium über die Fertigung des von ihm neu erfundenen inländischen Saffians nebst Verstattung des Verkaufs des von demselben fabricierten Corduans zu Jahrmarcktszeiten betr. 1751–53"; LHA, Loc. 5417.

[4] Acta, „Dem Johann Adolph Leußen, welcher das Geheimniß der Verfertigung des Indigo aus einem in dem Gebürge wachsenden Craute zu besitzen sich rühmet, ertheilten saloum conduitum betr. 1751"; LHA, Loc. 5410.
Die vorgenannte Akte ist in dem angegebenen Lokat nicht mehr vorhanden.

[5] Vgl. hierzu: Kapitel III, Abschnitt 2. „Die Förderung der Gewinnung und Verarbeitung einheimischer Rohstoffe und Halbfabrikate", wo weitere Beispiele angeführt sind.

[6] Bodemer, S. 10 u. 11.

[7] Ebenda.

[8] Akte Loc. 7414, Bl. 124–139.

tur, die bis zu dessen Aufhebung im Jahre 1814 jedweden technischen Fortschritt bei der Porzellanbereitung erschwerte[1].

Wie die Abschnitte dieses Kapitels und auch die Ausführungen über das Rohstoffproblem der Manufakturen zeigen, war der sächsische Staat namentlich durch die Aussetzung von Prämien bemüht, den technischen Fortschritt im Lande zu fördern und den neugewonnenen Erfindungen zur Nutzanwendung zu verhelfen, was bei dem Widerstand der Zünfte gegen Neuerungen auf produktionstechnischem Gebiete von Wert war. Als die Manufakturperiode in das Fabriksystem überging, verlor diese Art von Förderung ihre Bedeutung, da die Höhe der Prämien bei der Kostspieligkeit der neuen Vorhaben keinen genügend großen Anreiz mehr bot und ihrer Erhöhung finanzielle Grenzen gesetzt waren. Das kapitalistische Profitstreben übernahm diese Rolle der Prämienkasse und führte sie so erfolgreich durch, daß im Laufe einer Generation die Produktionsweise völlig umgestaltet war.

Am Vorabend zu dieser „Industriellen Revolution" zeichnete sich für den Staat in Bezug auf den technischen Fortschritt in Sachsen eine neue Aufgabe ab: die Gewährleistung des Schutzes der Erfindertätigkeit, die durch die Erteilung von Privilegien bisher nur unvollkommen wahrgenommen worden war. Den Anfang zu einem künftigen Patentschutz machten die allgemeinen Bestimmungen der Prämienkasse für die Jahre 1832 bis 37, die Richtlinien über die öffentliche Beschreibung von Erfindungen enthielten[2].

[1] Böhmert, S. 60 u. 51.
[2] Akte Loc. 6597, Bl. 85, 86.

KAPITEL V

DIE ENTWICKLUNG DER SÄCHSISCHEN MANUFAKTUREN NACH PRODUKTIONSZWEIGEN – IHRE STANDORTE SOWIE DIE ART UND GRÖSSE IHRER PRODUKTION

1. Die Textilproduktion

a) Die Wollmanufakturen

Die Verwertung der tierischen Wolle für die Produktion von Textilien umfaßt in der Hauptsache zwei Arbeitsprozesse, den der Herstellung des Garns durch Spinnen der Fasern und die Anfertigung des Gewebes. In beiden Fertigungszweigen brachte es Sachsen lange Zeit nur gelegentlich zu einer manufakturmäßigen Ausweitung seiner Produktion.

In der Wollspinnerei herrschte von alters her namentlich im Vogtland und Erzgebirge die nebenberuflich betriebene Heimarbeit. Diese Betriebsweise erhielt sich während der ganzen Manufakturperiode und wurde ohne Zwischenstufe von der mechanischen Wollspinnerei abgelöst, mit der Sachsen Deutschland beispielhaft voranging.

Den ersten derartigen Betrieb errichtete 1799 der Graf von Einsiedel in Wolkenburg[1]. Die dort aufgestellte Wollspinnmaschine, die unter der Leitung eines englischen Maschinenmeisters stand, verspann täglich einen Zentner Wolle[2].

Eine Ausnahme bildeten neben Webereien, die zugleich Spinner beschäftigten, hauptsächlich zwei Betriebe in Netzschkau und Mylau, deren Anlage auf eine Anregung des Kreishauptmanns von Wietersheim zurückging. Dieser wollte dem Vogtland nach dem Erliegen der dortigen Baumwollspinnerei neue Erwerbsmöglichkeiten erschließen und ließ 1817 mit Hilfe eines staatlichen Zuschusses von 3000 Reichstalern Lehrmeister zur Unterrichtung von Erwachsenen und Kindern in Spinnen, Kämmen und Auslegen der Wolle anstellen und in Netzschkau eine Schafwollhandspinnerei mit einer damit verbundenen Spinnschule anlegen, der in Mylau eine zweite folgte[3].

Die Netzschkauer Wollhandspinnerei hatte zwei Kammeinrichtungen angeschafft und dafür „vier Ronneburger Kämmer angestellt, welche die gekämmte Wolle den Spinnerinnen übergaben, die von Spinnlehrmeisterinnen unterwiesen

[1] Wieck, S. 212.
[2] Rößig, Produkten, S. 225.
[3] Acta, „Die Errichtung einer Schaaf-Wollen-Spinnerey-Anstalt im Voigtländischen Kreise betr.". Ergangen vor der Kreishauptmannschaft des Voigtländischen Kreises de ao. 1817; Kreish. Zwickau Nr. 262; LHA, Bl. 10–46; Gebauer, III, S. 39 u. 40.

wurden"[1]. Der Erfolg dieser Einrichtung ließ nichts zu wünschen übrig. „Im Juli 1817 waren bereits 40 Spinnräder mit je 2 Spulen in der Netzschkauer Gegend im Gange, und im März 1818 dort sogar 300 Menschen in der Schafwollspinnerei beschäftigt"[2].

Als noch innerhalb der eigentlichen Manufakturperiode liegend ist weiterhin die im Jahresbericht der Landes-Oeconomie-, Manufactur- und Commercien-Deputation für 1793[3] erwähnte und danach einen guten Geschäftsgang aufweisende Wollspinnerei des Tuchmachers Drebsdorf in Mühlberg zu nennen. Drebsdorf, der eine jährliche Gratifikation von 30 Talern bezog, beschäftigte in jenem Jahre 21 Personen, davon 3 am großen, 15 am kleinen Rade und 3 mit Kämmen.
Wolle wurde in größerem Umfange auch in den Waisen- und Zuchthäusern gesponnen.

Das Waisenhaus zu Langendorf erhielt beispielsweise mehrere Male hintereinander die Belohnung von 20 Talern zugesprochen, die „von denenjenigen Waysen-Häusern ... zur Ergötzlichkeit für die Aufseher oder Aufseherinnen des Spinnens" verdient werden konnten, in denen „unter genugsamer Bescheinigung, wie viel jedes derer darinne befindlichen Kinder ... an wollenem Garne gesponnen hat...", nach deren Anzahl das meiste gesponnen worden, und anscheinend nochmals 20 Taler, die für das Waisenhaus ausgesetzt waren, „dessen Kinder das beste Gespinste gefertiget haben"[4].
Über die Wollspinnerei des Zuchthauses in Leipzig berichtet Leonhardi in seinem 1799 erschienenen Werk: „Zur Beschäftigung der Gefangenen dienen vorzüglich zweyerley Arten von Arbeiten, nämlich Farbeholz raspeln und Schaafwolle spinnen[5] ... Das Schafwollespinnen geschieht von dem größten Theile der männlichen und weiblichen Gefangenen in zwey voneinander abgesonderten schönen, großen und hellen Sälen im neuen Hintergebäude. Jede Person, welche Wolle spinnt, muß wöchentlich fünf ordinaire Pfunde liefern; wobey jedoch noch strenger auf die Güte der Arbeit, als auf das an sich niedrige Arbeitstheil gehalten wird; und wenn ein Spinner mehr liefert, so bekommt er wie die Raspeler dafür unter gleichen Einschränkungen baare Bezahlung"[6].

In der Wollweberei hätten an sich die zahlreichen Stufen, die das Produkt vom Rohgewebe bis zum verkaufsfertigen Tuch zu durchlaufen hat, eine weitgehende betriebliche Arbeitsteilung und damit das frühzeitige Auftreten zahlreicher Manufakturen erwarten lassen. Die Ökonomisierung der Arbeitsprozesse erfolgte in dieser Branche jedoch nicht auf der betrieblichen Ebene, sondern ging den Weg der gesellschaftlichen Arbeitsteilung. Die Folge war, daß die den Handwerksbetrieb übersteigende nicht mechanisierte Tuchmacherwerkstatt noch bis weit ins 19. Jahrhundert hinein in Sachsen im Verhältnis zu der Produktion der Handwerksbetriebe gleicher Branche nur eine untergeordnete Rolle spielte. Aus der Fülle der kleinen Handwerksbetriebe ragen in früheren Zeiten lediglich zwei größere arbeitsteilige

[1] Gebauer, III, S. 39.
[2] Ebenda, S. 40.
[3] Akte Loc. 5344, Vol. IX, Bl. 49.
[4] Akte, Aufnahme, Loc. 5355, Vol. I, Bl. 38, 105.
[5] Leonhardi, G. F., „Geschichte und Beschreibung der Kreis- und Handelsstadt Leipzig ... nebst der umliegenden Gegend." Leipzig 1799, S. 638.
[6] Ebenda, S. 639.

Kooperationen hervor, die 1579 von dem Leipziger Handelsherrn Cramer von Claußbruch auf seinem Rittergut Meuselwitz bei Leipzig ins Leben gerufene Tuchmanufaktur mit Walkmühle, Wirkerei und Färberei, die dieser mit Hilfe aus Holland herbeigerufener Fachkräfte errichtet hatte und die jahrhundertelang bestand[1], sowie die 1678 von dem Kaufmann Johann Daniel Krafft in Neustadt-Ostra bei Dresden errichtete „Wollen-Manufaktur"[2].

Diese Manufaktur war die Teilverwirklichung eines großen Planes, den Johann Georg II. „zur Einführung der Woll-, Seiden- und andrer Manufaktur in seinem eignen Lande"[3] hatte aufstellen und „darzu auf dem Vorwerk Neu-Ostra bei der Residenzstadt Dresden ein absonderliches Manufakturhaus und andre darzu gehörige Gebäude aufrichten, mit gewissen Privilegien begnadigen und mit Anschaffung allerhand neu inventierten Instrumenten und Bestellung erfahrner Künstler in dergleichen Dingen sowohl von Seiden- als wüllenen Waaren an Band, Strümpfen, Beuteltuch, Hüten, Estoffen, Sammet, wie auch Silber- und Göldnen Stück, vielerlei Sorten von Wolle, Garn und andern fremden und inländischen Materialien in großer Menge und Güte verfertigen lassen, dergleichen dieser Lande vorhin niemals gemachet worden noch gemachet werden können, auch von Vielen für unmöglich und unpraktizierlich dieser Orter Gelegenheit nach gehalten worden"[4].

1675 erhielt Johann Daniel Krafft, ein gebürtiger Wertheimer, nachdem er „dem Kurfürsten Vorschläge zur Einführung verschiedener Gewerbszweige gemacht hatte"[5], die Erlaubnis zur Eröffnung einer Woll- und Seidenmanufaktur. Die Finanzierung erfolgte in erster Linie „auf Kosten hiesiger Herren getreuen Lande-Stände, theils auch einer hochloblichen Renth-Cammer"[6]. Die Stände bewilligten einen Vorschuß von 2000 sowie eine jährliche Beihilfe von 500 Talern und setzten Krafft außerdem eine Prämie von 6000 Talern bei erfolgreicher Entwicklung der Unternehmung aus[7]. Zur Aufbringung dieser Mittel war dem Landtag 1676 vorgeschlagen worden, auf jeden Mahlgang aller Mühlen im Lande eine Anlage von einem Taler auszuschreiben, um die Unternehmung, das unter anderm auch die Herstellung von Beuteltuch für die Mühlen zum Zwecke hatte, zu unterstützen[8].

[1] Akte, Stadtgerichts Leipzig, Nr. 327; Kroker, S. 359 u. 369; Meyer, a. a. O.

[2] Acta, „Die Introduction Der Neuen Wollen-Manufactur betr.", de Anno 1676. 1677. 1678. 1679; Ratsarchiv zu Dresden, C. XXVI. 159a; Acta, „Die Introduktion der Seiden- und Wollenmanufactur zu Ostra und was selbiger weiter anhängig ist betreffende, betr." 1679; LHA, Loc. 41644, Vol. II; Acta, „Die gnädigst anbefohlene Revidierung des Inventary bey der Manufactur zu Ostra samt was dem mehr anhängig betr.", 1687; LHA, Loc. 32558; Acta, „Die Einführung der Seyden- und anderen Manufacturen zu Ostra betreffend", Vol. I, de ao 1673–1679, Vol. II, 1680 bis 1688; LHA, Loc. 32557; Leipziger Sammlungen, „Zwey und zwantzigstes Stück", S. 939flg.

[3] Trautmann, Otto, „Das Ostravorwerk – Zeitbilder aus 7 Jahrhunderten (Mit 16 Bildtafeln und 7 Textskizzen)". Dresden 1918, S. 38.

[4] Ebenda.

[5] Ebenda.

[6] Art.: „IX. Allerhand Nachrichten von dem Anfang der feinen Zeug- und Tuch- ingleichen der Beutel-Tuchs-Manufacturen in Sachsen, welche ehemals Siegmund Ernst Spahn aufgesetzet", in: Leipziger Sammlungen, „Zwey und zwantzigstes Stück", S. 939flg.

[7] Frommhold, S. 72.

[8] Gretschel, C., „Geschichte des sächsischen Volkes und Staates", Zweiter Band, Leipzig 1847, S. 497, 513, 514.

Die bewilligten Gelder reichten jedoch keineswegs aus, und noch vor der Aufnahme des Betriebes der Manufaktur machten sich weitere 2000 Taler erforderlich[1].

Die Manufaktur begann im Hause des Ostravorwerksverwalters Johann Gottfried Voigt ihre Arbeit und kam trotz eines vielversprechenden Anfangs schon ein Jahr danach in große Schwierigkeiten, so daß die Löhne nicht gezahlt werden konnten und der Staat außer deren Übernahme abermals mit einem Zuschuß von 1000 Talern helfend eingreifen mußte[2]. Der Grund für den Verfall lag anscheinend darin, daß sich die Erzeugnisse der Manufaktur schwer verkauften[3], nicht zuletzt wohl auch deshalb, weil die Kaufleute „solchen neu angehenden Fabriquen sehr zuwider"[4] waren. Als der Kurfürst 1680 an der Pest starb, verlor Krafft seinen Gönner und wurde 1681 entlassen[5].

Nach der Entlassung Kraffts übernahm Johann Ernst Spahn[6], „damaliger Handelsmann und Cramer-Aelster allhier in Dreßden, auf Instanz und Animirung nebst Versicherung aller Assistenz wohl ermeldeter getreuen Herren Land-Stände und anderer grossen Minister"[7] die Manufaktur. Spahn brachte diese „mit schweren Kosten wiederum in guten Stand und Ordnung". Er zog französische, holländische und Schweizer Werkmeister heran und brachte es soweit, daß „dieses dem gantzen Lande nützliche Werck etliche Jahre mit Ernehrung vieler Leute und Erhöhung hiesiger feinen Land-Wollen fortgegangen ...". Nach dem 1688 erfolgten Tode Spahns, der beträchtliche Schulden hinterließ, drohte die Manufaktur einzugehen, wenn nicht der Bruder Spahns ihr neues Leben eingehaucht hätte.

Mit der Übernahme ihres Betriebes durch Siegmund Ernst Spahn begann die dritte und letzte Periode der Manufaktur. Spahn reiste 1686 nach Holland und brachte außer Erfahrungen über die dortige Fertigung von Tuchen gute Werkmeister und andere Arbeiter wie Drapierer, Spinnermeister und Bereiter sowie das Modell zu einer holländischen Walkmühle und Geräte mit nach Dresden. Er kaufte nach einer weiteren Reise in die Schweiz, um die Zürcher Manufakturen kennen zu lernen, von dem Kanzler Miltitz die Liebenauische Mühle und baute sie nach dem mitgebrachten Modell zu einer Walkmühle um. Dann begann mit der Fertigung von Tuchen, deren Qualität er durch den Zusatz von Spanischer Wolle so verbesserte, daß sie den holländischen und Lücker Tuchen gleich kamen und besonders in Prag Absatz fanden. Die weitere Ausdehnung der Manufaktur erfolgte mit Hilfe eines Kapitals von 3000 Talern[8], die der Kaufmann Carl Ludwig Felß aus Frankfurt am Main Spahn zur Verfügung gestellt hatte, die aber nach seinem Tode von Spahn plötzlich zurückgezahlt werden mußten, was diesen, der außerdem 2000 Taler für ein eigenes Manufakturgebäude aufgewendet hatte, in finanzielle Schwierigkeiten brachte. Da die von der „Landschaft" erbetene Unterstützung ausblieb, war Spahn gezwungen, die meisten seiner Wirker und Spinner sowie einige Gerätschaften Rudolph Ludwig Langguth in Leipzig zu überlassen, der mit ihnen in Torgau[9] eine Manufaktur errich-

[1] Frommhold, S. 72.
[2] Ebenda.
[3] Ebenda.
[4] Leipziger Sammlungen, „Zwei und zwantzigstes Stück", S. 939.
[5] Trautmann, S. 38.
[6] Acta, „Christoph Bretschneiders Manufactur zu Neuostra betr." 1689. Ratsarchiv zu Dresden, Vol. I, C. XXVI. 2., Bl. 2.
[7] Leipziger Sammlungen, „Zwei und zwantzigstes Stück", S. 939 bis 941 und flg.
[8] Ebenda, S. 1012.
[9] Ebenda, S. 1014; Marperger, Abriß, S. 17.

tete, während die restlichen Angehörigen des ehemaligen Spahnschen Betriebes im kleinen auf eigene Rechnung weiterarbeiteten.

Im engen Zusammenhang mit der Gründung der Krafftschen Wollmanufaktur steht die einer weiteren, die 1679 und zwar ebenfalls in Dresden erfolgte. Den Anstoß dazu gab der städtische Kämmerer Andreas Spitzner, der infolge von Zerwürfnissen aus seiner Stellung als Mitglied des ständigen Ausschusses zur Verwaltung der Krafft von der „Landschaft" für den Betrieb seiner Manufaktur in Neustadt-Ostra bewilligten Mittel entlassen worden war. Spitzner veranlaßte daraufhin den Rat der Stadt Dresden, ein „Gegenunternehmen" ins Leben zu rufen, das als städtische Wollmanufaktur „nach dem Muster der Zucht- und Spinnhäuser in Hamburg und des Waisenhauses in Amsterdam, die er persönlich besichtigte und von deren Hausordnungen er Abschriften mitbrachte", errichtet wurde[1].

Die Manufaktur begann 1679 in dem Seußischen Garten am Jüdenteiche vor dem Pirnaischen Tore unter der Leitung von Spitzner und mit holländischen Werkmeistern ihre Tätigkeit. Wie die Krafftsche, so hatte auch dieser Betrieb mit großen Schwierigkeiten zu kämpfen und erforderte beträchtliche Zuschüsse, so daß ihn die Stadt Dresden 1683 bereitwillig an den Kaufmann Streubel verpachtete, der auch die vorhandenen Waren und Geräte kaufte, die Manufaktur aber ebenfalls nicht zur Blüte bringen konnte. 1684 wurde über sein Vermögen das Konkursverfahren eröffnet.

Eine neue Ära brach für die Manufaktur an, als sie 1685 ein aus Pirna stammender Seiden- und Kunstfärber namens Johann Jacob Grätzel pachtete. Dieser erhielt vom Rat der Stadt Dresden die Genehmigung, bettelnde Jungen und Mädchen im Alter von 12 Jahren und darüber von der Straße wegzufangen und in seiner Manufaktur zur Arbeit zu verwenden. Er verfügte bald über 10 Knaben und 3 Mädchen, die teilweise auch freiwillig eingeliefert worden waren, und erhielt 1686 die Erlaubnis der Stadt, deren Zahl bis auf 50, meistens Waisenkinder, zu erhöhen[2]. Die Mittel dafür wurden anfangs zumeist durch Sammlungen in den Kirchen aufgebracht. Später gewährte auch der Rat Zuschüsse, und die „Landschaft" gab Darlehen, durch die Grätzel aber immer mehr verschuldete und 1699, nachdem er sein eigenes Vermögen zugesetzt hatte, den Konkurs anmelden mußte[3].

Mit dem Übergang der von Grätzel so ins Lebens gerufenen Waisenversorgungsanstalt auf die Stadt Dresden am 1. Januar 1687 trat eine scharfe Abgrenzung zwischen dem anfangs nur von Waisen und sonstigen unversorgten Kindern, später aber auch mit Hilfe von „liederlichen und arbeitsscheuen Manns- und Weibspersonen aus der Stadt und dem Amte als Züchtlingen"[4] betriebenen Manufaktur und dem eigentlichen Waisenhause ein, das zu seinem Unterhalt aller-

[1] Tutzschmann, Max, Moritz, „Geschichte des Stadtwaisenhauses zu Dresden, auf Veranlassung der Inspektion desselben aus den Acten". Dresden, 1864, Handschrift im Ratsarchiv zu Dresden; siehe auch: Butte, Heinrich, und Patzig, Gabriele, „Festschrift zur Vierteljahrtausend-Feier des Stadtwaisenhauses zu Dresden am 31. August/1. September 1685–1935", Dresden 1935, S. 8flg.

[2] Ebenda, S. 11.

[3] Ebenda, S. 13; siehe auch: Acta, „Johann Jacob Grätzels Manufactur zu Neu-Ostra betreffende, nach Bretschneiders Absterben", Anno 1694. 95. 96. 97. Vol. II; Ratsarchiv zu Dresden, C. XXVI. 3.

[4] Butte, Patzig, S. 15.

dings noch lange auf die Manufakturarbeit seiner Insassen angewiesen war[1]. Hatte Grätzel gleichzeitig noch die Funktion des „Waisenvaters" ausgeübt, so beschränkte sich die Tätigkeit seiner Nachfolger rein geschäftlich auf ihre Stellung als Pächter der Manufaktur, die sie nach kapitalistischen Grundsätzen betrieben. Um 1705 fertigte man in ihr Serge, Rasch und andere Waren[2], die aber infolge der Konkurrenz der „Budenkrämer" nicht gut abgingen. Bis 1725 war Gottfried Moses Pächter, der den heruntergekommenen Betrieb nicht zuletzt durch die Ausführung von Hoflivreelieferungen wieder auf die Höhe brachte, wegen anstößigen Lebenswandels die Pacht aber aufgeben mußte.

Die um 1700 in der Manufaktur herrschende Arbeitsteilung kommt in der Bezeichnung ihrer Räumlichkeiten zum Ausdruck: das Manufakturhaus enthielt zu ebener Erde die Färberei und Walke sowie im ersten Stock die Wollstube und das Warengewölbe. Im Mädchenhaus waren die Strumpfwirkerstube und die Wollkämmerei und im Knabenhaus die Zeugmacher- und die Zwirnerstube untergebracht[3].

Im Jahre 1817 fand die Wollmanufaktur des Waisenhauses ihr Ende[4], da mittlerweile darüber die besonders von dem Kreishauptmann von Zeschau zum Ausdruck gebrachte Auffassung durchgedrungen war, daß den Kindern „nicht Arbeiten, denen kaufmännische Spekulation zugrunde liegt, sondern Beschäftigungen solcher Art, welche die Befriedigung der Bedürfnisse des Hauses bezwecken", zuzuteilen sind.

Unter den ferner nur sporadisch auftretenden, aber immerhin etwas häufiger werdenden Gründungen von Wollmanufakturen nahmen die in Waisen-, Zucht- und Armenhäusern errichteten Betriebe weiterhin eine bevorzugte Stelle ein.
1689 bestand bereits eine Waisenhauswollmanufaktur in Schneeberg[5], 1732 wurde im Armenhaus von Waldheim eine Flanelldruckerei[6] angelegt, 1765 erwähnt der zweite Jahresbericht der Landes-Oeconomie-, Manufaktur- und Commercien-Deputation die Existenz einer von dem „Zeug-Fabricanten" Ehrich im Dresdner Armenhause betriebenen Manufaktur zur Herstellung wollener Decken[7], 1771 und 1772 richtete der Baumeister und Kaufmann Krapp im Leipziger Zucht-, Armen- und Waisenhaus eine Tuchmanufaktur ein[8], 1793 wird eine bereits vor 1785 bestehende Wollspinnerei im Bautzner Zucht- und Arbeitshause als „in sehr lebhaftem Umtriebe" genannt, die von den drei assoziierten Tuchmachern Johann Christian und Carl Gottlieb Heinrich sowie Siegmund Strenger gepachtet war[9]. Nachstehend

[1] Tutzschmann, a. a. O.
[2] Butte, Patzig, S. 19.
[3] Ebenda, S. 26.
[4] Ebenda, S. 33.
[5] Ebenda, S. 20.
[6] Acta, „Die von dem, bey der Flonell-Druckerey in dem Zucht- und Armen-Hauße zu Waldheim in einem Consortio gestandenen Christian Joachim Briesen gesuchte Separation betr.", an. 1742 43; LHA, Loc. 5558, Bl. 1.
[7] Akte, Landes-Oeconomie-, Manufactur- und Commercien-Deputation, Loc. 5356, Vol. I, Bl. 100, 101.
[8] Leonhardi, Geschichte, S. 639.
[9] Akte Loc. 5344, Vol. IX, Bl. 45, 46; Acta, „Die aus dem Zucht- u. Arbeits-Hauße zu Budißin auf Andreas Kuschen daselbst in sein Hauß transferirte Holländische Tuch-Manufactur betr.", Anno 1786; LHA, Loc. 11 118; Acta, „Die von den Tuchmachern zu Budißin Joh. Christian und Carl Gottlieb Gebrüder Heinriche und Siegmund

noch einige Angaben über Geschichte, Charakter und Größe der vorgenannten Zwangsmanufakturen:

Die Mittel zur Errichtung der Manufaktur in Waldheim stellte die „Armenhaus-Haupt-Caßa“ zur Verfügung. Die „zu den allgemeinen Armen-Häußern ... verordnete“ Kommission trat daraufhin „mit den aus Halle sich nach Waldheim gewendeten Christian Joachim Briesen in ein Consortium ..., vermöge dessen die Armenhauß-Caßa den aus sothaner Fabrique gezogenen Profit mit Brießen zu gleichen Theilen genossen“. Der Betrieb der Manufaktur war in den ersten Jahren ihres Bestehens lohnend. Es konnte „nicht nur der zur Aufführung des dazu erforderlichen Gebäudes und Anschaffung derer nöthigen Invantarien-Stücken beschehene Vorschuß gänzlich ersetzet, sondern auch nach Abzug sämtlicher Unkosten“ ein Überschuß verteilt werden, von dem das Armenhaus als Hälfte

1736	836 Taler	5 gr
1737	906 „	
1738	556 „	
1739	1006 „	
1740	706 „	
1741	62 „	
1742	54 „	12 gr

erhielt.

Die Größe der Waldheimer Manufaktur spiegelt sich außerdem in der Höhe der von ihr gezahlten Löhne. Diese betrugen von 1733–42 37670 Taler 2 Pf, zu denen sonstige „Unkosten“ in Höhe von 24432 Talern 3 g 2 Pf traten. Die vorstehende Übersicht zeigt bei der Manufaktur seit 1740 einen raschen Verfall, dessen Ursachen man in einer Verminderung der Druckerlöhne durch die Kaufleute [?] und in einem Rückgang des Absatzes sah. Briesen wurde dadurch veranlaßt, aus dem Konsortium auszutreten, womit sich die Kommission nach längerem Hinhalten Briesens mit der Vertröstung auf eine Besserung des Geschäftsganges unter der im Gesellschaftsvertrag von 1732 festgelegten Bedingung einverstanden erklärte, daß dieser „die ganze Wissenschafft nebst dem Farben-Kochen und alles, was sonsten darzugehörig, der von der Commission zu ernennenden Person treulich und redlich werde entdecket und gelernet haben“[1].

Über die Manufaktur des Leipziger Kaufmanns Krapp, der zumeist Wollgarn verarbeiten ließ, das ebenfalls im Leipziger Zucht- und Waisenhause hergestellt war, schreibt Leonhardi: „Sie liefert auf drey Stühlen, wovon gewöhnlich zwey immer gangbar sind, durch zwey in Lohn genommene Tuchknappen hauptsächlich die gröbern Tuche, welche der hiesige Stadtrath für die Waisenkinder, für die armen Versorgten, für die Wahnsinnigen, für die Züchtlinge, für die Senftenträger, und für die Stadtwache braucht, und ein ehemaliger Tuchmachermeister führt als Versorgter die Aufsicht darüber. Außerdem müssen auch arme Versorgte und weniger strafbare Gefangene Wolle lesen, krämpeln, und andere dabey nöthige Vorarbeiten verrichten. Auch das Färben der Wolle geschieht im Hause selbst“[2].

Wie Naumann 1789 erwähnt[3], verdankte die „unlängst errichtete Manufaktur von feinen Tuchen in dem gemeinen Zucht- und Arbeitshause“ in Bautzen ihr

Strenger zu ihrer feinen Tuch-Fabrication und Verarbeitung des feinen wollenen Gespinstes in dem Zucht- und Arbeitshause daselbst gesuchten Unterstützung s. w. betr.“, Anno 1787–1803; LHA, Loc. 11121.

[1] Akte Loc. 5558, Bl. 1, 5, 6, 7, 10.

[2] Leonhardi, Geschichte, S. 639 u. 640.

[3] Naumann, S. 25; Akte Loc. 11118, Bl. 3.

Dasein dem dortigen Bürgermeister Richter. Die von den Insassen für die assoziierten Tuchmacher Heinrich und Strenger gesponnene feine Wolle wurde von diesen zu Tuchen verarbeitet, deren Absatz sich dauernd erweiterte. 1793 wurden „1306 Stück dergl. Tuche außer Landes versendet, und überdem 77 Stück zum Ausschnitt veraccisirt, also in allem 1383 Stück abgesetzt ..."[1].

An sonstigen, nicht auf Arbeitszwang beruhenden, zumeist rein kapitalistischen Wollmanufakturen war in Sachsen eine Reihe weiterer Betriebe entstanden, über deren Geschichte nachstehend berichtet wird:

Zwischen 1696 und 1718 liegt die Errichtung einer Tuchmanufaktur durch Rudolph Ludwig Langguth aus Leipzig in Torgau mit Hilfe von Wirkern und Spinnern sowie von Gerätschaften aus der von Siegmund Ernst Spahn in Dresden betriebenen und nach dem Ausbleiben der staatlichen Unterstützung zum Erliegen gekommenen Tuchmanufaktur[2]. Die Manufaktur bestand dort anscheinend bis zu Langguths Tode[3].

Vom Anfang des 18. bis in die 60er Jahre des gleichen Jahrhunderts befand sich in Grimma eine Manufaktur, in der Flanelle heiß gedruckt wurden. Sie gehörte dem Tuchmacher Martin Schmidt, der dieses Herstellungsverfahren als erster den Engländern nachzumachen verstanden hatte und über 30 Jahre im Besitze des Geheimnisses blieb. Nach seinem Tode kaufte der Hallenser Flanelldrucker Dey die Druckerei, richtete sie aber zugrunde. Danach versuchte sie die Landes-Oeconomie-, Manufactur- und Commencien-Deputation 1767 wieder zu beleben, was aber nicht gelang[4].

Inwieweit dieser Betrieb mit der bei Gurlitt[5] erwähnten, von Caspar Wächtler unter der Regierungszeit Augusts des Starken gegründeten Manufaktur identisch ist, bedarf noch der Nachprüfung.

1732 bis 1735 erreicht die Strumpfwirkerei in Bautzen ihren höchsten Stand, zu der ein gewisser Kühnel den Grund gelegt hatte. 1801 zählte man dort an 100 Meister und 30 Gesellen. „Die Strumpfstrickermeister sind zum Theil Verleger [richtiger: Manufacturiers] und lassen nicht allein in Bautzen, sondern auch zu Hoyerswerda, Kamenz, Löbau ... Strümpfe, Mützen, Kamaschen, Handschuhe ... stricken, die sie dann walken, zurichten, färben und im Großen versenden. Außer den Leipz. Messen beziehen einige auch die zu Naumburg, Braunschweig und Frankf. an d. Oder. Jährl. werden 6–7000 Steine Wolle dazu verbraucht. Der Absatz geht zum Theil über Bremen nach Nordamerika"[6].

Bis 1737 bestand in Waldheim eine Flanelldruckerei, bei der aber nicht gewiß ist, ob sie eine Manufaktur oder einen Handwerksbetrieb darstellte[7].

1755 tritt der im Zusammenhang mit der Leipziger Zucht- und Armenhausmanufaktur bereits genannte Tuchhändler Krapp in Leipzig als „Verleger" einer „Frießmanufactur" in Barby auf[8].

1760 nahm in Grimma eine Golgas- und Berillmanufaktur ihren Anfang[9]. Ihr Gründer war Samuel Wächtler. 1767 übernahm Kaufmann Grieße, ein Sohn des

[1] Akte Loc. 5344, Vol. IX, Bl. 45, 46; Akte, Loc. 11121, Bl. 80 flg.
[2] Leipziger Sammlungen, „Zwey und zwantzigstes Stück", S. 1014.
[3] Marperger, Abriß, S. 17.
[4] Rößig, Produkten, S. 266 u. 267.
[5] Gurlitt, Cornelius, „August der Starke – Ein Fürstenleben aus der Zeit des deutschen Barock", Band II, Dresden 1924, S. 175.
[6] Addreßbuch, Lausitzen, S. 7 u. 8.
[7] Rößig, Produkten, S. 267.
[8] Akte, Landes-Oeconomie-, Manufactur- und Commercien-Deputation, Loc. 5356, Vol. I, Bl. 100.
[9] Addreßbuch, Obersachsen, S. 290.

ehemaligen Faktors der vorerwähnten Waldheimer Flanelldruckerei, den Betrieb, nachdem es zwischen Wächtler und seinem Drucker Weise zu Uneinigkeit und damit zum Stocken der Manufaktur gekommen war[1]. Grieße, der vordem in Leipzig selbst eine kleine Druckerei unterhielt, verschaffte sich gegen Verpfändung von zwei Landesobligationen aus der Prämienkasse einen Vorschuß von 1000 Talern und suchte weiterhin um ein Privilegium cum jure prohibendi auf 6 Jahre und die gleichen „Befreyungen" nach, wie sie Wächtler gewährt worden waren. Außerdem erhielt er nach Rößig[2] von der Landes-Oeconomie-, Manufactur- und Commercien-Deputation noch 4500 Taler, ging aber trotz aller staatlichen Förderung und obwohl er „Kenntniß der Sache" hatte, aus „eigener Schuld" zu Grunde. Die Deputation ließ das Werk noch einige Zeit verwalten, „es gieng aber endlich [1771] doch ein, und die dasigen Kaufleute, welche beträchtlichen Handel mit diesen Artikel trieben, waren nun genöthigt zu Hainichen oder Oederan oder im Auslande, zu Halle, drucken zu lassen".
1765 wird im zweiten Hauptbericht der Landes-Oeconomie-, Manufactur- und Commercien-Deputation[3] die Bemühung des Großenhainer „Tuch-Fabricanten" Schwarze um die in diesen Jahren zustande gekommene Anlage einer „Holländischen Tuchmanufactur" in Großenhain erwähnt, die nach den Angaben im „Addreßbuch von Obersachsen"[4] noch 1800 bestand. Schwarze war nach Berlin gefahren und hatte sich mit einem Walker, der früher dort beschäftigt war, die im Berliner Lagerhause untergebrachte Tuchmanufaktur nebst Walkmühle und Färberei angesehen und nach den so gewonnenen Erfahrungen einen ihm auch gewährten Vorschuß von 3000 Talern zur Errichtung einer solchen Manufaktur beantragt. Die Deputation unterstützte Schwarze weiterhin dadurch, daß sie ihm die Reisekosten nach Berlin erstattete, einen spanischen Tuchmacherstuhl verkaufte und sich bei der Landesregierung dafür einsetzte, daß Schwarze vom Innungszwang befreit wurde[5].

In das letzte Drittel des 18. Jahrhunderts fällt die Errichtung einiger weiterer Werkstätten zur Herstellung von Tuchen und Flanellen (auch Flanelldruck), bei denen aber nicht immer sicher ist, ob sie Manufakturen, Handwerksbetriebe oder bereits Fabriken darstellten; für sie wird auf das Tabellarium im Anhang dieser Untersuchung verwiesen.

Mit dem 19. Jahrhundert setzte langsam ein Ökonomisierungsprozeß im wollverarbeitenden Gewerbe ein, der sich auf dreierlei Weise vollzog: Einmal schafften sich die wohlhabend gewordenen Tuchmachermeister Maschinen an, ferner ging eine Reihe von Tuchgroßhändlern immer mehr dazu über, zünftige Tuchmacher für sich arbeiten zu lassen sowie die von diesen gewebten und gewalkten Tuche in eigenen Werkstätten zu appretieren, und schließlich bildete sich eine „moderne" Manufaktur aus, die noch lange bis in die zweite Hälfte des 19. Jahrhunderts hinein ihre Lebensfähigkeit bewies.

[1] Akte, Landes-Oeconomie-, Manufactur- und Commercien-Deputation, Loc. 5356, Vol. I, Bl. 109.

[2] Rößig, Produkten, S. 267.

[3] Akte, Landes-Oeconomie-, Manufactur- und Commercien-Deputation, Loc. 3556, Vol. I, Bl. 92.

[4] S. 245.

[5] Akte, Landes-Oeconomie-, Manufactur- und Commercien-Deputation, Loc. 5356, Vol. I, Bl. 92.

b) Die Leinewandmanufakturen

In noch viel geringerem Umfange als bei der Verarbeitung der Wolle spielte die Manufaktur im sächsischen Leinengewerbe eine Rolle. Seine Betriebsweise war, soweit es die Weberei betraf, von alters her handwerklich, und in der Spinnerei herrschte seit vielen hunderten Jahren die ländliche Nebenbeschäftigung vor. Ökonomisiert wurde erstmals das Gewerbe – wie bereits im Abschnitt über den Gang der Akkumulation erwähnt – durch das oberdeutsche Handelskapital, das die zahlreichen kleinen Werkstätten der Lausitzer, erzgebirgischen und vogtländischen Leineweber in der Form des Verlags kapitalistisch zusammenfaßte. Diese Funktion ging nach dem Aufhören der fremden Investitionen auf das heimische Handelskapital über und führte nach der Blüte des sächsischen Leinengewerbes im 16. Jahrhundert, in dessen Mitte sich in Chemnitz die ersten Keime zu manufakturmäßiger Organisation der Produktion [Übernahme des Veredlungsprozesses der Leinewand – Bleichen und Mangeln – durch wohlhabend gewordene „Meister-Händler"] zeigten[1], zu dessen abermaligem Aufleben im 18. Jahrhundert, das sich vor allem auf die Oberlausitz erstreckte und unter anderem in der Gründung zahlreicher Leinenhandlungen zum Ausdruck kam.

So bildete sich in Zittau nach Wieck[2] „eine unterm 28. April 1705 allerhöchst bestätigte Kaufmannssozietät zur Betreibung des Leinenhandels mit dem Auslande, welche aus 23 Mitgliedern bestand" und der die Gründung weiterer Handlungen in Löbau, Bautzen, Görlitz, Lauban und Herrnhut folgte.

In Herrnhut war es Abraham Dürninger, ein aus Straßburg zugewanderter Kaufmann, der 1747 zum Administrator der von der Brüdergemeine unterhaltenen Handlung eingesetzt wurde[3] und über den Verlag der dortigen Leineweber den Grund zu einer zerstreuten Manufaktur größten Ausmaßes legte[4].

1750 richtete Dürninger eine Leinwanddruckerei in Herrnhut ein, in der auf 4 Drucktischen blaue Zitze mit einer Farbe hergestellt wurden, die wasserbeständig und ein Geheimnis Dürningers war[5], und 1751 bewirkte er die Anlage einer Bleiche. Die damit erfolgte Ausweitung des Verlags zur Manufaktur ging mit Hilfe eines Kapitals von 8000 Talern vor sich, die Bruder von Wiedebach lieh[6]. Der Erfolg der Dürningerschen Unternehmung zeigte sich in einer schnellen und beträchtlichen Zunahme der von ihr beschäftigten Arbeitskräfte. 1766 waren nach einem Katalog der „ledigen Brüder" Herrnhuts „auf dem Kontor 3 Ge-

[1] Kunze, Arno, „Die Entwicklung der Produktivkräfte und der Produktionsverhältnisse in Chemnitz in der ersten Hälfte des 16. Jahrhunderts unter besonderer Berücksichtigung der Einflüsse des oberdeutschen Handelskapitals". Chemnitz, 1955.

[2] Wieck, S. 233 u. 234.

[3] Uttendörfer, O., „Wirtschaftsgeist und Wirtschaftsorganisation Herrnhuts und der Brüdergemeinde von 1743 bis zum Ende des Jahrhunderts (Alt-Herrnhut, 2. Teil)". Herrnhut 1926, S. 37, 138.

[4] Cammer-Acta, „Die Zitz- und Leinwandt-Druckerei zu Herrnhuth btr.", 1755; LHA, Loc. 35206; außerdem ließ Dürninger nach Uttendörfer, S. 140, „vielleicht als erster im Lande" Rappé machen, wofür er um 1750 einen Mann und 1765 bereits 12 Personen beschäftigte". Seit etwa 1754 unterhielt er eine kleine „Siegellackfabrik", und in seiner „Schnupftabakfabrik" standen 1766 7 Gesellen in Arbeit.

[5] Ebenda, S. 153, 156.

[6] Ebenda, S. 139.

sellen und 1 Lehrling, in der Tabakfabrik 7 Gesellen, in der Druckerei 4 Gesellen und 6 Lehrlinge, auf der Bleiche 4 Gesellen, im Laden 10 Gesellen, als Handlanger, Kutscher und Nachtwächter 5 Gesellen, in der Leineweberei 8 Gesellen und 7 Lehrlinge, als Posamentierer 2 Gesellen, zusammen 43 ledige Brüder und 14 Lehrlinge angestellt"[1]. Zu diesen kam die große Zahl der Weber, von denen nach einer Spezifikation von 1766 nur 22 in Herrnhut selbst, hingegen 111 außerhalb dieses Ortes arbeiteten. Die Zahl der für Dürninger betriebenen Stühle betrug 1767 in Herrnhut 16 und 112 außerhalb.
Gegen das Ende der 60er Jahre trat ein Rückgang der Firma ein, der seine Ursache besonders in der Geschmacksänderung der Kundschaft hatte. So kam 1779 die Zitzdruckerei zum Erliegen, weil es in Herrnhut an Kräften fehlte, die den modischen Ansprüchen der auswärtigenKunden gerecht werden konnten[2]. Es gelang Dürninger jedoch, einen Ausgleich durch stärkeres Betreiben des auswärtigen Verlagsgeschäfts und des Kommissionshandels in Leinewand und Garn herbeizuführen und dadurch die Firma „blühend zu erhalten ... und noch 1777, 4 Jahre nach seinem Tode, stand Herrnhut im Leinwand-Export der Oberlausitz mit 128298 Talern an vierter Stelle hinter Zittau (497090 Talern), Bautzen (232390 Talern) und Lauban (144460 Talern) aber vor Löbau (122899 Talern) und Görlitz (112949 Talern) aber so, daß bei Zittau 26, bei Bautzen 7, bei Lauban 16, bei Löbau 17, bei Görlitz 1 Exporteur beteiligt waren, so daß nur das Görlitzer Unternehmen Dürninger in Bezug auf Größe des Unternehmens nahekommt ..."[3].Nach der Aufgabe der Zitzdruckerei stellte lediglich die Bleiche noch einen Betriebsteil der Dürningerschen Firma dar, der dieser mit ihrem Leinenverlag den Charakter einer Manufaktur verlieh. Im weiteren Verlaufe der Entwicklung genügte jedoch die in Herrnhut angelegte Bleiche nicht mehr, und es mußten dafür andere Möglichkeiten herangezogen werden. Das „Addreßbuch der Lausitzen"[4] schreibt 1801 darüber: „Die Dürningersche Handlung kauft die rohen Garne selbst, und läßt sie auf sächsischen und böhmischen Bleichen, die Leinwand aber bei Zittau und Löbau bleichen. Bernstadt und Zittau geben ihr die Appretur". Die Zahl der zu dieser Zeit in der Firma Beschäftigten wird mit „mehr als 200 Händen" angegeben und die jährliche Ausfuhr von Leinwand aus Herrnhut und Bernstadt mit über 600000 Reichstalern.

Die Dürningersche Manufaktur war ausgesprochen kapitalistisch, wenn sie auch im Anfang zumeist mit Angehörigen der Herrnhuter Brüdergemeine betrieben wurde, die an die religiösen Lebensbedingungen dieser Gemeinschaft gebunden waren. Später jedoch beschäftigte Dürninger ausschließlich fremde Dorfweber, da diese billiger als jene arbeiteten und außerdem im Bedarfsfalle leichter entlassen werden konnten[5].

Außer der Dürningerschen Manufaktur entstanden durch die Herrnhuter Brüdergemeine auf dem Gebiete der Leinen- wie auch auf dem Gebiete der Baumwollverarbeitung einige weitere, gegenüber der erstgenannten aber völlig unbedeutende arbeitsteilige Kooperationen, bei denen im Gegensatz zu dem Dürningerschen Betrieb der Nutzen nicht dem kapitalistischen Manufacturier, sondern direkt der Gemeinde zugute kam[6].

[1] Uttendörfer. S. 140 u. 141.
[2] Ebenda, S. 156.
[3] Ebenda, S. 142.
[4] S. 57.
[5] Ebenda, S. 153.
[6] Ebenda, S. 152.

In Kleinwelka bei Bautzen war um 1776 eine „Lein- und Parchent Fabrique“[1] angelegt worden, in der die dortige Brüdergemeine „die bey ihren Anstalten befindlichen Mägden“ beschäftigte und dafür eine Lehrmeisterin aus Niesky verschreiben ließ.

Inwieweit die in den anfangs genannten Sechsstädten errichteten Handlungen[2] wie die von Dürninger in Herrnhut durch Übernahme von Funktionen der Veredlung des Leinengewebes ebenfalls zu zerstreuten Manufakturen wurden, hat inzwischen Kunze in seiner bereits erwähnten Arbeit über die Entwicklung der Oberlausitzer Leineweberei geklärt. Nach ihm hat sich offenbar zumindest der größte Teil dieser Großhandlungen zu Manufakturen ausgewachsen[3], indem sie sich im Verlaufe des 18. Jahrhunderts eigene Bleichen, Färbereien, Appretur- und Mangelwerkstätten zulegten[4]. Eine der größten „Leinewand-Veredlungsmanufakturen“ Zittaus war die des Kaufmanns Carl Christian Besser, die 1714 gegründet worden war und aus Färberei, Mangelwerkstatt und Bleiche bestand und in diesen Einrichtungen ein Betriebskapital von 9150 Talern investiert hatte[5].

Ebenfalls arbeitsteilige Kooperationen – wie im Abschnitt über „Die Anwendung der Arbeitsteilung und die Erhöhung der Arbeitsproduktivität“ einzeln belegt worden ist – stellten die Betriebe der Großschönauer Damastweberei dar.

Ihre Anfänge reichen nachweislich bis 1666 zurück[6]. In diesem Jahre webten die Brüder Friedrich und Christoph Lange in Großschönau die ersten Damaste, die von dem Mustermaler Christoph Löffler aus Hennersdorf entworfen worden waren, und um die gleiche Zeit wurde dort auch, und zwar von Christoph Krause, der erste Damastwebstuhl gebaut. Der Prozeß des Übergangs der Produktionsmittel aus den Händen der Damastweber in die „einzelner Produzenten-Kapitalisten, die gleichzeitig auch die Arbeitsvorbereitung“ übernahmen, die kleinen Weber vom Markt trennten und sie zu Lohnarbeitern machten, sowie die Konzentration im Großschönauer Damastgewerbe, seine Finanzierung durch den Fernhandel, die ländliche Hausindustrie und zum Teil durch „Mobilisierung von Grund und Boden“ werden von Kunze[7] ausführlich dargestellt. Die günstige Entwicklung der Großschönauer Damastweberei im 17. Jahrhundert erfuhr im ersten Drittel des folgenden Jahrhunderts eine Unterbrechung, die ihre Ursache in der

[1] Akte Loc. 5310, Bl. 1.

[2] Für Zittau nennt Naumann in seiner „Topographie“ von 1789, S. 338, die von Bauer, Beling, Hirschfeld, Brochmann, Rosenkranz, Böttger, Elstner, Engler, Haupt, August Hering, Grätz, Krodel, Kühn, Martiuß, Müller, Scabinus Neumann, Johann Neumann, Gottlob Neumanns Witwe, Schöne, Schwabe, Stolle, Sohns, Rothe, Schlüter, Trommler, Warzel und Ziegenhagen; für Bautzen die von Frenzel, Carus und Tieze, S. 26; für Lauban die von „Herrn Cammerrath Steinbachs Erben“, von Kirchhoff, Seyferth, Fischer, Günther, Blochmann, Weiner und Heinrich; S. 161; für Löbau die von „Herrn Mühle des älteren sel. Erben“ und die von dem jüngeren Mühle, S. 190; und für Görlitz „die berühmte Schlegelische Leinwandhandlung“, S. 102.

[3] In das Manufakturtabellarium ist jedoch nur der Betrieb von Besser in Zittau aufgenommen worden, da die Werkstätten der anderen Großhändler nach dieser Richtung hin noch einer genaueren Prüfung bedürfen.

[4] Kunze, Entwicklung, S. 25flg.

[5] Ebenda, S. 29 u. 30.

[6] Acta, „Die Damast-Fabrique zu Groß-Schönau und wie selbige ohne besonderen Zwang in guten Stande zu erhalten, samt was dem mehr anhängig betr.“, 1740–1802; LHA, Loc. 11089, Vol. I, Bl. 11; Wieck, S. 136.

[7] Kunze, Entwicklung, S. 35–43.

Einführung neuer Abgaben wie der Vermögenssteuer und Accise sowie in Kriegswirren und Teuerung hatte. Besserung sollte die erstmals 1727 erlassene und 1743 verschärft erneuerte „Ordnung der Damastweber“ bringen, die unter anderem die Zahl der von den künftigen Meistern betriebenen Stühle auf 3 begrenzte[1] und Schutzvorschriften gegen das Bekanntwerden des Produktionsgeheimnisses enthielt. Trotzdem konnte die in der Folgezeit einsetzende Abwanderung von Damastwebern nicht verhindert werden[2], und es kam im letzten Viertel des 18. Jahrhunderts zu einem merklichen Verfall dieses Gewerbes, der bis zum Jahre 1813 anhielt, das den Großschönauern die Auslandsmärkte öffnete. 1834 begann, veranlaßt durch Johann Gottfried Schiffner, die Mechanisierung dieses Gewerbes mit der Einführung der Jacquardmaschine[3].

Die Einzelgröße dieser Damastmanufakturen in der eigentlichen Manufakturperiode war nicht beträchtlich, wohl aber ihre Zahl sowie der Umfang und Wert ihrer Produktion im ganzen. 1834, mithin zu einer Zeit, als die Damastweberei noch manufakturmäßig betrieben wurde, gehörten zu diesem Gewerbe 266 Meister, 7 Mustermaler, 9 Mustermacher, 14 Stuhlbauer, 966 Gesellen und 98 Lehrlinge[4]. Hergestellt wurden 1832 von diesen 5513 Schock Ellen Damast im Werte von etwa 422000 Talern, „wovon etwa 130000 Thlr. auf das Garn, 70000 Thlr. auf Arbeitslohn, 12000 Thlr. auf Musterspesen, und das übrige auf Bleichlöhne, Appretur, Zinsen und Unternehmergewinn zu rechnen ist“[5].

Zu weiteren Manufakturgründungen kam es in Leinewandbuntdruck. Rößig berichtet darüber:

„Der bunte Leinwanddruck zu Grimma wurde übrigens ... vorzüglich in dem achtzehenden Jahrhunderte durch die Leonhardische Familie, welche eigentlich ursprünglich Schwarz- und Blaufärber waren, ins Große getrieben, sie haben jetzt 4 Manufakturen und Handlungen in Grimma, welche ausgebreitete Geschäfte mit blau und weiß gedruckten leinenen und baumwollenen Tüchern, blau in blau, auch ganz blau und bunten Leinwande, theils nach Oberdeutschland, theils nach Ostindien über Holland treiben; die rohen Waaren ziehen sie theils aus der Oberlausitz, theils aus den dasigen umliegenden Gegenden. Wie ansehnlich diese Geschäfte sind, erhellet auch daraus, daß in den Jahren 1793–1797 in diesen 4 Manufakturen allein 2636 Schock Ellen zubereitet und auf die Messe geschickt wurden ...“[6].

Weiterhin erwähnt Rößig[7] die „Riesische Manufakturdruckerey“, die 1793 und zwar ebenfalls in Grimma angelegt wurde, und in der „Jeanets, Mastignots, Casimirs und Mousselinets nach Englischer Art gedruckt wurden, wozu auch neuerlich die Druckerey feiner Musseline kamen ...“.

Schließlich sind als Leinewand verarbeitende Werkstätten noch die Wachstuchmanufakturen zu nennen, „wovon Leipzig der Hauptsitz unstreitig ist“[8]. Naumann

[1] Wieck, S. 138.
[2] Ebenda, S. 141.
[3] Ebenda, S. 144.
[4] Ebenda, S. 153.
[5] Ebenda, S. 153, 154.
[6] Rößig, Produkten, S. 243, 341.
[7] Ebenda, S. 341; Canzley-Acta, „Den Kaufmann Benjamin Friedrich Riese in Leipzig wegen seiner in Grimma anzulegenden Fabrick und des sich hierzu erbetenen Handstempels betr.“, d. an, 1794; LHA, Loc. 33461.
[8] Naumann, S. 174.

gibt 1789 an, daß in diesen Betrieben, deren Zahl von Rößig[1] mit 7 angegeben wird, „gegen funfzehnhundert Personen beiderley Geschlechts" beschäftigt waren und die Jahresproduktion „zwischen vierzig- bis funfzigtausend Stück Wachsleinwande, das Stück zwölf Ellen lang, und ein bis zwo Ellen breit, sowohl einfache, als gewirkte" lag.
Zu Beginn des 19. Jahrhunderts fing das sächsische Leinengewerbe infolge des Aufkommens der Baumwollmanufakturen sowie des Emporwachsens der englischen und irischen Leinenmanufakturen und mechanischen Flachsspinnereien an, von seiner früheren Bedeutung zu verlieren[2], die es auch nicht wiedergewinnen konnte, als man in zunehmendem Maße zur Verwendung von Flachsspinnmaschinen[3] und Jacquardstühlen überging.

c) Die Seiden- und Samtmanufakturen

Während die Errichtung arbeitsteiliger Kooperationen in den vorgenannten Produktionszweigen von dem massenhafter gewordenen Bedürfnis der gesamten Bevölkerung des Landes nach Waren des täglichen Bedarfs und durch verstärkte ausländische Nachfrage herbeigeführt wurde, verdankten die Seidenmanufakturen dem landesherrlichen Verlangen nach Luxus ihr Dasein. Die „Beiträge zur Geschichte der Cultur der Wissenschaften..."[4] beschreiben diesen in das letzte Drittel des 17. Jahrhunderts fallenden Impuls wie folgt:

> „Das besondere Wohlgefallen, das Johann George II. an prächtigen Meublen fand, wurde Veranlassung, verschiedene in Sachsen bis dahin noch unbekannte Manufacturen, besonders in Seide und Wolle, einzuführen. Mit Freigebigkeit unterstützte der Kurfürst eine in der Nähe der Residenz angelegte Fabrik, in welcher seidne und wollene Waaren, goldne und silberne Tressen, gefertigt wurden. Sie bestand jedoch nicht lange, vielleicht zum Theil durch eigne Schuld ihres sonst sehr thätigen und einsichtsvollen Urhebers, Kraft."

Die so ins Leben gerufene Dresdner Manufaktur[5] war zwar nicht die erste Sachsens, hatte aber den gleichen Gründer wie diese: „Commerzienrath" Daniel Krafft[6], der 1670 den Seidenbau in Sachsen einführte, war zugleich der erste Seidenmanufacturier des Landes. Er legte 1674 in Leipzig einen derartigen Betrieb an, über dessen Gründung und Entwicklung in den ersten beiden Jahren seines Bestehens wir durch Leonhardi bzw. Rößig gut unterrichtet sind[7].

[1] Rößig, Produkten, S. 248 u. 249; Acta, „Die Wachstuch-Fabrik zu Leipzig betr.", 1768–1816; LHA, Loc. 11105.
[2] Die erste mechanische Flachsspinnerei wurde um 1812 in Wolkenburg angelegt; sie ging bereits 1827 wieder ein (Gebauer, III, S. 201flg.).
[3] Der erste Jacquardstuhl im Großschönauer Damastgewerbe wurde, wie bereits weiter vorn erwähnt, 1834 aufgestellt.
[4] S. 49.
[5] Akte Loc. 41644; „Jahres-Rechnung über die Churfürstl. Sächß. Seyden-Manufactur zu Neuostra vom 1. January bis den 31. Decembris anno 1675. geführt von Johann Daniel Crafften"; LHA, Loc. 32558.
[6] Siehe Abschnitt über „Die Anwendung der Arbeitsteilung und die Erhöhung der Arbeitsproduktivität".
[7] Leonhardi, Geschichte, S. 281; Rößig, Produkten, S. 307 u. 308.

Krafft „erhielt dazu einen Vorschuß von 4000 Thalern baar und betrieb diese Manufactur innerhalb 16 Monathen, nämlich vom Ende des Jahres 1674 bis zum 5. Februar 1676 dergestalt mit 60 Personen, daß er 12000 Thaler verarbeitet hatte. Hiervon waren 5749 Thaler für Seide ausgegeben und davon wiederum für 3500 Thaler Seide in verkäufliche Waare verarbeitet worden, deren Werth 5700 Thaler betrug. Von dieser Waare verkaufte er binnen 16 Monathen für 3200 Thaler und für 2500 Thaler blieben auf dem Lager vorräthig liegen, und der Bestand an roher unverarbeiteter Seide betrug 2249 Thaler. Die Anschaffung der benöthigten Werkzeuge ... kostete 2300 Thaler und 3951 Thaler giengen auf die übrige Einrichtung des Werkes, für die Aufseher, Niederlagen ...“[1].

Der Gründung dieser ältesten Seidenmanufakturen in Leipzig und Dresden folgten weitere an diesen Orten, besonders in Leipzig, nachdem der 1680 von Frankreich ausgehende hugenottische Flüchtlingsstrom einige mit der Kunst des Webens von Seide vertraute Familien dort abgesetzt hatte[2]. Auch die Herstellung von Samt nahm zu dieser Zeit in Sachsen ihren Anfang, und wenn Marperger[3] nicht übertrieben hat, so kam die Qualität der einheimischen Seidenerzeugnisse und Samte in kurzer Zeit derjenigen der auf diesem Gebiete von alters her in guten Ruf stehenden west- und südeuropäischen Verarbeitungsländer gleich, während die Größe der sächsischen Produktion noch beträchtlich hinter der jener Länder zurückblieb.

Marperger schreibt, daß es „weder Franckreich, Italien noch Holland in Qualitate, in kostbahren Brocaden, Damasten, Gold und Silber Stücken, Samt und anndern pretiosen Stoffen höher hat bringen können, als es deß seel. Apels und anderer vornehmer Fabriquanten, sonderlich die Böttgerische Manufacturen in Leipzig gebracht in Quantitate aber weiß man ohne dem wohl, daß gantze Reiche und Länder ja so viel große Capitalisten, mehr als ein paar Privat Kauffleute thun können, in Dreßden und Leipzig macht man nunmehro auch schon so schöne Seidene Strümpfe als in Engeland, Franckreich und Meyland nicht können gesehen werden ...“. Auch die „Broderie Arbeit“ von Seide, Gold u. Silber-Drat ist nicht schlechter als in Franckreich, in Dresden, Leipzig u. anderen sächsischen Städten desgl. die Leipziger Manufaktur in der „der ungerissene Sammet mit subtilen Instrumenten nach einem zierlichen Muster so artlich auffgeschnitten, u. demselben eine so schöne geblümte Figur gegeben wird ...“.

Für das erste Viertel des 18. Jahrhunderts erwähnt Rößig[4] bei einer Aufzählung der in diesem Zeitraum neugegründeten Seiden- und Samtmanufakturen außer der bereits von Marperger allerdings noch nicht als assoziiert gemeldeten Manufaktur Apels und seines Kompagnons Böttger die Samtmanufakturen von Scharnau[5] und Hollinger (anscheinend Verlag), die ihren Sitz ebenfalls in Leipzig hatten[6]. Zu diesen Werkstätten traten um die Mitte des gleichen Jahrhunderts „mit der mehrern Vorsorge, welche man seit 1754 dem Seidenbau schenkte“, weitere solcher Betriebe sowohl in dem alten Seidenzentrum Leipzig als auch an neuen Orten wie

[1] Leonhardi, Geschichte, S. 281.
[2] Ebenda.
[3] Marperger, Abriß, S. 19.
[4] Rößig, Produkten, S. 309.
[5] Acta, „Die Sammt und Seiden Manufacturen zu Leipzig betr.“, Anno 1764—1794; LHA, Loc. 11096, Vol. I, Bl. 16, 35.
[6] Rößig, Produkten, S. 308.

Weißenfels und Torgau[1]. Unter den damals entstandenen bzw. zur Blüte gekommenen Manufakturen befand sich auch die des Leipziger Kaufmanns Raabe, die später auf dessen Sohn, einen kursächsischen Kammerrat, überging, und in der „außer den glatten Zeuchen auch Damaste und Gros-de-tours" hergestellt wurden[2], die besonders Schlesien, Österreich und Polen abnahmen. In dieser Manufaktur vollzog sich auch der bedeutendste technische Fortschritt, der zu jener Zeit auf dem Gebiete der Seidenspinnerei und -weberei in Deutschland überhaupt feststellbar war: Die Aufstellung des schon im Abschnitt über „Die Arbeitsinstrumente" erwähnten „Filatoriums", einer Seidenzwirnmaschine, die der ältere Raabe nach italienischem Vorbild hatte bauen lassen. Im Siebenjährigen Krieg verfiel die Raabesche Manufaktur und Kotzkofsky, der sie übernommen hatte, übersiedelte mit mehreren ihrer Arbeiter nach Berlin[3], um offenbar dort einen gleichen Betrieb ins Leben zu rufen; hierzu war ihm der preußische Staat, der wie Österreich zum Schaden Sachsens um die Errichtung von Seidenmanufakturen in seiner Hauptstadt bemüht war, entgegengekommen[4]. Aus der sich auflösenden Raabeschen Seidenmanufaktur gingen, wie Rößig berichtet[5], einige neue Betriebe hervor, von denen er als größten die Stiehlersche Manufaktur bezeichnet.

> Diese „arbeitete anfangs in leichten seidenen und auch baumwollseidenen Zeuchen oder sogenannte Susge von Englischer Erfindung, nachher aber legte sie sich blos auf Sammtarbeit und hatte zu weilen auf 40 bis 50 gangbare Stühle, und setzte vorzüglich viel nach Pohlen ab"[6]. Sie bestand noch Anfang des 19. Jahrhunderts als Sammtmanufaktur und fertigte auf etwa 40 Stühlen vornehmlich rote und grüne Ware[7].

Weiterhin nennt Rößig in diesem Zusammenhang an Werkstätten, die auf insgesamt 46 Stühlen teils Samt, teils seidene Tücher herstellten, „die Joh. Gottlob Bischoffische[8], die Eckardische, die Kohlische und die Mauserische" Manufaktur[9]. Bis zu welchem beträchtlichen Grade die Kooperation in der Seidenbranche ging, zeigt die Fisauische Manufaktur [oder Verlag?] in Leipzig, die um 1760 und 1770 als eine „der stärksten ... zuweilen an 100 gangbare Stühle gehabt haben soll"[10], bis zum Anfang des 19. Jahrhunderts jedoch auf ein Drittel zurückging.

Außer den vorgenannten bestanden in Leipzig noch einige kleinere Betriebe, wie die von Gläser und Beyer, deren Charakter als arbeitsteilige Kooperationen aus den vorliegenden Unterlagen zumeist nicht eindeutig hervorgeht, sowie mehrere

[1] Rößig, Produkten, S. 309.
[2] Ebenda, S. 309, 311 u. 224; Akte, Sammt, Loc. 11096, Bl. 16, 35.
[3] Ebenda, S. 310 u. 311.
[4] Ebenda, S. 310.
[5] Ebenda, S. 311.
[6] Ebenda.
[7] Acta, „Die Sammt-Manufactur derer Stiehlere zu Leipzig ingl.: Die Sammt. und Seiden Manufactur Martin Folls [?] das. betr. Tischer Samtfabrikant in Leipzig", Ao. 1788 sequ. 1794–1818; LHA, Loc. 11123, Bl. 100–118.
[8] Acta, „Der Gebrüder Bischof zu Leipzig Seiden-Fabric betr.", Anno 1783–1816; LHA, Loc. 11104.
[9] Rößig, Produkten, S. 311.
[10] Ebenda, S. 311 u. 312.

einzelne Seidenwirker, die auf eigene Rechnung arbeiteten. Im Gegensatz zu der Herstellung von Geweben aus anderen Fasern scheint das Seidengewerbe in Leipzig von Anfang an überwiegend als kapitalistische Manufaktur aufgetreten zu sein.

Weitere Standorte der Seidenverarbeitung waren Weißenfels und Langensalza. Auch im letztgenannten Ort handelt es sich neben handwerklicher Fertigung offenbar zumeist um Arbeit in zentralisierten und zerstreuten Manufakturen oder im Verlagssystem; Rößig[1] erwähnt jedenfalls, daß von den 70 Meistern der dortigen „Grain- und Seidenwirker Innung" nur „4 auf eigene Hand arbeiten lassen", während die übrigen „theils in ihren Häusern, theils auf der Fabrik in dem so genannten Fabrikgebäude" tätig seien, „für welche an 150 Stühle im Gange sind, worauf man theils ganz seidene, theils auch halbseidene Zeuche verfertigt".

Noch vor 1745 nahm auch die Seidenstrumpfwirkerei in der Chemnitzer Gegend ihren Anfang. Der erste derartige Betrieb, von Strumpfwirker Esche in Limbach errichtet[2] und mit nachgeahmten englischen Wirkerstühlen ausgestattet, brachte es innerhalb kurzer Zeit zu einer Kapazität, welche die im Handwerk übliche beträchtlich überstieg (1764 80 Stühle); wie bereits in anderem Zusammenhang erwähnt, wurde dort noch im Jahre 1793, obgleich sich diese Manufaktur damals im Niedergang befand, auf 42 Stühlen gearbeitet[3].

Außer dem Seidengewerbe war in Sachsen bis zum Ende des 18. Jahrhunderts eine beträchtliche Zahl von Betrieben zur Herstellung halbseidener Waren entstanden, in denen man die Seide sowohl mit Leinen als auch mit Baumwolle verarbeitete. Dieses Gewerbe, das seinen Sitz hauptsächlich in Sebnitz, Chemnitz und Langensalza hatte, wurde handwerklich wie auch manufakturmäßig betrieben.

So bestand in Chemnitz um die Wende zum 19. Jahrhundert eine Unternehmung, die von den Kaufleuten Becker und Träger angelegt worden war und in der auf etwa 100 Stühlen halbseidene Tücher und andere „sogenannte bunte Schweitzerwaaren" hergestellt wurden[4].

Die bedeutendste, weil technisch und ökonomisch fortschrittlichste und für die anderen als Vorbild wirkende Halbseidenmanufaktur Langensalzas war die von Gräser[5]. Gottlob Gräser, ein gelernter Kaufmann, hatte bei der Manufaktur, die bis dahin nur Fußarbeit kannte, Zug- und Walzenstühle eingeführt, dem Betrieb eine eigene Seidenfärberei angeschlossen und sich an Ort und Stelle um den direkten Bezug von Seide aus Italien bemüht. Die Gräsersche Manufaktur stellte wie einige weitere Betriebe dieses Ortes auch, eine zerstreute arbeitsteilige

[1] Rößig, Produkten, S. 313–315.

[2] Zöllner, S. 418; Fritzsching, Paul, „Limbach Sa., der Ausgangspunkt der sächsischen Wirkerei", in: „Deutschlands Jubiläumsfirmen Handelskammerbezirk Chemnitz", Leipzig 1926, S. 38–40.

[3] Akte Loc. 5344; Vol. IX, Bl. 86; Acta, „Die seidenen Strumpff-Manufacturen zu Leipzig u. w. d. a. betr.", Anno 1765–1793; LHA, Loc. 11101.

[4] Rößig, Produkten, S. 316.

[5] Ebenda, S. 318; Hagenbruch ..., „Bemerkungen über den Langensalzaer Grossohandel", in: „Sächsische Provinzialblätter. Herausgegeben von Friedrich Grafen von Beust", März 1801, S. 233flg.; derselbe, „Über Langensalzas Seiden- und Halbseiden Manufakturen", in: „Journal für Fabrik, Manufaktur, Handlung und Mode", Jahrgang 1802, S. 315flg.

Kooperation dar, da das erforderliche Baumwollgarn „in der sechs Stunden von Langensalza gelegenen Stadt Weißensee“ gesponnen wurde und die Langensalzaer Manufacturiers die Baumwolle dazu gaben[1].

Ein Produktionszweig, der wie das Seidengewerbe schon bei der Rohstoffversorgung auf naturgegebene Schwierigkeiten stieß, war bei seiner Einführung auf staatliche Hilfe besonders angewiesen; eine solche wurde ihm um so leichter zuteil, als nicht nur der Souverän und die feudale Oberschicht des Landes, sondern auch die wohlhabende Stadtbourgeoisie einen wachsenden Bedarf an Seidenerzeugnissen geltend machten. Die staatliche Förderung erstreckte sich auf die Zahlung von Prämien für die Aufstellung von Seidenwirkstühlen[2], wofür Sachsen übrigens noch 1765 keine eigene Fertigung besaß, und auf die Herstellung von qualitätsmäßig den französischen gleichkommenden Erzeugnissen[3] sowie auf Steuer- und Abgabenerleichterungen[4]. Daß die sächsischen Seidenmanufakturen trotz dieser Bemühungen und großer Anfangserfolge während der zweiten Hälfte des 18. Jahrhunderts in ihrer Entwicklung zurückblieben, hängt in erster Linie von ihrer ungenügenden inländischen Rohstoffbasis ab.

d) Die Baumwollmanufakturen

Während das Verspinnen der Baumwolle wie das der anderen Faserstoffe in Sachsen noch bis zum beginnenden Ausgang der Manufakturperiode fast ausschließlich als häusliche Nebenbeschäftigung der Landbevölkerung auftrat oder in Armenhäusern und Strafanstalten betrieben wurde, ist bei der Baumwollweberei, namentlich aber dem Kattundruck, schon für die erste bzw. zweite Hälfte des 18. Jahrhunderts eine den kleinen hauswirtschaftlichen und auch handwerklichen Rahmen übersteigende Großproduktion festzustellen. Die Entwicklung dazu verlief in den beiden Zentren des sächsischen Baumwollgewerbes verschieden.

In Chemnitz, dem einen Mittelpunkt, fing die Baumwollweberei, von Augsburg kommend, in der ersten Hälfte des 16. Jahrhunderts an Fuß zu fassen[5] und wurde dort offenbar lange von Einzelpersonen als einfache Kooperation und in der Form des Verlags betrieben, bis drei Chemnitzer Kattundruckereien um 1790 Baumwollweber zu verlegen begannen und ihre Betriebe[6] damit zu zerstreuten arbeitsteiligen Kooperationen machten[7]. Die so entstandenen Manufakturen blieben als solche jedoch nur kurze Zeit bestehen, da sie durch die Mechanisierung des Spinn- und Webprozesses bald zu Fabriken wurden[8].

[1] Rößig, Produkten, S. 318; Hagenbruch, Bemerkungen, S. 236 u. 237.
[2] Rößig, Produkten, S. 312.
[3] Akte, Aufnahme, Loc. 5355, Vol. I, Bl. 39.
[4] Akte, Landes-Oeconomie-, Manufactur- und Commercien-Deputation, Loc. 5356, Vol. I, Bl. 44, 45, 114, 115.
[5] Gebauer, II, S. 535.
[6] Näheres darüber bei der Darstellung des Werdegangs der Kattundruckereien.
[7] König, S. 108flg.
[8] Meerwein, S. 18flg.

Plauen, der andere Hauptplatz der Baumwollverarbeitung in Sachsen, folgte Chemnitz darin bereits in der zweiten Hälfte des 16. Jahrhunderts, wobei anscheinend nicht mit Sicherheit feststeht, ob dieses Gewerbe von Flüchtlingen aus den Niederlanden oder der Schweiz dort eingeführt wurde[1]. Anfangs stellte man in Plauen nur „Schleier" her, die Frauen, mithin unzünftige Arbeitskräfte, gegen Entlohnung in Geld und Baumwolle für Nürnberger Verleger anfertigten[2]. Bald wandten sich auch einheimische Kaufleute in größerer Zahl dem sehr profitablen Schleierverlag zu, und am 22. Dezember 1600 wurde vom Stadtrat zu Plauen die erste einer Reihe von „Schleierordnungen" erlassen, nachdem die „Schleierhändler" eine Innung gebildet hatten. Diese erste Schleierordnung stellte den erfolgreichen und später für das ganze Vogtland wiederholten Versuch dar, der Stadt Plauen für die Herstellung und den Vertrieb von Schleiern und anderen Baumwollwaren ein Monopol zu begründen[3].

Diesem Zweck dienten die Vorschriften der Schleierordnungen, daß fremde Schleier in ihrem Geltungsbereich nicht verkauft werden durften, zum Schleierhandel überhaupt nur Plauener Bürger zugelassen waren, das Wirken der Schleier ohne weiteres nur Plauener Bürgerstöchtern zustand[4], auf dem Lande die Aufstellung von Wirkerstühlen verboten war und das dort gesponnene Garn nach Plauen abgeliefert werden mußte.

Die Schleierordnungen hielten so die fremde Konkurrenz ab, und die Folge war, daß sich das Plauener Schleiermachergewerbe trotz zünftiger Einengungen, die vor allem in der Festsetzung eines Maximums für die zu verkaufenden Waren zum Ausdruck kamen, so entwickelte, daß es in Plauen um 1618 schon 22 Schleierhändler gab. Nach dem Dreißigjährigen Kriege, welcher der Schleierfabrikation wohl sehr schadete, sie aber nicht völlig zum Erliegen bringen konnte, trat zu diesem Produktionszweig die Herstellung von „Flören", eines groben, weißen, undichten, glatten Gewebes, das wie die Schleier aus „cyprischer" Baumwolle bestand, und schließlich die weiterer Waren. Da außerdem der „Schleierzins", eine kurfürstliche Abgabe von einem Groschen auf ein Schock Schleier, 1663 um die Hälfte gesenkt wurde, nahm die günstige Entwicklung des Plauener Baumwollgewerbes seinen Fortgang. 1667 zählte man in Plauen bereits 52 Schleierhändler und suchte deren weiteren Zuwachs dadurch zu erschweren, daß die Zulassung wie bei den Suhler „Gewehrhändlern"[5] von einem gewissen Vermögen abhängig gemacht wurde. Man mußte nämlich imstande sein, „im Notfalle ein kleines Lager aufstapeln und zum mindesten 10 Schock Waaren in der Messe zum Verkauf stellen zu können"[6].

[1] Acta, „Von der Baumwollen Manufactur zu Plauen, S. a. O. s. aus des Minist. Wurmb Papieren.:/"; LHA, Loc. 5287, Bl. 3. Diese Akte enthält eine ausgezeichnete Zusammenfassung der Geschichte des Plauener und vogtländischen Baumwollgewerbes und ist offenbar die zumeist benutzte Quelle für einige dieses Gebiet behandelnde Darstellungen.

[2] Ebenda, Bl. 6; Bein, II, S. 38flg.

[3] Ebenda, S. 39.

[4] Ebenda, S. 40flg.

[5] Siehe Abschnitt über „Die Waffenfertigung".

[6] Bein, II, S. 42 u. 43.

Diesen Stand hatte das Plauener Baumwollgewerbe erreicht, als sich bei ihm Anfang des 18. Jahrhunderts erstmalig der Übergang von der Betriebsform des Verlages zu der einer Manufaktur vollzog, dem ein zweiter in der Mitte des gleichen Jahrhunderts folgte[1].

1701 erhielt der als Faktor der Leipziger assoziierten Großkaufleute Zöllner und Küstner 1695 nach Plauen gekommene Handlungsdiener Johann Friedrich Schild nach Trennung der beiden Handelskonsorten das diesen erteilte Privileg auf sich übertragen und hatte damit die ausschließliche Berechtigung zur Herstellung von Kannevas, Barchent, Kattun und seidenen sowie baumwollenen Halstüchern auf holländische Art erworben. Der Staat förderte das Vorhaben Schilds weiterhin dadurch, daß er ihm auf zwei Jahre Accisfreiheit für Rohstoffe und Fabrikate sowie Befreiung von allen Personalabgaben gewährte. 1701 kam es „vor dem Straßberger Thore am Mühlberge" zur Errichtung eines „Fabrikgebäudes", in dem Schild anfangs 8 und bald darauf die doppelte Zahl von Wirkerinnen beschäftigte[2], die er dazu ausgebildet hatte. Schilds Manufaktur entwickelte sich gut, zumal ihm zahlreiche technische Verbesserungen gelangen, die im einzelnen bei Bein nachzulesen sind[3], und er als Manufacturier außerdem nicht an die Maximalproduktionsgrenzen der „Innungsverwandten" gebunden war, die nach Artikel 5 des Reglements von 1755/64 nicht mehr als höchstens 20 Stühle „in und außer" ihrer Behausung gehen lassen durften[4].

Die Initiative zur Gründung der zweiten Plauener Baumwollmanufaktur ging von den dortigen Schleierherren selbst aus. Um zu vermeiden, daß die im Vogtlande gefertigten Kattune – denn inzwischen hatte sich deren Fabrikation von Plauen aus auf das ganze Land ausgedehnt – zum Bedrucken jedesmal nach Nürnberg, Augsburg, Hamburg und Bremen geschickt werden mußten, hatten einige Innungsverwandte den Kattundrucker Johann August Neumeister aus Nürnberg nach Plauen kommen lassen, der dort eine Kattundruckerei betreiben sollte, zu der dem Rat der Stadt Plauen sowie acht Innungsverwandten der „Baumwollhändlerinnung", wie die Schleierhändlerinnung nunmehr hieß, am 2. Mai 1755 das Privileg[5] erteilt worden war.

> Nach diesem Privileg hatte der Rat der Stadt Plauen die Kosten der Kattundruckerei vorzuschießen, und die 8 Innungsverwandten waren verpflichtet, Neumeister mit einer bestimmten Menge von Kattunen zum Druck zu verlegen[6]. Dieser erhielt unter der Bedingung, ohne Genehmigung des Stadtrates Plauen nicht zu verlassen und keine rohen Kattune für eigene Rechnung wirken zu lassen, eine 15jährige Befreiung für sich und seine Erben von allen Personalabgaben sowie den General- und Landaccisabgaben auf die für die Druckerei benötigten Materialien.

[1] Akte, Baumwollen Manufactur, Loc. 5287, Bl. 12flg.; Höffer, a. a. O.

[2] Bein, II, S. 45 u. 46.

[3] Ebenda.

[4] König, S. 138.

[5] Acta, „Die Anlegung einer Cattun-Druckerey zu Plauen, und die von dasigem Rathe darüber gebethene Ertheilung eines Privilegii betr.", Anno 1754/64; LHA, Loc. 11092, Vol. I, Bl. 174.

[6] Bein, II, S. 65.

Ferner wurde am 7. April 1756 ein Sozietätskontrakt abgeschlossen, der die an der Kattundruckerei beteiligten 8 Innungsverwandten zur Zahlung eines Betriebsfonds von je 400 Talern verpflichtete[1]. Die so konstituierte Gesellschaft trat 1755 ins Leben und stellte nach zwei Seiten ein Monopol dar, da allein Neumeister drucken, aber auch nur an die acht Innungsverwandten zum Selbstkostenpreis mit einem „gewissen Zuschlag" liefern durfte[2]. Dieser muß aber immerhin beträchtlich gewesen sein, denn die Druckerei verdankte Neumeister außer einer Reihe technischer Verbesserungen auf dem Gebiete der Färberei, Walke, Appretur und des Drucks auch ein neues, 1780 fertiggestelltes Druckereigebäude[3] im Werte von 24000 Talern mit einer Wasserleitung zur Ingangsetzung von Wasserrädern, so daß von diesem Zeitpunkt an der Übergang zu einer mechanisierten Betriebsweise und damit zur Fabrik eingeleitet war[4]. Da Neumeister nicht nur der technische Leiter der Kattundruckerei war, sondern trotz des Betriebsfondszuschusses der Innungsverwandten auch kaufmännisch für sie voll haftete, hatte er im Siebenjährigen Kriege große, durch Vernichtung von Druckgut entstandene Verluste zu tragen. Diese Stellung Neumeisters änderte sich jedoch gründlich, als nach einem Zerwürfnis mit der Sozietät die Druckerei im Jahre 1783 als Anlage und Betrieb auf die Innungsverwandten der Baumwollhändlerinnung überging und Neumeister Mitdirektor und Couleurmeister dieser Gesellschaft wurde, die von da an den Firmennamen „Facilides & Comp." führte[5]. Damit waren erstmalig für Plauen die Arbeitsprozesse des Baumwollwebens und Bedruckens der Stoffe unter einem Produktionsbefehl vereinigt und eine arbeitsteilige Kooperation entstanden, bei der im Gegensatz zu der Entwicklung in Chemnitz die Weberei den Druck an sich gezogen hatte. Über die Kapazität dieser zerstreuten Manufaktur geben die Produktionszahlen der Kattundruckerei einigen Anhalt[6]. Diese betrugen:

1764–70	12.738	Stück Kattune[7]
1774–80	37.260	„ „
1780–90	60.993	„ „[8].

Beschäftigt wurden in der Druckerei

1770	32	Personen und
1780	187	„[9]

Vorhanden waren 40 Drucktische, von denen sich anfangs etwa nur die Hälfte in Betriebe fand[10].

[1] Akte Loc. 11092, Bl. 145–154.
[2] Bein, II, S. 66 u. 67.
[3] Hentschel, Walter, „Aus den Anfängen des Fabrikbaus in Sachsen", in: „Wissenschaftliche Zeitschrift der Technischen Hochschule Dresden", 3 (1952/54), Heft 3, S. 346.
[4] Bein, II, S. 94 u. 95.
[5] Ebenda, S. 98.
[6] Bei diesen Zahlen muß berücksichtigt werden, daß nicht feststeht, ob in ihnen nur die Kattune der assoziierten Innungsverwandten oder auch die anderer Kattunweber enthalten sind.
[7] Bein, II, S. 95.
[8] Ebenda, II, S. 100.
[9] Ebenda, S. 95.
[10] Ebenda, S. 10.

Offenbar ging während der Kontinentalsperre die ehemalige Neumeistersche Kattundruckerei auf den Plauener Kammerat Gössel über, der sie zu einem Teil seiner großen, gut mechanisierten Baumwollwarenfabrik machte[1].

Die 1794 erfolgte Auflösung der 1780 in Plauen als Firma „Haußner & Comp." von 11 Schleierherren errichteten Sozietätshandlung zum Vertrieb ihrer Baumwollwaren führte im Vogtlande zu weiteren Manufakturgründungen. „Aus den Trümmern der Sozietät" stiegen nach König[2] einige Grossohandlungen empor, „die das Sengen, Bleichen und Appretieren der aufgekauften Rohwaren in der Hand hatten", mithin als zerstreute Manufakturen anzusehen sind, wenn Königs Bemerkung bedeutet, daß die vorgenannten Manipulationen in eigenen Werkstätten der „Grossohändler" vorgenommen und nicht etwa nach auswärts vergeben wurden.

Es handelte sich dabei um die Firmen: Baumgärtel (den „Fürsten von Plauen"), Johann Christian Merz, Schmidt, Landrock, Friedrich Emanuel Hausner, Martin & Hartenstein, Just in Plauen und Thomas in Lengenfeld.

Von einer Aufnahme dieser Firmen in das Manufakturtabellarium wird jedoch solange Abstand genommen, bis der Charakter ihrer Betriebsweise in jedem einzelnen Falle geklärt ist. Das gleiche gilt für die Chemnitzer „Baumwollgrossohändler" von denen König[3] auf Grund eines Verzeichnisses in der Meßrelation der Leipziger Michaelismesse von 1791 – geordnet nach der Größe ihres Vertriebs – aufzählt:

„1. Die Treffurtische Handlung unter der Firma „Hermann & Comp.", 2. Siegert Gebr. & Comp., 3. von Bugenhagen, 4. Hecker & Sohn, 5. Wöhler & Lange, 6. Esche & Söhne, 7. Siegerts sen. seel. Söhne, 8. Freiberger & Tetzner, 9. Kommerzienrat Lange, 10. Crusius, 11. Beckert & Wolf, 12. Bretschneider & Bach, 13. Elhardt & Schubardt, 14. Jünger", während er aus der Meßrelation von 1784 für Mittweida eine Grossohandlung des Kammerrats Freiherrn von Lorenz und eine von Ruppold[4] feststellt und angibt, daß auch in Frankenberg um 1790 vier solche bestanden hätten[5].

Der Charakter der Chemnitzer „Grossohandlungen" zumindest scheint mit größter Wahrscheinlichkeit der von zerstreuten Manufakturen gewesen zu sein, denn König schreibt über den Chemnitzer „Manufakturgroßhändler": „Alle übrigen Artikel [außer den Kattunen] empfingen aus seiner Hand die letzten Veredlungsarbeiten. Sie wurden gesengt, gebleicht und appretiert"[6].

Wie weiter vorn gezeigt wurde, spielten die Kattundruckereien bei der Gründung zerstreuter arbeitsteiliger Kooperationen auf dem Gebiete der Baumwollweberei in Sachsen die ausschlaggebende Rolle. Dabei darf jedoch nicht übersehen werden, daß sie – soweit nicht handwerklich betrieben – für sich allein schon Manufakturen mit einer weitgehenden Arbeitsteilung darstellten.

[1] König, S. 144, 161; Neupert, S. XCV.
[2] König, S. 140–149.
[3] Ebenda, S. 114 u. 115.
[4] Ebenda, S. 115.
[5] König, S. 115 u. 116.
[6] Ebenda, S. 118.

Die Kattune mußten gebleicht, gedruckt oder bemalt, in Krappbrühe getaucht, schließlich getrocknet und gemandelt werden[1], und außerdem war Sorge für die Herstellung der Druckformen zu tragen. Diese Arbeitsgänge wurden zumeist mit der Hand ausgeführt, die durch Arbeitsinstrumente, hauptsächlich den Drucktisch, die Druckform und seit 1794 für feinere Erzeugnisse durch Pressen zum Aufbringen der in Kupferplatten gestochenen Muster unterstützt wurde; eine Mechanisierung des Druckprozesses wurde erst seit 1820 versucht[2].
Diese beträchtliche Zerlegung des Gesamtarbeitsprozesses kam in der großen Zahl der an ihm beteiligten Teilarbeiterkategorien zum Ausdruck. So beschäftigten die 10 Chemnitzer Kattundruckereien Ende des Jahres 1804[3]:

22	Firmeninhaber
11	Handlungsdiener
23	Aufseher und Burschen
46	Formenstecher und Lehrlinge
8	Tischler
350	Drucker, Druckergesellen, -lehrlinge und Koloristen
342	Streichjungen zum Aufstreichen der Farbe auf die Druckformen
367	Schildermädchen und Ausnäher
33	Glätter
235	Bleicher, Färbe- und andere Knechte und Holzmacher, insgesamt
1437	Personen.

Bei den meisten der seit der Mitte des 18. Jahrhunderts in Sachsen gegründeten Kattundruckereien handelt es sich mit wenigen Ausnahmen um Betriebe, welche die zum Bedrucken benötigten Kattune kauften. König hat deshalb mit seiner Meinung recht, daß damals offenbar keine große Neigung – besser gesagt, kein genügend großer ökonomischer Vorteil für die Kattundruckmanufacturiers – bestand, Kattundruckerei und -weberei in einem Betrieb zu vereinigen[4]. Das gleiche scheint auch für die losere Form des Verlags zuzutreffen, denn König nennt für diese Zeit nur vier Kattundruckereien – so für 1785 und 1800 die von Költz in Colditz, für 1790 die von Ufer in Querfurt, für 1797 die von Pflugbeils seel. Wwe. in Chemnitz und für 1802 die von Bodemer in Großenhain[5] –, die ihren Bedarf an Rohkattunen von Webern bezogen, die sie selbst verlegten[6]. Die Zahl der Kattundruckereien mit gleichzeitigem Verlag von Kattunwebern erhöhte sich erst während der Kontinentalsperre, so daß 1812 nach König[7] die nachstehend genannten Firmen, die die kapitalkräftigsten ihrer Branche darstellten, mit einer Verlagsanstalt verbunden waren.

Gebrüder Hübner & Komp.	zu Chemnitz	mit	76	Drucktischen,
Becker & Schraps	„	„	170	„
Pflugbeil & Komp.	„	„	52	„
Kreißig & Comp.	„	„	40	„
Pfaff & Söhne	„	„	30	„

[1] König, S. 50, 51.
[2] Ebenda.
[3] Ebenda, S. 154.
[4] Ebenda, S. 160.
[5] Ebenda, S. 159.
[6] Ebenda; lediglich bei Ufer u. Bodemer ist bewiesen, daß die Druckerei das Primäre war.
[7] S. 279.

Ranft & Ehrenberg	zu Frankenberg	mit	24	Drucktischen,
Anke	„	„	9	„
Gößel	zu Plauen	„	40	„
Facilides & Hähnel	„	„	20	„
Bodemer	zu Großenhain	„	40	„
Gebr. Levy	zu Grimma	„	31	„
Börner	zu Penig	„	14	„

Wie fast alle Manufakturzweige, so erfuhr auch der Kattundruck bei seiner Einführung in Sachsen eine weitgehende staatliche Förderung durch geldliche Unterstützungen in Gestalt von Vorschüssen und Prämien wie auch durch besonders günstig gestaltete Privilegien.

So erhielt der Kammerrat Frege in Leipzig, als er im Jahre 1775 die Großenhainer Kattundruckerei übernahm, einen landesherrlichen Vorschuß und „ein 20jähriges Privilegium für einen Umkreis von 4 Meilen einschließlich der Residenz; die Fabrik wurde außerdem mit der Schriftsässigkeit, Akzisbefreiung und der Berechtigung die Fabrikdisziplin zu handhaben, beliehen ..."[1].
Neumeister in Plauen, der Gründer der ersten lebensfähigen Kattundruckerei in Sachsen, hatte 1755 für den vogtländischen Kreis sogar ein 30jähriges Privilegium und außerdem ein 15jährige Steuerbefreiung erhalten[2].

Seit der 1754 erfolgten Gründung des ersten derartigen Betriebes durch Neumeister in Plauen nahm die Zahl der Kattun- und Kattundruckmanufakturen bis zu dem um 1834 einsetzenden Übergang in das Fabriksystem ständig zu. Die Daten darüber – zumeist den „Industriellen Zuständen Sachsens" von Wieck entnommen – sind aus den Tabellen im Anhang abzulesen. Die dort zusammengestellten Angaben lassen eine allmähliche Herausbildung der Stadt Chemnitz und ihrer näheren Umgebung zum Zentrum für den Kattundruck erkennen. Von den 687 Kattundrucktischen, die nach König[3] Ostern 1805 in Sachsen aufgestellt waren, befanden sich allein 45% in Chemnitz und weitere 21% in Frankenberg bei Chemnitz, während sich der Rest mit 11% auf Pirna, je 6% auf Plauen und Naundorf bei Großenhain, je 3,5% auf Grimma und Zschopau, 3% auf Colditz und 1% auf Eilenburg verteilte. Die folgende Entwicklung ließ diese besondere Stellung von Chemnitz noch mehr hervortreten, indem die Kattundruckerei an zahlreichen anderen Orten des Landes wie in Zwickau, Waldenburg, Lunzenau, Burgstädt, Hohenstein mit Ernstthal, Oederan, Schneeberg, Plauen, Meißen, Pirna, Kreischa, Grimma, Mittweida, Colditz, Zittau und Bautzen gänzlich erlosch[4]. Weiterhin fällt eine außerordentliche Kurzlebigkeit vieler dieser Betriebe auf, die ihre Ursache

[1] Wieck, S. 163; das dort abgedruckte Kapitel über: „Die Zeug- und Kattundruckerei" ist wörtlich das gleiche wie die ohne Angabe des Verfassers in den „Mitteilungen des Industrie-Vereins für das Königreich Sachsen", 1839, Lieferung I, Chemnitz 1839 abgedruckten und im ersten Kapitel dieser Untersuchung herangezogenen „Notizen zur Geschichte der Zeugdruckerei, namentlich baumwollener Gewebe, in Sachsen", von dem Wieck schreibt, daß sie „aus der Feder des ersten Druckfabrikanten Sachsens" stammen.

[2] Ebenda, S. 162 u. 163.

[3] König, S. 152.

[4] Wieck, S. 170 u. 192.

häufig in der geringen, besonderen Situationen und Schwierigkeiten nicht gewachsenen, kommerziellen Tüchtigkeit ihrer Leiter hatte, und schließlich sind große Schwankungen bei der Produktion der sächsischen Kattundruckereien feststellbar, die als exportabhängige Betriebe ein großes, über den sächsischen Markt hinausgehendes Absatzgebiet erforderten und auf jede dort eintretende Erleichterung oder Schwierigkeit reagierten. Zeiten besonderen Aufschwungs waren aus diesem Grunde die Jahre der Kontinentalsperre und die kurz nach der Gründung des Zollvereins, während kriegerische Auseinandersetzungen in Sachsen selbst zu einem Rückgang des Absatzes und damit auch der Produktion führten.

Über die Größe der Erzeugung der sächsischen Kattunmanufakturen gibt außer den jeweils bei den einzelnen Firmen vermerkten Daten auch schon die Tatsache einen Anhalt, daß im Jahre 1796 in Chemnitz, dessen Betriebe damals etwa 40% der Gesamtkapazität des Landes ausmachten, 90000 Stück Kattune gedruckt worden sind[1].

In der Manufacturperiode ist auch der technische Fortschritt beim Kattundruck in Sachsen vorangetrieben worden. So gingen immer mehr Kattundruckereien zu chemischen Bleichverfahren über[2]. Becker und Schraps in Chemnitz führten den Druck mit Weißbeize ein[3]. 1820 wurden dann die ersten Versuche mit dem Walzendruck angestellt[4], und um die gleiche Zeit erfuhr die Formstecherei in Metall eine wesentliche Vervollkommnung[5]. Ferner berichtet Rößig, daß ein Dresdner Graveur namens Behr um 1799 „eine Druckmaschine zu den feinen Englischen Zitzen erfunden, welche vor der gewöhnlichen Druckerey der Engländer mit Kupferplatten, große Vortheile habe, indem sie die Arbeit schneller, reinlicher und genauer verfertige, auch immer fort arbeite und nicht das ofte Auftragen der Farben und das Wischen der Platte, Reinigen der Ränder und genaue Auflegen derselben fordert, und auch sehr einfach in der Zusammensetzung sey..."[6].

Vom Jahre 1834 an begann man nach Wieck[7] „mehr und mehr ... die Walze beim Drucken zu benutzen, gegen die man früher eine wohl verzeihliche Scheu hatte", und zahlreiche Erfindungen auf dem Gebiete der Mechanisierung des Kattundrucks wie die Leitenbergine und die Perrotine (Druckmaschine für den Mehrfarbendruck[8]) warteten in Sachsen auf ihre anderswo schon längst erfolgte und mit Rücksicht auf die ausländische Konkurrenz nicht mehr aufschiebbare Anwendung. Damit war beim Kattun- und Zeugdruck der Übergang von der Manufaktur zur Fabrik vorbereitet, der sich in den folgenden Jahren unaufhaltsam vollzog.

[1] Wieck, S. 175.
[2] König, S. 156.
[3] Wieck, S. 175.
[4] König, S. 150.
[5] Ebenda, S. 200.
[6] Rößig, Produkten, S. 341 u. 342.
[7] Wieck, S. 207.
[8] Ebenda.

2. Die Porzellan-, Fayence- und Glasmanufakturen sowie einige andere „Bergfabriken“

In der kameralistischen Systematik des ausgehenden 18. Jahrhunderts wurden die Werkstätten zur Herstellung von Porzellan, Fayence und Glas mit zahlreichen anderen Bergwerksprodukte verarbeitenden Betrieben

> wie Granatschleifereien, Alaunwerken, Vitriol- und Schwefelwerken, „Boraxfabriken“, Salpetersiedereien, Pulvermühlen, Blaufarbenwerken, Arsenikwerken, Silberschmelzhütten, Kupfer- und Zinnhütten, Hammerwerken, Münzen, Silber- und Kupferhämmern, Gold- und Silbertressenmanufakturen, Stück- und Glockengießereien, Messingwerken, „Hörner- und Trompetenfabriken“, Bleikugel- und Schrotgießereien, „Bleiglätte- sowie Mennig- und Bleyweißfabriken“, Eisenblech- und Eisendrahtwerken, Zayn-, Schaufel- und Waffenhämmern, „Plattenwalzfabriken“, Feilenhauereien, „Eisenblechwaarenfabriken“, Löffelschmieden, Karbätschen- und Krempelmachereien, Zwecken- und Nagelschmieden, „Nadelfabriken“, Poliermühlen

und den im nächsten Abschnitt behandelten Gewehrmanufakturen unter die „Bergfabriken“[1] gerechnet. Sie stellten in vielen Fällen arbeitsteilige Kooperationen dar, Manufakturen, und zu einem nicht unerheblichen Teil auch Mischformen zwischen Manufaktur und Fabrik, da in ihnen bereits dieser oder jener Arbeitsgang mechanisiert war. Die Geschichte einiger der hauptsächlichsten dieser Betriebe geht aus der nachstehenden chronologischen Übersicht hervor[2], während für die Hammerwerke, Schmelzhütten und weitere Kategorien von „Bergfabriken“ – allerdings nur die des westlichen Erzgebirges als Hauptgebiet dieser Fertigung und auch jene keineswegs vollständig enthaltend – auf die dieser Schrift als Anlage beigegebene Skizze verwiesen wird, die nach einer Panoramakarte von Mathes[3] angefertigt worden ist.

[1] Rößig, Staatskunde, S. 121 flg.

[2] Keine Aufnahme in diese Übersicht haben die Werkstätten zur Gewinnung von Bergbauprodukten gefunden, die nach Marx (Bd. I, S. 189 u. 633), mit der Jagd, dem Fischfang und Ackerbau „in erster Instanz“ zu der „extraktiven Industrie“ gehören, bei der „der Arbeitsgegenstand ... nicht Produkt vorhergegangener Arbeit“ ist. Marx rechnet den Bergbau weder zur Manufaktur noch zur Fabrik (vgl. hierzu Marx, Bd. I, S. 522), obgleich ihm der entwickelte englische Bergbau die Vorlage dazu hätte geben können. Demgegenüber schreibt Köhler, S. 122: „In Sachsen war der Bergbau der erste Produktionszweig, der den Charakter einer kapitalistischen Manufaktur annahm, und er blieb auch jahrhundertelang die hauptsächlichste Manufaktur“ (vgl. hierzu auch S. 14 u. 15 der gleichen Arbeit). Auch Hans Hausherr lehnt es ab, vom Bergbau als von einer Manufaktur zu sprechen; er schließt davon sogar die Verhüttung der Bergwerksprodukte aus („Wirtschaftsgeschichte der Neuzeit vom Ende des 14. bis zur Höhe des 19. Jahrhunderts“, Weimar 1954, S. 170) und begründet beides wenig überzeugend, weil zu formal, damit, daß „unter dem Begriff der Manufaktur ... nicht diejenigen Zweige des Gewerbes“ fallen, „bei denen der Kleinbetrieb die Ausnahme und der Großbetrieb die Regel war ...“.

[3] „Eisen im Erzgebirge, Forschungsarbeit und Entwurf Erich Mathes, künstlerische Gestaltung Rudolf Trexler, beide in Hartenstein, gedruckt im Kriegsjahr 1940 von H. F. Hütte, farbig getönt von Ernst Schauer, Leipzig“.

1576 wurde in Dresden die erste Pulvermühle Sachsens errichtet, die bis 1875 bestand. Über die Zahl der in ihr kooperierten Arbeiter liegen nur wenig Anhaltspunkte vor. Die Produktion betrug 1730 jährlich 198 Zentner Pulver. 1733 wurden bei einer Erweiterung der Produktion 5 Arbeiter neu engagiert. Die Technologie der Pulverbereitung umfaßte folgende Arbeitsgänge: 1. Kochen von Salpeterlauge, 2. Gießen der Lauge in kupferne Pfannen zwecks Kristallisation, 3. Waschen und Trocknen des Salpeters, 4. Abwiegen des Mischungsverhältnisses zwischen Salpeter, Schwefel und Kohle, 5. Verkohlung von Weiden-, Erlen- und Faulbaumholz, 6. Verdichtung der Mischung: a) zerkleinern, mengen und dichten, b) körnen, c) trocknen, polieren, trocknen[1].

1588 Errichtung der ersten „Gold- und Silberfabrik" Sachsens in Leipzig durch den aus Maastrich vertriebenen protestantischen Kaufmann Heinrich von Ryssel, in dessen bzw. seiner Familie Händen sich dieser Betrieb fast ein Jahrhundert lang befand[2].

1603 gründete der Floßmeister Peter Ficker in Niederauerbach ein Messingwerk, das 1612 für Sachsen ein Privilegium exclusivum erhielt[3]. Verarbeitet wurden dort Mansfelder Kupfer und schlesisches Zink zu Messing und Tomback in Form von Tafeln, Blechen und Draht der verschiedensten Sorten sowie zu Bruchmessing. 1809 erfolgte die Mechanisierung des Betriebes durch die Aufstellung einer großen Walzmaschine, welche die erste in Sachsen war. Nach 1618 wurde ein weiteres Messingwerk in Ellefeld angelegt.

1625 Gründung einer Glashütte in Weitersglashütte bei Carlsfeld im westlichen Erzgebirge durch Christoph Seeligen in Eibenstock und Jobst Schuster in Schneeberg; 1643 Eigentümer Christian Löbel aus Platten in Böhmen. Sie bestand noch 1893[4], ging aber später wegen zu hoher Gestehungskosten ein.

1635 errichtete der Schneeberger Hammerwerksbesitzer Veit Hans Schnorr in Pfannenstiel ein Blaufarbenwerk, das Johann Georg I. 1642 privilegierte[5] und 1888 noch bestand[6].

1644 wurde das 1611 von dem Magdeburger Apotheker Lorenz Bergkau in dem böhmischen Orte Platten gegründete und Joachimsthaler sowie Schneeberger

[1] Acta, „Pulfer- und Pulfer-Mühle", 1574–1622; LHA, Loc. 14582; Frommhold, S. 11 bis 13, 38–44.

[2] Acta, „pp. e) Concession für die Gebrüder von Ryssel zu Leipzig wegen Anlegung einer Gold- und Silberspinnerei pp", 1620; LHA, Loc. 37773, Bl. 60flg., Beiträge, S. 39; Rößig, Produkten, S. 394.

[3] Wieck, S. 368; Acta, „Das Meßing-Werck zu Rodewisch oder Niederauerbach betr.", Ao. 1788–1832; LHA, Loc. 11124; Gebauer, II, S. 303; Bodemer, S. 7.

[4] Acta, „Die Erneuer und Bestätigung des ehedem über die Weither-Glas-Hütte ertheilten Privilegii betr.", an. 1746–1747 folg. 1–38; LHA, Loc. 5417; Benedict, Max, „Die Ortsnahmen des sächsischen Voigtlandes in ihren sprachlichen und historischen Beziehungen". Plauen i.V. 1900, S. 116; abgedruckt in: „Mitteilungen des Altertumsvereins zu Plauen i.V.", 14. Jahres-Schrift auf das Jahr 1900, Plauen i.V. 1901; Gebauer, II, S. 131.

[5] Rößig, Produkten, S. 390.

[6] Gebauer, II, S. 444.

Kobalt verarbeitende Blaufarbenwerk nach Oberschlema verlegt und ging 1651 in das Eigentum des Kurprinzen und späteren Kurfürsten Johann Georg II. über, der es 1682 mit dem kurfürstlichen Farbenwerk zu Jugel in Oberschlesien[1] vereinigte.

1649 kam das Schindlersche Blaufarbenwerk in Albernau zustande, dessen Anfänge bis 1575 zurückreichen, in welchem Jahre es nach Rößig[2] von Jemisch und Harrer begründet, aber offenbar erst 75 Jahre später durch Erasmus Schindler richtig betrieben wurde.

1649 (?) wurde ein Blaufarbenwerk „unter dem Nahmen der Oheimischen Farbenmühle an der Sehme ohnweit Buchholz angelegt und gegen Ende des siebenzehnden Jahrhunderts 1684. nach Waldkirchen ... und nachher [1687][3] nach Zschopenthal und Zschopau verlegt ..."; ihr Gründer und erster Eigentümer war der Leipziger Kaufmann und Kobalthändler Sebastian Oeheim; später stand es im Eigentum einer Familie Richter in Leipzig. Das Werk wurde 1845 aufgehoben.

1660 legte Johann Gabriel Löser in Jugel bei Johanngeorgenstadt ein Blaufarbenwerk an, das jedoch schon ein Jahr später in eine Silberhütte umgewandelt wurde[4].

1664 gründete I. Georgi in Leipzig eine Schriftgießerei, die 1719 von Bernhard Chr. Breitkopf[5] übernommen, durch dessen 1754 ins Geschäft eintretenden Sohn zur Weltgeltung gebracht wurde und jetzt noch als Firma „Breitkopf & Härtel" besteht. Johann Gottlob Immanuel Breitkopf, der wissenschaftlich gebildet war, erfand neben dem bereits an anderer Stelle erwähnten Typen für den Notendruck 1776 den Druck von Landkarten und legte eine Schriftgießerei, Notenstecherei, Kupferdruckerei sowie eine Spielkarten- und Tapetenmanufaktur an[6]; 1799 verfügte der Breitkopf und Härtelsche Betrieb als bedeutendster in Leipzig nach Leonhardi[7] über 20 Pressen zu Druckschriften und 4 Pressen zur Notendruckerei. In der Buch- und Notendruckerei wurden zu dieser Zeit 60–80 Personen beschäftigt und jährlich über 1200 Ballen Papier verarbeitet. Die weitgehende Arbeitsteilung dieser Kooperation geht aus der Tatsache hervor, daß „bey 10 stehenden Schmelzöfen allein gegen 30 Gießer, 2 Factors, 6 Schleifer, 5 Gießereybediente, 2 Stempelsschneider und 1 Messingarbeiter"[8] beschäftigt waren, „welche jährlich zwischen 350 und 400 Centner neue Schriften" lieferten, die in alle Welt gingen. Außer dem Breitkof & Härtelschen Betrieb gab es unter den um 1800 nach Rößig be-

[1] Rößig, Produkten, S. 389.
[2] Ebenda.
[3] Ebenda, S. 390; Gebauer, II, S. 444.
[4] Ebenda.
[5] Gurlitt, II, S. 185flg.
[6] Kneschke, Emil, „Leipzig seit 100 Jahren. Säcularchronik einer werdenden Großstadt. Ein Beitrag zur Lokalgeschichte seiner Heimath." Leipzig 1870, S. 63 u. 64.
[7] Leonhardi, Geschichte, S. 322.
[8] Ebenda, S. 323.

stehenden 17 Leipziger und 5 Dresdner Druckereien[1] solche, die wie die von Göschen – später Grimma – und Meinhold in Dresden ebenfalls frühzeitig über den handwerklichen Rahmen hinausgingen und zu Manufakturen bzw. Fabriken wurden.

1665 bestand schon die Glashütte in Purschenstein, die noch 1801 existierte und seit 1799 wieder in Gang war[2].

1681 erhielt die „Graffische Familie“ in Leipzig ein Privileg auf 20 Jahre „zur Betreibung der ächten Gold- und Silberfabrik in geschlagener und gesponnener Gold- und Silberarbeit“. Später ging der Betrieb, von dem bekannt ist, daß er noch 1728 bestand und in diesem Jahre eine abermalige Verlängerung seines Privilegs auf weitere 12 Jahre gewährt bekam, auf die Kaufleute Caspar und Georg Heinrich Bose in Leipzig und Ernst Gottlieb Küstner über[3].

1692/95 richtete der Oberhüttenamtsassessor und Kohlenfaktor Thomas Weber, ein gelernter Gürtler, in Freiberg eine sogenannte leonische Fabrik ein, zu deren Anlage er vom Kurfürsten 1687 mit der Übertragung aller Messingarbeiten für die sächsische Armee den Auftrag erhalten hatte. Weber verschaffte sich böhmisches Messing und Nürnberger Plättmaschinen sowie einen Drahtzieher aus Böhmen und einige Maschinenarbeiter aus Nürnberg und nahm die Herstellung massiver, gelber und versilberter Artikel auf, wofür er zunächst ein zwanzigjähriges und später ein zeitlich unbegrenztes Privileg erhielt. 1726/27 ging die Manufaktur auf Warnatz und den Kaufmann Thiele über, dem sie einen außergewöhnlichen Aufschwung verdankte. Später trennten sich die beiden Eigentümer, und es bestanden von da an zwei Firmen: Thiele und Steinert sowie Warnatz. Letzter brachte es nur zu einer Kapazität von 9 Drahtziehern, Plattnern und Spinnern, während die erstgenannte Firma sich außerordentlich gut entwickelte. Thiele führte französische Spinn- und Plattmühlen ein und erfand 1743 ein Verfahren zur Herstellung von Tressen, Spitzen und Bändern aus Tomback. 1749 umfaßte der Thielesche Betrieb, der eine Kombination von Fabrik und zerstreuter Manufaktur darstellte, da wesentliche Teilarbeitsprozesse bereits mechanisiert, andere wiederum Handarbeit geblieben waren, „8 Drahtzieherwerkstätten mit 40 Scheiben, 8 Plattmühlen, 6 Spinnmühlen, 20 gemeinen Spinn-

[1] Rößig, Produkten, S. 344 u. 345.

[2] Acta, „Die Glashütte auf den Porschensteinischen Gehölzen btr.“, 1665; LHA, „Coll. Schmid. Amt Lauterstein, Vol. III. Nr. 53; Marperger, Abriß, S. 21; Rößig, Produkten, S. 387.

[3] Rößig, Produkten, S. 395; Fasc., „Drey signierte Original Concepte von den Bosischen und Grafisch Gold- und Silber-Manufactur Privilegiis und Confirmationen“, d. a. 1681; LHA, Loc. 33462, Bl. 2flg.; Acta, „Privilegium über die Gold- und Silber-Arbeit Johann Ernst Boßes und Cons. zu Leipzyk“, 1721; LHA, Loc. 33462, Bl. 2; Acta, „Das über die von Caskar und Georg Heinrich denen Bosen, ingleichen denen in die vormahlige Graffische Handlung getrettenen Consorten Buchau und Küstner zu Leipzig vormahls angerichtete Gold- und Silber Manufactur gesuchte Erneuerung ihres ehemaligen Privilegii btr.“, 1723; LHA, Loc. 33462, Bl. 168–172; Acta, „Die Gold- und Silber-Fabriquen zu Leipzig betr.“, Anno 1750/51; LHA, Loc. 11091.

maschinen, und gab ... 24 Posamentiermeistern auf 40 Stühlen, und gegen 300 Klöpplerinnen Arbeit, und im J. 1804 beschäftigte sie bereits 1500 Menschen"[1].

1695 legte ein Refugié namens Fremel in Pretzsch bei Wittenberg eine „Glasfabrique" an, die zur besseren Versorgung mit Holz 1718 nach Sayda im Erzgebirge verlegt wurde. Die Saydaer Hütte produzierte „Weingläser mit geschliffener Zeichnung, Korbbecher, Karaffinen, Schalen, dünne Flöde, kleine Gesundheitsgläser, Muschelen und dergleichen" und nahm dazu die Fertigung von geschliffenen Gläsern, Wandleuchtern, „Flämischen" und Tafelscheiben auf; der Wert dieser Produktion betrug 1728 rund 21500 Taler[2].

1702 wurde die „Wincklerische Handlung" in Leipzig mit einem 20jährigen Privileg zum Betrieb einer „Gold- und Silberfabrik" ausgestattet. Dieser ging jedoch bald wieder ein und wurde danach von I. A. Holzegel wieder aufgenommen[3].

1706 Gründung der ersten Fayencemanufaktur Sachsens in Dresden durch Peter Eggebrecht, den Schwiegervater des berühmten Meißner Modellmeisters Kändler; Eggebrecht erhielt 1721 ein ausschließliches Privileg für die Stadt Dresden, das 1756 für dessen verheiratete Tochter Charlotte le Louay und ihren Ehemann erneuert wurde und 1768 auf Sophie Hörisch, deren Ehemann und Kinder überging[4]. Unter Eggebrecht beschäftigte die Manufaktur zeitweise bis zu 20 Arbeitern. Um 1785 fand ihr Betrieb ein Ende.

1709 wurde in Friedrichsthal bei Senftenberg eine Glas- und Spiegelmanufaktur erbaut, die sich vor allem mit der Herstellung verschiedener Glassorten, Spiegeltafeln, Vasen und Gefäßen befaßte. Die in Friedrichsthal gegossenen Spiegel erhielten in der Dresdner von Tzschirnhaus angelegten Schleif- und Poliermühle ihren letzten Schliff[5]):

[1] Acta, „Die von Thomas Webern zu Freyberg unternommene Extension seines hiebevor erlangten Lahn- und Draht-Privilegii und die diesfalls verweigerte Abgabe der Land Accise auch derer Besitzere des Messingwerks-Contrahenten zu Niederauerbach geklagte Turpation btr.", 1720–1728; LHA, Loc. 36278, Bl. 10–14; C.-Acta, „Die Erneuerung des der Leonischen Gold- und Silber-Fabrick-Handlung Thiele und Steinert zu Freyberg ertheilten Privilegii betr.", 1828–1830; LHA, Loc. 33433; Rößig, Produkten, S. 401; Wieck, S. 370.

[2] Acta, „Unterschiedliche Nachrichtungen, die Drey Glaßhütten zu Dreßden. Glücksburgk und Pretzsch betreffende. Worbei der Societät Contract- und des Buchhalter Meyers Instruction, beides in Originale befindlich, de dato Dreßden, den 24. Juni 1701. Auch des H. Statthalters Vorschuß"; LHA, Loc. 33563; Gurlitt, II, S. 155.

[3] Akte, Gold- und Silber, Loc. 11091; Rößig, Produkten, S. 395.

[4] Akte Loc. 5358, Bl. 1, 2, 10flg.; Acta, „Das von Charlotten Eleonoren Le Louay gebohrnen Eggebrechtin und deren Ehemanne über ihre unächte Porcelaine-Fabrique gesuchte Privilegium cum iure prohibendi betr., de an 1755 56 57 68 69 ingleichen das auf Christianen Sophien Hörischin, deren Ehemann und Kinder, transferirte Privilegium der allhiesigen Fayence-Manufactur betr."; LHA, Loc. 5365, Bl. 22, 37, 54; Stieda, Wilhelm, „Deutsche Fayencefabriken des 18. Jahrhunderts", in: „Deutsche Töpfer- und Ziegler-Zeitung", No. 1, Jahrgang XXXIII vom 1. Januar 1902, S. 3–7.

[5] Fasc., „Geschichte der Spiegel-Hütte zu Friedrichsthal und der hiesigen Schleiff- und Polier-Mühle"; LHA, Loc. 36191, Bl. 1flg., 14.; Rößig, Produkten, S. 386; Naumann, S. 94.

1710 nahm die Porzellanmanufaktur in Meißen ihren Anfang; über die Geschichte dieses bekanntesten sächsischen Manufakturbetriebes wird nach dieser Übersicht gesondert berichtet.

1710 begann weiterhin nach Bodemer[1] in Sachsen – und zwar in und um Beierfeld im sächsischen Erzgebirge – „die fabrikmäßige Verfertigung der Schwarzblechwaaren ..., wozu besonders die Blechlöffelfabrikation gehört". Über den letztgenannten Produktionszweig berichten die benutzten Unterlagen lediglich von einer außerordentlich weitgehenden Arbeitsteilung (ein Löffel benötigte bis zu seiner Fertigstellung 23 Manipulationen), nichts aber darüber, wie und von wem diese Teilarbeiten koordiniert wurden. Dadurch ist es zweifelhaft, ob in diesem Falle, wie vermutet, tatsächlich eine zerstreute Manufaktur vorliegt.

1710 wurde in Glücksburg, nach Naumann bereits 1550, auf kurfürstliche Kosten eine Glashütte angelegt, die sich hauptsächlich mit der Herstellung von Flaschen und Fensterscheiben befaßte, von der aber berichtet wird, daß sie schon 1751 wieder zurückging[2].

1711 erhielt die „Gold- und Silberfabrik" Andreas Dietrich Apels in Leipzig ein Privileg, das 1728 um 12 Jahre verlängert wurde[3].

1711 ging aus einer mit Hilfe von Tzschirnhaus in Neustadt-Ostra bei Dresden an der Weißeritz angelegten Edelsteinschleif- und Poliermühle eine Spiegelschleife hervor, die sich mit der Weiterverarbeitung des in der Glashütte zu Friedrichsthal hergestellten Spiegelglases befaßte. Diese arbeitsteilige Kooperation bestand unter dem Namen „Churfürstliche Spiegel-, Schleif- und Poliermühle" fast 100 Jahre. Die Entwicklung ihres Betriebes, der aus zwei Arbeitsabschnitten, dem Schleifen und dem Belegen der Spiegel bestand, zeigt sich in der baulichen Entwicklung des Werkes, die 1711–12 zur Errichtung des Hauptgebäudes, 1736 zu der eines Beleghauses, in den 60er Jahren zu der einer Folienschlägerei an Stelle der 1759 abgebrannten und 1781 zu der eines Arbeiterwohnhauses führte. 1744 wurde die Spiegelschleife wie 1742 schon die Friedrichsthaler Glasmanufaktur verpachtet. Pächter waren: von 1744 bis 1773 Oberrechnungsrat Thielemann, von 1776 bis 1780 Kaufmann Gottl. Benjamin Funke, von 1780–1783 Dr. Heindel und Kaufmann Breuer. Von 1783 bis zu ihrem Ende im Jahre 1813, das dadurch herbeigeführt wurde, daß sie am 15. November dieses Jahres angezündet wurde, stand sie unter der Leitung der kurfürstlichen Rentkammer. Bei Vollbetrieb beschäftigte die Spiegelschleife 19 Männer und 4 Frauen[4].

[1] Bodemer, S. 7; Acta, „Die Erzgebürgische Löffel-Fabrique btr.", 1775; LHA, Loc. 42044.

[2] Naumann, S. 100; Akte Loc. 33563; Rößig, Produkten, S. 386.

[3] Rößig, Produkten, S. 395; „Andreas Dittrich, Apels Privilegium einer Gold- und Silber-Manufactur", 1711, XXXIII, 414 flg.; LHA, Akten der Landesregierung, „General-Repertorium für Privilegien", Nr. 52.

[4] Acta, „Die Einrichtung des Schleif- und Polierwerks zu Dresden betrefs", de ao 1711 sequ.; LHA, Loc. 32571; Frommhold, S. 10, 18, 19.

1748 Erteilung eines Privilegs an Voigt und Homeyer in Dresden zum Betrieb einer „Gold- und Silberfabrik", in welcher der Bedarf des sächsischen Hofes und der Armee an „allen Arten von Tressen, Spitzen, Galanen, Schnüren, von tüchtigem haltbaren Gespinste, schöner Vergoldung und herrlicher Weiße des Silbers" hergestellt wurde. Die Manufaktur beschäftigte nach den Angaben von 1800 etwa 130 Personen[1].

Nach

1763 entstanden in Leipzig die noch 1803 bestehende „Schönkopfische" Gold- und Silbertressenmanufaktur[2], ferner die „Gold- und Silberfabriken" von Meyßel, Hinrich, Hecker und Wölker[3]. Bei diesen Betrieben handelte es sich offenbar zumeist um arbeitsteilige zerstreute Kooperationen, bei denen die Teilprodukte unter handwerklichen Voraussetzungen hergestellt wurden, denn Rößig berichtet darüber: „Man findet daher zu Leipzig und Freyberg die sämmtlichen zu den Gold- und Silberfabriken gehörigen Arbeiter nahmentlich die Gold- und Silberschmelzer, den großen Drahtzug, welcher zu Leipzig im Schlosse Pleißenburg ist, sodann die kleinen Draht- und Scheibenzieher, ferner Plattner und Spinner. Man zehlte im Jahre 1745 zu Leipzig 42 von 1770–1782 22, im Jahre 1796 in allen zusammen an 28 und 1802 32 Meister, mit den Gesellen zusammen an 50 bis 60. Diese arbeiten für die zu Leipzig befindliche Gold- und Silbermanufakturen von Schönkopf, Hinrich und Meusel, Hecker und Wölker. Außer diesen beschäftigt diese Manufaktur noch an 60 Posamentirer, welche aber meist außer Leipzig in den benachbarten kleinen Ortschaften und zum Theil Dörfern arbeiten"[4].

1765 nahm eine Tabakspfeifenmanufaktur in Grimma ihren Betrieb auf, die dem Leipziger Kaufmann Joh. Adam Jäger gehörte und in der unter Leitung eines Ausländers Pfeifen auf holländische Art hergestellt wurden, die in Sachsen wie auch im Auslande Absatz fanden[5].

1765 wurde an der Weißeritz bei Dresden ein Kanonenbohrwerk errichtet, das als solches bis 1770 bestand und danach für friedliche Zwecke an den letzten Werkmeister des Bohrwerkes als Pächter überging[6].

[1] Addreßbuch, Obersachsen, S. 213 u. 214; G.-Acta, „Die von Wolfgang Friedrich Schrötern gesuchte Gold- und Silber-Manufactur-Conceßion in Dreßden, Ingl. die Voigtische nachhero Homeyerische Gold- und Silber-Manufactur, ferner Pohls in Weisenfels, sowohl Westmannische zu Dresden betr.", 1746–1812; LHA, Loc. 33412, Vol. I, Bl. 37flg.

[2] Naumann, S. 173; danach bereits vor 1762 gegründet; Akte, Gold- und Silber-Draht, Loc. 11101.

[3] Rößig, Produkten, S. 396.

[4] Ebenda.

[5] Ebenda, S. 384.

[6] Acta, „Die Einrichtung der erkauften Mühle unterhalb der Pulvermühle zum Kanonenbohrwerk", 1765–67; LHA, Kriegsarchiv, Loc. 1305; Acta, „Das auf dem Kupfer-Hammer vor dem Wilsdruffer Thore erbaute Bohrwerk betr.", 1764–1767; LHA, Loc. 10994; Frommhold, S. 68–71.

1766 legte der Kammerrat Helbig zu Reudnisch in der Niederlausitz eine „Glasfabrik" an, die Rößig als Lieferantin sehr guten Glases bezeichnete[1].

1767 entstand in Dresden eine „Bleyweiß- und Mennig-Fabrique", die von der Leipziger Ökonomischen Sozietät in Form einer Aktiengesellschaft gegründet wurde und noch im gleichen Jahre beträchtliche Mengen guten Bleiweißes lieferte[2].

1770 bekam Johann Samuel Friedrich Tönnisch (Tännichen?) die Erlaubnis, im Schlosse Hubertusburg eine Fayencemanufaktur anzulegen. Später nahm dieser Betrieb anscheinend auch die Herstellung von englischem Steingut auf, denn 1800 wird er als unter der „Direction" eines gewissen Förster stehend und „eine Menge weiße und bunte Waare" liefernd erwähnt[3].

1778 begründete ein Bayonettmacher namens Ehrhardt Kummer in Suhl eine Manufaktur zur Herstellung von Klingen, über die das Nähere aus dem Abschnitt über „Die Waffenfertigung" hervorgeht. Auch Feilen wurden in Suhl hergestellt; das „Wolfgang-Kummersche Stahl-Rafinir und Feilenwerk" beschäftigte 1792 2 Schleifer, 2 Zuschläger, 5 Feilenhauer und 2 Schmiede[4].

1779 wurde von Prevor in Dresden ein „Tabakspfeifenfabrik" angelegt[5].

1781 rief der Bergfaktor Stiller in Potschappel bei Dresden [dem jetzigen Freital] eine Glasmanufaktur ins Leben, die durchweg mit Steinkohlen gefeuert wurde und in der man zumeist Hohlglas, grüne und medizinische Gläser herstellte[6].

1787 registriert Rößig eine bereits bestehende Glashütte in Rauscha bei Görlitz[7].

1789 berichtet Naumann[8] von einem zu dieser Zeit bereits einige Jahre bestehenden Spiegelgußwerk in Lauchstädt, das von einem gebürtigen Engländer namens Friedrich Hamet dort unter der Firma „Herr Friedrich Hammer und Compagnie" angelegt wurde. Als Geldgeber waren außerdem „ein ansehnlicher Capitalist aus Philadelphia, ingleichen Herr Losinsky aus Petersburg" beteiligt. Das Werk verwendete zu seinem Betrieb Steinkohlen aus einer nahegelegenen Grube. Die gegossenen Spiegel, zu denen die „rein-

[1] Rößig, Produkten, S. 387.

[2] Acta, „Die von der Leipziger Oeconomischen Societaet vor allhiesiger Neustadt angelegten Bleyweiß- und Mennig-Fabrique bewilligten Immunitaeten betr." Anno 1767; LHA, Loc. 5357, Bl. 5flg.

[3] Acta, „Die Extension der der Fayence-Fabric zu Hubertusburg erteilten Conceßion auf die Verfertigung des Stein-Guths s. w. d. a. betr.", Anno 1775–1823; LHA, Loc. 11110; Stieda, S. 6 u. 7; Addreßbuch, Obersachsen, S. 293; nach Rößig, S. 382, ist die Steingutmanufaktur 1774 vom Grafen Marcolini angelegt worden. Nach Stieda war dieser mit Rücksicht auf die Meißner Pozellanmanufaktur dagegen und verweigerte dem Grafen Lindenau die Konzession dafür (Stieda, S. 7).

[4] Acta, „Die Aufnahme und Beförderung derer Gewehrs-Fabriquen zu Suhla und was diesen anhängig betr.", Anno 1754. 55. 56. 62. 74 bis 1779; LHA, Loc. 5276; Vol. I, Bl. 246; Akte Loc. 5344, Vol. IX, Bl. 89; Anschütz, S. 108.

[5] Rößig, Produkten, S. 385.

[6] Ebenda, S. 386 u. 387.

[7] Rößig, Staatskunde, S. 122.

[8] Naumann, S. 165 u. 166.

sten Norwegischen Kiesel gebraucht" wurden, zeichneten sich durch besondere Größe aus.

1789 wird von Naumann[1] auch eine dem Grafen Solms gehörende Tabakspeifenmanufaktur in Thommendorf am Queis erwähnt, die Tabakpfeifen verschiedener Sorten aus Oberlausitzer Pfeifenton herstellte.

1794 entstand in Noes bei Rothenburg an der Neiße eine „Fabrik in Grünspan und chemischen Artikeln", die Abraham von Schilden anlegte und in der drei Sorten hergestellt wurden, von denen der kristallisierte Grünspan nach Schlesien und Hamburg ging[2].

1800 bestanden, um nur einige solcher in Sachsen zahlreichen Betriebe zu erwähnen, in Eckartsberga das Alaunwerk und die Potaschesiederei C.F.Ch. v.Wirsings[3], in Burgscheidungen die Salpetersiederei des Grafen von der Schulenburg[4] und in Schmiedeberg bei Wittenberg die unter der Direktion des Bergrats von Charpentier stehenden Alaunhütten des Alaunwerks zu Schwemsal[5]. Diese Betriebe sind nicht in das Tabellarium aufgenommen worden.

1801 waren in Friedrichsgrün bei Auerbach[6] und in Klasdorf bei Baruth Glashütten in Betrieb, von denen Rößig[7] aber nicht angibt, wann sie entstanden sind.

Die Übersicht läßt erkennen, daß es in den vorstehend genannten Produktionszweigen neben Betrieben von geringer, sich gegenüber den Werkstätten der Handwerker gleicher Branche kaum abhebender Kapazität und geringer Lebensdauer zu arbeitsteiligen Kooperationen von beträchtlicher Größe gekommen ist, die Jahrhunderte lang ihre Lebenskraft erwiesen. Nicht wenige von ihnen fanden um die Wende zum 19. Jahrhundert den Übergang zur fabrikatorischen Produktionsweise, und in einigen Fällen bestanden sie bis weit ins Fabrikzeitalter hinein als Manufaktur fort, wie das Beispiel der Meißner Porzellanmanufaktur zeigt, die als solche bis in unsere Tage ihre Existenz behauptet hat.

Über den Charakter der Meißner Porzellanmanufaktur als arbeitsteilige Kooperation und deren Größe gibt der Abschnitt über „Die Anwendung der Arbeitsteilung und die Erhöhung der Arbeitsproduktivität" Aufschluß, so daß sich hier lediglich einige Angaben über die Entwicklung der Manufaktur im ganzen notwendig machen. Die Darstellung folgt dabei dem bereits früher herangezogenen Artikel von Victor Böhmert über die „Urkundliche Geschichte und Statistik der Meissner Porzellanmanufactur von 1710 bis 1880..."[8]. Böhmert gliederte darin die Ge-

[1] Naumann, S. 211 u. 212.
[2] Addreßbuch, Lausitzen, S. 59.
[3] Addreßbuch, Obersachsen, S. 188 u. 189.
[4] Ebenda, S. 188.
[5] Ebenda, S. 183.
[6] Acta, „Die Glashütte im Dorfe Friedrichsgrün s. w. d. m., btr.", 1800; LHA, Loc. 33512.
[7] Rößig, Produkten, S. 387.
[8] S. 44 flg.; außer der Arbeit von Böhmert liegt über diesen Gegenstand eine große Zahl teilweise bereits an anderen Stellen der Untersuchung zitierter Veröffentlichungen vor. Einen guten Abriß bietet auch Wieck auf den Seiten 280–290 seiner „Industriellen Zustände".

schichte der Manufaktur während dieser 170 Jahre in neun Perioden, von denen die ersten fünf noch in die allgemeine Manufakturperiode in Sachsen fallen und in bezug auf die Entwicklung der Produktivkräfte jenes Betriebes folgendes enthalten:

Erste Periode von 1710 bis 1719[1].

Die 9 Jahre bis zum Tode Böttgers umfaßten „die Zeit des Probirens und der ersten Einrichtung" der Manufaktur. Gefördert wurde ihre Entwicklung während dieser Zeit durch eine mit Befehl vom 14. Januar 1710 ausgesprochene völlige Befreiung der erforderlichen Materialien zur Herstellung des Porzellans wie der Fabrikate von Accise, Zoll und Geleite, während sich schon damals die Stellung der „Arcanisten" auf den Betrieb nachteilig auswirkte. Das Porzellan fand raschen Absatz zu hohen Preisen im Ausland, wobei als Verkaufsort besonders Leipzig fungierte. Daß die Manufaktur in dieser Zeit trotzdem einen wenn auch nicht bedeutenden Zuschuß erforderte, hing mit der Mißwirtschaft unter Böttgers Verwaltung zusammen.

Zweite Periode von 1719 bis 1756[2].

Um den technischen Betrieb zu verbessern, wurden neue Anlagen zur Massebereitung, zum Brennen und Aufstellen der fertigen Fabrikate sowie zur Vervollständigung der Gesamtanlage errichtet. Die Herstellung des weißen Porzellans nahm gegenüber der des roten immer mehr an Umfang zu, bis sie dieses gegen Ende der Periode fast ganz verdrängt hatte. Ferner wurde die künstlerische Qualität der Erzeugnisse durch die Berufung tüchtiger Maler und Former wie Hörold und Kändler und durch die Errichtung einer Zeichenschule verbessert, in der die Lehrlinge Unterricht erhielten. Die günstige Entwicklung der Manufaktur in dieser Periode, die in einer beträchtlichen Zunahme ihrer Arbeitskräfte zum Ausdruck kam[3], erfuhr im Zweiten Schlesischen Krieg dadurch eine Unterbrechung, daß die Arbeiter beim Einmarsch der feindlichen preußischen Armee zeitweilig entlassen, die Brennöfen zerschlagen und die Leitung der Manufaktur nach Dresden beordert wurde, um das Herstellungsgeheimnis nicht in die Hände Friedrichs II. von Preußen fallen zu lassen.
Trotzdem gelang es diesem mit damals in Sachsen gewonnenen sächsischen Arbeitern und eben solcher Porzellanerde 1751 in Berlin die staatliche Porzellanmanufaktur ins Leben zu rufen, wie schon 1720 durch den von Meißen flüchtig gewordenen Obermeister Stölzel das Geheimnis der Porzellanbereitung nach Wien verraten worden war und zur Gründung der dortigen Manufaktur geführt hatte. Nach diesem kriegerischen Zwischenspiel nahm die Entwicklung der Meißner Manufaktur weiterhin einen guten Verlauf, der sich unter anderem in einer Erhöhung der Beschäftigtenzahl von 33 im Jahre 1720 auf 378 im Jahre 1750 ausdrückte. In diese Periode fallen auch die Anfänge der Arbeiterhilfskassen, über die bei der Darstellung der Produktionsverhältnisse der Manufakturen weiteres berichtet wird.

Dritte Periode von 1756–1763[4].

Der Siebenjährige Krieg brachte der Manufaktur eine lebensbedrohende Minderung ihrer Produktivkräfte durch die Versetzung zahlreicher Arbeiter an die

[1] Böhmert, S. 46 u. 47.
[2] Ebenda, S. 47–48.
[3] Siehe die Tabelle im Abschnitt über „Die Anwendung der Arbeitsteilung und die Erhöhung der Arbeitsproduktivität".
[4] Böhmert, S. 48.

1751 von dem Kaufmann Wegely in Berlin gegründete Porzellanmanufaktur, insbesondere durch die Beschlagnahme sämtlicher Porzellanvorräte der Manufaktur und ihren Verkauf für Rechnung der preußischen Regierung in Höhe von 120000 Talern an den Geheimrat Schimmelmann sowie durch unentgeltliche Porzellanlieferungen für den preußischen Hof und die Chefs der preußischen Truppen in Höhe von über 550000 Talern. Die Erhaltung der Manufaktur glückte nur dadurch, daß Kommerzienrat Helbig „theils aus eigenen Mitteln, theils mit fremden Credit die an Schimmelmann verkauften Porzellanwaaren für 160000 Thlr. an sich brachte und sodann den Betrieb der Manufaktur von dem König von Preußen gegen ein jährliches Pachtgeld von 60000 Thlr. auf eigenes Risiko übernahm"[1].

Vierte Periode von 1763–1774[2].

In diesem Zeitabschnitt erreichte die Manufaktur ihren höchsten Stand, der in einem Überschuß von 42000 Talern und einer Beschäftigtenzahl von 731 Personen im Jahre 1765 sowie einem äußerst gesteigerten und bis in die fernsten Länder gehenden Absatz zum Ausdruck kam. Herbeigeführt wurde dieser Erfolg unter anderem durch eine grundlegende Reform des Betriebes in künstlerischer und kaufmännischer Richtung. Neben der 1764 erfolgten Gründung einer Kunstschule in Meißen stand als Maßnahme dafür die Gewinnung von Kenntnissen über die ausländischen Manufakturen gleicher Art und die Geschmacksrichtung der fremden Märkte an Ort und Stelle, das Hereinholen von Aufträgen durch Reisende und Kommissionäre und durch das Abhalten von Auktionen, die der Manufaktur auf die Dauer aber mehr schadeten als nützten, da sie deren Ruf in bezug auf den Wert ihrer Erzeugnisse schädigten.

Fünfte Periode von 1774–1807[3].

Im fünften Abschnitt setzte ein beträchtlicher Rückgang der Produktion sowie des Absatzes und damit auch der Revenuen ein, der seine Ursachen in der Fernhaltung des technischen Fortschrittes und in ungenügender kaufmännischer Leitung hatte. Der Inspektor und spätere Direktor der Manufaktur, Heinrich Gottlob Kühn, schrieb hierüber: „Die bestehenden Einrichtungen und insbesondere auch die Verfassung des Arcani gelangten zu einem solchen Grade legaler Stabilität, daß dadurch aller Antrieb zu Verbesserungen der Fabrikation zu erlöschen und eine völlige Apathie dafür einzutreten anfing. Gerade in einer Periode, wo man aller Orten gewaltige Fortschritte in der Technik machte, wurde bei der Meissner Manufactur fast gar nichts darin geleistet, sondern viel mehr das angenommene Beharrungssystem nach und nach sogar auf den artistischen Betrieb und zwar in einem solchen Grade ausgedehnt, daß am Schlusse dieser Periode und in den folgenden Jahren sowohl Formen als Malereien aus einer weit früheren Zeit herzustammen schienen. Von Seiten der Direction geschah zu wenig, um das Uebel aus dem Grunde heilen zu können. In der Hauptsache blieb es beim Alten und unter den Arcanisten derjenige der angesehenste, welcher am besten verstand, sein ganzes Thun in ein geheimnisvolles Dunkel zu hüllen, ohne vielleicht irgend etwas zu wissen, dessen Mittheilung der Mühe gelohnt hätte ... Die Manufactur rückte unaufhaltsam ihrem Verfalle entgegen"[4]. Auf kaufmännischem Gebiete lagen die Fehler in einer übertriebenen Ausdehnung der Auktionen, in der ungewöhnlichen, den Ruf der Manufaktur ebenfalls schädigenden Ausschreibung von Porzellanlotterien, mit deren Hilfe veraltete Erzeug-

[1] Böhmert, S. 48.
[2] Ebenda, S. 48–50.
[3] Ebenda, S. 50 u. 51.
[4] Ebenda, S. 50.

nisse abgesetzt wurden, und in einer Überbetonung des russisch-polnischen und türkischen Geschäfts bei fast völliger Vernachlässigung der anderen Handelspartner, die sich rächte, als Rußland 1806 die Einfuhr fremder Porzellane sperrte und die türkischen Bestellungen ausblieben.

Daß die Porzellanmanufaktur den Niedergang am Ende ihrer fünften Periode überstand und nach 1814 wieder aufblühte, war das Werk staatlicher Zuschüsse – ohne die es wie jeder Privatbetrieb in der gleichen Situation damals zugrunde gegangen wäre – und die Folge abermaliger gründlicher Reformen, die insbesondere dem technischen Fortschritt durch Aufhebung des Arkanums Tür und Tor öffneten.

3. Die Waffenfertigung

Die gewerbsmäßige, über den handwerklichen Rahmen hinausgehende Herstellung von Waffen reicht in Sachsen zeitlich weit zurück. Mit ihr befaßten sich schon die zahlreichen, bei den Eisenhütten des Erzgebirges, zumeist aber für sich bestehenden Zayn-, Schaufel- und Waffenhämmer, von denen ein Teil noch Ende des 18. Jahrhunderts in Betrieb war.

Rößig gibt deren Zahl 1787 mit 32 an[1]; von ihnen befanden sich je zwei in Olbernhau, Schwarzenberg und Wildenau, die übrigen in Carlsfeld, Unterstützengrün, Neidhartsthal, Erla, Aue, Elterlein, Untersachsenfeld, Zelle, Schlema, Frohnau, Sehma, Königswalde, Bärenstein, Wünschendorf, Rübenau, Oberschmiedeberg, Marienberg, Zwickau, Gottesberg, Gruna, Rützengrün, Wolfersgrün, Pirna, Einsiedel, Heinrichs und Hirschbach.

Ferner hatte der Staat an einigen Orten des Landes kurfürstliche Werkstätten wie das bereits an anderer Stelle erwähnte Kanonenbohrwerk an der Weißeritz bei Dresden[2] oder „die Kugelfabrik auf dem Sande bey der Residenz" ins Leben gerufen[3], die sich wie das Einsiedelsche Eisenhammerwerk in Mückenberg[4] mit der Produktion von Kanonen, Mörsern und Teilen davon befaßten. Außerdem war die Erzeugung von Gewehren, Flinten und Windbüchsen im Sachsen der Manufakturperiode stark verbreitet[5].

So verfertigten die Morroische Werkstatt in Lübbenau[6] wie die Herrmannsche in Oberwiesenthal[7] kostbare gezogene damaszierte und zum Teil mit Gold und Silber ausgelegte Schießgewehre. In dem Oberlausitzer Dorfe Königshain wurden von einem Schlosser Windbüchsen und gezogene Flinten hergestellt[8] und auch Schmiedefeld im Hennebergischen beherbergte „Gewehrfabricanten"[9].

[1] Rößig, Staatskunde, S. 131 u. 132.
[2] Das Kanonenbohrwerk wurde 1765 unter Xaver errichtet und bestand bis zum Jahre 1870, in dem es friedlichen Zwecken zugeführt wurde (Frommhold, S. 68 u. 71).
[3] Naumann, S. 55.
[4] Addreßbuch, Obersachsen, S. 246.
[5] Rößig, Produkten, S. 431–433; derselbe, Staatskunde, S. 132.
[6] Naumann, S. 194.
[7] Ebenda, S. 229.
[8] Ebenda, S. 154.
[9] Ebenda, S. 269.

Aber nur an zwei Orten des Landes erhob sich die Gewehrproduktion über die handwerkliche Betriebsweise: in Suhl im Hennbergischen und zeitweise in Olbernhau im Erzgebirge.
Die Anfänge der Suhler Gewehrfabrikation lassen sich nach Anschütz[1], auf dessen Ausführungen die folgende Darstellung materialmäßig zum größten Teil beruht, zeitlich nicht genau bestimmen, scheinen aber in die erste Hälfte des 16. Jahrhunderts zu fallen. Auf der Grundlage des dortigen Eisenbergbaus entwickelte sich eine Massenproduktion von Waffen, die nach fast allen europäischen Ländern gingen[2]. Im Dreißigjährigen Krieg brachte die 1634 erfolgte Brandschatzung von Suhl der Fabrikation von Gewehren mit der Vernichtung der meisten Produktionsstätten und Arbeitsmittel einen Rückschlag, der mit kaiserlicher Hilfe in Gestalt von Bestellungen und „Begnadigungen" zum größten Teile überwunden werden konnte[3]. Was jedoch als Dauerschaden für Suhl blieb, war die Schwächung ihrer Produktionskraft durch Auswanderung zahlreicher „Gewehrfabricanten" und die Konkurrenz der von ihnen in anderen Teilen Deutschlands[4] errichteten Werkstätten. Nach dem Dreißigjährigen Kriege rissen Mißstände ein, die sich in einer Verschlechterung der Suhler Erzeugnisse und einer beträchtlichen Übersetzung des „Gewehrhandels" zeigten und zugleich ihre Ursache waren, zumal unter den „Gewehrhändlern", wie die Manufacturiers auf diesem Gebiete damals hießen, eine große Zahl Berufsfremder, so Schuster, Schneider, Beutler und Metzger, Eingang gefunden hatten[5]. Abhilfe sollte ein „Haupthandels Receß" vom 10. Dezember 1666 schaffen[6].

> Nach diesem durften lediglich solche Personen „Gewehrhändler" bleiben, die gelernte Rohrschmiede, Schlosser, Schäfter und Beutler oder überhaupt keine Handwerker waren[7], und einer Zersplitterung in kleinste Betriebe glaubte man durch die Bestimmung vorbeugen zu können, daß jeder Gewehrhändler „zum wenigsten mit 50 Stück Mousqueten, Pistolen oder Carabiner den Anfang machen" müsse.
> Ferner befaßte sich die Regierung mit dem Verbot der Natural- und Warenentlohnung, der unlauteren Konkurrenz und Preisunterbietung, dem genehmigungspflichtigen Bezug auswärtiger Gewehre oder deren Teile bei zu geringem Suhler Angebot, mit der angemessenen Bezahlung der an den Aufträgen beteiligten Handwerker, dem Verbot des Höckerhandels mit Gewehren, dem Verbot des Verkaufs von Gewehreinzelteilen an Fremde, und brachte außer Vorschriften zum Beschießen der Gewehre die Schlußbestimmung, daß derjenige, der „sich in die Fremde begiebet, daselbsten Werke anrichtet, oder der Stadt Suhl zu Schaden arbeitet", sein Bürgerrecht verliert[8].

Der Erfolg dieses Rezesses scheint nicht groß gewesen zu sein, denn viele der gleichen Klagen verstummten auch in der Folgezeit nicht und führten am 8. August

[1] Anschütz, S. 2.
[2] Ebenda, S. 5.
[3] Ebenda, S. 6–8.
[4] Ebenda, S. 5.
[5] Ebenda, S. 10.
[6] Ebenda, S. 10–14.
[7] Ebenda, S. 11 u. 12.
[8] Ebenda, S. 12–14.

1708 zu einem abermaligen, mit Strafandrohungen reichlich versehenen Erlaß von Qualitätsbestimmungen durch Herzog Moritz Wilhelm von Sachsen-Zeitz[1]. Trotz solcher Mängel muß der durch die zahlreichen kriegerischen Verwicklungen jener Tage außergewöhnlich ansteigende Bedarf an Gewehren zu einer neuen Ausdehnung der Suhler Gewehrmanufakturen geführt haben; Anschütz berichtet jedenfalls, daß es 1708 in Suhl 54 „Gewehrhändler" gegeben habe, „worunter welche mit 25, 30, 40 bis 45 Gülden jährlich Handlungssteuer angesetzt sind"[2], was auf eine beträchtliche Akkumulation von Kapital in dieser Branche hindeutet. Zu gleicher Zeit trat eine erhebliche Verbesserung des technologischen Prozesses durch den von einem Eisenarbeiter aus Schweden herbeigeführten Übergang von den bisher benutzten Reunfeuern auf Blauöfen ein, in denen die für die Herstellung der Rohrläufe, Schlösser und sonstigen Eisenteile verwendeten Erze geschmolzen wurden. Eine weitere technische Neuerung stellte die seit dem Ende des Dreißigjährigen Krieges mit dem Verfall des Suhler Erzbergbaues eingeführte Verwendung fremder Erze dar, die den bisherigen heimischen an Weiche des Eisens, auf der die Qualität und der Ruf der Suhler Erzeugnisse beruhten, nichts nachgaben[3].

Hatte sich die Suhler Gewehrfabrikation so bis um die Mitte des 18. Jahrhunderts zu einer der bedeutendsten Europas und der sicherlich leistungsfähigsten in Deutschland entwickelt, so brachte ihr ein abermaliger Brand der Stadt im Jahre 1753 erneut die Vernichtung eines großen Teils ihrer Produktivkräfte[4]. Die sofort einsetzenden beträchtlichen Hilfsmaßnahmen des sächsischen Staates – wie 1634 aus Aufträgen, Abgabenbefreiungen, Geldvorschüssen und kostenloser Holzlieferung bestehend – führten dazu, daß auch dieser Kapazitätsverlust bald ersetzt werden konnte, zumal der beginnende Siebenjährige Krieg Suhl umfangreiche Bestellungen einbrachte. Es ist bezeichnend für die sich zu allen Zeiten gleichbleibende und rigoros über die nationalen Interessen des Volkes hinwegsetzende Profitgier kapitalistischer Waffenproduzenten, daß die Gewehrmanufakturen der damals kursächsischen Stadt[5] von 1757 bis 1762 mit Billigung des Kurfürsten 20000 Stück Gewehre an Preußen, den Feind Sachsens in diesem Kriege, lieferten. Es zeugt weiterhin von dem üblichen Mangel an patriotischem Anstand bei dieser Unternehmerklasse, wenn Anschütz – selbst ein Suhler Gewehrmanufacturier – diese Maßnahme noch nachträglich (1811) damit rechtfertigte, „daß diese Toleranz der sprechendste Beweis" dafür sei, „welchen Werth man bey der Regierung auf die Gewehrfabrik setzte, wie angelegen man sich ihren Umtrieb seyn ließ, und wie man entschlossen sey, ihn selbst mit Aufopferung einer politischen Maßregel zu

[1] Anschütz, S. 15–19.
[2] Ebenda, S. 20.
[3] Ebenda.
[4] Ebenda, S. 21.
[5] Suhl kam beim Aussterben der Nebenlinie Sachsen-Zeitz mit Teilen der ehemaligen Grafschaft Henneberg im Jahre 1718 zu Kursachsen; 1815 wurde es Preußen einverleibt (Diener-Schönberg, Alfons, „Geschichte der Olbernhauer Gewehrindustrie. Ein Beitrag zur Wirtschaftsgeschichte des sächsischen Erzgebirges", Leipz. Diss., Halle a. S., 1914, S. 42 u. 71).

erhalten[1]". Die Hochkonjunktur des Siebenjährigen Krieges ging nach dessen Ende für die Suhler Gewehrmanufakturen in eine auftragsarme Zeit über mit der Folge, daß nach einer Notiz vom 13. Februar 1775[2] 5 Schlossermeister und 25 Gesellen sowie 20 Schaftermeister und 2 Gesellen Suhl verließen und zumeist im Auslande eine neue Existenz als „Gewehrfabricanten" fanden, größtenteils aber nach Suhl zurückkehrten, sobald sich die Lage dort gebessert hatte. Um eine solche Besserung herbeizuführen, kam der Staat den Gewehrmanufacturiers – wie 1753 auch – mit Bestellungen, und zwar in Höhe von jährlich 2000 Gewehren zu Hilfe und setzte eine „Revisions-Commission" ein, von der die Gründe des Verfalls und die Maßnahmen zur Abstellung der Mißstände erörtert wurden. Für den Niedergang machte diese eine Vielzahl von Ursachen,

so den Mangel an Holz, das ein herrschaftlicher Hochofen in der Nähe von Suhl den dortigen Gewehrmanufakturen streitig machte, den zu hohen Holzpreis, das Jagdverbot in der Schonzeit des Rotwildes, die schlechte Qualität des zur Verfügung stehenden Eisens, den Hausierer- und unerlaubten Handel mit Gewehren, das Mißverhältnis zwischen einer – zu geringen – Zahl der Rohrverschrauber, Schloß- und Zeugmacher zu derjenigen der übrigen „Gewehrfabricanten" und nicht zuletzt die Konkurrenz der zahlreicher werdenden ausländischen Waffenmanufakturen

verantwortlich[3]. Zur Abhilfe empfahl sie außer Gewehrbestellungen seitens des sächsischen Staates die Aufnahme der Produktion von Gebrauchsgütern des friedlichen Bedarfs, wie „feiner und ordinairer Eisen- und Stahlwaaren", Handwerkszeug und chirurgischer Instrumente[4], die einen Ausgleich für die Zeiten bieten sollte, in denen die Gewehrbestellungen zurückgingen oder ausblieben. Ferner wollte man zur Qualitätssteigerung und Rationalisierung, daß künftig nur ein einziger Hammer für die Suhler Gewehre das Eisen liefere und die Zahl der Rohrschmieden von 11 auf 5 zurückgeführt werde. 1778 erhielt Suhl, veranlaßt durch den bayrischen Erbfolgekrieg, einen neuen, die dortigen Manufakturen wieder belebenden Auftrag über 14000 Gewehre für die sächsische Armee, dem 1782 ein weiterer in Höhe von 12824 Stück auf 10 Jahre[5] sowie Lieferungen von Seeflinten für den Sklavenhandel in Guinea folgten[6]. Als Folge des Untersuchungsergebnisses der vorerwähnten Dresdner Revisions-Kommission ergingen in einem Reskript vom Jahre 1787 an die Oberaufsicht in Schleusingen Bestimmungen, welche die endgültige Beseitigung der Mißstände und der seit dem Ende des Siebenjährigen Krieges nicht verstummten Klagen zum Ziele hatten.

Nach diesem Reskript stand der Handel mit „Commißgewehren" – wie bereits in einer Anordnung vom 19. März 1776 festgesetzt – lediglich den dafür privilegierten „Gewehrhändlern" zu, während der mit „Staats-, Galanterie-, Jagd- und Hausgewehren" von da an jedem Suhler „Gewehrfabricanten" erlaubt war, so-

[1] Anschütz, S. 24.
[2] Akte Loc. 5276, Bl. 111.
[3] Ebenda, Bl. 262flg.
[4] Anschütz, S. 34.
[5] Ebenda, S. 36.
[6] Ebenda, S. 37.

weit er seine Erzeugnisse beschießen ließ und diese dabei als tauglich befunden wurden[1].
Ferner hatte jeder Hammer sein für die Herstellung von Gewehren bestimmtes Eisen mit einem besonderen Zeichen zu versehen, damit es ihm bei schlechter Qualität zurückgegeben und er schadenersatzpflichtig gemacht werden konnte[2]. Weiterhin hielt man es für angebracht, das am 4. Juli 1653 ausgesprochene und am 19. Dezember 1669 wiederholte Verbot der Warenentlohnung zu erneuern, und schließlich wurden finanzielle Erleichterungen bei der Aufnahme der Lehre und den Erwerb der Meisterschaft ausgesprochen[3].

Die zunehmenden Bestellungen bewirkten mit der Beseitigung der Mißstände, daß sich die Suhler Gewehrmanufakturen in den siebziger und achtziger Jahren des 18. Jahrhunderts günstig entwickelten; sowohl die Zahl der „Fabricanten" vermehrte sich beträchtlich wie auch die der Rohrhämmer, die um vier auf sechs stieg[4]. Die Konjunktur machte jedoch einer Depression Platz, sobald Deutschland wie die europäischen Länder längere Zeit von Kriegen verschont blieben, da der größte Teil der in Suhl Beschäftigten auf die Herstellung von Militärgewehren eingerichtet war, für welche die zahlenmäßig erheblich geringere Fertigung von Jagd- und anderen Flinten niemals einen Ausgleich bieten konnte[5]. Diese Tatsache veranlaßte Anschütz 1811 zu dem für die gewerbsmäßigen Waffenproduzenten aller Zeiten typischen Stoßseufzer:

„Obschon die auf einander gefolgten Kriege ein großes Bedürfniß nach Militair-Gewehren verursachten; so sind doch leider! diese Bestellungen seit einigen Jahren nicht in der Menge eingegangen, wie es für den Vortheil der Fabrik nöthig gewesen wäre, da diese Kriege einen hohen Grad des Geldmangels nach sich zogen und noch dringendere Ausgaben nöthig gemacht haben, als die leeren Arsenale zu füllen"[6].

Nach diesem geschichtlichen Abriß sind einige Worte über die Einschätzung der vorgenannten Werkstätten als Manufakturen angebracht. In Suhl war für die Herstellung der Gewehre schon frühzeitig eine beträchtliche Zahl von Angehörigen der vielen für den Fertigungsprozeß notwendigen Berufszweige vertreten.

1724 zählte man dort 95 Schlossermeister und 115 Gesellen sowie 84 Schäftermeister samt 14 Gesellen[7], für 1774 geben die Akten folgende Zahlen an:
20 Rohrschmiedemeister von „11. ganzen oder 22. halben Rohrschmieden"
44 Schmiedeknechte
11 Bohrer[8]
11 Schleifer
22 Bohrjungen

[1] Anschütz, S. 38.
[2] Ebenda, S. 39.
[3] Ebenda.
[4] Ebenda, S. 42.
[5] Ebenda, S. 48.
[6] Ebenda, S. 49.
[7] Akte Loc. 5276, Bl. 110.
[8] Davon entrichteten nur 24 Schmiedeknechte, 10 Bohrer und 8 Schleifer die „Nahrungssteuer". Die übrigen waren „ganz unangestellt, und müßen als unzünftig, und die man auswärtig nicht suchet, in Suhla bleiben" (ebenda, Bl. 109flg.).

43 Büchsenschäftermeister
2 Büchsenschäftergesellen
70 Büchsenmachermeister
28 Büchsenmachergesellen[1]
4 Bajonettmacher[2]
2 Scheidenmacher
4 Rotgießer
1 Haken- und Ohrbändermacher
3 Personen „bey der Lade Stock Fabrique".

Diese waren handwerklich ausgebildet und zünftig organisiert, und es läge somit trotz der großen Zahl der Kooperierten und der weitgehenden gesellschaftlichen wie betrieblichen Arbeitsteilung keine Berechtigung vor, von Suhler „Gewehrmanufakturen" zu sprechen, wenn in den Häusern der sogenannten Gewehrhändler nicht Werkstätten bestanden hätten[3], in denen die Gewehre vor ihrem Verkauf einem letzten Arbeitsprozeß unterworfen wurden.

In diesen Werkstätten waren jeweils zwei bis drei Büchsenmacher, die „Reparirer" hießen und Schloßmacher, Rohrverschrauber und Schäfter zugleich sein mußten, damit beschäftigt, die Gewehrschlösser und ihr Funktionieren zu prüfen und danach die Schrauben in die Gewehre einzusetzen, deren Einzelteile durch eingefeilte Zahlen zu kennzeichnen und diese den „Polierern" zu übergeben, von denen jede derartige Werkstatt zwei beschäftigte. Diese polierten die Köpfe der Schloß- und Kranzschrauben sowie die Rohre und gaben die polierten Einzelteile an den Reparirer zurück, der sie wieder zusammensetzte und auf jedes Schloß einen Feuerstein aufschraubte. Danach kamen Arbeiter der „Bajonettfabrikanten" in die Werkstätten der Gewehrhändler und paßten die schon vorher gelieferten Bajonette auf, die dann noch einmal heruntergenommen, poliert und wieder aufgesteckt wurden. Sodann erfolgte eine nochmalige Überprüfung der Gewehre durch den „Gewehrhändler" und erforderlichenfalls die Ausmerzung der noch vorhandenen Mängel[4].

Die Suhler Werkstätten zur Fabrikation von Gewehren stellten somit Manufakturen dar, in denen der Mehrwert lediglich in der Endphase der Produktion nach kapitalistischen Methoden abgeschöpft wurde, während die Herstellung der Teilprodukte unter zünftigen Bedingungen erfolgte. Die „Gewehrhändler" als Eigentümer dieser den Erzeugnissen ihren letzten Schliff gebenden Betriebe waren kapitalistische Manufacturiers, die sich aus ehemaligen Kaufleuten wie aus früheren „Gewehrfabrikanten" rekrutierten[5]. Sie bezogen – wie aus den früheren Angaben über ihre Handelssteuerbelastung hervorgeht – zeitweise beträchtliche Revenuen, deren Höhe sie sich unter anderem dadurch zu sichern suchten, daß sie den Zustrom zu diesem Gewerbe mit Hilfe des Staates abbremsten, indem vor Erteilung einer Konzession der Nachweis eines Vermögens in Höhe von „600 Gülden Frc"[6] sowie eines Warenvorrates von mindestens 50 Musketen, Pistolen oder Kara-

[1] Davon konnten nur 46 Meister und 19 Gesellen Flintenschlösser machen (ebenda.).
[2] Diese waren von Solingen gekommen und galten als nicht zünftig.
[3] Anschütz, S. 104–107.
[4] Ebenda,
[5] Akte Loc. 5276, Bl. 191.
[6] Anschütz, S. 33.

binern zu erbringen war[1]. Die Zahl der Suhler „Gewehrhändler“ wird von Anschütz für 1708, eine Zeit guter Konjunktur, mit 54 angegeben[2] und ging danach offenbar stark zurück, denn die Akten berichten 1774 von nur 8 Gewehrhändlern, die nicht einmal alle ihre Tätigkeit ausübten[3].

Die „Spangenbergische Handlung“ war unter ihnen „die vornehmste in fremden Commiß-Bestellungen“[4]. Sie lieferte 1775 1150 und 1776 1500 Stück Gewehre, meist Seeflinten. Die bedeutendste Manufaktur für „Galanterieflinten“ betrieb Johann Gottlieb Horneffer, der um die gleiche Zeit 500 Flinten in Arbeit hatte und dessen Lieferungen besonders nach Livland, Kurland und Estland gingen. Weiterhin hatten Konzessionen zum „Gewehrhandel“ Lorenz Sauer und seine Söhne, die Meßhandel damit trieben, Broeßel und Anschütz, „die Wittwe Heynin, Nicolaus Poistel und der Rohr Hammermeister Klette, als welcher letztere nur den Nahmen als Kaufmann pro Forma führte“[5].

Der Rückgang der Zahl der „Gewehrhändler“ war in dieser Zeitspanne relativ erheblich größer als jener der „Gewehrfabricanten“, was auf eine zunehmende Konzentration der Gewehrproduktion wie auf eine steigende Akkumulation von Kapital in dieser Branche schließen läßt, die im Übergang zur fabrikatorischen Produktionsweise ihren letzten Höhepunkt fanden.

Im Zusammenhang mit der Herstellung von Gewehren stand in Suhl die Fabrikation von Klingen, die von einem Bajonettmacher namens Kummer 1778 dort eingeführt und bald in größerem Umfange betrieben wurde. Die „Kummersche Klingenfabrik“ war ebenfalls eine arbeitsteilige Kooperation; sie beschäftigte Bajonettschleifer und Handpolierer, von denen berichtet wird, es seien „einfältige elende Leute, Kinder und Weiber, sie polieren aber schön mit der Hand, und nach der Meynung aller Kaufleute und Kramer beßer als die Engländer“[6]. 1780 mechanisierte Kummer seinen Betrieb mittels eines von Wasser getriebenen Hammers sowie einer Schleifmühle[7].

In Olbernhau, dem zweiten Zentrum der Militärgewehrfabrikation im Sachsen der Manufakturperiode, begann dieses Gewerbe erst Anfang des 18. Jahrhunderts, mithin fast zweihundert Jahre später als in Suhl[8]. Die Initiative zu deren Aufnahme in Olbernhau ging von August dem Starken aus, der in einem Befehl vom 20. Dezember 1703 den Wunsch dazu wie gleichzeitig genaue Weisungen über die Förderung des Vorhabens bekanntgab[9]. Das dort vorkommende gute Eisen, die leicht, billig und massenhaft zu gewinnende Holzkohle sowie die ausreichend zur

[1] Anschütz, S. 12.
[2] Ebenda, S. 20.
[3] Akte Loc. 5276, Bl. 255.
[4] Ebenda, Bl. 256.
[5] Ebenda, Bl. 255, 256.
[6] Ebenda, Bl. 247.
[7] Anschütz, S. 108.
[8] Diener-Schönberg, Geschichte, S. 23, 24; derselbe, „Geschichte der Gewehrfabrik zu Olbernhau in Sachsen“, Sonderabdruck aus: „Beiträge zur Geschichte der Handfeuerwaffen“, Thierbach-Festschrift, Dresden 1905, S. 155.
[9] Derselbe, Geschichte, S. 28.

Verfügung stehende Wasserkraft waren ihre materielle Grundlage[1], während der kleine Stamm der bereits in Olbernhau ansässigen Büchsenmacher[2] auf Veranlassung Augusts des Starken durch Abwerbung und Zuwanderung von Suhl und anderen Orten um 50 Büchsenmacher und Rohrschmiede vermehrt wurde, zu denen durch die Bemühung des Olbernhauer Rittergutsbesitzers von Leubnitz weitere 10 Mann, darunter ein Schleifer aus Solingen, kamen. Die ersten Fonds für die Fabrikation von Gewehren in Olbernhau, die anfangs eine Kapazität von 200 Flinten pro Woche gehabt haben soll, stellte der Geheime Oberkriegsrat Lämmel als Vorschuß in Höhe von 4000 Talern aus der Staatskasse zur Verfügung. Die nun folgende, äußerst wechselhafte und bis zur Aufnahme der fabrikatorischen Produktionsweise einen Zeitraum von 110 Jahren umfassende Geschichte der Olbernhauer Gewehrfabrikation spiegelt sich in den zumeist vom Hauptzeughause in Dresden erteilten Aufträgen.

Diese umfaßten:

1703	2000	Flinten mit Bajonetten und Zubehör	im Werte von 8833 Talern		
1705	272	gezogene Büchsen und			
	272	Paar Pistolen	3264	„	
1708	12000	Gewehre	?	„	[3]
1714	700	Karabiner			
	700	Paar Pistolen	5950	„	
	220	Karabiner mit Bajonetten			
	220	Paar Pistolen	2640	„	
1716	?	Kavallerie- und Infanteriegewehre	6000	„	[4]
1728	2250	Karabiner mit Bajonetten			
	2250	Karabiner ohne Bajonette			
	2250	Paar Pistolen	36000	„	[5]
1729	2200	Karabiner mit Bajonetten			
	2200	Paar Pistolen	?		[6]
1742	180	Paar Unteroffizierspistolen	690	„	[7]
	1600	alte Lütticher Gewehre mit neuen Bajonetten und stählernen Ladestöcken versehen	4826	„	[8]

[1] Diener-Schönberg, Geschichte, S. 30.

[2] Derselbe, „Nachtrag zur Geschichte der Gewehrfabrik zu Olbernhau“, in: „Zeitschrift für historische Waffenkunde – Organ des Vereins für historische Waffenkunde“, Vierter Band, S. 88 u. 89; dort findet sich auch der Nachweis von 7 Akten des Sächsischen Landeshauptarchivs über die Olbernhauer „Gewehrfabrik“.

[3] Derselbe, Geschichte, S. 40.

[4] Ebenda, S. 41.

[5] Ebenda, S. 43 u. 44.

[6] Ebenda, S. 43.

[7] Ebenda, S. 47.

[8] Ebenda, S. 47 u. 48.

1742	150	Flinten und Zubehör, Reparaturen für sächsische, in der Nähe von Olbernhau stehende Truppen	im Werte von ?	Talern [1]
1743	724	Infanterieflinten mit Bajonetten	3620	„ [2]
1744	824	Infanterieflinten mit Bajonetten	4120	„
	102	Pistolen	204	„
1745	1498	Infanteriegewehre		
	162	Unteroffizierspistolen	6929	Taler,[3]
1746	500	Gewehre	zur Hälfte in Steuer-	
1747	500	Gewehre	scheinen bezahlt	
	200	Pistolen		
1773	200	Infanterieflinten mit Bajonetten	1133	Taler
	200	alte Infanterieflinten umgeändert	766	„ [4]
1777	311	alte Infanteriegewehre umgeändert	1190	„
1778	1000	Gewehre	6250	„
1779	2250	Karabiner		
	2250	Paar Pistolen	?	„ [5]
1782	1000	Gewehre mit Bajonetten	6250	„
	812	Gewehre	5075	„ [6]
1785	300	Infanteriegewehre	1875	„
1787	600	Karabiner		
	698	Paar Pistolen	7047	„ [7]
1792	500	Reiterkarabiner	2750	„
	548	Paar Pistolen	3333	„
	?	Karabiner und Pistolen	6083	„ [8]
1812–1814		Reparaturen sächsischer und russischer Gewehre	1382	„ [9]
1813 u. 1815		Arbeit aller Olbernhauer und Suhler „Gewehrfabrikanten" in der Dresdner „Gewehrreparaturanstalt"	–	[10]
1815	58	Paar Kavalleriepistolen	174	„
	60	Garnituren Lanzenbeschläge	100	„
1816	25	Karabiner		
	55	Kürassier-		
	716	Ulanen- u. Husaren-		
	128	Garnituren Lanzenbeschläge	4095	„
1817	300	Infanteriegewehre repariert	?	„
1818	532	Infanteriegewehre repariert	?	„
1819	27	Karabiner		
	154	Paar Kavalleriepistolen	1223	„ [11]

[1] Diener-Schönberg, Geschichte, S. 48.
[2] Ebenda, S. 49.
[3] Ebenda, S. 50.
[4] Ebenda, S. 57.
[5] Ebenda, S. 59.
[6] Ebenda, S. 60.
[7] Ebenda, S. 61.
[8] Ebenda, S. 63.
[9] Ebenda, S. 66 u. 67.
[10] Ebenda, S. 67.
[11] Ebenda.

Da die Olbernhauer Waffen im Gegensatz zu den Suhlern nur ausnahmsweise ins Ausland – nach Böhmen – gingen, hing die Entwicklung ihrer Erzeugungsstätten ausschließlich von den in der Übersicht aufgeführten Bestellungen des sächsischen Hauptzeughauses ab. Sobald diese Staatsaufträge ausblieben, trat Arbeitsmangel ein, der bei längerer Dauer die Entlassung bzw. Abwanderung von Arbeitskräften und das Unvermögen zur Folge hatte, bei plötzlich wiederauftretenden Bestellungen die Aufträge termin- und qualitätsgerecht ausführen zu können. Diesem Umstand mußten es die Olbernhauer zuschreiben, daß die Suhler Fabrikate ihren Erzeugnissen vorgezogen wurden[1] und die Olbernhauer Werkstätten in ihrer Existenz fast dauernd bedroht waren. Trotz dieser Sachlage läßt die Übersicht erkennen, daß es für die Olbernhauer Gewehrfabrikation auch ausgesprochen günstige Perioden gegeben hat, die dem Verwendungszweck ihrer Erzeugnisse gemäß mit den Zeiten erhöhter Kriegsgefahr oder bereits erfolgter kriegerischer Auseinandersetzungen zusammenfielen. Nachdem Suhl 1815 in den preußischen Staatsverband eingegliedert und damit die Olbernhauer Militärgewehrfabrikation zur einzigen Sachsens geworden war, setzten die 1819 zum Erfolg führenden Bemühungen ein, die dortigen Werkstätten in eine Fabrik mit Rohrhammer, Gesenk- wie Zeugschmiede, Ziehbank, Schleif-, horizontaler und vertikaler Bohrmaschine umzuwandeln[2].
Bei dem Versuch, die Olbernhauer Werkstätten zur Herstellung von Militärgewehren ihrer Betriebsweise nach einzuschätzen, drängen sich zunächst rein handwerkliche Charakterzüge auf.

So bestanden wie in Suhl zwei Zünfte: die der Schlosser und Büchsenmacher sowie die der Tischler und Büchsenschäfter, deren handwerkliche Verfassung man 1704 in landesherrlich konfirmierten Innungsartikeln niedergelegt hatte[3]. Handwerksmäßig war weiterhin, daß „nur Kundenarbeit auf direkte Bestellungen der Regierung hin" geleistet wurde[4] und die Produktion für den freien Markt somit fehlte. Vor allem aber war die Denkweise der Olbernhauer noch ganz in zünftigen Vorstellungen befangen, als es galt, die Konkurrenz der fortschrittlichen Suhler Gewehrmanufakturen auszuhalten. Dies zeigte sich insbesondere in einer Abwehrstellung gegenüber der dafür äußerst notwendigen Einführung technischer Neuerungen und in dem Glauben, es genüge schon, wenn den Olbernhauern die gleichen Erleichterungen wie den Suhlern, so die Befreiung der Arbeitskräfte vom Militärdienst und der Rohstoffe und Fertigwaren von den Accisabgaben sowie von den Transportkosten[5] gewährt würden.

Worin aber die Olbernhauer Betriebe über das im Zunfthandwerk Übliche hinausgingen, waren der zeitweilig immerhin beträchtliche Umfang ihrer Produktion und der Umstand, „daß – bei größeren Lieferungen – nach dem Prinzipe der Arbeitsteilung verfahren wurde, so daß z.B. einer lediglich Schlösser, ein anderer nur

[1] Diener-Schönberg, Geschichte, S. 44; die Leistungsfähigkeit der Olbernhauer im Vergleich zu der Suhler Gewehrfabrikation wurde mengenmäßig wie 1 : 8,4 eingeschätzt (ebenda, S. 63).
[2] Ebenda, S. 72.
[3] Ebenda, S. 36.
[4] Ebenda, S. 70.
[5] Ebenda

Verschraubungen usw. anfertigte"[1]. Es lag mithin eine arbeitsteilige Kooperation vor, der jedoch das die Produktion leitende Kommando eines Manufacturiers fehlte. Ob diese wichtige Funktion, zu der vor allem die für den Erfolg der Arbeitsteilung unerläßliche Koordinierung der Teilarbeiten gehörte, von den „Erwählten" des Handwerks – zwei Ältesten und zwei Beisitzern[2] – ausgeübt wurde, lassen die vorliegenden Unterlagen nicht erkennen, wohl aber, daß die Verbindung zu der Regierung als auftragvergebende Stelle, der Abschluß der Lieferverträge sowie die Entgegennahme und Auszahlung der Verkaufserlöse in den Händen des Eigentümers des Olbernhauer Ritterguts lag[3], dem auch das Privileg verliehen war, in Olbernhau „alle Künste und Handwerke allda zu setzen zu üben und pflegen zu lassen"[4]. Einen unmittelbaren Einfluß auf die Produktion hatten aber – wie Diener-Schönberg, ein ausgezeichneter Kenner der Olbernhauer Verhältnisse auf Grund erschöpfenden Aktenstudiums, ausdrücklich erwähnt[5] – weder der Oberjägermeister von Leubnitz, unter dem die Gewehrfabrikation 1704 in größerem Umfange begann, noch seine Nachfolger. Unter Würdigung dieser wie der anderen vorstehend erwähnten Umstände ist es zwar nicht vertretbar, die Olbernhauer Werkstätten den reinen Manufakturen hinzuzurechnen, wohl aber, ihnen einen Platz zwischen Verlag und Manufakturbetrieb einzuräumen.

4. Sonstige Produktionszweige

Von den sonstigen manufakturmäßig betriebenen Produktionszweigen kam den arbeitsteiligen Kooperationen einiger Branchen des vogtländischen Musikinstrumentenbaus in bezug auf den Wert ihrer Produktion die größte Bedeutung zu. Dies galt in besonderem Maße für den Geigenbau.

> Dieser hatte etwa seit 1580 durch protestantische Flüchtlinge aus Böhmen in Markneukirchen und Klingenthal Eingang gefunden und sich bis zum Dreißigjährigen Kriege, der ihn dem Untergang nahe brachte, gut entwickelt. Danach erfolgte ein neuer Aufstieg, der durch eine abermalige Einwanderung von böhmischen Intrumentenmachern und technische und organisatorische Fortschritte wie die Erfindung eines neuen Lacks durch einen aus Danzig eingewanderten Geigenbauer namens Tengel oder Tangel zwischen 1657 und 1670 sowie die 1677 erfolgte Errichtung einer Geigenmacherinnung in Markneukirchen beschleunigt wurde[6].

Während anfangs jeder Geigenmacher mit Hilfe von Gesellen und Familienangehörigen die ganze Geige in seiner Werkstatt herstellte, setzte mit der Erweiterung des Absatzes und dem Übergang zur Massenproduktion eine betriebliche und gesellschaftliche Arbeitsteilung ein, von der nur die Meistergeigenbauer verschont blieben. Der Prozeß dieser äußerst weitgehenden Zerlegung der Arbeit verlief in der Reihenfolge, daß sich zuerst die Fertigung der Wirbel, sodann die des

[1] Diener-Schönberg, Gewehrfabrik, S. 156.
[2] Ebenda, S. 157.
[3] Derselbe, Geschichte, S. 34.
[4] Ebenda, S. 32.
[5] Ebenda, S. 34.
[6] Bein, Louis, „Die Industrie des sächsischen Voigtlandes. Wirthschaftsgeschichtliche Studie. Erster Theil. Die Musikinstrumenten-Industrie", Leipzig 1884, S. 2 u. 3.

Halses, Griffbretts, Stegs und Saitenhalters ablöste und damit die handwerklichen Hilfsgewerbe der Wirbeldreher, Schnitzer, Griffbrett-, Steg- und Saitenhaltermacher entstanden, die zumeist auf dem platten Lande ihren Sitz hatten. Auch diese wurden wiederum der Arbeitsteilung unterworfen, wofür Bein[1] das Beispiel der Wirbeldreherei erwähnt:

a) Zunächst wurde „das in Kloben bereit liegende Holz ... mittels einer Rundsäge zersägt",
b) „hierauf mittels eines Beiles in der Größe von Wirbeln zerspalten",
c) „die dann auf einer Drehbank mittels eines Fräseisens die in Kopf und Hals (Stiel) sich theilende Form" erhielten.
d) Darauf folgten „die vier Mal wiederkehrenden Feilarbeiten am Wirbelkopf",
e) „an die sich das Ausschleifen mit Bimsstein" anschloß.
f) Während die vorgenannten Prozesse Männerarbeit darstellten, war das nun „folgende Beizen mittels Vitriol und Blauholzlösung" Frauenarbeit.
g) „Nach Trocknung der Wirbel" wurden „die Löcher in den Stiel gebohrt" und
h) „mit dem Abreiben der Wirbel durch Oel und Sand, eine den Kindern zufallende Beschäftigung" schloß „der Arbeitsprozeß dieses kleinen Bestandtheiles ab"[2].

Schließlich ging mit der weiteren Zunahme des Geigenbaus auch noch die Herstellung der Schachtel, des „Corpus", in die Hände von Spezialisten, den „Schachtelmachern", über.
Die Koordinierung dieser zahlreichen Teilarbeiten und Teilprodukte erfolgte durch einige „Fabrikanten", die zumeist aus den Reihen der Geigenmacher hervorgegangen und dadurch zu Vermögen gekommen waren, daß sie die Produkte ihrer ärmeren Mitmeister aufgekauft und vertrieben hatten. Sie unterhielten Werkstätten, in denen „nur das Ausbessern, Lackieren und Fertigmachen der verschiedenen voneinander gesondert bearbeiteten Bestandtheile und deren Zusammensetzung zum fertigen Instrumente, also die letzten Phasen im Herstellungsprozesse"[3] vor sich gingen. Auf jeden Fall aber wurden alle Geigen, bevor sie der „Großhändler" verkaufte, in dessen Hause reingestimmt und ihnen dort, soweit es sich dabei um geringere Qualitäten handelte, sogar öfters die Saiten aufgezogen oder die Instrumente überhaupt erst zusammengesetzt. Somit stellten nicht nur die „Fabrikanten", sondern auch ein Teil der „Großhändler" Manufacturiers dar, die sich den handwerklich erarbeiteten Mehrwert in der Endphase der Erzeugung zuführten.
Die Musikinstrumentenherstellung beschränkte sich bis zum Siebenjährigen Kriege auf den Bau von Geigen und Bässen und dehnte sich danach auf die Anfertigung von Geigenbogen, Darmseiten, Blasinstrumenten, Trommeln, Harmonikas und einige andere Instrumente aus[4]. Die meisten dieser damals neuaufgenommenen Produk-

[1] Bein, I, S. 28flg.
[2] Ebenda, S. 29.
[3] Ebenda, S. 30.
[4] Ebenda, S. 5; nach Gebauer, II, S. 352flg., fing die Darmsaitenherstellung in Markneukirchen bereits 1730 an.

tionszweige wurden ebenfalls wieder in Form von arbeitsteiligen Kooperationen betrieben, bei denen die Aufspaltung des Gesamtarbeitsprozesses in Teilfunktionen nicht minder beträchtlich wie beim Geigenbau war.

In den sechs größten Markneukirchner Etablissements zur Herstellung von Darmsaiten waren beispielsweise durchschnittlich je 20 bis 25 Personen beschäftigt, in den mittleren 8–12, während den kleinen mit 3–6 Beschäftigten keine Bedeutung zukam. Der Gesamtarbeitsprozeß bestand aus folgenden Teilarbeiten, an denen auch Frauen beteiligt waren: 1. Schleimen der Därme in Lauge, 2. Spalten der Därme, 3. nochmaliges Schleimen, 4. Ausziehen und Einteilung der Saiten nach Güte und Stärke, 5. Schwefeln der Saiten zur Erhöhung der Haltbarkeit, 6. 2–3-maliges Spinnen der Saiten auf dem Trittrad, 7. Trocknen der feuchtgesponnenen Saiten, 8. Bestreichen der Saiten mit Bimsstein zwecks Verbesserung ihres Aussehens und 10. Zusammenbündeln der Saiten[1]. Die bedeutendsten der „Darmsaitenfabrikanten" waren zugleich Händler, also im ganzen gesehen, Manufacturiers, und ihre Werkstätten sind zerstreute kapitalistische Manufakturen, bei denen die Teilprodukte wie im Geigenbau unter zünftigen Produktionsverhältnissen hergestellt wurden.
Im Gegensatz dazu stand das unzünftige Gewerbe der Bogenmacher[2].
Die Markneukirchner Betriebe zur Herstellung von Blechblasinstrumenten beschäftigten durchschnittlich 8–12 Gehilfen. Es bestand weitgehende Arbeitsteilung. Die verschiedenen Hauptbestandteile wurden von besonderen Hilfsarbeitern außerhalb der zentralen Werkstatt hergestellt, in der lediglich die Anstöße (Züge oder Windungen) hinzugefügt und die verschiedenen Teile zusammengeschraubt wurden[3]. Die vorgenannten Betriebe stellten mithin ebenfalls zerstreute Manufakturen derselben Art dar.
Die gleiche Einschätzung galt für die Herstellung von Trommeln, die in der Werkstatt des „Trommelfabrikanten" lediglich zusammengesetzt, lackiert und bemalt wurden[4], während die Anfertigung des Kessels in den Behausungen der Markneukirchner Gehilfen erfolgte und die sonstigen Bestandteile von auswärts kamen, und schließlich auch für den Bau von Harmonikas. An deren Herstellung waren die Tönemacher, Richter und Stimmer beteiligt, die diese Teilarbeiten in ihren Wohnungen als Heimarbeit betrieben und dem „Verleger" ablieferten, dem diese landläufige Bezeichnung aber gar nicht zukam, da er die unfertigen Instrumente noch mit einer zumeist aus Nickel bestehenden Decke versah und damit zum Manufacturier wurde[5].

Das vogtländische Musikinstrumentengewerbe war somit ein Produktionszweig, in dem als übliche Betriebsform die zerstreute Manufaktur auftrat, bei der die Herstellung der Teilprodukte durch Heimarbeiter und Handwerker außerhalb der Werkstatt des Manufacturiers erfolgte, und in dieser lediglich die einzelnen Teile des Erzeugnisses zusammengesetzt wurden und ihre letzte Vervollkommnung erhielten. Über die Größe ihrer Produktion gibt die folgende, nach den Tabellen I und II im statistischen Anhang des Werkes von Bein (S. 99 flg.) zusammengestellte Übersicht einen Anhaltspunkt[6]. Die Übersicht läßt hinsichtlich der Be-

[1] Bein, I, S. 35–37.
[2] Ebenda, S. 19.
[3] Ebenda, S. 39 flg.
[4] Ebenda, I, S. 44.
[5] Ebenda, S. 48.
[6] Diese enthält jedoch auch die Zahlen der selbständigen und für eigene Rechnung produzierenden Handwerker, die allerdings kaum ins Gewicht fallen dürften.

schäftigten eine gewisse Stetigkeit der Verhältnisse erkennen, die sowohl in der nur unbeträchtlichen Abnahme der Zahl der Geigenbauer als auch in dem gleichmäßigen Wachstum der anderen Berufszweige zum Ausdruck kommt und ihre Ursache in der Unabhängigkeit dieses Gewerbezweiges von Mode und Luxus hat[1].
Die bei den Produktionszahlen feststellbaren Schwankungen hingen mit dem Charakter des Musikinstrumentenbaus als Exportgewerbe zusammen. Kriegerische Ereignisse mit der oft damit verbundenen Sperrung von Handelswegen, vor allem die Kontinentalsperre, brachten einen Rückschlag, während der Absatz und damit die Produktion durch die 1825 beginnende rheinische und elb-westindische Gesellschaft außerordentlich gefördert wurde[2]. Außerdem traten zeitweilig Hemmungen bei der Entwicklung der Produktivkraft des Musikinstrumentengewerbes dadurch ein, daß es an den erforderlichen Materialien für den Bau der Instrumente, an Holz, Därmen und Messing fehlte[3]. Der Staat scheint hier helfend eingegriffen zu haben, aber sonst ist von einer staatlichen Hilfe, wie sie den meisten anderen Manufakturzweigen in so reichem Maße zuteil wurde, nur selten etwas festzustellen.
Trotz der außerordentlich weitgehenden Arbeitsteilung, die in anderen Produktionszweigen der Anwendung von Maschinen den Weg bereitete, hat diese im Instrumentenbau nur zögernd und verhältnismäßig selten Eingang gefunden. Von einer Industriellen Revolution kann deshalb auf diesem Gebiete keineswegs die Rede sein.
Die Herstellung von Uhren hatte, soweit sie den handwerklichen Charakter und Umfang überstieg, in Sachsen an drei Orten des Landes ihren Sitz: in Großenhain[4], in Carlsfeld im westlichen Erzgebirge und in Glashütte[5].

Die Initiative zu der 1829 erfolgten Gründung der Carlsfelder Uhrenmanufaktur ging von einem Eibenstocker Oberförster namens Thiersch aus, der dazu einen Schwarzwälder Uhrmacher heranzog, dem später weitere Arbeitskräfte von dort folgten. Die finanziellen Mittel zur Errichtung des Werkes stellte der Kammerrat Anger aus Eythra in Gestalt von 900 Mark zur Verfügung; später erfuhr es auch Unterstützung durch den Staat. Trotz der starken schwarzwälder Konkurrenz entwickelte sich die Manufaktur, die anfangs nur Wanduhren, später auch Großuhren für Kirchen, Bahnhöfe und Teile von Uhren, niemals aber Taschenuhren herstellte, sehr günstig und beschäftigte schon in den ersten Jahren bereits 30 Arbeitskräfte. Die Aufwärtsentwicklung setzte sich fort, als die Manufaktur in die Hände des Dresdner Kaufmanns Franz Netke überging und 1837 in eine Aktiengesellschaft mit einem Kapital von 30000 Mark umgewandelt wurde. Mit dem gesteigerten Absatz der Carlsfelder Uhren, die bis nach den westindischen Inseln gingen, trieb man – wie aus dem Abschnitt über „Die Anwendung der Arbeitsteilung und die Erhöhung der Arbeitsproduktivität" hervorgeht – die Arbeitsteilung weiter. Während eine einfache Wanduhr anfangs nur durch sechs verschiedene Hände ging, waren 1871 daran beteiligt: „7 Uhrmacher mit 2 Uhrmacher-Lehrlingen und 1 Schulknabe, 1 Gehäusemacher,

[1] Bein, I, S. 64, 65.
[2] Ebenda.
[3] Ebenda, S. 60.
[4] Acta, „Johs. Benjamin Siegfried Fischers zu Gr. Hayn Uhr-Fabric betr.", Ao. 1780–1832; LHA, Loc. 11117.
[5] Gebauer, II, S. 222flg.

Produktionskapazität und Produktion von Musikinstrumenten in Markneukirchen (M) und Klingenthal (K), den Hauptorten der sächsischen Musikinstrumentenherstellung

	1783–87		1788–92		1793–97		1798–02		1803–07		1808–12		1813–17	
Berufsart:	M	K	M	K	M	K	M	K	M	K	M	K	M	K
Geigenmacher	52	43			60	61			66	66			57	69
Bogenmacher	20				22				24				17	
Saitenmacher	18				20				20				28	
Holzblasinstrumentenmacher	9				11				17				26	
Blechblasinstrumentenmacher	7				11				15				16	
Produktion:														
Streichinstrumente (Dtzd.)	588		467	470	282	607	254	581	234	419	105	243	96	426
Saiten (Bund)	6262		6478		5237		4596		4578		2622		2834	
Bogen (Dtzd.)	569		425		249		275		331		155		160	
Holzblasinstrumente (Stck.)	198		618		1058		1069		916		711		1763	
Blechblasinstrumente (Stck.)	1020		870		805		718		680		513		725	

2 Tischler, 2 Schildmaler und 1 Maler-Lehrling, 1 Schilddreher, 2 Rotgießer, 1 Kettenmacher mit 3 Schulknaben und ein Kettenraddreher, zusammen also 17 Mann, 3 Lehrlinge und 4 Schulknaben, bei der Großuhrenfabrikation 1 Monteur, 6 Uhrenschlosser und 1 Schulknabe"[1]. Ferner ging man – wie ebenfalls dort nachzulesen ist – dazu über, einen Teil der Produktion als billigere Heimarbeit durchführen zu lassen. Zur Zeit ihrer größten Blüte (1863/64) stellte die Carlsfelder Uhrenmanufaktur 6893 Uhren her. Danach begann die Manufaktur zu verfallen, was dazu führte, daß die Generalversammlung der Aktionäre 1874 beschloß, den Betrieb auf eigne Rechnung aufzugeben und an einen alten Arbeiter der Manufaktur zu verpachten, der sich auf die Anfertigung von Großuhren beschränkte, bei der die Schwarzwälder Konkurrenz offenbar nicht so groß war wie bei den Wand- und Stutzuhren. 1889 fand die Carlsfelder Manufaktur ihr Ende[2]. Auch in Hinterhermsdorf wurden Wanduhren nach Schwarzwälder Art hergestellt; hingegen befaßte man sich in Glashütte vornehmlich mit dem Bau von Taschenuhren[3]. Die Uhrmacherei war dort im Jahre 1845 von einem Uhrmacher

[1] Gebauer, II, S. 226.
[2] Ebenda, S. 222–227; Canzley-Acta, „Die von dem Uhrenfabrikanten Gottlieb Müller und Consorten zu Carlsfeld zu Beförderung der von ihnen unternommenen Fertigung sogenannter Schwarzwälter Uhren angebrachten Gesuche betr.", 1831; LHA, Loc. 32556; Wieck, S. 305.
[3] Gebauer, II, S. 229.

namens F. Adolf Lange nach Schweizer Vorbild und Erfahrungen unter Mithilfe der Staatsregierung und der Stadt Glashütte, die einen Beitrag von 2400 Mark gab, eingerichtet worden. Lange legte, da es an tauglichen Arbeitskräften fehlte, zuerst eine Lehrwerkstatt an, in der er sich die zu seinem Betrieb notwendigen Arbeitskräfte heranbildete. „Einige Jahre später entwickelte sich die Taschenuhrenfabrikation, zum Teil als Hausindustrie und auf der Grundlage der Arbeitsteilung". Die Schüler Langes gründeten selbst wieder derartige Betriebe, und schon 1854 bestanden in Glashütte vier solcher Firmen, die 1864 ungefähr 18 dezentralisierte Werkstätten zur Herstellung von Taschenuhren unterhielten.

Die Carlsfelder und Glashütter Uhrenmanufakturen stellten somit arbeitsteilige Kooperationen dar, bei denen eine Reihe von Teilprodukten außerhalb der zentralen Werkstatt durch Handwerker oder Heimarbeiter angefertigt wurden.

Weiterhin erfolgte im Sachsen der Manufakturperiode vereinzelt auch die Herstellung von Hüten[1], Handschuhen[2], Leder[3] und Tapeten[4], die hauptsächlich in den Werkstätten von Handwerkern vor sich ging, manufakturmäßig; es ist anzunehmen, daß selbst einige Zweige des Nahrungsmittel- und chemischen Gewerbes wie die Verarbeitung und Gewinnung von Wachs[5], Stärke[6] und Puder im Großen manchmal nicht handwerklichen Charakter hatte, wobei allerdings nicht immer feststeht, ob es sich bei derartigen Betrieben nur um einfache oder um arbeitsteilige Kooperationen handelte. Im einzelnen wird für diese Betriebe, von denen die Handschuhmanufakturen deshalb besonders bemerkenswert sind, weil sie Refugiés ihre Existenz verdankten, auf die Tabellen zum Abschnitt über den sächsischen Manufacturier verwiesen.

Zu den ältesten gewerblichen Betrieben in Sachsen gehören die Werkstätten zur Erzeugung von Papier, die zahlreich im Lande vertreten waren[7], aber zur Deckung des Bedarfs nicht ausreichten. Die Versuche einer Ausweitung der Produktion scheiterten am Lumpenmangel, der – wie im Kapitel über die Rohstoffversorgung der Manufakturen gezeigt – durch die Festlegung eines Sammelgebietes für jede Papiermühle sowie den damit verhinderten überörtlichen Ausgleich noch vergrößert wurde und zu zahllosen Streitigkeiten zwischen den ängstlich die Respek-

[1] Acta, „Die von Christoph Carl Ender und Cons. zu Torgau etablirte Huth-Manufactur betr.", Ao. 1781–1786; LHA, Loc. 11120.

[2] Acta, „Die in hiesigen Landen angelegten feinen Handschuh-Fabriquen und Weißgerbereien nach französischer Art s. w. d. e. betr.", Anno 1788–1794; LHA, Loc. 11124; Akte, Landes-Oeconomie-, Manufactur- und Commercien-Deputation, Loc. 5356, Vol. I, Bl. 126.

[3] Akte, Landes Oeconomie-, Manufactur- und Commercien-Deputation, Loc. 5356, Vol. I, Bl. 47, 113.

[4] Addreßbuch, Obersachsen, S. 254.

[5] Acta, „Die dem Cammerherrn von Blumenthal concedierte Anlegung einer Wachsbleiche zu Ostra und was dem anhängig betr.", 1718–1745; LHA, Loc. 33400; Acta, „Den von dem Feld-Zeugmeister in Litthauen, George Dettlev Graf von Flemming mit der Frau Fürstin Wisniowiecka über die Wachs-Bleiche zu Friedrichstadt errichteten Kauf-Contract und dessen Confirmation u. w. d. anhängig btr."; 1743 flg.; LHA, Loc. 37747; Trautmann, S. 46 u. 47.

[6] Akte, Aufnahme, Loc. 5355, Vol. I, Bl. 130.

[7] Acta, „Die in hiesigen Landen befindlichen Pappier-Mühlen betr.", Anno 1770–1772; LHA, Loc. 11107.

tierung ihrer Privilegien überwachenden Papiermüllern führte[1]. Es kam vor allem auch zu Klagen über die im Vergleich zu den ausländischen, besonders holländischen Erzeugnissen schlechte Qualität des sächsischen Papiers, welche die Prämienkasse zur Festsetzung von Belohnungen für die Verbesserung der Güte des heimischen Papiers veranlaßte.

Über die Größe der sächsischen Papiererzeugung liegen erst für den Anfang des 19. Jahrhunderts Angaben in Form von Schätzungen vor. 1818 waren es 13–14000, 1840 20000 Ballen, während allein die Leipziger Buchdruckereien und Buchbindereien einen Jahresbedarf von 13–14000 Ballen gehabt haben sollen[2]. Diese Produktion wurde von 64 Papiermühlen geleistet, von denen zu dieser Zeit immer noch 60 Betriebe die Herstellung des Papiers durch Schöpfen des Papierstoffs mit der Hand bewerkstelligten und erst 4 von ihnen Maschinen „zur Fertigung des Papiers ohne Ende" aufzuweisen hatten. Den Anfang zur Mechanisierung der Papiererzeugung in Sachsen machte Just in Sebnitz im Jahre 1828, und schon im Jahre 1848 stellte fast ein Drittel der papiererzeugenden Betriebe Fabriken dar[3].

Eine Einschätzung der Papiermühlen als Manufakturen drängt sich im ersten Augenblick keineswegs auf. Das Papiergewerbe war handwerklich organisiert und mit allen sich daraus ergebenden Gebräuchen und Mißständen behaftet[4]. Zudem scheint weder die Arbeitsteilung, die sich auf die Herstellung des wässrigen Papierbreis und dessen Verfilzung erstreckte, sehr weit gegangen, noch die Zahl der Kooperierten allzu groß gewesen zu sein; von 32 untersuchten sächsischen Papiermühlen war nämlich nach einem Bericht der Landes-Oeconomie-, Manufactur- und Commercien-Deputation vom 12. November 1767 eine Belegschaft von 71 Meistern und 135 Gesellen gezählt worden[5], so daß sich im Durchschnitt ein Personalbestand von 6 Mann pro Mühle ergab. Was aber zumindest einen Teil dieser Betriebe über ihren handwerklichen Charakter hinausführte, war, daß das Eigentum an ihnen besonders im Anfang der Entwicklung vielfach in den Händen der Feudalherren ihres Betriebssitzes lag und sich dieses Gewerbe noch Ende des 18. Jahrhunderts trotz seines handwerklichen Charakters im einzelnen gegen den Zusammenschluß zu einer Innung mit festgesetzten Artikeln sträubte[6]. Die größeren dieser Papiermühlen, die übrigens nur in einem Falle mit Wind[7], sonst aber mit Wasser betrieben wurden, können unter Berücksichtigung der vorstehend dargestellten Sachlage als Manufakturen mit zünftiger Bindung ihrer Arbeitskräfte bezeichnet werden. Von ihrer Aufnahme in das Tabellarium des Abschnitts über den sächsischen Manufacturier wird jedoch wegen der zu großen Einschätzungsschwierigkeiten im Einzelfalle abgesehen.

[1] Näheres hierüber in dem bereits an and. Stelle zitierten Artikel: Falke, Papier, S. 336flg.
[2] Wieck, S. 350.
[3] Gebauer, III, S. 629.
[4] Falke, Papier, S. 354flg.
[5] Ebenda, S. 349flg.
[6] Ebenda, S. 354.
[7] 1801 errichtete der Kramer Johann Christoph Ludwig in Stötteritz bei Leipzig eine Papierwindmühle, in der Packpapier hergestellt wurde. (Rößig, Produkten, S. 352); Gebauer, III, S. 628.

TEIL II

DIE PRODUKTIONSVERHÄLTNISSE DER SÄCHSISCHEN MANUFAKTUREN

KAPITEL I

DIE EIGENTUMSVERHÄLTNISSE DER MANUFAKTUREN

1. Der sächsische Staat als Manufacturier

Der Satz: „L'état, c'est moi", schließt die Bemühungen des absolutistischen Staates der Manufakturperiode um Förderung der Gewerbe wie auch die unmittelbare Betätigung des Souveräns in industrieller Hinsicht ein. Besonders seit den Tagen Kurfürst Augusts, der wie sein Vorgänger Moritz zwar darauf bedacht war, die gewerbliche Initiative des Adels als nicht standesgemäß einzuschränken, selbst aber in dieser Hinsicht äußerst rege war, wurde in Sachsen eine Reihe staatlicher bzw. landesherrlicher gewerblicher Unternehmungen errichtet.

So entstanden 1449 – auf Rechnung Kurfürst Friedrichs des Sanftmütigen – in Rochlitz eine Bleiche[1] und 1576 in Dresden eine Pulvermühle[2]. 1644 ging das von Platten in Böhmen nach Oberschlema verlegte Blaufarbenwerk auf den sächsischen Kurprinzen und nachmaligen Kurfürsten Johann Georg II. über[3], und um den Beginn des 18. Jahrhunderts kam es in Glücksburg auf kurfürstliche Kosten zur Gründung einer Glashütte für Flaschen und Fensterscheiben[4]. 1709 erfolgte der Bau einer kurfürstlichen Spiegelhütte in Friedrichsthal bei Senftenberg[5]. 1710 begann in Meißen die Porzellanmanufaktur[6] und ein Jahr später in Dresden die „Churfürstliche Spiegelschleif- und Poliermühle"[7] ihre Tätigkeit. Weiterhin fällt in das Jahr 1765 die Errichtung eines Kanonenbohrwerks in Dresden durch den Administrator Xaver[8].

Auch Mitglieder des kurfürstlichen Hauses beteiligten sich an Manufakturen und manufakturähnlichen Betrieben oder versuchten, sich wie zahlreiche Angehörige des sächsischen Adels auf diese Weise Einnahmen zu verschaffen, wie das Beispiel der Kurfürstin Marie Antonie, die bis 1774 Eigentümerin der 1763 in Großenhain

[1] Zöllner, S. 122; Quellen, IV. Teil, „294. Beschwerden über Beeinträchtigungen der Bleiche. 1456. UB Chemnitz, 173.", S. 19 u. 20.
[2] Akte Loc. 14582; Frommhold, S. 11–13, 38–44.
[3] Gebauer, II, S. 444.
[4] Akte Loc. 33563.
[5] Akte Loc. 36191; Rößig, Produkten, S. 385 u. 386.
[6] Acta, „Die Geschichte der Königl. Sächs. Porzellan-Manufaktur zu Meissen, ihrer Entstehung und Erweiterung und ihres Umfanges etc. btfd., bearbeitet im Jahre 1828"; LHA, Loc. 41908; Acta, „Den Betrieb der Meißner Porcellain-Manufactur, s. w. d. a. betr."; LHA, Vol. I–III, Loc. 36340; IV–X, Loc. 36341; XI–XX, Loc. 36355; XXI–XXIII, Loc. 36356; XXIV–XXVIII, Loc. 36386; Festschrift, S. 155.
[7] Akte Loc. 32571, Bl. 1; Frommhold, S. 18.
[8] Ebenda, S. 68–71; Akte Loc. 1305; Akte Loc. 10994.

gegründeten Kattun- und Leinwanddruckerei war[1], oder das des Grafen Moritz von Sachsen zeigt, der 1730 um ein Privileg zur Errichtung einer „Stahl- und Schwefelmanufaktur" nachsuchte[2].

Eine derartige Betätigung des Souveräns und sonstiger Grundherrschaften entsprach jedoch zu keiner Zeit den Auffassungen, die in der sächsischen Öffentlichkeit über deren Rolle bei der Förderung der Manufakturen bestanden. Treffend kommt dies in einem Artikel zum Ausdruck, der 1751, mithin zu Beginn des höchsten Standes der sächsischen Manufakturwirtschaft, als Brief in den „Dreßdnischen Gelehrten Anzeigen" veröffentlicht wurde:

> „Daß Sie aber sodann auf dero Niederlausitzischen Gütern selbst, eine Schnupftücher- und Tapetenfabrique anlegen lassen wollten, hielte Ihnen, ich sehr vor übel, das wäre des rechten Weges verfehlet, sufficit, wann Ihre Niederlausitzischen Unterthanen durch den Flachsbau, Garnspinnerey und Bleiche ihren Profit machen, die andre Arbeit muß Dero schon eingerichteten Oberlausitzischen Unterthanen verbleiben, denn man muß das schon völlig angebrachte suchen zu erhalten, nicht aber etwas neues unvollkommenes zu poußieren und das vollkommene darbey zu destruiren suchen"[3].

Trotzdem waren Wert und Mission der landesherrlichen bzw. staatlichen Betätigung in bezug auf Gründung und Inbetriebnahme von Manufakturen unverkennbar. Wenn manche dieser Betriebe – wie die Meißner Porzellanmanufaktur – auch nur dem Verlangen des Souveräns nach Luxus ihr Dasein verdankten, so griff die fürstliche Initiative in nicht wenigen Fällen aber auch dort ein, wo das private Erwerbsstreben nicht auf seine Kosten kam oder Belange der Landesverteidigung dazu zwangen. Zu den Triebkräften einer solchen Handlungsweise gehörte ohne Zweifel auch die Hoffnung auf höhere landesherrliche Revenuen. Da Staatsvermögen und Vermögen des Souveräns jedoch eins waren, kam dieses Vorgehen günstigstenfalls auch dem Lande zugute. Der feudale Staat wirkte hier wie auf zahlreichen anderen Gebieten fördernd, aber auch hemmend auf die wirtschaftliche Weiterentwicklung ein. Als unbestreitbar positives Moment ist zu werten, daß durch die hinter diesen Staatsbetrieben stehenden finanziellen und politischen Potenzen ihre Existenz garantiert war, was sich zwar nachteilig auf ihre Wirtschaftlichkeit, aber wohltätig auf die Entwicklung ihrer Produktion auswirkte. Während private Manufakturen nicht selten schon kurze Zeit nach ihrer Gründung

[1] Acta, „Die zu errichtende Zitz- und Garn-Fabrique in Großenhayn betr.", de ao. 1764; LHA, Loc. 5356; Acta, „Die Barthische, später von Ihro Königl. Hoh. der verw. Frau Churfürstin Marien Antonien gekaufte, von Letzterer hinwiederum verkaufte Zitz- und Cattun Fabrique zu Großenhain u. w. d. f. a. betr.", ao. 1763–1775; LHA, Loc. 1432; Acta, „Weil. Ihro der Höchstseel. Frauen Churfürstin Königl., Hoheit Zitz- und Cattun-Fabrique zu Großenhayn betr.", ao. 1776–1783; LHA, Loc. 864; Acta, „Die Fregische nachhero Donnzische auch Riese und Bodemer Cotton und Leinwand-Druckerey zu Großen Hayn u. w. d. e. betr.", 1780–1797; LHA, Loc. 11116, Vol. II; Notizen, S. 13 u. 14.

[2] Acta, „Das von Graff Moritzen zu Sachßen gesuchte Privilegium zu Anrichtung einer Stahl- und Schwefel, Manufactur betr.", Anno 1730; LHA, Loc. 5315.

[3] Dreßdnische Gelehrte, Art.: „Gedanken vom Flachsbau und Garnspinnerey", Sp. 113flg., bes. Sp. 118.

den Schwierigkeiten der Anfangszeit erlagen, zeichneten sich die staatlichen Manufakturen durch eine ungleich größere Lebensdauer aus, und nicht selten gelang es ihnen, – so der Meißner Porzellanmanufaktur, der Spiegelschleife und dem Kanonenbohrwerk in Dresden – sich bis in das Fabrikzeitalter hinein zu behaupten. Damit war die Durchsetzung einer fortschrittlichen, die Grundlage für arbeitsteilige Kooperationen mit Maschineneinsatz abgebende Betriebsweise der Weg bereitet. Die Opfer allerdings, die deshalb von der Allgemeinheit in Gestalt von staatlichen Zuschüssen und überhöhten Preisen gebracht werden mußten, waren beträchtlich.

2. *Private Einzelpersonen und nichtstaatliche Korporationen als Eigentümer von Manufakturen*

Der größte Teil der sächsischen Manufakturen entfiel auf die von privaten Einzelpersonen unterhaltenen Werkstätten. Sie machten fast $^3/_4$ der im Abschnitt über den sächsischen Manufacturier tabellarisch erfaßten Betriebe aus, während rd. $^1/_4$ privaten Gesellschaften und ein prozentual kaum ins Gewicht fallender Rest dem Staate bzw. Landesherrn und Kommunen gehörte. In diesem Anteil waren fast alle Branchen vertreten, die sich für eine Produktion mittels arbeitsteiliger Kooperationen eigneten. Wenn es auch nicht möglich ist, eine genaue Analyse der privaten Manufacturiers auf ihre frühere Zugehörigkeit zum Handwerks- oder Kaufmannsstand durchzuführen, so steht doch fest, daß das Handelskapital überwog. Die meisten dieser Werkstätten wurden rein kapitalistisch betrieben und nur ein kleiner Teil ist als Manufaktur mit Resten außerökonomischen Zwanges anzusprechen.

Wie bereits im Abschnitt über den Gang der Akkumulation in Sachsen zum Ausdruck gebracht, führte die verhältnismäßig geringe und langsame Konzentration industriell verwendbarer Fonds in einer Hand schon frühzeitig zur Bildung von Sozietäten, wofür die Verhältnisse im Erzbergbau und die ebenfalls korporativ betriebene Chemnitzer Bleiche vom Jahre 1357 Wegbereiter sein konnten. Die kollektive Wirtschaftsbetätigung zeigte sich in zwei Ausprägungen. Einmal wurden Gebiets- und sonstige Körperschaften wie Städte, Religionsgemeinschaften und Vereine zu Manufacturiers, zum anderen vereinigten sich Einzelpersonen ausschließlich zu diesem Zwecke.

Zur ersten Kategorie rechnen außer den Zucht- und Arbeitshausmanufakturen des Staates die zahlreichen, von den Städten bei ihren Waisen- und Armenhäusern seit dem letzten Drittel des 17. Jahrhunderts errichteten Manufakturen, ferner die arbeitsteiligen Kooperationen der Herrnhuter Brüdergemeine, die von dieser in Kleinwelka[1] und Niesky zur Herstellung von Leinewand und Barchent gegründet worden waren[2] sowie die in Form einer Aktiengesellschaft betriebene „Bleyweiß- und Mennig-Fabrique" der Leipziger Oeconomischen Societät[3].

[1] Akte Loc. 5310.
[2] Ebenda
[3] Akte Loc. 5357; Acta, „Die Anlegung einer Bleyweis- Menig- u. Bley-Gelb-Fabrique in hiesigen Landen ... betr.", Anno 1765–1790; LHA, Loc. 11101.

Zahlenmäßig und in bezug auf die Größe ihrer Produktion ungleich bedeutungsvoller waren die Manufakturen, die ihre Entstehung dem Zusammenschluß zweier oder mehrerer Personen zu einer Gesellschaft verdankten. Von den im vorerwähnten Tabellarium aufgeführten Betrieben sind es allein etwa 70, bei denen eine derartige Korporation Ursprung und Betriebsweise bestimmten. Nicht selten verbanden sich, wie die Beispiele der Torgauer Hutmanufaktur oder der ersten Plauener Kattundruckerei zeigen, Handwerker und Kaufleute zu gemeinsamer Arbeit, wobei die Initiative dazu gewöhnlich vom Handelskapital ausging. Weiterhin ist fast typisch, daß sich die Assozies nach kurzer Zeit sehr oft trennten und der handwerkliche Partner eine neue Unternehmung der gleichen Branche ins Leben rief. Der Staat begünstigte die Bildung derartiger Korporationen, wie aus der bereits früher erwähnten „Instruction" des Kurfürsten Friedrich August II. vom 29. April 1735 für die „Commercien-Deputation" hervorgeht, in deren § 14 bestimmt wurde:

> „Da sich einige Persohnen befinden solten, welche entweder vor sich neue Manufakturen zu etabliren, oder auch diesfalls mit andern in Societät zu treten Beliebung hätten; Soll unsere Deputation ihnen hierzu allen benöthigten Vorschub erweisen, die Privilegia so sie deren verlangeten, mit ihnen, jedoch anders nicht als auf gewiße Jahre verabreden, hierüber die Puncta zu Pappiere bringen, auch wie vorher bereits erwehnet worden, mit denen Collegiis communiciren, und so dann von Zeit zu Zeit unterthänigsten Bericht und Gutachten, bei unserem Geheimen Consilio einreichen, und von daher fernerer Resolution gewärtig seyn"[1].

Wie zu erwarten, nahm der Anteil der korporativ betriebenen Manufakturen im Verlaufe des 18. Jahrhunderts zu.

Von den registrierten rd. 70 Manufakturen dieser Art wurden gegründet:

im 17. Jahrhundert	8,6 %	der Gesamtsumme
von 1700–1709	1,4 %	„ „
von 1710–1719	1,4 %	„ „
von 1720–1729	– %	„ „
von 1730–1739	1,4 %	„ „
von 1740–1749	4,3 %	„ „
von 1750–1759	2,9 %	„ „
von 1760–1769	21,5 %	„ „
von 1770–1779	8,6 %	„ „
von 1780–1789	15,7 %	„ „
von 1790–1800	12,8 %	„ „
nach 1800	21,4 %	„ „

Fast die Hälfte dieser Betriebe entfiel auf Kattun- und Flanelldruckereien und nicht ganz 10 % stellten die Tuch- und Leinenmanufakturen und ebensoviel auch die Seiden- und Samtmanufakturen. In den meisten dieser Branchen zwangen die durch den Siebenjährigen Krieg eingetretenen Kapitalverluste im Interesse des Profits um so mehr zur Gesellschaftsbildung, als bei ihnen besonders hohe Anlagekosten aufzubringen waren und dauernd zunehmender Konkurrenz begegnet werden mußte.

[1] Akte, Verfassung, Loc. 11089, Bl. 11.

Infolge der Lückenhaftigkeit des Materials ist es nicht möglich, eine genaue Statistik über den beruflichen Charakter der sich zum Betrieb einer Manufaktur Assoziierenden zu geben. Für Sachsen überwog ohne Zweifel, namentlich bei kleineren Werkstätten, der Zusammenschluß von Kaufleuten mit Handwerkern unter Führung des Handelskapitals. Bei größeren Betrieben – so bei der „Weydaischen Handlungs-Sozietät" – ist nicht selten auch die ausschließliche Verbindung von Kaufleuten miteinander oder von Branchefremden – beispielsweise bei der Forster Tuchmanufaktur des Grafen Brühl – festzustellen, die sich für die Ausübung der leitenden technischen Funktionen einen handwerklich ausgebildeten bzw. sachverständigen Faktor oder technischen Betriebsleiter hielten.

Zu den größten sächsischen Manufaktursozietäten gehörten die 1754 von acht Plauener Baumwollhändlern in Gemeinschaft mit dem Kattundrucker Neumeister gegründete erste Kattundruckerei Sachsens (die spätere Firma Facilides und Comp.) sowie die drei Jahre vordem errichtete „Weydaische Handlungs-Sozietät"[1]. Das Musterbeispiel für eine kleinere, gemeinsam von einem Kaufmann und einem Handwerker betriebene Korporation stellt die Torgauer Hutmanufaktur von Enders und Münch dar, deren Gesellschaftsvertrag deutlich die Überlegenheit des Geldgebers gegenüber dem assoziierten Handwerker erkennen läßt und als typisch im Anhang wiedergegeben wird[2].

[1] Acta, „Die Handlungs-Societaet der Weydaischen Wollen-Zeug-Manufaktur und was dem anhängig betr.", 1751 usq. 1780; LHA, Loc. 11091; Acta, „Die privilegirte Zeug-Manufactur zu Weyda betr.", Ao. 1781 bis 1812; LHA, Loc. 11120, Vol. VI.

[2] Akte, Enders, Loc. 11120, Bl. 61–76.

KAPITEL II

DIE GESELLSCHAFTLICHE STELLUNG DER MANUFAKTURARBEITER IM PRODUKTIONSPROZESS

1. Die Manufaktur mit außerökonomischem Zwang

a) Die Formen der Abhängigkeit

Die Manufaktur mit außerökonomischem Zwang trat in Sachsen in zwei Ausprägungen auf, als arbeitsteilige Kooperation mit zünftiger Bindung ihrer Arbeitskräfte und als Zwangsmanufaktur, während die gutsherrliche Manufaktur als extremste Form der feudalen Manufaktur bisher nicht feststellbar war. Wohl aber zeigten sich Manufakturen mit Resten feudaler Bindungen wie der Berechtigung, die „Fabrikdisziplin" zu handhaben und zur Wahrung von Herstellungsgeheimnissen die Freizügigkeit einzuschränken. Musterbeispiele für derartige Betriebe sind die „privilegierte Zeug-Manufactur zu Weyda"[1], die Großenhainer Kattundruckerei der Kurfürstin Marie Antonie[2], die von dem Kaufmann Költz in Colditz errichtete „Cattun-Fabric"[3] und die Meißner Porzellanmanufaktur[4]. Worin bei ihnen die feudale und zünftige Bindung ihrer Arbeitskräfte bestand, geht aus den für sie landesherrlich festgesetzten Privilegien hervor, von denen das der „Weydaischen" Zeugmanufaktur erteilte als repräsentativ für alle derartigen Regelungen gelten kann. Grundlage für die Ausübung außerökonomischen Zwangs war die dem Manufacturier verliehene Qualität der Schriftsässigkeit. Das bis zur Erteilung des Privilegs maßgebliche „Versicherungs-Decret vor die Weydaische privilegirte Zeug-Manufactur" vom 30. Sept. 1751[5] bestimmt darüber:

> „So wollen auch Allerhöchst Dieselben gleiche Canzley Schriftsäßigkeit in personalibus, sowohl den jezig- als künftigen Societaets-Membris, soferne dieselben in Weyda wohnen, und nicht schon vorhin schriftsäßig sind, oder sonst ad forum privilegiatum gehören, nebst deren Bedienten, wie überhaupt, also in denen aus

[1] Akte, Handlungs-Societaet, Loc. 11091; Akte, Zeug-Manufactur, Loc. 11120.

[2] Akte, Zitz, Loc. 5356; Akte Loc. 864; Akte, Fregische, Loc. 11116; Akte Loc. 1432; Notizen, S. 13 u. 14.

[3] Acta, „Den von dem Kauffmann Gottfried August Költz zu Leipzig gebethenen Land-Stempel zu Bedruckung der von ihm gefertigten auswärts gedruckten Cattune sowohl als deßen Cattun-Fabric zu Colditz überhaupt", betr. 1767–1807, Anno 1767; LHA, Loc. 11103; Notizen, S. 15.

[4] Akte Loc. 41908; Akten Loc. 36340, 36341, 36355, 36356, 36386; Festschrift, S. 155.

[5] Akte, Handlungs-Societaet, Loc. 11091, Bl. 7 u. 8; Akte, Zeug-Manufactur, Loc. 11120.

der Societaets Handlung entspringenden, oder unter denen Intereßenten selbst ratione der Societaet, Theilung der Dividende, Succeßion, Veräußerung der Aktions, und sonsten nicht minder in denen, zwischen der Societaet und ihrem administrierenden Factor, der Administration halber, entstehenden Irrungen allermindest concediren".

Die in solcher, gegenüber den örtlichen Instanzen unabhängigeren Rechtsstellung des Manufacturiers wurzelnde Verfügungsgewalt erfuhr im gleichen Dekret eine genaue Beschreibung:

„Die Cognition und der Gerichtszwang, über die zur Manufactur gehörige, und in denen dazu gewiedmeten Gebäuden, wohnhaffte Arbeiter und Bediente, in Sachen, welche allein die Manufactur betreffen, sowohl auch in denen unter denen Arbeitern vorfallende Zank- und Streitigkeiten, bleibet der Societaet selbst dergestalt überlaßen, daß selbige bey dergleichen vorfallenden geringen Vergehungen, die Manufactur-Leuthe, bis auf Einen Thaler bestrafen möge; Es soll aber die von der Landes-Regierung zu ernennende perpetuirliche Commißion gleicherwohl über das Verfahren, die Inspection, jedoch ex officio, zu führen haben".

Bei der Manufaktur mit zünftiger Bindung ihrer Arbeitskräfte, zu der die Werkstätten der Großschönauer Damastweberei und zeitweise die der Olbernhauer „Gewehrfabrikanten" gehörten, ergab sich ihr Charakter als Manufaktur mit außerökonomischem Zwang aus der bei ihr eingeführten Arbeitsteilung und der handwerklichen Organisation, die hinsichtlich der Fürsorge für die Vollbeschäftigung ihrer Zunftverwandten und der Ausbildungsbestimmungen dem im Handwerk üblichen entsprach, in bezug auf die Beschränkung der Freizügigkeit darüber hinausging.

„So bestimmte die ‚Ordnung der Damastweber' von 1727[1] im § 3: „Zu Vermeidung der Verschleppung der Damastmanufaktur wird festgesetzt daß Auswandernden die Rückkehr nur nach Ermessen der Obrigkeit zu verstatten sei und jeder Auswandernde sich beim Abzuge verbindlich machen solle, an dem fremden Orte (auch wenn er in Sachsen selbst belegen wäre) weder Gezogenesweberei zu treiben, noch Stühle anzugeben oder aufzurichten, oder sonst etwas der Manufaktur nachtheiliges vorzunehmen", im § 5, daß „kein angehender Zieher oder Pursche ... unter 2 Jahren, kein Geselle unter einem Jahre, als auf wie lange die Miethzeit bestimmt wird, seinen Meister verlassen" darf, und im § 6, daß „Knaben und Mädchen aus fremden Orten, wenn solche auch zum Spulen und Treiben angenommen werden mußten, ... bei schwerer Strafe nicht zum Ziehen beim Stuhle gebraucht werden" sollen.

In weit höherem Maße noch als bei den vorgenannten Manufakturtypen trat die Beschränkung der Freizügigkeit bei den Armen- und Waisenhaus- und am stärksten bei den Arbeits- und Zuchthausmanufakturen in Erscheinung. Bei ihnen erreichte der Arbeitszwang qualitativ, aber nicht immer quantitativ, wie später noch gezeigt wird, seinen höchsten Stand.

„Im Zucht- und Armenhause der Stadt Leipzig mußten ‚arme Versorgte und weniger strafbare Gefangene Wolle lesen, krämpeln, und andere dabey nöthige Vorarbeiten verrichten'"[2].

[1] Wieck, S. 138 u. 139.
[2] Leonhardi, Geschichte, S. 640.

Als wöchentliche Mindestleistung eines Sträflings waren für das Wollespinnen 5 Pfund vorgeschrieben; die Pflichtarbeitszeit betrug im Sommer 12 und im Winter 11 Stunden[1].

In der 1679 gegründeten, stadteigenen und 1685 von dem Seiden- und Kunstfärber Johann Jacob Grätzel gepachteten Manufaktur für Woll- und Seidenweberei im Dresdner Waisenhause[2] wurden Waisenkinder beiderlei Geschlechts anfangs täglich 9–10 Stunden lang beschäftigt. Die Knaben hatten Wolle zu krämpeln, zu spinnen und zu spulen und waren mit Tuch- und Zeugmacherei befaßt, während den Mädchen das Spinnen von Wolle, die Strickerei und das Nähen und Klöppeln zufiel. Erst um die Mitte des 18. Jahrhunderts trat die Zwangsarbeit der Waisenkinder zugunsten des Schulunterrichts etwas zurück[3].

Die Manufakturarbeit in den sächsischen Zucht- und Waisenhäusern hatte, im ganzen gesehen, zu keiner Zeit einen großen Umfang aufzuweisen und trat im Laufe der Manufakturentwicklung sowohl absolut als besonders im Vergleich zu der auf freier Lohnarbeit beruhenden immer mehr zurück. Trotzdem kam ihr im Anfang der Manufakturperiode, als es galt, die neue Betriebsweise durchzusetzen und noch nicht allenthalben genug freie Lohnarbeiter dafür zur Verfügung standen, eine gewisse Bedeutung zu. Volkswirtschaftlich ungleich gewichtiger in bezug auf Produktionskapazität und -wert waren jedoch immer die anderen Formen der arbeitsteiligen Kooperation mit außerökonomischem Zwang.

b) Die Lage der außerökonomisch gebundenen Manufakturarbeiter

Die ausführlichsten Nachrichten über die Lage der mit außerökonomisch gebundenen Arbeitskräften betriebenen Manufakturen liegen für die Werkstätten vor, bei denen die Arbeitspflicht dem Straf- und Erziehungsrecht des Staates entsprang. Sowohl aus fiskalischen als auch aus pädagogischen Gründen waren – wie die Tabellen zum Abschnitt über den sächsischen Manufacturier zeigen – an mehreren Orten des Landes, so in Dresden, Leipzig, Zwickau, Bautzen, Waldheim und Langendorf, bei den dort bestehenden Zucht-, Arbeits- und Waisenhäusern Manufakturen eingerichtet worden, die man zumeist an private Manufacturiers verpachtet hatte oder gemeinsam mit diesen betrieb. In ihnen wurde die Arbeitskraft ihrer Insassen vornehmlich zur Herstellung von Gespinsten und Geweben ausgenutzt. Der Umstand der Verpachtung derartiger Manufakturen – oder besser – solcher auf die vorgenannte Weise gebundener Arbeitskräfte an Unternehmer, die diese nach kapitalistischen Gesichtspunkten verwerteten, führte zu einer kombiniert feudal-kapitalistischen Ausbeutung von teilweise unerhörtem Ausmaß. Die Kinderarbeit in den sächsischen Waisenhäusern des letzten Drittels des 17. und der ersten Hälfte des 18. Jahrhunderts gehört so zu den schwärzesten Kapiteln der sächsischen Manufakturgeschichte, und das Los solcher Waisenkinder übertraf an Schwere nicht selten bei weitem das der in den Zucht- und Arbeitshausmanufak-

[1] Leonhardi, Geschichte, S. 639.
[2] Akte, Ratsarchiv zu Dresden, C XXVI. 3; Bl. 1; Tutzschmann, a. a. O.
[3] Ebenda.

turen jener Zeit beschäftigten Häftlinge. Die Akten über die Dresdner Waisenhausmanufaktur berichten darüber folgendes[1]:

> Die Manufakturarbeit der Waisenkinder begann, nachdem diese im Sommer um 4, im Frühjahr und Herbst um 5 und im Winter um 6 Uhr aufgestanden waren und sich gereinigt und angekleidet hatten; sie wurde von 11 bis ½ 1 Uhr durch etwas Unterricht und das Mittagessen sowie um 7 Uhr durch das Abendbrot unterbrochen und dauerte bis 9 Uhr.
> Außer ihrer gewerblichen Beschäftigung nahmen die religiösen Verpflichtungen der Waisenkinder einen großen Teil ihrer Zeit in Anspruch. Es wurde sowohl vor als auch während und nach der Arbeit gesungen und gebetet, im ganzen täglich 90mal, darunter allein 15 Vaterunser. Demgegenüber bestimmte die Lehrordnung von 1751, daß „der Lehrer in Begleitung des Zuchtmeisters die Kinder nach Befinden ein- oder zweimal des Jahres (!) außerm Hause spazierenführen und ihnen im Grünen die eine oder andere Wohltat zu genießen geben" soll[2].
> Das Frühstück der Kinder bestand aus einem Stück Brot mit Salz, zu dem u. a. „Komm, Herr Jesu, sei unser Gast" gebetet wurde. Sonntags gab es Kraut und Fleisch, montags, mittwochs, freitags und sonnabends zweimal warme Speisen und Käse und dienstags und donnerstags Fleisch wie am Sonntag, dazu als Getränk Bier. Bei Vergehen wurde diese Kost geschmälert. Als Strafen waren außerdem Verweise, Vermahnungen und Schläge durch den Lehrer üblich. In schweren Fällen legte man die Kinder einen halben Tag an eine eiserne Kette[3].
> Besonders nachteilig wirkte es sich in sittlicher Hinsicht auf die Kinder aus, daß außer Waisen auch Schwererziehbare von ihren Eltern eingeliefert wurden und anfangs die Verwaisten nicht nur mit diesen, sondern ziemlich lange auch noch mit arbeitsscheuen und liederlichen Erwachsenen zusammen kamen, die als Züchtlinge in der Manufaktur beschäftigt wurden.

Neben diesen schlechten Lebensbedingungen der Kinder stand als eines der wenigen positiven Momente die ihnen schon unter Grätzels Leitung eingeräumte Möglichkeit, ein Handwerk zu erlernen[4].
Die Ausbeutung der Waisenkinder erfolgte bei der Dresdner Manufaktur in erster Linie extensiv, durch eine übermäßig große Ausdehnung ihrer Arbeitszeit. Es wurden aber auch Methoden angewandt, um die Arbeitsintensität der Kinder zu erhöhen.

> So verdiente sich das Waisenhaus von Langendorf, wie bereits in anderem Zusammenhange erwähnt, mehrere Male nacheinander die Prämien von je 20 Talern, die von der kurfürstlichen Prämienkasse Michaelis 1764 „zur Ergötzlichkeit für die Aufseher oder Aufseherinnen des Spinnens" in den Waisenhäusern ausgesetzt worden waren, deren Kinder sowohl das meiste als auch das beste Garn gesponnen hatten[5].

Solche Methoden mußten zur Folge haben, daß die Lebensfreude der Kinder im Keime erstickt und ihre körperliche und geistige Entwicklung zu vollwertigen Menschen vereitelt wurde. Daran konnte auch das ihnen zugebilligte Mindestmaß

[1] Akte, Ratsarchiv zu Dresden, C. XXVI, 3; Tutzschmann, a. a. O.
[2] Butte, Patzig, S. 22.
[3] Ebenda, S. 12.
[4] Ebenda, S. 20.
[5] Akte, Aufnahme, Loc. 5355, Vol. I, Bl. 37, 38, 105.

an gesundheitlicher Fürsorge, „weil E.E. Rath nicht gesonnen, eines davon crepieren zu lassen“, in keiner Weise etwas ändern[1].
Wieviel günstiger demgegenüber um 1770 die Arbeiter der Zuchthausmanufakturen gestellt sein konnten, geht aus der Beschreibung hervor, die Leonhardi von der Manufaktur des Leipziger Zucht- und Armenhauses gegeben hat[2].

> „Die Arbeitszeit dauert im Winter von 7 und im Sommer von 6 Uhr an bis des Abends um 6 Uhr; indessen wird des Abends wenn die Arbeit nicht dringend ist, auch etwas eher freigegeben, und besonders im Winter bisweilen mit dem Eintritte der Dunkelheit zu arbeiten aufgehört. Des Mittags haben sie eine Stunde frey zum Essen und zu ihrer Erhohlung“.

Ein Teil des Arbeitsertrags kam den dort Beschäftigten mittelbar und unmittelbar selbst zugute.

> „Bey dieser Einrichtung [Wolle krämpeln und lesen, Verrichtung der dazu nötigen Vorarbeiten, Färben] scheint das Haus allerdings, wo nicht zu gewinnen, doch eine nicht zu verachtende Hülfsquelle zur Ernährung manches Eingesperrten an dieser Anstalt zu haben, da sie sich selbst in der Theurung behauptet hat und auch so beschaffen ist, daß sie sogar mancherley Hände von mehr oder weniger Geschicklichkeit brauchen und beschäftigen kann. Wenn der Fall eintritt, daß ein Privatmann Arbeit in das Haus giebt, und zur Beschleunigung derselben den Gefangenen eine Aufmunterung an Gelde reicht, so wird ihnen diese ganz gelassen, und unter sie vertheilt“[3].

Auch die religiöse „Betreuung“ der Zuchthäusler scheint etwas maßvoller gewesen zu sein als die der bei Manufakturarbeit beschäftigten Waisenkinder.

> Für die Gefangenen evangelischer Konfession waren im Leipziger Zuchthause Betstunden, Bußmahnungen, Bibelauslegungen und sonntags Frühgottesdienste eingerichtet. Die Katholiken hatten eine eigene Stube zur Ausübung ihres Kults, und den Juden war die Sabbatruhe garantiert. Sie durften sich außerdem ihr Essen selbst zubereiten oder schicken lassen[4].

In bezug auf Art und Härte der Strafen während der Haft berichtet Leonhardi lediglich von den Juden, daß diese bei jedem „Ausbruch sittlicher Unordnungen“ und bei „Widersetzlichkeiten auf der Stelle mit 2, 3 bis 6 Ochsenziemerhieben bestraft werden“ konnten[5].
Relativ am günstigsten waren die Lebensbedingungen bei den mit zünftig gebundenen Arbeitskräften betriebenen Manufakturen. Ihnen kam die Fürsorgepflicht zugute, die bei den Zünften jedem Innungsverwandten gegenüber bestand, und über deren Einhaltung im allgemeinen streng gewacht wurde. So bestimmte § 9 der bereits erwähnten Ordnung der Damastweber von 1727:

> „Die Gerichten und Altmeister haben dafür zu sorgen, daß arbeitslose Gesellen wiederum in Arbeit kommen, und es sind deshalb die Meister, welche Gesellen haben dürfen, verbunden, dies bei den Altmeistern anzuzeigen“.

[1] Butte, Patzig, S. 21 u. 22.
[2] Leonhardi, Geschichte, S. 639.
[3] Ebenda, S. 640.
[4] Ebenda, S. 640 u. 641.
[5] Ebenda, S. 641.

Andererseits entsprangen dem zünftigen Charakter dieser arbeitsteiligen Kooperationen Nachteile, die sich dem beruflichen Aufstieg der einzelnen zünftigen Arbeiter hemmend in den Weg stellten. Musterbeispiele dafür sind zwei mit Rücksicht auf die Garantie der „bürgerlichen Nahrung" getroffene Regelungen im Großschönauer Damastgewerbe.

> „Dort hatte bereits wenige Jahre nach dessen Begründung die Zahl der Damastweber so außergewöhnlich schnell und stark zugenommen, daß der Rat zu Zittau als „Grundherr Großschönaus" von den Webern selbst gebeten wurde, als Gebühr für die Erlaubnis zur Ingangsetzung eines Webstuhles 30 Thaler festzusetzen, die aber nur in Höhe von 10 Thalern genehmigt wurde. Dieses auch noch so sehr Konzessionsgeld hatte zur Folge, daß diejenigen, denen eine Aufbringung nicht möglich war, dauernd Gesellen bleiben mußten oder auf fremden Stühlen und für Rechnung anderer zu arbeiten gezwungen waren. Auf diese Weise ging die anfängliche Gleichheit der Zunftgenossen verloren, und es bildete sich in diesem Gewerbe eine Differenzierung heraus mit Manufacturiers auf der einen und zünftigen Lohnarbeitern als Dauererscheinung auf der anderen Seite[1].
> Die zweite, eine Verschlechterung der sozialen Lage des zünftigen Manufakturarbeiters bewirkende Maßnahme stellte die ebenfalls noch ins 17. Jahrhundert fallende Einführung einer „Feierzeit dar, die 14 Tage nach Mariä Geburt anfing und 6 Wochen lang dauerte"[2].

Für die Weiterentwicklung der Produktivkräfte der Manufakturen waren diese Einengungen, die sich auch in vielen anderen Branchen zeigten, von großer Bedeutung, da sie ihnen die zum Betrieb notwendigen Arbeitskräfte zuführten bzw. erhielten.

Über die Lage der Arbeiter in den Manufakturen mit Resten feudaler Bindung fehlen bis jetzt exakte Nachrichten. Der in ihnen wirksame außerökonomische Zwang war jedoch so eng begrenzt, daß die soziale Lage ihrer Arbeiter kaum davon beeinflußt werden konnte. Es steht deshalb zu erwarten, daß dort ungefähr die gleichen Verhältnisse geherrscht haben werden, wie sie in den kapitalistischen Manufakturen jener Zeit anzutreffen waren, über die der folgende Unterabschnitt berichtet.

2. *Die kapitalistische Manufaktur und die wirtschaftliche und soziale Lage ihrer Arbeiter*

Die Ausbeutung des rechtlich freien Lohnarbeiters durch den kapitalistischen Manufacturier führte im allgemeinen zu drückenderen Formen der Abhängigkeit, als sie in der Manufaktur mit außerökonomischem Zwang gang und gäbe waren. Der Grund dafür ist darin zu suchen, daß der Charakter der kapitalistischen Produktionsweise ein schrankenloses Bedürfnis des Manufakturkapitalisten nach Mehrarbeit bedingt. Wie sich dieses Gesetz rücksichtslos auch dann durchsetzt, wenn die Persönlichkeit des Manufacturiers die Voraussetzung für mildere Formen der Ausbeutung zu bieten scheint, zeigt ein Beispiel aus der Entwicklung der Oberlausitzer Leinewandmanufakturen. Abraham Dürninger, der um seiner religiösen

[1] Wieck, S. 136.
[2] Ebenda, S. 136 u. 137.

Gesinnung wegen von Straßburg nach Herrnhut übersiedelte und in dessen Brüdergemeine aufgenommen wurde, hatte dort im Jahre 1750 eine Zitzdruckerei und danach eine zerstreute Leinewandmanufaktur größten Ausmaßes aufgebaut, deren Handelsbeziehungen bis in die fernsten Teile der Welt reichten. Am 8. Juli 1765 nahm ein Kommerzialkomitee der Brüdergemeine zu dieser Schöpfung Dürningers Stellung und deckte schonungslos die dem christlich-religiösen Geist der Gemeinde widersprechenden kapitalistischen Produktionsverhältnisse auf, die sich in wenigen Jahren dabei entwickelt hatten:

„In Herrnhut kommt der Nutzen der Fabrik zum Unterschied von anderen Gemeinen nur einem zugute. So müssen die verheirateten Geschwister zeitlebens als Gesellen arbeiten und werden nie selbständig. Bei mehreren Kindern reicht der Verdienst trotz der Zulage nicht. Verheiratung lediger Weber ist daher nicht möglich, wenn sie nicht Gesellen bekommen. Man kann also keinem Knaben raten, Weber zu werden, und die Webereiprofession wird in Herrnhut eingehen. Man wird also lediglich mit Landwebern arbeiten müssen, die jetzt schon $^4/_5$ der Zahl ausmachen, und diese werden nicht mehr für Herrnhut arbeiten, sobald sich ein Unternehmer an Ort und Stelle findet. Der Zweck der Fabriken in der Gemeine soll aber nicht der Profit des Kaufmanns sein, sondern den Geschwistern Unterhalt und Arbeit zu verschaffen.
Letzteres hat Dürninger zwar geleistet, aber doch ähnlich wie in der Welt, wo der Leinwarenhändler reich und die Weber bettelarm werden ..."[1].

Der anfangs vorwiegend extensiven, später zumeist intensiven Ausbeutung in den kapitalistischen Manufakturen Sachsens wurden Arbeitskräfte beiderlei Geschlechts unterworfen, teilweise sogar recht junge Kinder, wie ja auch die Manufakturen mit außerökonomischem Zwang Frauen- und Kinderarbeit in nicht unbeträchtlichem Umfang anwandten. Die zur Zeit darüber verfügbaren Unterlagen sind aber so spärlich, daß aus ihnen kein umfassendes und genaues Bild über die Lage der kapitalistischen Manufakturarbeiter in Sachsen entsteht.

Für die Ausbeutung von Kindern in kapitalistischen Manufakturen liefert die 1780 von dem Hofuhrmacher Joh. Benjamin Siegfried Fischer in Großenhain angelegte „Uhr-Fabrik", der 20 Knaben zur Ausbildung zugewiesen waren, ein Beispiel. In einem Bericht, den der Amtmann Conradi von Großenhain am 24. Januar 1783 dem Kurfürsten über den Zustand dieses im Aufbau begriffenen Betriebes nach dessen Besichtigung abgab, erwähnt er, lediglich 5 Kinder bei der Arbeit, hingegen „die übrigen 15. Knaben ohne Beschäfftigung und in sehr schlechter Kleidung, zum Theil barfuß und ohne Ober-Kleider angetroffen" zu haben. Sämtliche Knaben hätten nach Aussage der in der Manufaktur beschäftigten Gesellen „über ihre müßige Zeit, welche sogar einige von ihnen zu dem Entschluß, Tüffel ums Lohn zu nähen und sich damit einiges Geld zu verdienen veranlaßt, über Mangel an Unterricht und Kleidung, auch in Ansehung der Kost nicht sowohl über deren quantitaet, als die schlechte Beschaffenheit derselben einmüthig geklaget ..."[2].

Eine Ausnahme bildete die trotz anfangs bei ihr noch wahrzunehmender Spuren feudaler Bindung den kapitalistischen Betrieben hinzuzurechnende Meißner Porzellanmanufaktur, bei der jedoch in bezug auf die Gestaltung der Arbeits- und

[1] Uttendörfer, S. 152.
[2] Akte Loc. 11117, Bl. 39–42.

Lebensbedingungen ihrer Beschäftigten Sonderverhältnisse vorlagen, die es nicht zulassen, ohne weiteres von deren Lage auf die anderer Betriebe ähnlicher Größe, geschweige denn auf die der Arbeiter kleiner und zerstreuter Manufakturen gültige Schlüsse zu ziehen. Der Meißner Betrieb stellte seit seiner Gründung eine kurfürstliche bzw. staatliche Unternehmung dar, was zur Folge hatte, daß dessen Existenz zu keiner Zeit von seiner Rentabilität, sondern lediglich von dem Willen seiner Eigentümer abhing. Er war nie Kleinbetrieb, vereinigte vielmehr von Anfang an eine außergewöhnlich große, bis zum Jahre 1765 dauernd steigende Zahl von Arbeitskräften, und diese beiden Tatsachen trugen nicht unwesentlich zur Gestaltung seiner Arbeits- und Sozialverhältnisse bei. Gröger, der derzeitige Archivar der Meißner Manufaktur, hat die Entwicklung auf diesem Gebiete an Hand der Manufakturakten in einer Studie[1] aufgezeigt und als Ergebnis seiner Untersuchung bezüglich der Löhne[2] und sonstigen Arbeitsbedingungen nur eine unerhebliche Besserung der Lage der Manufakturarbeiter festgestellt:

> „... die neunzig Jahre von 1710 bis 1800 haben in den die Menschen angehenden Fragen wenig Besserung gebracht.
> In absoluten Werten ausgedrückt, steigen und fallen zwar die Reallöhne gemäß der Blüte oder dem zeitweiligen Schwund der Handelserfolge. Aber diese natürlichen Schwankungen kehren immer wieder zur normalisierenden Mitte zurück, und dies wieder bewirkt die geringe Gesamtbewegung der Löhne".

Gröger erwähnt, daß bei Absatzkrisen die Direktion jedesmal „den Ausweg" in der Kürzung der Löhne gefunden, auf deren Höhe aber bestanden habe, auch wenn „der Handel mit günstigen Ergebnissen abschloß"[3]. Dem ziemlich starren Festhalten an einem niedrigen Lohnniveau entsprach lange eine in den Manufakturen jener Tage übliche extensive Ausbeutung mit Arbeitszeiten von morgens 6 Uhr bis abends 8 Uhr im Sommer, von Anbruch des Tages bis 9 Uhr abends im Winter[4] und besonders seit 1763 die schlecht bezahlte Arbeit von Frauen, denen anfangs nur ein Drittel der Männerlöhne gewährt wurde.

Eine Tendenz zur Besserung der sozialen Lage ihrer Arbeitskräfte ging bei der Meißner Manufaktur von zwei Ereignissen überlokaler Bedeutung aus, deren eines in die erste und deren anderes zumeist in die zweite Hälfte des 18. Jahrhunderts fällt. 1725 faßte die hohe Kommission den sich erst – und dies auch nur teilweise – 1731 durchgesetzten Entschluß, in der Malerei die Stückentlohnung einzuführen, und im gleichen Jahre ging sie auch in der Gestaltungsabteilung zu dieser Lohnart über[5]. Gröger belegt im einzelnen[6], wie vorteilhaft sich diese die

[1] Gröger, Helmuth, „Die Arbeits- und Sozialverhältnisse der staatlichen Porzellanmanufaktur Meißen im 18. Jahrhundert", in: „Forschungen aus mitteldeutschen Archiven. Zum 60. Geburtstag von Hellmut Kretzschmar", Berlin 1953, S. 183; Böhmert, a. a. O.

[2] Über die Höhe der Löhne sind in den vorgenannten Veröffentlichungen von Böhmert und Gröger Angaben enthalten.

[3] Gröger, S. 178.

[4] Ebenda, S. 172.

[5] Ebenda, S. 171 u. 173.

[6] Ebenda, S. 176.

Arbeitsproduktivität beträchtlich steigernde Maßnahme auf die Verdienste der Meißner Manufakturarbeiter ausgewirkt hat. Das zweite Ereignis war der Beginn der Selbsthilfe einzelner Gruppen der Arbeiterschaft, die selbstverständlich nicht die Lage des kapitalistischen Manufakturarbeiters prinzipiell umgestalten konnte, sie aber erleichterte.

1736 riefen die unmittelbar an der Herstellung des Porzellans Beteiligten eine „Allgemeine Sterbekasse" ins Leben, der 1775 für die übrigen, wenig qualifizierten Arbeiter die Gründung der „Holzhof-Sterbekasse" folgte. Beide Kassen befaßten sich auch frühzeitig mit der Gewährung von Darlehen, wobei die erste nur die Bürgschaft übernahm, während die zweite direkt als Geldgeber auftrat. Ferner entstanden 1756 eine Witwenkasse der Maler und 1766 zwei weitere für die Arbeiter der Gestaltungsabteilung und für die technischen Arbeiter, die außer der Altersversorgung der Witwen ihrer Mitglieder auch die Darlehenshingabe zu ihren Aufgaben zählte[1].

Diese Selbsthilfe, ermöglicht durch den auf der Grundlage gemeinsamer Arbeit erwachsenen Gemeinschaftsgeist einer größeren Zahl von Beschäftigten, wurde seit Gründung der Manufaktur durch Versorgungsmaßnahmen des Hofes im Einzelfalle ergänzt.

Nicht minder neuartig als diese Selbsthilfeeinrichtungen und ebenso einmalig in der sächsischen Manufakturgeschichte jener Zeit war die Sorge der Meißner Manufaktur um die Ausbildung ihres Nachwuchses, zu der sie um so mehr gezwungen war, als anfangs lediglich berufsfremde Arbeitskräfte für die Ausführung der einzelnen Teilarbeiten zur Verfügung standen. An die Stelle der ab 1731 von Hoerold eingeführten sechsjährigen Lehre im Betrieb mit Bezahlung der Lehrlinge, sobald sie verkaufsfähige Erzeugnisse lieferten, und der persönlichen täglichen Unterweisung durch Kaendler trat 1764 eine Kunstschule an der Manufaktur unter Leitung des Dresdner Kunstakademieprofessors Dietrich, die ebenfalls eine Ausbildung von sechs Jahren vorsah und 20 Zöglingen jährlich 60 Taler als Stipendium gewährte[2].

Vereinzelt sind auch Nachrichten über die Wohnverhältnisse der in den sächsischen Manufakturen bzw. von sächsischen Manufacturiers beschäftigten Arbeiter überliefert.

So wird von einer Siedlung des Leipziger Handelsherrn Cramer von Claußbruch berichtet, die dieser hatte bauen lassen, um den zahlreichen niederländischen Handwerksmeistern und Gesellen Wohnung zu geben, die gegen 1580 zur Errichtung und Inbetriebnahme seiner Wollmanufaktur von ihm nach Meuselwitz bei Leipzig gerufen worden waren[3].

Ein weiteres Beispiel betrifft die zweite Hälfte des 18. Jahrhunderts. Bei der 1711 in Dresden an der Weißeritz gegründeten „Churfürstlichen Spiegel-Schleif- und Poliermühle" wurde 1787 von der kurfürstlichen Rentkammer ein Arbeiterwohnhaus errichtet, um die 19 Männer und 4 Frauen, mit denen bei Vollbetrieb zu rechnen war, im Werk selbst beherbergen zu können, was „geregelter Arbeit wegen geboten" erschien[4].

[1] Gröger, S. 184 flg.

[2] Ebenda, S. 182.

[3] Inventarium, Fol. 198a, 232a ff., 234a ff.; Stadtarchiv Leipzig, Akten des ehemaligen Stadtgerichts Leipzig, Nr. 327; Kroker, S. 359 u. 369; Meyer, a. a. O.

[4] Frommhold, S. 19, 26.

Es waren mithin betriebliche, im ökonomischen Interesse des Manufacturiers liegende Gründe, die diesen hinsichtlich der wohnlichen Unterbringung seiner Arbeitskräfte zur Initiative veranlaßten.

Gröger[1] hat für die Meißner Porzellanmanufaktur festgestellt, daß die Löhne ihrer Arbeitskräfte im 18. Jahrhundert das Existenzminimum nicht überschritten haben. – Ohne sich dabei auf ausführliches Material stützen zu können, ist wohl anzunehmen, daß die Lage der in den anderen, namentlich den zerstreuten Manufakturen des Landes Beschäftigten kaum besser, eher aber schlechter gewesen sein wird. Bodemer berichtet in seiner Untersuchung über „Die Industrielle Revolution mit besonderer Berücksichtigung der erzgebirgischen Erwerbsverhältnisse"[2], „daß überall, wo sich industrieller Betrieb im Großen bildete, auch periodischer Nothstand der Arbeiter in seinem Gefolge war, daher auch der erzgebirgische gewerbliche Nothstand, der zuerst beim Bergbau sich äußerte, auch in den Manufakturgewerben bald mehr, bald weniger hart aufgetreten ist und sich gleich einer unausrottbaren industriellen Krankheit durch die Jahrhunderte fortgeschleppt" habe. Im Erzgebirge seien, „so oft Theuerung und Verdienstlosigkeit" zusammengetroffen, Tausende von Menschen, in den Jahren 1771–1772 sogar über 50000, in Folge von Mangel an Nahrung „... elend umgekommen ..."[3]. Lediglich die Tatsache, daß vom Ende des Siebenjährigen Krieges an der Anbau der Kartoffel als hauptsächlichstes und oft einziges Nahrungsmittel der vogtländischen und erzgebirgischen arbeitenden Bevölkerung sich durchzusetzen begann, bewahrte in Zukunft vor ähnlichen Katastrophen.

Mit bemerkenswerter Klarheit und Eindringlichkeit wies Bodemer bereits 1856 auf die Zwangsläufigkeit hin, mit der sich im kapitalistischen Wirtschaftssystem die Lage der Manufakturarbeiter absolut verschlechtern mußte und die Unterschreitung des Existenzminimums bis zur Vernichtung des menschlichen Lebens als Massenerscheinung nicht unmöglich war. Leider stehen Angaben über Nominallöhne der in den sächsischen Manufakturen beschäftigten Arbeiter, auf denen Aussagen über die Reallohnentwicklung aufgebaut werden könnten, mit der Ausnahme der Meißner Porzellanmanufaktur[4] zur Zeit nur so spärlich zur Verfügung, daß an dieser Stelle lediglich einige Beispiele von Lohngestaltungen gebracht werden können.

Der ausführlichste Beschäftigten- und Lohnnachweis – allerdings auch nur für das Jahr 1784, so daß keine Lohnbewegungen verfolgt werden können – liegt für die Kattundruckerei von Benjamin Gottlieb Pflugbeil in Chemnitz vor. Nach der Anlage zu einem Schreiben Pflugbeils an den Konferenzminister Wurm aus dem Jahre 1784 wurden gezahlt an[5]:

[1] Gröger, S. 179.
[2] S. 12.
[3] Bodemer, S. 13.
[4] Die Lohnsätze können in den angeführten Veröffentlichungen von Böhmert und Gröger nachgelesen werden.
[5] „Specificirter, wöchentlich und jährlicher Betrag, der zu bestimmenden Ausgaben, und Anzahl derer Personen, welche bey der jetzigen Betriebener hiesigen Fabrique engagiret sind"; in: Acta, „Die Cotton-Druckerey welche Benjamin Gottlieb Pflugbeil sowohl zu Dreßden oder Zwickau anzulegen willens ist, als auch bereits zu Chemnitz angelegt hat", Ao. 1780–1797; LHA, Loc. 11116, Bl. 19; Notizen, S. 19.

Zahl	Art der Beschäftigung	Einzelwochenlohn	wöchentlich zusammen	jährlich zusammen
	Schreibstube:			
2	Pflugbeil jun. und Alberti als Eigentümer			800 Th.
3	Handlungsdiener			
1	„Lehr-Pursche"			
	Druckstube:			
1	Aufseher		4 Th.	208 „
24	Drucker	4 Th.	96 „	4992 „
24	„Streich Jungen"	10 gr.	10 „	520 „
3	Formschneider	5 „	15 „	780 „
1	Tischler	2 „ 12 „	2 „ 12 gr.	130 „
4	Tage-Arbeiter	$1^1/_3$ „	5 „ 8 „	277 „ 8 gr.
9	„Cattun-Glätter"	3 „	27 „	1404 „
38	„in der Mahlerey" „incl. 3 Aufseher"		40 „	2080 „
12	auf der Bleiche, „an Färber und Bleichknechte"	$1^1/_2$ „	18 „	936 „

In Frauenstein wurde als Stücklohn für die Anfertigung eines Paars Lederhandschuhe an die für eine zerstreute Dresdner Handschuhmanufaktur Tätigen im Jahre 1763 ein Lohn von 1 Gr. 6 Pfg. gezahlt[1].

Nach dem bereits zitierten Bericht der Landes-Oeconomie-, Manufactur- und Commercien-Deputation auf das Jahr 1793 ging „das Weberlohn ... nach Angaben der Vogtländischen Kreis- und Amtshauptleute seit 1792 von vorherigen 1 Reichstaler 18 gr bis auf 1 Reichstaler 4 gr à Stück und das Spinnerlohn von 10–12 g bis auf 7–8 g für den „Zeddel" herunter. „Ja, es wären sogar viele Weber und Spinner abgedankt worden, und diejenigen, welche noch in Arbeit gestanden, hätten nur durch außerordentlichen Fleiß und übermäßige Anstrengung ihrer Kräfte, die nöthigsten Lebensbedürfniße erwerben und die öffentlichen Abgaben aufbringen können, welches bey alledem kaum möglich gewesen seyn möchte, wenn ihnen nicht der mäßige Preiß des Brodes zu Statten gekommen wäre. Es hätten sich auch schon einige arbeitslose weg und ins Ausland gewendet, um dort Unterkommen und Verdienst zu suchen"[2].

Der Buchhalter der Großenhainer Kattunmanufaktur – um vergleichsweise auch einen Angestelltenlohn zu erwähnen – erhielt 1776 48 Taler Jahresgehalt bei Einnahmen der Manufaktur in Höhe von 11117 Talern 9 gr 6 Pfg. und Ausgaben in Höhe von 530 Talern 15 gr 3 Pfg[3].

Werden diese Nominallohnsätze, um ein ungefähres Bild von der hinter ihnen stehenden Kaufkraft zu erhalten, an den jeweiligen Getreidepreisen (einem Durchschnitt der Preise für Korn, Weizen, Gerste, Hafer)[4] gemessen, so ergibt sich, daß

[1] Acta, „Die in hiesigen Landen angelegten feinen Handschuh-Fabriquen und Weißgerbereyen nach französischer Art u. w. d. e. betr. ...", Anno 1775–1783; LHA, Loc. 11110, Bl. 111.

[2] Akte Loc. 5344, Vol. IX, Bl. 58, 59.

[3] Akte Loc. 864.

[4] Hunger, Tabellen Nr. XIV.

1763 für den Lohn zur Anfertigung eines Paars Lederhandschuhe in Dresden etwas über 1 Pfund Getreide gekauft werden konnte. Der Aufseher und die Drucker der Pflugbeilschen Kattundruckerei zu Chemnitz hätten für ihren Wochenlohn von 4 Talern 1782 in Dresden etwas über zwei Zentner, die Streichjungen 22 Pfund und die Tagearbeiter und Bleichknechte etwa 66 Pfund Getreide erhalten. Für die Meißner Porzellanmanufaktur kommt Gröger[1] auf ähnlicher Berechnungsgrundlage bei den Massearbeitern – bis 1764 die höchstbezahlten Arbeiter dieses Betriebes – zu einem Satz von wöchentlich günstigstenfalls $2^1/_3$ Zentnern und bei den Hofarbeitern zu einem solchen von nur 60 Pfund.

Die Umrechnung läßt erkennen, daß der Reallohn der Manufakturarbeiter, wenn auch nur an zwei, aber wichtigen, weil repräsentativen und im Lohnniveau überraschend ähnlichen Branchen demonstriert, äußerst niedrig lag und bei den schlechtest bezahlten Arbeiterkategorien das Existenzminimum wesentlich unterschritt.

Die schlechte wirtschaftliche und soziale Lage der Manufakturarbeiter führte zuweilen zu mehr oder weniger schroffen Aktionen des Widerstandes, die wie überall in Deutschland um diese Zeit noch keiner bewußt politischen Haltung entsprangen und sich gegen das die Verschlechterung unmittelbar hervorrufende Ereignis, nicht jedoch gegen deren prinzipielle Ursache wandten.

So scheiterte, wie aus dem zweiten Hauptbericht der Landes-Oeconomie-, Manufactur- und Commercien-Deputation vom Jahre 1765[2] hervorgeht, die Einführung einer von dem Marchese Agdollo in Venedig empfohlenen und in einem Exemplar nach Sachsen gebrachten „Garnspinnmaschine" an der Befürchtung der Spinner, daß sie „damit zu wenig verdienen würden".

Wirkten sich Mißstände bei den Manufakturarbeitern sogar nachteilig auf die Manufacturiers aus, so kam es auch von dieser Seite manchmal zu Gegenmaßnahmen.

Ein Beispiel dafür stellt die 1697 von dem „Manufacturier français" Jean Clemend in Dresden „mit Auffwandt großer Unkosten" errichtete Gagenmanufaktur dar[3]. Die von ihm beschäftigten 15–20 aus Holland und anderen Ländern herbeigerufenen „Gesellen" wurden 1704 und 1705 mit ordentlichen und außerordentlichen Quatember- und andern Steuern belegt und zum Wachdienst in der Miliz herangezogen, wodurch ihre Verdienstmöglichkeiten beeinträchtigt wurden. Als deshalb 15 holländische Gesellen Dresden verließen und auch mit dem Abzug der übrigen zu rechnen war, bat Clemend den Kurfürsten unter Hinweis darauf, daß diese in Sachsen einmalige Manufaktur dann eingehen würde, die Gagenmanufakturgesellen künftig mit diesen Lasten zu verschonen.

Der sächsische Staat zeigte der Lage der Manufakturarbeiter gegenüber manchmal mehr Verständnis, als dies anderswo üblich gewesen zu sein scheint.

So erklärte die Landes-Oeconomie-, Manufactur- und Commercien-Deputation in ihrem ersten Jahresbericht von 1764, sie sei „noch nicht völlig davon über-

[1] Gröger, S. 178.
[2] Akte Loc. 5356.
[3] Acta, „Varia, Manufacturen und Fabriquen betr. von unterschiedl. Jahren"; Ratsarchiv zu Dresden, C. XXVI. 7.

zeugt, ob es ratsam sein dürfte, sich der Absicht der inländischen Manufacturiers so gänzlich zu fügen, die öfters dahin zu gehen scheint, die Spinner in die feste Hand zu bekommen und zu Annehmung eines ihnen selbst gefälligen Lohnes zu nöthigen"[1].

Demgegenüber kommt es uns heutzutage grotesk vor, wenn die Plauener „Manufakturverleger" 1793, – als durch den Krieg in Frankreich die Konkurrenz der um 40 % billiger gewordenen ostindischen Musseline und der Rückgang des Levantehandels infolge des schlechten türkischen Wechselkurses den Absatz im Auslande stocken ließ – der Landes-Oeconomie-, Manufactur- und Commercien-Deputation gegenüber zum Ausdruck brachten, daß sie „ihr eigenes hartes Schicksal noch eher mit Standhaftigkeit ertragen" würden, „wenn nicht das weit härtere und wegen Allgemeinheit des Übels nicht zu mildernde Loos der vielen auf ein sehr geringes Arbeitslohn gesetzten, zum Teil auch schon ganz ausser Arbeit und Nahrung gekommenen armen Weber und Wirker gegründeten Anlaß zu wehmütigen und kummervollen Betrachtungen gäbe"[2]. Soviel kann der rührseligen Schilderung jedoch entnommen werden, daß es den Arbeitern dieser zerstreuten Manufakturen schlecht ging und hier wie in anderen Branchen zunehmend Arbeitslosigkeit einzutreten begann, sobald der Fernabsatz durch Ereignisse außenpolitischer Art gestört wurde. Es wurden aber auch Stimmen laut, welche die Ursachen der Not der Arbeiter nicht in ihrer kapitalistischen Abhängigkeit, sondern bei ihnen selbst finden zu müssen glaubten.

In dem Bericht der Landes-Oeconomie-, Manufactur- und Commercien-Deputation vom Jahre 1793 wurde mitgeteilt, daß einige den durch Mangel an leinenen und bauwollenen Garnen hervorgerufenen Rückgang an Beschäftigungsmöglichkeiten auf deren unerlaubte Ausfuhr schoben, während „andere" die Ursache dafür „in der im Jahre 1793 fortgewährten Wohlfeilheit des Brodes und dem dadurch beträchtlich erleichterten Auskommen der Spinnenden Volksklaße" sahen, „welche nach der ihr eigenen Bequemlichkeit und Unbekümmernis um die Zukunft, ihren Fleiß immer nur nach Verhältniß dessen, was für den gegenwärtigen Augenblick zum nothdürftigen Unterhalt erworben werden muß, abzumeßen pflege, und daher im Ganzen bey wohlfeilen Zeiten allemal weniger Gespinst, als bey theuereren produziere".

Die vorstehenden Ausführungen lassen erkennen, daß es noch weiterer und eingehenderer Forschung bedarf, um eine genaue Vorstellung von den Arbeits- und Lebensbedingungen der kapitalistischen Manufakturarbeiter in Sachsen zu erlangen. Vor allem fehlt bisher noch völlig jede Möglichkeit, die Entwicklung ihrer Lage darzustellen. Die wenigen Angaben sind deshalb nur als ein auf die Dauer nicht ausreichender, jetzt aber noch so hinzunehmender Ersatz anzusehen.

[1] Akte, Landes-Oeconomie-, Manufactur- und Commercien-Deputation, Loc. 5356, Vol. I, Bl. 56, 57.
[2] Akte Loc. 5344, Vol. IX, Bl. 57, 58.

KAPITEL III

DIE ABSCHÖPFUNG DES MEHRWERTES

1. Das Wirtschaftsziel

Der Entwicklung der Manufakturwirtschaft in Sachsen lief der Übergang vom mittelalterlich-patriomalen Ständestaat zum ständisch-absolutistischen Staat der Neuzeit nebenher[1]. Die Gleichzeitigkeit dieser Prozesse führte zwangsläufig zu einer immer stärkeren Ausrichtung der wirtschaftlichen Betätigung auf die Belange des Staates, der nicht nur das Wirtschaftsziel bestimmte, sondern auch einen ständig wachsenden Einfluß auf die Verwendung des in Sachsen erarbeiteten Mehrproduktes ausübte.

Von den das Manufakturzeitalter bewegenden – auf Grund ihrer zumeist fortgeschritteneren Wirtschaft im Ausland entstandenen und erprobten – Wirtschaftstheorien und -praktiken wie dem Monetar- und Merkantilsystem sowie dem Physiokratismus haben alle ihren mehr oder weniger starken Niederschlag auch in der sächsischen Manufakturpolitik jener Tage gefunden und damit zu ihrem Teile dem kapitalistischen Wirtschaftssystem den Weg bereitet. Wird hinsichtlich der auf diesem Gebiete staatlicherseits vertretenen Standpunkte ein Querschnitt durch die sächsische Wirtschaftsgeschichte gelegt, so begegnet dem Betrachter die bemerkenswerteste Erscheinung gleich zu Beginn der Entwicklung in der Gestalt des Kurfürsten August.

Auch Kurfürst August huldigte den zwischen 1500 und 1700 herrschenden Vorstellungen, die dem Besitz von Bargeld für den Staat eine besonders große Bedeutung zuschrieben. Sein Goldschatz wurde von Zeitgenossen auf 17 Millionen Taler geschätzt[2]. Er verfiel jedoch – seiner nüchternen, kritisch wägenden, kaufmännischen Art gemäß – nicht in den Fehler des damaligen Monetarsystems, „Gold und Silber, das heißt Geld, als den einzigen Reichtum"[3] anzusehen, wie auf ihn, der Geld gegen Zins an Kaiser, Landstände, Städte und Privatpersonen auslich, auch nicht der Vorwurf zutrifft, über dem Besitz an Bargeld die Rolle des Geldes als Kapital übersehen zu haben. Diesem zu jener Zeit bei Staatsoberhäuptern selten anzutreffenden Weitblick verdankte Sachsen eine außerordentliche Förderung seines Bergbaus und der Bergbauprodukte verarbeitenden Werkstätten, wie andererseits Augusts Einsicht, daß der Wohlstand eines Landes auch

[1] Vgl. hierzu: Kretzschmar, Hellmut, „Geschichte der Neuzeit seit der Mitte des 16. Jahrhunderts." 2. Band von: Kötzschke, Rudolf und Kretzschmar, Hellmut, „Sächsische Geschichte", Dresden 1935, S. 1 flg., 57 flg.; Blaschke, Karlheinz, „Die Kursächsische Landesregierung" in: „Forschungen aus mitteldeutschen Archiven...", S. 270.

[2] Gretschel, II, S. 91.

[3] Marx, Bd. I, S. 939 (Register).

von der richtigen Benutzung seines Bodens abhängt und ebenso Gewerbe wie Handel zu Quellen des „Nationalreichtums“[1] werden könnten, eine allumfassende wirtschaftspolitische Aktivität herbeiführte, die Sachsen damals zum wirtschaftlich fortgeschrittensten Land des Deutschen Reiches machte[2].

Während sich die Förderung des Gewerbes unter Kurfürst August infolge des Fehlens einer größeren Zahl von Manufakturbetrieben außerhalb des Bergbaulichen hauptsächlich auf die „Bergfabriken“ und das Handwerk erstreckte, kam es unter Johann Georg II. neben dem beibehaltenen Interesse für den Bergbau zu einer zielbewußten, merkantilistische Züge tragenden Manufakturpolitik auch für andere arbeitsteilig organisierte Produktionszweige.

Berater des Kurfürsten auf diesem Gebiete war der bereits mehrfach in dieser Untersuchung erwähnte und gewürdigte Kaufmann, Woll- und Seidenmanufacturier Johann Daniel Krafft, dessen Vorschläge vom Kurfürsten der „Landschaft“ in einem eigenen Dekret vom 19. November 1676 zur Annahme empfohlen wurden[3]. Krafft hatte sich, als „die Kammer Verlust an Geleite und Zoll bei der [Erschwerung der] Einfuhr von fremden Manufacten fürchtete“[4], in einer die damaligen Wirtschaftsziele beleuchtenden Äußerung zugunsten des Aufbaus einer sächsischen Manufakturwirtschaft für die Drosselung dieser Einfuhr mit den Worten ausgesprochen: „Alles Geld, so viel an Zoll und Geleite für inländische Consumtion an fremden Manufacturwaaren in Ew. Kurf. Durchlaucht Kammer einkommt, trägt des Landes Wohlfahrt hinweg und beraubt die Einwohner ihres Schweißes und Blutes. Ein jeder Thaler, der solchergestalt einkommt, bringt Ew. Kurfürstl. Durchlaucht 10 bis 100 und dem Lande 100 bis 1000 Thaler Schaden. Daß ich also Ew. Kurf. Durchlaucht und Dero Land kein größer Glück und Segen wünschen könnte, als daß in Dero Land kein einiger Dreier für inländische Consumtion an fremder Manufactur einkommen möchte“.

Waren unter Kurfürst August wesentliche Teile des Überschusses der sächsischen Wirtschaft für notwendige Staatsbedürfnisse und zu produktiver Wiederverwendung verbraucht worden, so schöpfte nach dessen Ära der Dreißigjährige Krieg, vor allem aber der zunehmende Hofluxus das Mehrprodukt des Landes in einem vordem nie gekannten Ausmaße zumeist völlig unproduktiv ab. Das gegenüber dem Wachstum der Manufakturwirtschaft in den westlichen Ländern Europas festzustellende Zurückbleiben Sachsens in der letzten Hälfte des 17. und zu Anfang des 18. Jahrhunderts ist ohne Zweifel auch darauf zurückzuführen, zumal die den wirtschaftlichen Reproduktionsprozeß hemmende höfische Verschwendungssucht unter August dem Starken und besonders unter seinem Nachfolger einem neuen Höhepunkt zutrieb.

Auch die Wirtschaftspolitik Augusts des Starken schloß die Förderung der Manufakturen ein[5]. Aus unzähligen Äußerungen in Mandaten, Akten und der Literatur

[1] Gretschel, II, S. 98.
[2] Vgl. im einzelnen Falke, Kurfürst.
[3] Gretschel, II, S. 513 u. 514.
[4] Ebenda, S. 513.
[5] Unter seiner Regierung wurden unter anderem erlassen: die „General-Verordnung, die Etablir- und bessere Fortsetzung der Manufacturen und Fabriquen, benebenst dererselben Begnadigungen betreffend, den 2. Nov. An. 1720“ (Cod. Aug. I, p 1929flg.), „Rescript“, Daß die Kauff-Leuthe die zur Montur derer Regimenter und

jener Tage – der unmittelbaren Regierungszeit Augusts des Starken wie seiner nächsten Nachfolger – geht hervor, daß von den Manufakturen, wie auch Gurlitt[1] richtig bemerkt, staatlicherseits nicht erwartet wurde, daß sie einen möglichst großen Überschuß erzielten, wohl aber, daß durch ihre Produktion die Einfuhr solcher Waren überflüssig gemacht und dem Lande dadurch Geld erspart wurde. Im § 10 der bereits mehrfach erwähnten „Instruction" Friedrich Augusts II. vom 29. April 1735 für die neu errichtete Commercien-Deputation[2] heißt es darüber:

„Wie nun hauptsächl. vor allen Dingen dahin zu collimiren, damit soviel möglich die Gelder innerhalb Landes behalten und deren vielmehr von auswärtigen Orthen herbey gebracht werden, solches aber größtentheils auf Anrichtung solcher Manufacturen mit ankommt, welche man zeithero mit großem Aufwand bei Frembden erhohlen müßen. So hat unsere Deputation nicht nur überhaupt, wie die gesamte Kaufmannschaft und das Commercium, je mehr und mehr ins Aufnehmen zu bringen, sondern auch insbesondere den vornehmsten Zweck ihrer Verrichtung dahin zu stellen, damit von allen dergleichen Fabriquen, so viel sich practiciren laßen will, innerhalb Unserer Lande etabliret und erhoben, hingegen die Consumtion frembder und Geld hinausziehender Waaren in hiesigen Landen nach Möglichkeit vermieden werde."

Die Einsicht in die Notwendigkeit dieser staatlichen Forderung war so populär, daß in fast keinem der zahllosen Privilegiengesuche oder Bittschriften ein Hinweis der Gesuchsteller darauf fehlte, daß durch die Aufnahme oder Erweiterung ihrer Tätigkeit dem Lande Geld erhalten bliebe.

So gab der im Abschnitt über „Die kapitalistische Manufaktur und die wirtschaftliche und soziale Lage ihrer Arbeiter" erwähnte Gagenmanufacturier Jean Clemend an, daß „vormahls dergleichen Manufactur weder in hiesigen Landen, noch in ganz Teutschlandt befindlich gewesen, sondern sich dergleichen Gagen Bedürfnis entweder aus Paris oder Lion erhohlet müßen, und dadurch Jährl.: Viel tausend Thaler Geldt aus dem Lande geführet worden, Zeithero aber von mir soviel Gage gemachet auch iedesmahl ein solcher Vorrath vorhanden gewesen, daß alle In und Ausländische Handelsleuthe zu genüge dadurch versehen werden können"[3].

Beharrte somit die staatliche Wirtschaftspolitik unter August dem Starken und seinem Nachfolger trotz starker merkantilistischer Züge noch auf feudalen Wirtschaftsprinzipien, so mußte der private Manufacturier darauf bedacht sein, seinen Betrieb im kapitalistischen Sinne rentabel zu gestalten. Die zahlreichen Zusammenbrüche staatlich nicht oder nicht mehr gestützter Betriebe, die in der sächsischen Manufakturgeschichte vom letzten Drittel des 17. Jahrhunderts ab registriert werden müssen, beweisen dies zur Genüge.

Zu einer wie unter Kurfürst August möglichst alle Zweige der Volkswirtschaft berücksichtigenden wirtschaftspolitischen Zielsetzung kam es erst wieder in den

Hoffstatt benötigthe Tücher nicht aus denen benachbarten Landen, sondern aus denen Landes-Fabriquen, bey Straffe der Contrebandirung anschaffen sollen, den 28. Nov. Anno 1715" (Cod. Aug. I, p. 1841, 1842).

[1] Gurlitt, II, S. 156 u. 157.

[2] Akte Verfaßung, Loc. 11089, Bl. 8.

[3] Akte, Ratsarchiv, C. XXVI. 7.

Aufbaujahren nach dem Siebenjährigen Kriege unter der Regierung des Administrators Xaver, der damit zum Vollstrecker der von Kurprinz Christian[1] und dem Geheimen Rat Thomas von Fritsch noch während der Mißwirtschaft des Grafen Brühl erarbeiteten Reformpläne wurde[2]. Die Erweiterung des nunmehr systematisch betreuten Aufgabenbereichs kommt in der Bezeichnung der durch kurfürstlichen Befehl vom 11. Februar 1764 an Stelle der 1735 niedergesetzten „Commercien-Deputation" errichteten „Landes-Oeconomie-, Manufactur- und Commercien-Deputation" zum Ausdruck. Diese schreibt im zweiten Jahreshauptbericht von 1765 über ihre Aufgaben und Ziele:

> „Soweit ist unsere Sorgfalt in Ansehung der Erzeugung der Landesproducte gegangen. Gleichwie aber der Reichthum eines Staates noch weit mehr befördert wird, wenn die im Lande gewonnenen rohen Materialia durch geschickte Fabricanten und Manufacturisten bis zu ihrer letzten Vollkommenheit verarbeitet werden, also haben wir auch auf die im Lande befindlichen Manufacturen und Fabriquen nicht weniger Aufmerksamkeit gerichtet"[3].

Das Kernstück der staatlichen Bemühungen blieb sich zunächst weiterhin gleich Das Prinzip der Deputation war nämlich, „die Einführung fremder Waaren zum Consumo nach Möglichkeit zu verhindern, insoweit selbige nicht zum innerlichen Bedürfnis selbst nöthig sind"[4]. Es bahnten sich jedoch in diesen Jahren nach dem Siebenjährigen Krieg – nicht zuletzt durch die stärker werdende Manufakturentwicklung und den Einfluß westeuropäischer Erfahrungen bedingt, zugleich auch dadurch ausgelöst, daß die bewußte Förderung der Wirtschaft durch staatliche Maßnahmen im Laufe der Zeit immer wirkungsloser wurde, je mehr Staaten sich zu ihr bekannten und die allgemein angewandten Methoden des Verbotes der Rohstoffausfuhr und der Erschwerung der Einfuhr von Halb- und Fertigfabrikaten sich gegenseitig aufhoben – in der Wirtschaftspolitik des sächsischen Staates bereits neue, dem kapitalistischen Austauschbedürfnis Rechnung tragende Gesichtspunkte an, und Sachsen war gezwungen, im weiteren Verlaufe des Jahrhunderts immer mehr zur Freihandelspolitik überzugehen[5]. Damit hatte sich auch in finanzpolitischer Hinsicht etwas neues durchgesetzt, das sich revolutionär auf

[1] Regierungszeit vom 5. Oktober bis 17. Dezember 1763.

[2] Die Vorgeschichte des Wiederaufbaus der Volkswirtschaft Kursachsens nach dem Siebenjährigen Kriege beleuchtet Horst Schlechte in einer auf Grund neuerschlossener Quellen geschriebenen Abhandlung: „Zur Vorgeschichte des ‚Retablissement' in Kursachsen", in: „Forschungen aus mitteldeutschen Archiven", S. 339 bis 362; derselbe, „Pietismus und Staatsreform 1762/1763 in Kursachsen", in: „Archivar und Historiker – Studien zur Archiv- und Geschichtswissenschaft – Zum 65. Geburtstag von Heinrich Otto Meisner", Berlin 1956, S. 364–382. In beiden Abhandlungen weist Schlechte nach, wie diese wirtschaftlichen Reformpläne nur einen Teil der allgemeinen Reformbestrebungen darstellten, wie sie mit den weitverbreiteten Tendenzen des Aufgeklärten Absolutismus jener Zeit verbunden waren und welche Zusammenhänge zwischen dem „Retablissement" und dem Pietismus bestanden.

[3] Akte, Landes-Oeconomie-, Manufactur- und Commercien-Deputation, Loc. 5356, Vol. I, Bl. 91.

[4] Ebenda, Bl. 138.

[5] Kretzschmar, S. 111.

das soziale Gefüge des Landes auswirkte: An die Stelle des Primats der landesherrlichen Revenuen und des Grundsatzes, „das Steigen der Landesherrlichen Kassen aus dem vermehrten Wohlstand der Unterthanen herzuleiten, und in dieser Hinsicht Handel und Wandel zu befördern, Gewerbe und Nahrung zu ermuntern, und jeden in den größtmöglichsten Genuß seines Eigenthums zu versetzen ..."[1] war erstmalig auf diesem Gebiet die vorrangige Forderung der aufsteigenden kapitalistischen Wirtschaft und der Händler und Manufacturiers als Exponenten der aufkommenden bürgerlichen Gesellschaft getreten, der weitere unaufhaltsam folgten.

2. *Die Absatzprobleme der Manufakturen*

In Sachsen hatte sich der Übergang von der Produktion für den lokalen Markt zu der für den Fernabsatz bereits seit dem Beginn des 16. Jahrhunderts zu vollziehen begonnen. Unter dem Einfluß des fremden Handelskapitals stellten sich in zunehmendem Umfange die Werkstätten der erzgebirgischen und lausitzischen Heimarbeiter und Handwerker des Textilgewerbes auf die Massenproduktion für auswärtige Märkte um, und gleiche Nachrichten liegen schon zeitig auch für die Bergbauprodukte veredelnden und Blechlöffel herstellenden Betriebe des Erzgebirges sowie die Suhler „Gewehrfabriken" vor. Eine bewußt mekantilistische Wirtschaftspolitik, die in der „Erzeugung von Mehrwert, aber vom begriffslosen Standpunkt der Zirkulationssphäre aus, und zugleich so, daß dieser Mehrwert sich darstellt in Surplusgeld, im Überschuß der Handelsbilanz"[2], ihren Inhalt sah, mußte deshalb in Sachsen auf einen gut vorbereiteten Boden treffen. Trotz der ihr zugrunde liegenden fehlerhaften Auffassung von der Wertbildung bewirkte die Überschätzung eines Aktivsaldos beim zwischenstaatlichen Warenaustausch in der Manufakturperiode eine außerordentliche Steigerung der Produktivkräfte des Landes. Um die von ihm als schädlich angesehene Einfuhr von Fertigwaren überflüssig zu machen, hatte der sächsische Staat das Privileg zur Errichtung einer Reihe von Manufakturen erteilt, deren Gründung – soweit sie durch Private erfolgte – von der nicht selten getäuschten Aussicht auf einen gesichert erscheinenden Gewinn bestimmt wurde, zu der die im Anfang oftmals fehlende oder nur sehr geringe Konkurrenz berechtigte. Während das Angebot von Produkten der Luxuswarenmanufakturen ohnehin schon wegen ihrer Kostspieligkeit auf einen engen und bald gesättigten Inlandsmarkt traf[3], hatten die in den Gebrauchsgütermanufakturen – beispielsweise der Krafftschen Tuch- und Seidenmanufaktur in Neustadt –

[1] Hunger, S. 202.

[2] Marx, Bd. III, S. 835; Kuczynksi, Jürgen, „Studien über Schöne Literatur und Politische Ökonomie", Berlin 1954, S. 73flg., bes. S. 74.

[3] Teilweise kamen die Produkte dieser Manufakturen überhaupt nicht auf den allgemeinen Markt. Gurlitt (II, S. 162) berichtet von August dem Starken, er habe in Bezug auf die Meißner Porzellanmanufaktur weniger daran gedacht, „leicht verkäufliche Gebrauchswaren in Massen herstellen zu lassen, als Prachtstücke für sich und zu Geschenken an Fürstlichkeiten und Freunde".

Ostra – hergestellten Waren anfangs offenbar wegen ihrer schlechteren Qualität und aus anderen Gründen mit einem Wettbewerb seitens des Handwerks zu rechnen, der während der gesamten Manufakturperiode mit unterschiedlicher Stärke anhielt. Diese Situation drängte bei der dem kapitalistischen Wirtschaftssystem eigenen Notwendigkeit, die Profitrate ständig zu erhöhen, für beide Manufakturarten zur Erschließung neuer Märkte im Ausland. Privatkapitalistisches Gewinnstreben und staatliche Zielsetzung reichten sich dabei die Hand und verliehen der auf Autarkie bedachten Wirtschaftspolitik des feudalabsolutistischen Staates einen fortschrittlichen Zug. Die Förderungsmaßnahmen des Souveräns erstreckten sich auf alle Gebiete des Binnen- und Außenhandels und bestanden sowohl in Einzelaktionen als auch in der Arbeit ganzer, eigens zur Entwicklung des Handels und Gewerbes errichteter Kommissionen und Deputationen. Unter ihnen nahmen im Laufe des 18. Jahrhunderts – der steigenden Zahl der Manufakturen entsprechend und diese Zunahme zugleich begünstigend – immer mehr jene zu, die speziell und ausdrücklich der Erleichterung des Austausches von Manufakturprodukten dienten.

Von der im Jahre 1702 erfolgten Reise des damals bedeutendsten sächsischen Gelehrten auf technisch-naturwissenschaftlichem Gebiet, Ehrenfried Walther von Tzschirnhaus, nach Holland und Frankreich, „um für den Absatz der sächsischen Fabriken zu sorgen“[1], über die Anweisung der „Commercien-Deputation“ vom Jahre 1735, zu erkunden, „durch“ was [für,] Mittel und Wege der Debit der inländischen Manufacturen außerhalb Landes zu befördern und zu vermehren[2], bis zu der dieses Ziel verstärkt, weil systematischer verfolgenden Landes-Oeconomie-, Manufactur- und Commercien-Deputation vom Jahre 1764[3] überspannte das ganze, zeitlich den Schwerpunkt der Manufakturentwicklung in Sachsen darstellende 18. Jahrhundert ein Netz von Maßnahmen zur Ausweitung des Manufakturwarenhandels.

Der Erfolg dieser Bemühungen zeigte sich in einem beträchtlichen Anwachsen des sächsischen Außenhandels bis zur Jahrhundertwende, das durch handels- und zollpolitische Maßnahmen wie den Abschluß von Handelsverträgen begünstigt, ebenso häufig aber auch durch kriegerische Auseinandersetzungen und Schikanen der Nachbarländer – allem voran Preußen[4] – erhebliche Rückschläge erfuhr. In ihnen trat erstmalig die Labilität einer kapitalistischen, die Aufnahmefähigkeit des eigenen Landes weit übersteigenden und so auf den zwischenstaatlichen Austausch angewiesenen Wirtschaft zutage. Die Bilanz dieses für Sachsen lebensnotwendigen Handels scheint zumindest gegen das Ende der Manufakturperiode vorwiegend aktiv gewesen zu sein, wie die übereinstimmenden Urteile des preußischen Staatsministers von Heynitz[5], des Grafen Mirabeau und des „Churfürst-

[1] Gurlitt II, S. 158.
[2] Akte, Verfaßung, Loc. 11089.
[3] Acta, „Die Errichtung einer Landes-Oeconomie-, Manufactur- und Commercien-Deputation betr.“, de Anno 1764; LHA, Loc. 5354.
[4] Acta, „Die wieder die Preußische Commercial-Beeinträchtigungen vorzukehrende Gegen-Veranstaltungen und die Ausarbeitung eines Commercial-Systematis betr.“; 1756; LHA, Loc. 5408.
[5] Tabellen, a. a. O.

lich sächsischen Geheimen Finanz-Sekretairs" Hunger beweisen, der in seinen „Denkwürdigkeiten zur Finanzgeschichte Sachsens"[1] dazu schreibt:

> „Daß die Bilanz dieses Handels sich zu Sachsens Vortheil neigt, ergiebt sich, wenn wir auch weiter keinen Beweis hätten, schon daraus, daß eines Theils der Wechselkours für hiesige Lande vortheilhaft ist, andern Theils schon seit mehrern Jahren, der Werth des baaren Geldes merklich herunter gefallen, der Werth der Grundstücke hingegen eben so sehr gestiegen ist".

Solange nicht – und zwar auf Grund der „Meßrelationes", von denen ein dafür besonders wertvoller Teil dem zweiten Weltkrieg zum Opfer fiel[2] – eine eingehende Untersuchung darüber vorliegt, welchen Anteil der Umsatz der Manufakturen am gesamten Handelsgeschäft einnahm und wie diese wettbewerbsmäßig dem inländischen Handwerk und der ausländischen Konkurrenz gegenüber gestellt waren, bleibt hier nur der Versuch, auf Grund der zahlreichen, in Akten und Literatur verstreuten Einzelangaben eine ungefähre Vorstellung von der Bedeutung dieses Handels für einige mit dem Auslandsmarkt besonders verbundene Manufakturzweige zu geben.

Von den Exportgeschäfte betreibenden sächsischen Manufakturen nahm die Meißner Porzellanmanufaktur auch beim Absatz ihrer Produkte eine Sonderstellung ein, die sich für lange Zeit aus der Einmaligkeit ihrer Erzeugnisse für den europäischen Markt ergab.

> Das Monopol der Meißner Manufaktur kam u. a. darin zum Ausdruck, daß der Verkauf des Porzellans anfangs nicht zu festen Preisen, sondern unter Berücksichtigung der Zahlungsbereitschaft seiner Käufer vor sich ging. Der Vertrieb erfolgte in den ersten Jahren zumeist über die Leipziger Messen, aber auch direkt, beispielsweise nach Berlin und Karlsbad, und wurde durch einen „Allerhöchsten Befehl" vom 14. Januar 1710 gefördert, der den Fabrikaten wie übrigens auch den dazu benötigten Materialien völlige Befreiung von Accise, Zoll und Geleite zuerkannte. Der ständig wachsende Absatz im In- und Auslande erfuhr durch den Siebenjährigen Krieg eine Unterbrechung und wurde danach durch neue erfolgreiche Methoden – so die Einrichtung von Kommissionslagern in Amsterdam, Aachen, Konstantinopel, Petersburg, Madrid sowie Auktionen und die systematische Erforschung des Kundengeschmacks durch zahlreiche Reisen kunstverständiger Betriebsangehöriger in fast alle Staaten des europäischen Auslandes – wieder gesteigert. Ende 1774 stand die Manufaktur, wie Böhmert berichtet[3] „mit 105 auswärtigen Handelshäusern in allen Theilen Europas, worunter sich 25 Commissionäre mit einer Waarensumme von 83299 Thlr. befanden, in Geschäftsverbindung. Der Werth aller ausstehenden Waarenschulden betrug damals über 306487 Thlr". Im weiteren Verlaufe des 18. Jahrhunderts bevorzugte die Manufaktur immer mehr das russische und türkische Geschäft, was ihrer Handelseinnahme einen Rückgang von 155964 Talern 18. gr. im Jahre 1805 auf 24378 Taler einbrachte, als 1806 in Rußland die Einfuhr fremder Porzellane verboten wurde und gleichzeitig die türkischen Bestellungen wegen kriegerischer Verwicklungen ausblieben.

[1] S. 352.

[2] Acta. „Der Landes-Oeconomie-, Manufactur- und Comercien-Deputation Meß-Relationes";. LHA, Loc. 2235.

[3] Böhmert, S. 50; dieser Abhandlung sind auch alle anderen hier zusammengestellten Angaben über den Außenhandel der Manufaktur entnommen.

Das Beispiel eines weitreichenden, lediglich nach kapitalistischen Gesichtspunkten ausgerichteten und so patriotische Belange nicht selten verletzenden Außenhandels bieten die Suhler zerstreuten Gewehrmanufakturen.

Diese Manufakturen versorgten, wie Kretzschmar schreibt[1], nicht nur halb Deutschland, sondern auch den Orient mit Feuerwaffen, wozu sie ein Qualitätsvorsprung gegenüber den zahlreichen, in anderen europäischen Staaten während des 18. Jahrhunderts gegründeten Betrieben der gleichen Branche befähigte[2]. Sie lieferten ebenso bereitwillig Seeflinten für den Sklavenhandel in Neuguinea[3], wie sie im Siebenjährigen Kriege Preußen, den damaligen Feind Sachsens, militärisch durch den Verkauf „einiger 20000 Stück"[4] Gewehre stärkten, und so die sächsischen Manufacturiers wie der Souverän, der dies zuließ, zu Landesverrätern und schuldig am Tode zahlreicher Mitbürger wurden.

Wertmäßig kam den Außenhandelsgeschäften der sächsischen Textilmanufakturen die größte Bedeutung zu. Es handelte sich dabei vornehmlich um den Vertrieb von gedruckten Kattunen, Leinewand, Damast, Wachstuch, Musselinen, Flanellen, Strümpfen und Seidenwaren verschiedener Art, der nachstehend an einigen Beispielen illustriert wird.

Die Großenhainer „Cotton- und Leinwand-Druckerey" setzte ihre Zitze, die allerdings den besten oberdeutschen noch nicht gleichwertig waren, hauptsächlich im Reich und ihre anderen Baumwollwaren in Polen und Rußland ab, während ihre Leinwanderzeugnisse nach Spanien und Portugal gingen[5].
Die Bautzner Kattundruckerei Joh.Chr.Marksteins belieferte Böhmen und Hamburg mit baumwollenen Tüchern, die sie nach einem in Sachsen offenbar nur ihr bekannten Verfahren „englisch blau und ächt gelb" bedruckte[6].
Die Kattundruckerei Chr.Fr.Kreisigs in Chemnitz vertrieb ihre Erzeugnisse in der ersten Zeit ihres Bestehens nach Polen und in die türkischen Provinzen[7].
Unter den sächsischen Leinwandmanufakturen nahm die von Abraham Dürninger in Herrnhut begründete bezüglich ihres Exportgeschäfts lange Zeit den ersten Platz ein. Während sich in den Leinewandhandel der Sechsstädte Zittau, Bautzen, Lauban, Löbau und Görlitz im Jahre 1777 67 Firmen teilten, gelang es dieser einen Manufaktur, einen Außenhandelsumsatz an sich zu bringen, der 11,5 % desjenigen der vorgenannten Städte betrug[8].
Um die Wende zum 19. Jahrhundert lieferten die Oberlausitzer Damastmanufakturen, wie Rößig schreibt[9], Servietten für den kaiserlichen Hof und „Coffeeservietten" nach Frankreich, während das Wachstuch Leipziger Manufakturen u. a. in Spanien Abnehmer fand[10].
Von den Flanellmanufakturen des Landes vertrieb die Mayersche Handlung in

[1] Kretzschmar, S. 109.
[2] Anschütz, S. 42 u. 43.
[3] Akte Loc. 5276, Bl. 176 u. 103.
[4] Anschütz, S. 24.
[5] Notizen, S. 14.
[6] Ebenda, S. 16.
[7] Ebenda, S. 18.
[8] Vgl. hierzu die Ausführungen im Abschnitt über „Die sächsischen Leinewandmanufakturen".
[9] Rößig, Produkten, S. 244 u. 245.
[10] Ebenda, S. 249.

Grimma, die eine eigene Druckerei unterhielt und somit eine echte Manufaktur darstellte, „ihre Waaren ... stark nach den türkischen Ländern"[1].
Der Absatz der Bautzner zerstreuten Strumpfmanufakturen ging zum Teil über Bremen nach Nordamerika[2].
Außenhandelsgeschäfte wurden auch von den sächsischen Seiden- und Samtmanufakturen getätigt. Die Raabische Manufaktur in Leipzig lieferte viel nach Schlesien und Österreich sowie in die ehemals polnischen Gebietsteile[3].

Von den anderen Manufakturgattungen waren es in der Hauptsache die „Gold- und Silberfabriken", die Betriebe zur Herstellung leonischer Waren, die Werkstätten zum Bau von Musikinstrumenten und die Schriftgießerei, die auf den Märkten des Auslandes bzw. auf den Leipziger Messen zum Vertrieb dorthin als Verkäufer auftraten.

Die sächsischen „Gold- und Silberfabriken" hatten bis auf eine Unterbrechung durch den Siebenjährigen Krieg vornehmlich Absatz in Österreich, Polen, Rußland und der Türkei[4].
Die Waren der leonischen, zumeist in Freiberg ansässigen Werkstätten gingen in großer Menge nach den katholischen Gegenden Deutschlands, in die ehemals polnischen Gebiete, nach Rußland, in die Türkei, Moldau, Walachei und nach Ungarn[5].
Von den sächsischen Schriftgießereien kam der von Breitkopf und Härtel in Leipzig auch in bezug auf ihren Absatz im Auslande die größte Bedeutung zu. „Der Hauptabsatz dieses Instituts ist sowohl in Deutschland selbst, besonders aber auch nach den Nordischen Landen und Staaten, und den entferntesten Gegenden Europa's und selbst fremden Welttheilen"[6].

Die Manufakturen hatten für die Ausbildung eines inneren Marktes in Sachsen erhebliche Bedeutung. Ihrer Arbeit verdankte das Land nicht nur die Aufnahme neuer Produktionszweige, sondern auch, daß viele der bereits vorhandenen bei manufakturmäßiger Organisation massenhafter und billiger fertigten. Noch ungleich größer war der Wert der sächsischen Manufakturen für die Eroberung von Außenmärkten. Gestützt auf ein gegenüber dem übrigen industriellen Deutschland und Westeuropa im allgemeinen niedrigeres Lohnniveau, konnten sich zahlreiche sächsische Manufakturen von der zweiten Hälfte des 18. Jahrhunderts an jenen Massenabsatz im Ausland verschaffen, den die neue Betriebsweise zur Durchführung einer nur so lohnenden und auf die Dauer möglichen Massenproduktion brauchte. Der Fernabsatz der Manufakturen legte in dieser Zeit – durch eine Reihe direkter und allgemeiner, Handel und Gewerbe schlechthin erleichternder Maßnahmen gefördert – den Grund, auf dem sich in der Fabrikperiode die Bedeutung Sachsens als eines der ersten Exportländer der Welt für gewerbliche Erzeugnisse aufbaute.

[1] Rößig, Produkten, S. 268.
[2] Addreßbuch, Lausitzen, S. 7 u. 8.
[3] Rößig, Produkten, S. 311.
[4] Ebenda, S. 396.
[5] Ebenda, S. 400.
[6] Ebenda, S. 403.

KAPITEL IV

DIE METHODEN DES STAATES ZUR FÖRDERUNG DER MANUFAKTUREN

1. Das Privileg als Instrument der Manufakturpolitik

Als die ersten Manufakturen in Sachsen entstanden, trafen sie infolge der Verdrängung Deutschlands vom Weltmarkt und der dadurch bedingten Schrumpfung des innerdeutschen Handels und Gewerbes auf eine gegenüber dem Mittelalter völlig veränderte Situation. An die Stelle des entscheidenden Einflusses der Städte und Zünfte auf wirtschaftspolitischem Gebiete war die führende Rolle des Landesherrn getreten. Dieser griff von da an nicht nur regulierend in die große Mißstände aufweisenden Zunftverfassungen ein, sondern machte jedwede gewerbliche und kommerzielle Betätigung überhaupt von seiner vorherigen Zustimmung abhängig. Während die Innungen lediglich Rahmenvorschriften erhielten, die es ihnen überließen, unter den festgesetzten Bedingungen Handwerksbetriebe zuzulassen, behielt sich der Landesherr bei der beabsichtigten Errichtung unzünftiger Gewerbebetriebe die Erteilung von Privilegien und Konzessionen in jedem einzelnen Falle selbst vor. Damit war die Durchsetzung der neuen Betriebsweise dem Einfluß der auf Erhaltung ihrer Herstellungs- und Absatzmonopole bedachten Zünfte entzogen, und der ökonomische Fortschritt konnte sich auch dort – so auf dem Lande – vollziehen, wo ihn das feudale System durch zünftige Verbote bis dahin gehindert hatte. Trotz dieses fortschrittlichen Moments bedeutete, wie Diener-Schönberg durchaus richtig bemerkt[1], „die Konzessionierung und Privilegierung von Industrie und Kommerzien letzten Endes nur eine veränderte Fortsetzung der mittelalterlichen Gebundenheit“, die erst mit der Einführung der Gewerbefreiheit im Jahre 1863 für Sachsen vollständig zu Ende ging. Dem Expansionsstreben der in den Manufakturen wirksamen Produktivkräfte stand eine ihm nicht entsprechende Gestalt der Wirtschaftsverfassung entgegen. Der Hauptwiderspruch zwischen den Produktivkräften und den Produktionsverhältnissen lag in dieser Zeit der Manufakturprivilegien darin, daß durch sie jene Konkurrenz der Betriebe miteinander erschwert wurde, die der junge aufsteigende Industriekapitalismus in Sachsen gebraucht hätte, um Höchstleistungen zu erzielen. Dieser Widerspruch wurde allerdings dadurch gemildert, daß die meisten der Privilegien Produktionsmonopole für ein verhältnismäßig eng begrenztes Gebiet und nur selten solche für das ganze Land darstellten, wie auch Absatzprivilegien nicht die Regel waren. Trotzdem haben sie ihre anfängliche Mission größtenteils erfüllt und der auf-

[1] Diener-Schönberg, Geschichte, S. 17.

kommenden Manufakturwirtschaft einen gewissen Schutz gegeben, der dieser das Einwurzeln erleichterte[1].

Bei der Erteilung von Privilegien standen – wie bereits an anderer Stelle eingehender behandelt – staatsfiskalische Gesichtspunkte allen anderen voran. Verfügte ein Bewerber nicht über das zur Errichtung einer Manufaktur notwendige Eigenkapital und verlangte er vom Staat finanzielle Unterstützung, so verfiel sein Privilegienantrag nur dann nicht der Ablehnung, wenn für die landesherrlichen Revenuen größere Vorteile sicher schienen.

Der Akt der Konzessionierung umschloß die Erteilung der Genehmigung zur Anlage und zum Betrieb der Manufaktur sowie die Einräumung von „Begünstigungen" dafür. Das Privileg enthielt demzufolge Bestimmungen über den örtlichen und zeitlichen Umfang und darüber, ob in seinem Geltungsbereich die zugelassene Manufaktur das alleinige, „ausschließliche" Produktionsrecht hatte oder dieses mit einem oder mehreren Betrieben der gleichen Branche teilen mußte. Die eingeräumten Erleichterungen erstreckten sich in der Mehrzahl der Fälle auf die Befreiung von Abgaben jeder Art und von Dienstleistungen wie der Einquartierung sowie der Rekrutierung und Werbung von Manufakturarbeitern[2]. Zu diesen Vorrechten traten bei einigen staatlich besonders begünstigten Betrieben die Kanzleischriftsässigkeit und der Gerichtszwang über die zur Manufaktur gehörenden Arbeiter[3]. Das Beispiel für eine der üblichen Privilegiengestaltungen im Sachsen des 18. Jahrhunderts wird nachstehend ungekürzt wiedergegeben:

„WIR Friedrich August von GOTTES Gnaden, Herzog zu Sachsen [etc.], Churfürst [etc.] für Uns, Unsere Erben und Nachkommen, thun kund, mit diesem unseren offenen Briefe gegen männiglich; Demnach Uns Christian Samuel Lorent, Johann Liebegott Stößel und Carl Heinrich Caspari, in Unterthänigkeit zu vernehmen gegeben, wasmaßen sie gemeinschaftlich eine Cattun-Druckerey in Zwickau anzulegen gesonnen, auch zu dem Ende den dasigen sogenannten Bleichhof, und die dabey gelegene eingegangene Schmidtische Farbe, käuflich an sich gebracht, mit Bitte, Wir wollten ihnen zu sothaner Cattun-Druckerey ein Privilegium cum jure prohibendi, nebst andern Befrey- und Begnadigungen, huldreichst ertheilen; daß Wir dieses Suchen angesehen, und ermeldetem Lorent und Cons:

I tens

das gebetene Privilegium, cum jure prohibendi, auf zehn Jahr von dato an dergestalt gnädl. ertheilet, daß binnen solcher Zeit außer ihnen Niemanden in einem Districte von Vier Meilen um Zwickau herum eine dergleichen Druckerey anzulegen, und Cattun zu drucken, oder drucken zu laßen, gestattet seyn solle; Wovon Wir jedoch nicht nur die bereits existirenden Druckereyen, sondern auch Chemnitz mit seinen Vorstädten und die Gebrüder Steiner zu Zwickau ausdrücklich ausnehmen.

II tens

können Wir geschehen laßen, daß Impretranten für sich, ihre Erben und Nachkommen, bey der Druckerey die Firma: Churfürstl. Sächß. privilegirte Zitz- und Cattun-Fabrick zu Zwickau führen, auch

[1] Notizen, S. 14.
[2] Siehe Teil I, Kapitel II, Abschnitt 1.
[3] Siehe Abschnitt über „Die Manufaktur mit außerökonomischem Zwang".

III tens

die in ihrer Fabrick gefertigten Waaren mit denen Chur-Schwerdtern, und der Umschrift: Zwickauische privilegierte Zitz- und Cattun-Fabrick besiegeln mögen.

IV tens

haben Wir wegen des von obgedachten Lorenten und Conns.: käuflich aquirirten Zeidlerischen Bleichhofs und der Schmidtischen Farbe, denenselben einen zehnjährigen Erlaß in Schock- und Quatember-Steuern, und eine eben so lange Befreyung von Personensteuern, welche aber lediglich auf die Entrepreneurs selbst, und auf ihre bey der Fabrick wirklich angestellten und von dem Rathe zu Zwickau bey jedem Termine pflichtmäßig anzugebenden Fabricanten einzuschränken und auf diejenigen welche sich außerhalb der Fabrick befinden, und in selbige gegen gewißen Lohn arbeiten, nicht zu erstrecken ist, auch unter der Voraussetzung und Bedingung, daß die Fabrick solche Zeit über in behörigen Umtriebe erhalten werde, in Gnaden bewilliget, und durch Unser Obersteuer-Collegium das dieserhalb Nöthige bereits verfügen lassen.

V tens

Wollen Wir Impetranten die Befreyung von der Land- und General-Accise, in Ansehung sämtlicher zum Behuf ihrer Manufactur nöthigen Materialien und Brennholzes auf zehen nacheinander folgenden Jahre, per modum restitutionis, zugestehen auch nach Ablauf sothaner Zeit, die Bestimmung billiger Land- und General-Accis-Fixorum zusichern.

VI tens

Sollen die Manufactur-Gebäude zwar mit der Natural Einquartierung, nicht aber mit einem billig mäßigen Service-Beytrag, zu der, der übrigen Bürgerschaft obliegenden Last verschonet werden, sowohl

VII dens

Bey zu gestellenden Recruten und Ausloosung, die, in ordentlichen Gedinge stehenden Arbeiter, von der Werbung, Recruten Stellung und Ausloosung eximirt bleiben.
Thun das auch aus Landesfürstlicher Macht und von Obrigkeitswegen, hiermit und in Kraft dieses, und befehlen unseren Creyß- Haupt- und Amtleuten, auch allen und jeden Obrigkeiten Unserer Lande, besonders aber dem Rathe zu Zwickau, Impetranten bey diesen Privilegio bis an Uns zu schützen, zu schirmen und zu handhaben, damit sie sich deßelben ohne Jemands Eintrag geruhiglich gebrauchen mögen;
Jedoch Uns, Unseren Erben und Nachkommen, an Unseren hohen Landesfürstl. Regalien und Gerechtigkeiten, wie die Nahmen haben, auch sonst männiglich an seinen Rechten ohne Schaden, inmaßen Wir auch Uns, Unseren Erben und Nachkommen, solch Privilegium nach Gelegenheit der Zeit und Umstände zu mehren und zu mindern, auch ganz wiederum aufzuheben, hiermit ausdrücklich vorbehalten. Treulich und sonder Gefährde. Zu Urkund ...“[1].

[1] Privileg vom Jahre 1787, in: Acta, „Die Cattundruckerey zu Zwickau betr. als Samuel Lorent und Cons.: Privilegium, nachher Carl Heinrich Caspari und Cons. dann Joh. August Neumeister und Söhne“, Ao. 1785 seqq – 1809; LHA, Loc. 11106, Bl. 87, 88.

Die zeitliche Begrenzung der Privilegien gab dem Landesherrn als weiteres Instrument für eine staatliche Manufakturpolitik die Möglichkeit in die Hand, eine Verlängerung der Vorrechte zu verweigern, wenn die Notwendigkeit bestand, die Produktion durch Errichtung weiterer Manufakturen zu steigern. Es konnte bei staatlicherseits als wichtig angesehenen Produktionszweigen – wie das Beispiel der 1706 von Peter Eggebrecht in Dresden gegründeten ersten Fayencemanufaktur Sachsens zeigt – durchaus vorkommen, daß der Landesherr das Privileg entzog oder die Entziehung androhte, wenn die Produktion eine Zeitlang eingestellt wurde. Auch um einen Schutz der von ihm verbrieften Privilegien bemühte sich der Souverän, ohne allerdings, wie zahlreiche aktenkundig gewordene Verletzungen zeigen, großen Erfolg gehabt zu haben.

2. *Staatliche Einrichtungen zur Förderung der Manufakturen*

a) Kommissionen und Deputationen

Die Bemühungen um eine staatliche Organisation, die „êtablirung eines besonderen Commercien Collegii" zur Förderung von Handel und Manufakturen reichen in Sachsen bis in die letzten Jahrzehnte des 17. Jahrhunderts zurück.

Am 22. Dezember 1687 richtete die „Gesambte Landschafft von Ritterschaft und Städten" an den Kurfürsten eine Eingabe, in der sie diesem unter ausführlicher Schilderung der damaligen wirtschaftlichen Situation in Sachsen nahelegte, „vermittels einer gewißen Deputation und Niedersetzung etlicher Dero Herren Räthe, mit Zuziehung des Oberpostmeisters zu Leipzig, und gewißer von der Kauffmannschafft, diesem so nützlichen Werck weiter" nachzusinnen[1].

Trotz dreimaliger, am Widerstand der Stände scheiternder Versuche, eine dauernde Wirtschaftsbehörde niederzusetzen[2], gelang es selbst August dem Starken 1712 nur, eine Kommission mit der zeitlich begrenzten Aufgabe „zu Erledigung derer Gebrechen in pto Commercii mit Preußen" ins Leben zu rufen[3], der er seinen „Commerzienrat" Paul Jacob Marperger zuteilte. Wirklichkeit wurde eine solche Dauereinrichtung erst nach dem Tode dieses Kurfürsten in Gestalt der 1735 errichteten „Commercien-Deputation"[4].

Nach § 2 ihrer „Instruction" vom 29. April 1735 machte sich die Gründung der Deputation deshalb notwendig, weil die bis dahin bestellten „Collegia die Commercien- und Manufaktur-Sachen" in dem „erforderlichen Zusammenhang nicht besorget", ihre Tätigkeit offenbar schlecht auf die Belange der Wirtschaft im ganzen abgestimmt hatten. Die Aufgabe der Deputation war überwiegend beratender Natur. Sie hatte unter Mithilfe sämtlicher einschlägigen, ausdrücklich dazu verpflichteten Behörden, „alle Commercien- und Manufaktur-Sachen hinlänglich" zu untersuchen und „nöthige und dienliche Erkundigung einzuziehen" als Grundlage für „Veranstaltungen" des „Geheimen Consiliums". Darüber

[1] Acta,„Commission zu Untersuchung des Commercien-Wergs", 1687–1720; LHA Loc. 5320, Bl. 1–27.
[2] Ausführlich dargestellt bei Gurlitt, II, S. 152.
[3] Akte, Commission, Loc. 5320.
[4] Akte, Verfaßung, Loc. 11089, Bl. 3 u. 4.

hinaus griffen die ihr gestellten Aufgaben auch unmittelbar in die Gestaltung des wirtschaftlichen Geschehens ein, so die ihr übertragenen Anwerbungsaktionen, um fremde Manufacturiers und Handwerker nach Sachsen zu ziehen, oder die Verabredung von Privilegien mit neu sich „etablierenden“ Manufacturiers.

Die „Commercien-Deputation“ hat nachweislich nicht den von ihr erwarteten Erfolg gehabt. Dies kommt schon darin zum Ausdruck, daß mit Aufgaben, die in ihre Kompetenz fielen, neue Kommissionen betraut wurden, so die wegen der Aufstellung einer Außenhandelsbilanz 1754 angeordnete Kommission[1], ferner die Kommission, die in den Jahren 1755 und 1756 zur „Auszeichnung der Einwohner und des Getreide-Zuwachses“[2] niedergesetzt worden war, vor allem aber die in ihrer praktischen Auswirkung besonders auch für die Entwicklung der sächsischen Manufakturen äußerst bedeutungsvolle Restaurationskommission vom Jahre 1762[3].
Zu der am 6. August 1754 erfolgten Einsetzung der erstgenannten Kommission gab die unfreundliche Haltung Österreichs gegenüber dem sächsischen Außenhandel Anlaß. Sie sollte feststellen, ob die Bilanz des Handels mit diesem Lande aktiv oder passiv sei, um danach entspreche nde Gegenmaßnahmen zu ermöglichen.

Im einzelnen hatte sie den Auftrag, zu ermitteln, „ob und auf was Maaße sämtl. Consumo-Effito- und Transito-Abgaben in Unseren sämtl. Erb-Landen, in ein dergestaltiges durchgängig gleiches Verhältniß, damit daher ein zuverläßiger Überschlag des Ein- Aus- und Durchgangs von jeder Sorte der Waaren und des folglichen jährl. Gewinns oder Verlusts den Unsere damit handelnden Unterthanen erleiden, gemachet werden könne, zu reduciren? reiffl. Überlegung pflegen, als auch hiernechst die ... Consignation derer Specierum von Waaren, ingl. des Mast-Viehes und der Pferde, so aus den Kayser-Königl. in Unsere Erb-Lande zur Consumtion eingehen, nochmahls und insonderheit, ob darzu noch ein und ander Art oesterreichischer Artefactorum zu bringen? Genau erwägen die Säze der Abgaben darvon in durchgängig gleicher Maaßen als in dem erneuerten Böhmischen Tarif d. d. den 23. Dec. 1752. Das Consumo der ausländ. Feilschaften beleget, auswerffen, anbey aber, im Fall sie nach Convenienz Unserer Landes Fabriquen, eine noch mehrere Erhöhung derer auf die in angezogener Consignation enthaltenen Species gesetzten Abgaben gut fänden, diese an Hand geben, und endlich deshalb ihren unterthänigsten Bericht, mit Beyfügung einer Tabelle, aus welcher die Differenz der alten und neuen Abgaben zu ersehen? und ihres ohnvergreifl. Gutachtens, ob der an diesen Waaren erhöhte Aufschlag zu Unserer Renth-Cammer oder aber als eigentlich, die Consumtion angehend, zur General-Accis-Cassa zu ziehen? zu Unserm Geheimen Consilio baldmöglichst einreichen mögen: pp“[4].
Die den Erfolg beeinträchtigenden Schwierigkeiten dieser Kommission, der übrigens der wegen seiner technischen Fortschrittlichkeit bekannte Seidenmanu-

[1] Acta, „Die wegen einer Commercial-Bilanz vor hiesige Lande angeordnete Commission betr.“, de an. 1754. 55; LHA, Loc. 5396.
[2] Akte, Landes-Oeconomie-, Manufactur- und Commercien-Deputation, Loc. 5356, Vol. I, Bl. 3.
[3] Acta Commißionis in genere, „Die genaue Erwägung und zeitige Vorbereitung aller zu Wiederauffhelffung derer in Verfall gerathenen Königl.: Erb Lande und Unterthanen diensamen Hülfsmittel und die in Vorschlag zu bringenden Masregeln betr.“, 1762. 63; LHA, Loc. 10073, Vol. I; Acta Commißionis, „Commercia und Manufacturen betr.“, 1762; LHA, Loc. 10074, Vol. IX, bes. ab Bl. 14.
[4] Akte Loc. 5396.

facturier und Kammerrat Raabe angehörte, waren statistischer Natur und lagen in der damaligen Unmöglichkeit einer lückenlosen Erfassung der Außenhandelsgeschäfte.

Die Restaurationskommission wurde noch während des Siebenjährigen Krieges – am 26. April 1762 – eingerichtet[1] und hatte die Aufgabe, den Wiederaufbau der durch den verlorenen Krieg zerrütteten Wirtschaft vorzubereiten.

Die Kommission, deren führender Kopf der Geheimrat von Fritsch, ein geadelter Jurist von beispielloser Unvoreingenommenheit und großer Begabung für die Behandlung wirtschaftlicher Probleme war, machte Vorschläge[2] für die Wiederherstellung der Landwirtschaft, die Wiederherbeischaffung der entwichenen und mit Gewalt entführten „Fabrikanten, Handwerker und Baursleute", die Beschaffung von Surrogaten für das selten gewordene Holz, die Wiederbefestigung des allgemeinen Landeskredits, die Reform des Münzwesens, die Pflege des Steuerkredits, die „Wiederemporbringung" von Leipzig als Handelsstadt, das von Friedrich II. von Preußen zu besonders hohen Kontributionen herangezogen worden war, die Förderung von Handel und Gewerbe der abgebrannten Städte, die Verbesserung des Bergbaus und – in Hinblick auf die Thematik dieser Abhandlung besonders bemerkenswert – für „All nur immer mögliche Beförderung und Erleichterung theils des Um- und Vertriebs derer Landes-Manufacturen, theils aber des Handels-Fuhrwesens in, auch aus, und durch Sachßen in andere Lande, worbey die Wiedererrichtung der bisher so sehre eingegangenen Land-Post und sonst Frequentirten Straßen in tüchtigen Stand, und deren beständige Unterhaltung in baulichem brauchbaren Wesen, ingleichen die Anlegung, wenn möglich Schiff-Brücken statt Fähren über die zu paßirenden Flüße, auch guter Wirths-Häußer an den Straßen, worinnen Zehrung und Futter in billigen Preiß zu haben, hauptsächlich einschläget"[3].

Die Restaurationskommission gab am 19. November 1763 ihren Schlußbericht an das „Geheime Consilium" ab[4] und beendete damit eine Tätigkeit, die der Forderung jener Tage gemäß zwar nur auf die Beseitigung der lastendsten Kriegsschäden gerichtet war, so zugleich aber auch die Grundlagen vorbereitete, auf denen sich im 19. Jahrhundert Sachsen zu einer der führenden Industriewerkstätten der Welt entwickeln konnte. Ihr Charakter als vorübergehender Einrichtung und das auch amtlich zugegebene Versagen der „Commercien-Deputation"[5] bedingten die Gründung einer neuen Organisation, die am 11. Februar 1764 auf kurfürstlichen Befehl als „Landes-Oeconomie-, Manufactur- und Commercien-Deputation" ins Leben trat, und der es zufiel, den von der Restaurationskommission erarbeiteten Grundsätzen und Programmen bei den staatlichen Wiederaufbaumaßnahmen zur Durchsetzung zu verhelfen.

Die Landes-Oeconomie-, Manufactur- und Commercien-Deputation wurde unter die Leitung des Geheimrates Wurm gestellt und bestand aus ordentlichen Beisitzern und Deputierten, die das „Cammer-Collegium", die Landesregierung, das

[1] Akte Loc. 10073, Bl. 1 flg.
[2] Diese sind in 19 Aktenbänden niedergelegt, deren teilweise Publikation demnächst von Horst Schlechte, dem Verfasser des bereits erwähnten Artikels über das Retablissement in Sachsen, vorgenommen wird.
[3] Akte Loc. 10074, Bl. 3, 4.
[4] Rößig, Produkten, S. 16.
[5] Akte Loc. 5354, Bl. 1.

„Obersteuer-Collegium", das „General-Accis-Collegium" und das „Berggemach" dazu abgestellt hatten. Diese Zusammensetzung garantierte die fachmännische Behandlung aller auftretenden Fragen, zumal in großem Umfange die Praxis selbst gehört wurde. Rößig schrieb dazu, die Deputation „kommt in der Oster- und Michaelis-Messe nach Leipzig, hält daselbst ihre Sitzungen und hört die Beschwerden der Manufakturisten, Fabrikanten und Kaufleute, sowie des Landmannes; zieht die nöthigen Erkundigungen über den Nahrungsstand des Landes ein, um Maßregeln zu nehmen und zu befördern, welche das Beste desselben zu bewirken suchen"[1].

Über ihre Tätigkeit gab die Deputation jährlich Hauptberichte ab. Diese enthielten eine Übersicht „der wirklich zustande gekommenen, der erliegen gebliebenen und der weitere Erörterung brauchenden Sachen" sowie „eine allg. Abbildung des Zustandes, in welchem sich bei Jahresschluß die Bevölkerung sämtl. Chursächs. Lande, die Anweisung der Jugend, die Landwirtschaft, die Manufacturen und die Handlung in allen ihren Teilen befunden"; ferner waren in diesen Berichten, die für den Zeitraum von 1764–1811 vorliegen[2], angezeigt, „was noch zu thun übrig bleibt, wobey die mehrere oder mindere Nothwendigkeit und Nützlichkeit jeder erforderlichen Veranstaltung, nebst deren Ursachen, kürzlich auszudrücken"[3].

Was der Souverän von dieser Deputation vor allem erwartete, war eine „systematische" Inangriffnahme der wirtschaftspolitischen Aufgaben, die Arbeit nach einem „Commercial-Plan", wie er in den großen westeuropäischen Staaten längst Realität war, in Sachsen aber auf sich warten ließ, „da zuvor noch die überall mangelhaften Materialien dazu allenthalben zusammenzusuchen und vielleicht durch mehrere Jahre Fleiß und Arbeit zu vergleichen sind"[4]. Die Deputation legte ihrer Tätigkeit bewußt die Leitsätze zugrunde, die von der Restaurationskommission unter Kurfürst Friedrich Christian aufgestellt worden waren.

Dieser hatte „befunden, wie in dem Commercial-Stande zu keinem sichern und dauerhaften System zu gelangen sey, daferne solches nicht auf den Reichthum an eigenen Natural-Producten, auf diese hin wiederum die Verbeßerung derer Manufacturen und Fabriquen und auf letztere beyde endlich die einige von dem Willen der auswärtigen Handlung gegründet, mit dieser aber sodann alle andere Arten von nuzbarer Handlung verbunden würden"[5].

Beabsichtigt war mithin ein System, in dem alle Teile der Volkswirtschaft auf die Verwertung des Mehrprodukts im Zirkulationsprozeß ausgerichtet sein sollten. Der Übergang zu einer derart umfassenden Wirtschaftspolitik, innerhalb der die Sorge für die Manufakturen nur ein kleiner, wenn auch besonders wichtig genommener Teil war, hatte eine zuverlässige Kenntnis der damaligen ökonomischen Situation Sachsens zur Voraussetzung. Die dabei von der Landes-Oeconomie-,

[1] Rößig, Produkten, S. 17.

[2] Akte, Landes-Oeconomie-, Manufactur- und Commercien-Deputation, Vol. I–IV: 1765–1785, Loc. 5356; Vol. V–VI: 1786–1789, Loc. 5343; Vol. VII: 1791–1792, Loc. 5321; Vol. VIII: 1791–1792, Loc. 5343; Vol. IX–XII: 1793–1796, Loc. 5344; Vol. XIII–XV: 1797–1800, Loc. 5403; Vol. XVI–XIX: 1801–1811, Loc. 5448.

[3] Ebenda, Loc. 5356, Vol. I, Bl. 1.

[4] Ebenda, Bl. 2, 3, 8.

[5] Akte Loc. 5354, Bl. 1.

Manufactur- und Commercien-Deputation wahrzunehmenden Aufgaben wurden wie folgt gekennzeichnet:

Der Gegenstand besteht „darinnen, daß die Deputation eine gründliche zusammenhängende und vollständige Kenntniß vor dem dermahligen Zustande

a)

der Bevölckerung sämtlicher Chur-Sächsischen – auch incorporirten und andern Lande

b)

der Erziehung und Anführung derer Kinder in denenselben, insofern solche die Grundlage zu Bildung nüzlicher Land-Wirthe, Fabricanten und Handels Leute enthält

c)

der Landwirthschaft wie solche dermalen überhaupt und in ihren verschiedenen Theilen, dem Ackerbau, der Viehzucht der Holz-Wirthschaft, Fischerey, Jagd und so weiter getrieben wird, auch mit dem Bergbau in Verbindung stehet,

d)

derer Manufacturen und Fabriquen sowohl ratione des innländischen und von auswärts einzubringenden rohen Materialis, als auch deßen Bearbeitung aller Art, endlich

e)

der Handlung selbst, in Rücksicht auf die Ausführung dieẞeitiger und Einführung fremder Waaren, bey welchen letzteren abermahlen die in hiesigen Landen debitirenden von denen, so durch den Transito-Handel weiter verschaffet werden, mithin die eigene Handlung von der Handlung mit auswärtigen Waaren wohl zu unterscheiden, auch die hier tief einschlagenden Wechsel- und Münz-Angelegenheiten dabey in Obacht zu nehmen sind.

f)

Bei allen diesen Puncten aber ist, um deren Zustand genau zu eruiren und deßen Vollkommenheit zu bestimmen, nicht allein deren Beschaffenheit im Lande, sondern auch deren Verhältnis gegen andere, besonders benachbarte Staaten, genau zu beobachten, und daraus, in wie weit die HandlungsVerbindungen beyder Länder dem dießseitigen Commercial-Intereße vortheilhaft oder nachtheilig und in welchen Stücken hiesige Lande auswärtigen oder etwa diese jenen nachstehen, wohl zu beurtheilen"[1].

Zur Lösung der vorgenannten Aufgaben hatte die Deputation ein engmaschiges Netz von Informationsmöglichkeiten über das Land gespannt und war so in der Lage, zu allen Fragen des wirtschaftlichen Geschehens nach dem Siebenjährigen Kriege Stellung zu nehmen und mit ihren Gutachten dem Landesherrn die Grundlage für einwandfrei fundierte Entscheidungen zu liefern. Trotz ihrer in erster Linie nur beratenden Funktion hatte sie einen außerordentlich großen Einfluß auf den Abbau der zünftigen und feudalen Hemmungen und damit auf die Freisetzung und Entwicklung der gewerblichen Produktivkräfte. Durch ihre Arbeit erleichterte sie nicht nur, wie die Kapitel des ersten Abschnitts dieser Untersuchung im ein-

[1] Akte Loc. 5354, Bl. 6, 7.

zelnen zeigen, den Übergang zur Manufakturproduktion, sondern bereitete zu ihrem Teil auch der Fabrik in Sachsen den Weg. Ihre Tätigkeit verdient gewürdigt zu werden als Werkzeug eines Staates, der in den Jahrzehnten nach dem Siebenjährigen Kriege eine gegenüber den Erfordernissen der aufstrebenden kapitalistischen Industriewirtschaft äußerst aufgeschlossene und damit fortschrittliche Haltung einnahm. Dies ist sicherlich nicht zuletzt dem in der Deputation stark vertretenen bürgerlichen Element zuzuschreiben. Zu ihren wirksamsten Mitteln gehörte die Verteilung staatlicher Fonds in Gestalt von Prämien, über die der folgende Abschnitt berichtet.

b) Die „Churfürstliche Prämien-Casse"

Eine der sich zwangsläufig aus dem Programm der Restaurationskommission ergebenden Aufgaben war die Einrichtung einer staatlichen Prämienkasse. Sie erfolgte gleichzeitig mit der Gründung der Landes-Oeconomie-, Manufactur- und Commercien-Deputation, die unter Berücksichtigung von Vorschlägen staatlicher und privater Stellen sowohl die Preisaufgaben als auch die Höhe der Belohnungen dafür festsetzte und veröffentlichte.

Solche Prämien-„Avertissements zur Aufmunterung des Nahrungs-Standes"[1] wurden am 18. Juli 1764[2], 1. Mai 1765, 8. Februar 1766, 28. März 1767, 13. Januar 1770, 5. Juni 1782, 13. August 1788, 26. Februar 1800, 31. Dezember 1805, 14. Oktober 1816, 22. Februar 1820 und 12. Mai 1826 erlassen.

In ihnen spiegelt sich sowohl der Aufstieg der sächsischen Manufakturwirtschaft als auch der Übergang zur Fabrikperiode wider, indem jede dieser beiden Entwicklungsphasen andere Grundsätze, Aufgaben und Verfahren der staatlichen Förderung zeitigte sowie zu unterschiedlichem Erfolg führte.

Die Aussetzung staatlicher Belohnungen erstreckte sich von Anfang an „auf nützliche Erfindungen und Etablißements" sowie die Anwendung zweckmäßigerer Stoffe und Verfahren in der Landwirtschaft, dem Gewerbe und beim Handel. Sie waren nach dem ersten, in der vorstehenden Fußnote zitierten Prämien-Avertissement vom 18. Juli 1764 „denjenigen" zu reichen, „die sich in einer dieser Arten besonders hervorthun würden". Dabei hatte die Prämienkasse zu beachten, daß „bei den Objekten ... der untrennbare Zusammenhang zwischen den unterschiedenen Haupt Theilen des Ackerbaus, der Manufacturen und des Commerc-Wesens" zu wahren und „bezüglich der Manufakturen und des Commercii" hauptsächlich Wert auf die „Veredlung, Verarbeitung und den Vertrieb der Landesprodukte, besonders der Gespinste und der Wolle" zu legen sei.

[1] Akte, Aufnahme, Loc. 5355, Vol. I, ab 1771 Loc. 5356, Vol. II; Akte Loc. 6598, Vol. III und ab 1825 Loc. 6597, Vol. IV.

[2] „Avertissement, wodurch auf höchsten Befehl Ihro königl. Hoheit, des Prinzen Xaverii, Königl. Prinzens in Pohlen und Litthauen ... auch der Chur-Sachßen Administratoris, zur Aufmunterung des Nahrungs-Standes auf künftige Michaelis 1764 wie auch auf Ostern, Johannis und Michaelis des 1765 sten Jahres die ausgesetzten Preiß-Aufgaben bekannt gemacht werden" (Akte Loc. 5355, Bl. 33–48).

Die Prämierung der Objekte hatte sich nach „der Unentbehrlichkeit der Sache, der Kostbarkeit der Ausführung und dem mutmaßlichen Bedürfnis" zu richten. Die Prämienaufgaben waren „entweder auf größte Quantität oder beste Qualität" eingerichtet. In den meisten Fällen sollte das „Prämium nur einem zu Teil werden". Die Deputation hielt diese Art, „auch wenn sie zur allgemeinen Aufmunterung nicht hinlänglich sei, immerhin noch für besser, als wenn sich sonst so viele zu Erhaltung der Prämien qualificiren möchten, daß die Caße ... bei weiten nicht zureichen dürfte".

Über das Prämienbewilligungsverfahren enthielt das bereits erwähnte erste Avertissement eingehende Vorschriften. Danach hatte jeder, „der sich zu einem Praemio zu qualificiren gedenket, ...

erstens

sich bey dem Creyß-Hauptmann, Amts-Hauptmann, Beammten, Stadt-Rath, oder seines Orts Obrigkeit; in der Ober- u. Nieder-Lausitz aber bey der Churfürstl. Landes-Hauptmannschaft geziemend zu melden und seinen gemachten Versuch nach Befinden entweder durch eine dießfalls zu veranstaltende Besichtigung oder durch Untersuchung seiner vorzuzeigenden Arbeit examinieren zu lassen

zweitens

daß er ... die bei jeder Aufgabe vorgeschriebenen Bedingungen – auch aus innländ. Materialien gefertigt – treulich erfüllet habe

drittens

von den obrigkeitl. Personen unter erstens sich ein Attestat ausstellen lassen, aus dem die erwiesene Erfüllung den erforderten Conditionen ausdrücklich hervorgeht auch eine deutliche und zu Dijudication hinlängliche Beschreibung seines gemachten Versuchs

viertens

mit diesem Attestat und in Ansehung dererjenigen Preiß-Aufgaben welche auf Hand-Arbeit und Fabricata gehen auch mit dem Probe-Stück selbst, welches den Producenten ... nach Untersuchung zurückgegeben wird", sich zu Johannis nach Dresden und zu Michaelis nach Leipzig auf die Messe zu wenden, wo ihm

„fünftens

die Prämie in der Michaelis oder Ostermesse auszuhändigen oder bei noch notwendiger Untersuchung die Prämie in einer Frist von 6 Wochen vom Tage der Einreichung der zu prämierenden Sache an über die das Attestat ausgestellt habende" Dienststelle auszuzahlen[1] war.

Die Prämienaufgaben waren entweder kurzfristig zu erfüllen oder unterlagen keiner zeitlichen Begrenzung, wenn dies die zu fördernde Sache notwendig machte. Während die Anerkennungen anfangs lediglich in Geldprämien bestanden, wurde seit dem Avertissement vom 5. Juni 1782 Personen, „welchen oft noch mehr an dem Beyfall Ihres Landesherrn und an einem davon Zeugniß ablegenden Ehrenzeichen als an dem Gewinnst selbst gelegen ist, ... über den ausgesetzten Preiß zugleich eine Prämien-Medaille gereichet ..."[2], die aus Gold, später auch aus Silber bestand

[1] Akte, Aufnahme, Loc. 5355, Vol. I, Bl. 35, 36.
[2] Akte, Aufnahme, Loc. 5356, Vol. II, Bl. 40.

und in großen und kleinen Stücken ausgeprägt war. Diese Regelung kam dem sozialen Geltungsbedürfnis der als Klasse aufsteigenden Manufakturkapitalisten entgegen und stellte den Beginn von Maßnahmen des Anreizes dar, die im Fabrikzeitalter namentlich durch die Weltausstellungen zu großer Bedeutung in bezug auf Werbung und Reklame gelangten.

Von den Aufgaben der Prämienkasse im einzelnen ist ein großer Teil bereits an zahlreichen anderen Stellen dieser Untersuchung erwähnt worden, so daß hier nur bleibt, jene die Manufakturen direkt angehenden einer Betrachtung zu unterziehen. Prämien wurden sowohl für die Anlage von Manufakturen und „Fabriquen" als auch für neue Fertigungsverfahren in diesen sowie für die Verwendung von billigen und guten Surrogaten ausgesetzt. Dafür einige Beispiele:

> Das Avertissement vom 1. Mai 1765 bot 100 Taler für die Anlage einer „Stercken-Fabrique" mit über 20 Zentner Produktion, „die in Güte und Preiß der hallischen am gleichsten" kommen, und den gleichen Betrag sicherte sie – wie schon einmal erwähnt – für „Anlegung einer Fabrique von Papier maché zur Ersparung von weit kostbarerer Bildhauer- und Stuckarbeit" zu. Nach dem Avertissement vom 13. August 1788 hatte jeder, „welcher an einem nahrungsbedürftigen Orte hiesiger Lande eine nützliche Manufaktur, oder Fabrick anlegt, insonderheit wer steinerne Flaschen, Salpeter, Bleystifte, Feilen, Sicheln, Sensen, Futterklingen und Stahl fabrickmäßig zu verfertigen unternimmt, ... sich deshalb bey der Churfürstl. Landes-Oeconomie-, Manufactur- und Commercien-Deputation unmittelbar, oder bey denen resp. Landes, Creis- oder Amts-Hauptleuten oder sonstiger Behörde zu melden, und nach Beschaffenheit der Umstände und Wichtigkeit der Unternehmung landesherrliche Unterstützung zu gewarten".
>
> Das Avertissement vom 26. Februar 1800 enthielt die Zusicherung, daß „alle diejenigen ... die in der Fertigung und dem Gebrauch bisher üblicher Manufactur-Materialien und Geräthschaften, neue nützliche Veränderungen oder Vortheile der Arbeit, oder besonders auch, anstatt dergleichen Materialien, so bisher schwer zu erlangen gewesen, unbekannte wohlfeilere und doch tüchtige Surrogate anzuzeigen haben, eine Prämie in Höhe von 10 bis 50 Thalern" bekommen[1].
>
> Im Avertissement vom 22. Februar 1820 wurden Prämien von 50 bis 200 Talern für „neue Vorrichtungen zum Ersparniß an Feuerungsmaterial bei Fabrik- und Manufacturanstalten" ausgesetzt[2].

Über die Höhe der insgesamt zur Förderung durch Prämien und Vorschüsse bereitgestellten Staatsmittel berichtet schon der Abschnitt über den Gang der Akkumulation in Sachsen. Wenn jedoch – wie ebenfalls bereits dargestellt[3] – in den zwanziger Jahren des 19. Jahrhunderts die Verwendung dieser Mittel in ihrem Wert für das Wachstum der sächsischen Produktivkräfte herabgesetzt wird, so ist diese Kritik wohl für die vorgenannte Zeit mit ihren neuen Erfordernissen, keines-

[1] Für das erste Beispiel siehe Akte Loc. 5355, Vol. I, Bl. 130; für die weiteren Akte Loc. 5356, Vol. II, Bl. 116, 208/10.

[2] Akte Loc. 6598, Bl. 222.

[3] Abschnitt „Gewinnung von Manufacturiers für Fertigungszweige von Staatsinteresse".

wegs aber für das letzte Drittel des 18. Jahrhunderts berechtigt, in dem sich der Einsatz dieser Fonds auf fast alle Gebiete der Volkswirtschaft nachhaltig auswirkte.

c) Das gewerbliche Erziehungswesen

Niederländer, französische Flüchtlinge und böhmische Exulanten stellten in nicht wenigen Gewerbezweigen die ersten Lehrmeister der aufsteigenden sächsischen Manufakturwirtschaft dar[1]. Nach der seit dem Mittelalter üblichen Handwerkslehre waren diese Form des Erwerbs technischer Bildung sowie der entgegengesetzte Weg, sich die erwünschten Kenntnisse an Ort und Stelle im Ausland zu verschaffen, die einzigen Methoden gewerblicher Erziehung in Sachsen, ehe es zur Ausbildung in eigens dafür eingerichteten Etablissements kam. Der Übergang dazu begann sich um die Wende zum 18. Jahrhundert anzubahnen, als mit wachsenden Märkten und steigender Anwendung komplizierterer und kostspieligerer Werkzeuge das Bedürfnis nach einem zahlenmäßig umfangreicheren und technisch besser ausgebildeten Arbeiterstamm zunahm.

Als erste derartige Einrichtung von größerer praktischer Bedeutung auf diesem Wege ist die unter Johann Georg II. 1678 erfolgte Manufakturgründung in Neustadt Ostra bei Dresden anzusehen, die ähnlich wie auf landwirtschaftlichem Gebiete die Anlage von Mustergütern unter Kurfürst August bewußt dem Ziele dienen sollte, produktionstechnische Fertigkeiten und Kenntnisse im Lande zu verbreiten. Siegmund Ernst Spahn, der Bruder des Nachfolgers von Krafft, schrieb 1745 über die Absicht und den Wert, auf solche Weise ein „Seminarium nützlicher Fabriquen" ins Leben zu rufen[2]:

> „...Es sind also viele Zeuge, als Sargen, feine Soyen, Sarges de Nismes, Strumpffe, Beutel-Tuch, und andere Sorten in solcher Feine und Güte fabriciret worden, als in Engel- und Holland geschehen kan. Und ist nur zu bedauern, daß diese Manufactur, als ein Seminarium nützlicher Fabriquen, nach Ableben meines Bruders fast erstorben und nicht weiter secundiret, und [wären] die sehr kostbaren Geräthschafften und Werck-Muster in der Neustadt-Ostra als eine Schule beybehalten worden, so würde man anietzo erst noch mehr Früchte genießen, und noch mehr Leute in dergleichen Fabriquen gezogen haben, die nunmehro unsere sehr feine zuwachsende Wollen selbst würden nützlich verarbeiten können, daß man nicht denen Schweitzern mit Ausführung derselben so viel 1000 Thaler zuwenden dörffte".

Eine weitere Etappe stellte die geplante Errichtung einer Akademie der Wissenschaften durch die beiden bedeutendsten sächsischen Gelehrten an der Wende zum 18. Jahrhundert dar, Gottfried Wilhelm Leibniz und Ehrenfried Walther von Tzchirnhaus. Dem Bedürfnis des beginnenden Aufklärungszeitalters entsprechend

[1] Vgl. hierzu den Abschnitt über „Die Anwerbung und den Zuzug fremder Manufacturiers" sowie die diesbezüglichen Ausführungen an verschiedenen anderen Stellen dieser Untersuchung.

[2] Leipziger Sammlungen, „Zwey und zwantzigstes Stück", S. 942.

sollte die Anstalt auf praktische Ziele gerichtet sein. Gurlitt berichtet[1], daß August der Starke 1702 dafür eine Summe von 30000 Talern bereitgestellt und Tzchirnhaus als deren Leiter vorgesehen habe. Als Aufgaben im einzelnen seien von Leibniz die Förderung der Bergwerke und „Fabriken", der Statistik, Kunstpflege und „Beobachtung der deutschen Sprache" bezeichnet worden. Die Anstalt sollte nicht nur „alle Wissenschaften, sondern zugleich die ganze Volkswirtschaft, alle Beziehungen des Staates zur Technik umfassen"[2]. Wenn die Verwirklichung der Akademie auch an der durch den Einfall Karls XII. von Schweden sich verschlechternden wirtschaftlichen und politischen Lage Sachsens scheiterte[3], so war mit diesem Projekt doch erstmalig ein umfassendes System technischer Forschungs- und Bildungsziele aufgestellt, an die spätere Bestrebungen anknüpfen konnten.
In dieser Zeit begann auch die Verbreitung technologischer Kenntnisse durch Buchveröffentlichungen einen größeren Umfang anzunehmen. So ließ der Wittenberger Professor Johann Kunkel 1679 sein Werk „Ars vitraria experimentalis oder Vollkommene Glasmacherkunst"[4] erscheinen, das „durchaus auf den Nutzen eingestellt" war. Neben derartigen brauchbaren Abhandlungen standen aber auch solche, die heute wie systematisierte Selbstverständlichkeiten anmuten.
Eine außerordentliche Belebung erfuhr die Einrichtung technischer Bildungsstätten und Gelegenheiten im letzten Drittel des 18. Jahrhunderts. Es handelte sich dabei fast durchweg um ein Bekanntmachen von Kindern und Erwachsenen mit neuen oder noch nicht genügend angewandten Herstellungsverfahren, wie die nachfolgenden Beispiele zeigen:

> Nach dem zweiten Hauptbericht der Landes-Oeconomie-, Manufactur- und Commercien-Deputation vom Jahre 1765[5] hatte „die Kgl. Hoheit ... die zu veranstaltende Anlernung zweier Knaben zu den Hechelmachen gnädigst genehmigt" und „angeordnet, daß für jeden 70 Reichsthaler aus der Prämiencaße gezahlt werden". Es wurden „zwey Soldatenknaben von dem Kriegs-Rath Elsaßer aus Annaberg dazu ausersehen, und dem Hechelmacher Kendler mittels diesfalls mit ihm geschloßenen Contracts zur Anlernung übergeben ...".
> Der Schriftgießer Zinke in Wittenberg wurde von derselben Deputation ermahnt, seine Kunst an Lehrlinge und Gesellen weiterzugeben[6].
> Die Landes-Oeconomie-, Manufactur- und Commercien-Deputation richtete auch „auf den Flachsbau umso mehr ihre Aufmerksamkeit, da dieser der Grund einer der vorzüglichsten Landes-Manufacturen ist und in mehreren Gegenden Flachsmangel besteht. Der in Verbeßerung der Zubereitung des Flachses eine besondere Wißenschaft besizende Breitenbach ist eigends in den Chur-Creiß abgeschicket worden, um dem Landmann hierinnen Unterricht zu geben"[7]. Breitenbach wirkte, wie vorn erwähnt, in gleicher Richtung für den Anbau von Tabak und für die Seidenerzeugung in Sachsen.

[1] Gurlitt, II, S. 146–150.
[2] Ebenda, S. 149.
[3] Ebenda, S. 150.
[4] Ebenda, S. 159.
[5] Akte, Landes-Oeconomie-, Manufactur- und Commercien-Deputation, Loc. 5356, Vol. I, Bl. 127.
[6] Ebenda, Bl. 125.
[7] Ebenda, Bl. 17.

Das Prämienavertissement vom 13. August 1788 sah eine Belohnung von 10 bis 30 Talern je nach Zahl der Lehrlinge, Beschaffenheit und Menge des Gespinstes für denjenigen vor, der mindestens 10 Kindern in einer von ihm errichteten Spinnschule an Orten wo bisher noch keine war, Spinnunterricht gibt[1].
1785 wurde in Dresden, „hauptsächlich durch die Bemühungen des Oberconsistorialraths Dr. Rädler ... eine Realschule mit der Linke-Johnschen Armenschule zu Einem Gebäude und mit Letzterer 1786 eine Industrieschule verbunden“[2], während in Leipzig 1792 eine solche für ungefähr 180 Kinder in Verbindung mit dem Arbeitshause für Freiwillige eingerichtet wurde[3].
1794 fing der Amtmann von Grünhain und Stollberg an, mit Prämien- und Strafgeldern „den Bedürfnissen in Dorfschulen auch einer Klöppelschule im Dorfe Raschau zu Hülfe zu kommen“[4].
In das Jahr 1817 fiel die Errichtung zweier Schafwollspinnereien in Netzschkau und Mylau mit Spinnschulen, über die der Abschnitt „Die Wollmanufakturen“ näheren Aufschluß gibt.
Unter den in den Jahren 1820–25 von der Prämienkasse verteilten Goldmedaillen entfiel eine auf den Apotheker D. Zeisig zu Stollberg wegen seiner privaten Klöppelschule[5].

In den Industrieschulen sollten die Kinder, wie Bülau bemerkt[6], „neben dem Unterricht, zugleich etwas durch Arbeit verdienen“, sie stellten nach Ley[7] „eine verschleierte Unterstützung der Kinderarbeit“ dar. In ihnen trat der Charakter des damaligen gewerblichen Erziehungswesens als einer kapitalistischen Methode zur Erhöhung des relativen Mehrwerts hervor.
Den vollkommensten Stand in der Manufakturperiode erreichte die technische Schulung ohne Zweifel bei der Meißner Porzellanmanufaktur; über ihre Ausbildungsmaßnahmen wurde bereits an anderer Stelle berichtet. Ebenso brachten es einige sächsische Waisenhäuser schon zeitig, wenn auch unter Außerachtlassung des den Kindern gesundheitlich Zuträglichen, zu einer systematischen Anleitung besonders auf textiltechnischem Gebiet, wie die Ausführungen über die im Jahre 1679 gegründete Dresdner Wollmanufaktur gezeigt haben.
Waren es im 17. und 18. Jahrhundert zumeist nur pädagogische Bemühungen auf der unteren Ebene, eine Vermittlung bekannter technologischer Kenntnisse und Fertigkeiten, so begann im ersten Drittel des 19. Jahrhunderts die Forschung mit der Erarbeitung neuer Verfahren einen immer größeren Raum einzunehmen. Der Weg von der 1814 auf Veranlassung des russischen Generalgouverneurs, Fürst Repnin, bei der Akademie der Künste gegründeten Industrieschule bis zu der alle Gebiete der reinen und angewandten Naturwissenschaften in Lehre und Forschung umfassenden Technischen Hochschule Dresden ist Ausdruck dieser Entwicklung[8].

[1] Akte, Aufnahme, Loc. 5356, Vol. II, Bl. 117.
[2] Gretschel, C., und Bülau, Friedrich, „Geschichte des sächsischen Volkes und Staates“, Dritter Band, Leipzig 1853, S. 282–283.
[3] Ebenda.
[4] Akte Loc. 5344, Vol. IX, Bl. 136.
[5] Akte Loc. 6597, Bl. 42.
[6] Gretschel, Bülau, III, S. 282.
[7] Ley, Hermann, „Beitrag zur Geschichte der Technischen Hochschule Dresden“, in: „125 Jahre Technische Hochschule Dresden, Festschrift“, Dresden 1953, S. 22.
[8] Ebenda.

Deren Arbeit galt jedoch schon nicht mehr einer überholten Manufakturtechnik, sondern war bestimmt, der aufsteigenden Fabrikwirtschaft das naturwissenschaftlich-technische Rüstzeug zu liefern.

3. Die Anfänge des Patent- und Musterschutzes

Die Geschichte der Sicherung von Herstellungsgeheimnissen zeigt auch in Sachsen den üblichen Weg von der Anwendung brachialer Gewalt zum Einsatz von Rechtsmitteln. Während noch Böttger, der Erfinder des Meißner Porzellans, strenge, einer Haft gleichkommende Überwachung seiner Laboratoriumsarbeit auf der Albrechtsburg in Meißen, dem Königstein und der Venusbastei in Dresden über sich ergehen lassen mußte[1], kam die Meißner Porzellanmanufaktur bereits in den ersten Jahren ihres Bestehens zu einer rechtlichen Regelung dieser Frage, indem sie „jeden Officianten eine besondere umständliche Instruction" erteilte, „worin jeder angestellten Person die strengste Geheimhaltung jeder Kenntnis von der Porzellanfabrikation zur Pflicht gemacht wurde"[2]. Ebenso zeitig verwendete sie zur Kennzeichnung ihrer Erzeugnisse aufgemalte und eingebrannte Symbole, die Herkunft und Güte zugleich bezeichneten und im Verlaufe der Entwicklung der Manufaktur besonderen Wert für den Schutz ihrer Produktion vor Nachahmungen erhielten. Bald jedoch zeigte sich die Unzulänglichkeit derartiger betrieblicher Reglungen, zumal die aus den Privilegien herrührende Sicherung auch nur die nicht selten enttäuschte Garantie gab, daß innerhalb eines bestimmten Gebietes und einer ebenfalls festgesetzten Zeit die Produktion der in Frage stehenden Ware durch andere nicht zugelassen war oder einer Einschränkung unterlag. Das daraus entspringende Bedürfnis nach wirksameren und allgemein gültigen Maßnahmen wuchs mit zunehmender Industrialisierung immer mehr an, ohne allerdings noch in der eigentlichen Manufakturperiode gesetzlichen Ausdruck zu finden. Wohl aber zeigten sich in ihr Ansätze dazu, die in der Tätigkeit der gleichzeitig mit der Landes-Oeconomie-, Manufactur- und Commercien-Deputation gegründeten kurfürstlichen Prämienkasse zum Ausdruck kamen. Diese war verpflichtet, bei Prämien für neuartige Produkte und Herstellungsverfahren zu prüfen, ob der Prämienbewerber tatsächlich das Erfordernis der Neuheit erfüllt hatte, und nahm damit eine zu den Obliegenheiten eines Patentamtes gehörende Aufgabe vorweg. Eine neuerliche Erweiterung ihrer Funktionen in Richtung einer solchen öffentlichen Kontrollstelle stand für die Prämienkasse um 1830 zur Debatte, als die Frage der Beschreibung und öffentlichen Bekanntmachung von Erfindungen akut geworden war. Die Stellungnahme der Landes-Oeconomie-, Manufactur- und Commercien-Deputation dazu wird nachstehend wörtlich wiedergegeben, da sie die damalige Situation auf dem Gebiete des Erfinderschutzes in Sachsen klar erkennen läßt:

> „Bei der Beurtheilung von Gesuchen um Prämien ist zeither einigemal die Frage in Erörderung gekommen, ob die Ertheilung der Prämie den Empfänger verpflichte, eine Beschreibung seiner Erfindung und des dabei beobachteten Ver-

[1] Böhmert, S. 46.
[2] Ebenda, S. 92.

fahrens der Commerz Deputation zur beliebigen weitern Bekanntmachung mitzutheilen. In so fern die Gemeinnützigkeit einer Erfindung mit deren Geheimhaltung unverträglich ist, möchte die Verpflichtung zur Bekanntmachung wohl als Regel anzusehen seyn, da der Staat nicht gemeint sein kann, Belohnungen aus öffentlichen Mitteln für Zwecke zu bewilligen, aus denen dem allgemeinen Besten kein Vortheil erwächst.

Da indessen die Prämiensätze nicht bedeutend genug sind, um den Erfinder, wenigstens bei Gegenständen von größerem Belange, und bei solchen, die einen bedeutenden Kostenaufwand erfordern, für den Gewinn zu entschädigen, der ihm durch die Veröffentlichung seiner Erfindung entgeht, so würde es nicht ganz der Billigkeit gemäß seyn, und die Wirkung des Prämien-Instituts theilweise aufheben, wenn man die Ertheilung der Prämie unbedingt an jenes Erforderniß knüpfen wollte. Wenigstens möchte dies solange einigem Bedenken unterliegen, als unser Gewerbewesen noch einer Patenteinrichtung ermangelt, welche den Erfinder für eine gewiße Zeit gegen die Nachahmung seiner Erfindung schützt.

Auch giebt es Erfindungen, deren öffentliche Mittheilung für das Publicum keinen reellen Nutzen haben würde, indem deren gemeinnütziger Zweck schon dadurch hinreichend erlangt wird, daß der Urheber selbst sie in Ausübung setzt.

Auf der anderen Seite kommen aber auch nicht selten Fälle vor, in denen der Betrag der Prämie zu den Objecte, für welches sie in Anspruch genommen wird, in einem vollkommen angemessenen Verhältnisse steht, oder wo der Staat gar keine Veranlassung haben würde, eine industrielle Leistung zu belohnen, wenn er dadurch nicht den Vortheil erlangte, die letztere zu einem Gemeingute seiner Industrie zu machen. Es dürfte indessen nicht wohl möglich sein, die Grundsätze, nach denen in dieser Beziehung bei Ertheilung von Prämien zu verfahren sein wird, unter eine allgemeine, auf jeden einzelnen Fall anwendbare Regel zu bringen.

Damit aber aus dem Stillschweigen des Prämien-Ausschreibens über diesen Punkt nicht ein unbedingtes Recht auf die Geheimhaltung der Erfindung unbeschadet des Anspruchs auf die Prämie, gefolgert werden könne, so hat es angemessen geschienen, in den, den neuen Preisaufgaben voranzuschickenden allgemeinen Bestimmungen ausdrücklich zu bemerken, daß die Ertheilung der Prämie der Regel nach die Behörde berechtige, die Erfindung, für welche die erstere bewilligt worden, in beliebiger Weise, so weit es ohne Benachtheiligung des allgemeinen Interesses insbesondere dem Auslande gegenüber, geschehen könne, zu veröffentlichen; daß es jedoch dem Ermessen der Commercien-Deputation anheimgestellt bleibe, in einzelnen Fällen wo die Verhältnisse solches rechtfertigen, eine Ausnahme von jener Regel zu statuiren, dergestalt, daß die Veröffentlichung entweder ganz erlassen werde, oder das Befugnis der Com. Deputation, die eingereichte Beschreibung weiter bekannt zu machen, erst nach Ablauf einer gewissen Zeit eintrete.

Die Behörde würde sich bei der Ausübung dieses Dispensations-Befugnisses nach der oben angedeuteten Rücksicht zu richten haben“[1].

Eine Regelung im modernen Sinne erfuhr der Erfinderschutz in Sachsen erst mit der Gründung der „Technischen Deputation“ beim Ministerium des Inneren im Jahre 1863, dessen II. Abteilung bis dahin in eine Prüfung der zur „Privilegierung“ angemeldeten Erfindung eintrat[2].

[1] Akte Loc. 6597, Bl. 84, 87.
[2] Siehe Akten der Technischen Deputation (Technischer Rat) im LHA.

4. Gleichlaufende Maßnahmen von privater Seite

Neben den auf die Förderung der Manufakturen direkt gerichteten staatlichen Maßnahmen und jenen dem gleichen Zweck mittelbar dienenden Einrichtungen und Regelungen wie den Messen und Schauanstalten, der Reform des Geldwesens, der Vereinheitlichung von Gewicht und Maß[1], gelockerten Kleiderordnungen, wie der von 1750[2], standen die anderer öffentlicher Stellen sowie eine auf diesem Gebiet nicht unbeträchtliche Privatinitiative.

Den ersten Rang nahm hinsichtlich des Wertes der Vorschläge und der Dauer ihrer Wirksamkeit die am 26. Mai 1764 gegründete „Leipziger Ökonomische Societät" ein[3], deren Zielsetzung aus ihrer „Ersten Anzeige" hervorgeht, in der es heißt: „Die Verbindlichkeit, mit vereinigten Kräften an der Beförderung des allgemeinen Besten zu arbeiten, hat die Errichtung einer Gesellschaft veranlasst, welche den Nahrungsstand überhaupt, als Land- und Stadtwirthschaft, Manufakturen und Handlungen im weitesten Umfange, zum Gegenstande ihrer Beschäftigungen macht ..."[4]. Die Gesellschaft hatte den Charakter einer Arbeitsgemeinschaft, einer Akademie mit ernannten sowie mit von sich aus beigetretenen Mitgliedern. Neben der Zahlung von Beiträgen waren diese zur „Correspondenz" an die Sozietät verpflichtet, wenn sie zur Kenntnis dessen beitragen konnten, „was in das Ganze des Nahrungsstandes, es sey nun zu dessen Beförderung oder Verfalle, einen beträchtlichen Einfluß hat ..."[5]. Zur Mitarbeit in Gestalt von Abhandlungen und Versuchen wurden namentlich Landwirte, Bauern, Künstler, Handwerker, Förster und Gärtner aufgerufen. Die Sozietät schrieb jährlich Preisaufgaben über je ein landwirtschaftliches, naturwissenschaftliches und kameralistisches Thema aus[6], für deren beste Lösung sie 80 und je 50 Taler bereitstellte. Ihrem akademieähnlichen Charakter gemäß bestand bei der Sozietät eine Einteilung der Arbeitsbereiche in Klassen und Sektionen. Errichtet wurde unter anderem eine solche für „Manufacturwesen", die sich in zwei Unterabteilungen gliederte: „a) für diejenigen Manufakturen, welche auf die erste Verarbeitung der rohen Materialien aus dem Thier- und Pflanzenreiche abzwecken und b) für diejenigen, welche die weitere Verarbeitung der aus jenen rohen verfertigten zweiten Materialien in sich begreifen"[7].

An Erfolgen in bezug auf die Förderung der Manufakturen konnte die Sozietät für sich die 1767 erfolgte Errichtung der bereits bei den Ausführungen über Korporationen als Eigentümer von Manufakturen erwähnten „Bleyweiß- und Menig-Fabrique" sowie die schriftliche und mündliche Verbreitung von Kenntnissen über

[1] Vgl. hierzu: Gretschel, Bülau, III, S. 260–266; außerdem Gretschel II, S. 96, 187, 194, 516, 600, 614.
[2] Näheres hierüber bei Fiedler, Alfred, „Deutsche Volkstrachten, mit farbigen Zeichnungen von Ursula Berger", Leipzig 1954, S. 10.
[3] Kohlsdorf, a. a. O.; Rößig, Produkten, S. 17 u. 18.
[4] Ebenda, S. 3.
[5] Ebenda, S. 4.
[6] Ebenda, S. 7.
[7] Ebenda, S. 9.

die Schafzucht für sich buchen[1]. Ferner hatte sie an der Gründung einer Spinnschule in Klingenberg im Jahre 1773 Verdienst[2]. Sie beriet die Landes-Oeconomie-, Manufactur- und Commercien-Deputation bei der Aufstellung von Preisaufgaben für die kurfürstliche Prämienkasse und verteilte selbst wie diese Geldbelohnungen, die von Mitgliedern der Sozietät für bestimmte Leistungen gestiftet worden waren. Erstreckte sich die Tätigkeit der Leipziger Ökonomischen Sozietät in den ersten siebzig Jahren ihres Bestehens auf alle Gebiete der Volkswirtschaft, so trat danach, wie Kohlsdorf schreibt[3] – dessen Veröffentlichung deshalb fast ausschließlich herangezogen werden mußte, weil die Mehrzahl der diesbezüglichen Akten des Landeshauptarchivs durch Kriegseinwirkung verloren gegangen ist – eine Beschränkung auf ausschließlich landwirtschaftliche Zwecke ein.

Zu dieser organisierten Privatinitiative trat eine ungebundene, die sich in einer unübersehbaren Fülle von Eingaben einzelner an den Landesherrn und die staatlichen Behörden sowie in Buchveröffentlichungen und in den Zeitungen und Zeitschriften der Manufakturperiode äußerte. Die Vorschläge betrafen die verschiedenartigsten Gebiete und waren nach dem Ende des Siebenjährigen Krieges besonders zahlreich. Die Landes-Oeconomie-, Manufactur- und Commercien-Deputation berichtet darüber 1765, daß sie die mannigfaltigen bei ihr eingereichten Projekte zur Verbesserung der „Landes-Oeconomie, der Manufakturen und des Commercii" geprüft habe; sie seien – weil lediglich theoretisch – aber meistens unbrauchbar gewesen. Sie selbst wandte dabei „insbesondere den Vorschlägen ihre Aufmerksamkeit" zu, die sich mit „der Wiederherstellung derer durch den Krieg zerstörten, oder in besondere Abnahme gerathenen Städte" befaßten[4].

> So schlug der „Cammer-Aßistenz-Rat" Fischer für den Wiederaufbau von Dresden vor, „der Judenschaft die Anschaffung eines Vorschusses von einigen Tonnen Goldes aufzuerlegen", was von der Deputation jedoch „billig verworfen" wurde.
> Für Torgau, neben Dresden und Wittenberg eine durch den Siebenjährigen Krieg am meisten in Mitleidenschaft gezogene Stadt, wurden die „Anlegung eines beständigen zwischen Dresden und Torgau ab- und zugehenden Markt-Schiffes", die „Anlegung einer Potaschen-Siederei", die „einer Wachs- und Starr-Leinwand-Manufactur" sowie die „einer Fayence-Fabric in dasigem Schlosse"[5] empfohlen.
> Der Deputation wurden ferner „verschiedene Gedanken über die Verbeßerung der Tuch-Manufakturen überhaupt und insonderheit von dem Bürgermeister Riech in Görlitz über dasige Tuch-Manufactur ingleichen von dem Landes-Hauptmann in der Oberlausitz über die zu Abfaßung eines Tuch-Reglements entworfene Tabellen nebst einiger Nachricht von der Tuchmanufactur zu Bernstadt und Seydenberg zugesandt ...".

Teilweise forderte die Landes-Oeconomie-, Manufactur- und Commercien-Deputation Privatpersonen direkt zur Einreichung von Verbesserungsvorschlägen für

[1] Rößig, Produkten, S. 10 u. 11.
[2] Ebenda, S. 12 u. 13.
[3] Ebenda, S. 32.
[4] Akte, Landes-Oeconomie-, Manufactur- und Commercien-Deputation, Loc. 5356, Vol. I, Bl. 9.
[5] Ebenda, Bl. 9 u. 10.

besonders bedeutungsvolle Manufakturzweige auf, wie das Beispiel des „geschickten" Tuchmachers Schönfeldt zu Torgau zeigt, den sie zur Verbesserung des Tuchgewerbes um die Äußerung seiner Ansicht darüber bat[1].

Aus der Menge der außerdem aktenkundig gewordenen Vorschläge im 18. Jahrhundert noch einige Beispiele in Form der Titel jener über sie berichtenden Akten:

1735

„Derer Sechs-Städte in der Oberlausitz wegen des Verfalls derer Commercien u. bürgerlichen Nahrungen angebrachte Beschwerden, und die zu deren Abwendung in Vorschlag gebrachten Mittel"[2].

1736 fl.

„Die von Z. P. Stechenelli zu Wieder-Emporbringung des Commercii pp. Conservation des Adels ... [?] gethane Vorschläge"[3].

1737

„Die von J. G. Meyern zu Beförderung des Debits der sächs. Wollen und andren Manufacturen außerhalb Landes pp. gethane Vorschläge"[4].

1737. 38

„Den von dem Marschall-Amts Copüsten Johann Gottfried Gutkäßen gefertigten Commercien-Plan betr."[5].

1737

„Christian Langens zu Emporbringung derer Commercien und Manufacturen in Sachßen, und insonderheit der Weydaischen Wollenzeug, Fabrique gethane Vorschläge, ingleichen desselben Suchen und Auffnahme eines Capitals von 10000 Thlr. auf die Weydaischen Raths-Gehölze, samt was dem mehr anhängig betr." Anno 1737[6].

1739–43

„Johann Gottlob Heßens, Kaufmanns zu Regensburg verschiedne Vorschläge wegen Emporbringung derer hiesigen Wollen-Manufacturen, ingl. die von selbigem käufl. an sich zu bringende privilegirte Weydaische Schönfärberei u. Zeug-Waaren-Fabrique"[7].

1749

„Die von dem Kaufmann zu Leipzig J. Chr. Raabe zu Emporbringung des Commercii hiesiger Lande gethane Vorschläge, ings. die Anweisung der Unterobrigkeiten wegen der zu thunden Anzeige von dem Zustande der Fabriquen an jeden Orte"[8].

1749

„Die von denen Kauff- und Handels-Leuten, auch Cramer Meistern zu Leipzig wegen verschiedener den Commercio hiesiger Lande nachtheiligen Beschwerden gethane Vorstellungen betr."[9].

1752

„Des Baron Stein Vorschläge zu Wieder-Herstellung und beßerer Emporbringung des sehr in Verfall gerathenen Tuchmacher-Handwercks in Sachßen"[10].

[1] Akte, Landes-Oeconomie-, Manufactur- und Commercien-Deputation, Loc. 5356, Vol. I, Bl. 29, 96.

[2] LHA, Loc. 5845.

[3] LHA, Loc. 5321; im Lokat nicht mehr enthalten.

[4] LHA, Loc. 5327.

[5] LHA, Loc. 5321.

[6] LHA, Loc. 5419.

[7] LHA, Loc. 5420.

[8] LHA, Loc. 5321; im Lokat nicht mehr enthalten.

[9] LHA, Loc. 5320.

[10] LHA, Loc. 5412.

1763. 64

„Des Kaufmann Schönherrns zu Zschopau Vorschläge wegen Verbeßerung derer wollenen, leinenen- und baumwollenen Manufacturen im Erzgebürgln. Creyße, ingleichen des Tuchs-Fabricanten Schönefeldts zu Torgau Erinnerungen den Zustand dasiger Fabriquen betr.: Wie auch des Kaufmann Schönherrns zu Zschopau gesuchte Confirmation und resp. Extension des seiner daselbst besizenden Bleiche ehedem verliehenem Privilegii betr."[1].

1766

„Das Generale wegen derer bei denen Spitzen-Fabriquen hiesiger Lande, sich hervor gethanen Unordnungen ... die zu Conservation der inländischen Spitzen-Manufactur gethane Vorschläge ..."[2].

1778

„Den von Wolf Eyberschütz genannt Adlersthal eingereichten Entwurf, einer von ihm und Comp. zu übernehmenden sogenannten Administration der Tabacks-Regie, cum Privilegio exclusivo der Fabricatur und Handlung betr."[3].

Aus den sich mit der Lage der sächsischen Manufakturen und des Handels sowie den Maßnahmen zu deren Förderung beschäftigenden Druckschriften ragt das von dem Landpfarrer M.Ernst August Sörgel 1801 in Gera veröffentlichte „Memorial an Se. Churfürstliche Durchlaucht von Sachsen, in betreff des dem Verderben nahen Manufactur- und Handelswesens" hervor; es rief einen Sturm mündlicher und gedruckter, zumeist ablehnender Stellungnahmen hervor, da es – für den Staat unbequem – schonungslos eine Reihe von Mißständen im Wollgewerbe aufdeckte, die durch staatliche Maßnahmen zumindest hätten gebessert werden können. Wegen seines Wertes für die Erkenntnis der Ursachen des Verfalls der sächsischen Manufakturen wird dieses Memorial mit den zahlreichen kritischen Äußerungen[4] dazu im dritten Teil der vorliegenden Untersuchung noch einer eingehenden Betrachtung unterzogen.

[1] LHA, Loc. 5353.
[2] LHA, Loc. 5411.
[3] LHA, Loc. 5394.
[4] v. Seckendorf, Gustav, Anton, „Ist die sächsische Wollmanufaktur ihrem Verderben nahe? Beantwortet in Hinsicht auf die seit ... 1583 erschienenen Landesgesetze und die im Sörgelschen Memorial an Sr. Churfürstl. Durchl. zu Sachsen enthaltenen Behauptungen". Pirna und Dresden (1801); Leonhardi, F. G., „Bemerkungen über Manufakturen, Fabriken und Handel überhaupt und von den sächsischen Baumwollen- und Wollen-Manufakturen insbesondere mit Rücksicht auf das Sörgelsche Memorial". Leipzig 1802; Ohne Angabe des Verfassers, „Etwas zur Würdigung der Schrift: Ist die sächsische Wollmanufaktur ihrem Verderben nahe? nebst einigen Gedanken, wie durch gemeinschaftliche Maaße regeln diesem Verderben ... gesteuert werden könnte", (1802?); Ohne Angabe des Verfassers, „Darstellung der Unrichtigkeit und der Entstehungs-Ursachen des Sörgelschen Memorials in Betreff des Chursächsischen Manufactur- und Handels-Wesens und über den jetzigen wahren Zustand des sächsischen Handels insbesondere aber der Woll- und Baumwollen-Manufakturen". Leipzig 1802; Heinse, Gottlob Heinrich, „Patriotischer Vorschlag, wie dem Verfalle der sächsischen Manufakturen nicht nur zu steuern, sondern auch der Flor derselben höher als je zu bringen wäre. Mit nahem Bezug auf Sörgels Memorial an Sr. Churf. Durchl. zu Sachsen". Wittenberg 1802.

Der Wert der privaten Initiative lag keineswegs im Wirtschaftlich-Technischen. Dazu waren die wirklich brauchbaren Vorschläge zu selten. Wohl aber kam ihr in sozialer und politischer Hinsicht eine nicht zu übersehende Bedeutung zu, da sich in ihr der unbändige, verfassungsmäßig noch nicht berücksichtigte Drang breiter Schichten des sächsischen Volkes nach dem Recht auf Mitgestaltung der wirtschaftlichen Gesamtbelange äußerte.

TEIL III

DER WIDERSPRUCH ZWISCHEN DEN PRODUKTIVKRÄFTEN UND DEN PRODUKTIONSVERHÄLTNISSEN IN DER MANUFAKTURPERIODE UND DER VERFALL DER MANUFAKTUREN

KAPITEL I

DIE WIRTSCHAFTLICHEN UND SOZIALEN GEGENSÄTZE IM MANUFAKTURWESEN

1. *Die Klassengegensätze*

In seinem Werk über die Wirtschaftsgeschichte der Neuzeit wendet sich Hausherr[1] gegen die Ansicht, daß die Manufaktur „das notwendige historische Zwischenglied zwischen einer Epoche verlegerisch zusammengefaßten Hausgwerbes und der des modernen Fabrikwesens gebildet hätte". Wenn in England nach Hausherr auch „nur ganz selten ... Maschinen in eine bestehende Manufaktur gesetzt worden" sind und in der Regel „die Fabriken aus neuer Wurzel" entstanden[2], so ist doch für Sachsen die Zahl der Fälle nicht unerheblich, in denen eine kontinuierliche Entwicklung von der auf Handarbeit beruhenden arbeitsteiligen Kooperation zu der mit Maschineneinsatz nachweisbar ist. Es erscheint auf Grund der sächsischen Verhältnisse deshalb durchaus berechtigt, die vorgenannten Betriebsformen als eine Entwicklung vom Einfachen zum Höheren, als einen aus ökonomischer und sozialer Notwendigkeit entspringenden Produktionsfortschritt zu begreifen und darzustellen. Der Hauptwiderspruch der kapitalistischen Manufaktur als der allein entwicklungsfähigen Form der arbeitsteiligen Kooperation lag darin, daß sich ihr unbegrenzter Profitdrang den Beschränkungen einer zünftigen

[1] Hausherr, S. 170.

[2] Ebenda, S. 301; vergl. hierzu auch: Jahn, Georg, „Die Entstehung der Fabrik", in: „Schmollers Jahrbuch", 69. Jahrg., 1. Heft, Wiesbaden 1949, S. 89–116, 2. Heft, 1949, S. 65–91; Jahn lehnt es ebenfalls als unhaltbar ab, davon zu sprechen, „das Gewerbe habe auf seinem Wege vom Handwerk zum industriellen Großbetrieb regelmäßig und nacheinander die Stufen des Verlagssystems (der hausindustriellen Organisation), der Manufaktur (des arbeitsteiligen, maschinenlosen Betriebes) und der Fabrik (des arbeitsteiligen mechanisierten und motorisierten Betriebes) durchschritten" (ebenda, 1. Heft, S. 93). Für ihn ist die Fabrik auf viererlei Weise entstanden: 1. aus der mechanischen Werkstatt des Spätmittelalters (ebenda, 1. Heft, S. 94), 2. aus dem arbeitsteiligen Verlagsgewerbe (ebenda, S. 101flg.), 3. aus dem Handwerksbetrieb (ebenda, 2. Heft, S. 73flg.), 4. aus neuer Wurzel, gleich als Fabrik (ebenda, S. 91). Jahn übersieht dabei aber dreierlei: erstens, daß ein Teil seiner „mechanischen Werkstätten" – so die Münzen – Manufakturen darstellten, zweitens, daß es sich bei nicht wenigen seiner die Entwicklung aus dem „Verlagsgewerbe" illustrieren sollenden Beispiele ebenfalls um Manufakturen, und zwar um zerstreute handelte, und drittens, daß zahlreiche, von ihm für den Übergang vom Handwerksbetrieb zur Fabrik als charakteristisch herangezogene Werkstätten ganz deutlich zeigen, daß der Handwerksbetrieb – wenn auch rasch – erst das Stadium der Manufaktur durchlief, ehe er zur arbeitsteiligen Mechanisierung und zur Motorisierung überging.

und feudalen Umwelt gegenübersah, und der entwicklungsgeschichtliche Zusammenhang zwischen Manufaktur und Fabrik wurde durch eine die Produktivkräfte wie eine die Produktionsverhältnisse und den Überbau berührende Seite herbeigeführt: einmal durch den Mechanisierungsprozeß der von der Manufaktur herausgebildeten handwerklichen – sporadisch auch schon mechanisierten – Teilverrichtungen[1], zum anderen durch den allmählichen Abbau der feudalen Hemmungen, der mit dem Aufkommen der neuen Produktivkräfte in Gestalt der Maschinen zu einer Revolutionierung der gesamten Produktionsweise führte und zugleich das Ende der Manufaktur als Prototyp des Produktionsfortschritts bedeutete. Eine Darstellung des Werdegangs einschließlich des Verfalls der Manufakturen kann deshalb nicht nur unter dem Blickwinkel des Wachstums ihrer Produktivkräfte erfolgen, wie dies hauptsächlich im ersten und zweiten Teil der vorliegenden Schrift geschah, sondern muß die Beweggründe einbeziehen, aus denen heraus es zu einer Förderung oder Hemmung der Manufakturen in Sachsen kam. Diese Motive ergaben sich aus den in Auflösung begriffenen feudalen Zuständen und verlangen zu ihrer Feststellung eine Analyse der Klassenlage und Klassenbeziehungen jener Zeit. Dabei kommt es hier lediglich darauf an, die für eine solche Untersuchung notwendigen Grundtatsachen herauszustellen und die komplizierte Problematik anzudeuten, die sich aus der Koexistenz von feudalem Bürgertum, kapitalistischer Bourgeoisie und Feudalherren ergab, ohne dabei auf die Entwicklung im Einzelnen einzugehen.

Die Spitze der feudalen Hierarchie bildete der Kurfürst als Landesherr[2]. Für seine persönlichen Bedürfnisse standen ihm die Einnahmen aus den Kammergütern und Regalien zu, während er zur Deckung der direkten Staatsausgaben auf die Bewilligung von Steuern durch die Stände angewiesen war. Eines der Mittel, um sich von deren Budgetrecht finanziell und damit zugleich von ihnen politisch unabhängiger zu machen, sah der Souverän in der Gründung von Staatsmanufakturen und der Förderung der privaten Manufakturindustrie. Die bisher getroffenen positiven Feststellungen über ihre Förderung durch den Staat dürfen aber nicht zu der Ansicht verleiten, die Fürsten mit ihrer Verwaltungsbürokratie seien jene gesellschaftlichen Kräfte gewesen, die den Gesetzmäßigkeiten des emporstrebenden Kapitalismus zum Durchbruch verhalfen. Ihre Rolle dabei ist keineswegs als eine originäre aufzufassen. Die Entwicklung zum Kapitalismus ging – wenn auch langsamer – selbst in jenen Epochen voran, in denen die staatliche Förderung der Wirtschaft sich abschwächte, ganz aufhörte oder sich in ihr Gegenteil ver-

[1] Vgl. hierzu auch Friedrich Lütge, „Deutsche Sozial- und Wirtschaftsgeschichte", Berlin 1952; Lütge schreibt dort auf S. 255: „Wird im Prinzip in diesen Manufakturen auch handwerkliche Technik angewandt – wodurch sie sich ja von den späteren Fabriken unterscheiden –, so ist in ihnen doch die Möglichkeit einer Fortentwicklung der Gewerbetechnik gegeben, gegen die die Zünfte sich im allgemeinen hartnäckig zur Wehr setzten".

[2] Die Oberlausitz hingegen mit ihrer ausgeprägten ständischen Verfassung stellte eine „Adelsrepublik" dar, und Sonderverhältnisse herrschten in Bezug auf die Souveränität des sächsischen Kurfürsten auch in der Niederlausitz, den „Stiftern" und einigen anderen Landesteilen.

kehrte. Solche Perioden waren durchaus nicht selten. Der in bezug auf seinen klaren Blick schon mehrfach in dieser Untersuchung gewürdigte Bodemer hebt hervor, daß die Manufakturentwicklung in Sachsen schon deshalb stärker als in manchem anderen Lande vor sich gehen konnte, weil sich dort die Fürsten in der Regel überhaupt nicht um die Wirtschaft kümmerten. Zahlreiche Einengungen fielen so – ganz im Gegensatz zu Preußen – zugunsten einer freieren Entfaltung von vornherein weg. Dadurch konnte die spontane Entwicklung zum Kapitalismus – getragen von den Manufacturiers – ungehinderter ihren Lauf nehmen. Trat aber Förderung von oben ein, so bedeutete diese lediglich eine durch die Konzentration der Kräfte des Volkes veranlaßte Verstärkung und Beschleunigung des zwangsläufigen Entwicklungsprozesses. Dem Landesherrn kam es in erster Linie auf die Konservierung des feudalen Systems an, die für ihn vor allem Stärkung seiner Hausmacht und zugleich Sicherung der ökonomischen Grundlagen der feudalen Hauptklasse, der Grundherren, bedeutete, der er selbst angehörte. Diesem Ziele diente er auch durch Ausnutzung der neuen Gesetzmäßigkeiten und konnte so zur Exekutive der neuen kapitalistischen Industriebourgeoisie werden, ohne gleichzeitig seine Rolle als Vollstrecker feudaler Klasseninteressen außer acht zu lassen.

Sachsen war während der ganzen Epoche, in der seine Manufakturen zur Entfaltung und Blüte kamen, ein ständischer Staat. Diesen Charakter bewahrte es – mit Mühe zwar – selbst unter Landesfürsten wie August dem Starken und seinem ministerhörigen Nachfolger, die, durch überspannte politische und militärische Ziele, Verschwendungssucht und Korruption getrieben, die Rechte der Stände einzuschränken suchten und sich vor allem ohne Rechtsgrundlage über deren hauptsächlichstes Recht, das Bewilligungsrecht, hinwegsetzten. Staatsrechtlich jedoch war Sachsen zu keiner Zeit rein absolutistisch, sogar die kurze Zeitspanne der Existenz des „Generalrevisionsrates" unter August dem Starken nicht ausgenommen.

Die Stände bildeten den Landtag, der aus drei Bänken bestand, einer ersten, die Prälaten, Grafen und Herren, einer zweiten, die Ritterschaft, und einer dritten, die Städte umfassenden. Sie vertraten nicht nur gegeneinander, sondern auch unter sich außer gleichen eine Vielzahl der verschiedensten politischen und ökonomischen Interessen. Besonders deutlich kam dies bei der Vertretung der Städte zum Ausdruck, in der die Zielsetzungen der Kaufleute, Handwerker, Ackerbürger und in zunehmendem Umfange auch die der Manufacturiers aufeinanderstießen.

Von den Klassen jener Zeit hatte somit nur die der feudalen Grundherrn ein direktes ständisches Organ, während die zweite und zahlenmäßig bedeutsamste Hauptklasse, die der Bauern und die namentlich im 18. Jahrhundert stärker anwachsenden Klassen der Manufacturiers und Manufakturarbeiter nur indirekt oder gar nicht vertreten wurden.

Mit dem Souverän waren die Stände durch ein ausgedehntes System von Vorrechten verbunden, die ihre Stellung in der feudalen Gesellschaftsordnung und damit diese selbst festigten. Die Haltung der meisten Klassen und Schichten den Manufacturiers gegenüber wurde davon bestimmt, ob und inwieweit diese Verfechter einer neuen, kapitalistischen Betriebsweise jene staatlichen Begünstigungen und damit die Existenzgrundlage der Bevorrechtigten beeinträchtigten bzw. gefährdeten. So ist vor allem der Widerstand des Handwerks und eines Teiles der Kaufmannschaft zu erklären. Die Haltung der Kaufmannschaft den Manufakturen gegenüber war zwiespältig. Sie stand wohl mit dem Handwerk, wie zahlreiche Beispiele beweisen, im Lager der manufakturfeindlichen Reaktion.

So berichtet Gurlitt[1], daß die Plauener Schleierhändler die 1695 von J. F. Schild als Faktor Leipziger Kaufleute in Plauen angelegte Baumwollmanufaktur dadurch bekämpften und ihr Wachstum stark hemmten, daß auf ihre Veranlassung der Manufaktur die Inbetriebnahme von Wirkstühlen auf dem Lande untersagt wurde.

Nach Gretschel[2] waren Abwerbung und Abwanderung tüchtiger sächsischer „Fabrikanten und Arbeiter in Wolle“ besonders nach Brandenburg „den Chikanen der Leipziger Kaufleute“ zuzuschreiben, die unter anderem nicht dulden wollten, „daß die von den schweizerischen Emigranten schon im 16. und 17. Jahrhunderte im Erzgebirge und Vogtlande, besonders in Plauen, begründeten Baumwollenmanufacturen ihre Baumwolle unmittelbar von Wien bezogen, und ... deshalb bei verschiedenen Landesversammlungen (1722, 1728 und 1731)“ einkamen.

Ebenfalls von Gretschel[3] wird erwähnt, daß sich die Kaufleute von Leipzig und Dresden gegen die Kleiderordnung vom 21. Februar 1750 wandten, da sie in ihr „ein schädliches Monopol für die Fabriken und eine Benachtheiligung des Handels“ sahen. Nach ihm wurden sie dabei „auf dem Landtage 1749 von den Städten kräftig unterstützt, während die Ritterschaft, die vornehmlich auch gegen die von den Städten verlangte Wegnahme der Fabriken vom platten Lande stritt, jene Bedenken als unerheblich bezeichnete“[4].

Die Kaufmannschaft war aber fortschrittlich, wenn sie über den Verlag zu manufakturmäßiger Eigenbetätigung überging. Sie förderte die neue, auf Massenabsatz angewiesene Betriebsform vor allem durch die Gewinnung von Märkten.

Auch beim Grundadel zeigten sich sowohl manufakturfeindliche als auch manufakturfreundliche Tendenzen. Sein Vorrecht der ungehinderten Wollausfuhr beispielsweise hinderte bei dem zuweilen sehr stark auftretenden Mangel an Wolle die Entwicklung der sächsischen Wollmanufakturen und Wolle verarbeitenden Handwerksbetriebe. Die adligen Grundbesitzer konnten ihre Wolle im Ausland zu einem höheren Preis als in Sachsen absetzen, und der Kurfürst beließ ihnen trotz der Einsicht in die Schädlichkeit dieser Ausfuhr für das heimische Wollgewerbe das Vorrecht, das die feudalökonomische Grundlage der Ritterschaft nicht unerheblich stärkte. Andererseits sprach diese sich, wie weiter vorn erwähnt, gegen das Verbot von Manufakturen auf dem Lande aus, an dem das städtische Handwerk Interesse hatte, und ging, soweit sie in der neuen Betriebsweise eine Chance sah, ihre Revenuen zu erhöhen oder auf eine neue und bessere Grundlage zu stellen, selbst zur Gründung von Manufakturen über. Es war ein Anpassungprozeß des Adels an die durch den Übergang von der Natural- zur Geldwirtschaft veränderte

[1] Gurlitt, II, S.176
[2] Gretschel, II, S. 638.
[3] Gretschel, Bülau, III, S. 78.
[4] Ebenda

Situation. Besonders in der Stadt Dresden kam es während der ersten Hälfte des 18. Jahrhunderts zu Manufakturgründungen durch Adlige[1].
Wie aus dem Manufakturtabellarium zu erkennen ist, nahmen die Klassen der Manufacturiers und Manufakturarbeiter bis zum Ende des 18. Jahrhunderts zahlenmäßig immer mehr zu. Dies bedeutete zugleich wachsende ökonomische Macht dieser neuen Klasse von industriellen Bourgois, der nicht nur der fürstliche Absolutismus und die Stadtbehörden immer mehr Rechnung zu tragen hatten, sondern auch die mit den Manufacturiers zugleich entstandene komplementäre Klasse der Manufakturarbeiter immer drückender zu spüren bekam und die zu einer wachsenden Zuspitzung der gesellschaftlichen Widersprüche und Klassengegensätze führte. Der Gegensatz Manufacturier – Manufakturarbeiter stellte die der neuen Produktionsweise am unmittelbarsten entspringende Beziehung dar. Sie war mit wenigen Ausnahmen ein rein kapitalistisches Produktionsverhältnis. Dem Manufacturier als Eigentümer der Produktionsmittel stand die sich zumeist aus proletarisierten Handwerkern, entwurzelten Bauern, landlosen Landarbeitern und abgedankten Bergarbeitern zusammensetzende Klasse der Lohnarbeiter gegenüber, die unter ihrer Expropriation und der scharfen Ausbeutung ihrer Arbeitskraft durch den Manufacturier litt. Wenn dieser Gegensatz in seinem Einfluß auf Hemmung oder Förderung des durch die Manufaktur bewirkten Produktionsfortschritts weit hinter die vorerwähnten zurücktritt, so liegt die Ursache darin, daß die Konzentration der Arbeitskräfte in den einzelnen arbeitsteiligen Werkstätten noch gering war und diesem jedwede Organisation und größere Zielstrebigkeit des Kampfes fehlte. In einigen Fällen jedoch kam es durch Maßnahmen von Manufakturarbeitern zu recht empfindlichen Störungen des Betriebsablaufs und zu einer direkten Gefährdung der Existenz solcher Werkstätten. So entzogen sich – wie schon im Abschnitt über die Abwanderung von Manufacturiers dargestellt – Arbeitskräfte zerstreuter Manufakturen der unerträglich gewordenen Ausbeutung durch Abwanderung ins Ausland. Andere wiederum stärkten ihre Position den Manufacturiers gegenüber durch Selbsthilfeeinrichtungen, so die Arbeiter der Meißner Porzellanmanufaktur.
Die Fronten für und gegen die neue Betriebsweise zeigten sich in Sachsen, ohne daß darin während des weiteren Verlaufs eine wesentliche Änderung eingetreten wäre, fast lückenlos bereits im Anfang der Manufakturentwicklung, und als Musterbeispiel dafür kann die Haltung herangezogen werden, die von den Ständen bzw. Klassen bei der in Neustadt-Ostra bei Dresden erfolgten Gründung der Krafftschen Manufaktur eingenommen wurde.
Das Hauptinteresse an der Errichtung dieses Betriebes hatte neben dem Manufacturier Krafft als Vater des Gedankens der Souverän selbst, der sich außer fiskalischem Gewinn von der Manufaktur die Befriedigung eines Teiles seiner Luxusbedürfnisse versprach. Stimmen, die darauf abzielten, den Kurfürsten mit fiskalischen Argumenten davon abzubringen, entkräftete Krafft in einem Schreiben an diesen vom 26. Januar 1676 wie folgt:

[1] Trautmann, S. 46 u. 47.

„Bey der Seiden Manufactur ist mir zwar zu öftern objicirt worden, daß wohl endlich dieselbe auf das Land einigen Nuzen bringen könte, hergegen aber währe gewiß daß es Ihrer Churfürstl. Durchl. schädliches wehre, In dem durch die Schmälerung derer Zölle und Gleite Dero Cammer Intraden gehindert würde ... Wenn man aber gestehen muß, daß das Land von einiger Sache einen Nuzen habe, undt doch gläuben will, daß es dem Landesfürsten schädlich sey, solches halte ich vor eine vollkommene contradiction. Denn des Landes-Fürsten und des Landes Nuz sind unseparirliche Dinge, und ist unmöglich, daß dasjenige was dem Einen nüze, dem andern schaden könne"[1].

Der im Landtagsabschied von 1676 zum Ausdruck gebrachte kurfürstliche Vorschlag, die Manufaktur zu errichten und zu ihrer Finanzierung einen Reichstaler „auf ieden brauchbaren Wind-Waszer- und Schiffmühlengang" zu erheben, war von der „Landschaft" offenbar einmütig gebilligt worden.
Es zeichnete sich bei dieser Gelegenheit aber auch schon die Gegnerschaft ab, die den Manufakturen im Handwerk erwuchs und den Kurfürsten zu Schutzmaßnahmen für die neue Betriebsweise veranlaßte, indem er bestimmte:

„Wie Wir dann diejenigen so bey fabricirung der Manufacturen zur Arbeit gebraucht werden, wieder allerhand schimpfliche Nachrede, und Zunöthigungen der Handwergksmeister und Gesellen, nachdrücklich schützen, und unter dem praetext der Innungen bey erster Bestraffung in keine Wege turbiren noch hindern laßen"[2].

Die der arbeitsteiligen Kooperation dem Handwerk gegenüber gewährte kurfürstliche Hilfe bezog sich auch auf die Sicherung ihres Rohstoffbezugs, indem der Souverän dem Handwerk den Ankauf der Wolle auf dem Lande verbot und durch die Bestimmung, daß diese „zu feilen Kauffe" in die Städte zu bringen sei, gleiche Bedingungen für alle wollverarbeitenden Werkstätten schuf, sowie auf das der Manufaktur in Neustadt-Ostra eingeräumte Recht, für das Wirken von Borten Mühlstühle einzuführen, die dem Handwerk zu dieser Zeit noch verboten waren[3].
Auch der Interessengegensatz zwischen Manufacturier und Händler trat bereits bei der vorerwähnten Manufaktur in Erscheinung und offenbar sehr stark, wie Gretschels Bemerkung: „Freilich gingen die Erwartungen, die man von Krafts Unternehmung hegte, nicht in Erfüllung, wozu die in ihrem Interesse betheiligten Kaufleute nicht wenig beitrugen"[4], vermuten läßt.
Klassenbündnisse und Klassengegensätze haben sich in der Geschichte als treibende wie hemmende Kräfte des Ablaufs erwiesen. Inwieweit die feudalen Widerstände im ganzen zum Ende der Manufakturen beitrugen, wird in einem späteren Abschnitt gezeigt.

[1] „Ausschußtagsacten 1676"; LHA, Loc. 36438, Bl. 130.
[2] „Land Tags-Acta de Ao. 1676 – Ober-Steuer-Buchhalterey"; LHA, Loc. 36437, Bl. 642, 643.
[3] Ebenda,
[4] Gretschel, II, S. 514.

2. *Der Gegensatz zwischen Stadt und Land*

Eine Betrachtung der Tabellen zum Abschnitt über den sächsischen Manufacturier ergibt hinsichtlich des Standorts, daß sich der Sitz der meisten Manufakturen in den Städten befand, soweit sie nicht wie die „Bergfabriken" durch die Eigenart der Produktion an das Land gebunden waren oder „Außenabteilungen" städtischer Manufakturen darstellten. Diese Tatsache ist um so bemerkenswerter, als das flache Land gegenüber der Stadt eine Reihe wirtschaftlicher Vorteile aufwies, die es für die Ausübung gewerblicher Arbeit in größerem als dem tatsächlichen Umfang geeignet erscheinen ließen.

So war im Vergleich zur Stadt, wie im „Magazin der sächsischen Geschichte aufs Jahr 1786"[1] berichtet wird, zufolge geringeren Aufwands für Essen, Trinken, Wohnen und Abgaben der Lebensunterhalt auf dem Lande billiger, ferner der Bezug von Garnen, der überdies auf dem Lande nicht wie in der Stadt den im Kapitel über die Rohstoffversorgung geschilderten Schwierigkeiten unterlag; schließlich trat zu diesen Vorteilen eine Reihe solcher, die daraus entsprangen, daß bestehende Vorschriften – wie die über Maß und Elle, über Höchstzahlen für die Ausbildung von Nachwuchs, über Schau und Stempelung, General- und Kammeraccise, Zoll und Geleit – auf dem Dorfe leichter umgangen werden konnten als in den über geeignete Einrichtungen zur Überwachung verfügenden Städten.

Die Ursache für eine solche Bevorzugung der Städte und dafür, daß die zentralisierte Manufaktur in Sachsen nicht auf das Land gehen konnte, lag weniger in der feudalen Bindung der Bauern an ihre Grundherren, die die Bereitstellung einer ausreichenden Zahl freier Lohnarbeiter zum Betrieb dieser Manufakturen erschwerte, als in dem vom Kurfürsten als dem höchsten Garanten des Feudalismus unterstützten Bestreben des feudalen Bürgertums, die mittelalterlich überkommene Form der gewerblichen Produktionsweise zu konservieren. Wie bereits im Abschnitt über die ursprüngliche Akkumulation dargelegt, bestanden für das Ausmaß der gewerblichen Betätigung auf dem Lande seit dem Ende des 15. Jahrhunderts ständig erneuerte Vorschriften, die diese jahrhundertelang nicht über den kleinhandwerklichen Rahmen hinauswachsen lassen sollten und tatsächlich auch die Gründung von Manufakturen auf dem Lande verhinderten. Städte und Landesherr wachten gemeinsam ängstlich darüber und scheuten selbst die Anwendung brachialer Gewalt nicht, um die seit alters her bestehende Arbeitsteilung zwischen Stadt und Land in der Form, daß jener die gewerbliche und diesem die landwirtschaftliche Produktion als Monopol vorbehalten blieb, zu erhalten. Dieser Situation entsprang der Grundwiderspruch des feudal gesicherten Verhältnisses zwischen Stadt und Land, der für fast drei Jahrhunderte das ökonomische und soziale Gefüge Sachsens bestimmte, und darin bestand, daß das Land die Rohstoffe hervorbrachte, durch Zunftvorschriften jedoch von deren Weiterverarbeitung im großen ausgeschlossen war. Gemäß dem Gesetz von der unbedingten Übereinstimmung der Produktionsverhältnisse mit dem Charakter der Produktivkräfte setzte zwischen den wirtschaftlichen und politischen Exponenten der beiden Seiten

[1] III. Teil oder 25 bis 36tes Stück, Dresden 1786, S. 583.

ein über Jahrhunderte gehender harter Kampf ein[1], bei dem das flache Land allmählich in die Vorrechte der Städte auf dem Lande eindringen konnte und so mithalf, daß diese Stück für Stück fielen. Die Initiative zu diesem Emanzipationsprozeß des flachen Landes ging ungewollt und unbewußt von den Funktionären der Städte aus, und zwar von deren im allgemeinen beweglichster Schicht, den Kaufleuten. Eingeleitet von dem fremden und fortgesetzt von dem bodenständigen Handelskapital, gelang es den städtischen Verlegern und Manufacturiers, binnen weniger Jahrzehnte große Teile der gewerblichen Produktivkräfte des flachen Landes über die Betriebsformen des Verlags und der zerstreuten Manufaktur unter ihren beherrschenden Einfluß zu bringen. Die gewerbliche Arbeit auf dem Dorfe nahm dadurch ein derartiges Ausmaß an, daß es – wie die Herrnhuter Brüdergemeine[2] auch direkt als Besorgnis zum Ausdruck brachte – lediglich des Kapitals und – nicht zu vergessen – der notwendigen Freiheit dafür bedurfte, um auf dem flachen Lande eine Manufakturindustrie emporwachsen zu lassen, die in bezug auf die Selbstkostengestaltung und die Konkurrenzfähigkeit dem Auslande gegenüber den Betrieben in der Stadt überlegen sein mußte. Aus der Gefahr dieser neuen Konkurrenz heraus ist der Widerstand zu begreifen, den die Städte jeder gewerblichen und kommerziellen Initiative des Landes entgegensetzten. Jene Abwehr äußerte sich in Maßnahmen wie der Gründung großer Handelssozietäten in Löbau und Zittau zur Unterdrückung des Dorfhandels[3] oder in der von den Sechsstädten erfolglos erhobenen Forderung, die Dorfweber sollten das Meisterrecht in den Städten erwerben, genau so wie in ihrer auf den Landtagen bei der Erörterung von Angelegenheiten des Dorfes eingenommenen Haltung, für die ihre Stellungnahme zum Entwurf einer Kleiderordnung vom 3. Juli 1749 besonders aufschlußreich ist. Veranlaßt durch ein Schreiben der Leipziger und Dresdner Kaufmannschaft vom 19. Juli 1749, in dem festgestellt wurde, daß die erwähnte Ordnung dem Handel großen Nachteil bringen würde, kam es zugleich zu einer vom Adel nicht unterstützten Erklärung der Städte gegen die Errichtung von „Fabriquen" und Manufakturen auf dem Lande, in der es heißt:

> „Also bitten auch, besonders die Abgeordneten derer Städte, daß daferne obiges Project zu Stande kommen solte, nicht nur wegen Ausfuhre der Wolle und deren Verkauffs an Fremde, damit denen innländischen Tuchmachern und übrigen Fabricanten das Materiale nicht entgehen möge, eine gewiße Verfaßung getroffen, sondern auch in Ansehung derer anzulegenden Fabriquen und Manufacturen auf dem Lande, der Landes-Ordnung, auch denen Innungen derer Tuch- und Zeugmacher zum Nachtheil durch Monopolia oder auf andere Arth entzogen, nichts verhänget werden möge, worgegen jedoch die von der Ritterschaft ihre Jura,

[1] Die erste Phase dieser Auseinandersetzung wird von Gerhard Heitz für einen kleinen Teil Sachsens in einer Leipziger Dissertation dargestellt, die das Forschungsseminar Professor Kuczynski 1954 als Arbeitsbericht Nr. 4 des Instituts für Wirtschaftsgeschichte an der Wirtschaftswissenschaftlichen Fakultät der Humboldt-Universität zu Berlin unter dem Titel „Die Entwicklung der ländlichen Leinenproduktion Sachsens in der ersten Hälfte des 16. Jahrhunderts" in Rotaprintvervielfältigung herausgegeben hat.

[2] Uttendörfer, S. 152.

[3] Gretschel, II, S. 515.

sowohl wegen des freyen Verkauffs der Wolle, als auch sonst nachdrücklich sich reserviren"[1].

In Fluß kam die Neugestaltung der das Dorf benachteiligenden Rechtsverhältnisse im letzten Drittel des 18. Jahrhunderts, als der Widerspruch zwischen den gewerblichen Produktivkräften des flachen Landes und den vom Gesetzgeber zugebilligten Ausnutzungsmöglichkeiten immer größer und für das Land untragbar geworden war. Bemerkenswert ist dabei, daß die Landes-Oeconomie-, Manufactur- und Commercien-Deputation auf die Seite des wirtschaftlichen Fortschritts trat und sich für die Belange des Dorfes einsetzte, wenn sie Gutachten in Streitfragen abzugeben hatte, die um derartige Gegensätze zwischen Stadt und Land gingen.

So war die Deputation nach ihrem ersten Jahreshauptbericht von 1765[2] nicht damit einverstanden, daß auf Verlangen der Garnweber zu Luckau den „Dorfwebern in der Niederlausitz der Verkauf der selbstgewürckten Leinewand, das Würcken ums Lohn und der Aufkauf der Garne untersaget werden" sollte, weil sie das rohe Material dazu meist selbst erzeugten.
Ein weiteres Beispiel ihrer Dorffreundlichkeit enthält der gleiche Bericht der Deputation; auf die Frage, ob, „wenn man den Spinner [auf dem Lande.] blindlings in die Hände des Manufacturiers geben wollte", zu befürchten sei, daß daraus nichts weiter erwachse, als „ein schädliches, mit Vertreibung nahrhafter Landes Einwohner verbundenes und die Ausfuhr der Garne außer Landes eher förderndes als verhinderndes Garn-Monopolium", erklärte die Landes-Oeconomie-, Manufactur- und Commercien-Deputation dem „Cammer-Collegium" gegenüber, daß „vor der Hand die Einschränkung des Gewerbes auf dem Lande bedenklich falle".

Noch lange, bevor diese Entwicklung gesetzlich sanktioniert wurde und das Land in bezug auf die Errichtung von Gewerbebetrieben das gleiche Recht zugebilligt erhielt wie die Stadt, setzte sich die Praxis in Einzelfällen über die zünftigen Beschränkungen hinweg und schuf so unter stillschweigender Duldung der maßgeblichen staatlichen Instanzen Ausnahmefälle, die eine Bresche in das erstarrte Gefüge der noch mittelalterlichen Gewerbeverfassung schlugen und weiteren Fortschritt anbahnten.
Das Musterbeispiel eines solchen Vorgehens stellt die 1787 erfolgte Gründung einer Kattundruckerei in dem Dorfe Kreischa bei Dresden durch den Kattundrucker Franz Mosbeck dar. Da die Anlage dieser Manufaktur unter Verletzung des dem Kaufmann Christian Gottlieb Maukisch in der Stadt Pirna 1783 nach und nach bis auf 24 Jahre verlängerten „Privilegiums gegen Anlegung neuer Druckereien in einem Umkreis von 2 Meilen, mit Ausschluß von Dresden"[3] vor sich gegangen war, kam es zu langwierigen Auseinandersetzungen zwischen Maukisch und Mosbeck, bei denen von den streitenden Parteien alle nur möglichen Gesichtspunkte für und gegen den Betrieb von Manufakturen auf dem Lande ins Feld geführt wurden.

[1] „Land Tags-Acta de ao. 1749 – Ober-Steuer-Buchhalterey", Vol. I u. II, A 120a, Nr. 36, Bl. 304 flg. und Vol. II 120A b, Nr. 61, Bl. 856 flg., bes. Bl. 863 u. 864; LHA, Loc. 36443.
[2] „Akte, Landes-Oeconomie-, Manufactur- und Commercien-Deputation, Loc. 5356, Vol. I, Bl. 11, 32, 33.
[3] Notizen, S. 15.

So verwahrte sich Maukisch in einem Schreiben vom 1. Dezember 1792 beim Kurfürsten zunächst gegen die Verletzung seines Privilegs, indem er darauf hinwies, daß „... eines Theils die höchsten Landesgesetze ausdrücklich verbieten, daß dergleichen zum Nachtheil der Stadt-Nahrung auf blosen Dörfern nicht angelegt werden solle, andern Theils das ... [ihm] bereits im Jahre 1783 gnädigst ertheilte und nachher im Jahr 1789, auf anderweite 12 Jahre gnädigst prolongirte Privileum ... [ihm] ausdrücklich ein jus prohibendi zugesichert" habe[1].

In seiner Eingabe an den Kurfürsten wies Maukisch insbesondere auf die Nachteile hin, die seiner Manufaktur als einem Betrieb in der Stadt dadurch bereitet würden, daß Mosbeck infolge des Sitzes seiner Druckerei auf dem Lande mit niedrigeren Selbstkosten rechnen könne:

„... denn da die Mosbeckische Fabrique nur auf einem Dorfe und in keiner accisbaren Stadt, wie die meinige und andere, gelegen ist, da mithin Mosbeck alles was er zu seiner Druckerey an Farbe Waaren, Holz und sonst benöthiget ist ohne die davon außerdem zu entrichtende Accise und andern Abgaben erlangen kann, da alles was zum Lebens-Unterhalt erforderlich ist, auf dem offenen Lande um weit billigere Preiße zu haben, mithin die bey der Druckerey angestellten Arbeiter um ein viel geringeres Lohn, als in Städten arbeiten können, so ist auch sehr leicht zu begreifen, daß Mosbeck seine Fabricata um weit billigere Preiße als die in Städten gelegenen Fabriquen verkaufen kann, und daß, wenn auch nicht die Güte und Schönheit der Waaren, doch wenigstens der Wohlfeilheit derselben, die Menge der zum Theil unverständigen Käufer anlocket. Hierüber haben auch schon alle innländische Fabriquen und insonderheit die von Chemniz nach Dreßden kommenden und die Dreßdner Jahrmärkte beziehenden Cotton-Händler, laute Klagen geführet, und zum öftern geäußert, daß sie fernerhin nicht im Stande wären, die Dreßdner Jahrmärckte zu besuchen nicht zu gedenken, was ohnehin eines auf einem Dorfe angelegte Fabric dem höchsten Landesherrlichen Intereße durch Defraudationen und sonstige nicht zu vermeidende Unterschleife für Nachteil bringet"[2].

Am 6. Februar 1796 verbot der Kurfürst die Weiterführung der Kreischaer Manufaktur, ohne daß es auch nur vorübergehend zu einer Einstellung der dortigen Fabrikation gekommen wäre. Im Dezember 1800 befaßte sich die Regierung erneut mit diesem Betrieb und prüfte insbesondere – und zwar mit negativem Ergebnis – die Frage, ob sich eine Gleichstellung der Landmanufakturen mit denen der Städte in bezug auf die Belegung mit Abgaben herbeiführen lasse:

„Der Unterschied der Fabricationsabgaben in Städten und auf dem Lande wäre, bis auf den Umstand, daß eine behörige Übersicht des Dorf Fabricanten in Absicht der richtigen Anmeldung seiner Waaren fast nie zu bewirken möglich, zwar allenfalls einer Ausgleichung fähig, allein dieses wäre nicht der wichtigere Theil der Differenz der städtischen und Dorf-Abgaben, als welcher vielmehr darinnen bestünde, daß der Fabricant in Städten seine ganze Consumtion zu verrechten, und demnächst mannichfaltige bürgerliche Oblasten auf sich habe.

[1] Acta „Des Kaufmann Christian Gottlieb Maukisch Cotton-Druckerey zu Pirna ingl.: Die zwischen Maukischen und den Cattundrucker Franz Mosbeck zu Kreischa über die daselbst angelegte Druckerey entstandene Differenz u. w. d. e. betr.", Ao. 1782 sequ. 1793 sequ.; LHA Loc. 11115, Vol. I, Bl. 85.

[2] Ebenda, Bl. 120, 121.

Die Consumtions-Accise jedes städtischen Consumenten beziehe sich nicht blos auf dasjenige, was er unmittelbar zur Accis-Einnahme bezahle, sondern liege auf allen Bedürfnissen, welche er in der Stadt kaufe, und müßten nächstdem sowohl die davon in der ersten, zweyten, dritten Hand p: erlegten Abgaben, als auch die eigene Consumtions-Accise des Verkäufers der ersten, zweyten Hand p: mit in Ansatz gebracht werden. Von dieser Seite wäre dahero eine würkliche Parification der Dorf- und Stadt-Fabricanten zu bewürken nicht möglich. Nach einem nicht übertriebenen Überschlag des Bedarfs eines Cattundruckers, der den ganzen Tag am Drucktische bewegende Arbeit treibe, nur an Brod und Bier noch: jährl. 6. Scheffel Korn und 1. Faß Bier, betrügen die Stadt-Abgaben jährl.: 2 Thaler 15 gr 8 Pfg. Habe der Consument Familie und eigne Wirthschaft, so könne man jene Zahl leicht noch einmal so hoch rechnen. Die Abgaben von den übrigen Bedürfnissen in der ersten und zweyten Hand würden nicht allzuhoch, doch wenigstens noch $^2/_3$.tel obiger Abgaben von Getreide und Getränke zu rechnen, und solchemnach die Consumtions-Abgaben der nach den commisarischen Anzeigen dermalen in der Mosbeckischen Fabrick angestellten 50. Arbeiter nach der städtischen Accis-Verfassung auf 250. bis 300. Thlr. anzuschlagen seyn"[1].

Bei dieser Gelegenheit wurde auch die zweite und zugleich letzte der zu jener Zeit auf dem Lande befindlichen Kattundruckereien, die in Naundorf bei Großenhain, einer Betrachtung daraufhin unterzogen, ob sich auch bei ihr die nachteiligen Auswirkungen hinsichtlich der Konkurrenz mit den städtischen Betrieben der gleichen Branche zeigten, und festgestellt, daß dies infolge einiger von der Landesregierung in ihrem deswegen dem Kurfürsten erstatteten und nachstehend wiedergegebenen Bericht erwähnten Ursachen nicht der Fall sei.

„Außer der Mosbeckischen wäre nur eine einzige Cattundruckerey noch auf dem Lande, nämlich die zu Naundorf bey Hayn, bey welcher jedoch andere Verhältnisse einträten. Die meisten Arbeiter wohnten in der Stadt, das Fabrickhaus selbst liege gleichfalls in der Stadt, und nur die Bleich- und Appretur-Werkstätte wäre in Naundorf, diese aber, wegen der unmittelbaren Lage des Dorfes an der Stadt nicht minder zu übersehen, als wenn die Fabrick sich in der Stadt Hayn befände. Auch habe diese Druckerey zu einer Zeit ein Privilegium erhalten, wo die Cattunfabrication in hiesigen Landen, außer zu Plauen im Voigtlande wenig oder gar nicht betrieben worden und also von Wichtigkeit gewesen, dieses Gewerbe den hiesigen zu verschaffen. Jetzt aber wären die innländ[ische]n Cattundruckereyen einer der ausgebreitetsten Theile des hiesigen Fabrickstandes, gehörten zu den wichtigsten Druckereyen Deutschlands, und stünden in den gemeinen Sorten, mit welchen sie sich fast allein beschäftigten, ausländ[ische]n nicht nach.
Auch beschränke sich die Fabrique zu Naundorf bey Hayn beynahe ganz auf den ausländ[ische]n und Meßdebit ein, und beziehe z. B. die hiesigen Märkte nicht, Mosbecks Fabrique zu Kreyscha hingegen überschwemme gleichsam die Stadt Dresden und die umliegenden kleinen Orte mit ihren Waaren, wie aus den diesfallsigen uns mitgetheilten Extracten, nach welchen Mosbeck in den Jahren 1790. bis ultmo Oct. 1796. nur allein anhero nach Dresden an Kaufleute und auf Jahrmärkten für 129765 Reichsthaler Cattun abgesetzet hat, zu ersehen wäre, aus welchen beträchtlichen Eingang aus Kreyscha in hiesige Stadt sich zugleich ergäbe, daß sie allhier nothwendig den Absatz anderer innländischen Druckereyen beschränken müsse, und solchemnach des Kaufmann Mauki-

[1] Akte Loc. 11 115, Bl. 156

schens zu Pirna Behauptung, daß Mosbeck durch wohlfeileren Unterhalt der Arbeiter die Elle Cattun um 1 g. bis 1 g. 6 Pfg.: wohlfeiler verkaufe, und dadurch den andern Druckereyen vorhandele, bestätigt"[1].

Die weitere Behandlung des Streitfalles zwischen Maukisch und Mosbeck durch den Staat sowie die Haltung Maukischs lassen die Wandlungen erkennen, die sich auf Grund der anders gewordenen wirtschaftlichen und politischen Verhältnisse bis zum Anfang des 19. Jahrhunderts in den Ansichten über die Berechtigung und den Wert von Manufakturen auf dem Lande vollzogen hatten. Dies geht schon allein daraus hervor, daß der Staat die Manufaktur nicht wie im Anfang einfach verbot, sondern Mosbeck vor die Wahl stellte, seinen Betrieb entweder in eine Stadt zu verlegen, „als wozu es in den umliegenden kleinen Städten nicht an Gelegenheit fehle"[2], oder aber die Konzession „zu Fortstellung seiner Fabrik in Kreyscha" unter einigen staatlicherseits festgesetzten Bedingungen zu erwerben.

So sollte Mosbeck 1. „nach den Vorschriften der Dorf-Accis- und der neuen Land-Accis-Ordnung von den gedruckten Cattunen, vom Thaler des Verkaufs-Preises 6. Pfg: General- und 4. Pfg. exclus: der Farbe-Materialien, Land-Accise" entrichten, 2. „zum Behuf vorhin gedachter Verrechtung ein fixierter Verkaufspreis regulirt, und z. B. im Durchschnitt der besseren und geringern Sorten das Stück Cattun zu 10 rh: und das Dutzend Tuchel zu 6. rh: festgesetzet werden", 3. „zu einiger Gleichstellung der Consumtions-Abgaben Mosbeck und jeder in seiner Fabrick befindlichen Arbeiter wegen seiner Haus-Consumtion auf General-Accis-Fixa gesetzt werden, Mosbeck auch für deren richtigen Erlegung in Ansehung seiner Arbeiter verbunden seyn" und 4. „... das geheime Finanz Collegium den Stempel, welcher ohnehin nicht Mosbecken, sondern dem Dorf Einnehmer, unter der Voraussetzung, daß zu Anlegung der, für die Gerichtsherrschaft zu Kreyscha durch Mosbecken anzulegenden Cattundruckerey Landesherrl: Concession ausgewürket würde, anvertrauet worden, wieder zurücknehmen, und Mosbecken verfaßungsmäßig mit der Stempelung seiner Waaren, daferne er deren begehret, in die Stadt Dippoldiswalda, wohin das Dorf Kreyscha mit der Accis-Abgabe gehöret, verweisen laßen"[3].

Maukisch war vom Staat, der anscheinend Mosbecks Manufaktur, die zu beträchtlicher Größe angewachsen, 1802 50 Personen beschäftigte, unter allen Umständen erhalten wollte, dadurch zur Konzessionsbereitschaft gegenüber Mosbeck bewogen worden, daß ihm eine reibungslose Erneuerung seines Privilegs in Aussicht gestellt wurde; er erklärte sich deshalb damit einverstanden, „daß Mosbeck seine zu Kreyscha angelegte Fabrick auch noch fernerhin daselbst forstellen möge, wenn ihm wegen seines durch dieselbe geursachten Schadens sowohl für die vergangene als zukünftige Zeit, da sein Privilegium dauere, ein Aversional-Quantum von 1000. Thlr. baar gezahlet" würde, bat jedoch, „im Fall er nicht einmal solche geringe Entschädigung erhalten sollte, es bey dem einmal ertheilten Verbot bewenden zu lassen ...". Da Mosbeck jedoch nur zu einer Zahlung von 400 Talern bereit war und sich auch nicht gewillt zeigte, auf die Konzessionsbedingungen des Staates hinsichtlich der Abgaben allenthalben einzugehen, kam es erst nach seinem

[1] Akte Loc. 11115, Bl. 195, 196.
[2] Ebenda, Bl. 198.
[3] Ebenda, Bl. 198, 199.

Tode zu einer Einigung. Am 27. September 1803 erhielt Mosbecks Erbe, Benjamin Ferdinand Quaas, die staatliche Erlaubnis zur Fortsetzung der Kreischaer Manufaktur. Damit war in einem und zugleich durch einen Einzelfall der jahrhundertelange Kampf des Landes gegen die Stadt um die Ausweitung ihrer Produktion über den kleingewerblichen Rahmen hinaus zugunsten des Landes entschieden. Der Erfolg dieser langwierigen Bemühungen kam in der Hauptsache jedoch schon nicht mehr den Manufakturen, sondern der aufsteigenden Fabrikwirtschaft zugute.

Der Gegensatz zwischen Stadt und Land entsprang den Klassengegensätzen, die durch ihn erheblich verschärft in Erscheinung traten. Seine stärkste Wirkung auf die sächsische Manufakturwirtschaft lag – soweit es die zentralisierte Manufaktur betraf – in der Unterdrückung dieser fortschrittlichen Betriebsform auf dem flachen Lande zugunsten des Handwerks und der Manufakturen in der Stadt. Wenn dadurch auch eine bessere Entwicklung der städtischen Betriebe gewährleistet wurde, so bedeutete dies in volkswirtschaftlicher Hinsicht keineswegs einen Ausgleich, da eine ländliche Manufakturindustrie ungleich wirksamer den Kampf mit der ausländischen Manufaktur- und Fabrikkonkurrenz hätte bestehen können, was bei der relativen Enge des innersächsischen Marktes von größter Bedeutung gewesen wäre.

KAPITEL II

DER VERFALL DER MANUFAKTUREN

1. Die Tatsachen und Ursachen des Rückgangs der Manufakturen

Sobald die gewerbliche Produktion Sachsens über die Kaufkraft des lokalen Marktes hinausgewachsen war, traten von Zeit zu Zeit Störungen auf, deren Ursache zumeist in der gewaltsamen Unterbrechung des Fernabsatzes lag und die nicht selten mit dem sie auslösenden Ereignis mehr oder weniger schnell wieder verschwanden. Eine Betriebsform wie die Manufaktur, die ihre fortschrittliche Produktionstechnik und ökonomische Überlegenheit gegenüber älteren Betriebsweisen erst bei einer gewissen Massenhaftigkeit ihrer Erzeugung entfalten konnte und deshalb einen entsprechenden Massenabsatz benötigte, mußte unter solchen Schwierigkeiten zwangsläufig mehr leiden als beispielsweise ein sich in seiner Existenz hauptsächlich auf den lokalen Markt stützender Handwerksbetrieb. Die Folge war, daß die sächsischen Manufakturen bei kriegerischen, das Land stark in Mitleidenschaft ziehenden Auseinandersetzungen und ihren Nachwirkungen stets in wirtschaftliche Bedrängnis kamen und manch eine dieser zum Opfer fiel. Das beste Beispiel dafür bieten die Leipziger Seidenmanufakturen, besonders die von Raabe, die vor 1756 zu den größten dieser Art gehörte und von allen technisch am besten ausgestattet war, trotzdem aber im Siebenjährigen Kriege verfiel. Rößig[1] schreibt darüber:

> „Der Landverderbliche siebenjährige Krieg und die Preußischen und oesterreichischen Bemühungen zu Berlin und Wien, Seidenmanufakturen anzulegen, veranlaßte die Abnahme der Sächsischen und besonders der Leipziger Seidenmanufakturen, indem mehrere Arbeiter nach dem Verfall der Rabischen Manufaktur nach Berlin und in die Oestereichischen Staaten giengen, besonders wendete sich Kotzkofsky, der die Rabische Manufaktur übernahm, nach Berlin und zog mehrere Arbeiter mit dahin".

In der Gefahr, ein ähnliches Schicksal erleiden zu müssen, befand sich während dieses Krieges auch die Meißner Porzellanmanufaktur, die vom preußischen König finanziell, personell und materiell bis zur äußersten Grenze des Möglichen ausgeschlachtet wurde. Böhmert[2] schildert diesen Vorgang wie folgt:

> „Die dritte Periode von 1756–1763 war die Zeit des 7jährigen Krieges, der die Manufactur dem Untergange nahe brachte. Bald nach dem Einmarsche der preußischen Truppen wurden sämmtliche Porzellanvorräthe von der preußi-

[1] Rößig, Produkten, S. 310.
[2] Böhmert, S. 48.

schen Regierung in Beschlag genommen und dem Geheimrath Schimmelmann für 120000 Thlr. verkauft, zugleich auch viele Arbeiter zu der von dem Kaufmann Wilhelm Caspar Wegely im Jahre 1751 in Berlin gegründeten Porzellanmanufactur versetzt. Dennoch gelang es dem Commercienrath Helbig, während dieser Zeit die Manufactur zu erhalten, indem er theils aus eigenen Mitteln, theils mit fremdem Credit die an Schimmelmann verkauften Porzellanwaaren für 160000 Thlr. an sich brachte und sodann den Betrieb der Manufaktur von dem König von Preußen gegen ein jährliches Pachtgeld von 60000 Thlr. auf eigenes Risiko übernahm".

Es verfielen während der gesamten Manufakturperiode – wie die Tabellen zum Abschnitt über den sächsischen Manufacturier zeigen – auch laufend Manufakturen, und zwar oftmals schon kurze Zeit nach ihrer Errichtung, ohne daß dafür ein ersichtlicher Grund in der zeitweiligen politischen oder ökonomischen Lage des Landes zu finden gewesen wäre. Es war in manchen Fällen einfach die kommerzielle und technische Unzulänglichkeit ihrer teilweise sogar branchefremden Gründer und Eigentümer, die diese Betriebe mit den sich unvermeidlich einstellenden Anfangsschwierigkeiten nicht fertig werden ließ.
Weiterhin kam es zum Verfall von Manufakturen, weil diese für eine größere und so allein lohnende Produktion mit zuwenig Kapital ausgestattet waren bzw. ihnen dieses entzogen wurde, noch bevor sie ihre ökonomische Position hatten ausreichend festigen können. Eines der frühesten und zugleich eindringlichsten Beispiele dafür bietet die Krafftsche Manufaktur in Neustadt-Ostra bei Dresden, die sich aus diesem Grunde nur etwas über 12 Jahre am Leben halten konnte[1].
Wirkten die vorgenannten Ursachen wie Kriegswirren, Versagen der Manufacturiers und Kapitalmangel im Einzelfalle auch so stark, daß sie das Ende zahlreicher sächsischer Manufakturen herbeiführten, so war ein derartiger Niedergang entwicklungsgeschichtlich trotzdem lediglich als zufällige, keineswegs aber als typische, sondern diese in ihrer Wirkung höchstens verstärkende Erscheinung zu bewerten. Zeiten eines solchen atypischen Verfalls innerhalb der Manufakturperiode waren durchaus nicht selten.

So berichteten, um nur zwei Beispiele für viele zu nennen, Gretschel[2] von einem Verfall der „Wollmanufakturen" um das Jahr 1722 und die „Leipziger Sammlungen"[3] von einem solchen gegen 1745.
Im ersterwähnten Falle sah die „Landschaft" deren Verfall in „den vermehrten Abgaben und insbesondere in der Einführung der „General-Consumtions-Accise", während ihn das „Accis-Collegium" in einem Bericht von 1731 auf die „Stockung des Handels und den Mangel an Absatz der sächsischen Fabrikate" infolge der Handelsbeschränkungen benachbarter Staaten schob, von denen „nicht nur Brandenburg, sondern auch Baiern und die kaiserlichen Erbstaaten zum Vortheil ihrer eigenen Fabrikate den sächsischen den Eingang entweder ganz versagten, oder selbe mit hohen Eingangsabgaben belegten".
Für den sich in den vierziger Jahren des 18. Jahrhunderts bemerkbar machenden

[1] Das Schicksal dieser Manufaktur, insbesondere auch deren finanzielle Schwierigkeiten, sind bereits im Unterabschnitt über die Wollmanufakturen ausführlich dargestellt.
[2] Gretschel, II, S. 638.
[3] S. 62flg.

Rückgang der gewerblichen Wirtschaft bemühten sich die vorerwähnten „Leipziger Sammlungen" ebenfalls um eine Analyse der Ursachen. Danach waren es „1.) die schädlichen und verderblichen Kriegs- und Pest-Läuffte; 2.) die Verringerung der Land-Müntze, wodurch die An. 1623 gemachte und publicirte löbliche Tax-Ordnung allerhand Arbeiten zerrüttet, die Arbeits-Löhne und Lebens-Mittel aufgestiegen, mithin die Landes-Manufacturen im Preiße aufgeschlagen, die ausländische Consumtion aber damit gehindert, und per consequenz Handel und Wandel geschwächet worden; 3.) der Aufschlag der Handwerks- und Land-Accise, womit NB. außer Landes gegangene Waaren gegen die Benachbarten mercklich beschweret, und dadurch die ausländische Consumtion, welche doch sonst, nach der gemeinen Maxime, auf alle Art zu facilitiren und zu befördern ist, mercklich gehindert und gehemmet worden; 4.) die ohne Unterschied auf alle in- und exportende geordnete doppelte Erhöhung aller Zölle und Geleithe zu Wasser und auf dem Lande, und derselben nachhero erfolgte sehr nachtheilige Verpachtung".

Gemäß der Bedeutung des Woll- und Leinengewerbes für Sachsen wurden solche Niedergangserscheinungen in diesen Wirtschaftszweigen besonders aufmerksam verfolgt. Wenn die Betriebsform der Manufaktur auf diesen Gebieten auch keine allzugroße Rolle spielte, so erhellen die Ursachen des immer wieder beklagten Rückganges der woll- und leinverarbeitenden Handwerksbetriebe zugleich auch die Widerstände, die sich vor allem beim zwischenstaatlichen Warenaustausch den Manufakturen dieser Branche wie denen anderer Fertigungszweige entgegenstellten, deren Produktivkraft schwächten und sie in ihrer Existenz bedrohten. Zu den Gründen für einen derartigen, um die Mitte des 18. Jahrhunderts in Sachsen wahrzunehmenden „Verfall" des Wollgewerbes rechneten die „Leipziger Sammlungen"[1], daß:

1. „die freye Einfuhre und Consumtion der ausländischen, als englischer, französischer, holländischer, schlesischer und anderer benachbarter Tücher und Zeuge in hiesigem Lande, denen alten Verfaßungen zuwieder, frey und ohne Restriction gestattet; hingegen"
2. „von dem Könige in Frankreich, nach Occupation der Stadt Straßburg, diejenigen Tücher und Zeuge, welche sonst von hier nach Elsaß, und weiter in großer Qualität geführet worden, mit einem sehr hohen Impost, welcher den Erwerb an den Waaren überstiegen beleget;"
3. „von einer benachbarten Puissance in seinen Landen und Provintzien desgleichen gethan, ja gar dessen Unterthanen eines gewißen Creyßes, dieser und anderer Handlungen halber mehr an eine Heer-Meße vermittelst offener Patente verbunden. Da hingegen"
4. „allhier darwieder kein beständiger Ernst gebrauchet, auch"
5. „über das alte wohlgefaßte Patent wegen Verkauff der Aemter – und Adlichen, und Nicht-Ausführung der Priester, Schäfer, und Bauer, Wolle mit Nachdruck nicht gehalten",
6. „kein certum Pretion der Wolle mehr gelassen, sondern daßselbe übermäßig gesteigert worden",
7. „die heilsame, der Wollen-Manufactur sehr zuträgliche Kleider-Ordnung gantz hintan gesetzet, und die fremde Kleidung der einländischen über Standes-Gebühr vorgezogen worden".

[1] S. 63 flg.

Die großangelegte und aufschlußreiche Analyse dieser Veröffentlichung befaßte sich auch mit dem zur gleichen Zeit beobachteten Niedergang des Garn- und Leinewandhandels[1] sowie mit dem Verfall des „Commeriums der Weiß- und andern Bleche"[2], die damals eine der sächsischen Spezialitäten auf den Märkten des Auslandes darstellten.

Den Verfall des Garn- und Leinenhandels mit seinen nachteiligen Rückwirkungen auf die Erzeugung dieser Waren und die Existenz der betroffenen Werkstätten sowie der in ihnen Tätigen sahen die „Leipziger Sammlungen" darin, daß

1) „... die eigennützigen Factores nach und nach bey diesem Handel gleichsam ein Monopolium gestifftet, und durch solchen Zwang denen Leinewebern von jedem Schock oder Stück Garn 6 Gl. abgebrochen,
2) dadurch den alten Preiß der Leinwand in Hamburg geschwächt,
3) das aus Mähren und andern Orten erfolgte fremde Garn allein an sich gezogen, und hernachmahls daßselbe in gesteigerten Preiße denen Leinewebern in Zurechnung aufgedrungen,
4) ... der Vor- und Auffkauff des Garns denen Fremden mit keinem empfindlichen Nachdruck verwehret, dadurch dasselbe gleichfalls im Preiße gesteigert,
5) dem an. 1669 aufgerichteten Pacto wegen des Leinen-Handels außer Landes nicht beständig nachgegangen, sondern von den Bauern die Waare hausieren getragen, und deren Werth geringert,
6) einigen Kaufleuten concediret worden, bey ihrem Leinwand-Handel die ordentliche Hohe Straße zu verlassen, und selbigen an andere Wege nach Hamburg zu treiben, welches sehr große Inconvenienzen nach sich gezogen, indem dergestalt, wegen nähern und commodern Weges, geringerer Fracht und Zolles, und anderer Abgaben und Aufganges, der Kaufmann, so diese Route genommen, bessern Kauff als andere, so die ordentliche hohe Straße zu Lande banen müssen, in Hamburg geben können, dadurch denn diese gedrücket und der Handel sehr geschwächet worden. Und obgleich bemeldete andere Straße nachhero zu verschiedenen Mahlen verbothen worden, so ist doch der Effect sehr schlecht gewesen, ja, es hat der verschlagene Kauffmann sich mit denen angräntzenden in heimliche Societaet begeben, und seine versuren dergestalt getrieben, daß das Commercium von diesen Landen mercklich abgewandt worden. Worzu
7) gekommen, daß, nachdem aus der Oder in die Spree ein navigabler Graben geführet worden, die Kaufleute dieser Gelegenheit sich bedienet, und jährlich zweymahl auf beladenen Kähnen Garn und Leinwand aus Schlesien, Böhmen, Mähren, Ober- und Nieder-Lausitz dadurch und mit den Elb-Schiffen recta nach Hamburg geschaffet.
8) Auf die aus hiesigen Landen nach Engeland sonst gegangene Leinewand und Segeltücher daselbst ein großer Aufschlag geleget, darwieder aber keine Repressalien gebrauchet, und dadurch diese Landes-Leinwand dergestalt depretieret worden, daß bey dem Handel wenig zu gewinnen, und also dieses Gewerbe anietzo ziemlich geschwächet ist".

Der Niedergang des sächsischen Blechgewerbes beruhte nach der in dem gleichen Artikel zum Ausdruck gebrachten Ansicht auf sieben Ursachen, darauf, daß:

[1] Leipziger Sammlungen, S. 64.
[2] Ebenda, S. 66.

„1) über die gute und wohlgefaßeste Hammer- und Blech-Ordnung und den mäßigen Betrieb der Wercke nicht gehalten [gewacht],
2) die wegen der ausländischen Consumtion, zwischen denen so genannten Hammer-Herren und Meistern wegen des Werths aufgerichtete heilsame Verbindniße, oder sonst genannte feste Hand zerrissen,
3) denen Blechschmidten wieder die alte Verfaßung außer Landes zu ziehen gestattet, auch
4) viele derselben, wegen nicht erhaltenen gehörigen Lohnes, aus Armuth und höchster Dürfftigkeit darzu genöthiget,
5) dadurch der Anbau dergleichen Blech-Hämmer in andern benachbarten Ländern, und
6) zugleich das gäntzliche Verboth der hiesigen sonst unentbehrlichen Bleche, befördert, ja
7) von solchen neuen Wercken große Quantitaeten Bleche nach Hamburg geschickt, allda, wegen der geringen Wasser-Fracht, wohlfeiler denn die hiesigen verkauffet, und solchergestalt den hiesigen Landen sehr praejudiciret werden".

Es war mithin ein reichhaltiger Katalog von Ursachen, die seit Beginn der Manufakturentwicklung nachteilig auf den Umfang der gewerblichen Betätigung in Sachsen einwirkten und so auch die Lebenskraft der Manufakturen beeinträchtigten. Zum entwicklungsgeschichtlich typischen Verfall dieser Betriebsform kam es in Sachsen jedoch erst, als die Manufakturen anfingen, nicht mehr die fortschrittlichste gewerbliche Produktionsweise zu verkörpern. Dieser Prozeß fand seinen sichtbaren Ausdruck in einem durch atypische Ursachen verstärkten Massenverfall von Manufakturen in der ersten Hälfte des 19. Jahrhunderts.

So verfielen, um diesen Vorgang am Beispiel der sächsischen Kattundruckereien zu verdeutlichen [1]:

um 1804
die von dem Weber Hösel um 1798 in Chemnitz angelegte Druckerei[2];

1806
die seit 1794 bestehende Kattundruckerei von Riese in Grimma[3];

1807
der 1770 in Chemnitz errichtete Betrieb von Wilhelm Georg Schlüssel[4];

1810
die 1793 ebenfalls in Chemnitz entstandene Unternehmung der Weber C. Friedrich und C. Wilhelm Pflugbeil „wegen nicht ausreichender merkantilischer Leitung"[5];

um 1812
die von dem Weber Jokelt und dem Drucker Hauptmann in Chemnitz um 1798 gegründete Druckerei[6];

[1] Im übrigen wird wegen dieses Verfalls auf die Angaben in den Tabellen zum Abschnitt über den sächsischen Manufacturier verwiesen.
[2] Notizen, S. 24.
[3] Ebenda, S. 18.
[4] Ebenda, S. 16.
[5] Ebenda, S. 18.
[6] Ebenda, S. 24.

ebenfalls um 1812
die damals in Chemnitz neu errichteten Druckereien von Aumann, Härtel, Schäfer und Krummbiegel[1];
1813
die 1785 in Zwickau gegründete Firma von Lorent, Caspari und Stößel[2];
1814
die von dem Gemüsehändler und Schankwirt Hahn, dem Weber Pötzsch und dem Drucker Kirchhoff unter der Firma „Kirchhoff und Komp." 1812 in Chemnitz ins Leben getretene Druckerei[3];
1816
das aus der ersten sächsischen Kattundruckerei, der von Neumeister in Plauen, hervorgegangene „Etablissement" von „Facilides und Comp."[4];
um 1818
die 1778 entstandene Firma von Carl Friedrich Böhme in Frankenberg[5];
1824
die 1777 in Zschopau errichtete Kattundruckerei und -färberei von Adam Gotthelf Oehme[6];
1825
die 1774 begonnene Unternehmung der Gebrüder Hübner und Söhne in Chemnitz[7];
um 1825
die 1785 von Gottl. Rudolph Ranft in Frankenberg gegründete Firma[8];
1830
die seit 1780 in Chemnitz bestehende Kattundruckerei von Ackermann und Comp.[9];
bis 1833
war die Kattundruckerei gänzlich in Zwickau, Waldenburg, Lunzenau, Burgstädt, Hohenstein-Ernstthal, Oederan, Schneeberg, Plauen, Meißen, Pirna, Kreischa, Grimma, Mittweida, Colditz, Zittau und Bautzen[10] erloschen, während sich als Hauptorte der fabrikatorisch betriebenen Kattundruckerei die schon hinsichtlich ihrer Manufakturbetriebe bedeutenden Städte Chemnitz und Frankenberg[11] herausbildeten.

Bis zum Ende des ersten Drittels des 19. Jahrhunderts hatten – abgesehen von Ausnahmen, bei denen es sich zumeist um konkurrenzstarke und monopolistische Großbetriebe handelte – die sächsischen Manufakturen ihre Tätigkeit eingestellt. Sie waren entweder, und dies in der Mehrzahl der Fälle, als Unternehmungen überhaupt erloschen, oder hatten sich auf maschinelle Fertigung umgestellt und so zu Fabriken gewandelt. Über die Ursachen solches typischen Verfalls berichtet der folgende Unterabschnitt.

[1] Notizen, S. 24.
[2] Ebenda, S. 15.
[3] Ebenda, S. 24.
[4] Ebenda, S. 25.
[5] Ebenda, S. 17.
[6] Ebenda, S. 18.
[7] Ebenda, S. 30.
[8] Ebenda, S. 17.
[9] Ebenda, S. 30.
[10] Ebenda, S. 29.
[11] Ebenda, S. 35.

2. Die Ursachen des typischen Verfalls

a) Die feudalen Widerstände

Eine Diagnose der Ursachen des Verfalls der Manufakturen war der zeitgenössischen Politökonomie und Geschichtswissenschaft sowie der Wirtschaftspraxis jener Tage nicht möglich[1]. Die fehlende Kenntnis der Zwangsläufigkeit historischer Prozesse ließ vor allem keine Unterscheidung zwischen typischen und atypischen Prozessen zu und verhinderte die richtige Einschätzung des typischen Verfalls der Manufakturen als eines unausweichlichen und durch keine noch so groß angelegten staatlichen Maßnahmen aufzuhaltenden Geschehnisses. Die Analyse der Endphase der Manufakturentwicklung hat zunächst die aus den Gegensätzen im Manufakturwesen entspringenden ökonomischen und sozialen Hemmnisse einer Betrachtung daraufhin zu unterziehen, ob und inwieweit diese die Produktivkräfte jener Betriebsform schwächten und zu ihrem Teil untergangsreif machten bzw. nicht zu voller Entfaltung kommen ließen.

Der Hauptwiderstand gegen die Manufakturen lag – wie bereits im Kapitel über die wirtschaftlichen und sozialen Gegensätze im Manufakturwesen zum Ausdruck gebracht – im Bestreben, das feudale System zu konservieren, zu dessen tragenden Schichten in der Stadt das Handwerk gehörte. Die aus dem letzten Drittel des 18. Jahrhunderts, der Periode des sich anbahnenden Übergangs zu neuen Betriebsformen, darüber vorliegenden Nachrichten zeigen, daß sich die Gegnerschaft des Handwerks hauptsächlich nach drei Seiten hin erstreckte: einmal gegen die Aufnahme jedweder nichtzünftigen gewerblichen Betätigung überhaupt, weiterhin gegen deren Ausweitung und schließlich gegen die Anwendung neuer Fertigungsverfahren. Aus dem besonders über die zwei letztgenannten Punkte in Fülle vorhandenen Material einige Beispiele: Die durch eine Prämie erfolglos angeregte Aufnahme der Herstellung guter Bronzearbeiten in Sachsen scheiterte an der zünftigen Einengung der gewerblichen Betätigung. Die Landes-Oeconomie-, Manufactur- und Commercien-Deputation schrieb 1825 darüber[2]:

> „Soll eine Prämie etwas ausrichten, so müssen erst die Innungen der Gürtler, Gelbgießer u. dergl. ihr ausschließliches Verbietungsrecht aufgeben", wie die Deputation in einem Rekommunikat an die Landesregierung vor etlichen Jahren wegen des Silberplattierers Cerisy auseinandergesetzt hat. „Wird aber in dieser main d'oeuvre die Gewerbefreiheit eingeführt, so dürften sich schon Unternehmer von selbst und ohne Prämie finden so gut wie in Wien"[3].

[1] So schrieben die bereits zitierten „Leipziger Sammlungen", S. 62, über den um die Mitte des 18. Jahrhunderts wahrgenommenen und im vorstehenden Abschnitt dargestellten Verfall: „... Außer des großen GOTTES Verhängniß [weiß man], die vollkommene Ursache so eigentlich nicht anzuführen, hält aber doch aus hin und wieder befindlichen Nachrichtungen einiger maßen dafür, daß nebst andern viel darzu geholfen, und zwar insgemein ..."

[2] Akte Loc. 6597. Bl. 51.

[3] Eine Bleistiftbemerkung zu dieser Stelle der Akte lautet: „Das Innungswesen ist der Sache selbst hinderlich"; ebenda.

Der Kampf des Handwerks gegen die Ausweitung der Manufakturproduktion hatte zwei Seiten. Er sollte einmal verhindern, daß einzelne Handwerksbetriebe über den handwerklichen Rahmen hinauswachsen und zu Manufakturen wurden.

So war, wie der „Creyß-Amtmann" Hase von Wittenberg der Landes-Oeconomie-, Manufactur- und Commercien-Deputation angezeigt und diese in ihrem zweiten Hauptbericht[1] auf das Jahr 1765 mitgeteilt hatte, bei dem Tuchmacherhandwerk ein Streit entstanden „über die Haltung mehrerer als drey Gesellen", und die Deputation hatte daraufhin das Generalis von 19. Oktober 1731 herangezogen, „worinnen jedem fleißigen und geschickten Meister nachgelaßen ist, mehrere Gesellen zu halten".

1825 erwähnte die gleiche Deputation im Rahmen ihrer Berichterstattung über die Aussetzung von Prämien[2], daß die für die Fertigung dauerhafter und sauberer Blecharbeiten wie Öfen, Ofenrohre und Bratröhren seit 6 Jahren ausgesetzte Prämie nie in Anspruch genommen worden sei, weil die meisten der ihrem Fach nach dafür infrage kommenden Handwerksmeister teils durch „das Innungswesen, welches die Zahl der Lehrburschen in jeder Werkstätte beschränkt und das Halten unzünftiger aber sich mit einem billigeren Lohn begnügenden Gehülfen untersagt", teils durch „eben diese Prohibitionen verursachte und gleichsam verewigte Mittellosigkeit" davon abgehalten würden, „ähnliche Unternehmungen zu beginnen", wie sie der „conceßionierte Blechwaaren- und Neuwieder Kochgeschirr-Fabrikant" Ernst und der Schlossermeister Schwarz in Leipzig errichtet hätten.

Zum anderen bezweckte das Handwerk die Niederhaltung des Produktionsvolumens der bestehenden Manufakturen, indem vor allem eine Abwehrstellung gegen die Einführung technisch fortschrittlicher Herstellungsverfahren bezogen wurde, die den Manufakturen die Konkurrenz auf den Auslandsmärkten erleichtert und in größerem Umfange Massenproduktion ermöglicht hätte. Am zünftigen Widerstand scheiterten lange Zeit die Einführung von Mühlstühlen, die Fertigung feiner Papiersorten und Preßspäne, die Qualitätsverbesserung des Sohlenleders, die Verwendung neuartiger Farbstoffe, der Übergang zu besseren Methoden der Heizung von Manufakturen und Fabriken. Die Landes-Oeconomie-, Manufactur- und Commercien-Deputation berichtet darüber:

„Die inländischen Posamentirer können ihre Bänder nicht um gleichen Preiß mit denen auswärtigen, auf BandMühlen arbeitenden" geben. Sie wollen aber auch die Anlegung von Bandmühlen nicht gestatten. Sie haben Oßwald zu Naumburg und andere, „so sich dergleichen bedienet, auf alle Weise zu drücken versucht"[3].

„Die Fabrikation der feinen Papiersorten u. der Preßspähne wird mit der des Auslandes schwerlich eher rivialisieren können, als bis das diesen Manufacturzweig drückende und vertheuernde Zunftwesen und das den Papiermühlen zuständige, dem besseren Sortiren des Materials hinderliche Moment des auf bestimmte Bezirke beschränkten Lumpensammelns aufgehoben ist"[4].

„So lange unsere reichen Gerber sich noch im Besitze eines ausschließlichen Privilegii und Verbietungsrechts befinden, haben sie an eine Verbesserung ihrer

[1] Akte, Landes Oeconomie-, Manufactur- und Commercien-Deputation, Loc. 5356, Vol. I, Bl. 95.

[2] Akte Loc. 6597, Bl. 29 u. 30.

[3] Akte, Landes-Oeconomie-, Manufactur- und Commercien-Deputation, Loc. 5356, Vol. I, Bl. 45.

[4] Akte Loc. 6597, Bl. 49; die Äußerung stammt aus dem Jahre 1826.

Fabrikation zu denken nicht nöthig; bis dahin bleiben sie bei dem bisherigen Geschäftsgange stehen, daß sie den Händler machen und das aus Maastrich beziehende Sohlenleder mit gutem Gewinne an die Schuhmacher weiter verkaufen. Arme Gerber können dergleichen Versuche nicht machen, da zur ersten Anlage, ein großes Capital gehört und das Product lange Zeit in der Grube unverzinst liegen bleiben muß. Nur bei Freiheit des Gewerbes werden sich Capitalisten finden, die so etwas unternehmen"[1].

„Der geschickte Leinewand-Fabricant May zu Löbau hat in der Michaelis-Meße die Prämie erhalten, die ausgesetzt war auf die aecht schwarzgefärbte Baumwolle. Er hat einen Essig erfunden, wodurch er seinen Farben einen vorzüglichen lustre" gibt. „Die Brauerey dieses Eßigs" sollte ihm jedoch auf Ansuchen der Bürgerschaft zu Löbau untersagt werden. Die Deputation hat sich deshalb beim Landvogt in der Oberlausitz mittels Communicats vom 20. Juli 1776 dieses für May „bestens verbeten"[2].

„So lange unser Bauwesen noch dem Zunftzwange unterworfen ist, werden die Maurermeister, da sie bei der gewöhnlichen Bauart der Häuser ohne Mühe durch den Schweiß ihrer Gesellen und Lehrburschen reich werden, an dergleichen Verbeßerungen, wovon viele nicht einmal eine Historische Kenntniß haben [gemeint ist die ab 1826 durch Prämien erfolglos angeregte Anwendung der Dampfheizung bei Fabriken und Manufakturen], schwerlich denken"[3].

Die fortschrittsfeindliche Verfassung des Handwerks wurde in ihrer unvermeidlich auch die manufakturelle Betätigung beeinträchtigenden Wirkung dadurch gemildert, daß der sächsische Staat von den zünftigen Einengungen Ausnahmen zuließ. So hatte Johann Georg II. dem neugegründeten Ostra bei Dresden (Neustadt-Ostra), in dem die Krafftsche Seiden- und Wollmanufaktur errichtet worden war, „Gewerbefreiheit verliehen, aber es stand nicht in seiner Gewalt, die Innungen zu Dresden zur Aufnahme von Handwerkern, die sie nicht dulden wollten, zu bewegen, und eben so wenig stand es in seiner Macht, den Absatz von Erzeugnissen gegenüber den Verfolgungen der städtischen Meister in Dresden durchzusetzen. Innungszwang und Zunftstolz beherrschten damals das Handwerk; gegen sie anzukämpfen, war unnütz. Die städtischen Meister beanspruchten stärker als je das Recht des aus dem Mittelalter überkommenen Bannes über die Umgebung der Stadt"[4].

Wenn somit in Einzelfällen versucht wurde, einer fortschrittlichen Betriebsweise den Weg zu bahnen, so hielt der feudale Staat während der gesamten Manufakturperiode doch prinzipiell am mittelalterlichen Gefüge des Gewerbewesens fest, was unter anderem die Entwicklung einer größeren Zahl von Handwerksbetrieben zu Manufakturen verhindern mußte. Hemmend auf das Wachstum der sächsischen Manufakturen und diese in ihrer Existenz gefährdend wirkten zeitweise auch die gegenüber den Nachbarländern außerordentlich hohen Abgaben, über die im einzelnen bei der Darstellung der Einfuhr- und Beschaffungserleichterungen für Rohstoffe und Halbfabrikate berichtet wurde. So klagten, wie Gretschel für die

[1] Akte Loc. 6597, Bl. 57 u. 58.
[2] Akte, Landes-Oeconomie-, Manufactur- und Commercien-Deputation, Loc. 5356, Vol. I, Bl. 101.
[3] Akte Loc. 6597, Bl. 59 u. 60.
[4] Trautmann, S. 39.

Zeit um 1737 mitteilt, die Stände oft darüber, „daß die inländischen Fabriken gänzlich zu Grunde gehen müßten, wenn ihnen keine Erleichterung der Abgaben und andern Bürden zu Theil würde“[1]. Mit der in den achtziger Jahren des 18. Jahrhunderts nach Besserung der Finanzen erfolgten Senkung der Accissätze[2] wird sich diese Wirkung, wenn auch nur wenig, abgeschwächt haben, denn Bodemer schreibt 1856 über die Grenz- oder Landaccise und die Konsumtions- oder Generalaccise, daß „beide in ihren Grundzügen bis zum Jahre 1834 ziemlich unverändert beibehaltenen Zollabgaben, deren Kopfertrag allmählich größer als die gegenwärtige Zollvereinsquote ward ..., ... vermöge ihres wenig rationellen Prinzips und ihrer zahlreichen Ausnahmen fast nur allein auf den arbeitenden Klassen, auf den Gewerben und der Industrie“ lasteten[3]. Es kam sogar 1820 dazu, daß für Leipzig ein neues Accisgesetz erlassen wurde, „welches zwar grundsätzlich rationeller als das frühere war, welches aber schließlich zu dem merkwürdigen Verhältniß führte, daß die schon an sich nicht zu rechtfertigende und gar nicht unbedeutende Eingangsabgabe der sächsischen Erzeugnisse auf den Leipziger Messen höher als der Zoll für die ausländischen Waaren war“[4], und Chemnitz erlebte noch im Jahre 1824, daß es „mit einem haushohen Acciszaune“ umgeben wurde.
Nach einem Artikel des Westfälischen Friedens war „Fremdgläubigen“ der „Grunderwerb und das Bürgertum“[5] versagt. Dieser Regelung entsprang ein weiteres Hemmnis der gewerblichen wie besonders der manufakturellen Betätigung. Entgegen der Praxis nicht weniger deutscher Staaten jener Zeit, wie vor allem Preußens, wurde so verhindert, daß Refugiés in größerer Zahl nach Sachsen kamen, und die sich tatsächlich dort Ansiedelnden mußten religiös getarnte, in Wirklichkeit dem Konkurrenzneid entspringende Anfeindungen über sich ergehen lassen, die den von ihnen ins Leben gerufenen Gewerbebetrieben schadeten. Gretschel schreibt darüber, daß die „französischen Reformirten ... von den Leipzigern in religiöser ... wie in merkantilischer Hinsicht ... nicht mit günstigen Augen angesehen wurden...“[6]. Es erging ihnen somit ähnlich wie den nach Halle gezogenen hugenottischen Wollmanufacturiers, die bei der dortigen Bevölkerung wegen ihrer „wirtschaftlichen Denkweise und Produktionsart“ auf zähen Widerstand stießen und sogar nach kurzer Zeit ihre dort errichteten Betriebe wieder aufgaben und die Stadt verließen[7]. Der Schaden, der aus dieser ökonomischen und religiösen, mit dem Wunsche der Bevölkerung, Kirchenleitung und Stände nach Glaubenseinheit[8] begründeten Unduldsamkeit für die Entwicklung der Produktiv-

[1] Gretschel, Bülau, III, S. 78.
[2] Kretzschmar, S. 105.
[3] Bodemer, S. 20.
[4] Ebenda, S. 21; näheres darüber im folgenden Unterabschnitt, der diese Tatsache auch zahlenmäßig belegt.
[5] Siehe hierzu auch Gurlitt, II, S. 86, 173 u. 174.
[6] Gretschel, II, S. 639.
[7] Aubin, Gustav, „Entwicklung und Bedeutung der mitteldeutschen Industrie“, in: „Beiträge zur mitteldeutschen Wirtschaftsgeschichte und Wirtschaftskunde“, 1., Halberstadt 1924, S. 12.
[8] Gurlitt, II, S. 174

kräfte und namentlich der Manufakturen in Sachsen entstand, ist nicht abzuschätzen, zumal auch die von August dem Starken unter der Hand versuchte bzw. geplante Ansiedlung von Refugiés in Eilenburg, Torgau, Meißen und Oschatz, mißlang[1]. Trotz aller Abwehr kam es sowohl in Leipzig als auch in Dresden zu beachtlichen Manufakturgründungen durch Hugenotten besonders auf dem Gebiete der Seidenverarbeitung, Herstellung von Gold- und Silbertressen sowie von Handschuhen. Die Handschuhfabrikation wurde in Sachsen als französisches Vorrecht empfunden, und als in einer Dresdner Manufaktur einheimische Lehrlinge angenommen worden waren, drohten die französischen Gesellen ihre Arbeit niederzulegen, was den Betrieb in ernste Gefahr, wenn nicht zum Erliegen gebracht hätte[2].

Die vorerwähnten feudalen Hemmungen übten ohne Zweifel einen nicht zu übersehenden, wenn im Einzelfalle auch schwer nachzuweisenden, nachteiligen Einfluß auf die Lebenskraft der sächsischen Manufakturen aus. Er war jedoch nicht so groß, daß durch ihn das generelle Ende der Manufakturen bewirkt worden wäre.

Gewichtiger als die von diesen Ursachen ausgehende Beeinträchtigung der Lebenskraft der sächsischen Manufakturen war jene dem Widerspruch entspringende, daß die neue Betriebsform auf Massenabsatz angewiesen war, ihn infolge des zu kleinen Inlandmarktes – der sich durch den Gebietsverlust von 1815 noch mehr verengte – sowie der beim zwischenstaatlichen Warenaustausch auftretenden Hemmungen und des Entzugs lebensnotwendiger Rohstoffe durch das Ausland nicht allerorts und jederzeit finden konnte. In einem bereits früher erwähnten, 1801 in Gera erschienenen und die Öffentlichkeit erregenden Memorial des Röpsener Pastors Sörgel[3], in dem dieser die Befürchtung zum Ausdruck brachte, daß die sächsischen „Woll- und Baumwoll-Manufakturen" sowie der damit beschäftigte Handel vor ihrer Vernichtung auf immer stünden, wenn nicht schnelle durchgreifende Mittel Rettung brächten, wurden drei Ursachen genannt, „aus welchen die gegenwärtige hohe Noth der sächsischen Manufacturisten und der Verfall des Handels entspringt:

1. Ausfuhr der sächsischen Kämm-Garne,
2. Ausfuhr der sächsischen Wolle,
3. Einfuhr der englischen Waren in ungeheurer Menge, und dabey so niedrige Preise derselben, daß der sächsische Fabrikant die Producte seines Fleißes, wenn er nicht mit Verluste arbeiten will, durchaus nicht dafür hingeben kann".

Nach Sörgels Ansicht sollte diese Ausfuhr „ohne Verzug und mit möglichster Wirksamkeit gesteuert werden..."[4]. Außerdem trat er für die Schaffung eines großen deutschen Marktes ein, auf dem sich der Ausgleich besser vollziehen kann: „Nichts heilsameres möchte wohl Sachsen, und überhaupt Teutschland wiederfahren

[1] Gurlitt, II, S. 174.
[2] Akte Loc. 11110, Bl. 152; weitere Aktennachweise in den Tabellen.
[3] Sörgel, S. 38.
[4] Ebenda, S. 43.

können, als wenn es jetzt, da ihm eine neue Gestalt werden soll, auch in der Vereinigung zu Einem Handelskörper und in der Anrichtung einer zweckmäßigen Reichshandelspolizey wieder neu würde".

Zu gleichem Ergebnis in bezug auf die Ursachen des Verfalls der Manufakturen kam die nach der sächsischen Katastrophe von 1806 eingesetzte „Wiederaufhelfungs-Commißion zu Verbesserung des Manufakturstandes"[1]; auch sie sah diese außer in einer „beträchtlichen Schwächung und Stockung des Geldumlaufs in Handel und Gewerbe", in der „Sperrung des Handels überhaupt und des hierländischen Waaren-Vertriebes insbesondere, theils durch allgemeine Hemmung der See-Schiffahrt, theils durch Einfuhr- und Transital-Verbote und hohe Impostirungen", wozu die anfänglichen Erfahrungen Sachsens mit der Kontinentalsperre besonderen Anlaß gaben.

Die von der Kommission zu Abstellung der zutagegetretenen Mängel gemachten bzw. an sie herangetragenen Vorschläge sind aufschlußreich für das beim endgültigen Verfall der Manufakturen in Sachsen auftretende Zusammenwirken einer großen Zahl atypischer und typischer Ursachen, so daß sie nachstehend ausführlicher wiedergegeben werden.

Zunächst appellierte die Kommission, offensichtlich um zu vermeiden, daß sich das Manufakturkapital lohnenderen Anlagen zuwandte, an das „Ehrgefühl zu patriotischer Thätigkeit" und schlug vor, daß „die Besitzer von hierländischen, bey dermaliger Handelssperre Gebruch am Absatz leidenden Manufakturen, die während der Dauer dieser Sperre ihre Arbeiter sämtlich oder auch nur größtentheils in fortdauernder Beschäftigung erhalten, nicht minder diejenigen unterobrigkeitlichen Personen, welche mit Einsicht und Eifer diesen wohlthätigen Zweck befördert hätten, öffentlich ehrenvoll erwähnt, mit Verdienst-Medaillen belohnt, und sich sonst der Gnade Sr. Königl. Majestät vorzüglich zu erfreuen haben sollten".

Weiterhin wurde empfohlen, darauf hinzuwirken, daß die „für hiesige Manufakturwaaren ... in Frankreich bestehenden Verbote und hohen Impostirungen aufgehoben und resp. ermäßiget werden möchten ...", eine „gleichmäßige Verwendung zur Wiederherstellung des durch streng beobachtete Einfuhr-Verbote gehemmten Vertriebes hierländischer Manufakturwaaren in das Königreich Italien" stattfände und „Unterhandlungen wegen Wiederaufhebung der unter den zum Rheinbunde gehörigen Staaten zeither stattgefundenen Handels-Sperrungen" eingeleitet würden.

Ein Vorschlag betraf die „Ausmittelung der freyen Schiffart auf der Elbe von der Böhmischen Grenze an, bis zum Ausfluße dieses Stromes in die Nord-See, Aufhebung des Stapels von Magdeburg und des Privilegiums der dasigen Schiffergilde, auch zweckmäßigere Bestimmung der Elbzölle".

Für gut wurde ferner die „Anstellung Königlich Sächsischer Consuln in den Hansestädten, Freyhäfen und in Ländern gehalten, mit welchen Handelsverbindungen statt finden".

Der „Theuerung der Englischen baumwollenen Maschinen-Garne" und dem „besorglichen gänzlichen Mangel an selbigen" sollten in Sachsen neu zu errichtende Maschinenspinnereien abhelfen.

[1] Acta, „Die von der Wiederaufhelfungs-Commißion zu Verbesserung des Manufacturstandes und sonst vorgeschlagenen Maasregeln betr.", de Anno 1808–13; LHA, Loc. 5444, Bl. 1–11.

Die Kommission befaßte sich außerdem mit dem „Mangel an Chausséen" und der zunehmenden Verschlechterung der Landstraßen, der dadurch hervorgerufenen „Vertheuerung aller Fuhrlöhne und Hemmung des Commercii", der „fortdauernden schädlichen Concurrenz der wohlfeilen englischen und überhaupt ausländischen Fabrikate" sowie mit der Erschwerung des inländischen Handels von Seiten der „Zoll- und Accis-Verfaßung".

Die „Wiederaufhelfungskommission" stellte im ganzen 19 Ursachen des Verfalls des „Manufakturstandes" und Handels fest, von denen sie lediglich sieben dem Kriege [den kriegerischen Auseinandersetzungen in der Zeit von 1806–1813] zuschrieb. Unter den übrigen nahmen, wie der vorstehende Extrakt zeigt, die der Einengung des sächsischen Marktes entspringenden und selbstverständlich nicht nur die Manufakturen, aber diese ganz besonders beeinträchtigenden, den größten Raum ein. Einmal waren es die sächsischerseits damals meist nur schwer günstig zu beeinflussenden Außenhandelsbeziehungen, zum anderen die feudalpartikularistischen Widerstände im Inneren des Landes wie Stapel-, Meilen- und Straßenrechte der Städte – besonders Leipzigs – und Abgaben beim innersächsischen Warenaustausch, die sich einer Ausweitung des Absatzes der heimischen Manufakturerzeugnisse in den Weg stellten.

Bodemer[1] berichtete, daß „selbst die werthloseste Sache nicht ohne doppelte Bezettelung von einer Stadt in die andere, und selbst nicht aus der Vorstadt in die Stadt gebracht werden durfte ..."; als Beispiel für die äußerst lästige und selbst den Vertrieb der Manufakturwaren innerhalb Sachsens erschwerende Form der Erhebung der Accise führte er an, daß „die accisamtlich versiegelten Kisten der Marktfieeranten beim Auspacken von dem Visitator revidirt, dann beim Einpaken abermals revidirt und das Fehlende als Verkauftes veraccist, dabei aber wieder ein Unterschied zwischen inländischer und ausländischer Waare gemacht werde. Andern Tages auf dem andern Jahrmarkte fand diese gewissenhafte Verhandlung zwischen Visitators und Marktziehern von Neuem statt, und selbst der ehrlichste Mann mußte defraudiren, weil die gesetzliche Abgabe gar nicht zu bezahlen gewesen wäre".

Während die anfangs dargestellten Erschwernisse, so lastend sie auch waren, die Lebenskraft der heimischen Manufakturen lediglich schwächten, kam es infolge des Verlustes von Auslandsmärkten und einer die Konkurrenzfähigkeit der sächsischen Waren beeinträchtigenden Abgabengestaltung Sachsens nicht selten zu einem direkten Erliegen solcher Betriebe. Dieser Prozeß setzte verstärkt nach Beendigung der Befreiungskriege ein, als die Nachbarstaaten dazu übergingen, die Einfuhr fremder Waren entweder ganz zu sperren oder durch hohe Zölle zu erschweren (Preußisches Zollgesetz von 1818), Sachsen jedoch bis zu seinem Eintritt in den Zollverein das „Prinzip allgemeiner Handelsfreiheit" beibehalten wollte[2].

So gaben die „Gebrüder Hübner und Söhne", die Eigentümer einer der großen Chemnitzer Kattundruckereien, im Jahre 1825 „das fruchtlose Streben ... auf und zogen sich vom Geschäft zurück", nachdem sie der Erhaltung ihres Arbeiter-

[1] Bodemer, S. 20 u. 21.
[2] Notizen, S. 28.

stammes wegen seit 1818, „von wo an sie die hohe Besteuerung des schweren und wohlfeilen Fabrikats ... in den Nachbarstaaten bedrückt“[1], mit Verlust gearbeitet hatten.

Ebenfalls um diese Zeit stellte aus den gleichen Gründen eine große Zahl weiterer, in Chemnitz und Frankenberg ansässiger Kattundruckereien ihre Tätigkeit[2] ein, und auch der Verfall der Dresdner Handschuhmanufakturen war so zu erklären[3].

Für den während des ersten Drittels des 19. Jahrhunderts durch ein im Vergleich zur Belastung ausländischer Waren ungewöhnlich hohes Abgabenniveau verursachten Verfall der sächsischen Manufakturwirtschaft enthalten die „Notizen zur Geschichte der Zeugdruckerei ...“[4] aufschlußreiches Tatsachenmaterial.

Nach ihnen wurde die Leipziger „Meßabgabe für gedruckte ausländische baumwollene Ware ... bei einem neuen Tarife auf 16 gr. pro Zentner festgestellt, und für den Verbrauch fremder Manufakte im Lande bestanden Fixationen, welche durchschnittlich etwa mit einem Pro Mille besteuerten. Das sächsische Fabrikat zahlte in Leipzig 4 gr. pro Zentner, wurde aber, wenn zu den dortigen Messen Retourgüter von den anderen vier Meßplätzen eingingen, mit 16 gr. vernommen, so daß manches Fabrikhaus im Durchschnitt an 10 bis 12 Gr. erlegte. Die Grenzabgaben auf das Material zum Manufakt betrugen, beispielsweise für diejenige Quantität, welche die Herstellung eines Zentners türkisch rother Kattune erforderte, tarifmäßig 6 Thlr. 16 Gr.! Während das Wohlwollen und die Weisheit der Regierung in der vorher geschilderten glücklichen Periode [die Zeit von 1754–1806] dem Fabrikstande die baare Erlegung, der mit Frankreich nach den Dekreten von Berlin, Trianon und Mailand vereinbarten, Zölle auf Baumwolle erließ, deren Betrag in langsichtigen Wechseln annahm und diese endlich – kassirt zurückgab, Vertrauen mit Großmuth erwiedernd: brachte die neue Zeit nach Abschaffung der, nur auf dem Papier stehenden, General- und Land-Akzis-Rolle, einem scheinbar milden, aber unter den bestehenden Verhältnissen wahrhaft unerschwinglichen, Grenzzoll-Tarif ans Licht“.

Infolge der übermäßigen Belastung dieses Manufakturzweiges wanderte, wie aus den „Notizen“ ebenfalls hervorgeht[5], „ein Teil der sächsischen Kattunfabrikazion, welche, namentlich für die kleineren Etablissements, mehr als einige andere vaterländische Industriezweige des deutschen Absatzes zu ihrem Bestehen bedarf, in Nachbarstaaten aus, wo sie durch Prohibitiven, wie in Böhmen, oder durch Schutzzölle, wie in Preußen, in einem größeren Absatzgebiete unterstützt wurde...“.

Wie Marx schrieb[6], „konnte die Manufaktur die gesellschaftliche Produktion weder in ihrem ganzen Umfang ergreifen, noch in ihrer Tiefe umwälzen“. Eine solche Revolutionierung der Produktionsweise war erst der arbeitsteiligen Kooperation

[1] Gretschel, Bülau, III, S. 673.

[2] Notizen, S. 30.

[3] Karl Mende schreibt in seiner 1927 in Leipzig erschienenen Dresdner Dissertation „Über Standortbedingtheit und Aufbau der Dresdner Großindustrie“, S. 87: „Die zunehmende Einfuhr französischer Erzeugnisse war hier neben gesteigerten Ausfuhrschwierigkeiten einer der Hauptgründe für den gewaltsamen Rückgang“.

[4] S. 29.

[5] Ebenda.

[6] Marx, Bd. I, S. 387.

mit Maschineneinsatz möglich. Sie verlangte noch gebieterischer als die Manufaktur nach größeren Absatzgebieten, da ihre Produktion ungleich massenhafter geworden war. Schon die Manufaktur hatte die entsprechenden Märkte infolge der Begrenztheit der sächsischen Nachfrage und des feudalstaatlichen Partikularismus Deutschlands[1] mit allen daraus entspringenden Erschwernissen des Austauschs, nicht zuletzt auch wegen der noch innerhalb des eigenen Staatsgebiets selbst bestehenden feudalen Hemmnisse[2] nicht immer finden können. Hinzu kam, daß Sachsen aus den Befreiungskriegen gebietsmäßig erheblich verkleinert hervorgegangen war und wertvolle Rohstoff- und Absatzgebiete eingebüßt hatte. Seine ökonomische Situation drängte nach einer Lösung der nationalen Frage, nach einer Überwindung der deutschen Kleinstaaterei zunächst auf wirtschaftlichem Gebiet. Etappen auf diesem Wege waren der Anschluß Sachsens an den Zollverein, die Beseitigung zahlreicher feudaler Beschränkungen des Austausches im Inneren des Landes und besonders der Bau von Eisenbahnen[3].

b) Das Aufkommen der aus- und inländischen Fabrikkonkurrenz sowie der Übergang von Manufakturen zu Fabriken

Marx schrieb von der Manufaktur, daß deren „eigne enge technische Basis ... auf einem gewissen Entwicklungsgrad mit den von ihr selbst geschaffnen Produktionsbedürfnissen in Widerspruch“ trat[4]. Eine konsequente Ausnutzung der Vorteile der

[1] Das damalige Deutschland bestand aus 19 souveränen Staaten.

[2] Meerwein, S. 39 u. 40, berichtet darüber: „In Sachsen bestanden bis zum Jahre 1824 neben einander: Generalakzise, Land- und Waren Akzise. Letztere war a) eine von den Produzenten zu erhebende Steuer aller inländischen Produkte, Tuche- und Leinenwaren etc., b) eine von allen ausländischen Waren beim Eingang über die Zollstädte und an den Toren erhobene Abgabe und galt gleichzeitig für Stadt und Land. Die Generalakzise war erst nur städtisch und wurde erhoben von 1. allen durch Kauf oder Tausch wechselnden Gütern, zweitens als eine Art Gewerbesteuer von allen Professionisten (als Nahrungsgeld), 3. als Grundsteuer von den Liegenschaften des Stadtbezirks. Sie bestand später auch auf dem Land als Abgabe von Wein, Bier, Branntwein, vom Backen und Schlachten und gewissen Handelsbetrieben; daneben bestanden noch die reinen Verbrauchsabgaben: die Fleisch-, Trank-, Mahlgroschensteuer, das Salzregal, Imposten- (Steuer von gewerblichen Produkten) Zölle. In den Jahren 1822 bis 24 trat eine Vereinfachung dieses komplizierten Systems dadurch ein, daß an die Stelle der Land- und Warenakzise, der Zölle, Imposten und anderer besonderer Abgaben eine allgemeine Grenzakzise trat, die von allen ein- und durchgeführten Waren erhoben wurde. Im Jahre 1824 wurde diese Grenzakzise durch eine neue Generalakzise ersetzt. Sie bedeutete in den Städten: Eingangsakzise, Gewerbeakzise und Nahrungsgeld, Nutzvieh- und Grundsteuerakzise; auf dem Lande: Handels- und Handwerkerakzise, Nahrungsgeld, Steuer vom Schlachten, Backen und Branntweinbrennen. Erst durch den Beitritt Sachsens zum Zollverein im Jahre 1834 wurde mit diesen verwickelten Steuersystemen aufgeräumt, von denen nur die Grundsteuerakzise bis zum Jahre 1834 beibehalten wurde, wo diese dann durch eine allgemeine Grundsteuer ersetzt wurde. (H. d. St. W.)“.

[3] Näheres hierüber bei: Pönicke, Herbert, „Sachsens Entwicklung zum Industriestaate (1830–1871)“. Dresden 1934; derselbe, „Wirtschaftskrise in Sachsen vor hundert Jahren – Ein Beitrag zur sächsischen Wirtschaftsgeschichte“. Herrnhut 1933.

[4] Marx, Bd. I, S. 387.; Smith, S. 13.

Arbeitsteilung mußte im kapitalistischen System zwangsläufig zu einer immer weitgehenderen Unterstützung und Erleichterung des zerlegten Gesamtarbeitsprozesses durch mechanische Hilfsmittel führen, bis der technisch-ökonomische Fortschritt so weit gediehen war, daß die menschliche Hand vom mechanisierten Werkzeug, der Maschine, ersetzt werden konnte. Dieser Prozeß setzte in Sachsen erheblich später ein als in den fortgeschrittenen Ländern des europäischen Westens[1]. So hatte England die mechanisierte Herstellung von Gespinsten und Geweben bereits zu einer Zeit auf beachtliche Höhe gebracht, als Sachsen seine ersten tastenden Versuche mit der Anwendung von Maschinen im Textilgewerbe machte. Dieser Vorsprung des Westens hatte schwerwiegende Folgen für die Konkurrenzfähigkeit der sächsischen Manufakturwaren auf den Märkten des Auslandes wie beim Absatz im eigenen Lande, die sich einem Massenangebot billiger ausländischer, vor allem englischer Fabrikate gegenübersahen. Das beste Beispiel dafür bietet in Sachsen die Konkurrenzlage nach Aufhebung der Kontinentalsperre. Bodemer schrieb über diese ungünstige Situation der sächsischen, vorwiegend erzgebirgischen, auf Handarbeit beruhenden Gewerbebetriebe gegenüber den mechanisierten außersächsischen Werkstätten:

> „Als mit dem Falle der Napoleonischen Herrschaft auch das Kontinentalsystem zusammenbrach, schütteten die Engländer die in ihren Magazinen angehäuften Waaren zunächst über die deutschen Länder aus. Im Anfange wurden zwar die meistens veralteten oder für den deutschen Geschmack überhaupt nicht passenden Waaren zum guten Theile von den Leipziger Messen nach den östlichen europäischen Ländern wieder ausgeführt; als aber die englischen Fabriken sich auf den deutschen Bedarf einrichteten und vermittelst ihres bereits weit vorgeschrittenen Maschinenbetriebes die Waaren wohlfeiler herstellen konnten, als es den deutschen Fabrikanten möglich war, geriet zunächst die der englischen Konkurrenz am meisten bloßgestellte erzgebirgische Industrie in harte Bedrängniß. Diese Bedrängniß vermehrte sich, als im Jahre 1818 der preußische Zolltarif erschien und sie steigerte sich bis auf's Äußerste, als nicht allein Rußland, sondern auch – traktatenwidrig – Polen abgesperrt und für den Absatz der sächsischen Erzeugnisse endlich völlig unzugänglich, ja sogar den russischen und polnischen Kaufleuten der Besuch der Leipziger Messen bei harter Strafe verboten ward ..."[2].

An dieser schlechten Wettbewerbslage der sächsischen Manufakturen und Fabriken gegenüber der ausländischen Fabrikkonkurrenz, die noch bis über den Beitritt Sachsens zum Zollverein hinaus anhielt[3], konnte auf die Dauer auch der Umstand nichts ändern, „daß die Arbeitslöhne des Erzgebirges", wie Bodemer an gleicher Stelle schrieb[4], „die niedrigsten sind in der ganzen Welt und daß es gar

[1] Die Einzelheiten der Industriellen Revolution in diesen Ländern, insbesondere die Daten des erstmaligen Auftretens der wichtigsten Spinnmaschinen – der spinnenden Jenny Hargreaves, die erst später mit Pferde- und Wasserkraft betrieben wurde, der Watermaschine Arkwrights und der im Anfang ebenfalls nur auf Handbetrieb, später auf Wasserantrieb eingerichteten Mulemaschine Cromptons – sind bei Kuczynski, Wirtschaftsgeschichte, S. 213flg., vor allem auf S. 215 nachzulesen.

[2] Bodemer, S. 16 u. 17.

[3] Ebenda, S. 24.

[4] Ebenda, S. 49.

Es waren „Jennymaschinen“ vorhanden:

zu	in Langensalza	in Mittweida und Umgebung		in Chemnitz und Umgebung		überhaupt	
M. 1785	3		—	—			3
M. 1786	3		4	2			9
M. 1789	3		16–18	4			23–25
O. 1790	2	nahe an	50	4		nahe an	57
M. 1790	3	über	50	4		über	57
O. 1791	3	„	50	4		„	57
M. 1791	3	etliche u.	80	4		etliche u.	87
O. 1792	3	„	90	4		„	97
M. 1792	3	„	90	4		„	97
M. 1793	3	über	100	4		über	107
O. 1794	3		134	4			141
M. 1794	3	nahe an	150	4*	56**	nahe an	213
O. 1795	3		160	4	78		245
M. 1795	3		160	4	86		253
O. 1796	3		160	4	nahe an 120	„	287
M. 1796	3	über	200	gegen 100	150		453
O. 1797	3		230	gegen 600		gegen	833
M. 1797	3		290–300	über 500	über 100	über	903
O. 1798	3		über 300		600	„	903
O. 1800	3		über 1500			„	1503
M. 1800	3		„ 2000			„	2003

* Maschinen nach der älteren Freyischen Bauart.
** Maschinen nach der neu verbesserten Irmscherischen Bauart.
(O. = Ostern,
M. = Michaelis)

viele sächsische Industrieartikel giebt, welche nur durch den Hungerlohn des Arbeiters verkäuflich sind“. Zeitweilig wirkte in gleicher Richtung auch die relativ wie absolut bessere Qualität einiger sächsischer Manufakturwaren.

Die Produktionsüberlegenheit der englischen Fabrikindustrie hatte, unterstützt durch handelspolitische Maßnahmen Englands und des übrigen Auslandes, ein Massensterben sächsischer Textilmanufakturen zur Folge, von dem vor allem zahlreiche Kattundruckereien betroffen wurden; nähere Angaben darüber enthält der Abschnitt über „Die Tatsachen und Ursachen des Rückganges der Manufakturen“. Dieser überaus kritischen Konkurrenzlage, die mit einer großen Nachfrage nach Baumwollwaren zusammenfiel, suchte das Textilgewerbe dadurch zu begegnen, daß es seinerseits zur Mechanisierung des Spinn- und Webprozesses überging und damit die Industrielle Revolution in Sachsen einleitete. Den Anfang machte es mit der Einführung der spinnenden Jenny. Durch sie war – obgleich sie anfangs nur mit der Hand angetrieben wurde – bereits ein gewaltiger Produktionsfortschritt erreicht, denn während nach König[1] „eine Person auf dem Rade, wenn sie das ganze Jahr hindurch spann, 100 – allerhöchstens 120 Stücke Garn, das ist pro Woche

[1] König, S. 84, 91, 100, 101.

reichlich 2 Stücke" produzierte, fertigte ein „mittlerer Maschinenspinner dagegen ... wöchentlich 36 Stück; das ist 18mal soviel".
Die zunehmende Verwendung von Jennys im Kurfürstentum Sachsen zwischen 1785 und 1800 geht aus der vorstehenden, von König[1] veröffentlichten, allerdings nur auf Schätzung beruhenden Übersicht hervor:
Einen weiteren Aufschwung nahm der Einsatz von Jennys in Sachsen während der Kontinentalsperre. In den Jahren 1804 bis 1810 liefen „in Chemnitz und Umgegend in einem Gebiete von 3 Meilen bis 9000 derartige Spinnmaschinen mit etwa 200000 Spindeln"[2]. Seit 1811 etwa ging die Zahl der Jennys unaufhaltsam zurück, und die 1813 in Sachsen Eingang findenden Mulemaschinen verdrängten sie schließlich ganz[3].
Der Charakter der Jenny als „Handspinnmaschine" machte sie für die Verwendung in den Werkstätten der zerstreuten Manufakturen und der für Verleger arbeitenden Hausindustrie geeignet. „Die ersten Jennymaschinen sind", wie König schreibt[4], „von Verlegern angekauft worden – den Gebr. Gräser zu Langensalza, dem Kaufmann Bugenhagen zu Chemnitz –" und von diesen den Spinnern „gegen eine Abgabe leihweise überlassen" worden[5]. Die sächsische Regierung gewährte aber auch Vorschüsse, wenn Weber oder Wirker Jennys käuflich erwerben wollten[6].
1798 erfolgte erstmalig in Sachsen die Aufstellung von Jennys zentral in einer Manufaktur[7].

Der Chemnitzer Kattundruckmanufacturier Kreißig ließ von den Maschinenbauern Irmscher und Thiemer in Chemnitz mit Hilfe eines Vorschusses von 6000 Talern aus der kurfürstlichen Hauptauswechslungskasse 50 Jennys bauen, von denen er die eine Hälfte in seinem Chemnitzer Manufakturgebäude und die andere in Annaberg aufstellte. Auf diesen 50 Jennyspinnrädern wurden von 1799 bis 1801 66912 Stück Garn hergestellt[8]. Ostern 1801 mußten die 25 Chemnitzer Jennys abgebrochen werden, „angeblich weil nur mit Mühe die erforderliche Anzahl von Lohnspinnern zu erhalten war"[9]; die Annaberger hatten mit den gleichen Schwierigkeiten zu kämpfen.

Dem Beispiel Kreißigs folgten im Jahre 1799 Kühn in Chemnitz mit 16 Jennys und die Kattundruckmanufacturiers Gebrüder Pflugbeil in Chemnitz, die 1801 6, 1803 16 und 1805 17 „Handspinnmaschinen" mit je 42 Spindeln in Betrieb hatten. Die Pflugbeilsche war die erfolgreichste der vorgenannten, mit Jennys ausgestatteten Manufakturen; sie produzierte pro Woche 300 bis 400 Stücke[10] und verfügte seit 1804 über Vorspinnmaschinen. Da auch ihre Krempeln am Wasser gingen, ist sie zu diesem Zeitpunkt schon als Fabrik anzusprechen.
Der Einsatz der „Jennyspinnräder" und die gleichzeitig zumeist mit Erfolg versuchte Nachahmung englischer Baumwollartikel wie Piqués, Wallise und Musselinets[11] verschaffte den sächsischen Manufakturen und sonstigen, auf Handarbeit

[1] König, S. 95.
[2] Meerwein, S. 24.
[3] König, S. 300–301.
[4] Ebenda, S. 96.
[5] Meerwein, S. 18.
[6] König, S. 97.
[7] Ebenda, S. 97flg.
[8] Ebenda, S. 98.
[9] Ebenda.
[10] Ebenda, S. 98 u. 99.
[11] Ebenda, S. 9–12.

beruhenden Baumwollverarbeitungswerkstätten für eine kurze Zeit Erleichterungen vor der englischen Konkurrenz. Deren Übergewicht beruhte jedoch nicht auf der Jenny, sondern auf den mit Wasserantrieb arbeitenden Water- und Mulemaschinen[1]. Es setzten deshalb schon zeitig Bemühungen ein – so im Vogtlande 1793 die erfolglos gebliebene des Kaufmanns Baumgärtel in Plauen –, um solche Maschinen aus England zu beziehen. Trotz der strengen englischen Abwehrmaßnahmen gelang es dem Chemnitzer „Baumwollen-Manufakturgrossohändler" Wöhler, Zeichnungen und Modelle von englischen Watermaschinen zu erhalten und um 1799 den Mechaniker William Whitefield aus Halifax nach Chemnitz zu ziehen, um sich mit ihm zur Durchführung seines Spinnmaschinenprojekts zu verbinden[2]. Weiterhin machte der an einer Maschinenspinnerei in Manchester beteiligte Kaufmann Bernhard der Landes-Oeconomie-, Manufactur- und Commercien-Deputation das von der sächsischen Regierung akzeptierte Angebot, in Chemnitz eine Mulespinnerei zur Herstellung feinster Garnsorten anzulegen[3]. Auch Bernhard war dies nur mit Hilfe englischer Fachkräfte – des Mechanikers Watson, des Spinnmeisters Evans und des Eisen- und Stahlarbeiters Moult – möglich[4]. Bernhard erhielt 1798 und Wöhler 1799 von der sächsischen Regierung das geforderte Privilegium exclusivum auf 10 aufeinander folgende Jahre. Damit war in der sächsischen Baumwollspinnerei erstmalig für alle hauptsächlichen Arbeitsgänge der Fortschritt zur fabrikatorischen Produktionsweise vollzogen. Nach der Gründung dieser beiden Maschinenspinnereien in Chemnitz und Großharthau erfolgte 1802 die einer dritten in Langensalza durch den Kaufmann Weiß[5] und 1807 die einer weiteren in Lengenfeld durch den dortigen Kaufmann Thomas[6]. In den folgenden Jahren nahm die Zahl der Maschinenspinnereien in Sachsen außerordentlich zu, um in den zwanziger Jahren bei gleichzeitiger Erhöhung der Spindelzahl der einzelnen Betriebe wieder zurückzugehen.

> „Die 108 Maschinenspinnereien Sachsens, die zu Michaelis 1812 in Gange waren, hatten zusammen 255904 Spindeln; es kam also auf die einzelne Unternehmung eine Zahl von durchschnittlich 2369 Spindeln. Bis 1831 waren viele der Zwergbetriebe bereits verschwunden. Es hatten damals 84 Spinnereien zusammen 361202 Spindeln; auf die einzelne Spinnerei kamen also im Durchschnitt 4300 Spindeln; das ist 82 % mehr. Die größten Spinnereien waren zu Michaelis 1812 die Brücknerische in Mylau mit 23232, die Bernhard'sche in Harthau mit 22592, die Thomasische zu Lengenfeld mit 12420 und die Gößelsche zu Plauen mit 10368 Spindeln, die kleinsten waren die von Stophel und von Schubert in Mülsen mit je 120 Spindeln. 1831 waren die größten die von Brückner in Mylau mit 24704, die von Bernhard zu Harthau mit 15810, die von Petzold zu Reichenbach mit 12302, die von Becker und Schraps zu Chemnitz mit 10212 Spindeln; die kleinsten die von Günzel in Harthau mit 242, die von Gräbner in Gornsdorf mit 420, die von Austel in Niederzwönitz mit 460, die von Hausschild in Falkenau und von Tetzner in Markerdorf mit je 768 Spindeln"[7].

[1] König, S. 101.
[2] Ebenda.
[3] Ebenda.
[4] Ebenda, S. 101 u. 102.
[5] Ebenda, S. 105.
[6] Ebenda, S. 106, 321.
[7] Ebenda, S. 324.

Eine solche Entwicklung ließ keinen Raum mehr für die einfache und die mit der Jenny unterstützte Handspinnerei. Auf diese Weise fand noch mancher kleinere, Manufakturcharakter besitzende selbständige Spinnbetrieb in Sachsen sein Ende, und ebenso vernichtend wurden davon die zahlreichen Werkstätten des für Verleger spinnenden Handwerks und der Hausindustrie getroffen.

Im Unterabschnitt über die Baumwollmanufakturen war gezeigt worden, wie in Chemnitz die Kattundruckereien den Verlag von Baumwollspinnern und -webern an sich gezogen hatten. Als die Maschinenspinnereien aufkamen, machten sich die Kattundruckereien auch diese neue Form des Spinnens zunutze; an Firmen, die sich Spinnmaschinen anschafften und damit zu Fabriken wurden, nennt König[1] „Becker & Schraps, Pflugbeil & Komp., Kreißig & Komp., Pfaff & Söhne zu Chemnitz, Ranft und Ehrenberg, Anke zu Frankenberg, Gebr. Levy zu Grimma, Börner zu Penig". Nach ihm war „Becker & Schraps der Bedeutendste von allen, sein Etablissement ragte noch weit über das Gößelsche in Plauen hinaus".

Als Antriebskraft dieser ersten Arbeitsmaschinen diente in den größeren Spinnereien das Wasser und in den kleineren Zugvieh, wie Pferde und Ochsen, die Göpel werke in Bewegung setzten. Am Wasser gingen 1812 15 Spinnereien mit 111392 Spindeln[2]; durch Zugvieh wurden zur gleichen Zeit 8 mit 24256 Spindeln betrieben[3]. Die Dampfkraft wurde erst vom Jahre 1831 an und anfangs auch nur zeitweise bei nicht ausreichender Wassermenge verwendet[4]. Selbst 1846 waren nach einer von dem Direktor der Chemnitzer „K. Gewerb- und Baugewerbeschule", Professor Dr. Hülße gemeinsam mit dem Brandversicherungsinspektor Kato 1846 im Auftrage des Ministeriums des Innern durchgeführten Erhebung[5] am 31. Dezember in Sachsen erst 197 Dampfmaschinen mit insgesamt 2446 1/2 PS aufgestellt. Von ihnen stammten:

3 mit	30 PS	aus den	Jahren	1821–25
7 „	80 „	„	„	26–30
12 „	102 1/2	„	„	31–35
34 „	641 PS	„	„	36–40
91 „	1075 „	„	„	41–45
44 „	467 1/2	„	„	1846,

während bei 6 mit 50 1/2 PS das Jahr der Aufstellung unbekannt war. Verwendet wurden diese Maschinen, von denen übrigens zwei Drittel in Sachsen gebaut waren[6], zu

[1] König, S. 298.
[2] Ebenda, S. 332.
[3] Ebenda, S. 333.
[4] Ebenda, S. 334.
[5] Hülße, Ambrosius u. Kato ..., „Die Dampfmaschinen im Königreiche Sachsen. – Ein Beitrag zur gewerblichen Statistik". Leipzig 1847, S. 4; in dieser Übersicht fehlen die früher gangbaren, bis 1846 abgebrochenen Maschinen.
[6] Während anfangs die ausländische, vorwiegend englische Herkunft dominierte, waren von den 1841–45 in Sachsen aufgestellten 91 Maschinen mit 1075 PS noch 19 mit 258 1/2 PS vom Ausland bezogen, 1846 von 44 mit 467 1/2 PS nur noch eine mit 10 PS. (Hülße, Kato, S. 4.).

15% bei der Tuchherstellung,
10% in der Baumwollspinnerei,
6% in der Kammgarnspinnerei,
4% in der Kattun- und Zeugdruckerei,
2% in der Färberei, Bleicherei und Appretur,

mithin zu fast 40% im Textilgewerbe. Ein gleicher Prozentsatz (38%) entfiel auf den Bergbau, während sich in den Rest der Maschinenbau mit 8%, die Eisengießerei mit 6%, die Mehlfabrikation mit 5% und verschiedene chemische Fabrikationen mit 4% teilten. In dem für Sachsen besonders bedeutungsvollen Textilgewerbe liefen Ende Dezember 1846 82 Dampfmaschinen mit $890^1/_2$ PS; die Hälfte davon war bei der Herstellung von Tuchen, etwa ein Fünftel in der Baumwollspinnerei[1] und der Rest zu fast gleichen Teilen in der Kammgarnspinnerei, im Kattun- und Zeugdruck sowie in der Färberei, Bleiche und Appretur eingesetzt.
Die vorstehenden Ausführungen sollten zeigen, daß ein großer Teil der sächsischen Baumwollmanufakturen der Fabrikkonkurrenz unterlag, aber auch, daß eine Reihe dieser Betriebe ihre Existenz rettete, indem sie zur Mechanisierung ihrer hauptsächlichsten Arbeitsprozesse überging und so zur Fabrik wurde[2].
Auch außerhalb des textilgewerblichen Bereichs gingen zahlreiche arbeitsteilige Kooperationen in solche mit maschineller Unterstützung ihrer grundlegenden Fertigungsprozesse über, so die leonischen Werkstätten von Thiele in Freiberg, die Suhler Gewehrmanufakturen, die Olbernhauer Werkstätten der gleichen Branche wie auch einige Sparten des vogtländischen Musikinstrumentenbaues.
Die Motive für einen derartigen Wandel lagen im Zwang, mit der aus- und inländischen Fabrikkonkurrenz wettbewerbsfähig zu bleiben sowie im kapitalistischen Drang nach höheren Profiten, der nach lohnenderen Kapitalsanlagen suchte, als sie zu dieser Zeit eine Manufaktur darstellte. So „erloschen" auf diese Weise ein-

[1] Ende 1846 waren in dieser Branche erst 18 Dampfmaschinen mit einer Leistung von 244 PS aufgestellt, von denen eine mit 29 PS aus dem Jahre 1826, eine mit 8 PS aus dem Jahre 1840, 2 mit 18 PS aus dem Jahre 1844, 8 mit 104 PS aus dem Jahre 1845 und 6 mit 90 PS aus dem Jahre 1846 stammten (Hülße, Kato, S. 5 u. 6). Hingegen hatten nach Wieck (S. 160, Tabelle C) um 1840 von 25 sächsischen Spinnereien noch 19 Wasserantrieb, während die übrigen mit einer Ausnahme sowohl mit Wasser als auch mit Dampf betrieben wurden.

[2] Außer den bereits erwähnten Beispielen noch einige weitere: Die Großschönauer Damastmanufakturen vollzogen diesen Übergang, nachdem Johann Gottfried Schiffner im Jahre 1834 als erster dort die Jacquardmaschine eingeführt hatte, „mittelst deren man die schmäleren der Damastwaaren verfertigen kann, ohne eines Ziehers dabei zu bedürfen" (Redaktion des „Gewerbeblattes für Sachsen, Industrielle Zustände Sachsens", Zweites Heft, Chemnitz 1839, S. 144); die 1763 in Naundorf bei Großenhain gegründete Kattundruckerei ging etwa zwei Generationen nach ihrer Errichtung zur „Anwendung des mehrfarbigen Walzendrucks, der Leitenbergerschen Perrotine und eines in Sachsen außerdem nicht eingeführten englischen Glättzilinders für die Appretur von Ueberzugkattunen" über (ebenda, Drittes Heft, S. 164, 207). 1828 setzte die seit 1780 bestehende Kattundruckerei von Ackermann und Komp. in Chemnitz „eine tüchtige mehrfarbige Walzendruckmaschine in Gang" (ebenda, S. 193 u. 194).

fach solche Betriebe, ohne daß dabei von einem direkten „Verfall“ hätte gesprochen werden können.
Ein kleiner Teil der Manufakturen jedoch blieb auch über die eigentliche Manufakturperiode hinaus lebensfähig. Bei ihm handelte es sich sowohl um Betriebe, die wie die Meißner Porzellanmanufaktur in dieser Epoche entstanden waren, als auch um solche, die im Sinne von Marx[1] als „moderne“ Manufakturen anzusprechen sind. Der Grund dafür ist darin zu suchen, daß die Manufaktur gegenüber der Fabrik keineswegs immer „eine unvollkommene Entwicklungsstufe“ darstellt, daß vielmehr „die Entwicklung zwei Höhepunkte haben kann: Fabrik und Manufaktur, denn als Endpunkt einer Entwicklung der Betriebsgestaltung erscheint die Manufaktur dort, wo in den Formen eines gesellschaftlichen Betriebes Raum für die schöpferische Individualität des einzelnen Arbeiters bleiben soll: wo also mit den Vorzügen der großbetrieblichen Organisation diejenige der künstlerischen oder sonstwie qualifizierten Handarbeit verbunden werden soll“[2]. Eines der besten Beispiele ist die Porzellanmanufaktur, bei der in neuerer Zeit – wie in Meißen – lediglich nebensächliche Arbeitsprozesse durch Maschinenarbeit ausgeführt werden.
Der Manufaktur kam in Sachsen über Jahrhunderte hinaus das Verdienst zu, die fortschrittlichste Produktionsweise gewesen zu sein; insofern ist zumindest für das 18. Jahrhundert die Bezeichnung „Manufakturperiode“ vertretbar. Diese Rolle übernahm in der Industriellen Revolution die Fabrik, die im Gegensatz zur Manufaktur jede andere Betriebsweise binnen kurzer Zeit hinsichtlich des Umfangs und Wertes ihrer Erzeugung weit hinter sich ließ und tatsächlich berufen war, „die gesellschaftliche Produktion ... in ihrem ganzen Umfang“ zu ergreifen und in ihre Tiefe umzuwälzen[3].

[1] Marx, Bd. I, S. 487flg.
[2] Sombart, Werner, „Gewerbewesen“, Erster Teil, Leipzig 1904. S. 37flg., Sombart verstand „unter einer Manufaktur ... denjenigen gesellschaftlichen Großbetrieb, in dem wesentliche Teile des Produktionsprozesses durch Handarbeit ausgeführt werden“. Nach ihm gehörte „zum Wesen der Manufaktur das Moment der Größe, das Moment der Gesellschaftlichkeit des Betriebes und das Moment des handarbeitenden Verfahrens in entscheidenden Partien des Produktionsprozesses“. Es fehlte bei ihm mithin der deutliche Hinweis auf den Charakter der Manufaktur als arbeitsteilige Kooperation, der nicht ohne weiteres aus dem „Moment der Gesellschaftlichkeit des Betriebes“ herausgelesen werden kann, da auch der einfachen Kooperation dieser Wesenszug eigen ist, und weiterhin scheint bei der beträchtlichen Zahl kleiner und mittlerer Manufakturen „das Moment der Größe“ als Merkmal zumindest einer Präzisierung bzw. Einschränkung zu bedürfen. – Den Gipfel in Bezug auf terminologische Unklarheit stellte ein anderer bürgerlicher Wirtschaftshistoriker der neueren Zeit dar, A. Sartorius von Waltershausen, in dessen Veröffentlichung: „Deutsche Wirtschaftsgeschichte 1815–1914“, Jena 1923, es auf S. 15 heißt: „Man kennt damals ebenso wie heute Handwerk, Hausindustrie und Fabrik, die man auch Manufaktur heißt, als drei Betriebsformen nebeneinander“.
[3] Marx, Bd. I, S. 387.

SCHLUSSBETRACHTUNG

DIE SÄCHSISCHE MANUFAKTUR IM ABLAUF DER GESAMTWIRTSCHAFT VOM LETZTEN DRITTEL DES 17. BIS ZUM ERSTEN DRITTEL DES 19. JAHRHUNDERTS

Die Geschichte der sächsischen Manufaktur erstreckt sich in der Hauptsache auf die Zeit vom letzten Drittel des 17. bis zum Ende des 18. Jahrhunderts, wenn es auch vordem schon zu Manufakturgründungen gekommen und diese Betriebsform noch bis ins 19. Jahrhundert hinein lebensfähig geblieben war. Der Impuls zur Errichtung der ersten bedeutenderen Werkstätten dieser Art entsprang in Sachsen der ökonomischen Situation nach dem Dreißigjährigen Kriege. Diese war durch eine Reihe von Verfallserscheinungen gekennzeichnet, die teilweise als unmittelbare Kriegsfolgen, in der Hauptsache jedoch als Ausdruck tiefgreifender – wenn auch durch den Krieg erheblich beschleunigter – Veränderungen der bisherigen Produktionsweise in Erscheinung traten. Der Niedergang zeigte sich in Sachsen wie sonst in Deutschland und betraf alle Gebiete der wirtschaftlichen Betätigung: die Landwirtschaft, den Bergbau, das Bauwesen, die Herstellung von Textilien, die Gewinnung von Metallen und viele andere Gewerbe- und Wirtschaftszweige. Die Erzeugung nichtlandwirtschaftlicher Produkte stagnierte schon im 16. Jahrhundert, und im 17. ging sie wie auch die landwirtschaftlicher Produkte zurück, so daß in diesem Zeitraum ein geringeres Sozialprodukt zur Verfügung stand als im 15. Jahrhundert[1].

Die größte Wandlung hatte sich in Deutschland beim Handwerk vollzogen. Dort war infolge der „Verengung des Marktes durch den Niedergang des Fernhandels“[2] ein Verfall eingetreten, der die von alters her besonders stark auf den Auslandsabsatz angewiesenen Betriebe des sächsischen Zunfthandwerks, namentlich des Textilgewerbes – deren Lebenskraft außerdem durch Entzug der unentbehrlichen Rohstoffe wie Wolle und Garn und überhöhte Abgaben untergraben war[3] – mit aller Schwere traf. Die Folgen zeigten sich in einem ungewöhnlich starken Rückgang der Zahl der im Tuch- und Leineweberhandwerk tätigen Meister und Gesellen[4]. Die handwerkliche Produktion ging jedoch[5] nicht nur quantitativ,

[1] Kuczynski, Wirtschaftsgeschichte, S. 207.
[2] Ebenda, S. 208.
[3] Gretschel, II, S. 515.
[5] Kuczynski, Wirtschaftsgeschichte, S. 208.
[4] Nach „einem landschaftlichen Bedenken vom 20. Novbr. des Jahres 1687“ hatten „noch wenige Jahre zuvor über 20.000 Meister in Kursachsen sich genährt, während jetzt kaum etliche hundert etwas vor sich bringen könnten, und der erwähnte Zipfel [ein Unternehmer, der sich bemühte, die Krafftsche Manufaktur in Neustadt-Ostra bei Dresden wieder in Gang zu bringen] führte in einer Eingabe an den Landtag des

sondern auch qualitätsmäßig zurück[1]. Diesem ökonomischen Niedergang suchte das Handwerk durch die zur Genüge bekannten Sicherungsmaßnahmen zu begegnen, die ihm zu einem Produktionsmonopol verhelfen sollten, schließlich aber nur erreichten, daß jedweder mengen- und gütemäßige Produktionsfortschritt und die Konkurrenzfähigkeit immer mehr schwanden. Damit war der historische Ausgangspunkt für eine neue Betriebsform gegeben, der jene Nachteile wesensmäßig nicht innewohnten und die – abgesehen von einigen Produktionsmonopolen für zumeist auch nur verhältnismäßig eng begrenzte Gebiete – vor allem dem freien Wettbewerb unterlag. Dieses kapitalistische, dem Zunftwesen gegenüber fortschrittliche Prinzip wirkte sich im Anfang der Manufakturentwicklung allerdings nur gemäßigt aus. Der Grund dafür ist einmal darin zu finden, daß sich jene ersten Manufakturen – und nicht nur diese – auf lange Zeit mit der Herstellung bisher in Sachsen noch nicht gefertigter Waren befaßten, und zum anderen darin, daß die meisten der sächsischen Manufakturen – soweit sie nicht überhaupt staatlich waren – auf irgendeine Weise die finanzielle Unterstützung des Staates genossen und so der Härte des Konkurrenzkampfes mehr oder weniger entzogen waren. Diese sich nach dem Dreißigjährigen Kriege immer mehr steigernde Initiative des sächsischen Staates auf wirtschaftlichem Gebiete war zugleich der Ausdruck einer schwerwiegenden Umschichtung im überkommenen mittelalterlichen Staatsgefüge: An die Stelle der wirtschaftspolitisch führenden Rolle der Städte und ihrer Zünfte war die des Landesherrn getreten, die auf gewerblichem Gebiete zu einem wesentlichen Teile eben in der Förderung der neuaufgekommenen Betriebsform, der Manufaktur, bestand, von der in jeder Hinsicht ein Produktionsaufschwung und vor allem staatsfiskalische Vorteile erwartet wurden, wie sie das Handwerk nicht bieten konnte. Soweit dieses in jener Zeit eine Förderung erfuhr, richtete sich die staatliche Hilfe deshalb zumeist lediglich auf die Abstellung eingeschlichener Mißbräuche, wie das Mandat vom 19. Oktober 1731 zur Publizierung des kaiserlichen Patents vom 16. August 1731 – das eine unter maßgeblicher Beteiligung Sachsens erarbeitete neue Reichshandwerksordnung bekanntgab[2] – und die „General-Innungsartikel für Künstler, Professionisten und Handwerker" vom 8. Januar 1780 beweisen[3]. Der Eingriff des Staates in die Entwicklung der Manufakturwirtschaft war jedenfalls dessen folgenreichste gewerbepolitische Maßnahme

Jahres 1694 an, daß z.B. in Waldheim ehedem 100 Leineweber mit noch mehr Gesellen wöchentlich gegen 200 Stück Leinwand geliefert hätten, während jetzt kaum 20 Meister und statt der Gesellen bloß etliche Meistersöhne vorhanden wären. In Geringswalde hätten über 100 Meister wöchentlich über 200 Stück gefertigt, gegenwärtig arbeiteten kaum 40, die nicht 50 Stück zu Stande brächten" (ebenda).

[1] „Viele Tuchmacher und Leineweber zogen auf das Land und lieferten, indem sie betrügerisch eine Stempelung ihrer Waaren erschlichen, schlechte Arbeiten, während sie sich auch falschen Maßes und unrichtiger Elle bedienten, was Veranlassung gab, daß nach dem Antrage der Regierung (1722) und nach dem Gutachten der Stände (1726 und 1731) durchgängig im Jahre 1734 die leipziger Elle, Maß- und Gewicht eingeführt wurden" (Gretschel, II, S. 637 u. 638).

[2] Ebenda, S. 639; Kretzschmar, S. 83.

[3] Gretschel, Bülau, III, S. 260.

in der Manufakturperiode und drückte dieser weitgehend den Stempel auf. Die staatliche Förderung stärkte die Manufakturen der Hausindustrie gegenüber, die – durch das aus- und inländische Handelskapital mittels des Verlags zusammengefaßt – der Manufaktur in Sachsen die ernsthafteste Konkurrenz bereiten konnte, ungeachtet dessen, daß sich laufend Verlagsunternehmungen zu Manufakturen auswuchsen.

Ohne Zweifel kam der Manufaktur in Sachsen nur ein geringer Teil am Verdienst zu, daß die Folgen des Dreißigjährigen Krieges, soweit sie die gewerbliche Produktion betrafen, ziemlich rasch überwunden wurden. Für ein größeres Ausmaß war die Kapazität der arbeitsteiligen Kooperationen in jener Zeit noch zu gering. Ihr Anteil an der gewerblichen Gesamterzeugung wurde erst beträchtlicher, als bis gegen Ende der ersten Hälfte des 18. Jahrhunderts in schnellerer Folge als vordem Manufakturen in Sachsen emporwuchsen. Zu einem solchen Aufblühen trug nicht unerheblich die Verbindung bei, die seit der Wahl Augusts des Starken zum König von Polen im Jahre 1697 zwischen diesem Staate und Sachsen bestand und deren ökonomische Bedeutung – soweit sie positiv war – hauptsächlich in der Schaffung eines größeren, unter gleicher staatlicher Führung stehenden und sich ergänzenden Wirtschaftsgebietes lag[1].

Die wirtschaftliche Erholung wurde durch eine Reihe staatlicher Maßnahmen unterstützt, von denen der Neuregelung des Finanzwesens nach Beendigung des für Sachsen unheilvollen schwedischen Krieges eine besonders große Bedeutung zukam. Die nach preußischem Vorbild 1707 an Stelle älterer, die städtischen Gewerbe besonders drückenden Abgaben eingeführte „General-Consumtionsaccise“ bewirkte, daß die Städte anfingen, „sich zu erholen; die vorhandenen Brandstellen und Wüstungen wurden allmählich wieder erbaut, und im Ganzen dergestaltige Fortschritte gemacht, daß schon im Jahre 1730 ein ziemlicher Grad von inneren auf vermehrten Volksreichthum und vermehrte Masse der Erzeugnisse sich gründende Wohlstand zu bemerken war. Dieser Wohlstand, diese zunehmende Bevölkerung, diese fortschreitende Kultur des Landes und Verbesserung des Nahrungsstandes dieser lebhaftere Umlauf des Geldes dauerte zum Jahr 1740 ungehindert fort“[2].

An der Produktionssteigerung jener Zeit waren auch Land- und Forstwirtschaft beteiligt. Der Anbau des Bodens und die Holzkultur wurden verbessert, Maulbeerbäume, Tabak, feinere Obstsorten und vor allem Kartoffeln angepflanzt[3].

Mit einer solchen Vermehrung von Subsidenzmitteln und Rohstoffen verbreiterte sich die Grundlage für die wirtschaftliche Betätigung in Sachsen und speziell die zum Betrieb von Manufakturen. In den Jahren zwischen 1670 und 1740 entstanden Woll-, Damast-, Seiden-, Samt-, Wachstuch- und Spiegelmanufakturen, Glashütten, Flanell- und Golgasdruckereien, „Gold- und Silberfabriquen“, manufakturmäßig betriebene Strumpfwirkereien und Werkstätten zur Herstellung von Blechlöffeln, Schriftguß, Gewehren, Leinen- und Baumwollwaren, Porzellan und Fayence.

[1] Kretzschmar, S. 83.
[2] Hunger, S. 370 u. 371.
[3] Gretschel, I, S. 641.

Spiegelbild des Wirtschaftsaufschwunges und zugleich mitbeteiligt an dessen Ursachen waren die Leipziger Messen, die in jenen Jahrzehnten[1], von einzelnen Schwankungen abgesehen, steigenden Besuch und Umsatz aufzuweisen hatten und auf denen der größte Teil der ins Ausland gehenden sächsischen Manufakturwaren seine Käufer fand. Hand in Hand damit gingen technische Verbesserungen in der Zirkulationssphäre wie die Neuordnung des durch den Dreißigjährigen Krieg zerrütteten Münzwesens[2] und eine ebensolche der Post[3]; ferner wurde 1678 in Leipzig die Börse errichtet und 1682 ein Handelsgericht landesherrlich bestätigt sowie die Leipziger Wechselordnung erlassen, die weit bis ins 19. Jahrhundert hinein gültig war[4]. Ergänzt wurden diese der sächsischen Wirtschaft dienlichen Maßnahmen durch ein 1728 mit Preußen abgeschlossenes „Commercientraktat"[5] und die Errichtung eines staatlichen Organs „zur Leitung des Handels"[6], der bereits an früherer Stelle gewürdigten „Commercien-Deputation".

Das Jahr 1740 brachte der sächsischen Wirtschaft auf viele Jahre hinaus eine Unterbrechung der nach dem Dreißigjährigen Kriege erfolgten Aufwärtsentwicklung, an der außer der Brühlschen Finanzmißwirtschaft mit ihren außerordentlich hohen Abgabenbelastungen und den seit der Regierungsübernahme Friedrichs II. sich verstärkenden preußischen Handelsschikanen[7] wiederum kriegerische Auseinandersetzungen die Schuld trugen. Die drei Schlesischen Kriege kosteten Sachsen allein mindestens „86 Millionen" [Taler?][8].

Dieser die Wirtschaft in allen Teilen erfassende Rückgang zeigte sich auch in einem gegenüber der Zeit von 1670–1740 erheblich verlangsamten Tempo der Gründung von Manufakturen und im Erliegen einer größeren Zahl von ihnen. In der Spanne von 1740–1762 traten von den tabellarisch erfaßten Betrieben lediglich 23 ins Leben: je zwei Seiden-, Wollzeug-, Gold- und Silberdrahtmanufakturen, eine Werkstätte zur Herstellung leonischer Waren, eine Kattun-, eine Golgas- und Berilldruckerei, je eine Tapeten-, Wachstuch- und Leinewandmanufaktur mit Zitzdruckerei, eine Leinewandfärberei, eine kombinierte Tuch-Leinewand- sowie neun Tabakmanufakturen.

Der Siebenjährige Krieg wirkte sich auf die sächsischen Städte und Gewerbe ungleich verheerender als auf die Dörfer und die Landwirtschaft aus[9]. Lastender noch als die unmittelbaren Kriegsereignisse waren die Kontributionen, die vor allem Leipzig über sich ergehen lassen mußte. Die Landstände hatten allein 1758 3,7 Millionen Taler aufzubringen[10].

Nach dem Ende dieses Krieges setzte auf allen Gebieten des wirtschaftlichen und kulturellen Lebens eine Wiederaufbauarbeit ein, die zu erstaunlich raschen und im Vergleich zu den in diesen Jahren durchgeführten Bemühungen Preußens und Österreichs keineswegs geringeren Erfolgen führte[11]. Durch sie wurde für Sachsen

[1] Kretzschmar, S. 84.
[2] Gretschel, II, S. 504 u.505.
[3] Ebenda, S. 508.
[4] Ebenda, S. 517.
[5] Rößig, Produkten, S. 445.
[6] Ebenda, S. 446.
[7] Gretschel, Bülau, III, S. 78flg.
[8] Hunger, S. 371 u. 372.
[9] Rößig, Produkten, S. 15.
[10] Kretzschmar, S. 91.
[11] Ebenda, S. 98.

die Grundlage zur modernen kapitalistischen Produktionsweise des 19. und 20. Jahrhunderts geschaffen. Dieser Vorgang wurde lediglich 1765 durch eine anfangs einseitige, später auch von Sachsen aus verhängte Handelssperre mit Preußen und Österreich, 1767 durch eine dem sächsischen Außenhandel mehr schadende als nützende Einführung von Imposten auf fremde Waren sowie durch die Hungersnot der Jahre 1770/71 gehemmt. Der Aufschwung zeigte sich auf allen Gebieten der wirtschaftlichen Betätigung. Mit Hilfe staatlicher „Aufmunterung und Unterstützung der Regierung wurde die ökonomische Kultur des Landes im ganzen wieder merklich gefördert, viele unkultivirte Ländereyen und Lehden angebauet, der Wiesen- und Futter-Bau beträchtlich vermehrt, der Ackerbau verbessert, die Obstkultur mehr verbreitet und das Forstwesen durch zweckmäßige Nutzungseinrichtungen und Ansäung vieler Holzländereyen nachhaltiger gemacht; vorzüglich aber auch der Bergbau theils durch Errichtung der Berg-Akademie zu Freyberg im Jahre 1765., und durch nachdrückliche Unterstützungen, durch Vorschüsse und Anlagen ... erweitert, auch die übrigen Gewerbzweige und nahmentlich Manufakturen und Fabriken aller Art begründet, vermehrt und befördert..."[1].

Die Zeit zwischen 1763 und der Wende zum 19. Jahrhundert wurde zur Blütezeit der sächsischen Manufaktur. Es erfolgten Betriebsgründungen in einem vordem nicht gekannten Ausmaß, deren besonderes Merkmal im Übergang zu der Manufaktur für Massenbedarfsgüter (namentlich Baumwollwaren, gedruckte Kattune) lag. Es zeichneten sich in diesen Jahren allerdings auch schon recht deutlich die Kräfte ab, die im Zusammenwirken mit anderen das Ende dieser Betriebsform herbeiführten: Die Verwendung von Maschinen für gewerbliche Zwecke wurde massenhafter, wie auch der Kohlenbergbau, insbesondere der des Plauenschen Grundes[2], eine günstige Entwicklung nahm und so für den Anfang eine heimische Rohstoffgrundlage zur Mechanisierung der Arbeitsprozesse darbot.

Sachsen stand während des ganzen 18. Jahrhunderts trotz nie aufhörender Handelserschwerungen seitens seiner großen Nachbarn ständig in lebhaften, weitreichenden und ihrem Umfang nach bedeutenden Handelsbeziehungen. Die sächsische Außenhandelspolitik war deshalb bis zur Jahrhundertwende immer mehr nach freihändlerischen Grundsätzen durchgeführt worden, wie die allgemeine Wirtschaftspolitik überhaupt liberalere Züge annahm. Als Napoleon I. die Kontinentalsperre verhängte, waren die von alters her auf Massenexport eingerichteten sächsischen Gewerbebetriebe ohne weiteres in der Lage, für die ihr so verloren gegangenen Absatzgebiete Ersatz auf dem bisherigen englischen Festlandsmarkt und den Märkten im Osten und Südosten Europas zu suchen. Die Folge war eine weitere Ausdehnung der gewerblichen Produktion in Sachsen, an der alle Betriebsformen teilhatten. „Am meisten blühte in jener Zeit die Zeug- und Kattundruckerei, deren in der Tat glänzendste Periode in die Jahre von 1807–1814 fällt..."[3]. Dieser außergewöhnliche Aufschwung fand sein plötzliches Ende mit der Aufhebung der

[1] Rößig, Produkten, S. 15.
[2] Kretzschmar, S. 109 u. 110.
[3] Gretschel, Bülau, III, S. 621 u. 622.

Blockade Englands, die überdies zeitlich mit einer beträchtlichen Verkleinerung des innersächsischen Marktes infolge der Annexion sächsischen Staatsgebietes durch Preußen zusammenfiel. Es kam daraufhin zu der bekannten Überschwemmung dieses in seinem Umfang dezimierten Wirtschaftsgebietes mit billigen englischen Fabrikwaren, denen preislich im allgemeinen weder die Erzeugnisse der sächsischen Manufakturen noch die seines Handwerks gewachsen waren. Hinzu trat eine Mißernte im Jahre 1817, welche die ohnehin schon durch den überstandenen Krieg beeinträchtigte Kaufkraft des innersächsischen Marktes noch mehr herabdrückte, sowie das die Ausfuhr sächsischer Waren hemmende preußische Zollgesetz von 1818[1]. Eine solche Situation mußte unausweichlich zu einem starken Rückgang der gewerblichen Produktion und darüber hinaus zu einer schweren Krise der Gesamtwirtschaft führen. Zu der ausländischen trat nun immer mehr auch die inländische Fabrikkonkurrenz, und alle diese Momente bewirkten, daß die Manufaktur in Sachsen unaufhaltsam ihrem Untergang zuging. Als Sachsen 1834 dem Zollverein beitrat, war nicht mehr die Manufaktur, sondern schon die Fabrik der Prototyp des wirtschaftlich-technischen Fortschritts in diesem Lande.

Die sächsische Manufaktur wuchs in einer feudalen Umwelt heran. Ihrer Entwicklung stellten sich deshalb zahlreiche, dem Feudalismus entspringende Hemmnisse in den Weg, wie sie andererseits von dieser Seite her starke fördernde Impulse erfuhr. Sie war in Sachsen mit wenigen Ausnahmen rein kapitalistisch und trug so dazu bei, daß die bereits in der Auflösung begriffene feudale Gesellschaftsordnung für ihren Untergang reif wurde. Der Fabrik als höchster Form der gewerblichen kapitalistischen Produktionsweise fiel es zu, den von der Manufaktur eingeleiteten Prozeß zu Ende zu führen.

[1] Kretzschmar, S. 138.

ANHANG

TABELLARIUM

der Manufakturen in Sachsen

vom letzten Drittel des 16. bis zum ersten Drittel

des 19. Jahrhunderts

Gründungsjahr	Art	Standort	Gründer (G) Eigentümer (E)
1	2	3	4
ab erster Hälfte des 16. Jahrhunderts	„Gewehrs-Fabriquen“	Suhl (1718–1815 zu Kursachsen gehörend)	G u. E im Laufe der Jahrhunderte verschiedene „Gewehrhändler“, 1708 54, 1774 8, und zwar: Spangenbergische Handlung, Johann Gottlieb Horneffer, Lorenz Sauer, Brößel und Anschütz, „Witwe Heynin“, Nikolaus Poistel, Rohrhammermeister Klette
1558	„Manufaktur von wollnen Zeuchen, die man später Borkane nannte“ (Manufaktur oder nur Handwerksbetrieb?)	Frankenberg	G Thomas Rockard
1576	Pulvermühle (erste Sachsens)	Dresden	unter Kurfürst August
1579	Tuchmanufaktur mit Walkmühle, Wirkerei und Färberei	Rittergut Meuselwitz bei Leipzig (zu Sachsen-Altenburg, nicht zu Kursachen gehörend)	G u. E Leipziger Handelsherr Cramer von Claußbruch
ab 1580	Werkstätten für Geigen- und Bässebau	Markneukirchen und Klingenthal	
um 1588	„Gold- und Silberfabrik“ (erste Sachsens)	Leipzig	G Kaufmann Heinrich von Rüssel aus Maastrich

Größe: Arbeiterzahl	Größe: Produktion	Lebensdauer	Quellennachweis
5	6	7	8
alle Werkstätten zusammen: 1724 95 Schlossermeister, 115 Gesellen, 84 Schäftermeister, 14 Gesellen; 1774 20 Rohrschmiedemeister, 44 Schmiedeknechte, 11 Bohrer, 11 Schleifer, 22 Bohrjungen, 43 Büchsenschaftermeister, 2 Gesellen, 70 Büchsenmachermeister, 28 Gesellen, 4 Bajonettmacher, 2 Scheidemacher, 4 Rotgießer, 1 Haken- und Ohrbändermacher, 3 Personen „bei der Lade Stock Fabrique“	Spangenb. Handlung: 1775 1150 Stück; 1776 1500 Stück Gewehre, Johann Gottlieb Horneffer: 1775 500 Flinten, im Ganzen in Suhl: 1793 315 Stück Karabiner, 355 Paar Pistolen f. d. Kurfürstl. Hauptzeugamt, 8191 Stück Flinten, Büchsen, Karabiner und Bajonette, 600 eiserne Garnituren, 3742 Stück einzelne Flinten- und Pistolenläufte, 11092 Schlosse		Akte LHA Loc. 5276; Akte LHA Loc. 5344, Vol. IX; Anschütz, a. a. O.
			Beiträge, S. 39
	1730 198 Zentner	bis 1875	Akte LHA Loc. 14582; Frommhold, S. 11–13, 38–44
			Akte Stadtarchiv Leipzig Nr. 327; Kroker, S. 359 und 369; Meyer, a. a. O.
	1783–87 588 Dtzd., 1788–92 467 Dtzd., in M. und 471 Dtzd. in Kl., 1793–97 282 Dtzd. in M. und 607 Dtzd. in Kl.		Bein, I, S. 2, 28flg., 30, 91flg.
			Akte LHA Loc. 37773; Beiträge, S. 39

Gründungsjahr	Art	Standort	Gründer (G) Eigentümer (E)
1	2	3	4
1603	Messingwerk	Niederauerbach	G Floßmeister Peter Ficker, E Geldgeber Joachim v. Loß auf Pillnitz, Rudolf Vitzthum auf Appolda, Christoph Felgenhauer auf Riesa (1622 privil.), 1610–1618 „Mathis Gnospen (?) auf Rechnung eingethan“
nach 1618	Messingwerk	Ellefeld	G u. E Mathes Gnospen (?), E um 1680 Hermann Hütten
1625	Glashütte	Weitersglashütte bei Carlsfeld	G u. E Christoph Seeligen zu Eibenstock und Jobst Schuster zu Schneeberg, E 1643 Hüttenbesitzer Christian Löbel aus Platten
1635, 1642 privil.	Blaufarbenwerk	Pfannenstiel	G u. E Schneeberger Hammerwerksbesitzer Veit Hans Schnorr von Carolsfeld
1644	Blaufarbenwerk	Oberschlema	G u. E Apotheker Lorenz Bergkau aus Magdeburg, E ab 1651 Kurprinz und später Kurfürst Johann Georg II.
1649	Blaufarbenwerk	bei Buchholz, 1684 nach Waldkirchen und 1687 nach Zschopenthal verlegt	G u. E Leipziger Kaufmann und Kobalthändler Sebastian Oeheim, E später Familie Richter in Leipzig
1649, nach Rößig bereits 1575	Blaufarbenwerk	Albernau	G u. E Jehmisch u. Harrer, E ab 1649 Erasmus Schindler
nach 1653	Tuchmanufaktur mit Farbe, Presse und Grossohandel	Langensalza	G u. E Johann Christian Zeumer, Raschmacher und später Oberkämmerer
1660	Blaufarbenwerk	Jugel bei Johanngeorgenstadt	G u. E Johann Gabriel Löser
1664	Schriftgießerei	Leipzig	G u. E J. Georg, E ab 1719 Bernhard Christoph Breitkopf, E danach Johann Gottlob Immanuel Breitkopf, 1795 Eintritt Gottfried Christoph Härtels, Firma von da an: Breitkopf und Härtel

Größe: Arbeiterzahl	Größe: Produktion	Lebensdauer	Quellennachweis
5	6	7	8
		ging 1809 zur Mechanisierung des Betriebes über	Wieck, S. 368; Gebauer, II, S. 303; Akte LHA Loc. 11124
Arbeiter aus dem Werk Niederauerbach		Betrieb 1643 verboten, da kein Privileg., lebte in den 80er Jahren wieder auf	Akte LHA Loc. 11124
		bestand noch 1893	Akte LHA Loc. 5417
		bestand noch 1888	Gebauer, II, S. 444; Gretschel, II, S. 372
			Rößig, Produkten, S. 383
		bis 1845	Rößig, Produkten, S. 390
			Rößig, Produkten, S. 389; Gretschel, II, S. 372
			Hagenbruch, Bemerkungen, S. 228–229
		1681 in Silberhütte umgewandelt	Gebauer, II, S. 444
„bey 10 stehenden Schmelzöfen allein gegen 30 Gießer, 2 Factors, 6 Schleifer, 5 Gießereybediente, 2 Stempelschneider und 1 Messingarbeiter, welche jährlich zwischen 350 und 400 Centner neue Schriften lieferten"			Leonhardi, Geschichte, S. 322 flg.; Gurlitt, II, S. 185, 186

Gründungsjahr	Art	Standort	Gründer (G) Eigentümer (E)
1	2	3	4
bestand schon 1665	Glashütte	Porschenstein	
ab 1666	Werkstätten für Damastweberei	Großschönau	G Erste Damastweber: Friedrich u. Christoph Lange, erster Mustermaler: Christoph Löffler, erster Damaststuhlbauer: Christoph Krause
1670	Seiden- und Halbseiden-Manufaktur	Langensalza	G u. E Johann Christoph Fornfeist und Nikolaus Schreiber
1674	Seidenmanufaktur	Leipzig	G u. E Kaufmann Daniel Krafft
1675 bzw. 1678	„Seiden- und Wollen-Manufactur"	Neustadt-Ostra bei Dresden	G Kaufmann Daniel Krafft, E ab 1681 Handelsmann Johann Ernst Spahn, E ab 1688 Siegmund Ernst Spahn
1679	Wollmanufaktur im Waisenhause	Dresden	G Kämmerer Andreas Spitzner, E Stadt Dresden, Pächter 1683 Kaufmann Streubel, 1685 Seiden- und Kunstfärber Johann Jacob Grätzel, 1699 Georg Martini, bis 1725 Gottfried Moses
1681 privileg.	„Gold- und Silberfabrique"	Leipzig	G u. E Familie Graff, E später Kaufleute Caspar und Georg Heinrich Bose, Ernst Gottlieb Küstner
1689	Wollmanufaktur im Waisenhause	Schneeberg	
1692–95	„Fabrik leonischer Waren"	Freiberg	G u. E früherer Gürtler, danach Oberhüttamtsassessor und Kohlenfaktor Thomas Weber, E ab 1726/27 Warnatz u. Kaufmann Thiele, später Trennung in zwei Firmen: Thiele u. Steinert, Warnatz

Größe: Arbeiterzahl	Größe: Produktion	Lebensdauer	Quellennachweis
5	6	7	8
		bestand noch 1801, seit 1799 wieder in Gang	Akte LHA Coll. Schmid, Nr. 53; Vol. III, Marperger; Abriß, S. 214; Rößig, Produkten, S. 387
1834 beschäftigten alle arbeitsteiligen Werkstätten 266 Meister, 7 Mustermaler, 9 Mustermacher, 14 Stuhlbauer, 966 Gesellen, 98 Lehrlinge	1832 5513 Schock Ellen Damast im Werte von etwa 422000 Talern		Akte LHA Loc. 11089; Wieck, S. 136
auch „fremde Arbeiter"	anfangs 16 Stühle		Hagenbruch, Bemerkungen, S. 233flg.; derselbe, Langensalza, S. 315flg.
60 Personen	von Ende 1674 – 5. Februar 1676 Produktionswert 5700 Taler	bis 1678	Leonhardi, Geschichte, S. 281; Rößig, Produkten, S. 307
		bis etwa 1690	Akte Ratsarchiv Dresden CXXVI. 159a; Leipziger Sammlungen, S. 936flg
Höchstzahl 50 Waisenkinder, später auch Züchtlinge		bis 1817	Akte Ratsarchiv Dresden CXXVI. 3; Tutzschmann, a. a. O.
		bestand noch 1728	Akte LHA, Concepte, Loc. 33462; Akte LHA, Privilegium, Loc. 33462; Akte LHA, Bosen, Loc. 33462; Akte LHA Loc. 11091
			Butte-Patzig, S. 20
1749 24 Posamentiermeister, gegen 300 Klöpplerinnen, 1801 1500 Personen	1749 8 Drahtzieherwerkstätten mit 40 Scheiben, 8 Plattmühlen, 6 Spinnmühlen, 20 „gemeine" Spinnmaschinen		Akte LHA Loc. 36278; Akte LHA Loc. 33433

Gründungsjahr	Art	Standort	Gründer (G) Eigentümer (E)
1	2	3	4
um 1695	„Glas-Fabrique"	Pretzsch b. Wittenberg, 1710 nach Sayda im Erzgebirge verlegt	G u. E Französische Flüchtlinge Gebrüder Fremel
zwischen 1696 und 1718	Tuchmanufaktur	Torgau	G u. E Rudolph Ludwig Langguth
1697	„Gagenmanufactur"	Dresden	G u. E Jean Clemend
zwischen 1700 und 1715	Samtmanufaktur	Leipzig	E Scharnau
um 1700	„Glaß-Fabrique"	Friedrichstadt bei Dresden	E Geheimrat von Weichling, E ab 1710 Kurfürst
Anfang des 18. Jahrhunderts	Flanelldruckerei	Grimma	G u. E Tuchmacher Martin Schmidt, E nach Schmidts Tode Flanelldrucker Dey
zumeist in erster Hälfte des 18. Jahrhunderts gegründet, 1768 erwähnt	„Wachs-Tuch-Fabriken" (fraglich, ob in jedem Falle Manufaktur)	Leipzig	Wachstuchfabrikant und Händler Christian Stephan Wagner, Johann Friedrich Semmel, Johann Christian Müller, Christian Friedrich Hirsch, Johann Adam Horn, Andreas Friedrich Ernstler, Christian Pitzschel, Johann Gottfried Hauliz u. Schulze, Johann Gottlieb Hübner
erste Hälfte des 18. Jahrhunderts	Halbseidenmanufaktur	Langensalza	G u. E Kaufmann Gottlob Gräser
1701 privileg.	Manufaktur baumwollener Zeuge, Cannefasse, Barchente, Kattune, halbwollener, halbseidener und halbleinener Waren	Plauen	G u. E Johann Friedrich Schild, ehemals Buchhalter und Faktor der mit ausschließlichen Privilegien versehenen Leipziger Handlungskonsorten und Großkaufleute Zöllner und Küstner
1702	„Gold- und Silberdraht-Manufactur"	Leipzig	G u. E Kaufmann Heinrich Christian Winkler und sein Konsorte Christian Gottlob Hülse, E danach Johann Andreas Holzegel
bestand bereits 1703, nach Rößig 1710 angelegt	Glashütte für Flaschen und Fensterscheiben	Glücksburg	auf kurfürstliche Kosten angelegt
ab 1703	Werkstätten zur Herstellung von Gewehren	Olbernhau	G August der Starke bzw. Rittergutsbesitzer von Leubnitz

Größe: Arbeiterzahl	Größe: Produktion	Lebensdauer	Quellennachweis
5	6	7	8
			Akte LHA Loc. 33563; Gurlitt, II, S. 155
			Leipziger Sammlungen, S. 1014; Marperger, Abriß, S. 17
15–20 „Gesellen"			Akte Ratsarchiv Dresden C. XXVI. 7
			Akte LHA, Samt, Loc. 11096; Rößig, Produkten, S. 308 u. 309
			Akte LHA, Glas, Loc. 11096; Marperger, Abriß, S. 17; Gurlitt, II, S. 155
		bis etwa 1767	Rößig, Produkten, S. 266 u. 267
			Akte LHA, Wachstuch, Loc. 11105; Rößig, Produkten, S. 248 u. 249
			Rößig, Produkten, S. 318; Hagenbruch, Bemerkungen, S. 236 u. 237
anfangs 8, später 16 Wirkerinnen, dazu Spulmädchen			Akte LHA Baumwolle, Loc. 5287; Höffer, S. 11–13
			Akte LHA, Gold- und Silber, Loc. 11091; Rößig, Produkten, S. 395
			Akte LHA Loc. 33563
	anfangs 200 Flinten pro Woche		Diener-Schönberg, Geschichte, S. 109; Akte LHA Loc. 41680

Gründungsjahr	Art	Standort	Gründer (G) Eigentümer (E)
1	2	3	4
1706	„Fayence-Manufactur" (erste Sachsens)	Dresden	G u. E Peter Eggebrecht, Schwiegervater des Meißner Modellmeisters Kändler, E nach dessen Tode Christiane Sophie Hörisch und Ehemann
1709 erbaut	Spiegelhütte	Friedrichsthal bei Senftenberg	G u. E Rentkammer, auf 6 Jahre an Maßar verpachtet, nach dessen Angaben die Spiegelhütte angelegt wurde, danach von Kellermeister Wernhardt betrieben, ab 1729 Administration durch Cammer-Collegium, ab 1742 neuer Kontrakt mit Faktor Noer und Akzissekretär Thielemann, ab 1744 Thielemann Pächter, ab 1776 Kaufmann Funke, danach Heindel
1710	„fabrikmäßige" Verfertigung der Schwarzblechwaren insbes. der Blechlöffel (zerstreute Manufaktur?)	in und um Beierfeld	
1710	Porzellanmanufaktur	Meißen	G August der Starke, Pächter zu Anfang des 7-jährigen Krieges Kommerzienrat Helbig, Pachtsumme an Friedrich II. v. Preußen jährlich 180000 Mk, E ab 1831 Sächsischer Staat

Größe: Arbeiterzahl	Größe: Produktion	Lebensdauer	Quellennachweis
5	6	7	8
zeitweise 20 Arbeiter		vermutl. bis 1785	Akte LHA Loc. 5358; Stieda, S. 3–7
			Akte LHA Loc. 36191; Rößig, Produkten, S. 386
			Akte LHA Loc. 42044; Bodemer, S. 7
1710–11 30, 1720 33, 1730 49, 1740 218, 1750 378, 1765 731, 1806 515, 1828 354, 1870 400, 1890 741, 1900 718, 1909 717		besteht noch	Akte LHA Loc. 41908; Akten LHA, Betrieb, Loc. 36340, 36341, 36355, 36356, 36386; Festschrift, S. 155

Gründungsjahr	Art	Standort	Gründer (G) Eigentümer (E)
1	2	3	4
1711 privileg.	„Gold- und Silbermanufactur"	Leipzig	G u. E Andreas Dittrich Apel
1711	„Churfürstl. Spiegel-Schleif- und Poliermühle" (mit Friedrichsthaler Glashütte gekoppelt)	Dresden	G u. E Kurfürst, Pächter: v. 1744–1773 Oberrechnungsrat Thielemann, v. 1776 bis 1780 Kaufmann Gottl. Benjamin Funke, v. 1780–1783 Doktor Heindel und Kaufmann Bräuer, ab 1783 Leitung: kurfürstl. Rentkammer
1714	„Leinwandveredlungsmanufaktur" (Schwarz- und Schönfärberei, Mangelwerkstatt und Bleichen)	Zittau	G (?) u. E Leinwandgroßhändler Carl Christian Besser
bestand schon 1718	Seidenmanufaktur	Leipzig	G u. E Apel und Böttger
1718 erwähnt	Barchentmanufaktur	Chemnitz	G u. E Meister Hofmann
1718	Wachsbleiche	Neustadt-Ostra bei Dresden	G Kammerherr von Blumenthal, ab 1724 E Generalfeldmarschall Graf Jakob Heinrich v. Flemming

Größe: Arbeiterzahl	Größe: Produktion	Lebensdauer	Quellennachweis
5	6	7	8
			LHA Gen. Rep. Leipzig Nr. 52
bei Vollbetrieb 19 Männer, 4 Frauen		nach 1813 zu Ende	Akte LHA Loc. 32571; Frommhold, S. 18
	Kapital 9150 Taler, davon „3000 in der Färberei und Mangelwerkstatt mit Wohngebäude und Hinterhaus auf der böhmischen Gasse; 3050.– in der Schwarz- und Schönfärberei auf der Hintergasse; 800.– in der Bleiche mit Wohnhaus und Bleichhütten und Bleichgeräte zwischen der Mandauischen und Wasserpforte; 1000.– in der Bleiche über der gedeckten Steige vor dem Mandauischen Tor mit Wohnhaus, Bleichhütte und Bleichkesseln und ehemaligen Bleichgarten vor dem Webertor; 1300.– in der sogenannten rechten Bleiche an der Burgmühle mit 2 Wohnhäusern, 2 Bleichhütten, 6 Bleichkesseln und sonstigem Zubehör"		Kunze, Entwicklung, S. 34
			Marperger, Abriß, S. 19; Rößig, Produkten, S. 308
	19 Barchentstühle		Marperger, Abriß, S. 23
			Akte LHA Loc. 33400; Akte LHA Loc. 37747; Trautmann, S. 46 u. 47

Gründungsjahr	Art	Standort	Gründer (G) Eigentümer (E)
1	2	3	4
1720 +	Leinwand- und Baumwollen-Manufaktur	Zwickau	G u. E Christian Hertel
1722 +	Zeugmacherei (Druckerei) Manufaktur	Zwickau (vorher 4 Jahre in Ronneburg) „Ronneburger Manufaktur"	G u. E Joh. X. Temper
1732	Flanelldruckerei im Armenhause	Waldheim	G Christian Joachim Briesen aus Halle, E Konsortium von Armenhaushauptkasse und Briesen
1732–1735	Strumpfwirkerei (zerstreute Manufakturen)	Bautzen	G Kühnel
um 1740	„Samt-Manufactur"	Leipzig	G u. E Kaufmann und „Hof-Commißär" Johann Georg Stiehler und Söhne, ab 1797 Leiter des Betriebes der Neffe von Stiehler
1744	Tuch- und Leinewandmanufaktur mit Bleiche und Appreturanstalt	Forst	E Graf Brühl, spätere Teilhaber Geheimer Kriegsrat Johann v. Bolza, Generalakzispächter Heinrich Karl Schimmelmann; Oberleitung Oberrechnungsrat Thielemann; Einrichtung und Leitung über 25 Jahre Tuchmacher Johann David Lebrecht Fritsche

Größe: Arbeiterzahl	Größe: Produktion	Lebensdauer	Quellennachweis
5	6	7	8
1720 300 Spinner "wurden erhalten"	7000 Taler Kapital v. d. Stadt geliehen, Gesamtkap. (1721) auf 15000 Taler veranschlagt	1722	Ratsprotokoll Zwickau 1720/21, 1721/22 plures
		1730?	Ratsprotokoll Zwickau 1720/21 (?), Bl. 49, 270, 415
gezahlte Löhne 1733–42 37670 Taler		bis 1742	Akte LHA Loc. 5558
1801 100 Meister, 30 Gesellen und zahlreiche Heimarbeiter	Wollverbrauch jährlich 6–7000 Stein		Addreßbuch, Lausitzen, S. 7 u. 8
	1788 34, 1789 38, 1790 39, 1791–1798 40, 1799 42, 1800–1803 40, 1807 12 Stühle		Akte LHA, Sammt-Manufactur, Loc. 11123; Rößig, Produkten, S. 311
		Leinewandmanufaktur verfiel 1764. Tuchmanufaktur ging in Fabrik über, die noch 1924 bestand	Akte LHA Loc. 11127; Akte LHA Loc. 451 Rev. Br. Nr. 19; Schmidt, S. 274 u. 275

Gründungsjahr	Art	Standort	Gründer (G) Eigentümet (E)
1	2	3	4
vor 1745	„Seidene Strumpff-Manufactur"	Limbach	G u. E Strumpfwirker Esche
1748 privileg.	„Gold- und Silberdraht-Manufactur"	Dresden	E Voigt, Stein und Compagnie
1749 bestehend	„8 Tabakfabriken"	Leipzig	
1750 privileg.	„Tabaks-Fabrique"	Hosterwitz	G und E „Königlich Pohln. und Churfürst. Sächß. Commißions-Rath" Johann Friedrich Thielemann
1750	Leinewand-Weberei, Druckerei und Bleiche (1751) mit Verlag von Webern	Herrnhut	G Abraham Dürninger
1750	„Wollene Zeugmanufaktur" (oder nur Handlung bzw. Verlag?)	Meerane	G u. E Johann Jacob Richter
1751 resp. schon 1720	„Schönfärberey und Zeug-Waaren-Manufactur"	Weida	E „Weydaische Handlungs-Societät", vorheriger E: Dammitzische Erben resp. Kommercienrat Johann Gottlob Heß, 1770 alleiniger E Kaufmann Schweitzer aus Naumburg, E ab 1779 Johann Georg Pommer, früher Handlungsdiener der Manufaktur, E ab 1802 Kaufmann und Tuchhändler Brehme aus Neustadt an der Orla
1753 +	„Wachstuchfabrik"	Zwickau	

Größe Arbeiterzahl	Produktion	Lebensdauer	Quellennachweis
5	6	7	8
	1764 80, 1765 21, 1792 54, 1793 43 Stühle, jährliche Produktion 3600 Paar Strümpfe, Seidenverbrauch für 30000 Taler jährlich	ging in Fabrik über	Gebauer, III, S. 315; Oeser, II, S. 11; Die Strumpffabrik, in: Deutschlands Jubiläumsfirmen, S. 38flg.; Akte LHA Loc. 5344 Vol. IX; Akte LHA, Strumpff, Loc. 11101; Rößig, Produkten, S. 324 u. 325
1800 130 Personen		bestand noch 1800	Akte LHA Loc. 33412; Addreßbuch, Obersachsen, S. 213
200 Personen			Juckenburg, S. 8
		fraglich, ob jemals in Tätigkeit	Akte Ratsarchiv Dresden C. XXVI. 18
1766 36 Personen, dazu 22 Herrnhuter und 111 auswärtige Weber	4 Drucktische, 1767 in Herrnhut 16 und außerhalb 112 für Dürninger arbeitende Webstühle, Leinewandexport 1777 für 128298 Taler; 1781 Kapitalausstattung: 712500 Reichstaler, 1802 Aktiva fast $2^1/_2$ Mill. Reichstaler	Zitzdruckerei kam 1779 zum Erliegen	Akte LHA Loc. 35206; Akte LHA, Dürninger, Loc. 11103; Uttendörfer, S. 37, 138–141, 153, 156; Kunze, Entwicklung, S. 34
		bis 1780	Leopold, S. 198
		ging in Fabrik über	Akte LHA, Handlungs-Societaet, Loc. 11001; Akte LHA, Zeug-Manufactur, Loc. 11120
		vor 1760	Herzog, I, S. 245

Gründungsjahr	Art	Standort	Gründer (G) Eigentümer (E)
1	2	3	4
1754	„Cattun-Druckerey" (erste Sachsens)	Plauen	G Kattundrucker August Neumeister aus Nürnberg, E Sozietät von 8 Plauener Baumwollhändlern, spätere Firma Facilides und Comp., 1783 Neumeister Mitdirektor und „Couleurmeister", E offenbar seit 1812 Plauener Kammerrat Gössel, der Druckerei in seine Baumwollwarenfabrik eingliederte
1755	Tapetenmanufaktur	Leipzig	E I. P. Wilhelm
in den Jahren vor dem Siebenjährigen Kriege	Seidenmanufaktur	Leipzig und Mahitschen bei Torgau	G u. E Kaufmann Raabe und danach sein Sohn, ab 1766 von dessen bisherigem Buchhalter Riedner weitergeführt
1760	Golgas- und Berill-Manufaktur	Grimma	G u. E Samuel Wächter und Drucker Weise, E ab 1767 Kaufmann Grieße, der in Leipzig schon eine kleine Druckerei unterhielt
um 1760–1770	Seidenmanufaktur (nur Verlag?)	Leipzig	G u. E Fiesau (Fizeaux)
1761 privileg.	„Fabrik Lionischer Waaren"	Freiberg	G u. E Kaufmann Johann Zach. Beyer u. Kaufmann Carl Christoph Klipgen
bestand bereits 1762	„Gold- und Silbertressen-Fabrique"	Leipzig	E Schönkopf
1763	„Flanell-Druckerey"	Grimma	G u. E. Johann Christian Gottlob Grieße, Sohn Christian Joachim Grießes, „Associée" der von 1732–1743 im Waldheimer Zucht- und Armenhause bestehenden Manufaktur, E danach Johann Daniel Solbrig, bis dahin Administrator der Grießeschen Manufaktur

Größe: Arbeiterzahl	Größe: Produktion	Lebensdauer	Quellennachweis
5	6	7	8
1770 32, 1780 187 Personen, 1811 435 Personen i. d. Spinnerei, 790 in Weberei u. Wirkerei, 395 in Druckerei und Malerei, zus. 1620 Personen	1764–70 12738, 1774–80 37260, 1780–90 60993 Stück Kattune, 1780 neues „Fabrik-Hauß" eingeweiht, 1780 44 Drucktische, davon 22 und 1784 18 in Betrieb, 1812 40 Drucktische	bis 1816; seit 1812 Fabrik	Akte LHA, Baumwolle, Loc. 5287; Akte LHA Loc. 11092; Akte LHA, Cotton, Loc. 11119; Notizen, S. 39; König, S. 161 u. 162, 274, 332, 341 u. 342
		bestand noch 1800	Addreßbuch, Obersachsen, S. 254
in Mahitschen 14 bis 15 Personen, meistens Kinder zum Bedienen des „Filatoriums"	1764 etwa 40 Stühle zur Fertigung seidener Zeuge, 1766 von maximal 160 Stühlen auf 80 und 1767 auf 60 Stühle zurückgegangen; in Mahitschen „Filatorium" (erste Seidenzwirnmaschine Deutschlands)	verfiel nach dem Siebenjährigen Kriege	Akte LHA, Samt, Loc. 11096; Rößig, Produkten, S. 224
		bis 1771	Akte LHA Loc, 11097; Akte LHA, Landes-Oeconomie-, Manufactur- und Commercien-Deputation, Loc. 5356; Vol. I; Marperger, Abriß, S. 7; Addreßbuch, Obersachsen, S. 290
	soll zuweilen an 100 gangbare Stühle gehabt haben	bestand noch um 1800	Rößig, Produkten, S. 311–312
			Akte LHA Loc. 33433; Akte LHA Loc. 11093
50 „Mädchen im Gebürge in Arbeit"	1762 8, 1765 30 Stühle auf dem Lande verstreut		Akte LHA, Gold- u. Silber-Draht, Loc. 11101;
			Akte LHA, Loc. 33436; Akte LHA, Solbrig, Loc. 11119; Rößig, Produkten, S. 267

Gründungsjahr	Art	Standort	Gründer (G) Eigentümer (E)
1	2	3	4
1763	„Cotton- und Leinwand-Druckerey" mit Verlag von Webern	Großenhain	G u. E Barth, danach E bis 1774 (Kurfürstin Marie Antonie, verpachtet an Gleich, der sie nach 1774 für die Zitz-Kattun- und Leinwand Manufaktur-Sozietät verwaltete, E ab 1775 Kammerrat Frege in Leipzig, Betriebsleiter Dr. Donnz, E ab 1785 Dr. Donnz, der 1789 „fallierte", E ab 1793 Riese und Bodemer, 1794 Bodemer allein
nach Beendigung des Siebenjährigen Krieges, nach Gebauer bereits 1730	Werkstätten zur Herstellung von Darmsaiten	Markneukirchen	G u. E „Die vorzüglichsten Saiten fertigten" Klein, Schatz, Glier, Pfortschner, Kämpfe, letzter nur Proben?)
kurz nach dem Siebenjährigen Kriege	Werkstätten zur Herstellung von Trommeln, Blasinstrumenten und Harmonikas	Markneukirchen	
1764 erwähnt	Halbseiden-Zeugmanufaktur	Leipzig	E Ludewig
1764 erwähnt	Seidenmanufaktur	Leipzig	E Sartorius, früherer Arbeiter der Apelschen Manufaktur
1764 erwähnt	„Seidne und halbseidne Waaren Manufactur" (oder nur Verlag?)	Leipzig	E Kaufmann Carl Krumbhaar
1764 erwähnt	Samt- und Seidenmanufaktur	Leipzig	E Kaufmann Curtius
1764 erwähnt	Samt- und Seidenmanufaktur	Leipzig	E Kommandeur
1764 erwähnt	Samtmanufaktur	Leipzig	E Kaufmann Strauß
1764 erwähnt	Samt- und Seidenmanufaktur	Leipzig	E Gebrüder Johann Gottlob und Friedrich Bischof
1764 erwähnt	Samt- und Seidenmanufaktur	Leipzig	E Kaufmann Geißler

Größe: Arbeiterzahl	Größe: Produktion	Lebensdauer	Quellennachweis
5	6	7	8
1774 90, 1775 171 Personen, davon 60 Schilderer (Ausmalerinnen), Arbeitslöhne alljährlich 15 bis 20000 Taler, 1831 188 Arbeiter	6000–7000 Stück, 30 Drucktische, 1 „Kupferdruckmaschine", 1785 19, 1801 11 Tische und 12500 Stück Kattun und Zitze; 1802 11, 1811 über 30, 1831 60 Drucktische, Produktion: Kattune und Zitze, „Thibets, Calicoes, Shirtings, Sarsenets und Linnenzeuch"	ging 1840 in Fabrik über	Akte LHA Zitz, Loc. 5356; Akte LHA Loc. 1432; Akte AHA Loc. 864; Akte LHA Fregische, Loc. 111; Notizen, S. 13 u. 14;. König, S. 274; Schiffner, S. 517; Juckenburg, S. 3
in den 6 größten Werkstätten durchschnittlich 20–25, in den mittleren 8–12 und in den kleinen 3–6 Beschäftigte	1783–87 6262 Bund, 1788 –92 6478 Bund, 1793–97 5237 Bund		Akte LHA, Saitenmacher, Loc. 11109; Bein, I, S. 30, 91flg.; Gebauer, II, S. 362flg.
Blechblasinstrumentenwerkstätten durchschnittlich je 8–12 Gehilfen	1783–87 1020 Stück, 1788–92 870 Stück, 1793–97 805 Stück		Bein, I, S. 39, 91flg.
	1764 12–16 Stühle		Akte LHA, Sammt, Loc. 11096
	1764 16(?) Stühle		Akte LHA, Sammt, Loc. 11096
	1764 25–30, zumeist Velpestühle, 1780 16, 1781 30 Stühle, 1784 7, 1788 8 Stühle für die Herstellung von Taft	bestand noch 1784	Akte LHA, Krumbhaar, Loc. 11120; Akte LHA, Sammt, Loc. 11096; Akte LHA Loc. 11104
	1764 10–12 Seiden- und Samtstühle		Akte LHA, Sammt, Loc. 11096
	1764 8 Stühle		Akte LHA, Sammt, Loc. 11096
	1764 16–18 Samt- u. Velpestühle		Akte LHA, Sammt, Loc. 11096
	1764 höchstens 5, 1783 und 1787 7, 1794 29, 1795 31, 1798 37, 1801 38 Stühle		Akte LHA, Sammt, Loc. 11096; Akte LHA Loc. 11104
	1764 12–14 Samt- und Seidenstühle, 1783 11 eigene und 20 fremde Stühle		Akte LHA, Sammt, Loc. 11096; Akte LHA Loc. 11104

Gründungsjahr	Art	Standort	Gründer (G) Eigentümer (E)
1	2	3	4
1764 erwähnt	Samtmanufaktur	Leipzig	E Kaufmann Mauser
1764 erwähnt	Samt- und Seidenmanufaktur	Leipzig	E Kohl
um 1764	„Nesseltuch-Fabrik"	Leipzig	G u. E Ernst Wilhelm Kühn
um 1764	Ledermanufaktur	Baruth b. Jüterbogk	G u. E Graf Solms
um 1764	„Stärkefabrique"	Rittergut Mensdorf b. Eilenburg	G u. E Obersteuerdirektor von Nischwitz
um 1764	Seidenstrumpfwirkerei (Handwerksbetrieb?)	Dresden	E Mathias Andio
um 1764	„Manufactur von genähten Spitzen" im Waisenhaus (fraglich, ob vollständige Manufaktur)	Dresden	G „mittels höchster Unterstützung von den Geschwistern Köhler betrieben"
1764	„Wollspinnerei im Waisenhaus"	Langendorf	G u. E Waisenhaus
1764	„Leinewand-Fabrique mit seidenen Blumen" (Manufaktur oder verlegtes Handwerk?)	Chemnitz	G u. E Mann u. Konsorten
vor 1765	Zeugdruckerei	Leipzig	E Kaufmann Grieße
vor 1765	Samt- und Seidenmanufaktur	Weißenfels	E Kammerrat Klein
1765 erwähnt	„Seidene Strumpfmanufactur"	Leipzig	E Heuß; ab 1773 schied Heuß vorübergehend und 1775 endgültig aus, Weiterführung der Manufaktur durch deren Werkmeister

Größe Arbeiterzahl	 Produktion	Lebensdauer	Quellennachweis
5	6	7	8
	1764 8–10, 1784 12 Samt- und Velpestühle		Akte LHA, Sammt, Loc. 11096; Akte LHA Loc. 11104
	1764 10 Samt- und Velpestühle, 1784 21 Stühle, und zwar 13 Stühle zur Samt- u. Velpe-Fertigung und 8 zur Herstellung halbseidener Tücher, 1794 24 Stühle		Akte LHA, Sammt, Loc. 11096; Akte LHA Loc. 11104; Akte LHA, Sammt-Manufactur, Loc. 11123
			Akte LHA Loc. 3385 Nr. 9; Akte LHA, Landes-Oeconomie-, Manufaktur- und Commercien-Deputation, Loc. 5356, Vol. I
			Akte LHA, Landes-Oeconomie-, Manufaktur- und Commercien-Deputation, Loc. 5356, Vol. I
			Akte LHA, Aufnahme, Loc. 5355, Vol. I
	7 Stühle		Akte LHA, Landes-Oeconomie-, Manufactur- und Commercien-Deputation, Loc. [illegible], Vol. I
			Akte LHA, Landes-Oeconomie-, Manufactur- und Commercien-Deputation, Loc. 5356, Vol. I
1764 37 Kinder	vom 6. Aug.–28. Sept. 1764 „211 Stück Wollgarn 3 Gebind"		Akte LHA, Aufnahme, Loc. 5355, Vol. I
	30–40 Stühle		Akte LHA Loc. 11108
	geringer Umfang		Akte LHA, Landes-Oeconomie-, Manufactur- und Commercien-Deputation, Loc. 5356, Vol. I
	1766 Zahl der Stühle von 58 auf 30 zurückgegangen		Akte LHA, Sammt, Loc. 11096
			Akte LHA, Strumpff, Loc. 11101

Gründungsjahr	Art	Standort	Gründer (G) Eigentümer (E)
1	2	3	4
1765 erwähnt	Manufaktur zur Herstellung wollener Decken im Armenhause	Dresden	G u. E „Zeugfabrikant" Ehrlich
um 1765	„Holländische Tuchmanufactur"	Großenhain	G u. E „Tuch-Fabrikant" Schwarze
1765 privileg.	„Gold- und Silberdraht-Manufactur"	Leipzig	G u. E Johann Heinrich Böhme
1765 privileg.	„Crepponmanufactur"	Dresden	G u. E Santo Vito
1765 privileg.	„Gold- und Silberdraht-Manufactur"	Leipzig	G u. E Kommerzienrat Johann Gabriel Carlowsky
1765	Kanonenbohrwerk	Dresden	G u. E Administrator Xaver bzw. der Sächsische Staat
1765	„Tabakspfeifenfabrik"	Grimma	G u. E Johann Adam Jäger, Kaufmann zu Leipzig, Leitung: „Ausländer" Franz Heinrich Naumann
1765	„Handschuh-Fabrique"	Dresden	G Antonie Perrin, wurde mit 300 Talern von Firma: Malvieux und Comp., bei der sie Konsortin war, ausgezahlt und gründete daraufhin die Firma: Klose und Cons.; E darauf: Johann Martin Kühne und Kons., Firma: Kühne und Komp., Malvieux und Bassenge; E ab 1777 Bassenge
1766 privileg.	„Gold- und Silberdraht-Manufactur"	Leipzig	E Christian Heinrich Axt
1766	„Glasfabrik"	Reuthen (N. L.)	G u. E Kammerrat Helbig
1766	„Schweitzer-Band-Fabrique"	Leipzig	G u. E Friedrich Kreuchauf und Johann Jacob Landerer
1766	„Lein- und Parchent-Fabrique"	Kleinwelka	G u. E Brüdergemeine

Größe Arbeiterzahl	Produktion	Lebensdauer	Quellennachweis
5	6	7	8
			Akte LHA, Landes-Oeconomie-, Manufactur- und Commercien-Deputation, Loc. 5356, Vol. I
		bestand noch 1830 als Fabrik	Akte LHA, Landes-Oeconomie-, Manufactur- und Commercien-Deputation, Loc. 5356, Vol. I; Addreßbuch, Obersachsen, S. 245; Schiffner, S. 517; Wieck, S. 228
			Akte LHA, Gold- u. Silber-Draht, Loc. 11101
		fraglich, ob jemals gearbeitet	Akte LHA, Landes-Oeconomie-, Manufactur- und Commercien-Deputation, Loc. 5356, Vol. I
			Akte LHA, Gold- u. Silber-Draht, Loc. 11101
		bis 1870	Akte LHA Loc. 1305; Akte LHA Loc. 10994; Frommhold, S. 68–71
			Rößig, Produkten, S. 384
1774–1779 4–5 Gerber, 1–2 Handlanger, 4–5 Handschuh-arbeiter, 2–3 Färber, 60 „Nähterinnen"	1774–1779 verarbeitete Felle 138604 Stück, gefertigte Handschuhe 10723 Dutzend		Akte LHA, Landen, Loc. 11110
			Akte LHA, Gold- u. Silber-Draht, Loc. 11101
			Rößig, Produkten, S. 387
	1768 6 Mühlenstühle	1770 Untergang nahe	Akte LHA, Kreuchauf, Loc. 11105
„Die bei ihren Anstalten befindlichen Mädgen"			Akte LHA Loc. 5310

Gründungsjahr	Art	Standort	Gründer (G) Eigentümer (E)
1	2	3	4
1766 +	Kniestreichen	Zwickau	G u. E Joh. Gottlob Crell (Erfinder), Carl Gotthelf Geyer Mitinteressent a. d. „Krempelfabrique". C erhält 1766 100 Taler Prämie von der Landes-Oec.-, Man. u. Comm.-Dep.
um 1767	Berill- und Golgas-Druckerei mit Spinnerei in den Zucht- und Arbeitshäusern Torgau und Waldheim (–1784)	Rochlitz	G u. E Kaufmann Johann Christian Winkler
1767, oder schon 1745?	„Berill- und Golgas-Druckerey" mit Spinnerei und Weberei, Verlag (Spinnerei im Zwickauer Zuchthause), Färberei (1748)	Crimmitschau	G u. E Kaufleute Oehler und Seyfarth, ab 1770 Oehler allein, ab 1797 dessen Sohn, ab 1805 Firma: Oehlers Brüder
1767	„Bleyweiß- und Menig-Fabrique"	Dresden	G Leipziger Ökonomische Sozietät, E Aktiengesellschaft
1767	„Handschuh-Fabrique"	Dresden	G u. E Vacher, Firma: Haake und Comp. Beigneaut und Vachê
vor 1768, nach König 1755	Zeugdruckerei	Burgstädt	G u. E „Hof-Commißarius" Kaufmann Johann Friedrich Wagner
1768 erwähnt	„Fabric Eleodorischer Tapeten"	Weißenfels	E Schindler
1768 +	Kattundruckerei	Zwickau	G u. E Christian Gottlob Zeidler, Joh. Gottfried Tripto, Joh. Kluge

Größe: Arbeiterzahl	Größe: Produktion	Lebensdauer	Quellennachweis
5	6	7	8
			Ratsprotokoll Zwickau: 1765/66: Bl. 115b, 175, 208b, 1766/67: Bl. 18b, 69, 87b, 255b
			Akte LHA, Kauffmann, Loc. 11110; Akte LHA, Oehler, Loc. 11103;
	1782 auf 40 Stühlen Herstellung von „Crepons", 1784 Messeabsatz 1000 Stück, Wert der Ausfuhr nach Spanien 1784 100000 Taler, 1790 9 Stühle für feine Tuche	ging in Fabrik über	Akte LHA, Oehler, Loc. 11103; Oeser, I, S. 119flg.; Wieck, S. 212, 227
			Akte LHA Loc. 5357; Kohlsdorf, S. 10
1774–1779 100 Menschen, 3 Lehrjungen	1774–1779 verarbeitete Felle 150000 Stück, gefertigte Handschuhe 12000 Dtzd., 1780 30000 Stück Ziegenfelle verarbeitet, von denen der größte Teil aus Böhmen kam	verfiel 1789	Akte LHA, Landen, Loc. 11110; Akte, LHA, Handschuh, Loc. 11124
			Akte LHA, Kauffmann, Loc. 11111; König, S. 108flg.; Notizen, S. 12
			Akte LHA, Wachs-Tuch-Fabric, Loc. 11105
	1768 Besiegelung von 6 Kattunen	1785 zieht Zeidler nach Mülsen	Ratsprotokoll Zwickau: 1767/68: Bl. 1, 2, 129flg., 1768/69: Bl. 11, 13b, 50b, 116 1769/70: Bl. 93b, 109; Herzog, II, S. 703 u. 675

Gründungsjahr	Art	Standort	Gründer (G) Eigentümer (E)
1	2	3	4
1769	„Woll-Manufactur“	Rochlitz	G u. E Kaufmann Winkler
1769	„Handschuh-Fabrique“	Dresden	G u. E Antonie Perrin, Firma: Klose und Cons.
1769	„Cattun-Fabric, Cotton-Drukkerei“ und Bleiche (von 1669 bis 1772 im Gebirge, 1775 in Colditz) mit Verlag von Webern, 1775–1778 Druckerei in Colditz	Colditz	G u. E Gottfried August Költz, E ab 1805 Kaufmann Ramsthal
1769	„Spielkarten-Fabrique“	Leipzig	G u. E „Galanterie Händler“ Ullrich, anfangs „Associe Kartenmacher“ Pfeifer, später „Compagnie“ mit Buchdrucker Breitkopf
letztes Drittel des 18. Jahrhunderts (nicht genau feststellbar)	„Cattun-Fabric“ (zerstreute Manufaktur oder Verlag?)	Oederan	G u. E Johann Christoph Böhme
1770 privileg.	„Gold- und Silberdraht-Manufactur“	Leipzig	E Johann Samuel Bauer
1770	„Fayence-Fabric“	Hubertusburg	G u. E „Fayence-Fabricant“ und „Hof-Commißär“ Johann Samuel Friedrich Tännichen, danach E Friedrich Graf von Lindenau, E ab 1812 Graf Marcolini, Direktor: Förster

Größe: Arbeiterzahl	Größe: Produktion	Lebensdauer	Quellennachweis
5	6	7	8
Tuchbereiter aus dem Berliner Lagerhause, 1775 119 Spinner und 14 Kämmer in Wechselburg		bestand noch 1839	Akte LHA, Kauffmann, Loc. 11110
1774–1779 33 Personen, darunter 22 „Näherinnen" und 8 Strickerinnen; Antonie Perrin und ihr Sohn gerbten selbst und schnitten die Handschuhe selbst, und zwar aller 3 Wochen im Arbeitswechsel	1774–1779 verarbeitete Felle 30–40000 Stück, gefertigte Handschuhe, 3480 Dutzend		Akte LHA, Landen, Loc. 11110; Akte LHA, Landes-Oeconomie-, Manufactur- und Commercien-Deputation, Loc. 5356, Vol. I
in Leipzig arbeiteten 1776 20 und kurz danach 50 Spinner im Spital für Költz, 1776 außerdem 100 Meister voll, 1801 12 Drucker, 12 Druckergehilfen, 34 Maler, insgesamt 142 Personen	1775 auf Bleiche 200 Stück, 1801 5700 Stück gedruckte Kattune, 1805 3–4 Drucktische	bis 1820	Akte LHA, Költz, Loc. 11103; Notizen, S. 15; Rößig, Produkten, S. 290; König, S. 159
1771 12 Arbeiter			Akte LHA, Ullrich, Loc. 11106
1786 an 800 Spinner und 300 Weber in verschiedenen Orten	1784 1329 Stück Kattune „debitiret"		Akte LHA, Böhmens, Loc. 11118
			Akte LHA, Gold- und Silber Draht, Loc. 11101
			Akte LHA, Extension, Loc. 11110; Addreßbuch, Obersachsen, S. 293

Gründungsjahr	Art	Standort	Gründer (G) Eigentümer (E)
1	2	3	4
1770	Kattundruckerei (erste in Chemnitz)	Chemnitz	G u. E Oberbleicher und Kolorist Georg Schlüßel aus der Burgstädter Kattundruckerei von Wagner, spätere Teilhaber Kommissionsrat Lange und Kreysig
1771 privileg.	„Handschuh-Fabrique"	Zittau	G u. E Gudin
1771	„Cotton-Druckerey" mit Verlag von Webern	Chemnitz	G u. E Benjamin Gottlob Pflugbeil, E Pflugbeil und sein Kompagnon Alberti später Firma: B. J. Pflugbeil und Komp.
1771	Tuchmanufaktur mit Wollspinnerei im Zucht-, Armen- und Waisenhaus	Leipzig	G u. E Baumeister und Kaufmann Krapp
bestand bereits 1772	„Zeug-Manufactur" (fraglich, ob Manufaktur – wahrscheinlich nur Verlag)	Mylau	G u. E „Zeug-Fabrikant" Christian Friedrich Petzold aus Greiz, Besitzer des Rittergutes Mylau
1772	„Tuch-, Cotton- und Chites-Druckerey"	Bautzen	G u. E „Hof-Fabricant" und Plauener Webersohn Marckstein, Leiter: Frosch
1773 +	„Farben- und Siegel-Lack-Fabrik" (Hornbrennhütte)	Zwickau	G u. E A. Steiner, ab 1816 E A. M. Weise
um 1774 gegründet	Zeugdruckerei	Chemnitz	G u. E Schulze
um 1774 gegründet	Zeugdruckerei	Chemnitz	G u. E Seyfert
1774	Kattundruckerei mit Verlag von Webern	Chemnitz	G u. E drei Brüder Hübner, Webermeister, Firma später: Gebrüder Hübner und Söhne

Größe: Arbeiterzahl	Größe: Produktion	Lebensdauer	Quellennachweis
5	6	7	8
anfangs 3 Drucker, die Schlüßel von Burgstädt mitgebracht hatte	16 Drucktische	bis 1807	Akte LHA, Cotton-Druckerey, Loc. 11116; Wieck, S. 167; Notizen, S. 16
1774–1779 3–4 Gerber, 2 Handlanger, 3 Zuschneider, 40–50 „Mädgen"	1774–1779 verarbeitete Felle 128912 Stck. (ohne die mit „Passierzetteln"), gefertigte Handschuhe 1200 Dutzend	verfiel um 1789	Akte LHA, Landen, Loc. 11110; Akte LHA, Handschuh, Loc. 11124
1788 1200 Personen zum Krempeln, Spinnen, Garnspulen, Kattunweben, Bleichen, Formstechen, Drucken, Streichen, Ausmalen, Färben, Tischbauen und in der kaufmännischen Verwaltung	1780 20, 1781 17, 1782 26, 1784 24, 1786 35, 1792 36, 1805 40, 1812 resp. 1814 70, 1831 100 Drucktische	ging 1814 in Fabrik über	Akte LHA, Cotton-Druckerey, Loc. 11116; Wieck, S. 167, 173, 174, 176, 201; König, S. 154, 305, 329, 340, 341
2 Tuchknappen, „arme Versorgte" und „weniger strafbare Gefangene"	3 Stühle, Mindestpflichtleistung der Wollspinner 5 Pfund wöchentlich		Leonhardi, Geschichte, S. 639
„mehr als 150 Zeugmacher und Weber"			Akte LHA, Zeugfabricant, Loc. 11111
1778 für über 100 Personen „Unterhalt", 1801 150 Personen	1773 850 Dutzend, 1774 14 Kattundrucktische, 1801 „etliche 30 Tische"	bestand noch 1801	Akte LHA, Cotton-Drucker, Loc. 11109; Notizen, S. 16; Addreßbuch, Lausitzen, S. 4
			Herzog, II, S. 691
	Maximum 14 Drucktische		Wieck, S. 168
	Maximum 18 Drucktische	bis etwa 1794	Wieck, S. 168
	1775 7, 1780 u. 86 16, 1792 32, 1805 68, 1812 76 Drucktische	1825 aufgelöst	Akte LHA, Cotton-Druckerey, Loc. 11116; Wieck, S. 167, 168, 173, 174, 176; König, S. 274

Gründungsjahr	Art	Standort	Gründer (G) Eigentümer (E)
1	2	3	4
1774	„Cotton-Druckerey"	Pirna	G u. E Kaufmann Koch aus Dresden und Schönfärber Neumann, E ab 1781 Kaufmann Christian Gottlieb Maukisch, Besitzer des Ritterguts Thürmsdorf bei Königstein
1776 (?)	Leinewandmanufaktur (oder nur Handlung bzw. Verlag?)	Lauban	E Kaufmann Kirchhof
1776	„Klingenfabrik", Klingen-, Schleif- und Polierwerk	Suhl	G u. E Bajonettmacher Kummer, Firma: Ehrhardt-Kummerische Klingenfabrik
1777	Kattundruckerei u. -färberei	Zschopau	G u. E Adam Gotthelf Oehme, „Associes": Handelsmann Gehler und Morgenstern aus Lengefeld
1778	„Cattundruckerei"	Frankenberg	G u. E Carl Friedrich Böhme
nach 1778	„Seidne und halbseidne Schnupf- und Hals-Tüchel-Fabric"	Burgstädt	G u. E Großhändler in Zitzen und Kattunen Traugott Benjamin Böhm, Assozié Wieland
1779 erwähnt	Leinewandmanufaktur (Manufaktur oder nur Handlung bzw. Verlag?)	Görlitz	E Schlegelsche Handlung
1779	„Flor- und Marly-Manufacturen" (vermutlich nur Verlag)	Dresden	E Kaufmann Morauer

Größe: Arbeiterzahl	Größe: Produktion	Lebensdauer	Quellennachweis
5	6	7	8
1782 30 Personen, und zwar: 1 Werkmeister, 1 Kolorist, 9 Drucker, 3 Formenstecher, 5 Malerinnen, 6 Kinder, 9 „arme Jungen zum Couleurstreichen", 2 Pantscher, 2 Glätter	1782 8 Drucktische und 42 Gestelle Musterformen, 1789 12 Webstühle und 15 Drucktische, 1802 u. 1805 36, 1810 52 Drucktische	bis 1823	Akte LHA, Maukisch, Loc. 11115; Notizen, S. 15; Wieck, S. 165, 166, 200
			Akte LHA, Leinwand, Loc. 11111
	1793 1200 Infanterieklingen für das „Churfürstl. Haupt-Zeug-Haus", 600 Infanterie- und 300 Husarenklingen, 1795 4450 Bajonette, 1200 Infanterieklingen, 270 Husarenklingen, 150 andere Klingen, 400 Jägerklingen, 450 Kavallerieklingen, 250 Infanterieklingen, 250 Faschinenmesser		Akte LHA Loc. 5276; Akte LHA Loc. 5344, Vol IX, XI; Anschütz, S. 108
	1806 12 Drucktische, Höchststand 13 Drucktische, jährlich 9–10000 Stck.	bis 1824	Akte LHA Loc. 5344, Vol. IX; Wieck, S. 170
	1786 durch Brand zerstört, 1794 20 Drucktische	bis gegen 1818	Akte LHA, Ranft, Loc. 11107; Notizen, S. 17
„viel Frauen"	1786 11, 1787 15–18, 1789 22–23, 1790 24–25, 1791 26–27, 1792 29, 1798 40 Stühle		Akte LHA Loc. 11113; Akte LHA Loc. 5344, Vol. IX
			Akte LHA, Leinwand, Loc. 11111
	1780 300 Stühle in Friedrichstadt, zumeist von Morauer beschäftigt		Akte LHA, Morauer, Loc. 11116

Gründungsjahr	Art	Standort	Gründer (G) Eigentümer (E)
1	2	3	4
1779	„Zitz- und Cotton-Druckerey" mit Krapp-Plantage und Krapp-Mühle	Schönau b. Bautzen	G u. E Bürgermeister Gottlob August Hering, Rittergutsbesitzer von Schönau, Faktor: Kaufmann Richter
1779	„Tabakspfeifenfabrik"	Dresden	G u. E Praevor
anscheinend 1780	Kattundruckerei mit Verlag von Webern und Spinnern	Chemnitz	G u. E ehemaliger Seilermeister Christian Friedrich Kreysig, später Firma: Kreisig und Komp., zuletzt Firma: Ackermann und Komp.
bestand bereits 1781	Spielkartenmanufaktur	Leipzig	G u. E Johann Gottlob Imanuel Breitkopf
1781 privileg.	„Uhr-Fabric"	Großenhain	G u. E Hofuhrmacher Johs. Benjamin Siegfried Fischer
1781	„Handschuh-Fabrique"	Dresden	G u. E Friedrich Gottlob Haslauer

Größe: Arbeiterzahl	Größe: Produktion	Lebensdauer	Quellennachweis
5	6	7	8
„einige Cottonweber und Baumwollspinner"	1782 5 Drucktische		Akte LHA, Cotton, Loc. 11119
	1784 62774 Stck. kurze Pfeifen, 82485 „ordinär" lange Pfeifen, 2300 mittellange Pfeifen, 2827 lange Pfeifen aller Art, 5117 sogenannte „l'ombre Pfeifen", Produktionswert 912 Taler, 13 Groschen, 7 Pfennig; 1789 66984 Stck. Pfeifen		Akte LHA Loc. 5343, Vol. V; Akte LHA Loc. 5341, Vol. VII; Rößig, Produkten, S. 385
„Große Zahl von Ausmalerinnen", im Kattundruck Ende 1804: 3 Firmeninhaber, 4 Burschen, 1 Aufseher, 3 Formenstecher, 4 Lehrlinge, 1 Kolorist, 45 Drucker u. Druckgesellen, 15 Lehrlinge, 60 Streichjungen, 80 Schildermädchen u. Ausmaler, 40 Bleicher, Färbe- u. andere Knechte, 256 Personen zusammen	1786 11, 1792 18, 1812 40 Drucktische	ging 1828 zum Kattun-Walzendruck über, liquidierte 1836	Akte LHA, Cotton-Druckerey, Loc. 11116; Wieck, S. 171 u. 193; König, S. 97 flg., 154
1784 14 Personen			Akte LHA, Breitkopf, Loc. 11115
1793 1 Geselle, 5 Knaben, weitere 15 Knaben als Lehrlinge zugeteilt	offenbar nicht gut entwickelt		Akte LHA, Fischer. Loc. 11117
1789 35 Personen, davon 1 Geselle, 2 Lehrburschen, 28 „Nähterinnen" und Strickerinnen	1786 500 Dutzd. Handschuhe		Akte LHA, Handschuhe, Loc. 11124

Gründungsjahr	Art	Standort	Gründer (G) Eigentümer (E)
1	2	3	4
1781	Hutmanufaktur	Torgau	G u. E Sozietät zwischen Kaufmann Christoph Carl Enders und Hutmacher Carl Ernst Münch aus Bitterfeld; 1784 tritt Kaufmann Johann Friedrich Haymann in die Firma ein, Enders zieht sich zurück, 1785 führt Haymann Manufaktur allein weiter, und Münch gründet eine neue in Leipzig
nach Rößig 1781 angelegt, 1801 privileg.	„Glas-Fabrik"	Potschappel	G Graf von Hagen; nach Rößig Bergrat Stiller
um 1782	Berill- und Golgas-Druckerei, dazu Spinnerei in den Zucht- und Arbeitshäusern Torgau und Waldheim	Mittweida	E Lorentz
1782 erwähnt	„Wachs-Tuch-Fabrik"	Leipzig	E Johann Gottlob Teubner
bestand schon 1782	„Feine Tuchmanufaktur" mit eigener Färberei und Appretur	Friedrichstadt bei Dresden	G. u E Kaufmann Roch
1782 privileg.	Zeugmanufaktur	Zeitz	G u. E Kaufmann Albrecht
1782	„Stärkemanufaktur"	Burgscheidungen	G u. E Geheimrat Graf von der Schulenburg
1782 erwähnt	Wachsbleiche	Gohlis	G u. E Feich
1782 erwähnt	Wachsbleiche	Friedrichstadt bei Dresden	G u. E Sack
1782 erwähnt	Wachsbleiche	Dresden	G u. E Schüßler

Größe Arbeiterzahl	Produktion	Lebensdauer	Quellennachweis
5	6	7	8
1781 „etliche 30 Personen beiderlei Geschlechts, Gesellen vom Auslande“, 1784 2 Leiter, 5 Gesellen, 6 Lehrlinge, 1 Zurichter, 2 Krempler, 6 Haarschneiderinnen, 2 „Nätherinnen“, 1 Aufwärterin	1782 Absatz auf Leipziger Michaelismesse 90 Dtzd. „Mannshüte“, 1787 2242 Stck.		Akte LHA, Enders, Loc. 11120; Rößig, Produkten, S. 334
			Akte LHA Loc. 33411; Rößig, Produkten, S. 386
		Spinnerei in den Arbeitshäusern bis 1784	Akte LHA, Oehler, Loc. 11103
			Akte LHA, Wachstuch, Loc. 11105
1782 gegen 60, 1784 gegen 80, 1786 über 100 Personen (Tuchmacher, Krempler, Streicher, Spinner)	Absatz bzw. Produktion: 1783 120, 1784 140, 1786 120, 1787 130 Stck: Tuche; 1782 u. 1784 4, 1786 u. 1787 6, 1792 u. 1793 5 Stühle		Akte LHA, Landes-Oeconomie-, Manufactur- und Commercien-Deputation, Loc. 5356, Vol. III, Vol. IV, Loc. 5343, Vol. V, Loc. 5344, Vol. IX; Naumann, S. 65
			Akte LHA, Landes-Oeconomie-, Manufactur- und Commercien-Deputation, Loc. 5356, Vol. III, Loc. 5344, Vol. XII
			Akte LHA, Landes-Oeconomie-, Manufactur- und Commercien-Deputation, Loc. 5356, Vol. III
			Akte LHA, Landes-Oeconomie-, Manufactur- und Commercien-Deputation, Loc. 5356, Vol. III
			Akte LHA, Landes-Oeconomie-, Manufactur- und Commercien-Deputation, Loc. 5356, Vol. III
	12 Tische		Akte LHA, Landes-Oeconomie-, Manufactur- und Commercien-Deputation, Loc. 5356, Vol. III

Gründungsjahr	Art	Standort	Gründer (G) Eigentümer (E)
1	2	3	4
1782 erwähnt	Wachsbleiche	Eilenburg	G u. E Lazer
1782 erwähnt	„Zeugmanufaktur" (oder Verlag?)	Weida	G u. E Kaufmann Pommer
1782 erwähnt	„Zeugmanufaktur" (oder Verlag?)	Weida	G u. E Kaufmann Bräunlich
1782 erwähnt	„Ledermanufaktur" (Handwerksbetrieb?)	Naumburg	G u. E Seyfert
1782 erwähnt	„Ledermanufaktur" (Handwerksbetrieb?)	Frankenberg	G u. E Wagner
1782	Wollmanufaktur	Schleusingen	G Regierungsrat Heidenreich
1782	Zeugmanufaktur mit Appretur	Pausa	G u. E Kaufmann Albrecht in Zeitz
1782	Tuchmanufaktur mit Färberei (1784 angelegt) und Walkmühle	Doberlug	G u. E Amtmann Heun
1782	„Zitz- und Cattun-Fabrique" und „Druckerey"	Zittau	G u. E Kaufmann Friedrich Lange

Größe: Arbeiterzahl	Größe: Produktion	Lebensdauer	Quellennachweis
5	6	7	8
	Sommer 1781 75 Zentner Wachs gebleicht		Akte LHA, Landes-Oeconomie-, Manufactur- und Commercien-Deputation, Loc. 5356, Vol. III
			Akte LHA, Landes-Oeconomie-, Manufactur- und Commercien-Deputation, Loc. 5356, Vol. III
			Akte LHA, Landes-Oeconomie-, Manufactur- und Commercien-Deputation, Loc. 5356, Vol. III
			Akte LHA, Landes-Oeconomie-, Manufactur- und Commercien-Deputation, Loc. 5356, Vol. III
			Akte LHA, Landes-Oeconomie-, Manufactur- und Commercien-Deputation, Loc. 5356, Vol. III
			Akte LHA, Landes-Oeconomie-, Manufactur- und Commercien-Deputation, Loc. 5356, Vol. IV
	Bezug der rohen Waren aus benachbarten inländischen Orten und aus dem Geraischen		Akte LHA, Landes-Oeconomie-, Manufactur- und Commercien-Deputation, Loc. 5356, Vol. III
1784 1 Werkmeister, 8 Gesellen, 6 Lehrburschen, 6 Kammarbeiter, 36 Spinner, 5 Spuler, 2 Nupper, 1 Walker, 1–2 Farbknechte, dazu 51 Personen „in anderen Städten"	1791 nur 1 Stuhl gangbar		Akte LHA, Landes-Oeconomie-, Manufactur- und Commercien-Deputation, Loc. 5356, Vol. III, Vol. IV, Loc. 5341, Vol. VII
1788 1 Mustermaler, 1 Formschneider, 2 Lehrburschen, 3 Druckergesellen, 2 Lehrburschen, 5 Streichjungen, 4 Handarbeiter 1795 2 „Modeleurs" und Formenschneider, 34 Gesellen und Lehrlinge, 10 Arbeiter für Zubereit. der Farben und für das Glätten und Färben, gegen 40 Ausmaler, teils Kinder	1787 36 Schock gedruckte Leinewand, 40 Stck. gedruckte Kattune ausgeführt und 50 Stck. im Lande abgesetzt; 1788 5, 1793 vermutlich 12 Drucktische		Akte LHA, Langen, Loc. 11121; Notizen, S. 17

Gründungsjahr	Art	Standort	Gründer (G) Eigentümer (E)
1	2	3	4
1782 (vorher nur Verlag)	„Berill- und Golgas-Fabrique, auch Flanell-, Sargen- und Boy-Färberei"	Grimma	G u. E Kaufmann Johann Gottfried August Meyer
um 1783	Berill-Druckerei und Schönfärberei	Oederan	E Christian Gottlob Fiedler, vordem dessen Schwiegervater Kupfer
1783 erwähnt	Kattunmanufaktur (oder nur Handlung bzw. Verlag?)	Oederan	E Carl Gottlob Rubold
1783	„Fabrikation von Taften und Serges de soi"	Gut Abtnaundorf	G u. E Kammerrat Frege
1784	Tuchmanufaktur mit „Leinwandfabrick" (vor 1784), Bleiche (etwa 1776) und Färberei sowie Verlag von Tuchmachern	Sorau und Christianstadt	E Petri, E danach Friedrich Erdm. Petri Söhne
einige Jahre vor 1785	Wollmanufaktur („Manufaktur in wollenen Strümpfen")	Burgscheidungen	G u. E Geheimrat Graf von der Schulenburg

Größe: Arbeiterzahl	Größe: Produktion	Lebensdauer	Quellennachweis
5	6	7	8
		bestand noch 1798	Akte LHA, Kaufmann, Loc. 11111
wenigstens 12 Personen einschließlich Formschneider	jährlich 13000 Stck. gedruckt		Akte LHA Loc. 11114
mehr als 200 Spinner	1783 5 Stühle		Akte LHA Loc. 11114
	1793 10, 1794 18 Stühle		Akte LHA Loc. 5344, Vol. X
1786 im Sorauer Manufakturhause: 1 Werkmeister - zugleich Wollfärber, 5 Kinder des Werkmeisters, 1 Farbenknecht, 9 Webergesellen, 1 Lehrjunge, 1 Wolleser, 1 Spuljunge, 6 Kammarbeiter, 7 Streicher, 16 Wollspinner zur Holländischen Spinnerei, in der Stadt Sorau außerhalb des Manufakturhauses: 16 Wollspinner auf kleinen Rädern, 1 Zwistspinnerin; in der Stadt Forst: 4 Streicher unter Aufsicht von 1 Werkmeisterin, 2 Streicher, 2 Spinner, dazu Verlag von 2 Sorauer Lohntuchmachern; 1791 210, 1792 236 Personen, davon 130 Spinner in Forst	1786 146 Stck. Tuche und Tüffel, 1791 295 Stck. feine, 84 „ordinaire" Tuche, 1793 497 Stück u. 1794 580 Stück mittlere und feine Tuche; 1786 „5. große holländische, Zweimannige Stühle" auf breite Tuche, Tüffel und 2 kleinere Stühle auf Halbtuche"; Spinnstube mit 24 holländischen Rädern		Akte LHA Loc. 5343, Vol. V; Akte LHA Loc. 5343, Vol. VIII; Akte LHA Loc. 5344, Vol. IX; Naumann, S. 293
1785 6 eigene Stühle, außerdem Verlag von Eckartsbergaer Stühlen, 1786 15 Stühle			Akte LHA, Landes-Oeconomie-, Manufactur- und Commercien-Deputation, Loc. 5356, Vol. IV; Akte LHA Loc. 5343, Vol. V

Gründungsjahr	Art	Standort	Gründer (G) Eigentümer (E)
1	2	3	4
1785 erwähnt	Tuchmanufaktur mit Verlag von Tuchwebermeistern	Görlitz	G u. E „Tuchfabrikant" Conrad
bestand bereits vor 1785	„Holländische Tuchmanufaktur" im „gemeinen Zucht- und Arbeitshause"	Bautzen	G Bürgermeister Richter, der Manufaktur bis 1785 betrieb, E Stadt Bautzen, Verwalter bis 1786 „Zuchthausvater" und zuletzt Pächter der Manufaktur Andreas Kusche, danach Pächter die Bautzner assoziierten Tuchmacher Johann Christian und Carl Gottlieb Heinrich und Siegmund Strenger
1785 erwähnt	Kattundruckerei	Belzig	E Schröter
1785	Hutmanufaktur	Leipzig	G u. E Carl Ernst Münch, Hutmacher und früherer Konsorte von Ender und Haymann in Torgau, und Associé Haugk
1785	„Cattundruckerei" mit Verlag von Webern und Spinnern	Frankenberg	G u. E Kaufmann Gottlieb Rudolph Ranft, später: Ranft und Ehrenberg

Größe: Arbeiterzahl	Größe: Produktion	Lebensdauer	Quellennachweis
5	6	7	8
	1794 2000 Stück Tuche teilweise auf eigenen Stühlen; Jahresabsatz 1794 für fast 100000 Taler, 1795 1420 Stück Tuche		Akte LHA, Landes-Oeconomie-, Manufactur- und Commercien-Deputation, Loc. 5356, Vol. IV; Akte LHA Loc. 5344, Vol. IX
Spinner sowohl im Arbeits- als im Waisenhaus, auch Handwerker im Verlag beschäftigt; 1785 1 Meister, 6 Gesellen, 7 Lehrburschen, 5 Kammarbeiter, 23 Spinner im Zucht- und 24 im Waisenhause, 2 Tuchbereiter, 3 „spanisch gelernte Weber allhier Meister geworden und arbeiten vor die Fabrique"	Mich. 1784–1785 261 Stück ausgeführt, 1785 verschiedene spanische und deutsche Wirkerstühle, 1 Tuchpresse, 1792 535 Stück, 1793 1306 Stück ausgeführt, 77 Stück verakzisiert, mithin 1383 Stück abgesetzt		Akte LHA, Zucht, Loc. 11118; Akte LHA, Tuchmacher, Loc. 11121; Akte LHA Loc. 5344, Vol. IX
1786 20 Drucker, 14 Maler, 2 Formenschneider, 3 Glätter, 1 Bleicher, 1 Färber	1786 10 Drucktische; jährlich 4000 Stück Kattun		Akte LHA, Landes-Oeconomie-, Manufactur- und Commercien-Deputation, Loc. 5356, Vol. IV; Akte LHA Loc. 5343, Vol. V
1785 5 Gesellen, 3 Lehrlinge, und 9 Personen zum Krempeln, Haarschneiden und Nähen, 1791 1 „Fabrikmeister", 1 „ums Lohn arbeitenden" Hutmachermeister, 6 Gesellen, 7 Lehrlinge, 3 Wollkrempler, 1 Staffierer, 3 Nähterinnen, 3 Wolleserinnen und Haarschneiderinnen, 1 Haarbeizerin			Akte LHA, Enders, Loc. 11120; Akte LHA Loc. 5343, Vol. VIII
	1785 7 Drucktische, 1786 durch Brand zerstört, 1788 21 Drucktische, Produktion 8000 Stück, 1794 42, Ostern 1805 46, Michaelis 1812 resp. 1814 24 Drucktische	ging um 1812 in Fabrik über, bis gegen 1825	Akte LHA, Ranft, Loc. 11107; Akte LHA Loc. 11123; Akte LHA, Böhmens, Loc. 11118; Notizen, S. 17; König, S. 152, 274, 298, 309

Gründungsjahr	Art	Standort	Gründer (G) Eigentümer (E)
1	2	3	4
1785	Kattun- und Zeugdruckerei	Zwickau	G u. E Gebrüder Steiner
1785	„Flor-Manufactur"	Dresden	G u. E Seidenwirker Christian Beckler, ehemaliger Werkmeister in der 1784 in Dresden angelegten Flormanufaktur
1785	Kattundruckerei	Zwickau	G u. E Christian Samuel Lorent aus Leipzig, ferner der ehemalige Handlungsdiener der Plauener Kattundruckerei Stößel und als Kapitalgeber Caspari aus Großwoltersdorf bei Zschopau, Firma: Lorent, Caspari u. Comp.; 1791 trat Donnz aus Großenhain in Firma ein, E 1795 Neumeister aus Plauen, 1798 E Zwickauer Bürger Johann Michael Müller, ab 1805 E Leipziger Kaufmann Christoph Ludwig Haußmann und dessen zwei Handlungsgenossen Carl Friedrich Ohnhausen und Wilhelm Heinrich Kurrer
um 1786	„Manufaktur wollener und leinener Bänder" (Verlag- oder Handwerksbetrieb?)	Rahnis	
1786 erwähnt	„Wollstrumpfmanufaktur" (oder Verlag?)	Naumburg	E Thierisch
1786 erwähnt	Tuchmanufaktur mit Färberei und Verlag von Tuchmachern	Bischofswerda	G u. E Tuchmacher Chr. Wehner
1786	„Holländische Tuchmanufaktur"	Bautzen	G u. E Andreas Kusche, vordem „Zuchthausvater" und Verwalter, zuletzt Pächter der Bautzner Zucht- und Armenhausmanufaktur

Größe Arbeiterzahl	Produktion	Lebensdauer	Quellennachweis
5	6	7	8
	Aufstellung einer „Druckmaschine"		Akte LHA, Cattun-Druckerey, Loc. 11106; Notizen, S. 15; König, S. 156
		fraglich, ob jemals gearbeitet	Akte LHA, Beckler, Loc. 11107
1795 gegen 60 Personen	1785 6, 1791 6, 1794 19, 1795 18–22, 1797 40 +, 1807 18 Drucktische, 1792 100 Stück gedruckte Kattune auf Leipziger Messe; 1806 über 6200 Stück Kattune, 40 Dtzd. gedruckte Tücher	bis 1813	Akte LHA, Cattun-Druckerey, Loc. 11106; Notizen, S. 15; + Ratsprotokoll Zwickau: Bl. 130, 147b, 183, 198b, 199b; Herzog, I, S. 245, Herzog, II, S. 703
1786 2 Wollkämmer, 120 Spinner, 9 Spuler, 2 Zwirner, 6 Bandwirker	6 Wirkstühle		Akte LHA Loc. 5343, Vol. V
	60 Strumpfwirkerstühle		Akte LHA Loc. 5343, Vol. V
1786 69, 1791 etwa 75 Personen, 1792 eigenen Färber	1786 3, 1787 4, 1791 5 Stühle, davon 2 bei Mitmeistern		Akte LHA Loc. 5343, Vol. V; Akte LHA Loc. 5341, Vol. VII; Akte LHA Loc. 5343, Vol. VIII
1786 1 Werkmeister, 1 Geselle, 6 Lehrjungen, 10 Spinner auf dem kleinen, 10 auf dem großen Rade	1786 3 große spanische Wirkerstühle und 1 im Waisenhaus für Kusche arbeitend, 2 kleine Wirkstühle und 3 im Zuchthaus für Kusche arbeitend, 1786 außerdem 1 Farbenhaus mit 2 Kesseln und 2 Blautonnen, 1 Tuchpresse, 1 Wollmühle		Akte LHA, Zucht- und Arbeits-Hauße, Loc. 11118

Gründungsjahr	Art	Standort	Gründer (G) Eigentümer (E)
1	2	3	4
1786 vorher nur Handlung bzw. Verlag	„Feine Casimir, auch Zeug-Tuch-Manufactur"	Crimmitschau	G u. E Kaufmann und Rittergutsbesitzer Johann Christoph Seyfarth, vormals Kompagnon von Kammerrat Oehler in Crimmitschau, E danach Seyfarths Söhne Johann Adolf und Johann Heinrich unter Firma: Gebrüder Seyfarth
1786	2 Druckereien	Hohenstein-Ernstthal	E Großer und Winkelmann
1786	„Färberey-Berill- und Golgas-Manufactur"	Hainichen	G u. E Carl Gottlob Silbermann
1786	„Feine Tuchmanufactur" mit Verlag von Spinnern und Webern	Torgau	E Schönfeld, danach als G genannt: „Cammer-Commißär" Stephan, Associé Duisberg, E danach Barth
bereits vor 1787	Glashütte	Rauscha bei Görlitz	
bereits vor 1787	Druckerei bunter Leinwand	Zittau	E Kaufmann Ernst Siegmund Haupt
1787	Kattundruckerei	Kreischa	G u. E Kattundrucker Franz Mosbeck, 1803 E Ferdinand Quaas
1787	„Cattun-Druckerey"	Zittau	G u. E Kattundrucker Lindner, bis 1786 Aufseher in der Druckerei von Wacker in Zittau
1788 als seit mehreren Jahren bestehend erwähnt	„Karten-Fabrique" (Manufaktur?)	Dresden	E Christoph Heinrich Schaarschmidt und Kons.

Größe		Lebensdauer	Quellennachweis
Arbeiterzahl	Produktion		
5	6	7	8
	1786 18 Stühle, auf denen „Prunelle" hergestellt wurde, 1792 100 Stühle, u. a. in Reichenbach		Akte LHA, Seyfarth, Loc. 11117
	1806 22 Drucktische		Wieck, S. 170
	1797 17 Färbekessel		Akte LHA, Silbermann, Loc. 11121
ließ in der Industrieschule in Friedrichstadt bei Dresden für seine Rechnung auf dem großen holländischen Rade spinnen	1786 80, 1795 2588, 1796 2652 Stück Tuche und Halstücher, 7 eigene Stühle und Verlag eines Tuchmachers mit 3 Stühlen in Torgau und eines Tuchmachers in Doberlug; 1791 3, danach 5 Stühle, 1801 1300 Stück Tuche und Tüffel und 102 Stück wollene Zeuge		Akte LHA Loc. 5343, Vol. V; Akte LHA Loc. 5344, Vol.IX; Akte LHA Loc. 5344, Vol. XII; Naumann, S. 303; Rößig, Produkten, S. 264
			Rößig, Produkten, S. 122
	Mandel-Preßhaus mit 4 Pressen, Farbe mit 8 Kesseln		Akte LHA Loc. 11122
um 1800 50 Arbeiter	1802 17 Drucktische, 1790–96 Kattunabsatz allein in Dresden für 129765 Taler		Akte LHA, Maukisch, Loc. 11115; Notizen, S. 15
	Zur Manufaktur gehörten Bleiche, Mandel, Presse, Glätte, Drucke und Farbe		Akte LHA, Lindnern, Loc. 11121
			Akte LHA, Karten, Loc. 11124

Gründungsjahr	Art	Standort	Gründer (G) Eigentümer (E)
1	2	3	4
1789 seit mehreren Jahren bestehend	Spiegelgußwerk	Lauchstädt	G gebürtiger Engländer namens Friedrich Hammet, E Firma: Herr Friedrich Hammer und Compagnon, Geldgeber: „ein ansehnlicher Capitalist aus Philadelphia, ingleichen Herr Losinsky aus Petersburg"
1789 erwähnt	Tabakspfeifen-Manufaktur	Thommendorf am Queis	E Graf Solms
kurz vor 1789	Spielkarten-Manufaktur	Leipzig	G u. E Johann Christoph Ludewig
1789	„Tuchmanufaktur" mit Verlag von Spinnern	Dresden	G u. E Tuchmacher Johann David Lebrecht Fritsche, 25 Jahre lang Leiter der Gräfl. Brühlschen Tuchmanufaktur zu Forst und 8 Jahre lang Leiter der Tuchmanufaktur des Tuchhändlers Roch in Dresden, die er wie die Brühlsche eingerichtet hatte
1790	„Leinen-Woll-Manufaktur"	Jägerhof im Amt Augustusburg	G u. E „Commerzrat" Lang
1790	Kattundruckerei mit Verlag von Webern und eigener Baumwollspinnerei	Querfurt	G u. E Gebrüder Ufer
1790	„Zitz- und Cattundruckerey"	Bautzen	G u. E Kaufmann Christian Wilhelm Frosch, Konditor aus Hirschberg, E ab 1801 Jurisch und Weltz, danach Siebenhüner und Kleine
1791 erwähnt	Kattundruckerei	Chemnitz	G u. E Schulze u. Schubert
1791 erwähnt	Kattundruckerei (Handwerksbetrieb?)	Chemnitz	G u. E Herold
1791 erwähnt	Kattundruckerei (Handwerksbetrieb?)	Chemnitz	G u. E Kriegel und Hübner
1791 erwähnt	„Tuchmanufaktur" (Handwerksbetrieb auf dem Wege zur Manufaktur)	Bischofswerda	G u. E Tuchmacher Johann Wehner

Größe: Arbeiterzahl	Größe: Produktion	Lebensdauer	Quellennachweis
5	6	7	8
			Naumann, S. 165 u. 166
			Naumann, S. 211 u. 212
			Naumann, S. 174
1791 bzw. 1792 6 Gesellen, 2 Jungen, außerdem 60 Spinner in Dresden und 20 auf dem Lande, 1801 9 Wirker und 7 Kämmer	1789 3, 1801 6 Wirkstühle, 1798 114 Stück Tücher, 2 Stück Tüffel, 24 Stück Casimir, 1799 105 Stück Tücher, 7 Stück Tüffel, 42 Stück Casimir, 1800 121 Stück Tücher, 7 Stück Tüffel, 38 Stück Casimir	bestand noch 1811	Akte LHA Loc. 11127; Akte LHA Loc. 5343, Vol. VIII
			Akte LHA Loc. 30617; Rößig, Produkten, S. 246 u. 247
	4 Stühle in Querfurt	fallierte 1791	König, S. 159
	20 Drucktische, bis auf 10 zurückgehend	Ende zwischen 1815–1833	Akte LHA Loc. 11126
	12 Drucktische		Akte LHA Loc. 5343, Vol. VIII
	4 Drucktische		Akte LHA Loc. 5343, Vol. VIII
			Akte LHA Loc. 5343, Vol. VIII
2 Söhne, 4 Gesellen, 1 Lehrbursche, 5 Spinnerinnen auf dem Holländischen Rade			Akte LHA Loc. 5341, Vol. VII

Gründungsjahr	Art	Standort	Gründer (G) Eigentümer (E)
1	2	3	4
1791	Zwirnmanufaktur (oder bereits Fabrik?)	Grimma	G u. E Kaufmann Friedrich Gottlob Meisner
1791	„Schnupf- und Rauch-Tabaksfabrik"	Sorau	G u. E Petri
vor 1792	„Stahl-Rafinier- und Feilenwerk"	Suhl	E Wolfgang Kummer, vorher herrschaftlicher Stabhammer
vor 1793	4 Leinewandbuntdruckereien	Grimma	E Schwarz- und Blaufärber Leonhardi
vor 1793	Kattundruckerei	Bautzen	E Wacker
1793 erwähnt	Kattundruckerei mit Bleiche und Färberei	Sorau	G u. E Kaufmann Krüger
1793 erwähnt	Wollspinnerei	Mühlberg	E Tuchmacher Drebsdorf

Größe: Arbeiterzahl	Größe: Produktion	Lebensdauer	Quellennachweis
5	6	7	8
1797 1 Faktor, 3 Aufseher, 3 Färber, 12 Zwirner, 12 Spulenmädchen, 42 Personen zum Winden den und Einpacken außer Haus	1791 4160, 1792 4830, 1793 11800, 1794 17100, 1795 12100, 1796 13184, 1797 19520, 1798 16900, 1799 17140, 1801 16800 Stück Zwirn	bestand noch 1801	Akte LHA Loc. 33437; Rößig, Produkten, S. 237 u. 238; Addreßbuch, Obersachsen, S. 291
„ernährt über 20 Menschen"	„ihr jährlicher Debit soll 10000 Rthlr. übersteigen"		Addreßbuch, Lausitzen, S. 69
1792 2 Schleifer, 2 Zuschläger, 5 Feilenhauer, 2 Schmiede	1795 4883 Bajonette, 11083 Ladestöcke, 1193 Karabinerstangen, 153 Dutzend Feilen	vor 1792	Akte LHA Loc. 5344, Vol. IX u. Vol. XI
	1793–1797 in allen 4 der Familie Leonhardi gehörenden Manufakturen 2636 Schock Ellen		Rößig, Produkten, S. 243, 341
			Akte, LHA, Schöna, Loc. 11119; Notizen, S. 17
1793 39, 1795 57, 1796 65 Arbeiter (Lohn 5644 Taler)	1801 14 Drucktische, Ausfuhr jährlich über 4000 Stück Kattun		Akte LHA Loc. 5344, Vol. IX u. XII; Addreßbuch, Lausitzen, S. 68
1793 21 Personen, davon 3 am großen, 15 am kleinen Rade und 3 mit Kämmen beschäftigt			Akte LHA Loc. 5344, Vol. IX

Gründungsjahr	Art	Standort	Gründer (G) Eigentümer (E)
1	2	3	4
1793	Kattundruckerei und Baumwollspinnerei	Chemnitz	G u. E Chr. Friedrich und Chr. Wilhelm Pflugbeil, Firma: Gebrüder Pflugbeil
1793	Kattundruckerei	Chemnitz	G u. E Alberti, früherer Teilhaber von Benjamin Gottl. Pflugbeil, E nach Albertis Tod May
1794	Kattundruckerei	Chemnitz	E Kommerzienrat Lange in Chemnitz und Kompagnon Herold aus Ernstthal bei Hohenstein
1794	„Jeanetts-, Mastignots-, Casimirs- und Mousselinets-Druckerei"	Grimma	G u. E Kaufmann Benjamin Friedrich Christian Riese in Leipzig, früherer Kompagnon von Bodemer in Großenhain
1794	„Fabrik in Grünspan und chemischen Artikeln anderer Art" (Manufaktur?)	Noes bei Rothenburg (O. L.)	G Abraham v. Schilden, E I. B. Schlingers älteste Tochter u. Comp.
1795	„Zitz-Cattun-Linon- und Seidendruckerey"	Chemnitz	G u. E Georg Christoph Gleich
1796	Kattundruckerei	Hainichen	G u. E Carl Friedrich Werner
1796	Druckerei	Chemnitz	G u. E Siegert
um 1797	Seidenmanufaktur	Leipzig	G u. E Friedrich Bischof, aus der Firma Gebrüder Bischof ausgeschieden, E danach dessen Sohn, der 1801 fallierte
um 1798	Kattundruckerei	Chemnitz	G Weber Hösel
um 1798	Kattundruckerei	Chemnitz	G u. E Weber Jokelt und Drucker Hauptmann, später E Hauptmann allein
um 1800	Halbseidenmanufaktur (Verlag?)	Chemnitz	G u. E Kaufleute Becker und Träger
1800 erwähnt	Glashütte	Friedrichsgrün bei Auerbach	G u. E Kaufmann Philipp Carl Meyer
1801 als bereits bestehend erwähnt	Glashütte	Klasdorf bei Baruth	

Größe Arbeiterzahl	 Produktion	Lebensdauer	Quellennachweis
5	6	7	8
	1793 12, 1804 40, 1805 50 Tische, Ostern 1801 6, Ostern 1803 16, Michaelis 1805 17 Handspinnmachinen von je 42 Spindeln	liquidierte 1810, nachdem sie 1804 durch Einsatz von am Wasser gehenden Krempelmaschinen die Mechanisierung eingeleitet hatte	Akte LHA Loc. 11129; Wieck, S. 171–172; König, S. 98, 99, 152
	6 Drucktische	ging bald wieder ein	Notizen, S. 18 u. 19
	1802 8 gangbare Stühle, 1803 4–5, 1806 16 Drucktische		Akte LHA, Cattun-Druckerey, Loc. 11106
1795 16 Drucker, 4 Formenstecher, 2 Arbeiter an 2 „Jaspiertischen", 1 Kolorist, 2 Färbeknechte, 7 Bleichknechte	anfangs 10 Tische, 1 Plattendruckmachine, 1795 8, 1796 u. 1797 15, 1801 25 Drucktische	verfiel 1816	Akte LHA Loc. 33461; Rößig, Produkten, S. 341; Notizen, S. 18
		bestand noch 1801	Addreßbuch, Lausitzen, S. 59
			Akte LHA, Zeug, Loc. 11120
		bestand noch 1840	Wieck, S. 171
	10 Drucktische	bis 1798	Wieck, S. 172
	1797 6, 1798 3, 1800 12 Stühle	bis 1801	Akte LHA Loc. 11124
	16–18 Drucktische	bis etwa 1804	Wieck, S. 181
	1808–1809 30 Drucktische	fallierte 1815	Wieck, S. 181
		etwa 100 Stühle	Rößig, Produkten, S. 16
			Akte LHA Loc. 33512
			Rößig, Produkten, S. 387

Gründungsjahr	Art	Standort	Gründer (G) Eigentümer (E)
1	2	3	4
1801 erwähnt	Leinewandmanufaktur und Bleiche	Sorau	E August Erdmann Stiller
1802	Kattundruckerei	Pirna	E Großhändler Gotthelf Wilhelm Becker
1802	Kattundruckerei (1811 mit Spinnerei verbunden) und Verlag von Webern	Chemnitz	G u. E Christian Gottfried Becker, früherer Kommis d. Firma Kreisig u. Komp., Weber und Kattunhändler Schraps aus Mülsen, Firma: Becker u. Schraps
1802	Kattun- und Seidendruckerei (erste Seidendruckerei Sachsens)	Eilenburg	E Radius
1802 oder 1803	Kattundruckerei mit Verlag von Webern	Chemnitz	G u. E Weber Christ. Gottlob Pfaff und 3 Söhne, Firma: Pfaff und Sohn
nach 1802	Druckerei für Lapis und andere geküpte Kallikos	Chemnitz	G u. E Wiede und Karl F. Kreisig

Größe: Arbeiterzahl	Größe: Produktion	Lebensdauer	Quellennachweis
5	6	7	8
			Addreßbuch, Lausitzen, S. 69
	1802 18, 1810 27 Drucktische		Akte LHA, Maukisch, Loc. 11115; Notizen, S. 1
Ende 1812 3 Aufseher, 60 Wolleser, 25 Weifer, 20 „Andere Mädchen" u. Krempler, 54 Spinner, 70 Kinder, 25 Handarbeiter, zus. 257 Personen in der Spinnerei, dazu 574 in der Druckerei, insgesamt 831 Personen	1805 45, 1807 100, Michaelis 1812 resp. 1814 27 Drucktische	ging 1810 in Fabrik über	Wieck, S. 175; König, S. 274, 363
			König, S. 152
Ende 1804 in der Kattundruckerei: 3 Firmeninhaber, 1 Handlungsdiener, 1 Formenstecher, 11 Koloristen, Drucker u. Druckergesellen, 10 Streichjungen, 8 Schildermädchen u. Ausmaler, 5 Bleicher, Färber und andere Knechte, Holzmacher, 39 zusammen. – Ende 1812 in der Spinnerei: 1 Aufseher, 1 Wolleser, 1 Krempler, 3 Strecker u. Kamler, 1 Spuler, 9 Feinspinner, 9 Andrehkinder, 3 Weifer, 32 zusammen; dazu 91 in der Druckerei, insgesamt 123 Personen	1805 19, 1812–13 50 Tische	ging 1811 in Fabrik über	Wieck, S. 181 u. 182; König, S. 154, 274, 303, 327, 341
	etwa 70 Tische	bis 1813	Wieck, S. 173

Gründungsjahr	Art	Standort	Gründer (G) Eigentümer (E)
1	2	3	4
1804	Druckerei glattgrundiger Tücher, „auf eine leichte, aber feine Waare gedruckt und nach Art der Mousline appretirt" mit Verlag von Webern	Plauen	G u. E Schindler u. Komp., E etwa ab 1806: Facilides, Steip und Manitius; ab 1812 Firma: Gebrüder Facilides und Hähnel
1806	Kattundruckerei	Hainichen	G u. E Gotthelf Ludwig Werner
bestand bereits 1807	Druckerei	Zwickau	E C Ludwig Haußmann, Firma: GebrüderHaußmann, E ab 1809 Christoph Benjamin Böhme aus Oederan
1807	Druckerei	Penig	E Esche und Koder, Günther (fraglich, ob nicht etwa 2 Firmen)
1809	Druckerei	Hainichen	G u. E Lechla u. Holfert
etwa vor 1812	„Tabackspfeifenfabrik"	Hubertusburg, später Wermsdorf	G u. E Eugenius Leihe, ehemaliger Werkleiter der Fayencemanufaktur von Marcolini in Hubertusburg
vor 1812 ?	Kattundruckerei mit Verlag von Webern und Spinnerei	Grimma	G u. E Gebrüder Levy
um 1812	Kattundruckerei	Chemnitz	G u. E Krumbiegel
um 1812	Kattundruckerei	Chemnitz	G u. E Schäfer
um 1812	Kattundruckerei	Chemnitz	G u. E Härtel
um 1812	Kattundruckerei	Chemnitz	G u. E Aumann
1812	Kattundruckerei	Chemnitz	G u. E Gemüsehändler und Schankwirt Hahn, Weber Pötzsch und Drucker Kirchhoff, früher Kolorist bei Becker und Schraps, Firma: Kirchhoff und Komp.
1814	„Wachs-Tuch-Fabric"	Leipzig	E Friedrich Traugott Huste in Gemeinschaft mit Kaufmann Röller
1817	Schafwollspinnerei mit Spinnschule	Netzschkau	G Kreishauptmann von Wietersheim, Leiter: Christian Gottlieb Klinkhardt
1817	Schafwollspinnerei	Mylau	
1820	Kattundruckerei	Chemnitz	G u. E Gebrüder Webers
1820	Druckerei	Chemnitz	G u. E Pietsch und Müller
1820	Druckerei	Chemnitz	G u. E Jacob und Julius Kleiber

Größe: Arbeiterzahl	Größe: Produktion	Lebensdauer	Quellennachweis
5	6	7	8
	etwa 40, 1812 20 Drucktische	wurde 1813 Baumwollmaschinenspinnerei, ab 1828 Kammgarnspinnerei	Wieck, S. 184; König, S. 315, 337, 340
		bestand noch 1840	Wieck, S. 171
	1807 18, 1809 15–16 Tische	+ 1809 machte Haußmann Konkurs, 1817 Böhme	Wieck, S. 184; + Herzog, II, S. 742 u. 774
	26 Tische		Wieck, S. 184
		bis gegen 1826	Wieck, S. 194
			Akte LHA, Extension, Loc. 11110
	Michaelis 1812 31 Drucktische		König, S. 274, 298, 340
		ging bald wieder ein	Notizen, S. 24
		ging bald wieder ein	Notizen, S. 24
		ging bald wieder ein	Notizen, S. 24
		ging bald wieder ein	Notizen, S. 24
	36 Drucktische	bis 1814	Notizen, S. 24
42 Arbeiter			Akte LHA, Wachstuch, Loc. 11105
4 Kämmer auf zwei Kammeinrichtungen, März 1818 300 Menschen beschäftigt	Juli 1817 40 Spinnräder mit je 2 Spulen		Akte LHA, Kreish. Zwickau Nr. 262; Gebauer, III, S. 39 u. 40
			Akte LHA, Kreish. Zwickau Nr. 262; Gebauer, III, S. 39 u. 40
			Wieck, S. 193
			Wieck, S. 193
			Wieck, S. 193

Gründungsjahr	Art	Standort	Gründer (G) Eigentümer (E)
1	2	3	4
1822	Druckerei	Chemnitz	G u. E Friedr. Aug. Glück
1823	Druckerei	Chemnitz	G u. E Gottlieb Wilhelm Müller
1829	Uhrenmanufaktur	Carlsfeld	G Eibenstocker Oberförster Thiersch, E darauf Kaufmann Franz Netke, E ab 1837 Aktiengesellschaft
1845	Uhrenmanufakturen	Glashütte	G F. Adolf Lange

Die mit Kreuz (+) versehenen Angaben verdanke ich Herrn Stadtarchivar Dr. K. Steinmüller, Zwickau

Größe: Arbeiterzahl	Größe: Produktion	Lebensdauer	Quellennachweis
5	6	7	8
			Wieck, S. 193
		bis 1837	Wieck, S. 193
in den ersten Jahren 30 Arbeitskräfte	Maximum 6893 Uhren (1863/64)	bis 1889	Akte LHA Loc. 32556; Wieck, S. 305
	bis 1854 4, bis 1864 ungefähr 18 Werkstätten		Gebauer, II, S. 229

GESELLSCHAFTSVERTRAG VOM 3. MAI 1781 ZUM BETRIEB DER TORGAUER HUTMANUFAKTUR VON ENDERS UND MÜNCH[1]

„Zu wißen sey,
Daß zwischen dem Cammer-Commißario Christoph Carl Enders zu Lichtenburg, und dem Huthmacher Carl Ernst Münch zu Bitterfeld unter gesetzten dato ein aufrichtiger Gesellschafts-Contract zum Behuf einer in Torgau zu errichtenden Huth-Fabrique auf Zwölf nach einander folgende Jahre von 1.sten Maji. 1781., bis dahin 1793. wohlbedächtig verabredet und geschloßen, wobey folgende Puncte Bedingungen treulich zu erfüllen wechselseitig versprochen worden:

1.

Wird die Fabrique auf gleichen Gewinn und Verlust errichtet; und erleget der Cammer-Commißarius Enderß als einen Fond zu Anschaffung derer Materialien und Bestreitung derer Kosten 4., 6. bis 8000 Thaler nach und nach baar zur gemeinschaftlichen Caße, ohne daß ihm dieses Capital verzinßet werden, oder deshalb sonst ein vorzüglicher Gewinn zustatten kommen soll; auch führet eben derselbe allbey diesen Fabrique-Wesen erforderliche Correspondence insoweit es seine Gegenwart erlaubet ohnentgeldlich: wogegen dem Huthmacher Münch statt der für seine Person bey der Fabrique zu leistende Arbeit, Veranstaltung und Aufsicht, ebenermaaßen nichts besonderes aus der Caße vergütet wird.

2.

Ueber alle Arten von Einnahme und Ausgabe, so zur Fabrique gehören als anzuschaffende Inventarien-Stücke eingekauften Huthmacher Stoff, dafür ausgegebenes Geld, wöchentliche gefertigte Hüthe, Arbeits- und Fuhrlohn, Porto und dergl. soll redliche und ordentliche Natural- sowohl als Geldrechnung in denen dazu bestimmten und eingerichteten Büchern geführet, solche doppelte Rechnung alljährlich zu einer schicklichen Zeit abgeschloßen und bilanciret, der sodann sich ergebende Gewinn aber oder Verlust zur Hälfte auf eines jeden Compagnons besonderes Conto gebracht werden, jedoch überträgt derjenige, welcher Einnahme und Ausgabe besorgt, alle darbey sich hervorthuende Carten Differenzien.

3.

Zu Etablirung der Fabrique wird entweder ein Hauß gemietet oder gekauft. Jene, die Hauß-Miethe, wird aus der gemeinen Caße bezahlt, und auf Unkosten-Rech-

[1] Acta, „Die von Christoph Carl Ender und Cons. zu Torgau etablirte Huth-Manufactur betr.", Ao. 1781–1786; LHA, Loc. 11120, Bl. 61–76.

nung gebracht, in diesem Falle aber wird das Kauf-Geld demjenigen aus der Caße landüblich verzinßet, welcher es hergegeben und bezahlet hat.
Und da diese Auszahlung vermuthlich durch den Cammer-Commißarius Enderß erfolgen wird, So erkläret sich Münch: daß er, sobald es der Seegen der Fabrique oder seiner übrigen Umstände verstattet die Halfte des Kaufgeldes und etwa verwendete Bau-Kosten jenem nach und nach wieder erstatten wolle. Welches um so billiger und rechtmäßiger ist, da nicht nur die erkaufte oder erbauete Fabrique-Gebäude gemeinschaftliches Eigenthum werden sondern auch sothaner Vorschuß nicht unter dem § 1. erwahnten werbenden Fond begriffen ist. Dahingegen, so bald als von München die Hälfte des Kauf-Geldes vor das zu Etablirung der Fabrick zu erkaufende Hauß und aufzu wendende Bau-Kosten wieder erstattet ist höret die Bezahlung der Intereßen für die Hauß-Kaufgelder an den Cammer-Commißarius Enders aus der gemeinschaftlichen Caße auf; Sollte aber Münch die Hälfte der Kaufgelder und Bau-Kosten zu erstatten nicht vermögend seyn, so bleibt das Eigenthum des Haußes den Cammer-Commiß: Enders allein, jedoch trägt auch dieser solchenfalls alle dem Hauße zu stoßende Unglücks-Fälle alleine.

4.

Alles was Münch von dem Seinigen zur Fabrique bringet es sey Geld, oder brauchbare Fabrique-Instrumenten, Materialien und Mobilien, soll ihm nach dem wahren, gemeinschaftlich vestzusezenden Werthe auf sein Conto zugute geschrieben werden.

5.

Was Münch zu seinem und derer Seinigen Unterhalte brauchet, kann er zwar von Zeit zu Zeit aus der Fabrique-Caße gegen Bescheinigung nehmen, jedoch wird er dafür der Caße ganz und nicht etwa zur Hälfte Schuldner und der Geld-Betrag jedesmahls auf sein Conto gebracht weil es Enders Seiten seiner auf gleiche Weise halten will. Worunter jedoch

6.

diejenigen Ausgaben, so auf Reisen in Fabrique Angelegenheiten, an gewohnlichen Reise-Kosten sowohl als wegen eines dem Reisenden zugestoßenen Unglücks, Douceurs und sonst verwendet werden müßen, nicht zu verstehen seyn, sondern dergleichen Aufwand in Ausgabe der gemeinschaftlichen Rechnung gebracht werden soll. Daferne auch dem einen Compagnon auf der Reise oder sonst ohne seine Fahrläßigkeit, Verwahrlosung oder Verschulden, etwas von Fabrique-Waaren oder Gelder von obhanden kommen sollte, so gehet der Schaden über die Societaet, und darf er keinen casum fortuitum praestiren.

7.

Dasjenige nöthige Fabrique-Guth, welches einer von denen Fabrique-Consorten mit gemeinschaftlichen Gelde erkauffet, ist und bleibet völlig gemeinschaftliches Gut; und verbindet sich andurch einer gegen den andern, daß er das Gekaufte, ob es ihm gleich nicht würcklich übergeben worden dennoch mit in des andern Consorten Nahmen besizen solle und wolle.

8.

Im Fall einer aus der Gesellschaft mit einem Fremden der Fabrique halber contrahiret, soll jeder deren Compagnons befugt seyn, aus sothanen Contracte, gleich als ob sie beyde mit ihm geschloßen hätten, in solidum und aufs ganze zu klagen, gestallt solchen Falls beyde Consorten einer dem andern alle jedem besonders zustehende Rechte und actiones, mithin auch das Recht, das Ganze zu fordern, abgetreten haben will. Jedoch daferne ein Compagnon der Fabrick halber contrahiret, und der Contract über 200 rh beträgt, soll er solches dem andern Compagnon vorher notificiren außerdem derjenige, welcher solches unterläßt, den daraus entstehenden Schaden allein trägt.

9.

Der Huthmacher Münch verbindet sich, seinen Compagnon alle zu Fortsezung der Fabrique nöthigen Wiszenschaften, Vortheile und Geheimniße aufrichtig und treulich mitzutheilen und zu lehren, damit auf den möglichen Todesfall des erstern die Fabrique aus Mangel derer nöthigen Kenntniße nicht gestürzet werde. Wogegen

10.

von beyden Theilen als ein unwiederruflicher Vortrag, verglichen und vestgesezet wird, daß, im Fall einer von der Gesellschaft nach Verfluß derer contrahirten 12. Jahre von der Societaet sich trennen würde, der abgehende Theil schlechterdings kein Recht haben solle, bey Lebzeiten des andern, und wider deßen Willen, solange die jetzt angelegte fortgestellet wird, weder in – noch außerhalb Landes eine Huth-Fabrique für sich oder in Compagnie anzulegen oder auch einen Dritten zu Anlegung eines dergleichen Werckes zu unterrichten außerdem aber für sich und seine Erben schuldig und gehalten seyn wolle, seinen gewesenen Gesellschafter eine Summe von 1000 Thaler als eine wohl bedächtig festgesezte Conventinal-Strafe sofort baar zu erlegen.

11.

Im Fall einer von beyden Theilen während derer Contractmäßigen Jahre mit Tode abgehen sollte; so bleiben zwar des verstorbenen Erben mit ihrer Zufriedenheit bis zu Ende des Contracts Compagnons der Fabrique; dafern sie aber freywillig abgehen wollten weshalb sie sich binnen denen nächsten 3. Monaten, nach dem Tode ihres Erblaßers zu erklären haben. Solchenfalls soll ihnen die Hälfte des Werths derer Fabrique-Gebäude, insoferne sie gemeinschaftlich geworden, ingleichen die Hälfte des Werths deren Waaren-Vorräthe, außenstehende gute und böse Schulden und Mobilien, worunter auch die Fabrik-Instrumente begriffen welche zuvor gehörig inventiret und gewürdert werden, nebst dem nach Abschluß derer Bücher ausfallenden aus der Societaets-Casze zufordern habenden Geld-Betrag, als ein 3. Monate nach ihres Erblaßers Tode zu verzinßendes Capital, auf Termine jährlich mit 1000. Thlr. zurückgezahlet das erste Jahr des Absterbens der Anfang gemacht und damit bis zu völliger Befriedigung derer Erben unverrückt continuiret, oder auch nach vorgängiger, dem Schuldner allein freystehender Vierteljähriger

Aufkündigung sothanes Capital in stärkern Posten oder kürzern Terminen abgestoßen werden.

12.

Wenn ein Jahr vor Endigung der Contracts-Zeit die Maskopey weder ausdrücklich noch stillschweigend erneuert wird; so gehet die Compagnie auseinander, und wird sodann ein richtiges Inventarium, Schluß-Rechnung und Bilance aller Schulden gemacht jedem Theilnehmer aber nach Abzug aller gemeinschaftlicher Paßiv-Schulden, worunter vorzüglich die von jedem praestirte Einlagen gehoren sein Antheil an vorhandener Fabrique-Waare, außenstehenden Activ-Schulden mit Baarschaften zu gleichen Theilen ausgehändiget, oder gemeinschaftlich verkauft. Daferne aber

13.

nach Verfluß derer Contractmäßigen Jahre nur einer von beyden Gesellschaftern, fernerweit nicht Lust haben sollte, an der Fabrique theil zu nehmen, so soll der abgehende Theil verbunden seyn, dem andern den Gesellschafts-Contract ein Jahr zuvor ordentlich aufzukündigen, und es im übrigen in Ansehung seiner Befriedigung eben also wie es § 11 beym Sterbe-Falle reguliret worden gehalten werden, auf den Fall aber, daß der abgegangene anderwärts eine Huth-Fabrick zu errichten oder einem Dritten die Fabrique-Geheimniße und besonderen Wißenschaften verrathen würde, die § 10. gesezte Conventional-Strafe derer 1000 Thlr. von ihm eingebracht werden.

14.

Den Huthmacher Münch, welcher nach § 1 die Arbeit und Aufsicht bey der Fabrick zu besorgen hat wird lediglich überlaßen, die Gesellen, und andere bey der Fabrick nöthige Personen allein anzunehmen.

15.

Sollte auch wie man nicht hoffen will, die Maskopey dergestalt unglücklich ablaufen, daß nach denen festgesezten 12. Jahren kein Profit übrig, hingegen das vom Cammer-Commiß. Ender hergeschoßene Capital noch ganz in Salvo seyn sollte; so soll dem Huthmacher Münch anstatt seiner angewendeten vielen Mühe, entbehrten andern Erwerb, auch für die mitgetheilten Wißenschaften und Geheimniße, der vierte Theil von dem hergeschoßenen Capitale überlaßen seyn.

16.

Wann es wider Verhoffen sich ereignete, daß die beyden Socii der Fabrick halber miteinander in Streit geriethen, so soll deshalb die Gesellschaft weder getrennet, noch ein Prozeß zwischen beyden, verhangen werden sondern es wollen die beyden Compagnons zwey Sachverständige Arbitros, wovon sich jeder einen wählet zu gütlicher Beylegung der Streitigkeit erwählen, und derselben Urtheile oder Gutachten, ohne den Weg Rechtens zu ergreiffen, sich unterwerfen. Wie denn derjenige,

welcher hierwider handeln, und seinen Compagnon rechtlich belangen würde, dem andern 500. rh als eine Conventional-Strafe anlegen soll.
Im Falle aber einer oder der andere bey dem Gutachten und Ausspruch des Arbiters sich nicht zu beruhigen, gegründete Ursache hätte, wollen sie darüber in einem Dicastezio sich belehren laßen, und alsdann darnach sich achten.
Wenn denn beyderseits Contrahenten diesem Contracte, und denen darinnen enthaltenen Pacten aufrichtig, treu und redlich nachzuleben, nicht weniger diejenigen Verbindlichkeiten, welche zwar hier nicht besonders ausgedrückt sind, dennoch aber aus der Natur der Sache fließen und denen Rechten und der Billigkeit gemäß sind, wie es einem ehrlichen verständigen Gesellschafter gebühret, gewißenhaft zu erfüllen gegeneinander versprochen, auch zu dem Ende allen dem entgegenstehenden Ausflüchten und Rechtsbehelften, sie mögen Nahmen haben wie sie wollen, bereits erdacht seyn, oder noch durch menschlichen Witz erfunden werden können, insgesammt, besonders aber der Ausflucht des Irthums, Betrugs, betrüglicher Ueberredung, der Verlezung über oder unter der Hälfte des rechten Werthes, anders verfaßten alls würcklich abgeredeter Sache ingleichen, daß eine allgemeine Verzicht nicht gelte, wenn nicht eine besondere Erzählung vorhergegangen, von deren Begriff und Würckung jeder sich zuvor unterrichten laßen wiszend und wohlbedächtig entsaget haben;
Alß ist dieser Maskopey-Contract doppelt zu Pappiere gebracht, und jedem ein gleichlautendes Exemplar zugestellet, auch zuvor von beyden Contrahenten eigenhändig unterschrieben, und mit ihren gewöhnlichen Petschaften besiegelt worden;
Es soll auch bey zu erfolgender Recognition das gewöhnliche Stempel-Pappiere darzu genommen werden.
So geschehen Lichtenburg und Bitterfeld, den 3ten Maj. 1781.

Christoph Carl Enderß./.
Carl Ernst Münch."

AKTENVERZEICHNIS

1. Akten des Sächsischen Landeshauptarchivs Dresden (LHA)

Amtsgericht Annaberg Nr. 17
„in Untersuchungssachen wider die Posamentirer Johann Gotthelf Weisern Mstr. Carl Friedrich Feis u. Genoß. Mstr. Friedrich August Gerlach und Genossen, Gesellen Carl Heinrich Gebhardt und Genossen Franz Orchlovsky u. Genoß. Knaben Bindrich hier – 118 und 288 des Crim. Ges. Buchs (beabsichtigte Zerstörung einer durch Eisenstuck u. Co angeschafften Trilliermaschine)"

Amtsgericht Annaberg Nr. 30
„Christian Friedrics Reymann und Consorten Posamentier Gesellen zu Annaberg in peto wegen geschehener Zusammenrottirung gewaltsamen Eindringens in hiesige Juris Diction und Wegnehmung einer Mühlen-Band-Maschine; Ergangen vor dem Hoch Reichsgräfl. Wallwizl. Gerichten zu Wießa"

„Coll. Schmid. Amt Lauterstein" Vol. III. Nr. 53
„Die Glashütte auf den Porschensteinischen Gehölzen btr.", 1665

Kreish. Zwickau Nr. 243
„Den von den Innungen des Zeug-Lein- und Wollenweberhandwerks im Voigtländischen Kreise gegen die von dem Herrn Kammerrath Gößel zu Plauen anzulegenden Webmaschinenstühle erregten Widerspruch betr.",
ergangen vor der Kreishauptmannschaft des Voigtländischen Kreises de anno 1816

Kreish. Zwickau Nr. 262
„Die Errichtung einer Schaaf-Wollen-Spinnerey-Anstalt im Voigtländischen Kreise betr.", ergangen vor der Kreishauptmannschaft des Voigtländischen Kreises de ao. 1817

Loc. 451, Revidierte Briefe Nr. 19
Schriftw. Graf Brühl und Karl Heinrich von Heinecken, Brief vom 1. Okt. 1744

Loc. 864
„Weil. Ihro der Höchstseel. Frauen Churfürstin Königl. Hoheit Zitz- und Cattun-Fabrique zu Großenhayn betr.", ao. 1776–1783

Loc. 1305 Kriegsarchiv
„Die Einrichtung der erkauften Mühle unterhalb der Pulvermühle zum Kanonenbohrwerk", 1765–67

Loc. 1432
„Die Barthische, später Ihro Königl. Hoh. der verw. Frau Churfürstin Marien Antonien gekaufte, von Letzterer hinwiederum verkaufte Zitz- und Cattun-Fabrique zu Großenhain u. w. d. f. a. betr.", ao. 1763–1775

Loc. 2235
„Der Landes-Oeconomie-, Manufactur- und Commercien-Deputation Meß-Relationes"

Loc. 3385, Nr. 9, Alt-Archiv
„Ernst Wilhelms Kühns Privilegien-Gesuch für eine Nesseltuch-Fabrik btr.“, 1764 u. 65

Loc. 5276, Vol. I
„Die Aufnahme und Beförderung derer Gewehrs-Fabriquen zu Suhla und was diesen anhängig betr.“, Anno 1754. 55. 56. 62. 74 bis 1779

Loc. 5287
„Von der Baumwollen Manufactur zu Plauen, S. a. O. /./: aus des Minist. Wurmb Papieren.: / “

Loc. –,
„Den Verfall des Commercii und die Entweichung einiger Fabrikanten in andere Lande betr.“, 1749. 1750

Loc. 5301, Vol. III
„Die schädliche Ausfuhre der Garne außerhalb Landes und das dieserhalb ergangenen Generale betr.“, Ao 1786 seq.

Loc. 5310
„Die von der Herrnhuthischen Brüder-Gemeinde zu Klein-Welcke, angelegte Lein- und Parchent-Manufactur betr.“, Anno 1766

Loc. 5315
„Das von Graff Moritzen zu Sachßen gesuchte Privilegium zu Anrichtung einer Stahl, und Schwefel, Manufactur betr.“, Anno 1730

Loc. 5320
„Commission zu Untersuchung des Commercien-Wergs“, 1687–1720

Loc. –,
„Die von denen Kauff- und Handels-Leuten, auch Cramer Meistern zu Leipzig, wegen verschiedener den Commercio hiesiger Lande nachtheiligen Beschwerden gethane Vorstellungen betr.“, 1749

Loc. 5321; im Lokat nicht mehr enthalten
„Die von dem Kaufmann zu Leipzig J. Chr. Raabe zu Emporbringung des Commercii hiesiger Lande gethane Vorschläge, ings. die Anweisung der Unterobrigkeiten wegen der zu thunden Anzeige von dem Zustande der Fabriquen an jedem Orte“, 1749

Loc. –; im Lokat nicht mehr enthalten
„Die von Z. P. Stechenelli zu Wieder-Emporbringung des Commercii pp. Conservation des Adels ... gethane Vorschläge“, 1736 ff.

Loc. –,
„Den von dem Marschall-Amts-Copüsten, Johann Gottfried Gutkäßen gefertigten Commercien-Plan betr.“, 1737. 38

Loc. 5324, Vol. I, Vol. II
„Die Ausführung und Impostirung der Wolle betr.“, 1603–1722. de ao 1716, 1724. – 34

Loc. 5325, Vol. III—IV
„Die Ausführung und Impostirung der Wolle betr.“, De ao. 1734

Loc. 5326
„Die Schnur, Mühlen oder Mühl, Stühle, darüber sich die Borten-Würcker und der Graf v. Hanau beim Reichtage beschweren, betr.“, Anno 1678. 80. 85. 86. 1708. 12. 14. 16. 19. 20.

Loc. –,
„Miscellanea Porcellaine Manufactur betr.“, 1720–24

Loc. 5327
„Die von dem Fabricanten Hilaire de Loire, welcher von Berlin nach Dreßden sich wenden, und eine Sammet- und Etoffes Fabrique anlegen will, gesuchte Beneficia betr.", an. 1743

Loc. –,
„Die von J. G. Meyern zu Beförderung des Debits der sächs. Wollen und andren Manufacturen außerhalb Landes pp. gethane Vorschläge", 1737

Loc. 5341, Vol. VII
„Die von der Landes-Oeconomie-Manufactur- und Commercien-Deputation bey Ablauf jeden Jahres von denen daselbst vorgewesenen Sachen ingleichen von dem Zustande der Land-Wirthschaft, Manufacturen und Handlung erstattete Haupt-Berichte betr.", Anno 1791 seq.

Loc. 5342
„Das von dem Commercien Rath Langen zu Chemnitz in Betref seiner zur Zubereitung und Bearbeitung des Wergks statt der Baumwolle angelegten Fabrik geschehenes Suchen betr.", 1783

Loc. 5343, Vol. V–VI, VIII
„Die von der Landes-Oeconomie-Manufactur- und Commercien-Deputation bey Ablauf jeden Jahres von denen daselbst vorgewesenen Sachen ingleichen von dem Zustande der Land-Wirthschaft, Manufacturen und Handlung erstattete Haupt-Berichte betr.", Anno 1786–92

Loc. 5344, Vol. IX–XII
„Die von der Landes-Oeconomie-Manufactur- und Commercien-Deputation bey Ablauf jeden Jahres von denen daselbst vorgewesenen Sachen ingleichen von dem Zustande der Land-Wirthschaft, Manufacturen und Handlung erstattete Haupt-Berichte betr.", Anno 1792–1796

Loc. 5348
„Den von dem Legation-Rath Leiseling zu Hamburg, wegen der von dem Profeßore und Bürgermeister Hadelich zu Erfurth anerbotene Entdeckung seiner nüzlichen Erfindungen u. a. Papier aus Torf, deutsche Baumwolle gethanen Vorschlag", Anno 1767

Loc. 5350
„Den Verfall des Leinewand-Handels und die denen leinenen Manufacturen in der Ober-Lausiz schädliche Ausfuhre der Garne betr.", Anno 1765. 66. 67. secqv: 91

Loc. 5351
„Die denen fremden sich anher ziehenden Fabricanten zu ertheilende Begnadigungen und Immunitaeten intuiti der Land- (: General-: / Accis-Abgabe, betr.", Anno 1764–66

Loc. 5353
„Des Kaufmann Schönherrns zu Zschopau Vorschläge wegen Verbeßerung derer wollenen leinenen- und baumwollenen Manufacturen im Ergebürgln. Creyße, ingleichen des Tuchs „Fabricanten Schönfeldts zu Torgau Erinnerungen den Zustand dasiger Fabriquen betr.: Wie auch des Kaufmann Schönherrns zu Zschopau gesuchte Confirmation und resp. Extension des seiner daselbst besizenden Bleiche ehedem verliehenen Privilegii betr.", 1763. 64

Loc. 5354
„Die Errichtung einer Landes-Oeconomie-, Manufactur- und Commercien-Deputation betr.", de Anno. 1764

Loc. 5355, Vol. I
„Die zu mehrerer Aufnahme der Land-Wirthschafft und Manufacturen ausgesetzte Praemien betr.", Anno 1764. 65. 66. 67. 69. 70

Loc. –, Vol. V–VII
„Die Ausführung und Impostirung der Wolle betr.", de ao. 1763, 1767, 1770

Loc. 5356, Vol. I–IV
„Den von der Landes-Oeconomie-Manufactur- und Commercien-Deputation bey Ablauf jeden Jahres von denen daselbst vorgewesenen Sachen, ingleichen von dem Zustande der Land-Wirthschaft, Manufacturen und Handlung erstatteten Haupt-Bericht betr.", Anno 1765. 66 neque 1781, [1765–1785]

Loc. –, Vol. II
„Die zu mehrerer Aufnahme der Land-Wirthschafft und Manufacturen ausgesetzte Praemien betr.", Anno 1771 seqqv.

Loc. –,
„Die in hiesigen Landen zu gestattende Errichtung derer Band-Schnur-Mühlen betr. Generale vom 20. März 1765", Anno 1764–68, sequ. 1810

Loc. –,
„Die zu errichtende Zitz- und Garn-Fabrique in Großenhayn betr.", de ao. 1764

Loc. 5357
„Die von der Leipziger Oeconomischen Societaet vor allhiesiger Neustadt angelegten Bleyweiß- und Mennig-Fabrique bewilligten Immunitaeten betr.", Anno 1767

Loc. 5358
„Die Ausfindigmachung eines Entrepreneurs zu Anlegung einer Fayence-Manufactur betr.", Anno 1767. 68

Loc. 5359
„Das Mandat wegen zu verbiethender Ausfuhre der rohen Felle und Häute, der Haare, des Horns, Flachses, Hanfes und der Haderlumpen, betr.", Anno 1764. 65.–1800

Loc. 5364
„Die Accis-Abgaben von denen zu den Manufacturen benöthigten Materialien betr.", Anno 1768

Loc. 5365
„Das von Charlotten Eleonoren Le Louay gebohrnen Eggebrechtin und deren Ehemanne über ihre unächte Porcelaine-Fabrique gesuchte Privilegium cum iure prohibendi betr., de an 1755 56 57 68 69 ingleichen das auf Christianen Sophien Hörischin, deren Ehemann und Kinder, transferirte Privilegium der allhiesigen Fayence-Manufactur betr."

Loc. 5394
„Den von Wolf Eyberschütz genannt Adlersthal eingereichten Entwurf, einer von ihm und Comp. zu übernehmenden sogenannten Administration der Tabacks-Regie, cum Privilegio exclusivo der Fabricatur und Handlung betr.", 1778

Loc. 5396
„Die wegen einer Commercial-Bilanz vor hiesige Lande angeordnete Commission betr.", de an. 1754. 55

Loc. 5399, Vol. I
„Die schädliche Ausfuhre der Garne außerhalb Landes und das dieserhalb ergangenen Generale betr.", Anno 1763. 1764. seqqv. bis 1780

Loc. 5401, Vol. IV
„Die schädliche Ausfuhre der Garne außerhalb Landes und das dieserhalb ergangenen Generale betr.", Anno 1790

Loc. 5403, Vol. XIII–XV
„Die von der Landes-Oeconomie-Manufactur- und Commercien-Deputation bey Ablauf jeden Jahres von denen daselbst vorgewesenen Sachen ingleichen von dem Zu-

stande der Land-Wirthschaft, Manufacturen und Handlung erstattete Haupt-Berichte betr.", 1797–1800

Loc. 5408
„Die wieder die Preußische Commercial-Beeinträchtigungen vorzukehrende Gegen-Veranstaltungen und die Ausarbeitung eines Commercial-Systematis betr.", 1756

Loc. 5410; im Lokat nicht mehr enthalten
„Dem Johann Adolph Leußen, welcher das Geheimniß der Verfertigung des Indigo aus einem in dem Gebürge wachsenden Craute zu besitzen sich rühmet, ertheilten Saloum conduitum betr. 1751"

Loc. 5411
„Das Generale wegen derer bei denen Spitzen-Fabriquen hiesiger Lande, sich hervor gethanen Unordnungen ... die zu Conservation der inländischen Spitzen-Manufactur gethane Vorschläge ...", 1766

Loc. 5412
„Des Baron Stein Vorschläge zu Wieder Herstellung und beßerer Emporbringung des sehr in Verfall gerathenen Tuchmacher-Handwercks in Sachßen", 1752

Loc. 5416
„Des Herrn Agdollo Vorschlag, eine von Smirna nach Venedig sich gewendete Familie, welche das Geheimniß der rothen festen Farbe auf Wolle und Baumwolle besitzen, auch die Cattunweberey verstehen soll, nach Sachßen zu ziehen betr.", de an. 1748. 49

Loc. –,
„Die von Johann Christian Oleario ehemaligen Post-Schreiber in Leipzig erfundene Tuchfärberei betr. 1749"

Loc. 5417
„Georg Andreas Hornbergers zu Dreßden Privilegium über die Fertigung des von ihm neu erfundenen inländischen Saffians nebst Verstattung der Verkaufs des von demselben fabricirten Corduans zu Jahrmarckts-Zeiten betr., 1751–53"

Loc. –,
„Die Erneuer und Bestätigung des ehedem über die Weither-Glas-Hütte ertheilten Privilegii betr.", an 1746–1747 folg 1–38

Loc. –,
„Derer inländischen Fabricanten Garn-Auffkauf unter gewißen Praecautionen betr.", an. 1746. 1748. 1749 seq.

Loc. –,
„Das Mandat wegen des denen Fabricanten zu verstattenden Aufkauffs derer Garne auf dem Lande, betr., de an: 1750; Ingl. Den untersagten Verkauff der feinen wollenen, oder so genannten Satin, Garne an Auswärtige, zum Behuff derer wollenen Zeuch-Fabriquen in denen Gegenden von Penig, Chemnitz, Frankenberg, Borna, Zeiz Crimmitschau, Weyda und Lausig betr.", 1751. 53

Loc. 5419
„Die schädliche Ausfuhre derer rohen Häute und unverarbeiteten Garne und die dieserhalb von der Landschafft gethane Vorschläge betr.", Anno 1737. 38.

Loc. –,
„Christian Langens zu Emporbringung derer Commercien und Manufacturen in Sachßen, und insonderheit der Weydaischen Wollenzeug, Fabrique gethane Vorschläge ingleichen deßelben Suchen und Auffnahme eines Capitals von 10000 Thlr. auf die Weydaischen Raths-Gehölze, samt was dem mehr anhängig betr. Anno 1737"

Loc. 5420
„Johann Gottlob Heßens, Kaufmanns zu Regensburg verschiedne Vorschläge wegen Emporbringung derer hiesigen Wollen-Manufacturen, ingl. die von selbigem käufl. an sich zu bringende privilegirte Weydaische Schönfärberei u. Zeug-Waaren-Fabrique", 1739–43

Loc. –,
„Die von Heinrich Gottlieb Rosenbergern Tuch- und Zeug-Fabricanten alhier, gesuchte Ertheilung eines Privilegii cum jure prohibendi, über die von ihm erfundene Fertigung gewißer Arten weißer seidener Zeuge und wollenen Beywerks, auch rother Wolle betr.", 1742. 48

Loc. 5422
„Die sich in Hamburg eingefundene und in die Preuß. Lande gewendete französische Refugiers darunter Fabricanten und Manufacturiers, und wie nach Ankunft mehrerer dergleichen dieselben zu ihrem künftigem ... in hiesigen Landen zu disponiren betr.", de an. 1751

Loc. 5429, Vol. I
„Die zu Beförderung des Tabacks-Baues sowohl in dem Marggrafthum Nieder-Lausiz als sonst vorzukehrende Veranstaltungen betr.", Anno 1765. 66. 67. 68. 69. seq.

Loc. –, Vol. II–IV
„Was wegen derer vom Schnupf- und Rauch-Taback führohin zu entrichtenden Abgaben, ingleichen zu Beförderung der innländischen Tabacks-Cultur und Fabrication entworfene Mandat betr.", Anno 1771. 72. 73; Anno 1773; Anno 1782 neq.

Loc. 5440, Vol. V
„Die schädliche Ausfuhre der Garne außerhalb Landes und das dieserhalb ergangenen Generale betr.:", Anno 1799

Loc. 5444
„Den Waidbau in hiesigen Landen btr."

Loc. –, Vol. X
„Die Ausführung und Impostirung der Wolle betr.", de ao 1801

Loc. –,
„Die von der Wiederaufhelfungs-Commißion zu Verbesserung des Manufacturstandes und sonst vorgeschlagenen Maasregeln betr.", de Anno 1808–13

Loc. 5448, Vol. XVI
„Die von der Commercien-Deputation erstattete Haupt-Berichte betr.", 1801
Loc. –, Vol. XVII–XIX
„Den Haupt-Bericht der Commercien-Deputation" ao.: 1802–1811

Loc. 5555, Vol. II
„Die von Georg Wilhelm von Heßler bey seiner neu anzulegenden Färberey Fabrique verlangten verschiedene Immunitaeten betr.", Anno 1736 37 38

Loc. –; im Lokat nicht mehr enthalten
„Die von Andreas Haucken, Loh- und Sehmischgerbern zu Annaberg angegebene Erfindung, gute u. tüchtige Juchten nach Art der Moskowitischen, zu Etablirung einer Fabrique solcher Ware verfertigen u. den dazu verlangten Vorschuß 1727"

Loc. 5558
„Die von dem, bei der Flonell-Druckerey in dem Zucht- und Armen-Hauße zu Waldheim in einem Consortio gestandenen Christian Joachim Briesen gesuchte Separation betr.", an. 1742 43

Loc. 5845
„Derer Sechs-Städte in der Oberlausitz wegen des Verfalls derer Commercien u. bürgerlichen Nahrungen angebrachte Beschwerden, und die zu deren Abwendung in Vorschlag gebrachten Mittel", 1735

Loc. 5847
„Die Publicirung eines Patents in dem Marggrafthum Ober-Lausitz wieder die Ausfuhre der gesponnenen Wolle betr.", Anno 1744–46

Loc. 6597, Vol. IV
„Die zur Aufnahme der Landwirthschaft und Manufacturen ausgefertigten Prämien betr.", 1825

Loc. 6598, Vol. III
„Die zur Aufnahme der Landwirthschaft und Manufacturen ausgefertigte Praemien betr.", de ao. 1807

Loc. 7414
„Die von Churf. Durchl. z. Sachsen anbefohlene Untersuchung der von dem Amtshauptmann Georg Wilh. von Heßler vorgeschlagene neue Invention zu färben", 1725

Loc. 10073, Vol. I
„Die genaue Erwägung und zeitige Vorbereitung aller zu Wiederauffhelffung derer in Verfall gerathenen Königl.: Erb Lande und Unterthanen diensamen Hülfsmittel, und die in Vorschlag zu bringenden Masregeln betr.", 1762. 63

Loc. 10074, Vol. IX
„Commercia und Manufacturen betr.", 1762

Loc. 10994
„Das auf dem Kupffer-Hammer vor den Wilsdruffer Thore er-Baute Bohrwerck betr.", 1764–1767

Loc. 11089, Vol. I
„Die Verfaßung und Einrichtung der zu Emporbringung des Commercien-Wesens, und Verbeßer- auch Etablirung nützlicher Manufacturen im Chur-Fürstenthum Sachßen und gesamten Landen, allergnädigst niedergesetzten Deputation, samt was solcher mehr anhängig betr.", de Anno 1735–43

Loc. –, Vol. I
„Die Damast-Fabrique zu Groß-Schönau und wie selbige ohne besonderen Zwang in guten Stande zu erhalten, samt was dem mehr anhängig betr.", 1740–1802

Loc. 11091
„Die Handlungs-Societaet der Weydaischen Wollen-Zeug-Manufaktur und was dem anhängig betr.", 1751 usq. 1780

Loc. –,
„Die Gold- und Silber-Fabriquen zu Leipzig betr.", Anno 1750/51

Loc. 11092, Vol. I
„Die Anlegung einer Cattun-Druckerey zu Plauen, und die von dasigem Rathe darüber gebethene Ertheilung eines Privilegii betr.", Anno 1754/64

Loc. 11093
„Die von Carl Christian Klipgen et Cons. zu Freiberg gesuchte Ertheilung eines Privilegii zu Fabricirung Lionischer Waaren betr. nacher Warnatz u. Thiele zu Freiberg", Anno 1760–1812

Loc. 11095
„Die Verleitung und das Wegziehen innländischer Fabricanten u. w. d. e. betr.", Anno 1764–1830

Loc. 11096, Vol. I
„Die Sammt und Seiden Manufacturen zu Leipzig betr.“, Anno 1764–1794

Loc. –, Vol. I
„Die Glaß-Fabriquen in hiesigen Landen ... betr.“, 1764–1817

Loc. 11097
„Die von Samuel Wächtern und Gottlieb Weisen in der Stadt Grimma anzulegende Beril und Colligas Druckerei s. w. d. a. betr.“, 1764–1767

Loc. 11101
„Die seidenen Strumpff-Manufacturen zu Leipzig u. w. d. a. betr.“, Anno 1765–1793

Loc. –,
„Die Anlegung einer Bleyweis-Menig- u. Bley-Gelb-Fabrique in hiesigen Landes ... betr.“, Anno 1765–1790

Loc. –, Vol. I
„Die Gold- und Silber-Draht-Galonen- u. Spitzen-Manufacturen in hiesigen Landen s. w. d. a. betr.“, Anno 1764–1810

Loc. 11103
„Daniel Dürningers und anderer Manufactur Anstalten zu Herrnhut und Niesky betr.“, 1765–1774

Loc. –,
„David Friedrich Öhlers und Seyfarths zu Crimmitschau und nachhero des Letztern allein Manufactur-Anstalten u. w. d. a. betr.“, Anno 1767–1809

Loc. –,
„Den von dem Kauffmann Gottfried August Költz zu Leipzig gebethenen Land-Stempel zu Bedruckung der von ihm gefertigten auswärts gedruckten Cattune sowohl als deßen Cattun-Fabric zu Colditz überhaupt betr., 1767–1807“, Anno 1767

Loc. 11104
„Der Gebrüder Bischof zu Leipzig Seiden-Fabric betr.“, Anno 1783–1816

Loc. 11105
„Die Wachstuch-Fabrik zu Leipzig betr.“, 1768–1816

Loc. –,
„Die von Carl Friedrich Kreuchauf und Johann Jacob Landerer errichtete Schweitzer-Band Fabrique betr.“ Anno 1766–1770

Loc. 11106
„Die Cattundruckerey zu Zwickau betr. als Samuel Lorent und Cons.: Privilegium ... 87 nachher Carl Heinrich Caspari und Cons. dann Joh. August Neumeister und Söhne“, Ao. 1785 seqq – 1809

Loc. –,
„Die von Peter Friedrich Ullrichen unternommene Verfertigung der Spiel Charten betr.“, Anno 1769–1792

Loc. 11107
„Die in hiesigen Landen befindlichen Pappier-Mühlen betr.“, Anno 1770–1772

Loc. –,
„Die von Gottlieb Rudolph Ranft und Carl Friedrich Böhmen zu Frankenberg errichtete Cotton-Druckereyen u. w. d. e. betr.“, Ao. 1785–1804

Loc. –,
„Die von Joh. Christian Becklern neu angelegte Flor-Manufactur zu Dreßden betr.“, Ao. 1765

Loc. 11108
„Die Baumwollen-Waaren-Manufacturen zu Chemnitz u. w. d. a. betr.", Anno 1764 seq. 1787

Loc. 11109
„Die von den Saitenmachern zu Neukirchen zu errichtende besondere Innung, und die Beschaffenheit dasiger Saiten und Musicalischer Instrumentenfabrication überhaupt betr.", Ao. 1774 sequ. 1818

Loc. –,
„Die von dem Cotton-Drucker Johann Wilhelm Frosch bei der Marcksteinischen Tuch-Cotton und Chitesdruckerey zu Budißin gebethene Belohnung sowohl als die Beschaffenheit dieser Fabric selbst ingl. die Marcksteinische Druckerey daselbst betr.", Anno 1773–1782

Loc. 11110
„Die Extension der Fayence-Fabric zu Hubertusburg erteilten Conceßion auf die Verfertigung des Stein-Guths s. w. d. A. betr.", Anno 1775–1823

Loc. –,
„Die in hiesigen Landen angelegten feinen Handschuh-Fabriquen und Weißgerbereyen nach französischer Art u. w. d. e. betr.", Anno 1775–1783

Loc. –,
„Die von dem Kaufmann Johann Christian Wincklern zu Rochlitz angelegte Woll-Manufactur betr.", Anno 1769–1839

Loc. 11111
„Die von dem Kauffmann und Verleger einer Flanell-Druckerey zu Grimma, Johann Gottfried August Meyern gesuchte Überlaßung eines eigenen Stempels zu Bezeichnung seiner Fabricatorum und deßen Fabricata u. w. d. a. auch andere Flanell-Druckereyen zu Grimma betr.", Anno 1776–1798

Loc. –,
„Die von dem Zeug-Fabricant zu Graitz, Christian Friedrich Petzolden zu Mylau angelegte Zeug-Manufactur betr.", Anno 1773–1776

Loc. –,
„Die Oberlausitzer Leinwand-Manufacturen und diesfallsige Commercium betr.", Anno 1776–1789

Loc. –, Vol. I
„Die Gold- und Silber-Draht-Galonen u. Spitzen-Manufacturen in hiesigen Landen s. w. d. a. betr.", Anno 1764–1810

Loc. 11113
„Die von Traugott Benj. Böhm zu Burgstädt zu Anlegung einer seidenen und halbseidenen Schnupf- und Hals-Tüchel-Fabric gebetene Conceßion s. w. d. e. betr.", Anno 1778–1807

Loc. 11114
„Die Flanell-Druckereyen und andere Manufacturen zu Oederan betr.", Anno 1778 bis 1785

Loc. 11115, Vol. II
„Die Stoehrung der Meßen und Fabric Örter durch gewaltsame Werbung einiger Regimenter auch von Obrigkeiten zu Recruten verabfolgten Fabricanten und Fabric-Arbeiter", Anno 1779–1810

Loc. –, Vol. I
„Des Kaufmann Christian Gottlieb Maukisch Cotton-Druckerey zu Pirna ingl.: Die zwischen Maukischen und den Cattundrucker Franz Mosbeck zu Kreischa über die da-

selbst angelegte Druckerey entstandene Differenz u. w. d. e. betr.", Ao, 1782 sequ. 1793 sequ.

Loc. –,
„Die von Joh. Gottlb. Immanuel Breitkopffen zu Leipzig verfertiget werdenden Spiel-Karten u. w. d. e. betr.", Ao. 1781

Loc. 11116
„Des Kaufmann Morauer zu Friedrichstadt Dreßden Band-, Flor- und Marly Manufacturen auch mehrerer Flor- und Marly-Würcker da selbst betr.", Anno 1779–1782

Loc. –, Vol. II
„Die Fregische nachhero Donnzische auch Riese und Bodemer Cotton und Leinwand-Druckerey zu Großen Hayn u. w. d. e. betr.", 1780–1797

Loc. –,
„Die Cotton-Druckerey, welche Benjamin Gottlieb Pflugbeil sowohl zu Dreßden oder Zwickau anzulegen willen ist, als auch bereits zu Chemnitz angelegt hat", Ao. 1780–1797

Loc. 11117
„Johs. Benjamin Siegfried Fischers zu Gr. Hayn Uhr-Fabric betr.", Ao. 1780–1832

Loc. –,
„Des Kauffmann Joh. Christoph Seyfarths Crimmitschau feine Casimir auch Zeug-Tuch-Manufactur und auswärtigen Garn-Handel betr.", Ao. 1780–1810

Loc. 11118
„Die aus dem Zucht- und Arbeits-Hauße zu Budißin auf Andreas Kuschen daselbst in sein Hauß transferirte Holländische Tuch-Manufactur betr.", Anno 1786

Loc. –,
„Joh. Christoph Böhmens zu Oederan Cattun-Fabric und den zu deren Erweiterung gesuchten Vorschuß s. w. d. e. betr."

Loc. 11119
„Die Cotton-Druckerey Manufactur zu Plauen betr.", 1780–91

Loc. –,
„Die von Joh. Daniel Solbrigen käufflich übernommene hierbevorige Griesische Flanell-Druckerey zu Grimma betr.", Ao. 1781–1789

Loc. –,
„Die zu Schöna bey Budißin errichtete Zitz- und Cotton-Druckerey betr.", Anno 1784 bis 1820

Loc. 11120
„Die von Christoph Carl Ender und Cons. zu Torgau etablirte Huth-Manufactur betr.", Ao. 1781–1786

Loc. –, Vol. VI
„Die privilegirte Zeug-Manufactur zu Weyda betr.", Ao. 1781–1812

Loc. –,
„Des Kaufmann Joh. Carl Krumbhaar seidne und halbseidne Waaren Manufactur zu Leipzig betr.", Ao. 1780–1788

Loc. 11121
„Die von den Tuchmachern zu Budißin Joh. Christian und Carl Gottlieb Gebrüder Heinriche und Siegmund Strenger zu ihrer feinen Tuch-Fabrication und Verarbeitung des feinen wollenen Gespinstes in dem Zucht- und Arbeitshause daselbst gesuchten Unterstützung s. w. betr.", Anno 1787–1803

Loc. –,
„Die von Friedrich Langen zu Zittau errichtete Zitz- u. Cattun-Fabric betr.“, Anno 1787–1795

Loc. –,
„Das von Carl Gottlob Silbermann für seine zu Haynichen neu angelegte Färberey-Berill u. Golgas-Manufactur ertheilte Privilegium betr.“, Anno 1786–99

Loc. –,
„Die von Jacob Heinrich Lindnern zu Zittau angelegte Cattun-Druckerey betr.“, Anno 1787

Loc. 11122
„Den Wiederaufbau des zu Zittau abgebrannten Mandel-Preß und Farbe-Haußes von dem dasigen Kaufmann Ernst Siegmund Haupt betr.“, Anno 1787

Loc. 11123
„Die Baumwollen Waaren Manufacturen zu Chemnitz und anderer Orte betr.“, Ao. 1788–1793

Loc. –,
„Die Sammt-Manufactur derer Stiehlere zu Leipzig ingl.: Die Sammt- und Seiden-Manufactur Martin Folls das. betr. Tischer Sammtfabrikant in Leipzig“, Ao. 1788 sequ. 1794–1818

Loc. 11124
„Das Meßing-Werck zu Rodewisch oder Nieder-Auerbach betr.“, Ao. 1788–1832

Loc. –,
„Die hiesigen Landen in angelegten feinen Handschuh-Fabriquen und Weißgerbereyen nach Französischer Art s. w. d. e. betr.“, Anno 1788–1794

Loc. –,
„Die in hiesigen Landen etablirten Karten-Fabriquen betr.“, Ao. 1788–1829

Loc. 11126
„Eine von Christian Wilhelm Froschen zu Budißin anzulegende Zitz- und Cattun-druckerey u. w. d. a. betr.“, Ao. 1790–1799

Loc. 11127
„Des Tuchmacher Joh. David Lebrecht Fritsches Manufactur zu Dreßden, betr.“, Ao. 1789

Loc. 11129
„Der Gebrüder Christian Wilhelm und Christian Friedrich Pflugbeil Cattundruckerey zu Chemnitz betr.“, Ao. 1793–1806

Loc. 14582
„Pulfer und Pulfer-Mühle“, 1574–1622

Loc. 30400; im Lokat nicht mehr enthalten
„Das von Melchior Ernsten von Kröcher über seine neuinventirte Feuer-Spritzen gesuchte u. auch auf gewiße Maaße erlangte Privilegium, ingl. die Verfertigung der sog. Berliner Blaufarbe, und deren Vertreibung von denselben, bz. 1720–23“

Loc. 30401; im Lokat nicht mehr enthalten
„Die von Melchior Ernsten v. Kröcher inventirte neue blaue Farbe betr. 1723“

Loc. –,
„Generale wegen Ausbreitung der Cultur der Farben-Röthe“, d. d. 6. April 1747

Loc. 30408
Concepte „Den Aufkauf u. Verführung des Garns außer Landes betr. de Ao 1688 biß 1709“

Loc. 30617
„Die Langische Werkwollen Fabrik zu Jägerhof (A. Augustusburg) btr.“, 1782–1792

Loc. 30691
„Die von Keyserl. Maj. per Mandatum denen nacher Böhmen u. der Grafschafft Glaz sich wendenden fremden Fabricanten u. Handwerkern versprochene Privilegia., So wohl die Commercia in hiesigen Landen wieder empor zu bringen“, 1725

Loc. 32556
„Die von dem Uhrenfabrikanten Gottlieb Müller und Consorten zu Carlsfeld zu Beförderung der von ihnen unternommenen Fertigung sogenannter Schwarzwälder Uhren angebrachten Gesuche betr.“, 1831

Loc. 32557, Vol. I u. II
„Die Einführung der Seyden- und anderen Manufacturen zu Ostra betreffend, de ao 1673 1679 u. 1680–1688“

Loc. 32558
„Die gnädigst anbefohlene Revidirung des Inventary bey der Manufactur zu Ostra samt was dem mehr anhängig betr.“, 1687

Loc. –,
„Jahres-Rechnung über die Churfürstl. Sächß. Seyden-Manufactur zu Neuostra von 1. January bis den 31. Decembris anno 1675. geführt von Johann Daniel Crafften“

Loc. 32571
„Die Einrichtung des Schleif- und Polierwerks zu Dresden betrefs.“, de ao 1711 sequ.

Loc. 33400
„Die dem Cammerherrn von Blumenthal concedirte Anlegung einer Wachsbleiche zu Ostra und was dem anhängig betr.“, Anno 1718

Loc. 33411
„Das von dem Grafen von Hagen gesuchte Privilegium die Glas-Fabrik auf seinem Rittergute Potschappel, s. w. d. anh. btr.“, 1801

Loc. 33412, Vol. I
„Die von Wolfgang Friedrich Schrötern gesuchte Gold- und Silber-Manufakturen-Conceßion in Dreßden, Ingl. die Voigtische nachhero Homeyerische Gold und Silber-Manufactur, ferner Pohls zu Weisenfels sowohl Westmannische zu Dresden betr.“, 1746 bis 1812

Loc. 33 433
„Die Erneuerung des der Leonischen Gold- und Silber-Fabric-Handlung Thiele und Steinert zu Freyberg ertheilten Privilegii betr.“, 1828–1830

Loc. –,
„Die von dem Cammer-Collegio wegen Herrn Carl Christian Klipgens, Kauf- und Handelsmann zu Freiberg, und Comp. gesuchter Ertheilung eines Privilegii zu Spinn- und Klöppelung allerhand lionischer Waaren und deren hierbei gegen die Thielische privilegierte lionische Gold- und Silber-Fabrik hierselbst gethanen Erbietens erforderte Berichts-Erstattung, s. w. d. anh. btr.“, 1761

Loc. 33436
„Das von Johann Christian Gottlob Griesen zu Anlegung einer Flonell- und Parils- u. Colligas-Druckerey in Grimma gesuchte Privilegium u. w. d. m. anh. btr.“, 1763

Loc. 33437
„Die dem Zwirnfabrikanten Meissner zu Grimma erteilte Concession zu Sammlung und Ausführung des benöthigten Garngespinstes aus dem Meisnischen Kreise betr.“, 1787

Loc. 33461
„Den Kaufmann Benjamin Friedrich Riese in Leipzig wegen seiner in Grimma anzulegenden Fabrick und des sich hierzu erbetenen Handstempels betr.", d. ao 1794

Loc. 33462
„Drey signierte Original Concepte von den Bosischen und Grafisch Gold- und Silber-Manufactur Privilegiis und Confirmationen", d. a. 1681

Loc. –,
„Privilegium über die Gold- und Silber-Arbeit Johann Ernst Boßes und Cons. zu Leipzyk ...", 1721

Loc. –,
„Das über die von Caskar und Georg Heinrich denen Bosen, ingleichen denen in die vormahlige Graffische Handlung getretenen Consorten Buchau und Küstner zu Leipzig vormahls angerichtete Gold- und Silber Manufactur gesuchte Erneuerung ihres ehemaligen Privilegii betr.", 1723

Loc. 33512
„Die Glashütte im Dorfe Friedrichsgrün s. w. d. m., betr.", Ao. 1800

Loc. 33563
„Unterschiedliche Nachrichtungen die Drey Glaßhütten zu Dreßden Glückburgk und Pretzsch betreffende worbei der Societät Contract und des Buchhalter Meyers Instruction, beydes in Originale, befindlich, de dato Dreßden, den 24. Juni 1701, auch des H. Statthalters Vorschuß"

Loc. 35206
„Die Zitz- und Leinwandt-Druckerei zu Herrnhut betr. 1755"

Loc. 36191
„Geschichte der Spiegel-Hütte zu Friedrichsthal und der hiesigen Schleiff- und Polier-Mühle"

Loc. 36278
„Die von Thomas Webern zu Freyberg unternom̄ene Extension seines hiebevor erlangten Lahn- und Draht Privilegii und die diesfalls verweigerte Abgabe der Land Accise auch derer Besitzere des Messingwercks Contrahenten zu Niederauerbach geklagte Turpation betr.", 1720–1721

Loc. 36340, Vol. I–III
„Den Betrieb der Meißner Porcellain-Manufactur, s. w. d. a. betr."

Loc. 36341, Vol. IV–X
„Den Betrieb der Meißner Porcellain-Manufactur, s. w. d. a. betr."

Loc. 36355, Vol. XI–XX
„Den Betrieb der Meißner Porcellain-Manufactur, s. w. d. a. betr."

Loc. 36356, Vol. XXI–XXIII
„Den Betrieb der Meißner Porcellain-Manufactur, s. w. d. a. betr."

Loc. 36386, Vol. XXIV–XXVIII
„Den Betrieb der Meißner Porcellain-Manufactur, s. w. d. a. betr."

Loc. 36437
„Land-Tags-Acta de Ao 1676 – Ober-Steuer-Buchhalterey"

Loc. 36438
„Ausschußtagsacten 1676"

Loc. 36443, Vol. I u. II
„Land Tags-Acta de ao. 1749 – Ober-Steuer-Buchhalterey", Vol. I A 120a Nr. 36 u. Vol. II A 120b Nr. 61

Loc. 37747
„Den von dem Feld-Zeug Meister in Litthauen, Georg Dettlev Graf von Flemmingen mit der Frau Fürstin Wisniowiecka über die Wachs-Bleiche zu Friedrichstadt errichteten Kauf-Contract und dessen Confirmation u. w. d. anh., betr.", 1743fg.

Loc. 37773
„pp. e) Concession für die Gebrüder von Ryssel zu Leipzig wegen Anlegung einer Gold- und Silberspinnerei pp", 1620

Loc. 41644, Vol. II
„Die Introduktion der Seiden- und Wollen-Manufactur zu Ostra samt was dem mehr anhängig betr."

Loc. 41680
„Die Einrichtung einer Gewehrfabrik in Olbernhau betr.", 1817

Loc. 41908
„Die Geschichte der Königl. Sächs. Porzellan-Manufaktur zu Meissen, ihrer Entstehung und Erweiterung und ihres Umfanges btfd., bearbeitet im Jahre 1828"

Loc. 42044
„Die Erzgebürgische Löffel-Fabrique btr.", 1775

Akten der Landesregierung
„General-Repertorium für Privilegien", Leipzig Nr. 52

Mandatensammlung des Sächsischen Landeshauptarchivs
Jahrg. 1718, 1752, 1767, 1774

2. Akten des Ratsarchivs zu Dresden

CXXVI. 2, Vol. I
„Christoph Bretschneiders Manufactur zu Neuostra betr.", 1689

C. XXVI. 3, Vol. II
„Johann Jacob Grätzels Manufactur zu Neu Ostra betreffende, nach Bretschneiders Absterben", Anno 1695. 96. 97.

C. XXVI. 7
„Varia, Manufacturen und Fabriquen betr. von unterschiedl. Jahren"

C. XXVI. 18
„Das von Herrn Johann Friedrich Thielemann, Königlich. Pohln. und Säçhsß. Commißions Rathe, bey vorhabender Anlegung einer Tabacks-Fabrique gesuchte Privilegium cum jure prohibendi et transferendi in alios betr. – Ergangen vor dem Rath zu Dreßden 1750"

C. XXVI. 159a
„Die Introduction Der Neuen Wollen-Manufactur betr.", de Anno 1676. 1677. 1678. 1679

Handschriftensammlung:

Tutzschmann, Max Moritz,
„Geschichte des Stadtwaisenhauses zu Dresden, auf Veranlassung der Inspektion desselben aus den Acten dargestellt", Dresden 1864

3. Akten des Stadtarchivs zu Leipzig

Akten des ehemaligen Stadtgerichts Leipzig, Nr. 327
„Inventarium über Herrn Heinrichs von Clausbruch, sonst Cramer genandt, selbigen verlassenschaft auffgerichtet und angefangen den Neun und zwantzigsten Tag Monats Novembris Ao. 1599", Fol. 198a, 232a.ff., 234a ff.

4. Akten des Stadtarchivs zu Zwickau

Ratsprotokolle Zwickau für die Jahre 1720, 1721, 1721/1722, 1765/1766, 1766/1767, 1767/1768, 1768/1769, 1769/1770, 1784/1785

LITERATURVERZEICHNIS

Adelung, Johann Christoph, „Grammatisch-kritisches Wörterbuch der Hochdeutschen Mundart, mit beständiger Vergleichung der übrigen Mundarten, besonders aber der Oberdeutschen. Zweyte vermehrte und verbesserte Ausgabe", Leipzig 1796. „Zweyter Theil" von F–L, „Dritter Theil" von M–Scr.

Albinus, Peter, „Meißnische Land vnd Berg-Chronica / In welcher ein vollstendige de- scription des Landes / so zwischen der Elbe/Sala vnd Suedoedischen Behmischen Gebirgen gelegen / So wol der dorinnen begriffenen auch anderen Bergwercken / sampt zugehörigen Metall vnd Metallbeschreibungen. Mit ein uorleibten führnehmen Sächsischen / Düringischen vnd Meisnischen Historien. Auch nicht wenig Tafeln / Wapen vnd Antiquiteten, deren etliche in Kupffer gestochen"
– „Meißnische Bergk Cronica: Darinnen von den Bergwercken des Landes zu Meisen gehandelt wirdt / wie dieselben nach einander auffkommen. Mit welcher Ursach vnd gelegenheit auch anderer benachbarten / vnd zum teil abgelegenen Bergwercken / fast in gantz Europa etwas gedacht wird / damit man sehe / wie die Bergkwerge nach einander belegt worden: Vnd entlich von allen Metallen vnd Metalarien / Das ist: Denjenigen Erdgewechsen / so man zu den Metallis zu rechnen pfleget / welche im Lande zu Meyssen gefunden werden", Dresden 1589.

„*Allgemeines* Handlungs- und Fabriken-Addreßbuch auch Handlungs- Erdbeschreibung der Lausitzen und beiden Schlesien", in Sammlung: „Das gewerbefleißige Deutschland", Ronneburg und Leipzig 1801.

„*Allgemeines* Handlungs- und Fabriken-Addreßbuch von Obersachsen", in Sammlung: „Das gewerbefleißige Deutschland", Ronneburg und Leipzig 1800.

Anschütz, Heinrich, „Die Gewehr-Fabrik in Suhl in Hennebergischen, ihre Entstehung, Einrichtung und dermahliger Zustand nebst ausführlicher Beschreibung der Verfahrensart bey Verfertigung der Militär- und Jagd Gewehre", Dresden 1811.

Aubin, Gustav, „Entwicklung und Bedeutung der mitteldeutschen Industrie", in: „Beiträge zur mitteldeutschen Wirtschaftsgeschichte und Wirtschaftskunde", 1., Halberstadt 1924.

Bein, Louis, „Die Industrie des sächsischen Voigtlandes. Wirthschaftsgeschichtliche Studie. Erster Theil. Die Musikinstruementenindustrie, Leipzig 1884; Zweiter Theil. Die Textil-Industrie", Leipzig 1884.

„*Beiträge* zur Geschichte der Cultur der Wissenschaften, Künste und Gewerbe in Sachsen vom 6ten bis zu Ende des 17ten Jahrhunderts" (nach Bleistiftnotiz Verf.: Gebhardt), Dresden 1823.

Benedict, Max, „Die Ortsnahmen des sächsischen Voigtlandes in ihren sprachlichen und historischen Beziehungen", Plauen i. V. 1900, abgedruckt in: „Mitteilungen des Altertumsvereins zu Plauen i. V.", 14. Jahres-Schrift auf das Jahr 1900, Plauen i. V. 1901.

„*Berichte*“ aus dem Forschungsseminar Prof. Kuczynski des Instituts für Wirtschaftsgeschichte der Wirtschaftswissenschaftlichen Fakultät der Humboldt-Universität zu Berlin, Berlin 1952.

Berling, Karl, „Die Kurfürstin Anna und das Waldenburger Steinzeug“, in: „Meißnisch-Sächsische Forschungen zur Jahrtausendfeier der Mark Meißen und des sächsischen Staates ...“, Dresden 1929.

Beust, Friedrich, Graf von, „Historische und statistische Aufsätze über die Sächsischen Lande“. Erster Band, Altenburg 1797.

Blaschke, Karlheinz, „Das Bauernlegen in Sachsen“, in: „Vierteljahresschrift für Sozial- und Wirtschaftsgeschichte“, 42. Band, Heft 2, Wiesbaden 1955.

Derselbe, „Die Kursächsische Landesregierung“, in: „Forschungen aus mitteldeutschen Archiven – zum 60. Geburtstag von Hellmut Kretzschmar“, Berlin 1953.

Bodemer, Heinrich, „Die Industrielle Revolution mit besonderer Berücksichtigung der erzgebirgischen Erwerbsverhältnisse“, Dresden 1856.

Boelcke, Willi, „Zur Lage der Oberlausitzer Bauern vom ausgehenden 16. bis zum ausgehenden 18. Jahrhundert – Ein Beitrag zur Sozial-, Wirtschafts- und Rechtsgeschichte der feudalen Gutsherrschaft in der Oberlausitz“, in: „Jahresschrift des Instituts für sorbische Volksforschung“, Bautzen 1955.

Boetticher, Walter von, „Geschichte des oberlausitzer Adels und seiner Güter 1635 bis 1815“. Band 1, Görlitz 1912–1923.

Böhmert, Victor, „Urkundliche Geschichte und Statistik der Meißner Porzellanmanufactur von 1710 bis 1800 mit besonderer Rücksicht auf die Betriebs-, Lohn- und Kassenverhältnisse“, in: „Zeitschrift des K. Sächsischen Statistischen Bureau's“, XXVI. Jahrgang, Heft I u. II, Dresden 1880.

Borissow, A., „Über die Entstehung der Formen der kapitalistischen Ordnung“, in: 20. Beiheft zur „Sowjetwissenschaft“, Berlin 1952.

Bücher, Karl, „Die Entstehung der Volkswirtschaft“. Erste Sammlung, Elfte Auflage, Tübingen 1919; Zweite Sammlung, Tübingen 1918.

Derselbe, Stichwörter „Fabrik“ und „Gewerbe“, in: „Wörterbuch der Volkswirtschaft in zwei Bänden ...“, herausgegeben von Ludwig Elster ..., Erster Band, Jena 1898.

Butte, Heinrich, und Patzig, Gabriele, „Festsschrift zur Vierteljahrtausend-Feier des Stadtwaisenhauses zu Dresden am 31. August/1. September 1685–1935“, Dresden 1935.

„*Codex* Augusteus oder Neu vermehrtes Corpus Juris Saxonici ...“.

„*Codex* diplomaticus Saxoniae regiae“.

„*Darstellung* der Unrichtigkeit und der Entstehungs-Ursachen des Sörgelschen Memorials in Betreff des Chursächsischen Manufactur- und Handels-Wesens und über den jetzigen wahren Zustand des sächsischen Handels insbesondere aber der Woll- und Baumwollen-Manufakturen“, Leipzig 1802.

„*Die* Strumpffabrik von Moritz Samuel Esche in Limbach bei Chemnitz“, Burgstädt (nach 1834).

Diener-Schönberg, Alfons, „Geschichte der Olbernhauer Gewehrindustrie. Ein Beitrag zur Wirtschaftsgeschichte des sächsischen Erzgebirges“. Leipziger Diss., Halle a. S. 1914.

Derselbe, „Geschichte der Gewehrfabrik zu Olbernhau in Sachsen“. Sonderabdruck aus: „Beiträge zur Geschichte der Handfeuerwaffen“ (Thierbach-Festschrift), Dresden 1905.

Diener-Schönberg, Alfons, „Nachtrag zur Geschichte der Gewehrfabrik zu Olbernhau", in: „Zeitschrift für historische Waffenkunde – Organ des Vereins für historische Waffenkunde". Vierter Band, (ohne Jahresangabe).

„*Dreßdnische* Gelehrte Anzeigen auf das Jahr 1751".

Ebeling, Theodor, „Die Landes-Oeconomie-Manufactur- und Commercien Deputation in Sachsen". Leipz. Diss., Maschinenschrift, ohne Jahresangabe (vermutl. 1925).

Engels, Friedrich, „Herrn Eugen Dührings Umwälzung der Wissenschaft (Anti-Dühring)", Dietz Verlag, Berlin 1953.

„*Erwiderung* auf die Schrift des Pastors M. Ernst August Sörgel: ‚Memorial an Se. Churfürstliche Durchlaucht von Sachsen in Betreff auf das dem Verderben nahen Manufactur- und Handelswesens'", Gera 1801.

„*Etwas* zur Würdigung der Schrift: ‚Ist die sächsische Wollmanufactur ihrem Verderben nahe?' nebst einigen Gedanken, wie durch gemeinschaftliche Maaßeregeln diesem Verderben ... gesteuert werden könnte'", (1802?).

Falke, Johannes, „Die Geschichte des Kurfürsten August von Sachsen in volkswirthschaftlicher Beziehung", Leipzig 1866.

Derselbe, „Zur Geschichte der Papierfabrikation im Kurfürstenthum Sachsen" in: „Archiv für die Sächsische Geschichte", Erster Band, Leipzig 1863.

„*Festschrift* zur 200jährigen Jubelfeier der Ältesten europäischen Porzellanmanufaktur Meißen", Dresden 1910.

Fiedler, Alfred, „Deutsche Volkstrachten mit farbigen Zeichnungen von Ursula Berger", Leipzig, 1954.

Fischer, Gerhard, „Die Entwicklung des Leipziger Handels 1478–1650", Hall. Diss., 1929; zitiert bei Kunze, Handelskapital.

„*Freibergs* Berg- und Hüttenwesen". Freiberg 1883; zitiert bei Gebauer, Bd. I.

Fritzsching, Paul, „Limbach/Sa. Der Ausgangspunkt der sächsischen Wirkerei", in: „Deutschlands Jubiläumsfirmen Handelskammerbezirk Chemnitz", Leipzig 1926.

Frommhold, Hanns, „Spiegelschleife, Pulvermühle und Kanonenbohrwerk. Drei Churfürstliche Industrieanlagen an der Weißeritz in Dresden". Dresd. Diss., Dresden 1929.

Gebauer, Heinrich, „Die Volkswirtschaft im Königreiche Sachsen – Historisch, geographisch und statistisch dargestellt". Bd. I–III, Dresden 1893.

„*Gedanken* vom Flachsbau und Garnspinnerey", in: „Dreßdnische Gelehrte Anzeigen auf das Jahr 1751".

„*Gesetzsammlung* für das Königreich Sachsen", 1820, 1826, 1830.

„*Gewerbeblatt* für Sachsen", Zweites und Drittes Heft, Chemnitz 1839.

Gretschel, C., „Geschichte des sächsischen Volkes und Staates". Zweiter Band, Leipzig 1847; Dritter Band, Gretschel, C., und Bülau Friedrich, Leipzig 1853.

Grimm, Jacob und Wilhelm, „Deutsches Wörterbuch". Dritter Band: E–Forsche, Leipzig 1862.

Gröger, Helmuth, „Die Arbeits- und Sozialverhältnisse der staatlichen Porzellanmanufaktur Meißen im 18. Jahrhundert", in: „Forschungen aus mitteldeutschen Archiven. Zum 60. Geburtstag von Hellmut Kretschmar", Berlin 1953.

Gurlitt, Cornelius, „August der Starke – Ein Fürstenleben aus der Zeit des deutschen Barock". Band II, Dresden 1924.

Hagenbruch, ..., „Bemerkungen über den Langensalzaer Grossohandel", in: „Sächsische Provinzialblätter", herausgegeben von Friedrich Grafen von Beust, März 1801.

Derselbe, „Über Langensalzas Seiden- und Halbseiden Manufakturen", in: „Journal für Fabrik, Manufaktur, Handlung und Mode", Jahrgang 1802.

Hausherr, Hans, „Wirtschaftsgeschichte der Neuzeit vom Ende des 14. bis zur Höhe des 19. Jahrhunderts", Weimar 1954.

Heinse, Gottlob Heinrich, „Patriotischer Vorschlag, wie dem Verfalle der sächsischen Manufakturen nicht nur zu steuern, sondern auch der Flor derselben höher als je zu bringen wäre. Mit nahem Bezug auf Sörgels Memorial an Sr. Churf. Durchl. zu Sachsen", Wittenberg 1802.

Heitz, Gerhard, „Die Entwicklung der ländlichen Leinenproduktion Sachsens in der ersten Hälfte des 16. Jahrhunderts". Leipziger Diss., herausgegeben in Rotaprintvervielfältigung als Arbeitsbericht Nr. 4 des Forschungsseminars Prof. Kuczynski, Berlin 1954.

Hentschel, Walter, „Aus den Anfängen des Fabrikbaus in Sachsen", in: „Wissenschaftliche Zeitschrift der Technischen Hochschule Dresden", 3, Heft 3, Dresden 1952/54.

Hermann, Walther, „Bergbau und Kultur – Beiträge zur Geschichte des Freiberger Bergbaus und der Bergakademie", in: „Freiberger Forschungshefte", Reihe D, „Kultur und Technik", Heft II, Berlin 1953.

Herzog, Emil, „Chronik der Kreisstadt Zwickau". 2 Teile, Zwickau 1839.

„*Historische* Nachrichten und aus der Naturkunde gemachte Betrachtungen über die Steinkohlen, nebst rechtlicher Erläuterung darüber, in Chursächsischen Landen", in: „Dreßdnische Gelehrte Anzeigen auf das Jahr 1751".

Höffer, Carl Heinrich, „Versuch einer Geschichte der Baumwollenen Waaren-Manufaktur im Voigtländischen Creiß von 1550–1790", in: „Mitteilungen des Altertumsvereins zu Plauen i. V.", Neunte Jahresschrift auf die Jahre 1892–1893, Plauen i. V. 1983.

Hülße, Ambrosius u. Kato ..., „Die Dampfmaschinen im Königreiche Sachsen – Ein Beitrag zur gewerblichen Statistik", Leipzig 1847.

Hunger, Johann Gottfried, „Denkwürdigkeiten zur Finanzgeschichte von Sachsen – oder neubearbeitete Geschichte der Abgaben in den Chursächsischen Staaten", Leipzig 1790.

„*Industrielle* Zustände Sachsens", in: „Gewerbeblatt für Sachsen", Zweites Heft, Chemnitz 1839.

„*Ist* die sächsische Wollmanufaktur ihrem Verderben nahe? – Beantwortet in Hinsicht auf die seit dem Jahre 1583 erschienen Landesgesetze und die im Sörgel'schen Memorial an Sr. Churfürstl. Durchl. zu Sachsen enthaltenen Behauptungen", Pirna/Dresden, ohne Jahresangabe, vermutl. nach 1801.

Jakowlew, B., „Entstehung und Entwicklungsstufen der kapitalistischen Formen (Uklad) in Rußland", in: „Zur Periodisierung des Feudalismus und Kapitalismus in der geschichtlichen Entwicklung der UdSSR-Diskussionsbeiträge", 20. Beiheft zur „Sowjetwissenschaft", Berlin 1952.

Jahn, Georg, „Die Entstehung der Fabrik", in: „Schmollers Jahrbuch für Gesetzgebung, Verwaltung und Volkswirtschaft", 69. Jahrgang, 1. u. 2. Heft, Wiesbaden 1949.

Jahn, Gustav, „Die Zerstörung der Maschinennagelfabrik im Dorf Mitweida bei Scheibenberg durch aufrührerische Nagelschmiede, Handarbeiter und Bauern der Umgegend – geschildert und zum Besten seiner treuen Arbeiter veröffentlicht von Gustav Jahn, früherer Besitzer der Fabrik ...", Chemnitz 1848.

Jefimow, A. W., „Geschichte der Neuzeit 1640–1870", Berlin-Leipzig 1951.

Juchenburg, Karl „Das Aufkommen der Großindustrie in Leipzig", Leipz. Diss., Leipzig 1912.

Kneschke, Emil, „Leipzig seit 100 Jahren. Säcularchronik einer werdenden Großstadt. Ein Beitrag zur Localgeschichte seiner Heimath", Leipzig 1870.

Köhler, Johannes, „Die Keime des Kapitalismus im sächsischen Silberbergbau (1168 bis um 1500)", in: „Freiberger Forschungshefte", Reihe D, „Kultur und Technik", 13, Berlin 1955.

Köhler, Hoffmann, „Bergmännisches Journal", 6. Jahrgang, 1. Bd., Freiberg 1794, zitiert bei Gebauer, I.

Kohlsdorf, Karl, „Geschichte der Leipziger Ökonomischen Sozietät". Leipziger Diss., Leipzig 1913.

König, Albin, „Die sächsische Baumwollenindustrie am Ende des vorigen Jahrhunderts und während der Kontinentalsperre", Leipzig 1899.

Korschelt, G., „Beiträge zur Geschichte der Webindustrie der sächs. Oberlausitz", in: „Gebirgsfreund – Illustrierte Zeitschrift für Topographie, Geschichte und Touristik des Riesen- und Isergebirges, des Jeschken- und Lausitzergebirges, Glatzer- und Eulengebirges, Nordböhmens und des Spreewaldes", Sechster Jahrgang, Zittau 1894.

Koslow, G. A., „Die Vorbereitung der kapitalistischen Produktionsweise", Berlin 1951.

Kötzschke, Rudolf, „Grundzüge der deutschen Wirtschaftsgeschichte bis zum 17. Jahrhundert", Leipzig-Berlin 1921.

Krafft, Joh. Dan., „Ein Beyspiel zwar wohlgemeynter aber leerer Projecte, um fleißige Arbeiter zu Manufacturen zu bekommen, und denen fleißigen Armen zu helffen", in: „Leipziger Sammlungen", Neu-Ostra den 23ten Novembr. A. 1676.

Kretzschmar, Hellmut, „Geschichte der Neuzeit seit der Mitte des 16. Jahrhunderts", 2. Band von: Kötzschke, Rudolf, Kretzschmar, Hellmut, „Sächsische Geschichte", Dresden 1935.

Kroker, Ernst, „Heinrich Cramer Claußbruch", in: „Quellen zur Geschichte", Veröffentlichungen aus dem Archiv und der Bibliothek der Stadt Leipzig, Zweiter Band, Leipzig 1895.

Krünitz, Johann Georg, „Oeconomische Encyclopädie oder allgemeines System der Staats- Stadt-, Haus- u. Landwirtschaft, in alphabetischer Ordnung. Zwölfter Theil, von Fa bis Fct", Berlin 1777; „Vier und achtzigster Theil, von Mantel bis Marmorwaaren", Berlin 1801.

Kunze, Arno, „Die Entwicklung der Oberlausitzer Leineweberei" (Arbeitstitel), Maschinenmanuskript, Großschönau 1955.

Derselbe, „Das oberdeutsche Handelskapital und die sächsische Leinwand im 16. Jahrhundert", in: „Meißnisch-Sächsische Forschungen – Zur Jahrtausendfeier der Mark Meißen und des Sächsischen Staates", Dresden 1929.

Derselbe, „Die nordböhmisch-sächsische Leinwand und der Nürnberger Großhandel – mit besonderer Berücksichtigung des Friedland-Reichenberger Gebietes". Reichenberg 1926.

Kunze, Arno, „Die Entwicklung der Produktivkräfte und der Produktionsverhältnisse in Chemnitz in der ersten Hälfte des 16. Jahrhunderts unter besonderer Berücksichtigung der Einflüsse des oberdeutschen Handelskapitals", Chemnitz 1955.

Kuczynski, Jürgen, „Fortschrittliche Wissenschaft". Zweite erweiterte Auflage, Berlin 1951.

Derselbe, „Studien über schöne Literatur und Politische Ökonomie", Berlin 1954.

Derselbe, „Allgemeine Wirtschaftsgeschichte von der Urzeit bis zur sozialistischen Gesellschaft", Berlin 1949.

„*Leipziger* Sammlungen von wirthschafftlichen Policey-Cammer- und Finantz-Sachen Anderer Band, Nebst Einer Vorrede, von dem wahren Unterschied der Städte und Dörfer, wie auch denen ersten Grund-Sätzen eines wohleingerichteten Stadt-Wesens zum Aufnehmen der Städte, wobey ein Register vom dreyzehenden bis zum vier und zwantzigsten Stück befindlich", Leipzig 1745.

Lenin, W. I., „Die Entwicklung des Kapitalismus in Rußland – die Entstehung des inneren Marktes für die Großindustrie". Sämtl. Werke, Band III, Wien-Berlin 1929; andere Fassung: Dietz Verlag, Berlin 1956.

Leonhardi, G. F., „Bemerkungen über Manufakturen, Fabriken und Handel überhaupt und von den sächsischen Baumwollen- und Wollen-Manufakturen insbesondere mit Rücksicht auf das Sörgelsche Memorial", Leipzig 1802.

Derselbe, „Geschichte und Beschreibung der Kreis- und Handelsstadt Leipzig ... nebst der umliegenden Gegend", Leipzig 1799.

Leopold, Just Heinrich, „Chronik und Beschreibung der Fabrik- und Handelsstadt Meerane in geschichtlicher, geographischer, statistischer, naturwissenschaftlicher, mercantilischer und medicinischer Beziehung nach allen vorhandenen Quellen bearbeitet und mit einem lithographirten Plane der Stadt versehen", Meerane 1863.

Ley, Hermann, „Beitrag zur Geschichte der Technischen Hochschule Dresden", in: „125 Jahre Technische Hochschule Dresden. Festschrift", Dresden 1953.

Lütge, Friedrich, „Deutsche Sozial- und Wirtschaftsgeschichte", Berlin 1952.

„*Magazin* der sächsischen Geschichte aufs Jahr 1786", III. Teil, Dresden 1786.

Marperger, Paul Jacob, „Abriß der Commercien und Manufacturen des Churfürstenthum Sachsens und seiner incorporirten Länder, sonderlich aber der allergnädigsten Intention, welche Se Königliche Maj. in Pohlen und Churfl. Durchl. zu Sachsen, besagte Commercia je länger je mehr in Aufnehmen zu bringen, biß hieher so Preißwürdigst als Landes-Väterlich geführet haben", Dresden und Leipzig 1718.

Derselbe, „Beschreibung der Banquen – Was und wie vielerley derselben seyn / als nehmlich Land- Lehn- und Deposito- Wechsel- und Giro- oder kauffmännische Ab- und Zuschreib- wir auch Billets- oder sogenannte Müntz- Zettels- und Actien-Banquen. Wo die vornehmste derselben anzutreffen / mit was vor Statutis und Verordnungen einige darunter versehen seyn (und wie hoch dem Publico daran gelegen / daß in allen großen Residentz- Rechts- und Handels-Städten / ja auch in gantzen Ländern und Provincien dergleichen Banquen, zu Beförderung der Commercien / und Nutzen der Einwohner angeleget würden; Wobey zugleich – von dem Recht der Banquen und Banquiers gehandelt, In der Summarischen Wiederhohlung aber ein gewisses Wechsel-Project examiniret, und endlich die sicherste und beste Ordnung, das Financien-Wesen eines Landes oder Republic auf guten Fuß zu setzen, gezeiget wird. Nebst einem Register", Leipzig 1723.

Marx, Karl, „Das Elend der Philosophie – Antwort auf Proudhons ‚Philosophie des Elends'". Dietz Verlag, Berlin 1952.

Marx, Karl, „Das Kapital". Bd. I, Dietz Verlag, Berlin 1947;
Ebenda, Bd. II, Dietz Verlag, Berlin 1955;
Ebenda, Bd. III, Dietz Verlag, Berlin 1949.

Marx, Karl, und Engels, Friedrich, „Manifest der Kommunistischen Partei". Dietz Verlag, Berlin 1953.

Meerwein, Georg, „Die Entwicklung der Chemnitzer bzw. Sächsischen Baumwollspinnerei von 1789–1879". Heidelberger Diss., Berlin 1914.

Mende, Karl, "Über Standortbedingtheit und Aufbau der Dresdner Großindustrie", Dresdner Diss., Leipzig 1927.

Meyer, Heinrich, „Heinrich Cramer v. Claußpruch 1518–1599, der bedeutende Handelsherr Leipzigs, der reichste Bürger dieser Stadt am Ausgange des 16. Jahrhunderts, der Begründer der Wollmanufaktur in Sachsen-Altenburg", aus: „Bote von der Schnauder", Zeitungsausschnitt, vermutlich 1931.

„*Mitteilungen* des Industrie-Vereins für das Königreich Sachsen" 1839, Lieferung I, Chemnitz 1839.

„*M. C. N. Naumanns* Industrial- und Commercial-Topographie von Chursachsen", Leipzig 1789.

„*Neues* Museum für die sächsische Geschichte, Litteratur und Staatskunde", herausgegeben von D. Christian Ernst Weiße, „Zweyten Bandes, zweytes Heft", Freiberg 1801.

Neupert, A., „Zur Geschichte der Plauen'schen Industrie. Nach ‚Fiedler' und neueren Quellen dargestellt, in: Mitteilungen des Altertumsvereins zu Plauen i.V.", 14. Jahresbericht auf das Jahr 1900", Plauen i. V. 1901.

„*Notizen* zur Geschichte der Zeugdruckerei, namentlich baumwollener Gewebe, in Sachsen", in: „Mitteilungen des Industrievereins".

Oeser, Louis, „Album der Sächsischen Industrie", Erster Band, Lieferung 1–19, Neusalza 1856–1858.

Derselbe, „Album der Sächsischen Industrie oder Sachsens größte und ausgezeichnetste Fabriken, Manufakturen, Maschinen- und andere wichtige gewerbliche Etablissements in vorzüglichen naturgetreuen Abbildungen mit statistisch-topographischem, historischem und gewerblichem Texte", Zweiter Band, Erste Lieferung, Neusalza 1859–1863.

Osiander, ..., „Einiger Durchl. Chur- und Fürsten zu Sachsen, besondere Vorsorge in Handwerks, Commercien, Oeconomischen und Policeysachen", in: „Dreßdnische Gelehrte Anzeigen", XXX. u. XXXI Stück.

Pankratowa, A. M., „Geschichte der UdSSR – unter der Redaktion von Prof. A. M. Pankratowa", Teil II, Moskau 1949.

Peschek, Christian Adolf, „Die Böhmischen Exulanten in Sachsen ...", Leipzig 1857.

Praßer, F.E. „Chronik von Großröhrsdorf, Stadt und Dorf Pulsnitz ..", Großröhrsdorf 1869.

Pönicke, Herbert, „Sachsens Entwicklung zum Industriestaate (1830–1871)", Dresden 1934.

Derselbe, „Wirtschaftskrise in Sachsen vor hundert Jahren – Ein Beitrag zur sächsischen Wirtschaftsgeschichte", Herrnhut 1933.

„*Quellen* zur älteren Wirtschaftsgeschichte Mitteldeutschlands". IV. Teil, herausgegeben von Herbert Helbig, Weimar 1953.

Reinhardt, Curt, „Tzschirnhaus oder Böttger? Eine urkundliche Geschichte der Erfindung des Meissner Porzellans", in: „Neues Lausitzisches Magazin – Zeitschrift der Oberlausitzischen Gesellschaft der Wissenschaften", Band 88, Görlitz 1912.

Rößig, C. G., „Die Produkten-Fabrik-Manufaktur- und Handelskunde von Chursachsen und dessen Landen in zwey Theilen", Leipzig 1804.

Derselbe, „Die Chursächsische Staatskunde nach ihren ersten Grundsätzen", Leipzig 1787.

Sächsische Kommission für Geschichte, „Sächsische Lebensbilder", Dritter Band, Leipzig 1941.

Sartorius v. Waltershausen, A., „Deutsche Wirtschaftsgeschichte 1815–1914", Jena 1923.

Schaller, E., „Handel und Gewerbe auf dem Lande. (Nach einem Mandat von 1767)", in: „Sachsen-Post", Nr. 182 vom 30. März 1910.

Schiffner, Albert, „Handbuch der Geographie, Statistik und Topographie des Königreiches Sachsen", Zweite Lieferung, den Dresdner Kreisdirektionsbezirk enthaltend, Leipzig 1840.

Schlechte, Horst, „Zur Vorgeschichte des ‚Retablissement' in Kursachsen", in: „Forschungen aus mitteldeutschen Archiven", Berlin 1953.

Derselbe, „Pietismus und Staatsreform 1762/1763 in Kursachsen", in: „Archivar und Historiker – Studien zur Archiv- und Geschichtswissenschaft – Zum 65. Geburtstag von Heinrich Otto Meisner", Berlin 1956.

Schmidt, Otto Eduard, „Minister Graf Brühl und Karl Heinrich von Heinecken – Briefe und Akten-Charakteristiken und Darstellungen zur Sächsischen Geschichte (1733 bis 1763)", Berlin 1921.

Schulte, Aloys, „Geschichte der Großen Ravensburger Handelsgesellschaft 1380–1530", Dritter Band, Stuttgart und Berlin 1921.

Seckendorf, Gustav Adolf, v., „Ist die sächsische Wollmanufaktur ihrem Verderben nahe? Beantwortet in Hinsicht auf die seit ... 1583 erschienenen Landesgesetze und die im Sörgelschen Memorial an Sr. Churfürstl. Durchl. zu Sachsen enthaltenen Behauptungen", Pirna und Dresden (1801).

Sieber, Siegfried, „Zur Geschichte des erzgebirgischen Bergbaues – Monographie zur Kultur- und Wirtschaftsgeschichte Sachsens – Ein Volks- und Heimatbuch für das Erzgebirge", Halle 1954.

Siegel, Eduin, „Zur Geschichte des Posamentiergewerbes mit besonderer Rücksichtnahme auf die erzgebirgische Posamentenindustrie. Nach zahlreichen gedruckten und handschriftlichen Quellen – mit 18 Abbildungen", Annaberg 1892.

Smith, Adam, „Untersuchung über das Wesen und die Ursachen des Volkswohlstandes", in: „Bibliothek der Volkswirtschaftslehre und Gesellschaftswissenschaft", III, Berlin 1905.

Sörgel, M. Ernst August, „Memorial an Se. Churfürstliche Durchlaucht von Sachsen, in Betreff des dem Verderben nahen Manufaktur- und Handelswesens", Gera 1801.

Sombart, Werner, „Gewerbewesen", Erster Teil, Leipzig 1904.

Spahn, Siegmund Ernst, „IX. Allerhand Nachrichten von dem Anfang der feinen Zeug- und Tuch- ingleichen der Beutel-Tuchs-Manufacturen in Sachsen, welche ehemals Siegmund Ernst Spahn aufgesetzet", in: Leipziger Sammlungen, „Zwey- und zwantzigstes Stück".

Steinmüller, Karl, „Die Gesellschaft der Kaufleute in Leipzig im 15. und 16. Jahrhundert", in: Forschungen aus mitteldeutschen Archiven, Berlin 1953.

Stieda, Wilhelm, „Deutsche Fayencefabriken des 18. Jahrhunderts", in: „Deutsche Töpfer- nnd Ziegler-Zeitung", No. 1, Jahrgang XXXIII vom 1. Januar 1902.

„*Tabellen* über die Staatswirthschaft eines europäischen Staates der vierten Größe nebst Betrachtungen über dieselben – Aus dem Französischen“ (Verf. war v. Heinitz), Leipzig 1786.

Trautmann, Otto, „Das Ostravorwerk – Zeitbilder aus 7 Jahrhunderten (mit 16 Bildtafeln und 7 Textskizzen)“, Dresden 1918.

„*Über* den Mangel an Gesinde und Arbeitsleuten und die wirksamsten Mittel ihm abzuhelfen – zur Beherzigung für meine Landsleute von einem Chursachsen. Freimütig und bescheiden“, Leipzig 1799.

„*Urkundenbuch* der Stadt Freiberg in Sachsen“. I. Band in: Cod. dipl. Sax. reg., Zweiter Hauptteil, XII. Band, Leipzig 1883; II. Band: „Bergbau, Bergrecht, Münze“, in: Cod. dipl. Sax. reg., Zweiter Hauptteil, XIII. Band., Leipzig 1886.

Uttendörfer, O., „Wirtschaftsgeist und Wirtschaftsorganisation Herrnhuts und der Brüdergemeine von 1743 bis zum Ende des Jahrhunderts (Alt-Herrnhut, 2. Teil)“, Herrnhut 1926.

Wieck, Friedrich Georg, „Industrielle Zustände Sachsens – Das Gesammtgebiet des sächsischen Manufaktur- und Fabrikwesens, Handels und Verkehrs. Historisch, statistisch und kritisch beleuchtet“, Chemnitz 1840.

„*Wöchentliche* Dresdnische Frag- und Anzeigen“, 1751.

Wuttke, Robert, „Die Einführung der Land-Accise und der Generalkonsumtionsaccise in Kursachsen auf Grund von archivalischen Quellen dargestellt“. Heidelberger Diss., Leipzig 1890.

Zedler, Heinrich, „Großes vollständiges Universal Lexicon Aller Wissenschafften und Künste, welche bißhero durch menschlichen Verstand und Witz erfunden und verbessert worden. Darinnen so wohl die Geographisch-Politische Beschreibung des Erd-Creyses, nach allen Monarchien, Kayserthümern, Königreichen, Fürstenthümern, Republicken, freyen Herrschaften, Ländern, Städten, See-Häfen, Festungen, Schlössern, Flecken, Aemtern, Klöstern, Gebürgen, Pässen, Wäldern, Meeren, Seen, Inseln, Flüssen und Canälen; Samt der natürlichen Abhandlung von dem Reich der Natur, nach allen himmlischen, lufftigen, feurigen, wässerigen und irdischen Cörpern, und allen hierinnen befindlichen Gestirnen, Planeten, Thieren, Pflantzen, Metallen, Mineralien, Saltzen und Steinen ... Als auch eine ausführliche Historisch-Genealogische Nachricht von den Durchlauchten und berühmtesten Geschlechtern der Welt: Den Leben und Thaten der Kayser, Könige, Churfürsten und Fürsten, großer Helden, Staats-Minister, Kriegs-Obersten zu Wasser und zu Lande, den vornehmsten geist- und weltlichen Ritter-Orden ... Ingleichen von allen Staats-Kriegs-Rechts- Policey- und Haußhaltungs-Geschäften des Adelichen und Bürgerlichen Standes, der Kauffmannschafft, Handthierungen, Künste und Gewerbe, ihren Innungen, Zünfften und Gebräuchen, Schiff-Fahrten, Jagden, Fichereyen, Berg- Wein-Acker-Bau und Viehzucht ... Wie nicht weniger die völlige Vorstellung aller in den Kirchen-Geschichten berühmten Alt Väter, Propheten, Apostel, Päbste, Cardinäle, Bischöffe, Prälaten und Gottes-Gelehrten, wie auch Concilien, Synoden, Orden, Wallfahrten, Verfolgungen der Kirchen, Märtyrer, Heiligen, Sectirer und Ketzer aller Zeiten und Länder; Endlich auch ein vollkommener Inbegriff der allergelehrtesten Männer, berühmter Universitäten, Academien, Societäten und der von ihnen gemachten Entdeckungen; Ferner der Mythologie, Alterthümer, Müntzwissenschaft, Philosophie, Mathematic, Theologie, Jurisprudentz und Medicin wie auch aller freyen und mechanischen Künste, samt der Erklärung aller darinnen vorkommenden Kunst-Wörter u.s.f. enthalten ist. Mit Hoher Potentaten allergnädigsten Priviiegiis“. Neunter Band, F, Halle und Leipzig, Anno 1735: Neunzehnter Band, Ma, Halle und Leipzig 1739.

Zöllner, C. W., „Geschichte der Fabrik und Handelsstadt Chemnitz von den ältesten Zeiten bis zur Gegenwart“, Chemnitz 1888.

ORTSREGISTER

(Orte, Landschaften, Länder – auch in Adjektivform)

PERSONENREGISTER

SACHREGISTER

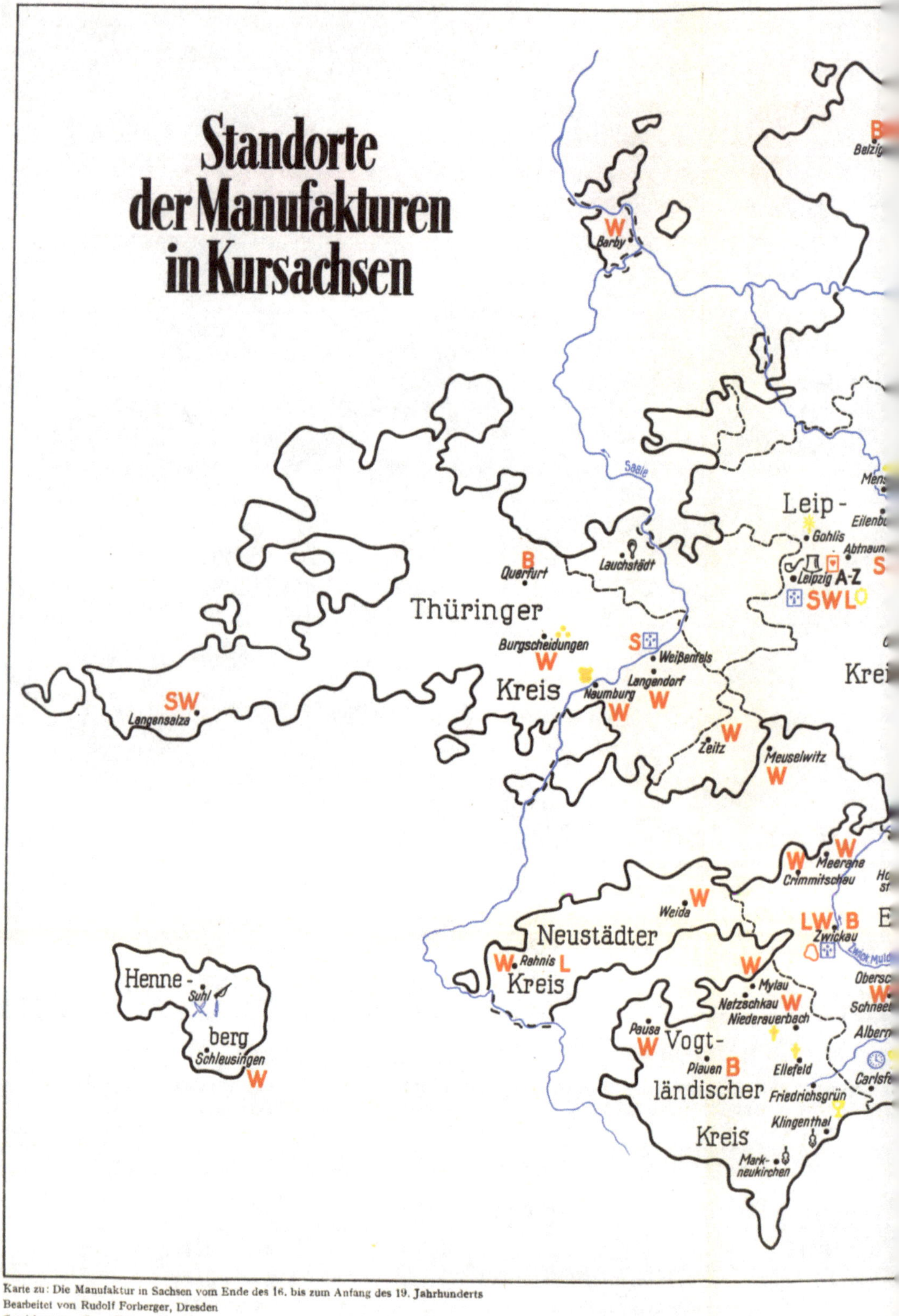

Karte zu: Die Manufaktur in Sachsen vom Ende des 16. bis zum Anfang des 19. Jahrhunderts
Bearbeitet von Rudolf Forberger, Dresden
Gezeichnet von Georg Böhne, Dresden

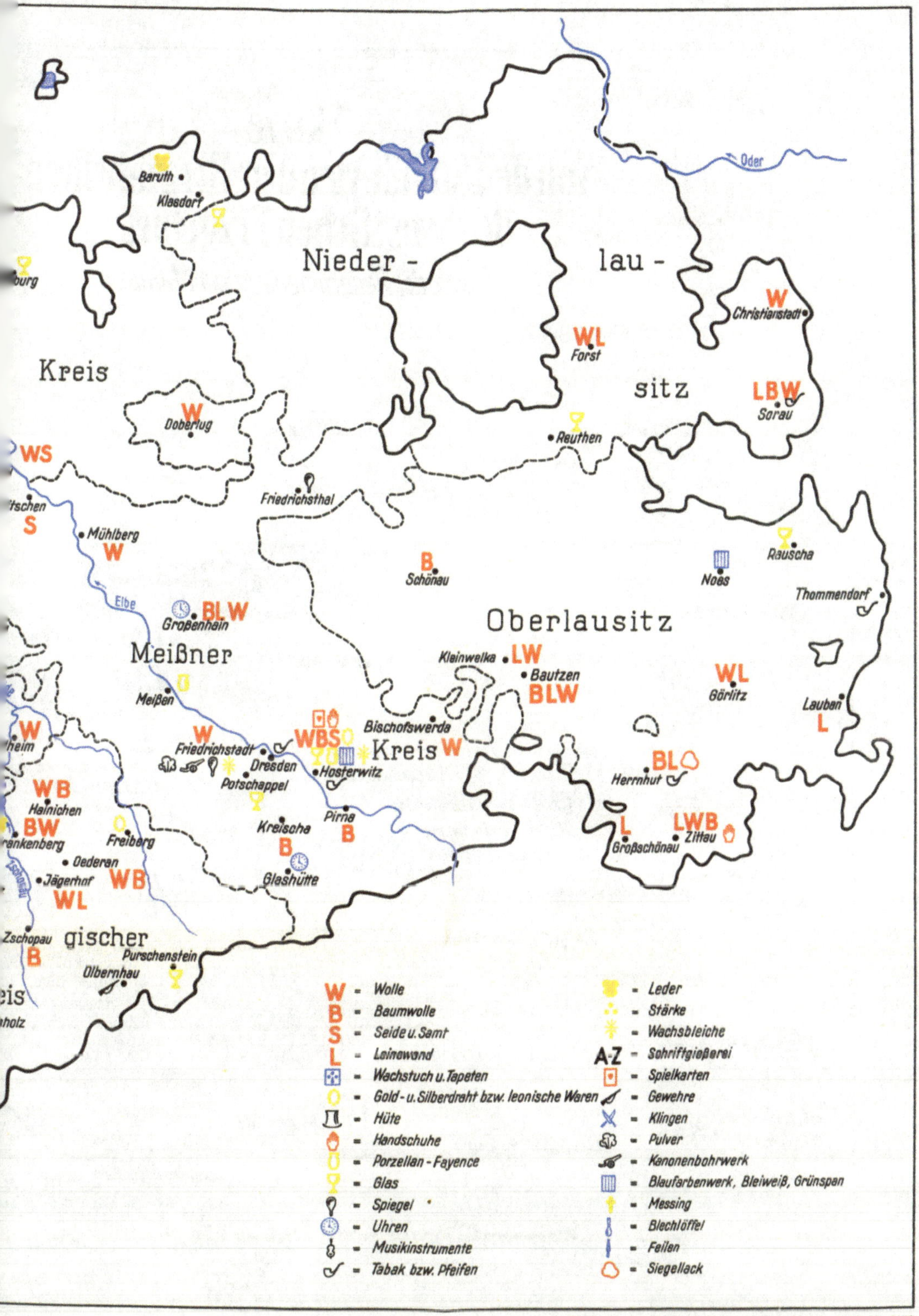

Erschienen im Akademie-Verlag Berlin – MdI der DDR Nr. 3438

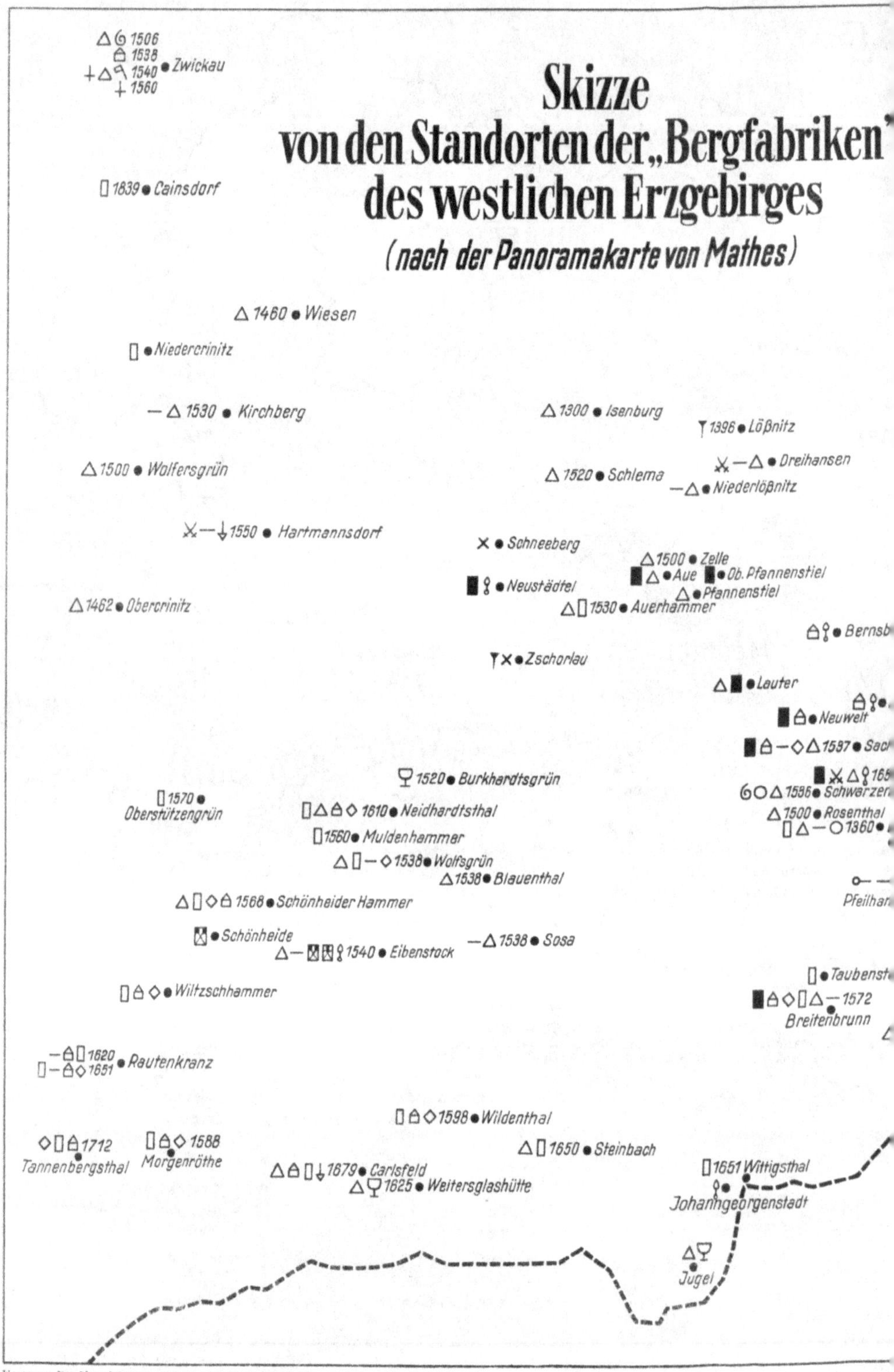

Karte zu: Die Manufaktur in Sachsen vom Ende des 16. bis zum Anfang des 19. Jahrhunderts

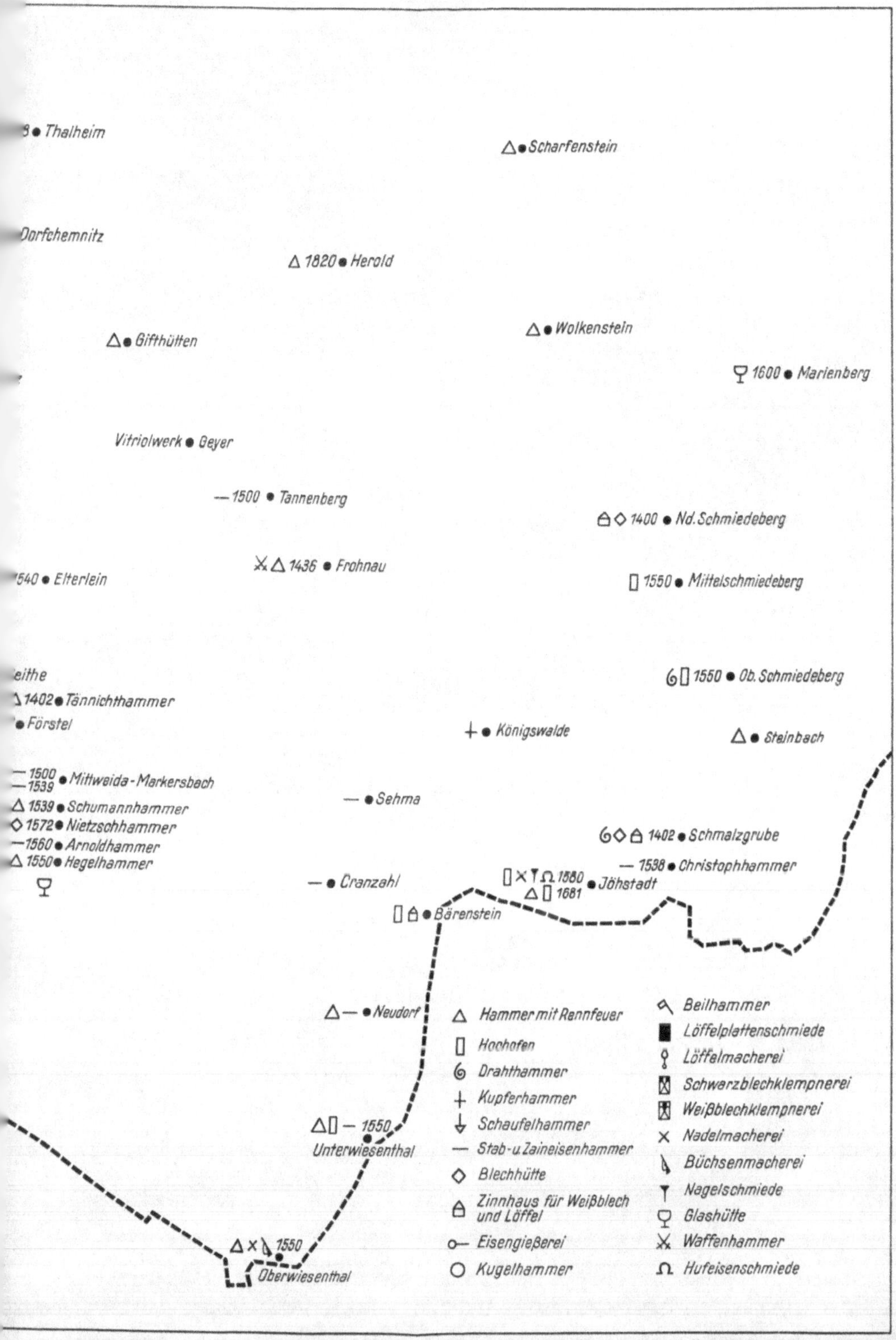

Erschienen im Akademie-Verlag Berlin – MdI der DDR Nr. 3438

FSC
www.fsc.org
MIX
Papier | Fördert
gute Waldnutzung
FSC® C083411

Kolibri 360 GmbH
Ferdinand-Jühlke-Straße 7
99095 Erfurt, Deutschland
produktsicherheit@kolibri360.de